BIBLIA DE BOSQUEJOS Y SERMONES

Génesis 1:1—11:32

BIBLIA DE BOSQUEJOS Y SERMONES

Génesis 1:1—11:32

EDITORIAL
PORTAVOZ

La misión de *Editorial Portavoz* consiste en proporcionar productos de calidad —con integridad y excelencia—, desde una perspectiva bíblica y confiable, que animen a las personas a conocer y servir a Jesucristo.

Título del original: *The Preacher's Outline and Sermon Bible,* Genesis 1:1—11:32, © 1992 por Alpha-Omega Ministries, Inc. y publicado por Leadership Ministries Worldwide, P.O. Box 21310, Chattanooga, TN 37424. Todos los derechos reservados.

Edición en castellano: *Biblia de bosquejos y sermones,* Génesis 1:1—11:32, © 2006 por Alpha-Omega Ministries, Inc. y publicado con permiso por Editorial Portavoz, filial de Kregel Publications, Grand Rapids, Michigan 49505. Todos los derechos reservados.

La *Biblia de bosquejos y sermones* fue escrita para que el pueblo de Dios la use tanto en sus vidas personales como en la predicación y enseñanza.

EDITORIAL PORTAVOZ
2450 Oak Industrial Dr NE
Grand Rapids, Michigan 49505 USA

Visítenos en: www.portavoz.com

ISBN 978-0-8254-0725-3

4 5 6 edición / año 26 25 24 23 22 21

Impreso en los Estados Unidos de América
Printed in the United States of America

CONTENIDO

ABREVIATURAS VARIAS

a.C.	=	**antes de Cristo**	**p.**	=	**página**
AT	=	**Antiguo Testamento**	**p.ej.**	=	**por ejemplo**
caps.	=	**capítulos**	**pp.**	=	**páginas**
concl.	=	**conclusión**	**pto.**	=	**punto**
cp.	=	**compárese**	**s.**	=	**siguiente**
d.C.	=	**después de Cristo**	**ss.**	=	**siguientes**
EF	=	**Estudio a fondo**	**v.**	=	**versículo**
N°	=	**número**	**vs.**	=	**versus**
NT	=	**Nuevo Testamento**	**vv.**	=	**versículos**

TABLAS

Cómo usar la *Biblia de bosquejos y sermones*

A	**El pasaje bíblico** siempre impreso	***En primer lugar:*** Observe el **tema general.** Piense en él por un momento.
B	**El bosquejo para predicar** aparece cerca de cada versículo	***Después:*** Preste atención al **tema general** y a los **puntos principales** en conjunto.
C	Abundante material de **comentario práctico**	***Luego:*** Ponga atención a los **puntos principales** y a los **subpuntos** mientras lee las Escrituras. Note que los puntos se encuentran en forma bosquejada al lado del versículo correspondiente; sencillamente exponen lo que la Biblia quiere decir.
D	**Ilustraciones** y **aplicaciones** para cualquier auditorio	
E	**Pasajes bíblicos de apoyo** minuciosamente seleccionados e impresos por completo	***Por último:*** Lea el **comentario.** Importante: Note que los *números de los puntos principales* en el *bosquejo* se corresponden con los del *comentario.*

HECHOS DE LOS APÓSTOLES

	CAPÍTULO 1 **I. Los grandes días de expectación, 1:1-26** **A. El minis[A] de Jesús en la tierra, 1:[ ]**	3 a quienes también, después de haber padecido, se presentó vivo con muchas pruebas indubitables, apareciéndoseles durante cuarenta días y hablándoles acerca del reino de Dios.	**3 Muerte y resurrección de Jesús** a. Prueb[B] Se mostró vivo [ ]ellos b. Prueba 2: Diversas pruebas, vistas durante cuarenta días
1 Lucas le escribe a Teófilo, le recuerda del ministerio de Jesús **2 Obras y enseñanzas de Jesús** a. Hasta que fue tomado	1 En el primer tratado, oh Teófilo, hablé acerca de todas las cosas que Jesús comenzó a hacer y a enseñar, 2 hasta el día en que fue recibido arriba, después de haber	4 Y estando juntos, les mandó que no se fueran de Jerusalén, sino que esperasen la promesa del Padre, la cual, les dijo, oísteis de mí.	**4 Jesús promete el reino** **5 Jesús promete el Espíritu** a. Los discípulos tenían que "esperar" b. Los discípulos tenían

DIVISIÓN I

LOS GRANDES DÍAS DE EXPECTACIÓN, 1:1-26

A. El ministerio de Jesús en la tierra, 1:1-5

(1:1-5) ***Introducción:*** Fíjese en las palabras "en el primer tratado" o libro. Lucas está haciendo referencia a su evangelio. Él le estaba escribiendo nuevamente al mismo hombre para quién había escrito su evangelio, Teófilo. Le estaba recordando a Teófilo que en su evangelio él había abarcado la vida y ministerio terrenal de Jesucristo. Note la palabra "comenzó". La vida y obra de Jesús en la tierra fue únicamente el comienzo. Aunque él está en el cielo, continúa su obra y ministerio mediante la presencia del Espíritu en los corazones y vidas de los creyentes. El libro de los Hechos muy bien podría titularse…

1 (1:1) **Teófilo:** Lucas l[C]ribió a Teófilo, recordándole el primer evangelio que le h[ ] escrito, el evangelio que abarcaba la vida y ministerio de Jesús.

¿Quién es Teófilo? No se nos dice, pero fíjese en varios

Pensamiento 1: Este pensamiento encierra una gran lección, una lección de a[D] y humildad que tanto se necesita en este mundo y [ ]medio del pueblo de Dios (cp. Mt. 23:7-12).

"¿No decís vosotros: Aún faltan cuatro meses para que llegue la siega? He aquí os digo: Alzad vuestros ojos y mirad los campos, porque ya están blancos para la siega" (Jn. 4:35).

"Me es necesario h[E] las obras del que me envió, entre tanto que el día [ ]a; la noche viene, cuando nadie puede trabajar" (Jn. 9:4).

"Ahora bien, se requiere de los administradores, que cada uno sea hallado fiel" (1 Co. 4:2).

"Porque habéis sido comprados por precio; glorificad, pues, a Dios en vuestro cuerpo y en vuestro espíritu, los cuales son de Dios" (1 Co. 6:20).

INTRODUCCIÓN A LA SANTA BIBLIA

INTRODUCCIÓN A LA SANTA BIBLIA

La palabra Biblia proviene de la palabra griega *biblos,* que significa un libro. A la Biblia también se le denomina como:

- "Las Sagradas Escrituras" (Ro. 1:2; 2 Ti. 3:15)
- "Las Escrituras" (1 Co. 15:3-4; Mt. 21:42; 22:29; Lc. 24:32; Jn. 5:39; Hch. 8:32; 18:24; Gá. 3:22)
- "La Palabra de Dios" (He. 4:12)

La Biblia, "la Palabra de Dios", no se originó en la mente del hombre, sino en la mente de Dios. Sin embargo, Dios usó a los hombres como instrumentos y autores para comunicarle al mundo su mensaje. Durante un período de unos 1500 años, Dios escogió a personas de toda clase de orígenes y antecedentes: Reyes, soldados, campesinos, agricultores, eruditos, sacerdotes, estadistas, aproximadamente cuarenta autores de diferentes naciones, profesiones y clases sociales, para escribir la Santa Biblia. Los manuscritos originales se escribieron en hebreo, arameo y griego.

CONTENIDO

La Biblia no es un libro, en un sentido técnico no lo es. Más bien, es una colección de libros, una gran biblioteca de sesenta y seis libros. Sin embargo, la Biblia naturalmente se divide en dos partes que están separadas por el nacimiento de Jesucristo. Las dos partes son:

- El Antiguo Testamento, que fue escrito antes de que Jesucristo viniera a la tierra.
- El Nuevo Testamento, que fue escrito después de que Jesucristo vino a la tierra.

La palabra testamento quiere decir pacto o acuerdo. Por lo tanto, la Biblia es el pacto de Dios con el hombre. El Antiguo Testamento es su pacto con el hombre antes de que viniera Cristo. El Nuevo Testamento es su pacto con el hombre después que vino Cristo.

1. El Antiguo Testamento consta de treinta y nueve libros los cuales se conocían entre los judíos en los días de Jesús como "la ley, los profetas, y los salmos" (Lc. 24:44). Hoy día, los treinta y nueve libros por lo general se dividen de la siguiente manera:

   a. Cinco libros de la ley:
   => Génesis => Números
   => Éxodo => Deuteronomio
   => Levítico
   Estos cinco se conocen como el Pentateuco.

   b. Doce libros de historia:
   => Josué => 1 y 2 Crónicas
   => Jueces => Esdras
   => Rut => Nehemías
   => 1 y 2 Samuel => Ester
   => 1 y 2 Reyes

   c. Cinco libros poéticos:
   => Job => Eclesiastés
   => Salmos => Cantar de los cantares
   => Proverbios

   d. Diecisiete libros proféticos:
   => Isaías => Oseas => Nahum
   => Jeremías => Joel => Habacuc
   => Lamentaciones => Amós => Sofonías
   => Abdías => Hageo
   => Ezequiel => Jonás => Zacarías
   => Daniel => Miqueas => Malaquías

2. El Nuevo Testamento consta de 27 libros que están divididos de la siguiente manera:

   a. Cuatro Evangelios:
   => Mateo => Marcos
   => Lucas => Juan

   b. Un libro de historia: Hechos.

   c. Catorce epístolas paulinas:
   Epístolas escritas por el apóstol Pablo.
   => Romanos => Colosenses
   => 1 y 2 Corintios => 1 y 2 Tesalonicenses
   => 1 y 2 Timoteo
   => Gálatas => Tito
   => Efesios => Filemón
   => Filipenses => Hebreos (probablemente)

   d. Siete epístolas generales:
   Epístolas escritas por varios autores.
   => Santiago => 2 Juan
   => 1 Pedro => 3 Juan
   => 2 Pedro => Judas
   => 1 Juan

   e. Un libro profético:
   => Apocalipsis

ORIGEN

La Biblia es la Palabra de Dios, pero el propio Dios no tomó un bolígrafo y escribió su Palabra al hombre. Dios hizo lo que siempre hace cuando quiere hablarle a la raza humana: Él eligió a ciertas personas para comunicarle su Palabra al mundo. Dios inspiró, "sopló su Palabra", en el corazón de hombres santos y ellos proclamaron y escribieron la Palabra de Dios para todos nosotros. En las palabras de la propia Biblia, *los santos hombres de Dios hablaron siendo inspirados por el Espíritu Santo* (2 P. 1:21). Fueron estos santos hombres quienes escribieron y nos dejaron la herencia de la Palabra de Dios. Harold Lindsell y Charles J. Woodbridge lo expresan claramente:

> *"Las Escrituras se originaron en la mente de Dios, pero la manera en que Él arregló su compilación y autoría humana es interesante.*
>
> *"1. El Antiguo Testamento, según el criterio tradicional, se preparó más o menos de la siguiente manera: Moisés escribió los cinco libros de la ley y los colocó en el tabernáculo junto al arca del pacto. Josué añadió su registro al volumen (vea Jos. 24:26) y Samuel continuó la historia (cp. 1 S. 10:25). Toda esta biblio-*

teca posteriormente se perdió. Cuando se redescubrió y se leyó públicamente, produjo un renacimiento (vea 2 R. 22:8.) Las escrituras de los profetas primeros se añadieron luego a la serie. Los profetas postreros conocían estas escrituras p. ej. Zac. 7:12). Así la colección se expandió gradualmente.

"La unión de los libros del Antiguo Testamento en un canon oficial comenzó poco tiempo después del cautiverio (586 a.C.). La palabra 'canon' significa 'bara', o 'regla', es decir, una norma de aquello en lo que se debe creer (vea Gá. 6:16). Cuando Hageo (el profeta) y otros hubieron completado su ministerio, se experimentó la necesidad de una colección formal de los documentos que las personas ya consideraban de origen divino. A la mejor usanza Esdras y Nehemías, después de ellos un grupo de escribas, completaron la canonización del Antiguo Testamento.

"2. El canon del Nuevo Testamento apareció de la siguiente manera. Cuando aparecieron los libros, por lo general dirigidos a iglesias específicas, se hicieron copias y se enviaron a otras congregaciones. Se produjeron intercambios de libros (vea Col. 4:16). Se prepararon listas de estos libros apostólicos. Para el siglo IV se habían publicado alrededor de quince catálogos de estos. Gradualmente, no por el voto de ningún consejo de iglesia en particular, sino por el consentimiento de la 'conciencia de la iglesia universal' [se reconoció] que estos libros y solo estos constituían la Palabra inspirada de Dios. El canon del Nuevo Testamento surgió tal y como lo conservamos hoy día. Aquí tenemos un magnífico ejemplo del poder de conservación y supervisión del Espíritu Santo" (Harold Lindsell y Charles J. Woodbridge. *Un manual de la verdad cristiana.* Westwood, NJ: Fleming H. Revell Company, A Division of Baker Book House, 1953, pp. 20-21).

TRADUCCIONES

Los manuscritos originales de la Biblia se escribieron en hebreo, arameo y griego. Siempre se tuvo un cuidado estricto, meticuloso y minucioso en la traducción y copia de la Biblia. Hubo dos profesiones de hombres entre los judíos, llamados masoretas y escribas, que dedicaban sus vidas a la tarea de traducir y copiar las Escrituras. (Vea el *Estudio a fondo 1,* Lc. 6:2; *Estudio a fondo 4,* 6:7 para un mayor análisis.) En sus funciones de traducción y copia eran sumamente estrictos, llevando la cuenta meticulosamente de cada letra y sílaba en cada palabra y cada palabra en cada oración, pasaje y libro. (Vea el capítulo acerca de "La credibilidad de la Biblia" por Josh McDowell. *Evidencia que exige un veredicto*, vol. 1, pp. 39-65.) Esta precisión era necesaria, porque el propio Dios le había dado la ley escrita a la nación judía. Por lo tanto, la ley no solo era la Palabra de Dios, era lo más grande en la vida de la nación judía. Se consideraba la posesión más preciada de todo el mundo; por consiguiente, la nación judía estaba comprometida a la conservación de la ley (toda la Palabra de Dios, Neh. 8:1-8).

1. El Antiguo Testamento se tradujo al griego en algún período de tiempo entre 250-150 a.C. Se le llama la *Septuaginta* y se simboliza con las letras *LXX.* Sin embargo, las copias más antiguas con que contamos en la actualidad datan de alrededor de 400-500 años después de Cristo.

2. "Otras traducciones en griego aparecieron rápidamente después del comienzo de la Era Cristiana. Algunas partes, al menos, del Antiguo Testamento se tradujeron al siríaco cerca del siglo I; y apareció una traducción cóptica probablemente en el siglo III. El Nuevo Testamento se tradujo al latín y al siríaco aproximadamente en el año 150 y en cóptico aproximadamente en el año 200. En siglos posteriores aparecieron versiones en las lenguas armenia, gótica, etíope, georgiana, arábiga, persa y eslava. (Tomado del libro, *The New Compact Bible Dictionary* [El nuevo diccionario bíblico compacto] Editado por T. Alton Bryant. Derechos reservados en 1967 por Zondervan Publishing House, p. 83. Usado con permiso.)

3. Alrededor del 400 d.C. Jerónimo tradujo la versión al latín de la Biblia conocida como la *Sacra Vulgata o Vulgata latina*, la cual se usó como la Biblia básica por unos 1000 años.

4. Durante el período de la Reforma sobreabundaron numerosas versiones de la Biblia. Las más conocidas fueron:
   - La versión de John Wycliff traducida al inglés por primera vez en 1382.
   - El Nuevo Testamento de William Tyndale que se basó en el griego original, publicado en 1525.
   - La traducción al alemán de Martín Lutero del siglo XVI.
   - La versión del rey Jacobo de 1603.

Ha habido numerosas versiones de la Biblia desde la Reforma y hoy día la Biblia se ha traducido a la mayoría de los idiomas y dialectos del mundo.

INSPIRACIÓN Y AUTORIDAD

La Biblia es la Palabra de Dios. ¿Cómo sabemos esto, cómo lo sabemos con certeza?

1. *Razonamiento y lógica confiables*: Dios es un Dios de amor, no de indiferencia ni de odio. Un Dios de amor jamás dejaría al hombre desinformado con respecto a la verdad de la vida, nunca lo dejaría tanteando, buscando, ni dando tropiezos en busca de la verdad, siempre buscando y nunca pudiendo alcanzar la verdad. Un Dios de amor revelará la verdad de la vida de la manera más perfecta posible. ¿Cuál es la manera más perfecta?
   a. La manera más perfecta no es la naturaleza (la revelación natural). La mano de Dios se puede ver en la naturaleza, pero revelarse Él en la naturaleza no es la revelación más perfecta que Dios puede proporcionar.
   b. La manera más perfecta no es la conciencia (la revelación moral). La justicia de Dios se puede sentir en la conciencia, pero revelarse Él en la conciencia no es la revelación más perfecta.
   c. La manera más perfecta de revelarse es hacer lo que hace cualquier persona cuando desea comunicar alguna verdad:
      => Él escribe la verdad de una forma permanente.

=> Él presenta la verdad en persona (si es que puede).

Dios ha hecho eso. Él nos ha dado tanto la *Palabra escrita de Dios* como la *Palabra viva de Dios*.

=> La Biblia es la Palabra escrita de Dios.
=> Jesucristo es la Palabra viva de Dios.
=> La Palabra escrita da testimonio de la Palabra viva; la Palabra viva (el propio Cristo) da testimonio de la Palabra escrita (cp. Mt. 5:17-18).

Una vez más, ¿cómo sabemos que la Biblia es la Palabra de Dios? Por medio de la lógica y el razonamiento, *la lógica y el razonamiento confiables*. Dios nos revelará la verdad de la manera más perfecta posible, tanto de forma escrita como en persona. (Vea el *Estudio a fondo 1,* Jn. 1:1-5; 14:6; 14:7; 2 Ti. 3:16.)

2. *Vidas cambiadas*: A través de los siglos la Biblia ha cambiado millones de vidas. Algunas personas fueron cambiadas cuando leían o cuando se expusieron a su mensaje. Otras fueron cambiadas cuando escuchaban la enseñanza o la predicación de la Biblia. Habían estado llevando vidas que eran…

• mundanas	• indulgentes	• indiferentes
• inmorales	• materialistas	• desperdiciadas
• de borrachera	• seculares	• agnósticas
• egoístas	• solitarias	• ateas
• avariciosas	• vacías	
• codiciosas	• sin sentido	

Pero la Biblia, la Palabra de Dios, las cambió. Por medio de la Biblia *nacieron de nuevo*, fueron convertidos espiritualmente, cambiados internamente. La Biblia hace eso por nosotros: *Nos convierte espiritualmente*, hace una persona y criatura nueva de nosotros (2 Co. 5:17; Ef. 4:24).

> **"siendo renacidos, no de simiente corruptible, sino de incorruptible, por la palabra de Dios que vive y permanece para siempre" (1 P. 1:23).**

La Biblia nos exhorta a vivir para Dios, a llevar una vida justa y piadosa. Pero en cambio, la Biblia nos da la perfecta seguridad de que nuestros pecados son perdonados y que vamos a vivir eternamente con Dios. La Biblia nos insta a llevar una vida moral y recta, una vida generosa y desinteresada, la clase de vida que fortalece a una comunidad y sociedad en el amor y la verdadera justicia, en el gozo y la paz. Según se ha planteado, la Biblia ha cambiado millones de vidas y todos los días está cambiando miles de vidas, convirtiéndolas espiritualmente. Esto constituye una evidencia fidedigna de que la Biblia es verdaderamente la Palabra de Dios: transforma vidas.

3. *Incredulidad y oposición*: Los impíos y los mundanos de esta tierra rechazan y niegan que la Biblia sea la Palabra de Dios. En ocasiones se han vuelto ofensivos y opresores, han ridiculizado y perseguido a aquellos que profesan y enseñan la Biblia. Incluso las persecuciones se han vuelto exaltadoras en cuanto a ánimos:

=> Se han hecho conspiraciones deliberadas para acabar con la Biblia; al punto de hacer fogatas públicas para quemarlas.
=> Los gobiernos han declarado ilegal su presencia en los territorios, dictaminando realmente como delito que un ciudadano posea una Biblia.
=> Los eruditos mundanos atacan la Biblia, negando que sea la Palabra de Dios, intentando atenuar su autoridad e importancia en la vida.
=> Los mundanos y los carnales descuidan, rechazan y niegan la Biblia y con frecuencia ridiculizan a aquellos que tienen en muy alta estima sus enseñanzas.

¿Por qué? ¿Por qué tantas personas de esta tierra se oponen a la Biblia? Porque nos dice la verdad acerca de Dios, de nosotros y nos exige que llevemos una vida justa y piadosa. La Biblia exige:

- Que llevemos una vida que sea moral, justa y buena.
- Que aceptemos, amemos y vivamos en paz con todas las personas de todas las razas y naciones.
- Que demos expiatoriamente para satisfacer las necesidades de los pobres y de los perdidos espiritualmente.

Muy pocas personas están dispuestas a entregar su vida a Dios y a aceptar y amar a las personas como hermanos. Y menos aún son las que están dispuestas a dar al punto del sacrificio para satisfacer las necesidades de los pobres y para llevar el evangelio a los confines de la tierra. Es por eso que tantas personas rechazan tanto a la Biblia y a sus seguidores.

Pero note: La creencia en la Biblia siempre ha crecido cuando se ha hecho algún intento deliberado para acabar con ella. La persecución aviva la llama del evangelismo: Elimina al débil y al carnal, aquellos que se aferran a una profesión falsa y fortalece a los verdaderos creyentes, proporcionándoles más coraje y determinación para mantenerse firmes por la Palabra de Dios. ¿Cómo? ¿Cómo podría la Biblia, la Palabra de Dios, realmente crecer y fortalecerse cuando se ha ridiculizado y perseguido de la manera en que se ha hecho? Si se hubiera atacado cualquier otro libro, se le hubiera hecho la misma oposición y se hubiera quemado tanto como se le ha hecho a la Biblia, ese libro habría desaparecido hace mucho tiempo. ¿Cómo la Biblia ha soportado tanta negación y persecución?

Solo hay una respuesta: Dios. Dios ha protegido su Palabra de un modo sobrenatural y la ha mantenido viva y operante en la tierra. Esto constituye una evidencia, una evidencia fidedigna, de que la Biblia es la Palabra de Dios.

> **"El cielo y la tierra pasarán, pero mis palabras no pasarán" (Mt. 24:35).**
>
> **"Porque la palabra de Dios es viva y eficaz, y más cortante que toda espada de dos filos; y penetra hasta partir el alma y el espíritu, las coyunturas y los tuétanos, y discierne los pensamientos y las intenciones del corazón" (He. 4:12).**
>
> **"¿No es mi palabra como fuego, dice Jehová, y como martillo que quebranta la piedra?" (Jer. 23:29; cp. Jer. 5:14).**

4. *La unidad de la Biblia*: La unidad de la Biblia es un milagro de Dios. Considere los elementos: Aproximadamente cuarenta autores diferentes de un número de antecedentes diversos escribieron durante un período de 1500 años. Piense en el número de temas diversos que se abordarían de modo detallado en cualquier libro al ser escrito por tantos autores

diferentes durante un período de tiempo tan prolongado. Y piense en cómo variarían los temas de generación en generación durante un período de 1500 años. Aún así, cuando estudiamos la Biblia encontramos un dato sorprendente: La Biblia sigue un propósito y un tema:

- El programa eterno de Dios por los siglos de los siglos, su redención y plan eternos para el futuro del universo y del hombre.

La salvación gloriosa de Dios, la gran redención que Él le ha proporcionado al hombre a través de su Hijo, el Señor Jesucristo, es el gran tema de la Biblia. La Biblia completa, los sesenta y seis libros, se centra en una sola historia, un solo tema y ningún autor entran en conflicto ni contradice jamás a otro autor. La armonía de propósito y tema de la Biblia es pasmosa. Solo hay una explicación: Dios ha hablado y ha conservado un registro fidedigno de su mensaje, *santos hombres de Dios hablaron siendo inspirados por el Espíritu Santo* (2 P. 1:21).

5. *Los autores del Antiguo Testamento*: Los propios autores del Antiguo Testamento afirmaron que la Biblia es la Palabra de Dios, que es la verdad revelada.

a. David afirmó que el Espíritu de Dios hablaba a través de él:

"El Espíritu de Jehová ha hablado por mí, y su palabra ha estado en mi lengua. El Dios de Israel ha dicho, me habló la Roca de Israel: Habrá un justo que gobierne entre los hombres, que gobierne en el temor de Dios" (2 S. 23:2, 3).

b. Las Escrituras afirman que fue Dios quien habló a través de todos los profetas de Dios.

"Habló, pues, Jehová por medio de sus siervos los profetas, diciendo" (2 R. 21:10).

c. Nehemías afirmó que era Dios quien hablaba a través de Moisés.

"Y sobre el monte de Sinaí descendiste, y hablaste con ellos desde el cielo, y les diste juicios rectos, leyes verdaderas, y estatutos y mandamientos buenos, y les ordenaste el día de reposo santo para ti, y por mano de Moisés tu siervo les prescribiste mandamientos, estatutos y la ley" (Neh. 9:13, 14).

d. Isaías afirmó que sus escrituras eran lo que el Señor le había dado:

"Me dijo Jehová: Toma una tabla grande, y escribe en ella con caracteres legibles tocante a Maher-salal-hasbaz" (Is. 8:1).

"Porque Jehová me dijo de esta manera con mano fuerte, y me enseñó que no caminase por el camino de este pueblo, diciendo" (Is. 8:11).

e. Jeremías afirmó estar hablando y escribiendo la propia Palabra de Dios:

"Y extendió Jehová su mano y tocó mi boca, y me dijo Jehová: He aquí he puesto mis palabras en tu boca" (Jer. 1:9, cp. 5:14; 7:27; 13:12).

f. Ezequiel afirmó que sus escrituras eran la Palabra de Dios misma:

"Luego me dijo: Hijo de hombre, ve y entra a la casa de Israel, y habla a ellos con mis palabras" (Ez. 3:4, cp. Ez. 3:10-11; Mi. 3:8).

g. Habacuc afirmó que sus escrituras eran la Palabra de Dios:

"Y Jehová me respondió, y dijo: Escribe la visión, y declárala en tablas, para que corra el que leyere en ella" (Hab. 2:2).

h. Zacarías afirmó que Dios realmente le dio su Palabra:

"Vino palabra de Jehová a mí, diciendo" (Zac. 4:8, cp. Zac. 7:12).

i. Los autores del Antiguo Testamento usaron la frase "Jehová ha dicho" o una expresión similar más de dos mil veces.

j. Los autores del Antiguo Testamento se referían a las Escrituras como "la Palabra", "los Estatutos", "la Ley" y "los Testimonios" afirmando la autoridad de Dios por las Escrituras (cp. Sal. 19:1s; 119:1s).

6. *Los autores del Nuevo Testamento*: Estos autores confirmaron las afirmaciones de los autores del Antiguo Testamento.

a. Los autores del Nuevo Testamento declararon que la palabra y las profecías habladas por medio de los profetas del Antiguo Testamento tenían que cumplirse.

"Todo esto aconteció para que se cumpliese lo dicho por el Señor por medio del profeta, cuando dijo" (Mt. 1:22).

"y estuvo allá hasta la muerte de Herodes; para que se cumpliese lo que dijo el Señor por medio del profeta, cuando dijo: De Egipto llamé a mi Hijo" (Mt. 2:15).

"Varones hermanos, era necesario que se cumpliese la Escritura en que el Espíritu Santo habló antes por boca de David acerca de Judas, que fue guía de los que prendieron a Jesús" (Hch. 1:16).

"Y como no estuviesen de acuerdo entre sí, al retirarse, les dijo Pablo esta palabra: Bien habló el Espíritu Santo por medio del profeta Isaías a nuestros padres, diciendo" (Hch. 28:25).

b. Pablo declaró que el propio evangelio nos fue dado por Dios a través de sus profetas en las Sagradas Escrituras:

"que él había prometido antes por sus profetas en las santas Escrituras" (Ro. 1:2).

c. Los autores del Nuevo Testamento afirmaron esto realmente: Que el Antiguo Testamento no fue escrito por la voluntad del hombre, sino por la guía e inspiración de Dios y su Espíritu.

"porque nunca la profecía fue traída por voluntad humana, sino que los santos hombres de Dios hablaron siendo inspirados por el Espíritu Santo" (2 P. 1:21).

"Los profetas que profetizaron de la gracia destinada a vosotros, inquirieron y diligentemente

indagaron acerca de esta salvación, escudriñando qué persona y qué tiempo indicaba el Espíritu de Cristo que estaba en ellos, el cual anunciaba de antemano los sufrimientos de Cristo, y las glorias que vendrían tras ellos" (1 P. 1:10, 11).

"Dios, habiendo hablado muchas veces y de muchas maneras en otro tiempo a los padres por los profetas" (He. 1:1).

7. *Los autores del Nuevo Testamento*: Estos autores también afirmaron que sus propias escrituras son la Palabra de Dios.

a. Pablo afirmó que sus escrituras son la Palabra de Dios:

"Porque yo recibí del Señor lo que también os he enseñado: Que el Señor Jesús, la noche que fue entregado, tomó pan" (1 Co. 11:23).

"¿Acaso ha salido de vosotros la palabra de Dios, o sólo a vosotros ha llegado? Si alguno se cree profeta, o espiritual, reconozca que lo que os escribo son mandamientos del Señor" (1 Co. 14:36, 37).

"Mas os hago saber, hermanos, que el evangelio anunciado por mí, no es según hombre; pues yo ni lo recibí ni lo aprendí de hombre alguno, sino por revelación de Jesucristo" (Gá. 1:11, 12).

"En él también vosotros, habiendo oído la palabra de verdad, el evangelio de vuestra salvación, y habiendo creído en él, fuisteis sellados con el Espíritu Santo de la promesa" (Ef. 1:13).

"Por lo cual también nosotros sin cesar damos gracias a Dios, de que cuando recibisteis la palabra de Dios que oísteis de nosotros, la recibisteis no como palabra de hombres, sino según es en verdad, la palabra de Dios, la cual actúa en vosotros los creyentes" (1 Ts. 2:13).

b. Pablo y Pedro afirmaron que las escrituras de los autores del Nuevo Testamento son la Palabra de Dios.

"lo cual también hablamos, no con palabras enseñadas por sabiduría humana, sino con las que enseña el Espíritu, acomodando lo espiritual a lo espiritual" (1 Co. 2:13).

"para que tengáis memoria de las palabras que antes han sido dichas por los santos profetas, y del mandamiento del Señor y Salvador dado por vuestros apóstoles" (2 P. 3:2).

c. Pablo afirma que todas las Escrituras, tanto el Antiguo como el Nuevo Testamento, son inspiradas por Dios.

"Toda la Escritura es inspirada por Dios, y útil para enseñar, para redargüir, para corregir, para instruir en justicia" (2 Ti. 3:16). (Compárense todos los versículos de este punto, pt. 7).

d. Juan afirmó que lo que él escribió es el testimonio de Dios.

"Si recibimos el testimonio de los hombres, mayor es el testimonio de Dios; porque éste es el testimonio con que Dios ha testificado acerca de su Hijo" (1 Jn. 5:9).

8. *Jesucristo:* El propio Señor afirmó que la Biblia es la Palabra de Dios.

a. Jesucristo corroboró las Escrituras una y otra vez. En realidad corroboró la mayoría de los sucesos más importantes que con frecuencia son cuestionados por los burlones. Jesucristo dijo:
   - Que "la Escritura no puede ser quebrantada" (Jn. 10:35).
   - Que la Escritura "se cumpliese" (Lc. 24:44).
   - "hasta que pasen el cielo y la tierra, ni una jota ni una tilde pasará de la ley [la Escritura]" (Mt. 5:18).
   - Que no conocer las Escrituras en un terrible error: "Erráis, ignorando las Escrituras y el poder de Dios" (Mt. 22:29).
   - Que Adán y Eva realmente existieron y fueron creados por Dios (Mt. 19:4).
   - Que Caín realmente mató a Abel (Mt. 23:35).
   - Que el gran diluvio sucedió realmente en los días de Noé (Lc. 17:27).
   - Que Dios realmente le habló a Moisés en la zarza ardiente (Lc. 20:37).
   - Que Elías sí realizó milagros (Lc. 4:25).
   - Que Jonás sí sobrevivió en el vientre del gran pez tres días (Mt. 12:40).
   - Que Daniel sí hizo predicciones verdaderas (Mt. 24:15).

b. Jesucristo corroboró las escrituras del Nuevo Testamento. Antes de abandonar la tierra y ascender al cielo, Cristo prometió lo siguiente:

=> Que el Espíritu Santo guiaría y enseñaría de modo sobrenatural la verdad a los apóstoles y les mostrarían lo por venir.

"Mas el Consolador, el Espíritu Santo, a quien el Padre enviará en mi nombre, él os enseñará todas las cosas, y os recordará todo lo que yo os he dicho" (Jn. 14:26).

"Pero cuando venga el Espíritu de verdad, él os guiará a toda la verdad; porque no hablará por su propia cuenta, sino que hablará todo lo que oyere, y os hará saber las cosas que habrán de venir" (Jn. 16:13).

=> Que el Espíritu Santo de modo sobrenatural hablaría a través de ellos.

"Porque no sois vosotros los que habláis, sino el Espíritu de vuestro Padre que habla en vosotros" (Mt. 10:20, cp. Mr. 13:11).

=> Que tendrían toda la autoridad del cielo y la tierra para enseñar a los hombres y que Él (su presencia y autoridad) estaría con ellos hasta el fin de la tierra.

"Y Jesús se acercó y les habló diciendo: Toda potestad me es dada en el cielo y en la tierra. Por tanto, id, y haced discípulos a todas las naciones, bautizándolos en el nombre del Padre, y del Hijo, y del Espíritu Santo; enseñándoles que guarden todas las cosas que os he mandado; y he aquí yo estoy con vosotros todos los días, hasta el fin del mundo. Amén" (Mt. 28:18-20).

(Por favor note: Norman Geisler tiene un análisis excelente y minucioso acerca de "Cristo y la inspiración de la Biblia" para aquellos que desean investigar más sobre el tema: *A Popular Survey of the Old Testament (Un estudio popular sobre el Antiguo Testamento)*. Grand Rapids, MI: Baker Book House, 1977, pp. 11-15).

9. *El Espíritu Santo:* El Espíritu Santo del propio Dios es el autor de la Biblia. Las Escrituras lo dejan claro. (Vea también el pt. 7b que acabamos de dejar atrás.)

a. Los santos hombres de Dios hablaron y escribieron siendo inspirados por el Espíritu de Dios.

"porque nunca la profecía fue traída por voluntad humana, sino que los santos hombres de Dios hablaron siendo inspirados por el Espíritu Santo" (2 P. 1:21).

El Espíritu Santo es el autor de las Escrituras (2 P. 1:19-21, fundamentalmente 21). La *palabra de profecía* se traduce con más precisión como *palabra profética*. El origen de las Escrituras se encuentra no en la voluntad del hombre, es decir, en su intento por hallar la verdad e interpretar la verdad. Sino en la Palabra del Espíritu Santo que le revela la verdad al hombre (cp. Jn. 16:12-15; 1 Co. 2:9-10).

b. Dios inspiró las Escrituras por medio de su Espíritu.

"Toda la Escritura es inspirada por Dios, y útil para enseñar, para redargüir, para corregir, para instruir en justicia" (2 Ti. 3:16).

Las Escrituras son inspiradas por Dios. La frase "inspirada por Dios" (*theopneustos*) quiere decir *soplada por Dios*. ¿Qué quiere decir esto? ¿Qué significa decir que *Dios sopló* las Sagradas Escrituras? Nadie puede decir nada con certeza, pero algo se puede añadir.

=> La idea es que Dios *sopló* las Escrituras o Dios *produjo* las Escrituras más o menos como Él hizo la creación.

"Por la palabra de Jehová fueron hechos los cielos, y todo el ejército de ellos por el aliento de su boca" (Sal. 33:6).

Al menos esto significa lo siguiente: Dios creó su Palabra de un modo sobrenatural por medio del aliento creativo de Dios. Es decir, la Palabra de Dios provino de su mente y su corazón y solo de su mente y su corazón. El propio Dios le dio, sopló sobrenatural y creativamente, su Palabra al hombre.

Nota: Son las Escrituras las que son inspiradas, no el hombre. La Biblia no afirma ser escrita por hombres inspirados. Sí afirma que la escritura es dada o soplada sobrenaturalmente por Dios. Las Escrituras son *expiradas por Dios, no aspiradas por Dios*. La Biblia afirma ser dada por el aliento creativo de Dios, por el poder de su Espíritu Santo. *Los santos hombres de Dios hablaron siendo inspirados por el Espíritu Santo* (2 P. 1:21).

10. *Profecía cumplida*: Hay más de ocho mil profecías en la Biblia y más de trescientas de las mismas son referencias del Antiguo Testamento al Mesías. Una profecía es la predicción de algún suceso futuro. ¡Imagínese nada más! La Biblia ha predicho más de 8000 sucesos futuros y el dato pasmoso es el siguiente: Miles se han cumplido exactamente como se predijeron en las Sagradas Escrituras. La exactitud con que se cumplieron las profecías de la Biblia se puede ver claramente al hacer referencia a las siguientes notas que aparecen en *La Biblia de bosquejos y sermones*. (Vea el *Estudio a fondo 1,* Lc. 3:23-38; las notas, 3:24-31; 3:32-38; *Estudio a fondo 3,* Jn. 1:45; nota, Mt. 17:23; *Estudio a fondo 1, 2,* Ap. 20:4-6). La exactitud y el cumplimiento detallado de las profecías bíblicas constituyen una evidencia contundente de la inspiración y autoridad de la Biblia. La profecía cumplida puede significar solo una cosa: *Los santos hombres de Dios hablaron siendo inspirados por el Espíritu Santo* (2 P. 1:21). (Nota: El número enorme de profecías que se han cumplido nos hablan de otro dato más: Los sucesos que la Biblia ha predicho para el futuro sucederán. Las profecías futuras de la Biblia se cumplirán incluso hasta el detalle más pequeño. *La enciclopedia de profecía bíblica* del gran erudito J. Barton Payne enumera cada una de las profecías de la Biblia libro por libro y cuenta con varios recuadros excelentes para ayudar al estudiante de los sucesos proféticos. (Publicado por Harper y Row Publishers, Inc., Nueva York, NY, 1973.)

11. *Arqueología*: Se han realizado cientos de descubrimientos arqueológicos que corroboran varios hechos y sucesos mencionados en la Biblia. La exactitud de la Biblia se ve constantemente sustentada por estos descubrimientos y aunque no demuestran la inspiración de la Biblia, los hallazgos sí demuestran cuán confiables son los datos de la Biblia. La arqueología definitivamente ayuda a sustentar la inspiración y autoridad de la Biblia.

12. *La veracidad de la Biblia*: Las Sagradas Escrituras son absolutamente veraces.

"Por lo cual también nosotros sin cesar damos gracias a Dios, de que cuando recibisteis la palabra de Dios que oísteis de nosotros, la recibisteis no como palabra de hombres, sino según es en verdad, la palabra de Dios, la cual actúa en vosotros los creyentes" (1 Ts. 2:13).

"*Toda la Escritura* es inspirada por Dios, y útil para enseñar, para redargüir, para corregir, para instruir en justicia" (2 Ti. 3:16).

"porque nunca la profecía fue traída por voluntad humana, sino que los santos hombres de Dios hablaron siendo inspirados por el Espíritu Santo" (2 P. 1:21).

LA HISTORIA

La Biblia tiene solo una historia: La historia de Dios y el hombre, de las relaciones y de la lucha de Dios con el hombre. La Biblia es un retrato de la historia humana, una trama en la que el hombre lucha por ser su propio amo, gobernando sobre su propia vida y la vida de otros, haciendo lo que le place, cometiendo toda clase de mal desde asesinar, esclavizar a las personas, maldecir a Dios hasta sencillamente decir "mentiritas piadosas" y engañar a las personas. La Biblia revela una verdadera ilustración del hombre, en la que al hombre se le ve echándolo todo a perder, pero Dios en su amor interviene y salva al hombre. La historia de la Biblia consiste en cómo Dios interviene una y otra vez y salva al hombre. La intervención y salvación supremas de Dios en los asuntos humanos se ve en *la Simiente prometida* el Salvador y Mesías del mundo: Jesucristo. La venida de Jesucristo al mundo es el gran tema de la Biblia. Pero hay otro tema principal también en la Biblia: La gran lucha de Satanás en la que se le ve luchando contra Dios y sus propósitos para el hombre.

De hecho, la Biblia revela tres grandes luchas que tienen lugar en la historia humana. Se puede ver la gran historia de la Biblia estudiando estas tres grandes luchas: Una visible, una invisible y una redentora.

=> Dios y el hombre: La lucha visible
=> Dios y Satanás: La lucha invisible
=> Dios, el hombre y Satanás: La lucha redentora

I. Dios y el hombre: La lucha visible

La lucha entre Dios y el hombre es una lucha visible, un conflicto que cada persona experimenta dentro de su corazón y su mente cada día de su vida. Toda tentación, ya sea de pensamiento o acto, despierta la lucha dentro de nosotros, la lucha por seguir a Dios o al yo, de hacer bien o mal, de rechazar la tentación o de ceder a ella, de obedecer a Dios o de desobedecer a Dios. Esta lucha entre Dios y el hombre ha existido desde el inicio de la historia humana. Los *puntos fundamentales* de la lucha se ven claramente en la Biblia.

1. Adán y Eva: La relación perfecta del hombre con Dios fue quebrantada por el hombre (Gn. caps. 1-3).
   a. La relación perfecta (Gn. 1-2). Cuando Dios creó al hombre, el propósito de Dios era bañar al hombre con su amor, bondad y gracia. Por lo tanto, Dios puso al hombre en *el paraíso de Dios, el Huerto del Edén* y estableció una relación perfecta con el hombre. La responsabilidad del hombre era mantener viva la relación. La manera escogida para mantener la relación con Dios era obedecer a Dios (Gn. 2:15-17). Si el hombre desobedecía a Dios, el hombre estaría mostrando desconfianza e incredulidad en Dios, rechazando así a Dios y rompiendo la relación. La consecuencia de tal desobediencia era la muerte, lo que significaba tanto la muerte física como la muerte eterna, una separación eterna de Dios. Por un período de tiempo desconocido, el hombre anduvo según la voluntad de Dios, obedeciéndolo y manteniendo viva la relación. El hombre era desinteresado, obedeciendo a Dios en todas las cosas. El hombre amó, adoró, sirvió a Dios y participó del amor, la bondad y la gracia de Dios.
   b. La relación quebrantada (Gn. 3:1-7). Pero llegó el día en que el hombre decidió desobedecer a Dios. Decidió hacer su voluntad y andar como quería. El hombre se volvió egoísta: Se rebeló contra Dios y rechazó a Dios y a su Palabra. El hombre quebrantó la fraternidad; rompió la relación perfecta con Dios. Se había pronunciado la pena por la desobediencia (Gn. 2:17). Ahora la pena cobraba efecto: La relación perfecta del hombre con Dios está quebrantada; el hombre (está) estaba separado de Dios y condenado a morir tanto física como eternamente (Gn. 3:22-24; cp. Jn. 5:24; Ro. 5:12; 6:23; 1 Ti. 5:6; Ef. 2:1, 5; Col. 2:13; He. 9:27; Ez. 18:4, 20).
   c. La relación restaurada (Gn. 3:8-24). Sin embargo, Dios, que es amor, intervino y buscó al hombre. Cuando Dios encontró al hombre, Él prometió salvar al hombre y restaurar la relación perfecta a través de la *simiente de la mujer*, el Salvador del mundo, quien debía ser el Señor Jesucristo.
2. Noé y el diluvio (Gn. capítulos 6 al 10).
   a. El hombre continuó desobedeciendo a Dios y se volvió extremadamente inmoral, anárquico y violento (Gn. 6:1-7).
   b. Pero en su amor, Dios intervino y halló un hombre justo, Noé, y salvó a la raza humana a través de él (Gn. 6:8 hasta el cap. 10, fundamentalmente 6:8-10).
3. La torre de Babel (Gn. 11:1-9).
   a. Se ve al hombre intentando construir un imperio y una religión mundial que eran seculares, que se oponían totalmente a Dios (Gn. 11:1-4).
   b. Pero nuevamente en su amor, Dios intervino y salvó al hombre de volverse totalmente secular, los salvó confundiendo las lenguas de las personas y obligándolos a esparcirse por toda la tierra (Gn. 11:5-9).
4. Abraham e Israel (Gn. 11:10 hasta el cap. 50).
   a. Al hombre no se le ve hacer nada por Dios que sea digno de mención después de la torre de Babel, excepto tener progenie y darle continuación a la descendencia de la raza humana (Gn. 11:10-26).
   b. Pero Dios intervino en la historia humana escogiendo a un hombre, Abraham, para engendrar una nueva nación de personas, Israel (Gn. 11:27-32; 12:1-3). Dios eligió y levantó una nueva nación de personas para cinco propósitos básicos:
      1) Ser un pueblo que amara a Dios de un modo supremo y que le ofreciera toda su lealtad.
      2) Ser un testimonio para las otras naciones de la tierra, de que Dios existe y de que Él es el único Dios vivo y verdadero.
      3) Ser *la descendencia escogida* a través de la cual Dios podría enviar *la Simiente prometida*, el Salvador y Mesías, al mundo (Cp.

Gn. 3:15; 17:7; 22:18; Gá. 3:16; Jn. 4:22).

4) Ser el receptor y canal de *la revelación escrita* de Dios para el mundo, es decir, su Palabra, la Santa Biblia.

5) Darle a Israel *la Tierra Prometida* (Canaán) y poner delante del mundo la meta de *la Tierra Prometida* (un símbolo del cielo).

c. Sin embargo, a lo largo del resto de Génesis, a los descendientes inmediatos de Abraham se les ve fallándole a Dios una y otra vez. El libro de Génesis concluye con Israel esclavizado por Egipto (Gn. caps. 12-50).

5. Moisés y la ley (Éxodo hasta Deuteronomio).

a. Dios, en su amor, intervino levantando a otro hombre, Moisés, para que sacara a Israel de la esclavitud egipcia. A través de Moisés Dios también dio su ley tanto a Israel como al mundo. Él le dio al hombre la ley de Dios por tres razones fundamentales:

=> Enseñar al hombre que Dios es santo, justo y bueno (Ro. 7:12).

=> Enseñar la incapacidad del hombre para salvarse por sí mismo (Ro. 3:20; Gá. 3:10).

=> Enseñar la necesidad del hombre de *la Simiente prometida*, el Salvador del mundo, el Señor Jesucristo (Gá. 3:24).

b. Pero el pueblo de Israel no obedeció la ley de Dios ni siguió a Dios consecuentemente. Deliberadamente decidió alejarse de Dios y hacer su voluntad en toda la marcha por el desierto. Por consiguiente, laceraron constantemente el corazón de Dios y despertaron su desaprobación una y otra vez (cp. Éx. 16:2s; 17:1s; 32:1s).

6. El establecimiento de un reino: Josué, los jueces, Saúl, David, Salomón y los otros reyes de Israel (Josué y Ester).

a. A través del coraje de Josué y los jueces, Israel pudo conquistar suficiente territorio de *la Tierra Prometida* como para hacerse de un espacio para trasladar a toda la nación a Canaán. Pero finalmente el pueblo comenzó a observar a su alrededor y a darse cuenta de cómo las naciones mundanas de la tierra eran gobernadas por reyes. El resultado: "Rechazaron el gobierno de Dios por medio de sus profetas escogidos y la ley, y exigieron un rey".

b. Dios intervino y le dio al pueblo de Israel una casta de reyes; algunos resultaron ser buenos y otros malos. Durante las generaciones de los reyes, Israel cada vez más se asemejó a los reinos y las naciones del mundo. El pueblo comenzó a preocuparse cada vez más por las cosas mundanas, se volvió inmoral, codicioso, orgulloso y perjudicial. Y, lo más trágico del caso, se rehusaron a dar testimonio a otras naciones. No fueron la fuerza misionera para la que Dios los eligió. De hecho, se corrompieron tanto que comenzaron a seguir la religión de otras naciones, volviéndose idólatras.

El resultado: El reino de Israel cayó de la misma manera que caen todos los reinos mundanos. El pueblo fue finalmente conquistado por una potencia extranjera y llevado al cautiverio.

7. El grito de los poetas y los profetas (Job y Malaquías). Dios levantó poetas y profetas a lo largo de la historia de Israel. Su propósito: Suplicarle al pueblo que regresara a Él. Pero el pueblo siguió viviendo como quiso, rechazando a Dios y alejándose cada vez más de Él.

8. La intervención suprema de Dios: Jesucristo (Mateo hasta Judas).

a. En el Nuevo Testamento, a Dios se le ve interviniendo en los asuntos y la historia del hombre de la manera más grande posible: Él envió *la Simiente prometida*, su propio Hijo, el Señor Jesucristo, al mundo para salvar al hombre (Mateo hasta Juan).

b. Pero el hombre rechazó al Hijo de Dios y lo mató en la cruz.

c. Sin embargo, aún así Dios no borró al hombre de la faz de la tierra. A pesar de la terrible acción del hombre de matar al Hijo de Dios, Dios intervino una vez más:

=> Dios puso los pecados del mundo en Cristo mientras moría en la cruz. Jesucristo murió por los pecados del hombre.

=> Dios resucitó a su Hijo de entre los muertos.

d. El resultado fue increíble: Miles y miles de personas confiaron en Jesucristo como su Salvador. Creyeron esta verdad gloriosa: "Que Jesucristo había muerto realmente por sus pecados en la cruz y cuando creyeron, recibieron el poder del Espíritu de Dios para vivir para Dios. Su creencia en Cristo les dio el poder del Espíritu de Dios, el poder para seguir a Dios consecuentemente día tras día. Por consiguiente nació la iglesia y comenzó su marcha triunfante hacia el día glorioso de la redención (Hechos hasta Judas).

9. La intervención culminante de Dios: Jesucristo regresará nuevamente (Apocalipsis). Dios va a intervenir en la historia solo una vez más: Para poner fin a la historia. Este movimiento culminante aún está por suceder: Sucederá cuando Jesucristo regrese a la tierra para juzgar a todos los hombres (cp. Jn. 5:28-29; 2 P. 3:3-12).

II. Dios y Satanás: La lucha invisible

La lucha entre Dios y Satanás es una lucha invisible, un conflicto invisible que sucede entre los bastidores de este mundo. Si se pudiera levantar el telón entre este mundo y el mundo espiritual, mostraría que Satanás está detrás de todo el mal y el desorden, el conflicto y la lucha de este mundo. Mostraría que se está peleando una gran lucha espiritual por las almas de los hombres. Las Escrituras dicen que Satanás fue probablemente el ángel más alto jamás creado por Dios, pero él cayó por su egoísmo y su orgullo (Is. 14:12; cp. 1 Ti.

3:6. vea las notas Ap. 12:3-4; *Estudio a fondo 1,* 2 Co. 4:4; 11:13-15; 1 P. 5:8).

El propósito de Satanás de hacerle la guerra a Dios tiene dos aspectos:

Primero, el propósito de Satanás es poder y adoración, recibir tanto del poder y adoración del universo como sea posible (Is. 14:12-17; Ez. 28:11-17). Satanás lo hace de tres formas:

=> Se opone y perturba la obra de Dios en el mundo (Is. 14:12-17; Ez. 28:11-17; Job 1:6; 2:1-6; Mt. 4:10; Mr. 1:13; Lc. 4:8; Ap. 12:7-9).

=> Desalienta a los creyentes a través de varias estrategias (vea las notas, Lc. 22:31; Ef. 6:10-12).

=> Despierta la justicia de Dios contra las personas llevando a las personas a pecar, a negar y a rebelarse contra Dios. Y cuando lo hacen, la justicia de Dios tiene que actuar y juzgar a las personas según el destino de sus decisiones: El de vivir apartado de Dios y con Satanás eternamente (vea las notas, Mt. 12:25-26; Jn. 13:31-32).

Segundo, el propósito de Satanás es lacerar y desgarrar el corazón de Dios. ¿Por qué? Porque Dios lo ha juzgado y condenado por rebelarse contra Dios. Por ende, Satanás hace todo cuanto puede para vengarse de Dios. De la mejor manera que él lo puede hacer es tratando de echar por tierra los propósitos de Dios, alejando de Dios el corazón de las personas y haciéndolas pecar y seguir el mal. (Vea las notas, pt. 3, Ap. 12:3-4; pt. 2, Ap. 12:7-9; pt. 2, Ap. 12:10-11 para un mayor análisis.)

Sin embargo, Dios planificó desde el principio de la historia humana que el poder de Satanás fuera quebrantado por la *simiente de la mujer,* el Salvador del mundo, quien sería el Señor Jesucristo. Como la *simiente de la mujer* debía nacer de la humanidad, Satanás ha intentado corromper y destruir al hombre desde el inicio de la historia. Si él podía destruir al hombre, específicamente la descendencia prometida del pueblo de Dios, podía impedir el nacimiento del Salvador y derrotar los propósitos de Dios. La historia fluye con los rastros de la corrupción y la destrucción bélica del hombre. Pero es la Biblia la que revela la *lucha invisible* entre los bastidores de la corrupción y destrucción de la historia. Es la Biblia la que revela los puntos fundamentales de la *lucha invisible* que Satanás hace contra Dios, la *lucha invisible* del diablo por corromper y destruir al hombre y por echar por tierra el plan de Dios para el hombre.

1. La creación del hombre: Adán y Eva.
    a. Primero se ve a Satanás intentando frustrar los propósitos de Dios en la creación del hombre. Él tentó a Adán y a Eva a que desobedecieran a Dios, sabiendo que la consecuencia de la desobediencia sería la muerte, es decir, la separación de Dios.
    b. Pero Dios intervino y prometió darle a la mujer una *simiente*, un descendiente, que salvaría al hombre. Esta simiente de la mujer es *la Simiente prometida*, el Salvador, el Mesías, mencionado en toda la Biblia (Gn. 3:15).
2. La adoración falsa y el asesinato de Caín.
    a. A Satanás se le ve instando a Caín, el hijo mayor de Adán, a adorar con terquedad, rechazando la adoración de Dios (Gn. 4:1-7). Luego sabiendo que Abel, el hermano de Caín, era fiel en su adoración a Dios, Satanás instó a Caín a atacar a *la descendencia fiel* del pueblo de Dios matando a Abel (Gn. 4:8-9).
    b. Pero Dios intervino nuevamente y le dio a Adán y a Eva otro hijo, Set, cuyo nombre significa "*sustitución*" (Gn. 4:25). Set fue sustituido para darle continuidad a *la descendencia piadosa* del pueblo de Dios a través de quien *la Simiente prometida* debía nacer.
3. La corrupción terrible de toda la raza humana.
    a. Apartado momentáneamente, Satanás comenzó a llevar al hombre a tan horrible corrupción que finalmente Dios se vio obligado a eliminar al hombre de la faz de la tierra por medio del castigo del diluvio.
    b. Pero Dios en su amor intervino una vez más y salvó la descendencia piadosa levantando a Noé (Gn. caps. 6-10).
4. La torre de Babel: El secularismo y la falsa adoración del hombre.
    a. Satanás instiló orgullo y egoísmo en el corazón del hombre y lo hizo rechazar a Dios en la torre de Babel. Esto obligó a Dios a juzgar y esparcir la raza.
    b. Pero Dios intervino y levantó a un hombre justo, Abraham, que debía engendrar a una nación justa, Israel. A través de esa nación de personas, Dios enviaría *la Simiente prometida*, el Salvador, al mundo (Gn. 11:1-9, 31-32; 12:1-3; 17:1-8).
5. Abraham y Sara: Su condición de no tener hijos. (Una pareja sin descendencia.)
    a. Sara, la esposa de Abraham, no le daba hijos y *la descendencia prometida* una vez más se vio amenazada (Gn. 16:1).
    b. Pero Dios intervino e Isaac nació milagrosamente cuando Abraham tenía cien años. Así se le dio continuidad a la descendencia piadosa (Gn. 17:15-16; 21:1-8).
6. Esaú y Jacob: Su mundanalidad.
    a. Esaú, el hijo mayor de Isaac y heredero de las propiedades de su padre por ley, era un hombre mundano (Gn. 25:27-34; He. 12:16-17). Jacob, el otro hijo de Isaac, era "un burlador" (Gn. 27). La corrupción de la "simiente" al parecer era inevitable.
    b. Pero Dios intervino una vez más confrontando a Jacob con su pecado y llevándolo al arrepentimiento. Jacob se convirtió en "un príncipe de Dios" y se salvó *la descendencia piadosa*. La esperanza de *la Simiente prometida* aún estaba viva (Gn. 28:1-4; 32:24-30).
7. La historia de Israel y del hombre.

a. Esta historia está registrada en la Biblia desde la esclavitud egipcia hasta la venida de Cristo. La historia recoge amenaza tras amenaza a *la descendencia piadosa* del pueblo de Dios. Una y otra vez Satanás parecía salir vencedor en su conflicto espiritual contra Dios, vencedor en su intento de impedir que naciera *la Simiente prometida*, el Salvador. (Vea la nota 5, Gn. 3:15 para un recuadro sobre la mayoría de los ataques contra *la Simiente prometida* por parte de Satanás.)

b. Pero Dios siempre en su amor intervino y salvó la descendencia justa para *la Simiente prometida*. El Salvador que vendría debía proporcionar liberación permanente para el hombre, liberación del pecado, la muerte y el infierno. El Salvador que había de venir debía traerle al hombre la esperanza de la vida eterna, la esperanza de ser restaurado a la perfección original conocida por Adán y Eva en el Huerto del Edén.

8. Jesucristo: Atentados contra su vida. Satanás se frustró a lo largo de la historia en su intento de destruir *la descendencia piadosa*; por consiguiente, cuando *la Simiente prometida*, Jesucristo, nació, no vaciló en atacar a Cristo para destruirlo.

a. Los sucesos de la vida de Cristo: Satanás se esforzó desmedidamente por matar a Cristo:
   - Llevando hombres impíos a un mesón atestado de personas de modo que no había lugar para que Él naciera (Lc. 2:7).
   - A través de la matanza de los niños ordenada por Herodes (Mt. 2:13s).
   - A través de su traslado a Nazaret huyendo de Arquelao, hijo de Herodes y sucesor al trono (Mt. 1-2).
   - A través de las tentaciones de Satanás en el desierto (Mt. 4).
   - A través de la reacción persistente de los judíos contra su vida (Jn. 7:20-21, 25).
   - A través de la traición de Judas (Mt. 26:14s).
   - A través de la muerte en la cruz (Mt. 27:33s).

   Todo esto y mucho más parecía indicar una posible victoria para Satanás y luego la propia cruz parecía indicar que *la simiente* ya había perecido. Lo habían herido "en el calcañar" (Gn. 3:15).

b. Pero Dios intervino tal como había hecho en cada atentado contra la vida del Salvador: Él resucitó a Cristo de entre los muertos. A través de la resurrección, se habían vencido las consecuencias de la desobediencia del hombre, su muerte y su separación de Dios.

   A través de la muerte y resurrección de Jesucristo, a Satanás lo habían herido "en la cabeza [el centro de sus sentidos]" (He. 2:14-15). Se habían preparado las condiciones para restaurar una relación perfecta con Dios, todo por medio de *la Simiente prometida,* el Señor Jesucristo. Ahora el hombre puede acercarse una vez más a Dios en Jesucristo, cara a cara. Satanás y su simiente de injusticia, los impíos, han quedado derrotados. Se ha alcanzado la victoria. Y la victoria se volverá una realidad viva cuando el número deseado de Dios de justos se hayan convertido y hayan sido redimidos por *la Simiente prometida*, Jesucristo (Ap. 21:1-8; 20:7-10; Ro. 16:20).

9. La iglesia: Los intentos para acabar con el pueblo de Dios (Hch.—Ap. e historia de la iglesia).

a. Desde Cristo, Satanás ha continuado con sus intentos por destruir *la descendencia piadosa*, los seguidores de Cristo. Sus ataques han tomado dos formas:
   - La de la persecución. Él hace que el mundo, los impíos, tanto los individuos como los gobiernos, opriman, amenacen, ataquen y martiricen a los creyentes.
   - La de la falsa doctrina. Él hace que los incrédulos se infiltren en la iglesia y cuestionen la Palabra de Dios y la verdad de Cristo, hace que los creyentes y los ministros carnales de la iglesia cuestionen la verdad de Cristo y de las Escrituras y que enseñen falsas doctrinas.

   Estas dos formas de ataque se ven a lo largo de todo el Nuevo Testamento (Hechos hasta Apocalipsis) y se han usado para oprimir a la Iglesia de siglo en siglo a través de la historia. La historia de la Iglesia verdadera no ha sido más que una sarta de persecuciones y sangre a través de los siglos.

   Pero Dios siempre ha intervenido y conservado *la descendencia piadosa*, su Iglesia verdadera, a través de todos los ataques y persecuciones de Satanás y de su simiente impía. Y Dios seguirá conservando su Iglesia hasta el día glorioso de la redención, el triunfo final sobre Satanás y sobre aquellos que han decidido seguir la impiedad de sus caminos. El triunfo final sobre Satanás y todo el mal está asegurado, ya se ha asegurado, por medio de *la Simiente prometida*, el Señor Jesucristo (El libro de Apocalipsis).

III. Dios, el hombre y Satanás: La lucha de la redención y la salvación

Hay una tercera lucha que se mantiene en todas las Escrituras: La lucha de Dios por proporcionarle al hombre la redención y la salvación. Según se ha visto en las dos luchas anteriores, tanto el hombre como Satanás han luchado contra Dios y su plan de salvación desde el inicio.

=> Satanás trata de herir a Dios, de desgarrar su corazón a fin de vengarse de Dios por haberlo juzgado y condenado.

=> El hombre trata de ganar reconocimiento y de exaltarse a sí mismo, de ganar su independencia y autosuficiencia; por eso ignora, rechaza y niega a Dios. De profesar a Dios, el hombre afirma ser religioso y justo, suficientemente bueno para ser acepto por Dios y suficientemente bueno para nunca ser rechazado por Dios. El hombre rechaza la muerte de Cristo por sus pecados, rechaza la necesidad de la cruz. El hombre lucha contra el plan de redención de Dios.

Por consiguiente, desde el comienzo mismo de la historia, Dios ha tenido que luchar para proporcionarle al hombre redención y salvación. Esta lucha se ve en la simiente de la mujer, que es el Salvador del mundo, el Señor Jesucristo. Dios prometió enviarles *la Simiente prometida* a Adán y a Eva en Génesis. Dios ha luchado a través de los siglos por enviar a su Hijo de modo que pudiera proporcionarle al hombre redención y salvación.

La lucha de redención y salvación se ve al estudiar cómo Cristo es el tema de la Biblia, el tema subyacente de cada libro de la Biblia. Se puede encontrar ejemplo tras ejemplo en cada libro: Aquí solo se enumera un ejemplo para demostrar este planteamiento. Cristo es el centro de las Escrituras, de cada libro de la Biblia. El excelente comentarista Norman Geisler lo ha formulado bien: Cristo está en:

- Génesis: "La Simiente de la mujer" (Gn. 3:15).
- Éxodo: "El Cordero de la Pascua" (Éx. 12:3s).
- Levítico: "El Sacrificio expiatorio" (Lv. 17:11).
- Números: "La Peña golpeada" (Nm. 20:8, 11).
- Deuteronomio: "El Profeta fiel" (Dt. 18:18).
- Josué: "El Príncipe del ejército de Jehová" (Jos. 5:15).
- Jueces: "El Libertador divino" (Jue. 2:18).
- Rut: "El Pariente que redime" (Rt. 3:12).
- 1 Samuel: "El Ungido" que vendrá (1 S. 2:10).
- 2 Samuel: "El Hijo de David" que se ha de sentar en el trono (2 S. 7:13-14).
- 1 y 2 Reyes: "El Rey que vendrá".
- 1 y 2 Crónicas: "El Constructor del templo" (1 Cr. 28:20).
- Esdras: "El Restaurador del templo" (Esd. 6:14-15).
- Nehemías: "El Restaurador de la nación" (Neh. 6:15).
- Ester: "El Preservador de la nación" (Est. 4:14).
- Job: "El Redentor que vive" (Job 19:25).
- Salmos: "La Alabanza de Israel" (Sal. 150:6).
- Proverbios: "La Sabiduría de Dios" (Pr. 8:22-23).
- Eclesiastés: "El gran Maestro" (Ec. 12:11).
- Cantar de los cantares: "El más rubio de los diez mil" (Cnt. 5:10).
- Isaías: "El Siervo sufriente" (Is. 53:11).
- Jeremías: "El Hacedor del nuevo pacto" (Jer. 31:31).
- Lamentaciones: "El Hombre de las afrentas" (Lm. 3:28-30).
- Ezequiel: "La Gloria de Dios" (Ez. 43:2).
- Daniel: "El Mesías venidero" (Dn. 9:25).
- Oseas: "El Amante de los infieles" (Os. 3:1).
- Joel: "La Esperanza de Israel" (Jl. 3:16).
- Amós: "El Segador" (Am. 9:13).
- Abdías: "El Salvador" (Abd. 21).
- Jonás: "El Resucitado" (Jon. 2:10).
- Miqueas: "El Señor en Israel" (Mi. 5:2).
- Nahum: "El Vengador" (Nah. 2:1).
- Habacuc: "El Santo Dios" (Hab. 1:13).
- Sofonías: "El Rey de Israel" (Sof. 3:15).
- Hageo: "El Deseo de las naciones" (Hag. 2:7).
- Zacarías: "El Renuevo justo" (Zac. 3:8).
- Malaquías: "El Sol de justicia" (Mal. 4:2).
- Mateo: "El Rey de los judíos" (Mt. 2:2).
- Marcos: "El Siervo del Señor" (Mr. 10:45).
- Lucas: "El Hijo del Hombre" (Lc. 19:10).
- Juan: "El Hijo de Dios" (Jn. 1:1).
- Hechos: "El Señor ascendido" (Hch. 1:10).
- Romanos: "La Justicia del creyente" (Ro. 1:17).
- 1 Corintios: "La Santificación del creyente" (1 Co. 1:30).
- 2 Corintios: "La suficiencia del creyente" (2 Co. 12:9).
- Gálatas: "La Libertad del creyente" (Gá. 2:4).
- Efesios: "La Cabeza exaltada de la iglesia" (Ef. 1:22).
- Filipenses: "El gozo del cristiano" (Fil. 1:26).
- Colosenses: "La Plenitud de la Deidad" (Col. 2:9).
- 1 Tesalonicenses: "El Consuelo del creyente" (1 Ts. 4:16, 17).
- 2 Tesalonicenses: "La Gloria del creyente" (2 Ts. 1:12).
- 1 Timoteo: "El Salvador del cristiano" (1 Ti. 4:10).
- 2 Timoteo: "El Galardonador del cristiano" (2 Ti. 4:8).
- Tito: "La Esperanza bienaventurada" (Tit. 2:13).
- Filemón: "El Sustituto" (Flm. 17).
- Hebreos: "El Sumo Sacerdote" (He. 4:15).
- Santiago: "El Dador de Sabiduría" (Stg. 1:5).
- 1 Pedro: "La Roca" (1 P. 2:6).
- 2 Pedro: "La Promesa preciosa" (2 P. 1:4).
- 1 Juan: "La Vida" (1 Jn.).
- 2 Juan: "La Verdad" (2 Jn.).
- 3 Juan: "El Camino" (3 Jn.).
- Judas: "El Abogado" (Jud.).
- Apocalipsis: "El REY DE REYES Y SEÑOR DE SEÑORES" (Ap. 19:16).

(Norman Geisler. *A Popular Survey of the Old Testament* [Un estudio popular del Antiguo Testamento], pp. 24-25).

Deseamos reconocer dos fuentes excelentes que han ayudado tremendamente en la preparación del material acerca de *"La introducción a la Santa Biblia"*.

Harold Lindsell y Charles J. Woodbridge. *Un manual de la verdad cristiana*. Westwood, NJ: Fleming H. Revell Company, 1953.

Norman Geisler. *A Popular Survey of the Old Testament* [Un estudio popular del Antiguo Testamento]. Grand Rapids, MI: Baker Book House, 1977.

Existen otras, pero estas dos han despertado numerosos pensamientos y han provisto una investigación y una perspectiva general de los temas cubiertos en esta introducción específica.

CRONOLOGÍA DEL ANTIGUO TESTAMENTO

Fechas (a.C.)	Personas y acontecimientos	Cultura contemporánea
Pasado sin fechar (Gn. 1—11)	Creación Adán Diluvio Babel	Cultura prehistórica
2300-1800 (Gn. 12—50)	Los patriarcas Abraham Isaac Jacob José	Mesopotamia y Egipto
1800-1500 (Entre Gn. y Éx.)	Israel esclavizado en Egipto	Egipto
1500-1050 (Éx.—Jue.)	Éxodo y la conquista de Canaán	Varias naciones oprimen a Israel
1526-1406 1446	Moisés Fecha del Éxodo	
1406-1390	Josué, como líder de Israel	
1390-1050 1105 1075	Los Jueces Samuel Sansón	
1050-931	EL REINO UNIDO (Establecido 1050 a.C.) Saúl (1050-1010) David (1010-970) Salomón (970-930)	Naciones vecinas derrotadas por Israel
931	EL REINO DIVIDIDO	

EL REINO DIVIDIDO

Judá: El reino del sur				Israel: El reino del norte		
Fechas	**Reyes**	**Profetas del sur**	**Profetas del norte**	**Fechas**	**Reyes**	**Cultura contemporánea**
931-913	Roboam			931-910	Jeroboam I	Reino sirio
						(971-732)
913-911	Abiam					
911-870	Asa		Elías	910-909	Nadab	
			(875-848)			
				909-886	Baasa	
				886-885	Ela	
				885	Zimri	
				885-880	Tibni	
872-848	Josafat	Abdías		885-874	Omri	
		(855-804?)				
				874-853	Acab	
				853-852	Ocozías	
848-841	Joram		Eliseo	852-841	Joram	
841	Ocozías		(848–797)	841-814	Jehú	
841-835	Atalía					
835-796	Joás	Joel(?)		814-798	Joacaz	
796-767	Amasías		Jonás	798-782	Joás	
			(785-775)			
792-740	Azarías	Isaías	Amós	793-753	Jeroboam II	
	(Uzías)	(740-681)	(760-750)			
				753	Zacarías	
				752	Salum	
750-735	Jotam		Oseas	752-742	Manahem	
			(750-715)			
				742-740	Pekaía	Caída de Siria
						(732 a.C.)
735-715	Acaz	Miqueas		752-732	Peka	Sitio asirio y
		(715?)				conquista de
						Palestina
						(745-650 a.C.)
				732-722	Oseas	
				722	Caída del reino del norte: Llevado al exilio por Asiria	
715-686	Ezequías					
697-641	Manasés					
641-639	Amón					
639-608	Josías	Sofonías				
		(628-620)				
608	Joacaz	Jeremías				
		(626-586)				
608-598	Joacim	Habacuc				Supremacía de
		(605-600)				Babilonia
						(625-539)

Judá: El reino del sur — Israel: El reino del norte

Fechas	Reyes	Profetas del sur	Profetas del norte	Fechas	Reyes	Cultura contemporánea
		Daniel (605-530)				
598-597	Joaquín					
597-586	Sedequías	Ezequiel (593-571)				
586	Caída de Jerusalén: Llevada al exilio por Babilonia					
538	Regreso: Primer grupo bajo Zorobabel					Reinado Medopersa (539-331)
520-515	Segundo templo	Zacarías (520-480) Hageo (515?)				
458	Regreso: Segundo grupo bajo Esdras (440-430)	Malaquías (440-430)				
432	Regreso: Tercer grupo bajo Nehemías					

CRONOLOGÍA DEL NUEVO TESTAMENTO

(Jesucristo nació antes de la muerte de Herodes el Grande [cp. Mt. 2:1, 16]. Herodes murió en el 4 a.C.; por eso, sabemos que Jesús nació alrededor del 4-5 a.C. Por favor note: Todas las fechas son aproximadas. Esa es la razón por la que se da un período de tiempo para la mayoría de los sucesos. Resulta sencillamente imposible saber con exactitud cuándo ocurrieron la mayoría de los sucesos del Nuevo Testamento.)

Personas y acontecimientos	Fechas	Libros del Nuevo Testamento
Nacimiento de Jesús	5-4 a.C.	
Jesús en el templo siendo un niño, 12 años de edad (Lc. 2:42-52)	7-8 d.C.	
Comenzó el ministerio de Juan el Bautista	25-27 d.C.	
Bautismo de Jesús	26-27 d.C.	
Muerte de Juan el Bautista	28-29 d.C.	
Crucifixión y resurrección de Jesús	28-30 d.C.	
Pentecostés: El nacimiento de la iglesia	28-30 d.C.	
Conversión de Pablo	34-35 d.C.	
Muerte de Herodes Agripa I (cp. Hch. 12:1-23)	44 d.C.	
	45-50 d.C.	Epístola de Santiago
Primer viaje misionero de Pablo	48-49 d.C.	
	48-60 d.C.	Gálatas (?)
Gran Concilio de Jerusalén	49-50 d.C.	
Segundo viaje misionero de Pablo	50-51 d.C.	
Pablo en Corinto	50-53 d.C.	
Galión procónsul de Acaya (Hch. 18:12s)	50-52 d.C.	1 y 2 Tesalonicenses
	52 d.C.	
Tercer viaje misionero de Pablo	54 d.C.	
Ministerio de Pablo en Éfeso	54-57 d.C.	
	54-56 d.C.	1 Corintios
	56-57 d.C.	2 Corintios
	55-58 d.C.	Romanos
Arresto de Pablo en Jerusalén	58-59 d.C.	

Personas y acontecimientos (cont.)	**Fechas** (cont.)	**Libros del Nuevo Testamento** (cont.)
Encarcelamiento de Pablo en Cesarea	58-60 d.C.	
	58-62 d.C.	Evangelio de Lucas
Pablo en la isla de Malta	60-61 d.C.	
Encarcelamiento de Pablo en Roma	60-63 d.C.	
	60-63 d.C.	Efesios, Filipenses, Colosenses, Filemón
	62 d.C.	Hechos de los apóstoles
Liberación de Pablo de prisión	63 d.C.	
	61-64 d.C.	1 Timoteo
	63-67 d.C.	1 Pedro
	61-68 d.C.	2 Pedro
	64-66 d.C.	Tito
	64-67 d.C.	Hebreos
Muerte de Pedro	65-68 d.C.	
Segundo encarcelamiento de Pablo en Roma	65-68 d.C.	
	65-68 d.C.	2 Timoteo
Muerte de Pablo	65-68 d.C.	
	50-70 d.C.	Mateo
	67-70 d.C.	Marcos
	67-90 d.C.	Judas
Destrucción de Jerusalén por Roma	70 d.C.	
	80-95 d.C.	Evangelio de Juan
	85-95 d.C.	Epístolas de Juan
	95-96 d.C.	Apocalipsis

PRIMER LIBRO DE MOISÉS LLAMADO GÉNESIS

INTRODUCCIÓN

AUTOR: Moisés, el gran legislador y libertador de Israel. Moisés fue el gran líder que sacó a Israel de la esclavitud egipcia y los guió en la marcha por el desierto.

Algunos comentaristas cuestionan la autoría de Moisés. Es cierto que Génesis es silente: El libro no nombra un autor. Pero la evidencia es fuerte, muy fuerte, de que Moisés es el autor. El gran *Comentario del púlpito* dice lo siguiente en su Introducción a Génesis:

> *"Sin embargo, no parece haber habido ningún cuestionamiento serio sobre el tema de la autoría mosaica del Pentateuco como un todo, o de Génesis como parte de esa gran obra, hasta el siglo XVI, cuando Masius (1574), Spinoza (1670) y Anton Van Dale (1696) comenzaron a insinuar que no fue Moisés, el legislador hebreo, sino Esdras, el sacerdote y profeta de la Restauración, el primer compositor de esas partes de las sagradas Escrituras"* ("El comentario del púlpito", vol. 1, ed. por HDM Spence y José S. Exell. Grand Rapids, MI: Eerdmans, 1950, p. 88).

Por supuesto, esto quiere decir que los comentaristas bíblicos anteriores, aquellos que vivieron y escribieron antes del *siglo XVI*, sostuvieron que Moisés era el autor. Cualquier sugerencia seria de que él podía no serlo, no surgió hasta el siglo XVI.

Sin embargo, ya hace varios siglos que hay una teoría popular que se denomina "la hipótesis documentaria". Esta teoría plantea que hay cuatro fuentes principales para el Pentateuco, cada una de ellas fue escrita en algún momento entre el 900-400 a.C. Se dice que estas fuentes son:

- *J* (de Jehová o Yahvéh). Esta representa al autor o la fuente que usó el nombre hebreo *Jehová* o *Yahvéh* para Dios en todo el Pentateuco.
- *E* (de Elohim). Esto representa al autor o fuente que usó el nombre hebreo *Elohim* por Dios.
- *D* (de Deuteronomista). Esto representa al autor o fuente que registró los diferentes informes de la ley en todo el Pentateuco.
- *S* (de Sacerdotal). Esto representa al autor o fuente que registró la información que lidia con los *sacerdotes*.

La primera persona que sugirió esta teoría fue el médico francés, Jean Astruc, en 1752. Note que él era médico, no teólogo. La teoría fue retomada más tarde por el historiador alemán y escritor bíblico, J. G. Eichhorn en 1787. Sin embargo, "la hipótesis documentaria" no se desarrolló y popularizó completamente hasta Julius Wellhausen que vivió en 1844-1918 (Victor Hamilton, *El libro de Génesis*, Capítulos 1-17, p. 13).

La NVI cuenta con un bosquejo excelente acerca de esta teoría:

> *"Se afirma que cada uno de estos documentos tiene sus propias características y su propia teología, la que a menudo contradice la de los otros documentos. Es por eso que el Pentateuco se describe como un grupo de historias, poemas y leyes. Sin embargo, este criterio no lo sustenta una evidencia concluyente, y las investigaciones arqueológicas y literarias han debilitado muchos de los argumentos usados para cuestionar la autoría mosaica"* (Tomado de *La Biblia de estudio NVI.* © 1985 por The Zondervan Corporation, p. 2. Usado con permiso).

El gran peso de la evidencia apunta a Moisés como autor de Génesis. La evidencia se puede resumir en los siguientes puntos.

1. Génesis es el primer libro del Pentateuco (los primeros cinco libros de la Biblia) y se dice que el Pentateuco lo escribió Moisés. De hecho, al Pentateuco en ocasiones se le llama "Moisés" (Jn. 5:46; Lc. 24:27, cp. 44).
2. Cada uno de los cinco libros del Pentateuco dice que Moisés es el autor, excepto Génesis (Éx. 17:14; 24:3-4; 34:27; Lv. 1:1; 4:1; 6:1, 8, 19, 24; 7:22, 28; 8:1; Nm. 33:2; Dt. 1:1; 17:18-19; 27:1-8; 28:58, 61; 29:19-20, 27; 30:10; 31:9-11, 24-26).
3. El Antiguo Testamento siempre hace referencia a Moisés sin excepción como el autor del Pentateuco (Jos. 1:7-8; 8:31-32; 1 R. 2:3; 8:9, 53; 2 R. 10:31; 14:6; Esdras 6:18; Neh. 13:1; Dn. 9:11-13; Mal. 4:4).
4. El Nuevo Testamento siempre hace referencia a Moisés como el autor del Pentateuco que incluye Génesis (Mt. 8:4; 19:7-8; 23:2; Mr. 1:44; 7:10; 10:3-4; 12:19, 26; Lc. 2:22; 5:14; 16:29-31; 20:37; 24:27, 44; Jn. 1:17; 3:14; 5:45-46; 6:32; 7:19, 22-23; Hch. 3:22; 13:39; 15:1, 5, 21; 26:22; 28:23; Ro. 10:5, 19; 1 Co. 9:9; 2 Co. 3:15; He. 8:5). El peso de la evidencia bíblica indica que Moisés es el autor de todo el Pentateuco, incluso del libro de Génesis.
5. El Talmud, las primeras escrituras de los judíos, dicen que Moisés fue el autor de Génesis.
6. Moisés fue testigo ocular, participó realmente en los sucesos desde Éxodo hasta Deuteronomio. Por ejemplo, note su observación de doce fuentes de agua y setenta palmeras (Éx. 15:27).
7. Moisés conocía bien a Egipto. El autor de Génesis conoce los nombres egipcios y Génesis realmente tiene un número de palabras egipcias mayor que cualquier otro libro del Antiguo Testamento.
8. Se dice que la ordenanza de la circuncisión es parte de la ley de Moisés (Jn. 7:23) y la circuncisión se instituyó en Génesis 17:12, así como en Éxodo 12:48 y en Levítico 12:3.
9. Génesis y Éxodo conforman un todo. Es decir, sencillamente Éxodo está incompleto sin Génesis. Es Génesis el que explica:
    - Cómo Israel llegó a Egipto.
    - Cómo Israel fue liberado de la esclavitud egipcia y se formó como nación.
    - Cómo Israel participa de una relación con Dios de pacto y de promesas.

- Por qué el Éxodo de Israel y el viaje a la tierra de Canaán fueron tan importantes.

También está lo siguiente: En el hebreo la primera palabra del *libro de Éxodo* es "y" (Éx. 1:1). Conecta a Éxodo con alguna escritura anterior. El peso de la evidencia apunta a que es la misma persona quien escribió tanto Éxodo como Génesis y se dice que Moisés es el autor de Éxodo.

Se debe decir un último elemento acerca del hecho de que Moisés escribiera Génesis. Todos los sucesos de Génesis sucedieron antes de Moisés: Ocurrieron muchas generaciones antes de su tiempo. ¿Cómo entonces sabe él de tales sucesos como la creación y tales personas como los patriarcas: Abraham, Isaac, Jacob y José? Las siguientes posibilidades parecen razonables ya que Dios es un Dios de revelación.

1. Dios le reveló a *Adán* el relato de la creación (vea el ESTUDIO A FONDO 1, Gn. 1:1-2:3 [Introd.]; pt. 4—Gn. 3:21 para un análisis).

2. A Adán y a sus descendientes, la descendencia piadosa, se les hizo conservar la información sobre los tratos de Dios con ellos. Cada persona, fundamentalmente alguien que fuera verdaderamente piadoso, debía transmitir, tanto de modo hablado como escrito, los sucesos más significativos de la vida de cada uno de ellos, que serían su relación con Dios y sus promesas. Norman Geisler, que ha escrito un excelente estudio sobre el Antiguo Testamento, plantea lo siguiente:

> *"Podemos llegar a la conclusión de que Moisés, usando los archivos familiares que le habían legado, compiló el libro de Génesis. ...La historia judía demuestra que se guardaban los registros familiares y se transmitían a generaciones posteriores. Moisés pudo haber copiado su material a partir de tales archivos de la misma manera que los hombres de Ezequías copiaron de las escrituras de Salomón para completar el libro de Proverbios (cp. Pr. 25:1)" (A Popular Survey of the Old Testament)* [Un estudio popular del Antiguo Testamento], p. 38).

3. Moisés estaba bien educado en "toda la sabiduría de los egipcios" (Hch. 7:22). Dios lo preparó bien para tomar el testimonio tanto oral como escrito de sus antepasados y para escribir la historia inicial del mundo, fundamentalmente bajo la inspiración del Espíritu de Dios. (Vea la nota, 2 Ti. 3:16.) Una vez más, Norman Geisler tiene un comentario excelente acerca de este punto:

> *"Moisés es la única persona que conocemos de este período temprano que tuviera la capacidad para escribir este libro. El resto de los israelitas eran una nación de esclavos incultos, mientras que Moisés era un hijo muy culto del rey (Hch. 7:22). Moisés era el único que tenía tanto el interés como la información para escribir Génesis. Al ser Moisés judío habría tenido acceso a los archivos familiares de sus ancestros (cp. Gn. 5:1; 10:1; 25:19; y más) los que sin duda fueron llevados a Egipto por Jacob (Gn. 46). Como Moisés estaba resuelto a liberar a su pueblo de Egipto, resulta natural suponer que él conocía las promesas de Dios transmitidas por sus antepasados de que Dios realmente los liberaría (cp. Gn. 46:3-4; Éx. 2:24)" (A Popular Survey of the Old Testament)* (Un estudio popular del Antiguo Testamento), p. 37).

FECHA: Probablemente en alguna fecha entre 1450-1406 a.C. Quizás en alguna fecha antes de 1487 a.C.

1. Moisés vivió 120 años (Dt. 34:7).
2. Moisés pasó 40 años en Egipto (Hch. 7:22-23).
3. Moisés pasó 40 años en Madián (Éx. 2:15).
4. Moisés pasó 40 años guiando a Israel a través de las experiencias en el desierto (Dt. 8:2s).

Ahora bien, conocemos con cierta exactitud cuando vivió Moisés:

> **"En el año cuatrocientos ochenta después que los hijos de Israel salieron de Egipto, el cuarto año del principio del reino de Salomón sobre Israel, en el mes de Zif, que es el mes segundo, comenzó él a edificar la casa de Jehová" (1 R. 6:1).**

El cuarto año del reinado de Salomón fue cerca del 966 a.C.; por ende, Moisés sacó a Israel fuera de Egipto alrededor del 1446 a.C. (480 años antes del cuarto año del reinado de Salomón (La Biblia de estudio NVI, p. 2). Basados en esta información, la vida de Moisés se fecharía de la siguiente manera:

=> Moisés en Egipto 1526-1486 a.C.
=> Moisés en Madián 1486-1446 a.C.
=> Moisés llevando a Israel por el desierto 1446-1406 a.C.

Moisés tuvo acceso a los registros y escrituras de Israel solamente cuando estuvo con ellos. Él no estuvo con ellos en Madián, así que él escribió Génesis cuando estaba viviendo como el hijo adoptivo del Faraón en Egipto y estaba cerca de Israel y de sus escrituras o cuando estaba con ellos en el desierto.

=> Norman Geisler, quien se parcializa por la fecha más temprana, tiene una razón excelente para esta posición.

> *"Hay tres razones para creer que Moisés compiló Génesis durante los primeros cuarenta años de su vida (antes de 1487 a.C.). Durante este período Moisés vino a la fe en Dios y sintió el deseo de liberar a su pueblo (cp. Éx. 2:11s. ; He. 11:24). Él debe haber estudiado cuidadosamente la historia de Israel y las promesas de Dios a los descendientes de Abraham en este período. Luego, mientras se encontraba en Madián, Moisés no habría tenido acceso (de la misma manera que lo habría tenido en Egipto) a todos los registros de su pueblo. Para el tercer período de su vida, Moisés estaba ocupado como líder y autor de otros libros de la Ley. En aquel entonces, es más probable que Génesis fuera compilada mientras su interés temprano en el pasado de su pueblo y su liberación le permitieran acceso a los archivos de su historia y a las promesas de Dios de liberarlos" (A Popular Survey of the Old Testament* [Un estudio popular del Antiguo Testamento], *p. 38).*

=> Sin embargo, una fecha más tardía, durante la marcha por el desierto, resulta también posible (1446-1406 a.C.) Moisés indudablemente escribió los otros cuatro libros del Pentateuco: Éxodo, Levítico, Números y Deuteronomio, durante este período. Al parecer, él hizo lo que muchos grandes hombres han hecho a través de la historia, él llevó un diario de los sucesos y compiló sus notas en varios libros en la medida en que encontró tiempo para hacerlo.

También hay otros dos puntos contundentes para la fecha más tardía:

=> Moisés habría sido mucho más maduro espiritualmente durante la marcha por el desierto. Cuando era joven en Egipto, al parecer le faltaba la madurez espiritual necesaria para que el Espíritu Santo lo inspirara a escribir Génesis. De hecho, fue su delito de asesinato lo que lo obligó a huir de Egipto (cp. Éx. 2:11-15).

=> Fue durante la marcha por el desierto que Dios lidió con Moisés una y otra vez cara a cara (por así decirlo). Si el propio Dios le contó el relato de la creación y cualquier otro suceso anterior de la historia humana a Moisés, es más probable que fuera durante estos cuarenta años de su vida.

Cualquiera que sea el caso, Moisés escribió Génesis durante los años que él estuvo en la corte del Faraón o durante los años de la marcha por el desierto, ya sea:

- Alrededor o antes de 1487 a.C.
- o 1447-1407 a.C.

A QUIEN SE ESCRIBIÓ: A Israel específicamente y a la raza humana en general.

Dios es un Dios de amor y verdad; por consiguiente su amor lo va a hacer revelarles la verdad a todas las personas en todas partes:

- La verdad de su origen: De dónde provienen.
- La verdad de su propósito: Por qué están en la tierra.
- La verdad de su fin y destino: A dónde se dirigen

Génesis se escribió tanto para Israel como para la raza humana, para revelar la verdad de su origen, propósito y destino. El propósito mismo de Dios al crear al hombre es que todas las personas conozcan estas tres grandes verdades.

PROPÓSITO: Se pueden enumerar tres propósitos a partir de Génesis, un propósito histórico, uno doctrinal y uno cristológico.

1. El propósito histórico: Alentar y fortalecer a Israel en su fe y confianza en Dios. Recuerde, durante alrededor de 430 años los hijos de Israel sufrieron el horrible cautiverio de la esclavitud en Egipto; ahora durante el período en que se estaba escribiendo Génesis, estaban sufriendo las pruebas y tentaciones del peregrinar por el desierto. Lo que el pueblo necesitaba por encima de todo era que lo alentaran y fortalecieran en su fe en Dios. Históricamente, Génesis fue escrito para enseñarle a Israel cinco lecciones contundentes.

   a. Para enseñarle a Israel que había solo un Dios vivo y verdadero, un Dios que había creado y planificado todas las cosas (Gn. cp. 1-11).
   b. Para enseñarle a Israel sus raíces, que realmente el propio Dios los había escogido a través de Abraham, nombrado para ser *la descendencia escogida* del pueblo de Dios.
   c. Para enseñarle a Israel que *la Simiente prometida*, el Salvador, sería enviada al mundo a través de ellos. Ellos eran *la descendencia escogida* a través de la cual Dios iba a salvar el mundo. La salvación, *la Simiente prometida*, debía venir a través de Israel.
   d. Para enseñarle a Israel que ellos recibirían *la Tierra Prometida*, la tierra de Canaán y que Dios sería fiel a su Palabra y les daría *la Tierra Prometida*.
   e. Para enseñarle a Israel que deben creer y seguir a Dios:
      - Al vencer y superar las pruebas y los enemigos de la vida.
      - Al ir en pos de *la Tierra Prometida*.

2. El propósito doctrinal o espiritual: Enseñar a todas las personas de todas partes:

   a. Para enseñar que Dios es el Creador soberano: Él es el Señor y Majestad del universo, la Fuerza e Inteligencia suprema de toda la creación, tanto visible como invisible (Gn. caps. 1-2).
   b. Para enseñar que Dios creó al hombre y a la mujer: Él los creó para derramar su gracia sobre ellos y garantizar su servicio y fraternidad personal, ahora y siempre (Gn. 1:26—2:25).
   c. Enseñar el origen del pecado y la muerte: Por qué existen estas dos cosas horribles e infectan la vida de las personas en tan gran manera (Gn. cap. 3).
   d. Para enseñar la gracia y la misericordia de Dios: Que Dios tiene misericordia del hombre y derramará su gracia sobre él, si el hombre se arrepiente y se vuelve a Dios (Gn. caps. 1-50. Cp. la vida de Adán, Noé, Abraham, Isaac y la vida de Jacob).
   e. Para enseñar la fidelidad de Dios y su Palabra: Que lo que Dios dice y promete se cumplirá sin importar lo que Él tenga que hacer para superar los terribles fracasos de los hombres (Gn. caps. 9-50. Cp. los fracasos de Noé, Abraham, Isaac y Jacob).
   f. Para enseñar que todos los creyentes verdaderos, tanto los antiguos como los actuales, recibirán *la Tierra Prometida* (un símbolo del cielo).

3. El propósito cristológico o cristocéntrico: Enseñar que *la Simiente prometida* apuntaba a Jesucristo como el Salvador del mundo, que Jesucristo es *la Simiente prometida* que provino de la descendencia piadosa de:

La mujer (Gn. 3:15)

- Set (Gn. 4:25)
- Sem (Gn.9: 27; 11:10-26)
- Abraham (Gn.12: 3; cp. Ro. 9:7-9)
- Isaac (Gn. 21:12)
- Jacob (Gn. 25: 23; cp. Ro. 9:10-12)
- Judá (Gn. 49:10)

CARACTERÍSTICAS ESPECIALES:

1. Génesis es “El gran libro de tiempos prehistóricos” o “El gran libro de la creación”. De hecho el título: “El libro de la creación del mundo” fue un título real concedido a Génesis durante los inicios de la historia de los judíos y la tradición judía (épocas talmúdicas). Es el único registro escrito de tiempos prehistóricos que resulta exacto y satisfactorio al corazón y la mente humana. La mente del hombre busca precisión y su corazón añora una comprensión satisfactoria en la que pueda basar la exactitud de estos datos. En Génesis Dios da una visión de tiempos prehistóricos y revela aquello en que se basa el comienzo de la creación y la historia.

2. Génesis es “El gran libro de los principios”. La primera palabra de Génesis es *bereshith* que significa “en el principio”. En ocasiones los judíos se referían al libro sencillamente como *Bereshith*. Los griegos denominaron el libro de Génesis (*Genesis*), (título adoptado por el mundo anglo y de habla hispana). Génesis quiere decir origen, fuente, generación, principio. Es un registro de varios principios importantes.

a. El principio del universo, tanto del cielo como de la tierra (Gn. 1:1—11:31).
b. El principio del hombre y la mujer (Gn. 1:26-31; 2:4-25).
c. El principio del pacto de Dios con el hombre (Gn. 2:15-17).
d. El principio del pecado (Gn. 3:1-13; 4:8-15).
e. El principio de la salvación, de la liberación del hombre del pecado y la muerte a través de la *Simiente prometida* de Dios, el Salvador del mundo (Gn. 3:14-21).
f. El principio de la familia (Gn. 4:1-15).
g. El principio de la civilización y la sociedad (Gn. 4:16—9:29).
h. El principio de las naciones y las razas (Gn. caps. 10-11).
i. El principio de Israel, del pueblo escogido de Dios (Gn. caps. 12-50).
j. El principio de la esperanza en *la Tierra Prometida* (Canaán, un símbolo del cielo) (Gn. caps. 12-50).

3. Génesis es “El gran libro de las generaciones”. La palabra “generaciones” *(toledot)* significa progenie, descendientes o historia de una persona. El autor usa la palabra diez veces para dividir el libro en diez encabezamientos. El autor comienza cada sección con las palabras: “Estas son las generaciones”. Con frecuencia Génesis se resume en las secciones que aparecen a continuación:

a. Las generaciones de los cielos y la tierra (Gn. 2:4—4:26).
b. Las generaciones o historia de Adán (Gn. 5:1—6:8).
c. Las generaciones o historia de Noé (Gn. 6:9—9:29).
d. Las generaciones o historia de los hijos de Noé (Gn. 10:1—11:9).
e. Las generaciones o historia de Sem (Gn. 11:10-26).
f. Las generaciones o historia de Taré (Abraham) (Gn. 11:27—25:11).
g. Las generaciones o historia de Ismael (Gn. 25:12-18).
h. Las generaciones o historia de Isaac (Gn. 25:19—35:29).
i. Las generaciones o historia de Esaú (Gn. 36:1-43).
j. Las generaciones o historia de Jacob (Gn. 37:1—50:26).

Por favor advierta que *La Biblia de bosquejos y sermones* no se ciñe estrictamente a esta división porque en ocasiones resulta difícil para el lector relacionar lo que se está leyendo con el encabezamiento del tema dado. Por ejemplo: “Las generaciones de Taré” abarca catorce capítulos; aún así toda la sección tiene que ver con Abraham, uno de los hijos de Taré.

4. Génesis es “El gran libro de la genealogía humana”. (Vea Características especiales, punto 3.)

5. Génesis es “El gran libro de la historia patriarcal” o “El gran libro de los patriarcas”. Génesis abarca la vida de cada uno de los padres de Israel: Abraham, Isaac y Jacob.

6. Génesis es “El gran libro que lanza la gracia de Dios hacia el hombre”. Por supuesto, la creación y la vida en sí con todos sus privilegios son un acto de gracia, un acto del favor de Dios hacia el hombre. *Por gracia* significa mucho más que la creación y la vida, por maravillosas que sean. Gracia significa que Dios favorece al hombre a pesar del pecado y rebelión terribles del hombre contra Dios. Dios favorece al hombre al salvarlo de un destino de corrupción y muerte para una vida de perfección que durará para siempre. Esta salvación gloriosa se lanzó después del primer pecado y rebelión de Adán contra Dios, se lanzó cuando Dios comenzó a buscar y a llamar a Adán: “¿Dónde estás tú?” (Gn. 3:9). Dios se convirtió en el Salvador que buscaba, listo para lanzar su glorioso plan de salvación y redención, todo por medio de su maravillosa gracia. Pero eso no fue todo: El tema de la gracia continuó cuando Dios sacrificó la vida y la sangre de un animal para garantizar “túnicas de pieles y los vistió”, a Adán y a Eva, en su desnudez (Gn. 3:21). Se tenía que sacrificar una vida a fin de vestirlos y salvarlos. A partir de ese momento, a Dios siempre se le ve buscando y llamando al hombre: “¿Dónde estás tú?” a fin de cubrir y perdonar el pecado y el fracaso del hombre. Incluso el pueblo escogido de Dios, los propios padres patriarcales, demostraron una vez tras otra una tendencia increíble hacia el pecado y la rebelión que requerían de la gracia interventora de Dios.

7. Génesis es “El gran libro que lanza el plan de Salvación de Dios”. (Vea Características especiales, punto 6.)

8. Génesis es “El gran libro que da inicio a la historia de redención”. (Vea Características especiales, punto 6.)

9. Génesis es “El gran libro que da inicio al rastro de sangre y sacrificio”. (Vea Características especiales, punto 6; y vea la nota, Gn. 3:21, fundamentalmente pt. 4.)

10. Génesis es “El gran libro que establece la relación de pacto de Dios con el hombre”. Génesis demuestra la relación muy especial de Dios con el hombre, cómo Dios

estableció sus primeros cuatro pactos con el hombre en cuatro momentos cruciales en la historia del hombre.

Estos pactos son:

a. El pacto edénico por medio del cual Dios suplió las necesidades más elementales del hombre (Gn. 2:15-17).
b. El pacto adámico o el pacto con Adán por medio del cual Dios promete redención (Gn. 3:15).
c. El pacto noémico o el pacto con Noé por medio del cual Dios preserva a la raza humana (Gn. 6:18; 9:8-17).
d. El pacto abrahámico o el pacto con Abraham por medio del cual Dios da inicio a una nueva raza (los judíos) para ser *la descendencia escogida* del pueblo de Dios (Gn. 12:1-3).

   Resulta importante tener en cuenta que los pactos con Adán y con Noé fueron pactos universales. Es decir, cubren la relación que existe entre Dios y toda la raza humana. Pero el pacto con Abraham es un pacto limitado, cubre solo la relación que existe entre Dios y su pueblo escogido, los creyentes de la tierra que siguen a Dios diligentemente (Gn. 11:6).

11. Génesis es "El gran libro que da inicio al peregrinaje de fe del hombre".

=> Adán, Abel, Enoc, Noé, *la descendencia piadosa* del pueblo de Dios, creyeron en Dios: Ellos demostraron gran fe en Dios (vea las notas, Gn. 3:15; 3:21; 4:3-4; 5:21-24; 6:9-10).

=> Abraham, Isaac y Jacob fueron hombres de gran fe. Las Escrituras declaran:

> **"Conforme a la fe murieron todos éstos sin haber recibido lo prometido, sino mirándolo de lejos, y creyéndolo, y saludándolo, y confesando que eran extranjeros y peregrinos sobre la tierra. Porque los que esto dicen, claramente dan a entender que buscan una patria; pues si hubiesen estado pensando en aquella de donde salieron, ciertamente tenían tiempo de volver. Pero anhelaban una mejor, esto es, celestial; por lo cual Dios no se avergüenza de llamarse Dios de ellos; porque les ha preparado una ciudad" (He. 11:13-16).**

La vida del hombre, su peregrinaje desde el nacimiento hasta la muerte y lo que sea que yazca más allá, es un peregrinaje a lo desconocido o *un peregrinaje de fe* en las promesas de Dios. Génesis es la historia de los hombres que realizaron el *peregrinaje de fe*.

12. Génesis es "El gran libro que revela y lidia con las principales promesas de Dios".

=> Está la promesa de Dios de enviar *la Simiente prometida*, el Salvador del mundo, para aplastar el poder de esa "serpiente antigua, que se llama diablo" (Gn. 3:15; cp. Ap. 12:9; 20:2).

=> Está la promesa de Dios de siempre garantizar que exista *una descendencia piadosa* de personas de modo que Él pueda cumplir sus promesas y propósitos en la tierra (Gn. 3:15; 12:1-3).

=> Está la promesa de Dios de conceder *la Tierra Prometida* de Canaán a Israel. Pero note: La *Tierra Prometida* se refiere tanto a una herencia física como a una herencia espiritual. *La Tierra Prometida* es un símbolo del cielo que Dios ha prometido a todos los creyentes genuinos que buscan de Él diligentemente (Gn. 12:1 cp. He. 11:8-10, 13-14, 16; vea las notas, Gn. 11:29; 12:1; Ro. 4:13; Gá. 3:16).

13. Génesis es "El gran libro de la Simiente prometida", el Salvador del mundo. La Simiente prometida es uno de los temas principales que se mantiene a lo largo de toda la Biblia (vea las notas, Gn. 3:15; Gá. 3:6-7; 3:16).

14. Génesis es "El gran libro de las ilustraciones teológicas". Las doctrinas bíblicas no se desarrollan en Génesis, pero prácticamente cada doctrina que se desarrolla en el Nuevo Testamento se describe o ilustra en Génesis.

a. Existen los nombres o ilustraciones doctrinales de Dios como por ejemplo:
   - El Dios Todopoderoso (Elohim, Gn. 1:1).
   - El Dios de redención y revelación, el Dios de pacto que establece una relación personal con el hombre (Jehová o Yahvéh, Gn. 2:4; 2:7).
   - El Dios Altísimo (El Elyon, Gn. 14:18-20).
   - Dios Todopoderoso (El Shaddai, Gn. 17:1; cp. Éx. 6:3).
   - El Dios eterno (El Olam, Gn. 21:33).
   - Dios que ve (El Roi, Gn. 16:13).
   - Dios, el Dios de Israel (El-elohe-Israel, Gn. 33:20).
   - Dios de Bet-el (El-Bet-el, Gn. 35:7).
   - Dios de Abraham (Gn. 24:12; 28:13; 31:42; cp. Éx. 3:6).
   - El temor de Isaac (Gn. 31:42, 53).
   - El Poderoso o Fuerte de Jacob (Gn. 49:24; cp. Is. 1:24; Sal. 132:2).
   - Jehová Dios de Sem (Gn. 9:26).
   - El Señor de todo (Adonai, Gn. 18:27; cp. Éx. 23:17; Is. 6:1; 10:16, 33).

b. Existen ilustraciones doctrinales de:
   - La justificación (Gn. 15:6 cp. Ro. 4:3, 20-23).
   - La justicia y la necesidad de ser vestido de justicia por Dios (Gn. 3:21).
   - La creación (Gn. caps. 1-2).
   - La redención (Gn. 3:21).
   - La salvación a través de la Simiente prometida, el Salvador del mundo (Gn. 3:15; 12:3).
   - El cielo, la Tierra prometida (Gn. 12:1).
   - Los creyentes, una descendencia piadosa de personas que siguen a Dios (Gn. caps. 4-50).
   - La misericordia (Gn. 4:15; 6:8; 18:26; 19:16).
   - La elección (Gn. 25:21-23 cp. Ro. 9:9-13).
   - El juicio (Gn. 6:1-7; 19:24 cp. 18:16-33).
   - La muerte y la esperanza de vencer la muerte a través de las promesas de Dios, la

Simiente prometida (Gn. 3:15; 5:24) y la Tierra prometida (Gn. 12:1-3; 22:5; 47:29; 50:24 cp. He. 11:13-14, 16, 17-19, fundamentalmente 19).

- La oración (Gn. 18:23; 25:21; 32:24-32).
- La ley humana (Gn. 9:4-6).

La lista podría ser interminable, pero la lista anterior ilustra cómo Génesis es "El gran libro de ilustraciones doctrinales o teológicas".

15. Génesis es "El gran libro de los principios de Israel". A partir del capítulo doce, desde la selección de Abraham hasta José, el libro es sencillamente una historia de los principios de Israel, el principio de la nación judía, la nación escogida por Dios para ser su testigo ante el mundo.

BOSQUEJO DE GÉNESIS

LA BIBLIA DE BOSQUEJOS Y SERMONES es *única.* Difiere de todo otro material de estudios bíblicos y recursos de sermones en cuanto a que cada pasaje y tema es bosquejado justo al lado de las Escrituras correspondientes. Cuando usted elija cualquier tema mencionado más adelante y se remita a la referencia, no solo contará con el pasaje de las Escrituras, sino que también descubrirá el pasaje de las Escrituras y el tema *ya bosquejado para usted, versículo por versículo.*

A modo de ejemplo rápido, escoja uno de los temas mencionados más adelante y remítase a las Escrituras y hallará esta maravillosa ayuda para un empleo más rápido, más sencillo y más preciso.

Además, cada punto de las Escrituras y el tema está totalmente desarrollado en un comentario con un pasaje de apoyo de las Escrituras en el final de la página.

Note algo más: los temas de Génesis tienen títulos que son a la vez bíblicos y prácticos. Los títulos prácticos a veces tienen más atracción para la gente. Este beneficio se ve claramente en el empleo de folletos, boletines, comunicados de la iglesia, etc.

Una sugerencia: para una visión más rápida de Génesis, primero lea todos los títulos principales (I, II, III, etc.), y luego vuelva y lea los subtítulos.

BOSQUEJO DE GÉNESIS

EL PRINCIPIO DEL MUNDO: LA CREACIÓN DE LA HUMANIDAD Y DE LA SIMIENTE PIADOSA, CAPÍTULOS 1—11

INTRODUCCIÓN A LOS SIETE DÍAS DE LA CREACIÓN.

I. CREACIÓN DE LOS CIELOS Y LA TIERRA, 1:1—2:3

A. Las preguntas elementales de la creación, 1:1-2

B. El primer día: La creación de la luz, 1:3-5

C. El segundo día: La creación de la expansión (La atmósfera y el espacio aéreo que envuelve a la tierra), 1:6-8

D. El tercer día (parte 1): La creación de las aguas (mares, lagos, ríos) y de lo seco (continentes, islas), 1:9-10

E. El tercer día (parte 2): La creación de la flora o la vegetación, 1:11-13

F. El cuarto día: La creación y distribución de las lumbreras sobre la tierra para regular el día y la noche, las estaciones y los años, 1:14-19

G. El quinto día: La creación de las criaturas acuáticas (peces, vida marina, reptiles) y las criaturas del aire (pájaros, aves, insectos y más), 1:20-23

H. El sexto día (parte 1): La creación de los animales terrestres, 1:24-25

I. El sexto día (parte 2): La creación del hombre, varón y hembra, 1:26-31

J. El séptimo día: La creación de un día de reposo y adoración, 2:1-3

II. ADÁN, EL PRIMER HOMBRE (PARTE 1): EL PRINCIPIO DE LA HUMANIDAD Y DE LA SIMIENTE PIADOSA: LO QUE LE SUCEDIÓ AL HOMBRE Y A LA TIERRA, 2:4—3:24

A. La primera ilustración de la tierra antes del hombre: Tiempos prehistóricos, 2:4-6

B. El primer hombre: Adán, 2:7

C. El primer huerto y su propósito: Edén, el hogar o lugar ideal del hombre, 2:8-14

D. El primer mandato o pacto: El propósito del hombre sobre la tierra, 2:15-17

E. La primera mujer: La compañía del hombre, Eva, 2:18-25

F. Los primeros pasos del hombre y la mujer al pecado, 3:1-6

G. Las primeras consecuencias del pecado: La caída trágica del hombre de la perfección, 3:7-13

H. El primer juicio sobre el pecado (parte 1): El juicio sobre el tentador, esa serpiente antigua llamada el diablo, 3:14-15

I. El primer juicio sobre el pecado (parte 2): El juicio sobre la mujer, 3:16

J. El primer juicio sobre el pecado (parte 3): El juicio sobre el hombre, 3:17-19

K. La primera provisión de Dios para el hombre: Dios provee vida y vestiduras (justicia) para el hombre, 3:20-21

L. El primer acto de liberación o salvación: Se salva al hombre de vivir para siempre como pecador en un mundo caído, 3:22-24

III. ADÁN, EL PRIMER HOMBRE (PARTE 2): EL NACIMIENTO, DESARROLLO Y CORRUPCIÓN DE LA SIMIENTE IMPÍA Y DE LA PIADOSA (DESCENDENCIA), 4:1—6:8

A. Los primeros hijos, Caín y Abel: La adoración falsa contra la verdadera, el principio de la falsa adoración, 4:1-7

B. El primer asesinato, Caín mata a Abel: La

verdad indiscutible del juicio, el pecado no se puede esconder, 4:8-15

C. La primera civilización y sociedad (parte 1): El desarrollo de la primera simiente o descendencia impía, 4:16-24

D. La primera civilización y sociedad (parte 2): La continuación de la simiente o descendencia piadosa, 4:25-26

E. La primera civilización y sociedad (parte 3): El linaje de la simiente o descendencia piadosa, sucesos significativos, 5:1-32

F. La primera civilización y sociedad (parte 4): La corrupción de la descendencia piadosa al mezclarse con la descendencia impía, 6:1-8

IV. NOÉ: EL HOMBRE ESCOGIDO PARA PRESERVAR A LA HUMANIDAD Y A LA SIMIENTE PIADOSA DURANTE LA DESTRUCCIÓN DEL MUNDO (EL DILUVIO), 6:9—9:29

A. Noé y el resto de la humanidad: Un gran contraste de carácter. Por qué Dios destruyó la tierra, 6:9-12

B. Noé y el arca: La gran exigencia de fe de Dios. En lo que Noé tuvo que creer, 6:13-22

C. Noé y la última semana: La gran invitación de Dios y la gran obediencia de Noé, 7:1-9

D. Noé y el diluvio: El gran juicio de Dios sobre la tierra, 7:10-24

E. Noé y Dios: La gran preservación de la vida (la salvación) de Dios, 8:1-14

F. Noé y el gran día: Dios envió a Noé al mundo a comenzar una nueva vida, 8:15-22

G. Noé y el nuevo comienzo (parte 1): Dios estableció un nuevo orden mundial para el hombre, 9:1-7

H. Noé y el nuevo comienzo (parte 2): Dios estableció un nuevo pacto con el hombre. El pacto noémico o con Noé, 9:8-17

I. Noé y la raza humana: El futuro de la raza humana predicho, 9:18-29

V. LOS HIJOS DE NOÉ: LAS TRES DIVISIONES DE LA RAZA HUMANA ESCOGIDAS PARA REPOBLAR Y ESPARCIRSE POR LA TIERRA, 10:1—11:9

A. El crecimiento de la raza humana y el nacimiento de las naciones, 10:1-32

B. El esparcimiento de la raza humana por la tierra: El pecado y error trágico de las personas, la ciudad secular y la falsa adoración (La torre de Babel), 11:1-9

VI. SEM, EL HIJO DE NOÉ: EL HIJO ESCOGIDO PARA DAR CONTINUIDAD A LA SIMIENTE PIADOSA, 11:10-32

A. La preservación de la Simiente prometida (parte 1), 11:10-26

B. La preservación de la Simiente prometida (parte 2): El principio de una gran vida (Abram), 11:27-32

INTRODUCCIÓN A LOS SIETE DÍAS DE LA CREACIÓN

La Biblia declara una verdad increíble: La tierra y el universo no aparecieron por casualidad ni por algún accidente fortuito.

=> La tierra y los cielos no se originaron *de la nada*.

=> Algo, alguna partícula o fuerza, alguna materia o energía, algún elemento o impulso eléctrico, algún átomo, protón, neutrón, electrón, sustancia química, gas, o cualquier otra cosa, no apareció *de la nada*.

=> La tierra y el universo no evolucionaron a partir de alguna partícula de polvo, algún gas o alguna energía que sencillamente apareció. Que algo aparezca *de la nada* va contra todas las leyes de la naturaleza y la ciencia.

La Biblia declara esta verdad increíble: La tierra y los cielos fueron creados por una Fuerza e Inteligencia soberana que se ha revelado a sí mismo como el Ser Supremo del universo, como ELOHIM, *DIOS TODOPODEROSO*, *¡el Señor y Majestad suprema de todo*! La Biblia declara que el universo ha sido *creado deliberada y personalmente* por el propio Dios. solo Dios, Elohim, es el Dios poderoso que tiene la *inteligencia y poder* para crear un universo como el nuestro, un universo:

- Que se extiende sobre manera hasta los confines más remotos del espacio.
- Que se expande a distancias increíbles.
- Que incluye un número increíble de mundos.
- Que alcanza dimensiones insondables.
- Que excede la comprensión y entendimiento del hombre.

La Biblia declara que Dios (Elohim) es el Creador, el Ser Supremo, el Señor y Majestad soberana del universo. Note cómo comienza la Biblia:

"En el principio creó Dios" (Gn. 1:1).

Se hace énfasis en Dios. Dios estaba allí en el principio, ya existía cuando comenzó a existir el universo. Él es el Dios de poder que existía realmente *antes* del universo y que actuó y creó el universo. Dios (Elohim) es el sujeto, el Ser soberano que tiene que ver con todas las cosas. Esta es la gran declaración del primer capítulo de Génesis. *Esto se ve de inmediato con solo echarle una ojeada a las palabras subrayadas de las Escrituras que aparecen debajo.*

(Por favor note: Es necesario que se vea la información acerca de la creación como un todo antes de estudiarla en detalle. Resulta más fácil comprender toda la información a partir de una *panorámica general* antes de entrar en detalles. La Biblia dice que Dios creó el universo en seis días y descansó en el séptimo día [vea los índices de las Escrituras que aparecen bajo A-J]. Cada uno de los siete días se estudiará en detalles después de ver la panorámica general. Se subrayan algunas palabras clave en los pasajes para demostrar con qué contundencia las Escrituras declaran que el universo es obra de Dios [Elohim]).

CAPÍTULO 1

I. CREACIÓN DE LOS CIELOS Y LA TIERRA, 1:1—2:3

	A. Las preguntas elementales de la creación, 1:1-2
1 Cuándo: En el principio **2 Quién lo creó: Dios** **3 Qué: Los cielos y la tierra** **4 Cómo fue creada la tierra: Por etapas** a. Desordenada y vacía b. En tinieblas c. Cubierta de agua d. Por la obra del Espíritu	1 En el principio *creó Dios* los cielos y la tierra. 2 Y la tierra estaba desordenada y vacía, y las tinieblas estaban sobre la faz del abismo, y el Espíritu de *Dios se movía* sobre la faz de las aguas.
	B. El primer día: La creación de la luz, 1:3-5
1 La Palabra de Dios creó la luz **2 Dios vio que su creación era "buena", cumplía su función** **3 Dios llamó a la luz día y a las tinieblas llamó noche**	3 Y *dijo Dios:* Sea la luz; y fue la luz. 4 Y *vio Dios* que la luz era buena; y *separó Dios* la luz de las tinieblas. 5 Y *llamó Dios* a la luz Día, y a las tinieblas llamó Noche. Y fue la tarde y la mañana un día.
	C. El segundo día: La creación de la expansión (La atmósfera y el espacio aéreo que envuelve a la tierra), 1:6-8
1 La Palabra de Dios creó la expansión (atmósfera y espacio aéreo) **2 Dios creó la expansión** **3 Dios llamó a la expansión cielos**	6 Luego *dijo Dios:* Haya expansión en medio de las aguas, y separe las aguas de las aguas. 7 E *hizo Dios* la expansión, y *separó* las aguas que estaban debajo de la expansión, de las aguas que estaban sobre la expansión. Y fue así. 8 Y *llamó Dios* a la expansión Cielos. Y fue la tarde y la mañana el día segundo.
	D. El tercer día (parte 1): La creación de las aguas (mares, lagos, ríos) y de lo seco (continentes, islas), 1:9-10
1 La Palabra de Dios creó las aguas y lo seco **2 Dios llamó a lo seco *tierra* y a las aguas *mares*** **3 Dios vio que su creación era "buena", cumplía su función**	9 *Dijo también Dios:* Júntense las aguas que están debajo de los cielos en un lugar, y descúbrase lo seco. Y fue así. 10 Y *llamó Dios* a lo seco Tierra, y a la reunión de las aguas llamó Mares. Y vio Dios que era bueno.
	E. El tercer día (parte 2): La creación de la flora o la vegetación, 1:11-13
1 La Palabra de Dios creó la flora o vegetación, cada una "según su género" **2 Dios creó toda la vegetación sobre la tierra** **3 Se cumplió el acto creativo de Dios. La tierra produjo fruto** **4 Dios vio que su creación era "buena", cumplía su función**	11 Después *dijo Dios:* Produzca la tierra hierba verde, hierba que dé semilla; árbol de fruto que dé fruto según su género, que su semilla esté en él, sobre la tierra. Y fue así. 12 Produjo, pues, la tierra hierba verde, hierba que da semilla según su naturaleza, y árbol que da fruto, cuya semilla está en él, según su género. Y *vio Dios* que era bueno. 13 Y fue la tarde y la mañana el día tercero.
	F. El cuarto día: La creación y distribución de las lumbreras sobre la tierra para regular el día y la noche, las estaciones y los años, 1:14-19
1 La Palabra de Dios creó y distribuyó luz sobre la tierra **2 Dios creó el sol, la luna, y las estrellas que proporcionan luz para la tierra**	14 *Dijo luego Dios:* Haya lumbreras en la expansión de los cielos para separar el día de la noche; y sirvan de señales para las estaciones, para días y años, 15 y sean por lumbreras en la expansión de los cielos para alumbrar sobre la tierra. Y fue así. 16 E *hizo Dios* las dos grandes lumbreras; la lumbrera mayor para que señorease en el día, y la lumbrera menor para que señorease en la

a. Dios y solo Dios las creó b. Las razones por las que las creó 1) Para dar luz 2) Para que señoreasen en el día y la noche **3 Dios vio que su creación era "buena", cumplía su función**	noche; hizo también las estrellas. 17 Y las *puso Dios* en la expansión de los cielos para alumbrar sobre la tierra, 18 y para señorear en el día y en la noche, y para separar la luz de las tinieblas. Y *vio Dios* que era bueno. 19 Y fue la tarde y la mañana el día cuarto.	sobre la tierra según su especie. Y *vio Dios* que era bueno.	**3 Dios vio que su creación era "buena", cumplía su función**
	G. El quinto día: La creación de las criaturas acuáticas (peces, vida marina, reptiles) y las criaturas del aire (pájaros, aves, insectos y más), 1:20-23	**I. El sexto día (parte 2): La creación del hombre, varón y hembra, 1:26-31**	
1 La Palabra de Dios creó las criaturas marinas y del aire	20 *Dijo Dios:* Produzcan las aguas seres vivientes, y aves que vuelen sobre la tierra, en la abierta expansión de los cielos.	26 Entonces *dijo Dios:* Hagamos al hombre a nuestra imagen, conforme a nuestra semejanza; y señoree en los peces del mar, en las aves de los cielos, en las bestias, en toda la tierra, y en todo animal que se arrastra sobre la tierra.	**1 La Palabra de Dios creó al hombre** a. Dios sostuvo un consejo divino para crear al hombre b. Dios creó al hombre a imagen de la deidad c. Dios creó al hombre con un propósito muy especial: Señorear 1) En todos los animales 2) En toda la tierra
2 Dios creó toda criatura marina y toda criatura del aire, cada una "según su género"	21 Y *creó Dios* los grandes monstruos marinos, y todo ser viviente que se mueve, que las aguas produjeron según su género, y toda ave alada según su especie. Y *vio Dios* que era bueno.	27 Y *creó Dios* al hombre a su imagen, a imagen de *Dios lo creó;* varón y hembra los creó.	**2 Dios y solo Dios creó al hombre, varón y hembra, con la más alta dignidad y honra: A su imagen**
3 Dios vio que su creación era "buena", cumplía su función **4 Dios bendijo a las criaturas marinas y a las criaturas del aire**	22 Y *Dios los bendijo,* diciendo: Fructificad y multiplicaos, y llenad las aguas en los mares, y multiplíquense las aves en la tierra.	28 Y *los bendijo Dios,* y *les dijo:* Fructificad y multiplicaos; llenad la tierra, y sojuzgadla, y señoread en los peces del mar, en las aves de los cielos, y en todas las bestias que se mueven sobre la tierra.	**3 Dios bendijo al hombre** **4 Dios le dio al hombre tres grandes tareas** a. Fructificarse, multiplicarse y llenar la tierra b. Sojuzgar la tierra c. Señorear, gobernar, sobre toda la vida animal
	23 Y fue la tarde y la mañana el día quinto. **H. El sexto día (parte 1): La creación de los animales terrestres, 1:24-25**	29 Y *dijo Dios:* He aquí que os he dado toda planta que da semilla, que está sobre toda la tierra, y todo árbol en que hay fruto y que da semilla; os serán para comer. 30 Y a toda bestia de la tierra, y a todas las aves de los cielos, y a todo lo que se arrastra sobre la tierra, en que hay vida, toda planta verde les será para comer. Y fue así.	**5 Dios proveyó la vegetación en la tierra para alimentar al hombre y a los animales** a. Proveyó la vegetación para el hombre b. Proveyó la vegetación para los animales
1 La Palabra de Dios creó los animales terrestres	24 Luego *dijo Dios:* Produzca la tierra seres vivientes según su género, bestias y serpientes y animales de la tierra según su especie. Y fue así.		
2 Dios creó a los animales terrestres, cada uno según su género	25 E *hizo Dios* animales de la tierra según su género, y ganado según su género, y todo animal que se arrastra	31 Y *vio Dios* todo lo que había hecho, y he aquí que era bueno en gran manera. Y fue la tarde y la mañana el día sexto.	**6 Dios vio que su creación era "buena", cumplía su función**

	CAPÍTULO 2 **J. El séptimo día: La creación de un día de reposo y adoración, 2:1-3**	2 Y *acabó Dios* en el día séptimo la obra que hizo; y reposó el día séptimo de toda la obra que hizo. 3 Y *bendijo Dios* al día séptimo, y lo santificó, porque en él reposó de toda la obra que había hecho en la creación.	**2 Dios descansó el séptimo día de toda su obra** **3 Dios bendijo el séptimo día y lo santificó**
1 Dios completó y perfeccionó la creación de los cielos y la tierra	1 Fueron, pues, acabados los cielos y la tierra, y todo el ejército de ellos.		

ESTUDIO A FONDO 1

(1:1—2:3) ***Creación:*** Profunda, impresionante, sensacional, he aquí la verdadera historia de la creación según las Sagradas Escrituras de Dios; he aquí lo que Dios le revela al hombre acerca del origen del universo y de la vida en la tierra. Dios tiene mucho que decirle al hombre en el relato de la creación y el hombre necesita con urgencia prestarle atención a la verdad de lo que Dios dice. ¿Por qué? Hay al menos cuatro razones:

1. El hombre no estaba presente, no existía el hombre, cuando se creó el universo; solo Dios estaba allí. Por ende, el hombre no puede saber, no con seguridad, no con absoluta certeza, cómo nació el universo. solo Dios puede saberlo. Si queremos saberlo y saberlo con certeza, de dónde provino el universo y el hombre, Dios nos lo tiene que decir. La ciencia puede descubrir mucho acerca de nuestro origen, pero no puede saber con absoluta certeza cómo nacieron el universo y la vida. No puede explicar cómo algo puede aparecer *de la nada*. Porque que algo aparezca *de la nada* es imposible según la ley natural, es imposible según todo lo que se conoce en el universo físico y material. Pero Dios lo sabe, porque Dios estuvo ahí. Y Dios nos cuenta en las Sagradas Escrituras que Él creó el mundo. Por ende, el hombre debe prestarle atención a lo que Dios revela o de lo contrario el hombre perderá a Dios y tendrá que dar cuentas por su rechazo y negación de Dios.

El relato de la creación, de lo que sucedió sencillamente, se le debe haber dado al hombre en una de dos posibles maneras.

=> Dios debe haberle transmitido el relato de la creación a Adán. Luego la historia debe haberse transmitido de generación en generación por los creyentes (de forma escrita y oral).

=> Dios debe haberle retransmitido el relato de la creación a Moisés cuando Él llamó a Moisés a reunirse con Él en el Monte Sinaí. Fue en el Monte Sinaí que Dios le dio *la ley* a Moisés la cual incluía el relato de la creación. (Recuerde: *La ley* significa mucho más que los Diez Mandamientos. *La ley* se refiere a los primeros cinco libros de la Biblia entre los que se encuentra Génesis y el relato de la creación. A los primeros cinco libros en ocasiones se les llama el Pentateuco, que comprende Génesis, Éxodo, Levítico, Números y Deuteronomio).

2. El hombre le debe su vida a Dios. Él es el Creador del universo, el Señor y Majestad soberana del universo. El hombre debe prestarle atención a esto y adorar y servir a Dios como Creador. Si el hombre rechaza a Dios o descuida a su Creador, entonces resulta lógico que tendrá que hacerle frente a su Creador en el juicio (Jn. 3:18; Ro. 1:18-23; 2 Ts. 1:7-9; Sal. 95:5-6).

3. El hombre sufre enfermedades, accidentes y todo tipo de pruebas y tentaciones. El hombre es corruptible por naturaleza: Envejece, se degenera y finalmente muere. Si el hombre le presta atención a lo que Dios revela en el relato de la creación, entonces Dios puede cuidar y proteger al hombre. Si el hombre reconoce a Dios y confiesa que Él es su Creador y Señor, entonces el hombre puede tener una relación personal con Dios. El hombre puede tener seguridad absoluta en el amor y el cuidado, el gozo y la paz de Dios (Pr. 3:5-6; Is. 41:10; 1 P. 5:7).

4. Dios es un Dios de amor. A pesar de todo el mal que hay en el mundo, podemos mirar a todo el amor, bondad y belleza del universo y saber una verdad sorprendente: El Creador supremo es un Dios de amor. Y un Dios de amor está obligado a *revelarse* a sí mismo al hombre y a *revelarle* al hombre la verdad básica del universo. Un Dios de amor nunca dejaría al hombre en el desconocimiento, siempre buscando, sin poder hallar de dónde él proviene, por qué él está aquí en la tierra y hacia dónde se dirige. Un Dios que dejara al hombre en el desconocimiento y no se revele a sí mismo y no revele la verdad básica de la vida sería un Dios de odio, no un Dios de amor. Este no es el Dios de las Sagradas Escrituras. El Dios de las Sagradas Escrituras no es un Dios de odio. Él no es un Dios que ha dejado al hombre buscando a tientas en la oscuridad la verdad de la vida. El Dios de las Sagradas Escrituras es un Dios de amor. Él es un Dios adorable que ha revelado la verdad:

- Sobre sí mismo.
- Sobre el hombre.
- Sobre el universo.

Dios (Elohim) declara que Él es el Creador, el Señor y Majestad soberana del universo. Por lo tanto, el hombre debe prestarle atención a lo que Dios revela sobre sí mismo y sobre la vida en el relato de la creación.

Ahora bien, ¿cuáles son las verdades de la creación a

las que el hombre debe prestarle atención? ¿Cuáles son las verdades de la creación que Dios declara en las Escrituras? Hay al menos ocho verdades:

1. Dios es; Dios realmente existe y el universo proviene de Él (1:1—2:3).
2. Dios creó el universo por medio de su Palabra (1:1—2:3).
3. Dios es la inteligencia suprema del universo (1:1—2:3).
4. Dios es un Dios de bondad y gracia y un Dios de orden (1:1—2:3).
5. Dios es un Dios de gran voluntad y propósito, un Dios que planea, preordena y predestina (1:1—2:3).
6. Dios es un Dios de revelación, un Dios que revela su naturaleza, cómo es Él y qué ha hecho (1:1—2:3).
7. Dios es un Dios de orden, plenitud, compleción, cumplimiento y satisfacción (1:1—2:3).
8. Dios es un Dios de enorme poder, un Dios que creó el universo en seis días (1:1—2:3).

Por favor note: El índice usa la palabra *"creación"* como un título a lo largo del relato de la creación. Esto lo hacemos porque es la forma natural de leer el capítulo. Sin embargo, puede que la palabra *creación* técnicamente no describa lo que sucedió en un día específico. Por ejemplo, en el tercer día, las aguas se separaron para que apareciera lo seco. El agua y lo seco no se crearon técnicamente en el tercer día; se separaron. No obstante, según se ha planteado, usamos la palabra *creación* para describir el suceso porque parece más natural y acorde al describir lo que hizo Dios.

Revise las Escrituras y fíjese en las palabras subrayadas y se dará cuenta de la certeza de este planteamiento, cuán natural y adecuadamente la palabra *creación* describe lo que Dios hizo cada uno de los seis días de la creación. Note en el versículo uno que *"creó Dios"*. Luego lea rápidamente las primeras tres palabras de la creación de cada día: "Y *dijo Dios*". Tenemos lo siguiente:

"Creó Dios los cielos y la tierra" (v. 1).

=> "*dijo* Dios: Sea la luz" el primer día (v. 3).
=> "*dijo Dios*: Haya expansión [atmósfera]" el segundo día (v. 6).
=> "*dijo Dios*: Júntense las aguas... y descúbrase lo seco" el tercer día (v. 9).
=> "*dijo Dios*: Produzca la tierra hierba verde, hierba [plantas]. . . y árbol de fruto" también el tercer día (v. 11).
=> "*dijo Dios*: Haya lumbreras [sol, luna, y estrellas]" el cuarto día (v. 14).
=> "*dijo Dios*: Produzcan las aguas seres vivientes... y aves que vuelen" el quinto día (v. 20).
=> "*dijo Dios*: Produzca la tierra seres vivientes" el sexto día (v. 24).
=> "*dijo Dios*: Hagamos al hombre a nuestra imagen" también el sexto día (v. 26).

Por favor, note también lo siguiente: Si la *"teoría de la brecha"* es cierta, entonces la palabra *recreación* o *restauración* serían más adecuadas para describir lo que sucedió en los seis días de la creación. (Vea el *Estudio a fondo 4, "teoría de la brecha"*, Gn. 1:2 para un análisis de la teoría.)

ESTUDIO A FONDO 2

(1:1—2:3) ***Creación, perspectiva general de; Recuadros de — Dios, Creador:*** La primera verdad que se ve en el relato de la creación es una verdad contundente: Dios es; Dios realmente existe, y el universo ha provenido de Dios. Él (Elohim) es el gran Creador del universo, la Inteligencia y Poder supremo de la creación. Dios es la Majestad que creó el universo. En esto consiste todo el relato de la creación: En hacer énfasis en que Dios es el Señor y Creador soberano del universo. El universo no apareció así:

- Por casualidad.
- Por un suceso fortuito.
- Por algo, alguna partícula o fuerza, alguna materia o energía, algún elemento o impulso eléctrico, algún átomo, protón, neutrón, electrón, química, gas, o cualquier otra cosa, que apareció *de la nada*. Según se ha planteado anteriormente, que algo aparezca *de la nada* va en contra de todas las leyes de la naturaleza y de la ciencia.

Las Sagradas Escrituras declaran una verdad pasmosa: El universo fue creado por Dios. Él es la Inteligencia y Poder supremo de toda la existencia, de todo lo que es, ha sido, o eternamente será.

Echémosle ahora un vistazo a las Escrituras y revisemos las palabras subrayadas: Note cómo Dios es el *tema de la creación*, cómo el relato de la creación se centra en Dios. De un modo inequívoco la Biblia declara que Dios es Dios, que solo Él es el Único Dios vivo y verdadero.

=> Él existía antes del universo.
=> Él es la Inteligencia suprema que planeó y diseñó el universo.
=> Él es el Poder soberano que creó el universo.
=> Él es la única Persona que vivía, y Él y solo Él tenía el poder para crear el universo.

De inmediato, antes de que se analice ninguna otra cosa, La Biblia declara que Dios *es*, que Él existe. La Biblia enfatiza la verdad indiscutible de que Dios existe verdaderamente, y que Él creó el universo. El relato de la creación menciona a Dios una y otra vez, un número sorprendente de veces. Observe una vez más los pasajes y note todas las palabras subrayadas, todos los actos de Dios. El capítulo uno declara que:

- creó Dios *cuatro* veces (v. 1, 21, 27a, 27b).
- dijo Dios *diez veces* (v. 3, 6, 9, 11, 14, 20, 24, 26, 28, 29).
- vio Dios *siete veces* (v. 4, 10, 12, 18, 21, 25, 31).
- llamó Dios *tres veces* (v. 5, 8, 10).
- hizo Dios *tres veces* (v. 7, 16, 25).
- separó Dios *dos veces* (v. 4, 7).
- bendijo Dios *dos veces* (v. 22, 28).
- puso Dios *una vez* (v. 17).
- se movía Dios *una vez* (v. 2).

A Dios también se le ve presenciando el cumplimiento de su voluntad catorce veces. Dios vio su acto creativo:

- "que era bueno", siete veces (v. 4, 10, 12, 18, 21, 25, 31).
- que "fue así", seis veces (v. 7, 9, 11, 15, 24, 30).
- que "fue", una vez (v. 3).

La Biblia declara la verdad con toda la fuerza que se puede declarar: Dios es; Dios existe; Él es el gran Creador del universo. La autoridad Omnipotente (todo lo puede) y Omnisciente (todo lo sabe) que yace detrás de toda la creación. Él es el Señor y Majestad soberana del universo.

> **"Tú solo eres Jehová; tú hiciste los cielos, y los cielos de los cielos, con todo su ejército, la tierra y todo lo que está en ella, los mares y todo lo que hay en ellos; y tú vivificas todas estas cosas, y los ejércitos de los cielos te adoran" (Neh. 9:6).**
>
> **"Pero sin fe es imposible agradar a Dios; porque es necesario que el que se acerca a Dios crea que le hay, y que es galardonador de los que le buscan" (He. 11:6).**

ESTUDIO A FONDO 3

(1:1—2:3) ***Creación — Dios, Palabra de — Dios, naturaleza de:*** La segunda verdad que se ve en el relato de la creación es una verdad impresionante: Dios creó el universo *por medio de su Palabra*. Observe brevemente las Escrituras, en el primer versículo de cada día de creación, y note las palabras subrayadas: **"dijo Dios"** (v. 3, 6, 9, 14, 20, 24, 26. También v. 11, 28, 29).

Dios es tan poderoso, tan absolutamente poderoso, que Él puede crear por medio de su Palabra. Dios sencillamente habló y las cosas nacieron. La Palabra de Dios es lo que Dios usó para crear. Su Palabra fue el proceso, el método, la manera, el medio, y la forma en que Dios creó. No *existía nada:* Nada material, ninguna sustancia, ningún elemento, ninguna materia, ninguna energía, ningún átomo, ningún neutrón, ningún protón, ningún electrón, ningún gas, ninguna energía. Solo existía Dios. Dios dispuso el universo y Él hizo su voluntad. Él cumplió su voluntad con solo hablar, y una vez que hubo hablado, ya estaba hecho, y hecho de inmediato: El universo fue creado. Todo fue creado instantáneamente por el poder de la Palabra de Dios. No hubo "mudanza, ni sombra de variación" de lo que Dios dispuso y habló (Stg. 1:17). Las Escrituras declaran enfáticamente esta verdad fenomenal.

> **"Por la palabra de Jehová fueron hechos los cielos, y todo el ejército de ellos por el aliento de su boca" (Sal. 33:6).**
>
> **"Porque él dijo, y fue hecho; el mandó, y existió" (Sal. 33:9).**
>
> **"El fuego y el granizo, la nieve y el vapor, el viento de tempestad que ejecuta su palabra" (Sal. 148:5).**
>
> **"Por la fe entendemos haber sido constituido el universo por la palabra de Dios, de modo que lo que se ve fue hecho de lo que no se veía" (He. 11:3).**

Pensamiento 1. Matthew Henry dice:

"¡Oh, el poder de la Palabra de Dios! Él habló, y ya estaba hecho, hecho realmente, con eficacia, y para la eternidad... él lo ordenó, y se mantuvo firme: Con Él todo fue dictum, factum, una palabra, y un mundo" (*Comentario de Matthew Henry,* vol. 1. Old Tappen, NJ: Fleming H. Revell, p. 4).

Pensamiento 2. Note un elemento significativo: Dios no tuvo que hablar a fin de crear, pero lo hizo. Dios sencillamente podía haber pensado en el universo y hacerlo existir, pero en su lugar Él habló e hizo existir al universo. Él usó su Palabra para crear. No cabe duda: Dios tiene a su Palabra en la más alta estima posible, le concede a su Palabra la máxima importancia. Esto se ve también en otros cinco elementos sorprendentes.

1) La Palabra de Dios es lo que Dios usa para hacer del hombre una criatura nueva. Si un hombre va a *renacer*, si va a cobrar vida espiritualmente ante Dios, una nueva criatura, un hombre nuevo ante Dios, tiene que ser por medio de la *Palabra de Dios*. Una persona tiene que oír la Palabra de Dios y prestarle atención. Él tiene que dejar que la Palabra de Dios recree su espíritu y lo convierta en una nueva criatura.

> **"siendo renacidos, no de simiente corruptible, sino de incorruptible, por la palabra de Dios que vive y permanece para siempre" (1 P. 1:23).**
>
> **"Respondió Jesús y le dijo: De cierto, de cierto te digo, que el que no naciere de nuevo, no puede ver el reino de Dios. Nicodemo le dijo: ¿Cómo puede un hombre nacer siendo viejo? ¿Puede acaso entrar por segunda vez en el vientre de su madre, y nacer? Respondió Jesús: De cierto, de cierto te digo, que el que no naciere de agua y del Espíritu, no puede entrar en el reino de Dios. Lo que es nacido de la carne, carne es; y lo que es nacido del Espíritu, espíritu es" (Jn. 3:3-6).**
>
> **"De modo que si alguno está *en Cristo, nueva criatura* es; las cosas viejas pasaron; he aquí todas son hechas nuevas" (2 Co. 5:17).**
>
> **"y vestíos del nuevo hombre, creado según Dios en la justicia y santidad de la verdad" (Ef. 4:24).**

2) La Palabra de Dios es lo que Dios usa para hacer crecer y madurar al hombre espiritualmente.

> **"Y ahora, hermanos, os encomiendo a Dios, y a la palabra de su gracia, que tiene poder para sobreedificaros y daros herencia con todos los santificados" (Hch. 20:32).**
>
> **"Procura con diligencia presentarte a Dios aprobado, como obrero que no tiene de qué avergonzarse, que usa bien la palabra de verdad" (2 Ti. 2:15).**
>
> **"Toda la Escritura es inspirada por Dios, y útil para enseñar, para redargüir, para corregir, para instruir en justicia" (2 Ti. 3:16).**
>
> **"Porque la palabra de Dios es viva y eficaz, y más cortante que toda espada de dos filos; y penetra hasta partir el alma y el espíritu, las coyunturas**

y los tuétanos, y discierne los pensamientos y las intenciones del corazón" (He. 4:12).

"desead, como niños recién nacidos, la leche espiritual no adulterada, para que por ella crezcáis para salvación si es que habéis gustado la benignidad del Señor" (1 P. 2:2, 3).

3) La Palabra de Dios *y su proclamación* es la forma misma que Dios ha escogido para salvar a las personas y hacer su voluntad en la tierra.

"agradó a Dios salvar a los creyentes por *la locura de la predicación* [La Palabra]" (1 Co. 1:21).

"Porque no me avergüenzo del evangelio, porque es poder de Dios para salvación a todo aquel que cree; al judío primeramente, y también al griego" (Ro. 1:16).

"Así que la fe es por el oír, y el oír, por la palabra de Dios" (Ro. 10:17).

"Por lo cual también nosotros sin cesar damos gracias a Dios, de que cuando recibisteis la palabra de Dios que oísteis de nosotros, la recibisteis no como palabra de hombres, sino según es en verdad, la palabra de Dios, la cual *actúa* en vosotros los creyentes" (1 Ts. 2:13).

"así será mi palabra que sale de mi boca; *no volverá a mí vacía,* sino que hará lo que yo quiero, y será prosperada en aquello para que la envié" (Is. 55:11).

4) La Palabra de Dios permanecerá para siempre, incluso más que los cielos y la tierra, que el propio universo.

"Para siempre, oh Jehová, permanece tu palabra en los cielos" (Sal. 119:89).

"Sécase la hierba, marchítase la flor; mas la palabra del Dios nuestro permanece para siempre" (Is. 40:8).

"Porque de cierto os digo que hasta que pasen el cielo y la tierra, ni una jota ni una tilde pasará de la ley, hasta que todo se haya cumplido" (Mt. 5:18).

"El cielo y la tierra pasarán, pero mis palabras no pasarán" (Mt. 24:35).

"Mas la palabra del Señor permanece para siempre" (1 P. 1:25).

5) La Palabra de Dios, todo el consejo de la Palabra de Dios, se le ha dado al mundo para que se le predique y enseñe.

"porque no he rehuido anunciaros *todo el consejo de Dios*" (Hch. 20:27).

"Toda la Escritura es inspirada por Dios, y útil para *enseñar,* para *redargüir,* para *corregir,* para *instruir* en justicia" (2 Ti. 3:16).

"Procura con diligencia presentarte a Dios aprobado, como obrero que no tiene de qué avergonzarse, *que usa bien la palabra de verdad*" (2 Ti. 2:15).

"El consejo de Jehová *permanecerá para siempre;* los pensamientos de su corazón por todas las generaciones" (Sal. 33:11).

ESTUDIO A FONDO 4

(1:1—2:3) ***Creación — Dios, inteligencia de — Dios, naturaleza de:*** La tercera verdad que se ve en el relato de la creación es una verdad profunda: Él es *la Inteligencia suprema del universo.* Para hablar y crear se requiere de inteligencia. Una persona tiene que ser capaz de pensar para formar palabras y hacer cosas. "Dijo Dios"; Él habló; y "Dios creó", "hizo", "separó", y "puso" el universo y las cosas del universo en su lugar. El hecho mismo de que Él habló e hizo cosas demuestra que es inteligente. ¿Cuán inteligente es Dios? Note exactamente lo que dicen las Escrituras:

"Y dijo Dios: Sea la luz; y fue la luz" (Gn. 1:3).

Dios es tan inteligente que Él puede hacer lo siguiente: Él puede pensar en la luz y Él puede pensar el pensamiento completo y planear la luz. Él puede planear todos los detalles minúsculos necesarios para crear la luz y ponerla en existencia.

¿Cuán inteligente es Dios? El relato de la creación de día en día nos dice exactamente cuán inteligente es Dios.

=> Dios *pensó en la luz* y planeó todos los detalles para la creación de la luz.

"Y dijo Dios: Sea la luz; y fue la luz" (Gn. 1:3).

=> Dios *pensó en la expansión o atmósfera* que circunda la tierra, y Él planeó todos los detalles para la creación de la atmósfera.

"Luego dijo Dios: Haya expansión en medio de las aguas, y separe las aguas de las aguas. E hizo Dios la expansión, y separó las aguas que estaban debajo de la expansión, de las aguas que estaban sobre la expansión. Y fue así" (Gn. 1:6, 7).

=> Dios *pensó en lo seco,* y Él planeó todos los detalles para la creación de lo seco.

"Dijo también Dios: Júntense las aguas que están debajo de los cielos en un lugar, y descúbrase lo seco. Y fue así" (Gn. 1:9).

=> Dios *pensó en la vegetación,* y Él planeó todos los detalles para la creación de la vegetación.

"Después dijo Dios: Produzca la tierra hierba verde, hierba que dé semilla; árbol de fruto que dé fruto según su género, que su semilla esté en él, sobre la tierra. Y fue así" (Gn. 1:11).

=> Dios *pensó en los cuerpos celestes,* el sol, la luna y las estrellas y Él planeó todos los detalles para la creación de los cuerpos celestes.

"Dijo luego Dios: Haya lumbreras en la expansión de los cielos para separar el día de la noche; y sirvan de señales para las estaciones, para días y años, y sean por lumbreras en la expansión de los cielos para alumbrar sobre la tierra. Y fue así" (Gn. 1:14, 15).

=> Dios *pensó en el mar y en las criaturas acuáticas* y en las aves, y Él planeó todos los detalles para la creación del mar, las criaturas acuáticas y las aves.

"Dijo Dios: Produzcan las aguas seres vivientes, y aves que vuelen sobre la tierra, en la abierta expansión de los cielos. Y creó Dios los grandes monstruos marinos, y todo ser viviente que se mueve, que las aguas produjeron según su género, y toda ave alada según su especie. Y vio Dios que era bueno" (Gn. 1:20, 21).

=> Dios *pensó en los animales terrestres y en el hombre*, y Él planeó todos los detalles para la creación de los animales terrestres y del hombre.

"Luego dijo Dios: Produzca la tierra seres vivientes según su género, bestias y serpientes y animales de la tierra según su especie. Y fue así" (Gn. 1:24).

"Entonces dijo Dios: Hagamos al hombre a nuestra imagen, conforme a nuestra semejanza; y señoree en los peces del mar, en las aves de los cielos, en las bestias, en toda la tierra, y en todo animal que se arrastra sobre la tierra. Y creó Dios al hombre a su imagen, a imagen de Dios lo creó; varón y hembra los creó" (Gn. 1:26, 27).

Ahora bien, ¿cuán inteligente es Dios? Él es la Inteligencia suprema del universo. Cuando "dijo Dios", cuando Él habló e hizo que el universo y la vida existieran, su Palabra reveló que Él es la Inteligencia suprema del universo. El universo, todos los cuerpos celestes y la vida misma, existe solo porque el propio Dios, pensó, planeó y habló he hizo que el universo existiera.

Pensamiento 1. Esto significa algo muy maravilloso: Dios tiene conocimiento supremo. Nada le pasa inadvertido. Dios lo sabe todo acerca de nosotros: Todo sobre nuestras laceraciones, nuestro dolor, sufrimiento, soledad y vacío, todas las pruebas y tentaciones, todos los problemas y dificultades que nos vienen encima y amenazan con envolvernos. Dios lo sabe todo y Él puede hacer resultar los planes para salvarnos. Dios sabe, sabe exactamente, cómo liberarnos. Él sabe cómo crear mejores cosas y una mejor manera de vivir para nosotros y de experimentar la plenitud de vida. Dios sabe cómo crear lo que sea necesario para satisfacer nuestras necesidades.

"¿No has sabido, no has oído que el Dios eterno es Jehová, el cual creó los confines de la tierra? No desfallece, ni se fatiga con cansancio, y su entendimiento no hay quien lo alcance. Él da esfuerzo al cansado, y multiplica las fuerzas al que no tiene ningunas. Los muchachos se fatigan y se cansan, los jóvenes flaquean y caen; pero los que esperan a Jehová tendrán nuevas fuerzas; levantarán alas como las águilas; correrán, y no se cansarán; caminarán, y no se fatigarán" (Is. 40:28-31).

"El revela lo profundo y lo escondido; conoce lo que está en tinieblas, y con él mora la luz" (Dn. 2:22).

"¿No ve él mis caminos, y cuenta todos mis pasos?" (Job 31:4).

"Porque sus ojos están sobre los caminos del hombre, y ve todos sus pasos" (Job 34:21).

"El sana a los quebrantados de corazón, y venda sus heridas. El cuenta el número de las estrellas; a todas ellas llama por sus nombres. Grande es el Señor nuestro, y de mucho poder; y su entendimiento es infinito" (Sal. 147:3-5).

"El ladrón no viene sino para hurtar y matar y destruir; yo he venido para que tengan vida, y para que la tengan en abundancia" (Jn. 10:10).

"Porque en él habita corporalmente toda la plenitud de la Deidad, y vosotros estáis *completos en él,* que es la cabeza de todo principado y potestad" (Col. 2:9, 10).

"Y no hay cosa creada que no sea manifiesta en su presencia; antes bien todas las cosas están desnudas y abiertas a los ojos de aquel a quien tenemos que dar cuenta. Por tanto, teniendo un gran sumo sacerdote que traspasó los cielos, Jesús el Hijo de Dios, retengamos nuestra profesión. Porque no tenemos un sumo sacerdote que no pueda compadecerse de nuestras debilidades, sino uno que fue tentado en todo según nuestra semejanza, pero sin pecado. Acerquémonos, pues, confiadamente al trono de la gracia, para alcanzar misericordia y hallar gracia para el oportuno socorro" (He. 4:13-16).

"pues si nuestro corazón nos reprende, mayor que nuestro corazón es Dios, y él sabe todas las cosas" (1 Jn. 3:20).

ESTUDIO A FONDO 5

(1:1—2:3) ***Creación — Días de la creación — Dios, naturaleza:*** La cuarta verdad que se ve en el relato de la creación es una verdad maravillosa: Dios es un Dios de *bondad y gracia y un Dios de orden.* (Vea también el *Estudio a fondo 6, sexto día,* Gn. 1:1—2:3 para un mayor análisis.) Esto se ve en el propósito de Dios para crear al hombre y en los siete días de la creación, en su secuencia y orden. Note estos dos elementos significativos:

1. Dios es un Dios de bondad y gracia. La cumbre de la creación de Dios es el hombre. Dios quería derramar su bondad y gracia en una criatura que eligiera libremente amar y fraternizar con Él. Dios quería una criatura que pudiera saber y experimentar todas las maravillas de la bondad y gracia de Dios, una criatura en quien Él pudiera verter toda su gloria y sus bendiciones. Es cierto que Dios creó el universo para su propio beneficio; las Escrituras definitivamente lo enseñan así. Pero también es cierto que Dios creó el universo para el beneficio del hombre. Las Escrituras también enseñan lo siguiente. Toda la creación de Dios, todo el universo, fue creado para el beneficio de Dios, sí, pero también fue creado para el beneficio del hombre. Dios quiere que el hombre experimente todo el esplendor y todas las facetas de su gloria eterna por todo el universo (Ef. 2:7).

2. Dios es un Dios de orden. Antes de que Dios pudiera crear al hombre, Él tuvo que crear un lugar para el hombre y hacer previsiones para el hombre. Él tuvo que crear los cielos y la tierra y todo lo demás que fuera necesario para sustentar la vida del hombre. Esa es la razón por la que las cosas creadas siguen una secuencia natural. Cada día de la creación estuvo basado en lo que se

creó el día anterior. Cada acto creativo fue necesario para que pudiera ocurrir el próximo acto creativo. Dios siguió un procedimiento ordenado en la creación; Él satisfizo las necesidades del hombre de una manera ordenada. Día tras día Él creó exactamente lo que se necesitaba.

Sucede lo siguiente: Dios siempre actúa de un modo ordenado, nunca desordenado. Dios es un Dios de orden. Dios lo ha interrelacionado todo en la creación. Todo lo creado en los seis días de la creación era esencial para la vida del hombre. El hombre no podría sobrevivir en la tierra si se hubiera omitido alguno de los actos creativos o si alguna catástrofe hubiera destruido lo que se había creado en alguno de los días. Toda la creación está interrelacionada. Todo es necesario para mantener la vida en la tierra. Por lo tanto, los actos creativos de Dios, día tras día, siguieron un patrón ordenado. La creación de cada día se construyó sobre lo que se había creado el día antes. La creación siguió una secuencia natural: Cada día satisfizo una gran necesidad del hombre. El recuadro siguiente lo mostrará.

EL ORDEN Y LA SECUENCIA NATURAL DE LA CREACIÓN

Días de la creación	*Lo que se creó*	*Necesidad suplida / Previsiones hechas / Beneficio primordial para el hombre*
1er día (v. 3-5)	Luz	Necesitaba proveer luz y calor para estimular el crecimiento
2do día (v. 6-8)	Atmósfera (aire) Agua	Necesitaba proveer aire y agua para mantener la vida y el crecimiento
3er día (v. 9-13)	Tierra Vegetación (plantas)	Necesitaba proveer un lugar donde vivir y dar alimento, variedad y belleza para la vida en la tierra
4to día (v. 14-19)	Lumbreras (sol, luna y estrellas)	Necesitaba proveer las estaciones, los días, y los años para el hombre, los animales y la vegetación, y darle variedad y belleza al universo
5to día (v. 20-23)	Animales acuáticos Aves	Necesitaba poblar las aguas y el cielo, para ayudar a perpetuar la reproducción de la cadena alimenticia, y para proveer al hombre de vida animal como compañía, variedad y belleza
6to día (v. 24-31)	Animales terrestres	Necesitaba poblar la tierra, para ayudar a perpetuar la reproducción de la cadena alimenticia y para proveer al hombre de vida animal como compañía, variedad y belleza
	Hombre	Necesitaba poblar la tierra y libremente amar, adorar, servir y fraternizar con Dios
7to día (2:1-3)	El día sábado	Necesitaba proveer un día concentrado de adoración y fraternidad entre Dios y el hombre y para dar un día de reposo después de una semana de trabajo

Pensamiento 1. Nota: La capacidad del hombre para experimentar toda la bondad y gracia de Dios la ha estropeado el pecado y tener que vivir en un mundo corruptible. ¿Cuándo, entonces, se cumplirá el propósito que Dios tiene con el hombre?

1) Ahora, en esta vida, se experimenta la bondad y gracia de Dios hasta cierto punto. El hombre experimenta la bondad y gracia de Dios al vivir en la tierra creada por Dios. Toda la belleza y todas las cosas buenas de la vida son regalos de Dios.

> **"Toda buena dádiva y todo don perfecto desciende de lo alto, del Padre de las luces, en el cual no hay mudanza, ni sombra de variación" (Stg. 1:17).**
>
> **"Gustad, y ved que es bueno Jehová; dichoso el hombre que confía en él" (Sal. 34:8).**

Además, el hombre ahora puede experimentar la bondad y la gracia de Dios a través de su Hijo, el Señor Jesucristo. El hombre ahora puede recibir el perdón de los pecados y experimentar la plenitud de la vida que es en Cristo Jesús.

> **"en quien tenemos redención por su sangre, el perdón de pecados según las riquezas de su gracia" (Ef. 1:7).**
>
> **"El ladrón no viene sino para hurtar y matar y destruir; yo he venido para que tengan vida, y para que la tengan en abundancia" (Jn. 10:10).**
>
> **"Porque en él habita corporalmente toda la plenitud de la Deidad, y vosotros estáis completos en él, que es la cabeza de todo principado y potestad" (Col. 2:9, 10).**

3) La plenitud de la bondad y gracia de Dios se conocerá y experimentará completamente el día glorioso de la redención. Dios va a hacer algo maravilloso por su Hijo, el Señor Jesucristo y por sus seguidores, los creyentes de la tierra. Dios va a recrear los cielos y la tierra y los perfeccionará. Los nuevos cielos y la nueva tierra se convertirán en el hogar del Señor Jesucristo y sus seguidores. Los creyentes van a servir a Cristo por todo el universo, por todos los nuevos cielos y la nueva tierra, el día glorioso de la redención. Es entonces que los creyentes experimentarán la bondad y gracia de Dios:

• En todo el esplendor y la brillantez de su gloria.

- En toda la riqueza y plenitud de su gloria. (Vea la nota, recompensas, Lc. 16:10-12; *Estudio a fondo 4,* Ro. 8:17; Tit. 3:6; 1 P. 1:4; Ap. 14:13).

"Pero el día del Señor vendrá como ladrón en la noche; en el cual los cielos pasarán con grande estruendo, y los elementos ardiendo serán deshechos, y la tierra y las obras que en ella hay serán quemadas. Puesto que todas estas cosas han de ser deshechas, ¡cómo no debéis vosotros andar en santa y piadosa manera de vivir, esperando y apresurándoos para la venida del día de Dios, en el cual los cielos, encendiéndose, serán deshechos, y los elementos, siendo quemados, se fundirán! Pero nosotros esperamos, según sus promesas, cielos nuevos y tierra nueva, en los cuales mora la justicia" (2 P. 3:10-13).

"Escribe al ángel de la iglesia en Efeso: El que tiene las siete estrellas en su diestra, el que anda en medio de los siete candeleros de oro, dice esto" (Ap. 21:1).

"Desde el principio tú fundaste la tierra, y los cielos son obra de tus manos. Ellos perecerán, mas tú permanecerás; y todos ellos como una vestidura se envejecerán; como un vestido los mudarás, y serán mudados; pero tú eres el mismo, y tus años no se acabarán" (Sal. 102:25-27).

"Y todo el ejército de los cielos se disolverá, y se enrollarán los cielos como un libro; y caerá todo su ejército, como se cae la hoja de la parra, y como se cae la de la higuera" (Is. 34:4).

"Alzad a los cielos vuestros ojos, y mirad abajo a la tierra; porque los cielos serán deshechos como humo, y la tierra se envejecerá como ropa de vestir, y de la misma manera perecerán sus moradores; pero mi salvación será para siempre, mi justicia no perecerá" (Is. 51:6).

"Porque he aquí que yo crearé nuevos cielos y nueva tierra; y de lo primero no habrá memoria, ni más vendrá al pensamiento" (Is. 65:17).

"Mi mano hizo todas estas cosas, y así todas estas cosas fueron, dice Jehová; pero miraré a aquel que es pobre y humilde de espíritu, y que tiembla a mi palabra" (Is. 66:2).

Pensamiento 2. Dios quiere que el hombre conozca su bondad y gracia. Dios quiere que el hombre experimente todo el esplendor y todas las facetas de su gloria y gracia a través de los siglos. Esa es la razón misma por la que Dios nos salva y nos da vida eterna, la razón misma por la que Él va a crear un nuevo cielo y tierra.

"Mi mano hizo todas estas cosas, y así todas estas cosas fueron, dice Jehová; pero miraré a aquel que es pobre y humilde de espíritu, y que tiembla a mi palabra" (Ef. 2:4-7).

"Porque no por la ley fue dada a Abraham o a su descendencia la promesa de que sería *heredero del mundo,* sino por la justicia de la fe" (Ro. 4:13).

"El Espíritu mismo da testimonio a nuestro espíritu, de que somos hijos de Dios. Y si hijos, también herederos; herederos de Dios y coherederos con Cristo, si es que padecemos juntamente con él, para que juntamente con él *seamos glorificados*" (Ro. 8:16, 17).

"Porque el anhelo ardiente de la creación es el aguardar la manifestación de los hijos de Dios. Porque la creación fue sujetada a vanidad, no por su propia voluntad, sino por causa del que la sujetó en esperanza; porque también la creación misma será libertada de la esclavitud de corrupción, a la libertad gloriosa de los hijos de Dios. Porque sabemos que toda la creación gime a una, y a una está con dolores de parto hasta ahora" (Ro. 8:19-22).

"para que justificados por su gracia, viniésemos a ser herederos conforme a la esperanza de la vida eterna" (Tit. 3:7).

"Porque no sujetó a los ángeles *el mundo venidero,* acerca del cual estamos hablando; pero alguien testificó en cierto lugar, diciendo: ¿Qué es el hombre, para que te acuerdes de él, o el hijo del hombre, para que le visites? Le hiciste un poco menor que los ángeles, le coronaste de gloria y de honra, y le pusiste sobre las obras de tus manos; todo lo sujetaste bajo sus pies. Porque en cuanto le sujetó todas las cosas, nada dejó que no sea sujeto a él; pero todavía no vemos que todas las cosas le sean sujetas" (He. 2:5-8).

ESTUDIO A FONDO 6

(1:1—2:3) ***Creación — Dios, naturaleza — Preordenación — Predestinación:*** La quinta verdad que se ve en el relato de la creación es una verdad muy convincente: Dios es un Dios de *gran voluntad y propósito*, un Dios que planea, preordena y predestina. Esto, también, se ve en los seis días de la creación. Pero esto se ve invirtiendo los seis días e imaginando la mentalidad y pensamiento de Dios antes de que Él creara el universo. Imagínese la mentalidad y pensamiento de Dios; imagínelo pensando en lo que Él quería. A fin de conseguir lo que Él quería, Él tuvo que pensar y planearlo todo. Luego tuvo que disponerlo y planearlo, ordenarlo y predestinarlo. Dios quería al hombre y al universo. Por lo tanto, Dios pensó y planeó cómo crear al hombre y al universo. Él pensó el plan de la creación por completo paso a paso. Luego Dios dispuso y planeó, ordenó y predestinó al hombre y al universo.

El siguiente recuadro demostrará cómo la creación revela que Dios es un Dios de gran voluntad y propósito, un Dios que planea, preordena y predestina. Recuerde: Estamos analizando a Dios antes de que Él creara al hombre y al universo; estamos analizando su mentalidad y pensamientos a través de la creación. Estamos analizando lo que Dios quería y lo que Él sabía antes de actuar y realmente crear.

MENTALIDAD Y PENSAMIENTOS DE DIOS AL PLANEAR LA CREACIÓN

(Visto al invertir los seis días de la creación)

Lo que Dios planeó y supo antes de la creación	Las razones para el orden de la creación
Dios quiso y planeó la creación de una criatura (el hombre) en quien Él pudiera derramar su bondad y gracia, una criatura que pudiera elegir *libremente* amar, adorar, servir y fraternizar con Él.	El hombre naturalmente sería lo último que Dios crearía. ¿Por qué? Porque el hombre necesitaría un número de cosas para sustentar su vida y era necesario que estas existieran antes de crear al hombre.
Dios supo que el hombre necesitaría de inmediato otras criaturas a su alrededor, criaturas que ayudaran a perpetuar la reproducción de la cadena alimenticia y que le proporcionaran compañía, variedad y belleza *en la tierra.*	Los animales terrestres naturalmente serían lo creado antes del hombre. ¿Por qué? Porque son las criaturas más cercanas que rodean al hombre, las criaturas más íntimamente relacionadas con el hombre, las criaturas que comparten la tierra con el hombre.
Dios supo que el hombre también necesitaría otras criaturas para llenar el aire y las aguas, criaturas que también pudieran ayudar a perpetuar la cadena alimenticia y le proporcionaran al hombre compañía, variedad y belleza.	Los animales acuáticos y los animales del aire [aves] están un poquito más apartados del hombre, así lógicamente serían creados justo antes de los animales terrestres.
Dios supo que tanto el hombre como los animales necesitarían lumbreras sobre la tierra (sol, luna y estrellas) que rigieran la vida de cada uno de ellos y sus estaciones, sus días y sus años, y que le diera variedad y belleza al universo.	La luz *en la tierra* se necesitaría antes de que se crearan los animales y el hombre. ¿Por qué? Para que pudieran ver al trasladarse y para que se pudiera regular la vida de todos los animales en la tierra. Si el hombre y los animales estuvieran en total oscuridad en la tierra y si no hubiera días ni estaciones para regular el crecimiento y la vida en la tierra, no podrían existir el hombre ni los animales.
Dios supo que tanto el hombre como el animal necesitarían un lugar donde vivir y la alimentación necesaria para sustentar la vida.	Se necesitaba un lugar donde vivir y alimento para comer antes de que se vieran los cuerpos celestes sobre la tierra. ¿Por qué? Porque sin lo seco y la vegetación no había razón alguna para regular las estaciones, los días o los años.
Dios supo que tanto el hombre como el animal necesitarían aire para respirar y agua para beber.	La atmósfera (aire para respirar) y el agua para beber estaban obligadas a ser creadas antes de lo seco y la vegetación. ¿Por qué? Porque la vegetación y toda la vida en la tierra dependen del aire para respirar y del agua para sobrevivir.
Dios supo que tanto el hombre como el animal necesitarían luz para proveer calor y estimular el crecimiento de todas las cosas.	La luz tiene que antecederlo todo, la luz tiene que ser lo primero creado, porque la luz es absolutamente esencial para el calor y crecimiento de la vida.

Ahora bien, ¿cómo Dios iba a obtener lo que Él quería, el hombre y el universo? ¿Y cómo iba a asegurarse de que las cosas fueran creadas en el orden y secuencia correcta? Dios sabía que cada cosa iba a depender de otra cosa que se creara. Dios sabía que la creación sería un desorden caótico y las cosas no podrían existir a menos que Él creara las cosas de una manera ordenada y con una secuencia. Dios sabía que la secuencia y el orden eran una necesidad absoluta si el hombre y el universo debían sobrevivir. ¿Cómo, entonces, iba Dios a asegurarse de que las cosas fueran creadas en el orden y secuencia correcta? Solo había una manera. Dios tenía que:

- Disponer y determinar la creación.
- Planear y pensar completamente la creación.
- Preordenar y predestinar la creación.

¿Cómo sabemos esto? Por el orden y secuencia de la creación. Los seis días de la creación, el orden y secuencia de lo que Dios creó en cada uno de los días, nos lo demuestra. La creación revela que Dios es un Dios de gran voluntad y propósito, un Dios que planea y piensa completamente, preordina y predestina lo que Él *quiere* y *dispone*.

Pensamiento 1. Según se ha planteado anteriormente, Dios quiso y planeó la creación del hombre en quien Él pudiera derramar su gracia y bondad, una criatura que *eligiera libremente* amar, adorar, servir y fraternizar con Dios.

1) Esta es la razón por la que Dios nos salva, nos elige y nos predestina en Cristo.

"según nos escogió en él antes de la fundación del mundo, para que fuésemos santos y sin mancha delante de él, en amor habiéndonos predestinado para ser adoptados hijos suyos por medio de Jesucristo, según el puro afecto de su voluntad, para alabanza de la gloria de su gracia, con la cual nos hizo aceptos en el Amado" (Ef. 1:4-6).

"No me elegisteis vosotros a mí, sino que yo os elegí a vosotros, y os he puesto para que vayáis y llevéis fruto, y vuestro fruto permanezca; para que todo lo que pidiereis al Padre en mi nombre, él os lo dé" (Jn. 15:16).

2) Esta es la razón por la que Dios nos exige que lo amemos con todo nuestro corazón.

"Jesús le dijo: Amarás al Señor tu Dios con todo tu corazón, y con toda tu alma, y con toda tu mente. Éste es el primero y grande mandamiento" (Mt. 22:37, 38).

3) Esta es la razón por la que Dios obra todas las cosas a bien para aquellos que lo aman y que conforme a su propósito son llamados.

"Y sabemos que a los que aman a Dios, todas las cosas les ayudan a bien, esto es, a los que conforme a su propósito son llamados. Porque a los que antes conoció, también los predestinó para que fuesen hechos conformes a la imagen de su Hijo, para que él sea el primogénito entre muchos hermanos. Y a los que predestinó, a éstos también llamó; y a los que llamó, a éstos también justificó; y a los que justificó, a éstos también glorificó" (Ro. 8:28-30).

Pensamiento 2. Esta es una verdad maravillosa. Dios tiene un propósito y un plan para cada vida humana. Toda vida humana es preciada para Dios. Pero hay un problema: La mayoría de las personas no entregan su vida a Dios y a su propósito. La voluntad y propósito de Dios no se pueden obrar en la vida de cada una de ellas. El resultado es trágico: La mayoría de las personas se pierden el propósito y plan de Dios para su vida y mueren sin haber cumplido su propósito de estar en la tierra.

Si entregamos nuestra vida a Dios, entonces Dios puede cumplir su propósito y plan en nuestra vida. Podemos conocer la salvación de Dios en Cristo y la plenitud de la vida que Dios ha dispuesto y planeado para nosotros.

"Porque yo sé los pensamientos que tengo acerca de vosotros, dice Jehová, pensamientos de paz, y no de mal, para daros el fin que esperáis" (Jer. 29:11).

"Mas buscad primeramente el reino de Dios y su justicia, y todas estas cosas os serán añadidas" (Mt. 6:33).

"según nos escogió en él antes de la fundación del mundo, para que fuésemos santos y sin mancha delante de él, en amor habiéndonos predestinado para ser adoptados hijos suyos por medio de Jesucristo, según el puro afecto de su voluntad" (Ef. 1:4, 5).

"Mas vosotros sois linaje escogido, real sacerdocio, nación santa, pueblo adquirido por Dios, para que anunciéis las virtudes de aquel que os llamó de las tinieblas a su luz admirable; vosotros que en otro tiempo no erais pueblo, pero que ahora sois pueblo de Dios; que en otro tiempo no habíais alcanzado misericordia, pero ahora habéis alcanzado misericordia" (1 P. 2:9, 10).

ESTUDIO A FONDO 7

(1:1—2:3) ***Creación — Dios, naturaleza — Hombre, propósito de:*** La sexta verdad que se ve en el relato de la creación es una verdad gloriosa: Dios es un Dios de *revelación*, un Dios que revela su naturaleza, exactamente cómo es y qué ha hecho. Esto, por supuesto, se ve en algunas de las notas anteriores. Pero se ve fundamentalmente en los seis días de la creación y en lo que otros pasajes plantean acerca de Dios y sus seis actos creativos. Cuando analizamos con detenimiento los seis días de la creación, al parecer enseñan algunas grandes verdades acerca de Dios. El siguiente recuadro lo mostrará. El recuadro también puede ayudar a comprender y aplicar el relato de la creación en el corazón de cada uno de nosotros y ministerios. Quizá nos ayude en nuestro entendimiento de Dios, de su naturaleza gloriosa y de sus grandes propósitos para el hombre. Él nos creó, y Él tenía algunos de los propósitos más grandes que se puedan imaginar para ponernos aquí en la tierra. (Nota: Es necesario que se piense mucho más en este tema, el tema de: "Lo que las Escrituras enfatizan y enseñan acerca de Dios en sus actos creativos". Quizás el siguiente estudio motive a algún (algunos) creyente(s) a interiorizar más de lo que le haya permitido actualmente un estudio urgente).

LO QUE LAS ESCRITURAS ENFATIZAN Y ENSEÑAN ACERCA DE DIOS EN SUS ACTOS CREATIVOS

Día	*Lo que se creó*	*Beneficio y provisión fundamental*	*Lo que las Escrituras enfatizan y enseñan acerca de Dios en sus actos creativos*
1er día	Luz	Provee luz y calor para estimular el crecimiento	La naturaleza de Dios: Es luz (1 Ti. 6:16; Stg. 1:17; 1 Jn. 1:5; Mi. 7:8)

2do día	Los cielos: La expansión o atmósfera (aire) Agua	Provee aire y agua para sustentar la vida	La existencia de Dios: => es infinita, se ve claramente en la altura de los cielos (Job 22:12) => es gloriosa, declarada gloriosa por los cielos (Sal. 19:1) => es grande, declarada por la creación de los cielos y las aguas (Sal. 104:1-3; Is. 48:13)
3er día	Lo seco (la tierra fértil) Vegetación	Provee un lugar donde vivir y alimento y belleza para la vida	1) El derecho de Dios: Es soberano sobre todo—el propietario soberano de todos los territorios (la tierra) y todo lo que hay en la tierra (Sal. 24:1; 50:12; 89:11; 1 Co. 10:26) 2) El plan creativo de Dios: Es inteligente y bueno (Sal. 33:4-5; 104:5-9; Ec. 1:4-7)
4to día	Lumbreras (sol, luna y estrellas)	Provee estaciones, días y años	1) La gloria de Dios: => está llena de esplendor y brillantez, gracia y gloria (Sal. 84:11; 97:6) => brilla dentro y sobre los creyentes ahora, mientras estén en la tierra (2 Co. 4:6; cp. 1 P. 2:9; Ap. 22:5; Sal. 18:28) => brillará en y sobre los creyentes en el cielo por toda la eternidad (Ap. 22:5; Is. 60:19-20) 2) La Palabra de Dios y su poder (Sal. 33:6; 62:11; He. 11:3)
5to día	animales acuáticos Aves	Provee animales para poblar el agua y el aire, para ayudar a perpetuar la reproducción de la cadena alimenticia, y para proporcionar similitud, variedad, y belleza	El poder de Dios: Es lo suficientemente fuerte como para crear vida (Job 12:7-10; Hch. 4:24; 14:15)
6to día	Animales terrestres El hombre	Provee animales para poblar la tierra, para ayudar a perpetuar la reproducción de la cadena alimenticia, y para proporcionar similitud, variedad y belleza Provee la criatura libre y moral deseada por Dios: => la criatura que puede elegir libremente amar, adorar, servir y fraternizar con Dios => la criatura sobre la que Dios puede derramar su bondad y gracia por toda la eternidad	1) El poder de Dios: Todo lo abarca y es suficiente para crear todas las cosas, incluso todos los animales y el hombre (Gn. 2:18-22; Job 33:4; Is. 45:12; Hch. 17:24-26) 2) El propósito de Dios para el hombre: => Amar a Dios (Dt. 6:5; 10:12; Mt. 22:37-38; Judas 21) => adorar a Dios (Neh. 9:6; Sal. 5:7; 95:6; 96:9; Mt. 4:10; Jn. 4:24; Ap. 14:7; 15:4) => Fraternizar con Dios (Sal. 73:28; 145:18; Is. 43:10-13; Mt. 18:20; Hch. 17:24-28; Stg. 4:8; 1 Jn. 1:3; Ap. 3:20) => servir a Dios (Gn. 1:24-30; 2:15-17; Éx. 23:25; Sal. 2:11; 8:6-8; 40:8; 100:2-3; He. 12:28) => Conocer y experimentar la bondad y gracia de Dios para toda la eternidad (Sal. 84:11; Ro. 8:16-17; Ef. 1:3-14, fundamentalmente 4-6, 9; 2:7, cp. v. 4-10; 3:11-12; Tit. 3:7; He. 2:6-8)

ESTUDIO A FONDO 8

(1:1—2:3) ***Creación — Dios, Creador:*** La séptima verdad que se ve en el relato de la creación es que Dios es un Dios de *orden*, plenitud, compleción, cumplimiento y satisfacción.

=> Dios ordena lo desordenado.
=> Dios llena lo vacío.
=> Dios completa lo incompleto.
=> Dios realiza lo irrealizado.
=> Dios satisface lo insatisfecho.

Esto, también, se ve en los seis días de la creación. Revise el versículo dos que dice que "la tierra estaba desordenada y vacía" (Gn. 1:2). Es decir, la tierra estaba...

- "desordenada": Sin orden, deformada, sin desarrollar, si terminar.
- "vacía": Estéril y desolada.

Pero note lo que Dios hizo en los seis días de la creación. Se movió de la tierra "desordenada" y "vacía" para formar y llenar el universo. De hecho, un estudio detenido de los seis días revelan que:

- Dios "*forma*" el universo en los tres primeros días.
- Dios "*llena*" o "*completa*" el universo en los últimos tres días.

Esto se ve claramente en el siguiente recuadro.

FORMACIÓN DEL UNIVERSO		LLENADO O COMPLETAMIENTO DEL UNIVERSO	
1er día	Luz (v. 3)	4to día	Lumbreras (sol, luna y estrellas) (v. 14)
2do día	Agua (v. 7) Expansión o atmósfera (aire)	5to día	criaturas acuáticas y aves (v. 20-21)
3er día	Lo seco (vv. 9-10) Vegetación (vv. 11-12)	6to día	criaturas terrestres (animales terrestres y el hombre)

Note que este subíndice específico muestra a Dios *formando* el universo y luego *llenándolo*. Se ve a Dios *completando* la creación que Él había comenzado antes. Él *cumple y satisface* su plan y propósito de la creación. Los seis días de la creación revelan a Dios como un Dios de orden, plenitud, compleción, cumplimiento y satisfacción.

(Quizás este recuadro lo ayude a comprender el criterio general de los seis días de la creación. Muchos comentaristas siguen este subíndice de la creación, por ejemplo Griffith Thomas en su comentario sobre *Génesis*; Derek Kidner en *Los comentarios de Tyndale sobre el Antiguo Testamento*; La Biblia de estudio NVI; y el gran *Comentario del púlpito*.)

ESTUDIO A FONDO 9

(1:1—2:3) ***Evolución — Creación, días de — Eras geológicas — Fósiles — La Tierra, la edad de — Diluvio, el gran:*** La octava verdad que se ve en el relato de la creación es una verdad pasmosa: Dios es un Dios de enorme poder, un Dios que creó el universo en seis días. La palabra "día" (*yom*) se usa en las Escrituras para referirse tanto a un día literal de veinticuatro horas como a un período de tiempo mayor. Un ejemplo de esto es "el Día del Señor" que incluye un sinnúmero de sucesos que han de ocurrir durante un largo período de tiempo (cp. Is. 4:2; Zac. 14:6-7; 1 Ts. 5:2). Incluso a los seis días de la creación se les hace referencia como el *día de la creación*.

> **"Estos son los orígenes de los cielos y de la tierra cuando fueron creados, el día que Jehová Dios hizo la tierra y los cielos" (Gn. 2:4).**

¿Cómo, entonces, debemos entender la palabra "día" en el relato de la creación? ¿Dios realmente creó el mundo en seis días de veinticuatro horas? ¿O cada día significa y representa eras, períodos de tiempo muy, muy largos, lo que la ciencia llama *eras geológicas*? Hay al menos tres posiciones que se deben considerar.

I. LA POSICIÓN DEL CREACIONISMO EN SEIS DÍAS

Las personas que sostienen esta posición dicen que la creación realmente ocurrió en seis días de veinticuatro horas: La Biblia usa la palabra "día" porque significa *día*.

A. Aquellos que sostienen esta posición exponen al menos ocho argumentos significativos.

1. La palabra "día", cuando se refiere a un número específico como primero o segundo, siempre significa día de 24 horas (Gn. 1:5, 8, 13, 19, 23, 31).
2. Solo los días tienen mañanas y tardes, no las eras geológicas (Gn. 1:5 y más). Decir que "mañana y tarde" es un lenguaje figurado para describir largos períodos de tiempo es forzar las reglas de la gramática.

   > *"'Tarde' en ninguna parte de las Escrituras tiene este significado... tampoco 'mañana'... [y] 'día' nunca quiere decir 'período'" (H. C. Leupold. Génesis, vol. 1, Grand Rapids, MI: Baker Book House, 1942, p. 56).*

3. De hecho Dios nombró a la luz "día" y a las tinieblas "noche", y luego terminó el día con tinieblas y la noche con luz (vv. 5, 17-18). Es muy poco probable, posible, pero muy poco probable, que Dios llamara día a cada período creativo separado por luz y tinieblas.
4. Note que Dios creó la vida vegetal el tercer día (vv. 11-13). Esta vida vegetal no habría podido sobrevivir sin la luz del sol que no era visible en la tierra hasta el cuarto día (vv. 14-19). Decir que los *días de la creación* son eras es decir que la vida vegetal existió durante miles, quizás millones, de años sin la luz del sol, la

luna y las estrellas, y sin la regulación de las estaciones que ellas controlan.

5. Génesis 1:14 definitivamente dice que Dios dividió los días, estaciones y los años. Esta división está obligada a significar días de veinticuatro horas y no eras geológicas.
6. Otros pasajes dicen definitivamente que Dios hizo la tierra en seis días literales y que el día sábado es para descansar (Éx. 20:8-11; 31:14-17).
7. Note que Dios descansó el séptimo día (Gn. 2:1-2). Si el séptimo día es una era geológica, entonces Dios todavía estaría descansando, porque el sexto día cesó toda la actividad para Dios. Para algunas mentes, decir que Dios todavía está descansando significaría que Dios está muy alejado de la tierra y no está activo en los asuntos del mundo.
8. Observe también que Dios creó el universo en seis días y descansó en el día sábado, y luego bendijo y santificó el día sábado. Esto quiere decir que Él apartó el día para que el hombre descansara y adorara. La única analogía que tiene sentido en que el hombre trabaje seis días y descanse un día es tomar los días como días literales. Decir que los días son eras no tiene sentido como analogía.

B. Ahora bien, nota: Si la posición del día de veinticuatro horas es correcta, ¿qué sucede con la evidencia fósil y geológica *que apunta a que la tierra tenga millones, quizás miles de millones de años*? Por ejemplo, la geología dice que las formaciones rocosas dentro del núcleo de la tierra tardan millones de años en formarse y que tarda siglos en formarse el carbón, el petróleo, los diamantes, el uranio, el oro, otros minerales y minas. Y algunos fósiles, los esqueletos e impresiones de vida animal y vegetal en las formaciones rocosas, yacen a alrededor de 30 metros de profundidad dentro de la corteza terrestre. La ciencia nos dice que tardarían millones de años para que la erosión enterrara los restos fósiles a esa profundidad y luego más millones, en algunos casos, para que los ríos hicieran un surco o un cauce en la tierra nuevamente a esa profundidad para descubrir los restos fósiles. La teoría de la evolución se basa fundamentalmente en la evidencia de los restos fósiles.

¿Qué sucede? ¿La tierra tiene millones o miles de millones de años? ¿Las plantas y los animales estaban en la tierra millones o miles de millones de años antes que el hombre? Las formaciones geológicas, los depósitos de minerales y los restos e impresiones fósiles al parecer indican que sí. Si los científicos tienen la razón, entonces la creación no pudo haber ocurrido en seis días de veinticuatro horas. Los días de la creación tendrían que referirse a días o eras geológicas. Pero, como se ha preguntado: ¿Y la evidencia científica? ¿Es exacta o le falta algo a la ciencia en su investigación y pesquisa de la geología de la tierra y del origen de las cosas? Hay al menos cinco respuestas proporcionadas por los creacionistas de seis días a la evidencia científica.

1. Los creacionistas de seis días dicen que Dios creó por medio de *creación fiat* o *creación inmediata*. Las formaciones rocosas y los depósitos de minerales (tales como el carbón, el petróleo, el oro, los diamantes y el uranio) se formaron inmediatamente cuando Dios creó la corteza terrestre. De un modo sencillo, la corteza de la tierra se creó como una masa sólida, en un estado enteramente formado y completado. Las formaciones rocosas y los depósitos minerales fueron puestos en su lugar desde el principio, desde el momento mismo de la creación.
   => ¿Pero y la luz que llega a la tierra proveniente de estrellas y soles lejanos? La luz viaja a 300,000 kilómetros por segundo. Por eso, conocemos que la luz que ahora llega a la tierra proveniente de alguna estrella lejana ha estado viajando durante millones y miles de millones de años. Esto, nuevamente, apuntaría hacia los días de la creación como eras geológicas. Pero, los creacionistas de seis días plantean que la respuesta es creación fiat o creación inmediata. Cuando Dios creó el universo, Él creó un universo variado y bello tanto para sí mismo como para el hombre, para el placer y disfrute de ambos. Diferentes estrellas y soles se encontraban en variadas etapas de desarrollo: Algunas estaban completadas; otras se encontraban en varias etapas de desarrollo gaseoso, sólido y ardiente como sucede también hoy día.
   => ¿Pero y los restos e impresiones fósiles dentro de la corteza terrestre? Al parecer apuntan a que la vida animal y vegetal estuvo en la tierra millones de años antes que el hombre. ¿De dónde provinieron los estratos fósiles de la tierra? A esta pregunta se le da respuesta en el próximo punto (pt. 2).
2. Los creacionistas de seis días plantean que *El gran diluvio* fue un diluvio universal con efectos catastróficos sobre la corteza terrestre. ¿Tienen razón? Sin lugar a dudas, cualquier diluvio universal tendría efectos catastróficos y devastadores sobre la corteza terrestre. Note lo que Génesis 7:11 dice acerca de *El gran diluvio*:

   "El año seiscientos de la vida de Noé, en el mes segundo, a los diecisiete días del mes, aquel día fueron rotas todas las fuentes del grande abismo, y las cataratas de los cielos fueron abiertas" (Gn. 7:11).

Cuando el lector estudie el pasaje del diluvio en *La Biblia de bosquejos y sermones*, leerá la siguiente descripción de *El gran diluvio*:

Primero, el poder de Dios quebró violentamente la corteza terrestre y liberó todas las aguas subterráneas de la tierra. Deben haber ocurrido terremotos por toda la tierra. Note exactamente lo que dicen las Escrituras...

- "fueron rotas todas las fuentes del grande abismo" (v. 11).

La idea es que todas las aguas de debajo de la corteza terrestre, todas las cavernas, manantiales, ríos, lagos y quizás mares de agua, se *rompieron violentamente*. La corteza de la tierra se agrietó ante la violencia de temblor tras temblor y las aguas se liberaron y salieron a chorros de debajo de la corteza terrestre. Se ilustra lo siguiente: Las aguas subterráneas de debajo de la tierra y las aguas de los grandes océanos se liberaron violentamente como resultado de los repetidos temblores y se arrojaron de sus cauces, arremolinándose y levantándose en maremotos enormes y gigantescos.

Segundo, el poder de Dios abrió todas las esclusas del cielo: Un aguacero violento y torrencial cayó del cielo. Lluvias copiosas, aguaceros torrenciales nunca antes presenciados ni después, cayeron sobre la tierra. Los aguaceros torrenciales continuaron, sin ningún tipo de escampada, durante cuarenta días y cuarenta noches.

Observe lo siguiente: Al parecer la lluvia torrencial cesó después de cuarenta días, pero las aguas inundaron la tierra por 150 días (Gn. 8:2-3). Esto resulta significativo, específicamente cuando se tiene en cuenta el núcleo y la superficie de la tierra. La ruptura de la corteza terrestre y el temblor violento de la superficie de la tierra, el arremolinamiento y levantamiento de las aguas continuó durante 150 días, incluso sobre los picos montañosos más altos. Continuaría por casi un año sobre el resto de la tierra. Este tipo de temblor, movimiento y erosión violentas del núcleo de la tierra y de las masas continentales afectarían drásticamente la forma y las formaciones geológicas de la tierra. Al parecer la superficie y núcleo interno de la tierra se cambió de tal forma que fue como una nueva tierra. Nada, absolutamente nada, ninguna montaña, ningún valle, ninguna masa de agua, ninguna isla, ningún continente, ninguna masa continental, podría posiblemente ser igual después de un temblor y un diluvio de la tierra tan violentos.

=> Imagínese nada más la fuerza necesaria para romper todas las aguas subterráneas de todo el mundo, el enorme temblor del núcleo de la tierra necesario para liberar y disparar a chorros todas las aguas subterráneas de debajo de la corteza de la tierra.

=> Imagínese nada más el cambio de la superficie de la tierra con la lluvia torrencial durante cuarenta días y cuarenta noches sin cesar: Toda la erosión y desgaste de las montañas, todos los valles que se llenaron del sedimento de terrenos más altos.

Imagínese nada más el cambio en el núcleo y la superficie de la tierra cuando se desató la fuerza de las aguas subterráneas y cuando la fuerza de las lluvias torrenciales inundó la tierra. Imagínese el cambio tan drástico que debe haber ocurrido:

- Cuando las montañas y los collados se erosionaron y literalmente se desgastaron por la arremetida de las aguas.
- Cuando los valles y las grietas se llenaron de la tierra y el detrito de las elevaciones más altas.
- Cuando los temblores cambiaban y disparaban montones de polvo y colinas y lo más probable, incluso montañas.

Una vez más, nada podría ser igual, no después de un temblor y una explosión de agua tan fuerte y violenta lanzada tanto desde debajo de la tierra como desde encima de la tierra. De no ser toda, la mayor parte de la tierra, tanto el núcleo como la superficie, tanto las formaciones rocosas como los depósitos minerales, cambió para siempre. Según se ha planteado, dos fuentes de agua la habían cambiado:

=> Todas las aguas subterráneas se habían roto y habían salido disparadas por la acción de los repetidos temblores, las rompió el poder del propio Dios.

=> Los aguaceros torrenciales habían caído sobre la tierra, las mismísimas esclusas del cielo las había abierto el propio Dios.

"Si él detiene las aguas, todo se seca; si las envía, destruyen la tierra" (Job 12:15).

Pensamiento 1. Piense en todo el cambio del núcleo y la superficie de la tierra que debe haber sucedido ante la violencia del levantamiento y arrasamiento de las aguas del diluvio. La apariencia, el cambio geológico, de la tierra debe haber cambiado de un modo tan drástico que la tierra era totalmente diferente de como había sido, exactamente como una tierra totalmente nueva, tanto por dentro en su núcleo como por fuera en su superficie.

Pero eso no fue todo: El versículo veinticuatro nos cuenta que las aguas inundaron la tierra 150 días. Las aguas, los océanos del mundo, se levantaron y arrasaron hasta sus picos más altos durante 150 días. (Nota: La secuela de temblores pequeños después de los temblores tan enormes que fueron necesarios para liberar las aguas subterráneas continuaría durante días o semanas. Probablemente esto quiera decir que el núcleo de la tierra también estuvo sufriendo erupción durante 150 días. El impacto de su violencia en la tierra, sobre las formaciones fósiles y geológicas, sería tremendo.)

Cualquier persona que haya trabajado alrededor de la presión y la fuerza del agua sabe que estas cambian drásticamente el entorno. La presión y la fuerza del gran diluvio, la lluvia torrencial por todo el mundo, la ruptura de la corteza terrestre y la liberación de todas las aguas subterráneas, el impresionante juicio de

Dios, estaba obligado a cambiar drásticamente la tierra para siempre a partir de ese momento, tanto en su núcleo como en su superficie. Este fue el impresionante juicio de Dios sobre la tierra en los días de Noé. (Vea la nota, Gn. 7:24 para un mayor análisis.)

Sucede lo siguiente: El gran diluvio tiene que ser un factor a considerar cuando los científicos investigan el origen de la tierra. ¡Imagínese nada más! Primero los animales y las plantas más pequeños y débiles morirían y las plantas serían arrancadas de raíz en un gran diluvio o un torrente de agua. Por eso serían los primeros en quedar sepultados bajo la erosión del suelo. Los pequeños y los más débiles yacerían en los estratos más bajos y más profundos de la tierra. Esta es la razón por la que, cuando la ciencia estudia las formaciones geológicas, encuentra los más pequeños y los más débiles, las formas de vida más sencillas y menos desarrolladas, en los estratos más bajos de la tierra. Esta es una de las razones por que los evolucionistas piensan que ha habido un desarrollo de la vida de lo más simple a lo más complejo. Pero los creacionistas de seis días dirían lo siguiente: Las formaciones geológicas y las impresiones fósiles en la corteza terrestre se deben realmente al cambio y convulsión titánica de la corteza terrestre ocasionada por *El gran diluvio*. (Vea las notas, Gn. 7:10-12; 7:24 para un mayor análisis.)

H. C. Leupold expresa lo siguiente:

"Deben tenerse en cuenta las tremendas posibilidades geológicas que existen con la ruptura de las fuentes del grande abismo. La inmensidad de estas erupciones debe ser proporcional a la intensidad real del diluvio... El diluvio fue de un poder y magnitud pasmosos... Tales erupciones de fuentes subterráneas deben haber ocasionado un torrente de aguas en la tierra comparable con las más grandes olas de un maremoto. Tales olas, a su vez, deben haber sido capaces de producir efectos de una magnitud casi incalculable. Así, los efectos producidos por las aguas del grande abismo (1:2), cuando se levantaron sobre la tierra en proceso de formación, conjuntamente con los efectos ocasionados por este gran diluvio, nos parecen una explicación completamente adecuada para las formaciones geológicas de todo tipo, como se pueden observar en la actualidad" (Génesis, vol. 1, p. 296).

John Whitcomb, un erudito del Antiguo Testamento y Henry Morris, un científico prominente del siglo XX, son dos de los defensores principales de la posición de los creacionistas de seis días. Ellos plantean lo siguiente:

"Aunque puede haber una libertad considerable de opinión sobre los detalles, el registro bíblico sí proporciona un resumen básico de la historia de la tierra, a partir del cual se debe interpretar toda la información científica.

=> "Describe una creación inicial, lograda por medio de procesos que ya no están en funcionamiento y que, por tanto, posiblemente no se puedan entender según mecanismos físicos o biológicos actuales.

=> "Describe la entrada a esta creación inicial del Dios que sobreviene en 'toda la creación', trayendo como resultado el pecado y la rebelión del hombre... contra su Creador.

"[Es] el registro del gran diluvio [el que] afirma claramente que fue tan universal y cataclísmico en su causa, magnitud y resultados que también marcó un profundo hiato [una brecha] en la historia terrestre. Por eso la creación, la caída [de Adán en el pecado], y el diluvio constituyen los hechos verdaderamente básicos, a los que deben hacer referencia todos los otros detalles de la información histórica primitiva.

"Por eso, parece muy razonable atribuir las formaciones de las rocas cristalinas de la corteza, y quizás algunas de las formaciones sedimentarias no fosilíferas precámbricas, al período de creación, aunque más tarde fuera modificado de un modo sustancial por las convulsiones tectónicas del período diluviano. Los estratos fosilíferos al parecer se asentaron en gran medida durante el diluvio, con las secuencias aparentes atribuidas no a la evolución, sino más bien a la selectividad hidrodinámica, al hábitat ecológico, y a la fuerza y movilidad diferenciales de las variadas criaturas" (*The Genesis Flood* [El diluvio de Génesis]. Phillipsburg, NJ: Presbyterian and Reformed Publishing Co., 1961, p. 327. Se expone la cita para mayor sencillez).

3. Los creacionistas de seis días argumentan lo siguiente acerca de la evolución y los registros fósiles: Los registros fósiles son débiles a la hora de demostrar la evolución. (Vea también el pt. III "La posición de la ciencia y la Biblia"). Note lo que tienen que decir algunos eruditos que están familiarizados con las últimas investigaciones:

James Montgomery Boice expresa lo siguiente acerca de los creacionistas de seis días:

"Los creacionistas creen que sus criterios están reforzados por consideraciones adicionales:

"Las condiciones actuales están formando muy pocos depósitos fosilíferos de potencialidad, y muchos de estos resultan poco comunes. Hoy día no se está formando nada que se pueda comparar con los estratos fosilíferos conocidos de tiempos antiguos, lo que nos hace pensar que alguna catástrofe del pasado fue necesaria para producirlos.

"Los hechos geológicos no apoyan el criterio de los estratos esencialmente harmoniosos con los niveles más antiguos en el fondo y los más recientes en la superficie. Existe una tendencia hacia esta dirección, pero los hechos reflejan una situación mucho más difícil de controlar. Un diluvio universal explica mejor estos hechos que la teoría de las eras geológicas prolongadas y el lento desarrollo evolutivo.

"La existencia de inmensos depósitos fósiles que contienen miles de grandes especies complejas, como los depósitos de mamúts en Siberia, se explican mejor por medio del diluvio o por medio de las condiciones ambientales anormales que le deben haber sucedido" (Tomado del

libro, Génesis, vol. 1 por James M. Boice. Derechos reservados en 1982 por The Zondervan Corporation, p. 59. Usado con permiso.)

Como dicen John Whitcomb y Henry Morris anteriormente:

"Los estratos fosilíferos al parecer se asentaron en gran medida durante el diluvio, con las secuencias aparentes atribuidas no a la evolución, sino más bien a la selectividad hidrodinámica, a los hábitats ecológicos, y a la fuerza y movilidad diferenciales de las variadas criaturas" (The Genesis Flood [El Diluvio de Génesis], p. 327).

M. R. DeHaan dice los siguiente acerca de la evolución y el cambio en las especies vegetales y animales:

"Existe, claro está, evolución y cambio en las varias especies vegetales y animales, pero nunca un cruzamiento de una en otra, nunca un proceso gradual por medio del cual una planta se convierta en un pez o en un ave. Este es el error que comete el hombre moderno. Él reconoce el hecho de que el efecto del clima, la alimentación, el medio ambiente y los enemigos naturales han ocasionado grandes cambios en las plantas y los animales, trayendo como resultado diversidades tan grandes que han perdido una gran parte de su parecido entre unos y otros, pero una especie nunca evoluciona en otra.

"Solo un ejemplo: Existen muchos tipos diferentes de roble en el mundo, todos provienen de una sola bellota, un sola semilla. Durante generaciones de cambio han evolucionado o degenerado en varios tipos o variedades. En dependencia del suelo y los minerales, las lluvias, el calor y el clima, por medio de poderes inherentes y naturales creados divinamente se han adaptado a estos varios medios de modo que algunas bellotas son inmensas en tamaño y en otras áreas son pequeñas. Algunas son de color castaño claro, otras oscuro; de cáscara gorda y cáscara fina; dulces o amargos. Casi ilimitados son los cambios que pueden ocurrir según las diferentes condiciones. Pero todos son robles que producen solo bellotas. Piensen en las variedades de manzanas producidas por medio del cultivo, la cuidadosa polinización y cruzamiento selectivos, pero el hombre todavía no ha podido lograr una naranja de un manzano. Todos estos cambios y adaptaciones ocurren solamente dentro de los límites de las especies. Y esto lo afirma la Palabra de Dios en Génesis 1, que Él hizo el árbol de fruto que produjera fruto según su género (especie), las aves según su especie y los varios animales según su especie. Y el eslabón perdido entre las especies nunca se ha hallado, porque no existe" (Génesis y la evolución. Grand Rapids, MI: Zondervan Publishing House, 1962, p. 22).

"Existen muchos procesos con el nombre de evolución que no constituyen evolución alguna, pero que en cambio se deberían llamar desarrollo o mejoramiento. El planteamiento bíblico, 'que produzca según su género', no excluye el desarrollo de un amplio espectro de variedades dentro de una especie o género en particular. Lamentablemente, el uso del término 'evolución' para denotar el mejoramiento de una especie o el desarrollo de nuevas variedades de la misma especie ha traído como resultado un gran número de malentendidos. Hay muchas variedades de la misma especie; por ejemplo, hay diferentes tipos de manzanas, o diferentes tipos de pepinillos. Dentro de la especie canina o perruna muchas variedades: zorros, lobos y dingos, desde el diminuto Chihuahua mejicano hasta el imponente San Bernardo, o el Gran Danés, pero todos son perros. Hay muchas variedades de gatos dentro del género felino, como las diferentes razas de gatos domésticos: Siamés, Angora y Maltés, para no mencionar a otros miembros de la familia como por ejemplo leones, leopardos, tigres, gatos monteses y más. Pero aún así todos son gatos. Todas las variedades de manzanas provienen de un tipo original de manzana, pero por medio del cultivo y la polinización e injerto científicos se desarrollaron en diferentes variedades grandemente mejoradas. Pero esto no es evolución; esto es sencillamente mejoramiento, desarrollo y cultivo.

"La evolución enseña el cambio o transmutación por medio de un proceso lento de una especie en otra, de una inferior a una superior, con el resultado de un género completamente nuevo, como el de un pez en un mamífero, o una cabra en una vaca, o un hipopótamo en un caballo, o un mono en un hombre. Esto es algo bien diferente de cultivar nuevas variedades de la misma especie. Nunca se ha encontrado un ejemplo probado de una evolución de una especie en otra. El eslabón perdido es un eslabón que se encuentra completamente en el campo de la suposición sin la más mínima prueba tangible. Nosotros por ende no rechazamos una 'evolución' que se refiera a un desarrollo o mejoramiento dentro de la especie, pero sí rechazamos una evolución que suponga una transgresión de la ley básica e inviolable de Dios: 'Que produzca según su género'.

"En la actualidad la ciencia debe acatar esa ley, 'similares producen similares' o 'todo según su género'. Todavía no se ha encontrado un solo ejemplo de la evolución de un orden inferior de seres en un orden superior. Toda la teoría se edifica sobre hallazgos especulativos y dudosos de partes de organismos en estado de descomposición y solamente relacionados remotamente unos con otros. La propia ciencia hoy día define una especie como un grupo capaz de reproducir progenie a partir de dos padres cualesquiera. Esta fertilidad determina y demuestra que los padres eran de la misma especie. Los miembros de dos especies diferentes por lo general no pueden cruzarse, pero incluso en los casos excepcionales donde dos especies muy estrechamente relacionadas se puedan reproducir, la progenie resultante es estéril y la teoría de la evolución se detiene desde el principio. Como ejemplo tenemos la mula, que es la descendencia de un asno y una yegua, pero es completamente estéril y no puede reproducirse, lo que imposibilita el surgimiento de una nueva especie. Como los miembros de diferentes especies (géneros en lenguaje bíblico) no se cruzan, no puede haber

evolución. Sin un cambio o producción de una nueva especie, no puede haber evolución; por ende, la teoría de la evolución no solo es completamente no bíblica, sino que es completamente anticientífica, no demostrada y opuesta a todos los hechos y la lógica científica" (M. R. DeHaan. *Génesis y la evolución,* pp. 69-71).

4. Los creacionistas de seis días también argumentan que la evolución queda desmentida por las dos primeras leyes de la termodinámica. Y no cabe duda sobre este argumento: Aquellos que sostienen la teoría de la evolución tienen que hacerle frente a las dos primeras leyes de la termodinámica. Whitcomb y Morris expresan que "estas dos leyes proporcionan el cimiento mismo sobre el cual se ha erigido la gran superestructura de la tecnología y la ciencia moderna" (*The Genesis Flood* [El diluvio de Génesis], p. 222).

=> La primera ley lidia con la conservación de la energía. De un modo sencillo, la energía cambia, pero nunca se pierde. La energía no se crea ni tampoco se pierde dentro del universo actual. Cambia de forma, pero la cantidad total de energía dentro del universo permanece constante.

=> La segunda ley, sin embargo, plantea que la energía sí disminuye en su trabajo útil. A esta ley se le llama *entropía.*

Lo que estas dos leyes quieren decir es lo siguiente: La energía de todo se está agotando, cambiando de forma, volviéndose cada vez más inútil y desordenada. La energía nunca deja de existir, pero siempre cambia de forma y el cambio es siempre en una dirección decreciente, una forma que es menor que su forma original. De un modo sencillo, el propio universo y todas las cosas que hay dentro del universo se están agotando, desgastando y volviéndose cada vez más inútiles y desordenadas.

Note cómo estas dos leyes básicas de la ciencia moderna se oponen a la teoría de la evolución. La evolución plantea que el progreso de la energía y la vida, de todas las criaturas y las cosas, es...

- ascendente
- hacia delante
- siempre creciente
- en desarrollo
- obteniendo cada vez más energía, orden, utilidad y desarrollo

Whitcomb y Morris continúan diciendo lo siguiente acerca de las mutaciones cromosómicas y genéticas:

"Por lo tanto, la evidencia clara de la situación es que la evolución se ha asumido sencillamente como el principio universal de cambio en la naturaleza, a pesar del hecho de que no existe evidencia experimental que lo apoye y a pesar del hecho más sorprendente aún de que la experimentación y la experiencia universal han demostrado que este principio universal de cambio es su propia antítesis: Concretamente, ¡el del deterioro! Verdaderamente, esta es una de las paradojas más pasmosas que se encuentran en toda la historia del cientificismo!"

Los dos eruditos expresan la siguiente conclusión acerca de la evolución:

"Y toda la dificultad surge de la negativa del hombre a aceptar el planteamiento enfático de Dios de que la creación del mundo y de sus criaturas vivas se logró por medio de procesos que ya no están en funcionamiento. Una comprensión real de los orígenes requiere, como hemos enfatizado en repetidas ocasiones, de revelación divina. Dios en su gracia ha proporcionado esta revelación, pero los hombres se han negado a creerla, de hecho haciendo quedar a Dios como mentiroso. ¡No en balde finalmente llegan a contradicciones y principios irreconciliables en sus razonamientos!" (The Genesis Flood [El diluvio de Génesis], p. 227).

"La evolución es el gran 'mecanismo de escape' del hombre moderno. Este es el principio filosófico dominante por el que el hombre consciente o subconscientemente busca la justificación intelectual para escapar de la responsabilidad personal de su Creador y escapar del 'camino de la cruz' como el medio necesario y suficiente para su redención personal" (The Genesis Flood [El diluvio de Génesis], p. 328).

5. Está la respuesta ofrecida por muchos de aquellos que sostienen la *"teoría de la brecha"* o *"teoría de recreación".* Algunas personas que sostienen la *"teoría de la brecha"* también son creacionistas de seis días, pero usan argumentos diferentes para su posición (vea el *Estudio a fondo 4, "teoría de la brecha",* Gn. 1:2 para un análisis).

II. LA POSICIÓN DE LOS SEIS DÍAS COMO PERÍODOS DE TIEMPO MÁS PROLONGADOS O ERAS GEOLÓGICAS

Aquellos que sostienen esta posición plantean que Dios se tardó era tras era en crear el universo, que los días de la creación se refieren a eras geológicas. Esta posición es un intento de reconciliar las teorías de la ciencia con la revelación bíblica.

A. Hay al menos cuatro argumentos principales para sostener esta posición.

1. Las Escrituras usan la palabra "día" (*yom*) como un período de tiempo indefinido (cp. Is. 4:2; Zac. 14:6-7; 1 Ts. 5:2). Incluso el propio relato de la creación habla de *los seis días de la creación* como si fueran un día.

"Éstos son los orígenes de los cielos y de la tierra cuando fueron creados, el día que Jehová Dios hizo la tierra y los cielos" (Gn. 2:4).

2. El hebreo no usa el artículo definido cuando hace referencia a "el primer día", "el segundo" y así sucesivamente (vv. 3, 8, 13, 19, 23, 31). Sencillamente dice "primer día" y "segundo día". Este es un lenguaje más indefinido,

dejando abierta la puerta a un período de tiempo más prolongado para cada acto creativo.

3. Al parecer, la ciencia de la astronomía refuta un período de seis días de creación. La luz viaja a 300.000 kilómetros por segundo. Esto quiere decir que la luz que vemos por las noches proveniente de estrellas lejanas ha estado viajando hacia la tierra durante millones y miles de millones de años.

   Además, los astrónomos nos cuentan que todos los cuerpos del espacio exterior y la propia tierra están volando por el espacio, alejándose cada vez más uno del otro. Si se están alejando unos de otros, eso quiere decir que una vez estuvieron mucho más cerca y lo más probable es que encerraran una enorme masa de energía. Este es el fundamento de la popular *"teoría de la gran explosión"* que con frecuencia oímos acerca del origen del universo. A partir de todos los indicios, los astrónomos nos cuentan, que hubo una masa enorme o alguna forma de energía que explotó y dio lugar al universo y lanzó a los diferentes cuerpos volando por el espacio. Esto significaría que el universo tiene miles de millones de años. Lo sabríamos por la distancia a que se encuentran los soles y las estrellas unos de otros hoy y la velocidad a la que se alejan unos de otros.

4. Al parecer, la ciencia de la geología refuta el creacionismo de seis días. Las formaciones rocosas y los restos fósiles de la corteza terrestre indican que tanto la vida vegetal como la vida animal han estado en la tierra durante millones de años, mucho más tiempo que el hombre. Plantear lo que plantean los creacionistas de seis días, que la tierra, los animales y la vida vegetal, solo eran alrededor de 24-72 horas mayor que el hombre, parece imposible.

   Además, los geólogos nos dicen que las formas de vida más simples yacen en los estratos más bajos y profundos de la tierra, que hay un progreso del desarrollo más simple al desarrollo más complejo de la vida a medida que se asciende en la corteza terrestre. Por ejemplo, el orden de los restos fósiles parece ser...

- primero, algas, protozoos y esponjas
- segundo, peces, reptiles y anfibios
- tercero, animales terrestres de tiempos antiguos como los dinosaurios
- cuarto, animales terrestres de la actualidad
- quinto, el hombre. (James Montgomery Boice. *Génesis, un comentario expositivo*, vol. 1, p. 39. Boice tiene un excelente análisis acerca de las teorías de la creación, pp. 37-68).

   Ahora bien, note el progreso de la forma de vida más simple a la más compleja. Este es uno de los argumentos principales de la evolución. Pero por ahora sucede lo siguiente: Si los restos fósiles son precisos, tomaría millones y miles de millones de años para que la vida se desarrollara de la forma más simple a la más compleja, para que el hombre evolucionara a partir de la forma más simple que apareció en la tierra. Por consiguiente, los seis *días de la creación* deben referirse a seis eras geológicas.

B. Hay al menos tres grupos que sostienen la teoría de las eras geológicas.

1. Los evolucionistas teístas: Estas personas creen en Dios, pero también aceptan la teoría de la evolución a varios grados. Plantean que Dios *está detrás de* toda la creación, pero también aceptan las teorías de la evolución excepto donde la evolución entra en conflicto con alguna enseñanza bíblica evidente. Para ellos, las Escrituras no dicen cuándo ni cómo Dios creó, solo que Dios sí creó el universo. Por consiguiente, la ciencia puede ayudarnos tremendamente en nuestro entendimiento del universo y la vida, de cómo comenzaron y se desarrollaron a través de los siglos.

2. Los creacionistas progresistas: Tres elementos darán una idea de quiénes son los creacionistas progresistas.

=> Creen en la ciencia y en la gran ayuda que resulta entender el universo y la vida. Por lo tanto, hacen un esfuerzo deliberado por reconciliar a las Escrituras con la ciencia.

=> Creen que Dios creó el mundo y lo creó de un modo ordenado, pero que lo hizo a través de las eras geológicas, como sugiere la ciencia. Para ellos, las Escrituras realmente no dicen nada de cuándo Dios creó ni de cómo creó. Por consiguiente, las últimas teorías de la ciencia podrían ser correctas, incluso la *"teoría de la gran explosión"* de la creación y el desarrollo de vida superior y más compleja a partir de una inferior y menos compleja.

=> Sin embargo, las eras geológicas se traslapan y la creación aún está sucediendo en todo el espacio incluso en la tierra. Por ejemplo, el nacimiento de estrellas y soles en todo el universo y la aparición repentina de cierta vida vegetal en la tierra.

3. Algunas de esas personas que sugieren que la *"teoría de la brecha"* puede ser correcta también sugieren que los días de la creación pueden ser realmente eras geológicas. Harold Lindsell y Charles Woodbridge plantean lo siguiente:

"Al parecer, el primer capítulo de Génesis enseña que

el universo tiene solo unos pocos miles de años de edad. Los geólogos insisten que tiene millones de años. De ahí que los hallazgos de la ciencia parezcan contradecir el registro bíblico. Muchos estudiantes afirman haber perdido su fe en Dios por esta aparente contradicción.

"Pero Génesis no enseña nada que contradiga la ciencia verdadera. Génesis 1:1 describe la creación original de la esencia material que ocurrió en el pasado lejano. Génesis 1:2 dice: 'Y la tierra estaba desordenada y vacía'. La palabra hebrea 'estaba' en este texto se puede traducir 'se volvió'. Puede que el mundo se haya vuelto desordenado y vacío como resultado de algún juicio cataclísmico de Dios. La energía atómica estaba almacenada en la masa original y una destrucción tan inmensa no es inconcebible de ninguna manera. No se dice nada en Génesis acerca del período de tiempo que pasa entre la primera obra creativa de Dios (1:1) y el comienzo de su palabra de re-creación (1:2). Puede que haya transcurrido un período indefinido.

"Una vez más, al hacer referencia a los varios 'días' de la creación, los que muchos han interpretado como 'períodos creativos', el artículo indefinido 'un' se sugiere en el hebreo en cada caso, p. ej. 'un primer día', 'un segundo día'. (Vea Génesis 1:5,8,13.) No se da indicio alguno del período de tiempo que puede haber transcurrido entre estos períodos creativos.

"El registro de Génesis deja suficiente tiempo para todas las eras verdaderamente científicas. Uno no se debe alarmar ni dejar engañar cuando escucha a los seudo científicos atacar la Biblia sobre el tema de que niega los hallazgos de la geología. Génesis y la geología verdadera están en total acuerdo" (Un manual de la verdad cristiana, p. 82).

III. LA POSICIÓN DE LA CIENCIA Y LA BIBLIA.

El erudito Norman Geisler tiene un planteamiento excelente acerca de los conflictos que en ocasiones existen entre la ciencia y la Biblia. El planteamiento es extenso, pero está tan bien expuesto que será aplicable durante siglos si Jesús tarda. Por esa razón, he aquí toda la cita. Algunas partes la hemos resumido nosotros para mayor sencillez. (Vea también lo anterior [pt. I, B] para un mayor análisis sobre la posición de la ciencia y la Biblia.)

A. ¿Cómo puede Génesis reconciliarse con la ciencia moderna?

1. *Algunos principios generales de la reconciliación entre la ciencia y las Escrituras*. No hay contradicción alguna entre los hechos de Génesis y los hechos de la ciencia. Hay una diferencia entre *algunas interpretaciones* de Génesis y *algunas teorías* de la ciencia. Como Dios se revela tanto en su *Palabra* (las Escrituras) como en su *mundo* (la ciencia) (Sal. 19:1; Ro. 1:19), *en realidad* no hay contradicción alguna entre ellas. Cuando la Biblia y la ciencia *parecen* estar en conflicto, debemos recordar que las teorías científicas cambian y que hoy pueden estar equivocadas. Además, hay más de una manera de interpretar los primeros capítulos de Génesis. Finalmente, a través de los años la ciencia ha llegado a apoyar muchas cosas de la Biblia que una vez enseñó como inciertas.
2. Algunas áreas donde la ciencia apoya la Biblia.

=> La arqueología ha descubierto miles de cosas que demuestran la precisión histórica de la Biblia.

=> La astronomía concuerda con Génesis en que el mundo tuvo un principio.

=> La geología apoya el orden de la creación expuesto en Génesis 1, aceptando su enfoque de que el universo se formó primero, el mundo se formó después, la vida comenzó en el mar, con la aparición de las formas de vida inferiores primero y que el hombre es la forma de vida superior y la última en parecer.

=> La física (la segunda ley de la termodinámica) demuestra que al mundo se le está agotando la energía disponible. De ahí que el mundo no puede ser eterno pero debe haber tenido un principio.

=> La matemática (la Ley de la probabilidad) demuestra que el mundo no sucedió por casualidad, sino que fue diseñado por un poder inteligente.

=> La biología enseña que cada criatura reproduce su propio género.

=> La antropología demuestra que hay una sola raza humana (cp. Hch. 17:26) con diferentes grupos étnicos. Esto señala a un ancestro común para todos los hombres.

3. *La evolución y la creación constituyen un área seria de conflicto entre la ciencia y la Biblia*. La Biblia enseña que Dios creó la materia, la vida y el hombre (Gn. 1:1, 21, 26). También enseña que Dios creó las especies básicas de organismos como el pez, el ave, las plantas y las bestias (Gn. 1) y que cada organismo se reproduce según su propia especie (Gn. 1:11, 12, 21). Finalmente, la Biblia dice que el hombre y la mujer fueron creados especialmente por Dios del polvo de la tierra (Gn. 2:7s). Lo que demuestran los hechos de la ciencia acerca del origen de la vida y el hombre es que las formas más básicas (*phyla*) comenzaron repentina y abundantemente y que nuevas formas de vida comenzaron en el registro fósil de la misma manera. La ciencia revela que hay diferentes tipos de formas de vida en la que pueden ocurrir pequeños cambios y desarrollos por medio de las mutaciones y el entrecruzamiento limitados (llamado *micro evolución*). Pero la ciencia también revela que no se observan cambios grandes (llamado *macro evolución*) y que según la tasa conocida de mutación sobre la escala

científica de tiempo estimado de quinientos millones de años, las probabilidades de que las cosas sucedan por casualidad solamente son de 1 seguido de 3 millones de ceros a 1 (esto lo admite el afamado evolucionista Julian Huxley en su libro, *La evolución en acción*). Nuestra conclusión a la luz de los hechos de las Escrituras y la ciencia es que aunque la evolución es *teóricamente* posible, es *científicamente* muy improbable y *bíblicamente* insostenible (ya que la Biblia enseña claramente que Dios creó diferentes tipos de organismos, incluso al hombre).

4. "*La edad del mundo y de la humanidad es otra área de contradicción entre la Biblia y la ciencia moderna*. La ciencia plantea que el mundo tiene miles de millones de años mientras que algunos eruditos de la Biblia plantean que el mundo fue creado alrededor del 4004 a.C. La realidad de este asunto es la siguiente: La Biblia no dice qué edad tiene el mundo ni la humanidad; existen brechas en las tablas genealógicas de Génesis 5 y 11 de una naturaleza tal que uno no puede sencillamente sumar todas las edades y obtener 4000 años a.C. (cp. 1 Cr. 3:11s y Mt. 1:8); y los métodos científicos de fechado no son absolutos, sino que están sujetos a cambio. Por consiguiente, la supuesta contradicción entre la Biblia y la ciencia moderna es solo un conflicto de opiniones y no una contradicción de hechos" (Norman Geisler. *A Popular Survey of the Old Testament* [Un estudio popular del Antiguo Testamento], pp. 43-44. Una vez más, resumimos algunas partes de esta cita para mayor sencillez).

(Deseamos agradecer a cinco fuentes excelentes que han ayudado grandemente en la preparación de los materiales de introducción sobre Génesis y sobre "Los siete días de la creación". Hay muchos otros comentarios excelentes, pero estos han despertado numerosas consideraciones y han provisto una investigación y perspectiva general excelentes de los temas abarcados en el material de introducción anterior).

Derek Kidner. *Génesis*. "Comentarios de Tyndale sobre el Antiguo Testamento". Downers Grove, IL: InterVarsity Press, 1979.

H. C. Leupold. *Génesis*, vol. 1. Grand Rapids, MI: Baker Book House, 1942.

James Montgomery Boice. *Génesis, un comentario expositivo*, vol. 1. Grand Rapids, MI: The Zondervan Corporation, 1938.

John C. Whitcomb and Henry M. Morris. *The Genesis Flood* [El diluvio de Génesis]. Phillipsburg, NJ: Presbyterian and Reformed Publishing Co., 1961.

Norman Geisler. *A Popular Survey of the Old Testament* [Un estudio popular del Antiguo Testamento]. Grand Rapids, MI: Baker Book House, 1977.

EL PRINCIPIO DEL MUNDO: LA CREACIÓN DE LA HUMANIDAD Y DE LA SIMIENTE PIADOSA,
Capítulos 1—11

PRIMER LIBRO DE MOISÉS LLAMADO GÉNESIS

	CAPÍTULO 1 **I. CREACIÓN DE LOS CIELOS Y LA TIERRA,[EF1] 1:1—2:3** **A. Las preguntas elementales de la creación, 1:1-2**
1 Cuándo: En el principio **2 Quién lo creó: Dios[EF2]** **3 Qué: Los cielos y la tierra[EF3]**	1 En el principio creó Dios los cielos y la tierra.
4 Cómo fue creada la tierra: Por etapas[EF4] a. Desordenada y vacía b. En tinieblas c. Cubierta de agua d. Por la obra del Espíritu	2 Y la tierra estaba desordenada y vacía, y las tinieblas estaban sobre la faz del abismo, y el Espíritu de Dios se movía sobre la faz de las aguas.

DIVISIÓN I

CREACIÓN DE LOS CIELOS Y LA TIERRA, 1:1—2:3

A. Las preguntas elementales de la creación, 1:1-2

(1:1-2) ***Introducción — Creación:*** Profunda, impresionante, sensacional, las palabras iniciales de las Escrituras son increíbles.

> **"En el principio creó Dios los cielos y la tierra" (Gn. 1:1).**

Una persona que lea y piense, piense verdaderamente, en este gran planteamiento queda cautivada por su increíble declaración. ¿Por qué? Porque se da cuenta de que las preguntas elementales de la creación están recogidas en el planteamiento divino. Hay tanto que se dice, tanto en qué pensar, tanto que aprender.

La Biblia declara que Dios es responsable de todo. El universo no es eterno ni tampoco sucedió por casualidad. El universo no nació así por casualidad. Algo no provino *de la nada*. *La nada* no produjo ni dio lugar a *algo*. Existe un Creador, un Ser supremo, una Fuerza e Inteligencia suprema, que ha creado el universo, y el Creador le ha dado al universo propósito y significado.

=> Las Escrituras no argumentan la existencia de Dios; declaran la existencia de Dios.

=> Las Escrituras no argumentan que los cielos y la tierra tienen un Creador; declara que *Dios creó* los cielos y la tierra.

Note un elemento muy significativo: Los primeros dos versículos de las Escrituras responden las preguntas elementales acerca de la creación. Responden las mismas preguntas que el hombre hace acerca de su propio origen y acerca del origen y raíces del universo.

1. Cuándo se creó el universo: "En el principio" (v. 1).
2. Quién creó el universo: "Dios [lo] creó" (v. 1).
3. Qué se creó: "los cielos y la tierra", es decir, el universo, (v. 1).
4. Cómo fue creada la tierra:
   a. Desordenada y vacía (v. 2).
   b. En tinieblas (v. 2).
   c. Cubierta de agua (v. 2).
   d. Por la obra del Espíritu (v. 2).

(1:1-2) ***Otro bosquejo:*** Si una persona sostiene la *"teoría de la brecha"* entre los versículos uno y dos, entonces podría preferir el siguiente bosquejo de las Escrituras. (Vea el *Estudio a fondo 4, "teoría de la brecha",* Gn. 1:2).

1. Cuándo se creó el universo: "En el principio" (v. 1).
2. Quién creó el universo: "Dios lo creó" (v. 1).
3. Qué se creó: "los cielos y la tierra", es decir, el universo, (v. 1).
4. Qué le sucedió a la creación original: juicio y destrucción (v. 2).
   a. La tierra se volvió ruinas y un desperdicio vacío.
   b. La tierra estaba cubierta de tinieblas y agua.
   c. El Espíritu de Dios comenzó a moverse sobre la faz de las aguas.

ESTUDIO A FONDO 1

(1:1—2:3) ***Creación — Hombre, necesidades del:*** Profunda, impresionante, sensacional, he aquí las primeras palabras que Dios quiere decirle al hombre; he aquí las palabras iniciales de la Santa Biblia.

> **"En el principio creó Dios los cielos y la tierra" (Gn. 1:1).**

Esto es lo primero que Dios le revela al hombre, lo primero que Dios quiere que el hombre conozca: De dónde provienen el hombre y su mundo. Dios quiere que el hombre conozca el origen del universo y la vida en la tierra. Pero, ¿por qué? ¿Por qué Dios quiere que el hombre conozca el origen de todas las cosas *antes de conocer cualquier otra cosa*? Por la naturaleza del hombre. La naturaleza del hombre tiene tres necesidades básicas que solo Dios puede suplir y Dios quiere suplir estas necesidades.

1. Está la necesidad de la vida, la necesidad de vencer la muerte. Por naturaleza, el hombre solo vive unos cuantos años y luego muere. La vida del hombre es como el vapor que aparece rápidamente y así rápidamente desaparece. Su vida es como una hoja que se forma rápidamente en la primavera del año, pero igualmente rápido cae al piso flotando sobre los vientos de otoño y regresa al polvo de la tierra. Dios quiere satisfacer la necesidad de vida del hombre; Dios quiere vencer la muerte para el hombre. Pero para hacer esto, el hombre debe saber que él y el mundo provienen de la mano de Dios, que él pertenece a Dios, todo cuanto él es y tiene pertenece a la adoración y servicio de Dios. Esta es la primera razón por la que el hombre debe conocer su origen, que él proviene de la mano de Dios.

2. Está la necesidad del hombre de mejorar su vida en la tierra, la necesidad de vencer los males devastadores del mundo y del corazón y la sociedad humana.

Por naturaleza el mundo es corruptible y esta corrupción provoca todo tipo de males y devastaciones como son los tornados, huracanes, terremotos, hambruna, desamparo, pobreza y un sinnúmero de otros desastres naturales y males sociales. Además, el hombre se halla con su propio corazón e incluso en el corazón de las naciones llenos del mal, el mal de…

• la avaricia	• el orgullo	• la amargura
• el prejuicio	• el odio	• la borrachera
• el egoísmo	• la agresión	• la mentira
• la lujuria	• el asesinato	• el engaño
• la inmoralidad	• la guerra	• el hurto

De un modo sencillo, los estragos del mal arrasan la tierra. La necesidad apremiante del corazón humano radica en la liberación, la liberación de los males que arrasan los cuales esclavizan el corazón humano, las sociedades y las comunidades del mundo. Dios quiere satisfacer las necesidades del hombre de mejorar su vida en la tierra. Dios quiere vencer el mal devastador del corazón del hombre y de este mundo. Pero para hacerlo, el hombre debe saber que existe Dios y que Dios lo liberará de este mundo corruptible. El hombre debe reconocer a Dios y entregarle su vida, todo cuanto es y tiene, a Dios, para que Dios lo pueda liberar. Esta es la segunda razón por la que el hombre debe conocer su origen, que él proviene de la mano de Dios.

3. Está la necesidad de satisfacer la sed de conocimiento del hombre, satisfacer su instinto por *saber cómo* prolongar sus años y mejorar su vida en la tierra. Por naturaleza el hombre es una criatura inquisitiva. Él quiere saber; por ende, pregunta. Y cuando pregunta, él busca y busca respuestas. Así es como el hombre progresa, cómo él desarrolla su tecnología y su ciencia, cómo él prolonga sus días y mejora su vida en la tierra. Esta es la razón por la que el hombre siempre está buscando sus orígenes. El hombre quiere saber de dónde provienen él y el universo. Él quiere conocer el origen de su mundo y de la vida como tal. Por lo tanto, el hombre pregunta:

=> ¿Ha existido siempre el universo o hubo un principio? ¿Existirá el universo eternamente, para siempre?

=> ¿Ha existido siempre la vida o hubo un principio? ¿Existirá la vida eternamente, para siempre?

El destino del hombre depende de conocer la respuesta de estas preguntas. Si el universo no es eterno, entonces algún día se agotará y la vida dejará de existir. El hombre no existirá más como especie en el universo. Pero incluso si el universo existiera eternamente, el hombre debe realizar la segunda pregunta: ¿Seguirá existiendo la vida humana en el universo? Para saber las respuestas de estas preguntas, el hombre sabe que él tiene que averiguar de dónde proviene. Por lo tanto, él busca sus orígenes, sus raíces, la causa misma de la existencia. El hombre tiene que averiguar…

- ¿Es el universo, es decir, la materia y energía básica del universo, eterno? De no ser así, ¿qué dio origen al universo y qué lo mantiene existiendo? ¿Qué dio origen a la vida humana y qué la mantiene existiendo?
- Si el universo no es eterno, entonces ¿cuál es la gran energía que hizo existir al universo y la vida?

El hombre cree lo siguiente: Si él puede descubrir el poder y la energía básicos, la fuerza bruta que yace en el propio núcleo del universo y de la vida, entonces quizás él pueda aprovechar esa energía y poder. Si él puede aprovechar el poder y la energía bruta del universo, entonces él puede *prolongar sus años y mejorar su vida en la tierra*.

Sucede lo siguiente: El hombre es una criatura inquisitiva. Él quiere saber de dónde proviene, por qué está aquí y hacia dónde se dirige. Y Dios quiere satisfacer la necesidad del hombre, la sed del hombre de conocimiento y propósito. Por ende, Dios le ha hablado al hombre, le ha dado al hombre la Palabra de Dios, la Santa Biblia. Dios le ha revelado al hombre la gran verdad subyacente y la primera verdad que el hombre necesita conocer es el origen de todas las cosas. El hombre necesita saber que tanto él como el universo han provenido de la mano del propio Dios.

Sin embargo, con frecuencia suceden dos cosas terribles y trágicas con el hombre y con su tecnología y su ciencia.

1. El hombre tiende a olvidar que él puede prolongar su vida por solo un cierto número de años. Cierto, el hombre puede vivir más tiempo por medio de la buena salud, la medicina y la ciencia. Pero el hombre nunca podrá vivir para siempre, no por sus propios esfuerzos, no por medio de la ciencia y la tecnología humanas. Por ende, los esfuerzos del hombre por prolongar su vida y descubrir la energía y materia básicas de la vida física siempre serán

fallidos. Hay *solo un descubrimiento* que puede prolongar la vida de modo permanente y eterno. Es el gran descubrimiento de Jesucristo, el Hijo de Dios. El hombre debe descubrir a Cristo y confiar en que Cristo lo salve de la muerte. El hombre debe confiar en que Cristo le dé vida eterna (cp. Jn. 3:16-18; 5:24; 10:10).

2. El hombre puede mejorar su vida y acomodarse con las cosas desarrolladas a través de la tecnología y la ciencia. Pero las cosas materiales no satisfacen ni realizan al alma humana, no de una manera completa y perfecta. Las cosas materiales no pueden borrar…

- la avaricia
- el egoísmo
- la borrachera
- el asesinato
- el prejuicio
- el orgullo
- la amargura
- la soledad
- la lujuria
- el acaparamiento
- el odio
- el vacío
- la inmoralidad
- las drogas
- la guerra
- la falta de propósito

Las cosas materiales de este mundo no pueden borrar la gran cantidad de mal que se levanta y esclaviza el corazón humano. Las cosas materiales sencillamente no pueden mejorar de un modo significativo la vida humana, no los verdaderos problemas de la vida humana. Entonces, ¿qué puede hacerlo? Cristo y el amor. Cuando el hombre está dispuesto a confiar en Cristo y a vivir como Cristo manda, es decir, amar, entonces las relaciones y la vida humana entre las personas mejorarán significativamente.

Sucede lo siguiente: Dios suple la necesidad del hombre de conocer el origen del universo y de la vida humana. En las Sagradas Escrituras, con las palabras iniciales, Dios le dice al hombre de inmediato de donde provienen el hombre y el universo. Dios declara que Él es la Inteligencia básica, el Poder y la Energía bruta que yace detrás de la existencia de todas las cosas, que Él es la Inteligencia y Fuerza suprema que creó todas las cosas. Él es la Energía y la Mente suprema, el Poder y Ser supremo, la Majestad y Señor soberano que creó todas las cosas.

Esta es la razón por la que la Biblia comienza con el propio Dios, comienza con Dios creando los cielos y la tierra. El hombre debe conocer a Dios, conocerlo *personalmente*. Solo Dios ha creado al hombre y al universo. Por lo tanto, solo Dios puede satisfacer las necesidades básicas del hombre:

- Solo Dios puede liberar al hombre de la muerte.
- Solo Dios puede liberar al hombre de los males devastadores y terribles del mundo.
- Solo Dios puede mejorar la vida y el mundo del hombre de un modo permanente.
- Solo Dios puede revelar lo que existió antes del universo y del hombre, porque solo Dios estuvo presente. Ningún hombre puede remontarse al tiempo antes de que la primera materia o energía, de que el primer átomo existiera. Solo Dios estaba presente. Por ende, solo Dios puede saber lo que existía en los anales de la eternidad. Solo Dios puede revelar la verdad, cómo llegó a existir el universo y el hombre.

[1] (1:1) ***"En el principio" — Creación:*** ¿Cuándo nació el universo? ¿Cuándo comenzó por primera vez? ¿Cuándo se formó por primera vez *la materia* y se activó por primera vez *la energía*? ¿Cuándo se crearon los cielos y la tierra? La Biblia nos lo dice y nos lo dice de la manera más sencilla, de una manera que todos los pueblos puedan entender. Los cielos y la tierra fueron creados "En el principio" (*bereshith*). Hubo un principio para el universo. Ni el mundo ni la vida humana son eternos. El universo no siempre ha existido. La frase "En el principio" quiere decir que hubo un momento en que todo *comenzó por primera vez*, cuado el universo *empezó por primera vez*. La idea es la del principio absoluto de todas las cosas, el principio absoluto del tiempo. El gran erudito H. C. Leopold plantea que quiere decir "el principio absoluto de las cosas creadas" (*Génesis*, vol. 1. Grand Rapids, MI: Baker Book House, 1942, p. 39). Note dos elementos significativos.

1. El universo tuvo un principio. Hubo un tiempo en que el mundo no existía y luego de repente, *de ninguna parte* y de la *nada,* comenzó el mundo. Las cosas del mundo tuvieron un principio. Hubo un principio para las cosas…

- que rodean al hombre
- que el hombre maneja, con las que lidia y las que posee
- que constituyen el propio ser del hombre
- que son físicas y materiales
- que componen las sustancias del mundo
- que componen toda la materia y toda la energía

Según se ha planteado, todas las cosas tuvieron un principio. Hubo un tiempo en que no había nada, ni cielos ni tierra, ni materia física ni energía no física, ni átomos, electrones, protones, neutrones, hidrógeno, ni ninguna otra sustancia gaseosa. No había nada en el mundo o dimensión de existencia físico y material. Luego, de repente, *de ninguna parte y de la nada*, el universo se comenzó a crear. Comenzó el proceso de tiempo. Hubo un principio. El universo, cosas físicas y materiales, comenzó. Se lanzó el mundo o dimensión de existencia física. ¿Cuándo? "En el principio", en el principio absoluto de la creación.

"Y: Tú, oh Señor, en el principio fundaste la tierra, y los cielos son obra de tus manos" (He. 1:10).

"En el principio creó Dios los cielos y la tierra" (Gn. 1:1).

2. No se dice absolutamente nada acerca de qué tiempo hace que se creó el universo. No se dan fechas para determinar la edad de los cielos y la tierra. Ni siquiera se hace alusión a la edad tampoco.

Pensamiento 1. El hombre debe prestarle atención a este pasaje de las Escrituras. Él debe saber de dónde proviene y por qué está aquí. Nunca puede cumplir su propósito en la tierra a menos que sepa quién lo puso aquí y por qué lo pusieron aquí.

Este pasaje también representa una advertencia dramática para el hombre. Como el hombre tuvo un principio, también tiene un fin. Por lo tanto, debe prepararse para hacerle frente a la persona que le dio su principio. El hombre debe arrepentirse y prepararse para hacerle frente a su Creador.

"Acuérdate de tu Creador en los días de tu juventud, antes que vengan los días malos, y lleguen los años de los cuales digas: No tengo en ellos contentamiento" (Ec. 12:1).

"y diciendo: Arrepentíos, porque el reino de los cielos se ha acercado" (Mt. 3:2).

"Así que, arrepentíos y convertíos, para que sean borrados vuestros pecados; para que vengan de la presencia del Señor tiempos de refrigerio" (Hch. 3:19).

"Arrepiéntete, pues, de esta tu maldad, y ruega a Dios, si quizá te sea perdonado el pensamiento de tu corazón" (Hch. 8:22).

"Pero Dios, habiendo pasado por alto los tiempos de esta ignorancia, ahora manda a todos los hombres en todo lugar, que se arrepientan" (Hch. 17:30).

Pensamiento 2. Jesucristo, *Dios el Hijo*, es el principio y el fin de todas las cosas. Es a Él a quien los hombres se deben volver y con quien se deben arrepentir.

"En el principio era el Verbo, y el Verbo era con Dios, y el Verbo era Dios. Éste era en el principio con Dios" (Jn. 1:1, 2).

"Yo soy el Alfa y la Omega, principio y fin, dice el Señor, el que es y que era y que ha de venir, el Todopoderoso" (Ap. 1:8).

"Y escribe al ángel de la iglesia en Laodicea: He aquí el Amén, el testigo fiel y verdadero, el principio de la creación de Dios, dice esto" (Ap. 3:14).

"Y me dijo: Hecho está. Yo soy el Alfa y la Omega, el principio y el fin. Al que tuviere sed, yo le daré gratuitamente de la fuente del agua de la vida" (Ap. 21:6).

"Yo soy el Alfa y la Omega, el principio y el fin, el primero y el último" (Ap. 22:13).

"y él es la cabeza del cuerpo que es la iglesia, él que es el principio, el primogénito de entre los muertos, para que en todo tenga la preeminencia" (Col. 1:18).

Pensamiento 3. Esta es una verdad universal: Hubo un principio; por consiguiente, habrá un fin. Todo lo que tiene un principio tiene un fin. El mundo y todo lo que hay en el mundo desaparecerá. Las cosas físicas y materiales del mundo cambian de forma, desaparecen, se deterioran, se descomponen y se consumen. Incluso el propio hombre cambia, envejece y se consume. Él muere. Hay un fin para todo lo que tiene un principio, incluso para el hombre.

"En el principio creó Dios los cielos y la tierra" (Gn. 1:1).

"Aquel día yo cumpliré contra Elí todas las cosas que he dicho sobre su casa, desde el principio hasta el fin" (1 S. 3:12).

"Acordaos de las cosas pasadas desde los tiempos antiguos; porque yo soy Dios, y no hay otro Dios, y nada hay semejante a mí, que anuncio lo por venir desde el principio, y desde la antigüedad lo que aún no era hecho; que digo: Mi consejo permanecerá, y haré todo lo que quiero" (Is. 46:9, 10).

"Y: Tú, oh Señor, en el principio fundaste la tierra, y los cielos son obra de tus manos. Ellos perecerán, mas tú permaneces; y todos ellos se envejecerán como una vestidura, y como un vestido los envolverás, y serán mudados; pero tú eres el mismo, y tus años no acabarán" (He. 1:10-12).

"Y de la manera que está establecido para los hombres que mueran una sola vez, y después de esto el juicio" (He. 9:27).

"Pero el día del Señor vendrá como ladrón en la noche; en el cual los cielos pasarán con grande estruendo, y los elementos ardiendo serán deshechos, y la tierra y las obras que en ella hay serán quemadas. Puesto que todas estas cosas han de ser deshechas, ¡cómo no debéis vosotros andar en santa y piadosa manera de vivir, esperando y apresurándoos para la venida del día de Dios, en el cual los cielos, encendiéndose, serán deshechos, y los elementos, siendo quemados, se fundirán! Pero nosotros esperamos, según sus promesas, cielos nuevos y tierra nueva, en los cuales mora la justicia" (2 P. 3:10-13).

[2] (1:1) ***Creación — Dios, Creador:*** ¿Quién creó el universo? Dios. Esto se plantea claramente. Según se ha mencionado anteriormente, el hombre es una criatura inquisitiva. Él quiere saber; por lo tanto, hace preguntas y busca respuestas. Cuando el hombre ve el mundo y se ve a sí mismo, él se pregunta de dónde provienen él y el mundo. ¿Cuál es el origen del hombre y del mundo? Note tres puntos significativos que ahora se abordan con esta frase planteada de un modo sencillo pero profundo:

"En el principio creó Dios..." (Gn. 1:1).

1. Primero, el nombre hebreo de Dios es *Elohim*. (Vea el *Estudio a fondo 2*, Gn. 1:1 para un análisis.)

2. Segundo, Dios estaba presente *en el principio*. "*En el principio*" estaba la persona suprema, la presencia suprema, el ser supremo, la inteligencia suprema, la fuerza suprema, que tuvo la inteligencia y el poder para crear el universo. Ese alguien era Dios. Dios existía antes del principio; Él antecedió el principio. Dios inició el principio. Todo lo que sucedió se debe a Él. Esto significa tres cosas importantes.

a. Dios es *el Dios todopoderoso*, el Dios de todo poder y fuerza. Él es la Majestad soberana y el Amo supremo del universo. Él existió antes de todo lo demás. Por tanto, todas las cosas deben su existencia a Dios. Eso incluye al hombre. El hombre le debe su vida, todo cuanto es y tiene, su obediencia, adoración y servicio a Dios.

b. Dios existe por *sí mismo y es eterno*. Dios existió antes de todo lo demás. Nada creó a Dios; nada le dio vida a Dios. Por el contrario, Dios creó el universo, toda la materia, todos los átomos, toda la energía y la fuerza que hay en el universo. Dios creó toda la vida incluso la vida del hombre; por ende, el hombre le debe su vida, todo cuanto es y tiene, su obediencia, adoración y servicio a Dios.

c. Dios es totalmente *autosuficiente*. Dios tiene todo lo que necesita dentro de sí mismo, dentro de su propio ser y personalidad. Él es Perfecto, perfecto en un sentido absoluto, dentro de sí mismo. Pero el hombre no es autosuficiente; por consiguiente, el hombre debe entregarle su vida, todo cuanto es y tiene, a Dios. El hombre debe obedecer, adorar y servir a Dios con total dependencia, confiando en que Dios proveerá para todas sus necesidades.

3. Tercero, el hecho de que Dios estuvo presente "en el principio", de que estuvo allí antes de que existiera el universo, desmiente, refuta y destruye seis creencias de los hombres.

a. La existencia de Dios *desmiente el ateísmo, el escepticismo, y el agnosticismo*. El ateísmo es la creencia de que no existe Dios, no existe Ser supremo. El escepticismo o agnosticismo es la creencia de que sencillamente una persona no puede saber si hay o no hay un Dios. El ateísmo y el escepticismo están equivocados. La Biblia, la revelación escrita de Dios, declara inequívocamente: "En el principio Dios", Dios sí existe. Él es la Majestad soberana del universo, la Inteligencia y Fuerza suprema del universo.

"Dice el necio en su corazón: No hay Dios. Se han corrompido, hacen obras abominables; no hay quien haga el bien" (Sal. 14:1).

"Dice el necio en su corazón: No hay Dios. se han corrompido, e hicieron abominable maldad; no hay quien haga bien. Dios desde los cielos miró sobre los hijos de los hombres, para ver si había algún entendido que buscara a Dios. Cada uno se había vuelto atrás; todos se habían corrompido; no hay quien haga lo bueno, no hay ni aun uno" (Sal. 53:1-3).

"Sean afrentados y turbados para siempre; sean deshonrados, y perezcan. Y conozcan que tu nombre es Jehová; Tú solo Altísimo sobre toda la tierra" (Sal. 83:17, 18).

"Porque así dijo Jehová, que creó los cielos; él es Dios, el que formó la tierra, el que la hizo y la compuso; no la creó en vano, para que fuese habitada la creó: Yo soy Jehová, y no hay otro. No hablé en secreto, en un lugar oscuro de la tierra; no dije a la descendencia de Jacob: En vano me buscáis. Yo soy Jehová que hablo justicia, que anuncio rectitud" (Is. 45:18, 19).

b. La existencia de Dios *desmiente el panteísmo*. El panteísmo cree en Dios, pero no en un Dios personal. Dios no es más que la fuerza y la energía del universo, la fuerza y energía subyacentes y básicas de todas las cosas. Planteado de otra manera, el panteísmo expresa que Dios no es una persona, sino más bien que Dios está en todo, está en todo como la fuerza y energía que da vida y existencia a todas las cosas. Por ejemplo, un árbol. Se dice que la fuerza y la energía que le da vida y hace crecer a un árbol es Dios. Dios no es más que la energía y la fuerza impersonal que da vida al árbol y lo hace crecer.

La Biblia niega fuertemente esta creencia. La Biblia declara inequívocamente que Dios es una *persona,* la persona suprema y el Señor majestuoso del universo, y que Dios existió *antes* del universo. Dios existió antes de que existieran o se activaran las fuerzas y energías del universo. Por ende, Dios está por encima y más allá de toda la materia y toda la energía. Dios existe *antes del universo* y es *supremo sobre el universo*. Y Dios anhela una relación personal con el hombre.

"Todas las naciones que hiciste vendrán y adorarán delante de ti, Señor, y glorificarán tu nombre. Porque tú eres grande, y hacedor de maravillas; sólo tú eres Dios. Enséñame, oh Jehová, tu camino; caminaré yo en tu verdad; afirma mi corazón para que tema tu nombre. Te alabaré, oh Jehová Dios mío, con todo mi corazón, y glorificaré tu nombre para siempre. Porque tu misericordia es grande para conmigo, y has librado mi alma de las profundidades del Seol" (Sal. 86:9-13).

"Vosotros sois mis testigos, dice Jehová, y mi siervo que yo escogí, para que me conozcáis y creáis, y entendáis que yo mismo soy; antes de mí no fue formado dios, ni lo será después de mí. Yo, yo Jehová, y fuera de mí no hay quien salve. Yo anuncié, y salvé, e hice oír, y no hubo entre vosotros dios ajeno. Vosotros, pues, sois mis testigos, dice Jehová, que yo soy Dios. Aun antes que hubiera día, yo era; y no hay quien de mi mano libre. Lo que hago yo, ¿quién lo estorbará?" (Is. 43:10-13).

"Así dice Jehová Rey de Israel, y su Redentor, Jehová de los ejércitos: Yo soy el primero, y yo soy el postrero, y fuera de mí no hay Dios. ¿Y quién proclamará lo venidero, lo declarará, y lo pondrá en orden delante de mí, como hago yo desde que establecí el pueblo antiguo? Anúncienles lo que viene, y lo que está por venir. No temáis, ni os amedrentéis; ¿no te lo hice oír desde la antigüedad, y te lo dije? Luego vosotros sois mis testigos. No hay Dios sino yo. No hay Fuerte; no conozco ninguno" (Is. 44:6-8).

c. La existencia de Dios *refuta y destruye el politeísmo*. El politeísmo es la creencia de que hay muchos dioses. Pero la Biblia es clara: "En el principio Dios". Existía Dios y solo Dios, un Dios, no muchos dioses. El Señor Dios es un Dios. Él y solo Él es la Majestad soberana del universo. El politeísmo es una falsa creencia del hombre, formada por la propia imaginación y las ideas humanas del hombre acerca de Dios.

"No tendrás dioses ajenos delante de mí. No te harás imagen, ni ninguna semejanza de lo que esté arriba en el cielo, ni abajo en la tierra, ni en las aguas debajo de la tierra. No te inclinarás a ellas, ni las honrarás; porque yo soy Jehová tu Dios, fuerte, celoso, que visito la maldad de los padres sobre los hijos hasta la tercera y cuarta generación de los que me aborrecen" (Éx. 20:3-5).

"A ti te fue mostrado, para que supieses que Jehová es Dios, y no hay otro fuera de él" (Dt. 4:35).

"Por tanto, tú te has engrandecido, Jehová Dios; por cuanto no hay como tú, ni hay Dios fuera de ti, conforme a todo lo que hemos oído con nuestros oídos" (2 S. 7:22).

"Acerca, pues, de las viandas que se sacrifican a los ídolos, sabemos que un ídolo nada es en el mundo, y que no hay más que un Dios. Pues aunque haya algunos que se llamen dioses, sea en el cielo, o en la tierra (como hay muchos dioses y muchos señores), para nosotros, sin embargo, solo hay un Dios, el Padre, del cual proceden todas las cosas, y nosotros somos para él; y un Señor, Jesucristo, por medio del cual son todas las cosas, y nosotros por medio de él" (1 Co. 8:4-6).

"Porque hay un solo Dios, y un solo mediador entre Dios y los hombres, Jesucristo hombre, el cual se dio a sí mismo en rescate por todos, de lo cual se dio testimonio a su debido tiempo" (1 Ti. 2:5, 6).

"un Dios y Padre de todos, el cual es sobre todos, y por todos, y en todos" (Ef. 4:6).

d. La existencia de Dios *desmiente y destruye el materialismo*. El materialismo es la creencia de que el universo es todo cuanto hay; el mundo y las cosas del mundo son todo cuanto existe. La energía y fuerza subyacentes y básicas de la materia, cualquiera que sea, es la energía y fuerza suprema. El materialismo dice que no existe Dios alguno, no hay Dios personal alguno. Lo más grande y supremo del universo es la energía y fuerza básica que hace que toda la materia exista y funcione. Por lo tanto, el universo y sus fuerzas y energías son todo cuanto hay. Más allá de este universo, más allá del mundo físico y material, no hay nada. No existe otro mundo, ningún mundo espiritual, ni ningún cielo ni infierno. Solo existe este mundo, solo el mundo físico y material.

La Biblia declara en términos para nada inciertos: "¡No! ¡Mil veces no!" "En el principio Dios". Dios existía antes del universo físico y material. *La vida no se resume tan solo a este mundo y su materialismo, sino que es mucho más, la vida no se resume tan solo a las cosas de este mundo, sino que es mucho más*. Existe Dios y el hombre tiene que rendirle cuentas a Dios. La creencia del materialismo está equivocada.

"No os hagáis tesoros en la tierra, donde la polilla y el orín corrompen, y donde ladrones minan y hurtan; sino haceos tesoros en el cielo, donde ni la polilla ni el orín corrompen, y donde ladrones no minan ni hurtan. Porque donde esté vuestro tesoro, allí estará también vuestro corazón" (Mt. 6:19-21).

"Mas buscad primeramente el reino de Dios y su justicia, y todas estas cosas os serán añadidas" (Mt. 6:33).

"Porque ¿qué aprovechará al hombre, si ganare todo el mundo, y perdiere su alma? ¿O qué recompensa dará el hombre por su alma?" (Mt. 16:26).

"Pues ¿qué aprovecha al hombre, si gana todo el mundo, y se destruye o se pierde a sí mismo?" (Lc. 9:25).

"Y el mundo pasa, y sus deseos; pero el que hace la voluntad de Dios permanece para siempre" (1 Jn. 2:17).

"Pero por cuanto eres tibio, y no frío ni caliente, te vomitaré de mi boca. Porque tú dices: Yo soy rico, y me he enriquecido, y de ninguna cosa tengo necesidad; y no sabes que tú eres un desventurado, miserable, pobre, ciego y desnudo" (Ap. 3:16, 17).

e. La existencia de Dios *desmiente y destruye el humanismo*. El humanismo es la creencia de que el hombre es el ser supremo del universo. No existe Dios alguno, ni ser supremo que rija sobre el hombre y el universo. El hombre es su propia autoridad y determina su propio destino, el hombre tiene el poder de razonamiento para controlar y regir sobre sí mismo y sobre la naturaleza. El humanismo declara que el propio hombre es su propio ser supremo.

La Biblia es enfática: *"En el principio Dios"*. Dios existía antes de que el hombre apareciera en escena. Por lo tanto, Dios está *antes, por encima y más allá del hombre*. Dios es muy superior al hombre. La Biblia declara enfáticamente que Él es la Majestad suprema del universo, no el hombre. El humanismo está equivocado, completamente equivocado.

"No tendrás dioses ajenos delante de mí. No te harás imagen, ni ninguna semejanza de lo que esté arriba en el cielo, ni abajo en la tierra, ni en las aguas debajo de la tierra. No te inclinarás a ellas, ni las honrarás; porque yo soy Jehová tu Dios, fuerte, celoso, que visito la maldad de los padres sobre los hijos hasta la tercera y cuarta generación de los que me aborrecen, y hago misericordia a millares, a los que me aman y guardan mis mandamientos" (Éx. 20:3-6).

"Oye, Israel: Jehová nuestro Dios, Jehová uno es. Y amarás a Jehová tu Dios de todo tu corazón, y de toda tu alma, y con todas tus fuerzas" (Dt. 6:4, 5).

"¿No sabéis? ¿No habéis oído? ¿Nunca os lo han dicho desde el principio? ¿No habéis sido enseñados desde que la tierra se fundó? Él está sentado sobre el círculo de la tierra, cuyos moradores son como langostas; él extiende los cielos como una cortina, los despliega como una tienda para morar. Él convierte en nada a los poderosos, y a los que gobiernan la tierra hace como cosa vana. Como si nunca hubieran sido plantados, como si nunca hubieran sido sembrados, como si nunca su tronco hubiera tenido raíz en la tierra; tan pronto como sopla en ellos se secan, y el torbellino los lleva como hojarasca. ¿A qué, pues, me haréis semejante o me compararéis? dice el Santo. Levantad en alto vuestros ojos, y mirad quién creó estas cosas; él saca y cuenta su ejército; a todas llama por sus nombres; ninguna faltará; tal es la grandeza de su fuerza, y el poder de su dominio" (Is. 40:21-26).

"Yo soy Jehová, y ninguno más hay; no hay Dios fuera de mí. Yo te ceñiré, aunque tú no me conociste, para que se sepa desde el nacimiento del sol, y hasta donde se pone, que no hay más que yo; yo Jehová, y ninguno más que yo, que formo la luz y creo las tinieblas, que hago la paz y creo la adversidad. Yo Jehová soy el que hago todo esto" (Is. 45:5-7).

"Proclamad, y hacedlos acercarse, y entren todos en consulta; ¿quién hizo oír esto desde el principio, y lo

tiene dicho desde entonces, sino yo Jehová? Y no hay más Dios que yo; Dios justo y Salvador; ningún otro fuera de mí. Mirad a mí, y sed salvos, todos los términos de la tierra, porque yo soy Dios, y no hay más. Por mí mismo hice juramento, de mi boca salió palabra en justicia, y no será revocada: Que a mí se doblará toda rodilla, y jurará toda lengua. Y se dirá de mí: Ciertamente en Jehová está la justicia y la fuerza; a él vendrán, y todos los que contra él se enardecen serán avergonzados" (Is. 45:21-24).

"Jesús le respondió: El primer mandamiento de todos es: Oye, Israel; el Señor nuestro Dios, el Señor uno es. Y amarás al Señor tu Dios con todo tu corazón, y con toda tu alma, y con toda tu mente y con todas tus fuerzas. Éste es el principal mandamiento. Y el segundo es semejante: Amarás a tu prójimo como a ti mismo. No hay otro mandamiento mayor que éstos" (Mr. 12:29-31).

f. La existencia de Dios *desmiente y destruye el secularismo*. El secularismo es similar al humanismo. No es más que otro nombre rodeado de un velo de la misma creencia que el humanismo. Es la creencia de que este mundo y las cosas de este mundo son todo cuanto existe. El hombre no es un ser espiritual y no tiene que rendirle cuentas a un Dios supremo. Por lo tanto, el hombre debe centrarse en esta vida y solo en esta vida. Debe buscar la forma de sentirse tan cómodo y feliz como pueda y debe sacar tanto provecho como pueda de esta vida. El hombre debe *comer, beber y divertirse porque mañana morirá.*

Pero una vez más, la Biblia desmiente el secularismo: *"En el principio Dios"*. Dios existe. Dios siempre ha existido, Él existe ahora y siempre existirá. Por lo tanto, el hombre tiene que rendirle cuentas a Dios. *El hombre debe vivir en función de Dios, no en función de su mundo, sus posesiones y sus placeres.*

"Porque no te has de inclinar a ningún otro dios, pues Jehová, cuyo nombre es Celoso, Dios celoso es" (Éx. 34:14).

"Mirad también por vosotros mismos, que vuestros corazones no se carguen de glotonería y embriaguez y de los afanes de esta vida, y venga de repente sobre vosotros aquel día" (Lc. 21:34).

"Por lo cual, salid de en medio de ellos, y apartaos, dice el Señor, y no toquéis lo inmundo; y yo os recibiré, y seré para vosotros por Padre, y vosotros me seréis hijos e hijas, dice el Señor Todopoderoso" (2 Co. 6:17, 18).

"enseñándonos que, renunciando a la impiedad y a los deseos mundanos, vivamos en este siglo sobria, justa y piadosamente, aguardando la esperanza bienaventurada y la manifestación gloriosa de nuestro gran Dios y Salvador Jesucristo" (Tit. 2:12, 13).

"¡Oh almas adúlteras! ¿No sabéis que la amistad del mundo es enemistad contra Dios? Cualquiera, pues, que quiera ser amigo del mundo, se constituye enemigo de Dios" (Stg. 4:4).

"No améis al mundo, ni las cosas que están en el mundo. Si alguno ama al mundo, el amor del Padre no está en él. Porque todo lo que hay en el mundo, los deseos de la carne, los deseos de los ojos, y la vanagloria de la vida, no proviene del Padre, sino del mundo" (1 Jn. 2:15, 16).

ESTUDIO A FONDO 2

(1:1) ***Dios (Elohim):*** Elohim es el nombre general o universal de Dios en el idioma hebreo. Quiere decir el Dios todopoderoso, el Dios de todo el poder y la fuerza. Significa que Él es el Fuerte y el Poderoso, el Omnipotente, el que tiene poder e inteligencia suprema, el que siempre está presente, el Fiel, al que se le debe reverenciar y temer (vea la nota, Gn. 1:3). El poder de Dios (de Elohim) en la creación debe infundir reverencia y temor en el corazón del hombre. La palabra se usa alrededor de 2570 veces en la Biblia. La palabra "Elohim" es un sustantivo plural que sugiere la Trinidad. (Vea la nota 4, pt. 1d, Gn. 1:2 para un análisis sobre las tres personas implicadas en la creación. Vea también la nota 2, Gn. 2:4; nota 1, Gn. 2:7 para un análisis de Jehová o Yahvéh como nombre para Dios. Cp. Gn. 14:18; 15:2; 17:1; 21:33; 22:14; Éx. 3:14-15; 4:10-11; 1 S. 1:3).

Pensamiento 1. El propio nombre de Dios, *Elohim*, nos dice tres cosas.

1) Dios (Elohim) es el que tiene poder para crear el universo.
2) Dios (Elohim) es en el que podemos confiar para que nos libere. Él siempre está presente, siempre fiel y Él tiene el poder y la fuerza para ayudarnos siempre.
3) Dios (Elohim) Él es el Omnipotente, la Majestad soberana del universo; por ende, debemos adorarlo y servirlo con toda reverencia y temor.

[3] (1:1) ***Creación — Dios, Creador:*** ¿Qué se creó? Dios creó los cielos y la tierra, es decir, el universo. Cuando la ciencia usa sus enormes telescopios y otros instrumentos para explorar y medir el universo y la tierra, el hombre halla datos muy sorprendentes.

=> La tierra mide solamente 12.874,75 kilómetros de diámetro y solo 40.233,60 kilómetros de circunferencia. La tierra mide menos que un grano de arena en todas las costas de la tierra en comparación con el universo.

=> Nuestra tierra se encuentra en un *sistema solar*, un sistema de otros nueve planetas que giran alrededor del sol (diez planetas contando la Tierra). El planeta más grande de nuestro sistema solar es Júpiter. Es tan grande que tiene 1300 veces el tamaño de la tierra.

=> Nuestro sol es tan grande que mide alrededor de 1 390 473 kilómetros de diámetro. El sol podría contener 1 300 000 tierras. Y, si tan solo pudiéramos imaginarnos la distancia, el sol se encuentra a 149 668 992 kilómetros de la tierra. Pero eso es solo el comienzo.

=> Nuestro sistema solar es solo un sistema solar de millones que componen lo que la ciencia denomina una *galaxia*. Existen millones y millones de sistemas solares que son sencillamente como nuestros nueve planetas girando alrededor del sol, millones y millones de sistemas solares que componen nuestra galaxia. Y nuestra galaxia tiene miles de millones y miles de millones de estrellas esparcidas por todos los cielos, más de 200 mil millones. Tales datos pasman nuestra imaginación. Piense nada más en lo siguiente: Hay una estrella tan grande, una estrella llamada *Betelguese,* que mide 346 millones de kilómetros de diámetro. ¿Cuán grande es eso? El sol podría estar en el centro de la estrella y la tierra podría girar alrededor del sol en su órbita actual sin ni siquiera tocar los bordes de esta enorme estrella. (William W. Orr. *How We May Know That God Is* [Cómo podemos saber que Dios existe]. Wheaton, IL: VanKampen Press, s.f., p. 29).

=> Cuando salimos de noche y miramos al cielo, vemos a lo que denominamos la *Vía Láctea*. La *Vía Láctea* es el nombre de nuestra propia galaxia, la galaxia de estrellas de la que la tierra forma parte. Cuando miramos la *Vía Láctea* una noche estrellada, lo que vemos es la luz reflejada de miles de millones de estrellas que se reflejan por todo el cielo nocturno, miles de millones y miles de millones de estrellas que forman parte de nuestra propia galaxia. Pero imagínese lo siguiente: Existen millones de galaxias, miles de millones y miles de millones incalculables de estrellas en las regiones lejanas del espacio exterior.

=> Pero esto no es todo. La ciencia nos dice que las galaxias se están alejando unas de otras a una velocidad increíble, una velocidad que sobrepasa los millones de millas por hora. ¡Imagínese nada más! Las estrellas y las galaxias de los cielos se están alejando unas de otras, viajando a millones y millones de millas por hora. Vivimos en lo que se denomina un *universo en expansión*, un universo siempre creciente. Según se ha planteado, los cielos, las galaxias de nuestro universo, se expanden cada vez más, alejándose cada vez más unas de otras, volando a una velocidad increíble de millones de millas por hora. Resulta profundo, impresionante, sensacional. Cuando nos detenemos a contemplar las estrellas en el cielo y pensamos en toda su enormidad, nos quedamos completamente asombrados de la gloria de los cielos. Pero eso no es todo.

=> Cuando nos centramos en el mundo pequeño y diminuto de la tierra y el universo, nos quedamos completamente perplejos por la gloria del mundo pequeño y diminuto. Existe el pequeño mundo de la ocupada hormiga y el mundo diminuto de todas las otras pequeñas criaturas que nos fascinan. Pero el mundo pequeño y diminuto no se resume a tan solo lo que se ve a simple vista, sino a mucho más. Por ejemplo: ¿Cuáles son las partículas más pequeñas de la existencia? ¿De qué están compuestas? ¿Qué es lo que hace que existan? ¿Cuáles son los elementos básicos y los componentes básicos de la existencia y de la vida misma? La ciencia ha descubierto mucho, lo suficiente como para decirnos que el universo y la vida están compuestos de átomos, electrones, protones, neutrones y un sinnúmero de otras partículas diminutas, partículas diminutas que son invisibles y que incluso hoy día se encuentran mucho más allá del entendimiento del hombre. El hombre aún está por descubrir la fuerza y elemento básicos del universo.

Algún día, si el mundo dura lo suficiente, puede que el hombre sea capaz de descubrir el elemento básico, la energía y la materia bruta de la vida y la existencia. Si ese día llega, el hombre realizará un descubrimiento sorprendente. La declaración de la Biblia es cierta: Detrás de todo está Dios. Esta es la declaración clara de las Escrituras:

"Y él es antes de todas las cosas, y todas las cosas en él *subsisten*" (Col. 1:17).

¿De dónde provienen los cielos y la tierra? ¿Cuál es el origen del universo? No se pudiera hacer declaración más evidente. No se puede plantear de una manera más sencilla: Dios creó el universo. Los cielos y la tierra existen porque Dios los hizo existir. Note cuatro elementos significativos.

1. Dios estaba presente cuando se crearon los cielos y la tierra. Antes de que nada se creara, Dios existía. Su presencia y poder estaban por todas partes, de la misma manera que lo están ahora. Dios siempre ha vivido, eternamente. Y Dios vive ahora y vivirá para siempre. Dios seguirá viviendo, eternamente.

Pensamiento 1. Al aplicar esto a nosotros, debemos recordar siempre que Dios está con nosotros. Él nos rodea y quiere que nosotros lo conozcamos. Él quiere que experimentemos su presencia y poder, que lo conozcamos personalmente. El problema es que son tan pocos los que se han acercado a Dios; son tan pocos los que tratan de conocer a Dios.

"Mas si desde allí buscares a Jehová tu Dios, lo hallarás, si lo buscares de todo tu corazón y de toda tu alma" (Dt. 4:29).

"Buscad a Jehová mientras puede ser hallado, llamadle en tanto que está cercano" (Is. 55:6).

"y me buscaréis y me hallaréis, porque me buscaréis de todo vuestro corazón" (Jer. 29:13).

"El Dios que hizo el mundo y todas las cosas que en él hay, siendo Señor del cielo y de la tierra, no habita en templos hechos por manos humanas, ni es honrado por manos de hombres, como si necesitase de algo; pues él es quien da a todos vida y aliento y todas las cosas. Y de una sangre ha hecho todo el linaje de los hombres, para que habiten sobre toda la faz de la tierra; y les ha prefijado el orden de los tiempos, y los límites de su habitación; para que busquen a Dios, si en alguna manera, palpando, puedan hallarle, aunque ciertamente no está lejos de cada uno de nosotros. Porque en él vivimos, y nos movemos, y somos; como algunos de vuestros propios poetas también han dicho: Porque linaje suyo somos" (Hch. 17:24-28).

2. Dios creó el universo *de la nada* (ex nihilo). (Vea el *Estudio a fondo 3*, Gn. 1:1 para un análisis.)

3. Hay propósito en la creación. Las cosas no sucedieron por casualidad, tampoco fueron fortuitas; el universo no surgió, ni apareció así como así. El universo no empezó *de la nada. Dios estaba allí.* Esto, que Dios estaba allí, quiere decir que Él ideó el universo. La idea del universo estaba en su mente y Él lo deseaba. Por ende, Él lo planeó y lo dispuso y Él lo hizo existir. Dios estaba allí antes de que se creara el universo. Fueron su mente y sus pensamientos, su inteligencia y poder los que crearon el universo. Por eso, hay propósito en el universo. Dios tiene un propósito asombroso, alguna razón grande y gloriosa para crear el universo y la vida. (Vea la nota 4, Gn. 1:28; bosquejo y notas, Gn. 2:15-17 para un análisis.)

Pensamiento 1. La vida no se resume tan solo a lo físico y lo material:

- La vida no se resume a las cosas de este mundo.
- La vida no se resume a la comodidad y el placer.
- La vida no se resume al dinero y al poder.
- La vida no se resume a la posición y al prestigio.
- La vida no se resume al reconocimiento y la fama.

Está Dios y su presencia, Dios y su propósito para la vida. La vida debe estar llena de propósito, sentido y significado. La vida no debe ser vacía, solitaria y alienada de Dios. Dios creó el universo y le dio vida al hombre para que el hombre pudiera sentirse realizado, satisfecho y viviera para siempre. Dios le dio vida al hombre para que el hombre pudiera vivir en la plenitud de Dios:

- Amor, gozo, y paz.
- Paciencia, benignidad y bondad.
- Fe, mansedumbre y templanza (Gá. 5:22-23).

Dios le dio vida al hombre para que el hombre pudiera fraternizar, adorar y servir a Dios en toda la plenitud de la vida para siempre y toda la eternidad.

"Vosotros sois mis testigos, dice Jehová, y mi siervo que yo escogí, para que *me conozcáis y creáis,* y *entendáis* que yo mismo soy; antes de mí no fue formado dios, ni lo será después de mí" (Is. 43:10)

"Porque yo sé los pensamientos que tengo acerca de vosotros, dice Jehová, pensamientos de paz, y no de mal, para daros el fin que esperáis" (Jer. 29:11).

"El ladrón no viene sino para hurtar y matar y destruir; yo he venido para que tengan vida, y para que la tengan en abundancia" (Jn. 10:10).

"Hermanos, yo mismo no pretendo haberlo ya alcanzado; pero una cosa hago: olvidando ciertamente lo que queda atrás, y extendiéndome a lo que está delante, prosigo a la meta, al premio del supremo llamamiento de Dios en Cristo Jesús" (Fil. 3:13, 14).

4. Los cielos y la tierra revelan algunas cosas acerca de Dios. Los eruditos le llaman a esto *revelación natural.* De un modo muy sencillo, cuando nos detenemos a contemplar los cielos y la tierra, nos dicen mucho sobre quién es Dios y cómo es Dios. Eso es de esperar; de hecho, no podía ser de otro modo. Como Dios creó el mundo, el mundo está obligado a tener el sello de Dios en él. El mundo, es decir, la naturaleza, está obligada a mostrarnos algunas cosas acerca de Dios. Romanos 1:20 lo plantea claramente:

"Porque las cosas invisibles de él, su eterno poder y deidad, se hacen claramente visibles desde la creación del mundo, siendo entendidas por medio de las cosas hechas, de modo que no tienen excusa".

Note que este versículo de Romanos plantea claramente lo que se puede conocer acerca de Dios: Su "*eterno poder*" y "*deidad*", es decir, lo divino que hay en Él. La creación definitivamente revela a Dios. Todo el universo, su presencia y su naturaleza, declara a Dios. Pero note un hecho que con frecuencia se pasa por alto; el hombre puede mirar la naturaleza y ver *más* que el sencillo hecho de que Dios es el Creador. El hombre puede ver *más* que un Ser supremo detrás de la creación. Él puede ver "las cosas invisibles" de Dios. Esto quiere decir al menos dos cosas.

a. El hombre puede ver el "poder eterno", la inteligencia y fuerza suprema (o energía y poder) de Dios. El hombre puede mirar la creación de la tierra y del espacio exterior, de las plantas y animales, de los hombres y las mujeres; él puede mirar y ver claramente:

- Su cuerpo y estructura.
- Su variedad y belleza.
- Arreglo y orden.
- Propósito y leyes.

Cuando el hombre analiza cosas y razones como estas con un espíritu de honradez, él ve claramente que el mundo fue hecho por un Creador. Pero, según se ha planteado anteriormente, él ve mucho más. Él ve que el Creador es un Dios de suprema...

- vida y existencia
- gloria y honra
- belleza y majestuosidad
- propósito y significado
- plan y orden (ley)
- valía y bien (moralidad)
- energía y poder (la Fuerza suprema)
- inteligencia y conocimiento
- misterio (cosas no entendidas; secretos no descubiertos)

b. El hombre puede ver la "*deidad*", es decir, lo divino de Dios. Cuando él mira a la naturaleza y razona con un espíritu de honradez, él ve claramente que el Creador es un Dios que:

- Se preocupa y provee para lo que Él ha creado.
- Da vida y tiene interés en la vida.
- Regenera, reabastece y perpetúa las cosas.
- Merece adoración y obediencia (Él es el Creador de la vida, el propósito y la existencia. Él es el Ser Supremo de ley y orden. Por consiguiente, Él exige que todos sus súbditos le sirvan y lo obedezcan).

Pensamiento 1. Note lo que dicen las Escrituras: El hombre no tiene excusa (Ro. 1:20). Esto es impactante. El hombre cuenta con toda la evidencia que se pueda imaginar dentro de la creación que le apunta a Dios; aún así el hombre rechaza el conocimiento de Dios dentro de la creación. Por lo tanto, el hombre no tiene excusa. El hombre no tiene defensa, ni respuesta, ni razón alguna que pueda justificar su rechazo de Dios.

"si bien no se dejó a sí mismo sin testimonio, haciendo bien, dándonos lluvias del cielo y tiempos fructíferos, llenando de sustento y de alegría nuestros corazones" (Hch. 14:17).

"Porque las cosas invisibles de él, su eterno poder y deidad, se hacen claramente visibles desde la creación del mundo, siendo entendidas por medio de las cosas hechas, de modo que no tienen excusa" (Ro. 1:20).

"Por la fe entendemos haber sido constituido el universo por la palabra de Dios, de modo que lo que se ve fue hecho de lo que no se veía" (He. 11:3).

"Pero sin fe es imposible agradar a Dios; porque es necesario que el que se acerca a Dios crea que le hay, y que es galardonador de los que le buscan" (He. 11:6).

"Los cielos cuentan la gloria de Dios, y el firmamento anuncia la obra de sus manos" (Sal. 19:1).

"Los cielos anunciaron su justicia, y todos los pueblos vieron su gloria" (Sal. 97:6).

Pensamiento 2. Dios es el Creador del universo, la Inteligencia y Fuerza suprema de todo cuanto hay. Por eso, Dios es el Propietario de todo. Él posee de inmediato todos los derechos del mundo. Esto incluye al hombre. Dios es el legítimo Propietario de la vida del hombre. Él merece todos los derechos y toda la aprobación de la vida de un hombre. El hombre le debe su vida, todo cuanto es y tiene, a Dios.

"Así que, hermanos, os ruego por las misericordias de Dios, que presentéis vuestros cuerpos en sacrificio vivo, santo, agradable a Dios, que es vuestro culto racional" (Ro. 12:1).

"¿O ignoráis que vuestro cuerpo es templo del Espíritu Santo, el cual está en vosotros, el cual tenéis de Dios, y que no sois vuestros? Porque habéis sido comprados por precio; glorificad, pues, a Dios en vuestro cuerpo y en vuestro espíritu, los cuales son de Dios" (1 Co. 6:19, 20).

Pensamiento 3. Dios tiene inteligencia y poder supremos. Por eso, Él cuenta con la inteligencia y el poder para ayudarnos a través de cualquiera y todas las pruebas, por severa y terrible que pueda ser.

"Alzaré mis ojos a los montes; ¿de dónde vendrá mi socorro? Mi socorro viene de Jehová, que hizo los cielos y la tierra" (Sal. 121:1, 2).

"No temas, porque yo estoy contigo; no desmayes, porque yo soy tu Dios que te esfuerzo; siempre te ayudaré, siempre te sustentaré con la diestra de mi justicia" (Is. 41:10).

"Sean vuestras costumbres sin avaricia, contentos con lo que tenéis ahora; porque él dijo: No te desampararé, ni te dejaré; de manera que podemos decir confiadamente: El Señor es mi ayudador; no temeré lo que me pueda hacer el hombre" (He. 13:5, 6).

Pensamiento 4. Cuando miramos la belleza de los cielos o de la tierra, debiéramos crear el hábito:

- De recordar que todo Dios lo hizo. Él creó el universo en toda su majestuosidad y belleza.
- De alabar y agradecer a Dios por todas sus obras dentro el universo.
- De orar por que Dios nos ayude a cumplir nuestro propósito como criaturas suyas, de adorarlo y servirlo con toda fidelidad, día a día.

ESTUDIO A FONDO 3

(1:1) ***Creación:*** Hay dos equivalentes hebreos de creación usados en el capítulo uno, *bara* y *asah*. Este dato se utiliza en ocasiones para sustentar el argumento de una creación prehistórica (vea el *Estudio a fondo 4, "teoría de la brecha",* Gn. 1:2).

1. La palabra "creó" (*bara*) se usa tres veces en el capítulo uno: La creación del cielo y la tierra (Gn. 1:1); del mar y las aves aladas (Gn. 1:21); y del hombre (Gn. 1:27). Es necesario que se tengan en cuenta dos elementos acerca de la palabra *bara*.

=> La palabra *bara* se usa solamente con Dios, solo cuando Dios mismo es quien crea.

=> La palabra *bara* se usa solamente cuando Dios está creando algo nuevo, solo cuando está creando algo por primera vez, creando algo *de la nada*. Es decir, no hay materia existente. El versículo uno definitivamente enseña que Dios creó el mundo *de la nada* (ex nihilo). Solo Dios existía antes de la tierra. No existía materia alguna conjuntamente con Dios. solo Dios es eterno. Él y solo Él es la Majestad soberana del universo.

2. La palabra "crear" (asah) es completamente diferente. Quiere decir hacer, moldear, formar cosas de materiales ya existentes. Vale la pena considerar dos citas.

"Afirmar que un mundo tan complicado como el nuestro surgió del caos por casualidad tiene casi tanto sentido como asegurar que los dramas de Shakespeare se compusieron al amotinarse unos monos en una imprenta" (Merrill C. Tenney, *Living Quotations for Christians* [Citas vivas para cristianos], ed. por Sherwood Eliot Wirt y Kersten Beckstrom. Nueva York, NY: Harper y Row, Publishers, 1974, p. 46).

"La probabilidad de que la vida se haya originado por accidente se puede comparar con la probabilidad de que el diccionario de versión íntegra haya surgido tras la explosión de una imprenta" (Edwin Conklin. *Living Quotations for Christians* [Citas vivas para cristianos], ed. por Sherwood Eliot Wirt y Kersten Beckstrom. Nueva York, NY: Harper y Row, Publishers, 1974, p. 45).

4 (1:2) ***Creación — Dios, Creador — Teoría de la Tierra deformada:*** ¿Cómo se creó la *Tierra*? Note que el centro de atención ahora es la tierra. La tierra debe ser la preocupación primordial del hombre, porque la tierra es el hogar primordial del hombre y el hombre tiene la responsabilidad de cuidar y proteger la tierra, para sojuzgadla (Gn. 1:28). Por ende, ahora las Escrituras se centran en la tierra, la morada primordial del hombre, el lugar primordial del que el hombre es responsable.

Este versículo resulta muy controversial. Hay dos posiciones o interpretaciones básicas del versículo, pero cada persona tiene que decidir por sí misma qué posición adoptará. Hay argumentos contundentes para ambas interpretaciones. (El bosquejo de *El juicio divino o la "teoría de la brecha"* aparecen en el *Estudio a fondo 4*, Gn. 1:2).

1. Está la *posición de la tierra deformada o sin desarrollar*. Esta posición plantea que la tierra se creó por etapas tal y como dice el capítulo uno de Génesis.

=> El versículo uno lanza la primera etapa de creación: Dios creó la tierra conjuntamente con los cielos. Él usó su poder supremo para poner en el espacio tanto a la tierra como a los otros cuerpos celestes al mismo tiempo.

=> El versículo dos sencillamente describe como estaba la tierra en la primera etapa de la creación, cómo estaba antes de que comenzaran los siete días de la creación, antes de que Dios creara la luz, la vegetación, los animales y al hombre.

Es necesario tener en cuenta cuatro elementos con respecto a esta posición.

a. La tierra estaba "desordenada y vacía" (*tohu va bohu*, v. 2). Esto sencillamente quiere decir que la tierra era como muchos otros planetas regados por el espacio...

- deformada y amorfa
- árida y vacía
- desolada y desprovista
- sin desarrollar ni terminar
- infructífera e improductiva

"Miré a la tierra, y he aquí que estaba asolada y vacía; y a los cielos, y no había en ellos luz" (Jer. 4:23).

Esto también podría significar que la tierra atravesó los varios estados del desarrollo gaseoso, una mezcla de gases y elementos sólidos que conforman los planetas y las estrellas del espacio. La ciencia nos dice que hay cuerpos celestes que se están formando incluso en la actualidad, cada uno en algún estado de desarrollo gaseoso o sólido. Según se ha planteado, esto podría ser lo que querría decir con "desordenada y vacía". La tierra sencillamente atravesó las varias etapas formativas del desarrollo, tanto las etapas gaseosas como las sólidas. De ser así, esto significaría que Dios creó los átomos y otros elementos básicos del universo y les permitió formarse por medio de las leyes naturales que Él mismo había establecido. Hasta donde podemos decir, ciertamente esta es la manera en que se están formando estrellas y mundos en las regiones lejanas del espacio exterior en la actualidad. Imagínese cuánta belleza Dios contempla diariamente, la belleza de sus obras creativas, la belleza de las estrellas en formación cuando la luz refleja los colores del arco iris sobre los diferentes gases y elementos. Si esto es lo que sucedió, entonces todos los planteamientos de este versículo dos tuvieron lugar durante un período de tiempo prolongado.

¿Cómo podría un velo de tinieblas cubrir la tierra cuando los cuerpos celestes (sol, luna y estrellas) ya habían sido creados en el versículo uno? Las Escrituras nos dicen: Porque un vapor denso, grandes nubes y niebla tupida, cubría la tierra (Gn. 2:4-6, fundamentalmente 6).

b. La tierra estaba envuelta en un velo de tinieblas (v. 2). Toda la tierra, no solo parte de ella, estaba cubierta de tinieblas. La idea es la de...

- una oscuridad total y absoluta
- una oscuridad plena y completa
- una oscuridad tupida y densa
- oscuro como boca de lobo, el negror más intenso de la oscuridad

c. La tierra estaba cubierta de agua (v. 2). Hubo una etapa en las eras pasadas en que toda la tierra estuvo cubierta de agua. Note la frase "*el abismo*": Esto no es más que una descripción de las "aguas" que se mencionan en la próxima oración. H. C. Leupold, el gran escritor teólogo luterano, dice que el equivalente hebreo de "abismo" describe la tierra como si estuviera cubierta de "aguas primigenias, embravecidas, convulsas" (*Exposición de Génesis*, vol. 1, p. 47). La apariencia de la tierra no era la de paz y tranquilidad. La superficie de la tierra estaba cubierta de agua, el arremolinamiento y lanzamiento de las grandísimas olas gigantescas de un lado a otro, el levantamiento de alante hacia atrás de las "aguas primigenias, embravecidas". Recuerde que la tierra también estaba cubierta por un velo de tinieblas. La ilustración es la de un niebla sobrecogedora y una nubosidad que se cernía sobre las olas gigantescas, arremolinadas y las "aguas primigenias, embravecidas", todo ocurriendo bajo el velo de una oscuridad total. (Qué lugar tan aterrador, pero a la vez fascinante, debe haber sido la tierra en esa época histórica.)

d. La tierra fue creada por el Espíritu de Dios, es decir, el Espíritu Santo.

"el Espíritu de Dios se movía sobre la faz de las aguas" (Gn. 1:2).

La palabra "mover" da la idea de "un movimiento vibrante, protector. Esta acción de 'cernerse' no fue un acto único ni instantáneo. Más bien describe un proceso continuo" (H. C. Leupold. *Exposición de Génesis*, vol. 1. pp. 48, 51). La ilustración es la del Espíritu de Dios cerniéndose sobre la tierra, cuidándola y protegiéndola, hasta que Él esté listo para actuar en su beneficio. Pero la ilustración es también la del Espíritu de Dios listo para lanzar la segunda etapa de la creación. Él se cierne, listo para moverse, para darle forma y figura a la tierra y para hacerla fructífera y productiva. Él está listo para moverse y crear vida que viva en la tierra.

Note que el Espíritu de Dios está activo en la creación de la misma manera que Dios el Padre. Esto se declara a lo largo de las Escrituras. De hecho, las Escrituras declaran que las tres personas de la deidad participaron de manera activa en la creación.

=> Dios el Padre participó en la creación.

"En el principio creó Dios los cielos y la tierra" (Gn. 1:1).

=> Dios el Espíritu Santo participó en la creación.

"Y la tierra estaba desordenada y vacía, y las tinieblas estaban sobre la faz del abismo, y el Espíritu de Dios se movía sobre la faz de las aguas" (Gn. 1:2).

"Por la palabra de Jehová fueron hechos los cielos, y todo el ejército de ellos por *el aliento de su boca*" (Sal. 33:6).

"Envías tu Espíritu, son creados, y renuevas la faz de la tierra" (Sal. 104:30).

"Su espíritu adornó los cielos; su mano creó la serpiente tortuosa" (Job 26:13).

=> Dios el Hijo, el Señor Jesucristo, participó en la creación.

"En el principio era el Verbo, y el Verbo era con Dios, y el Verbo era Dios. Éste era en el principio con Dios. Todas las cosas por él fueron hechas, y sin él nada de lo que ha sido hecho, fue hecho" (Jn. 1:1-3).

"para nosotros, sin embargo, solo hay un Dios, el Padre, del cual proceden todas las cosas, y nosotros somos para él; y un Señor, Jesucristo, por medio del cual son todas las cosas, y nosotros por medio de él" (1 Co. 8:6).

"Porque en él fueron creadas todas las cosas, las que hay en los cielos y las que hay en la tierra, visibles e invisibles; sean tronos, sean dominios, sean principados, sean potestades; todo fue creado por medio de él y para él" (Col. 1:16).

"el cual, siendo el resplandor de su gloria, y la imagen misma de su sustancia, y quien sustenta todas las cosas con la palabra de su poder, habiendo efectuado la purificación de nuestros pecados por medio de sí mismo, se sentó a la diestra de la Majestad en las alturas" (He. 1:3).

Pensamiento 1. Dios creó de la manera que Él quiso y dispuso. Él comenzó el proceso de creación y se movió paso a paso, demostrando claramente que con Él todas las cosas son posibles. Él repitió una y otra vez el acto creativo, moviéndose de la primera etapa de crear la tierra deformada hasta el sexto día de la creación. Al repetir una y otra vez su poder creativo, Dios le recalca al hombre en su mente dos grandes verdades.

1) Dios es Dios (Elohim. Vea la nota 6, Gn. 1:1 para un análisis).
2) Es Dios quien ha creado. Solo Él tiene el poder para crear; por consiguiente, Él es digno de toda alabanza y se le debe exaltar por encima de todo.

"Levantaos, bendecid a Jehová vuestro Dios desde la eternidad hasta la eternidad; y bendígase el nombre tuyo, glorioso y alto sobre toda bendición y alabanza. Tú solo eres Jehová; tú hiciste los cielos, y los cielos de los cielos, con todo su ejército, la tierra y todo lo que está en ella, los mares y todo lo que hay en ellos; y tú vivificas todas estas cosas, y los ejércitos de los cielos te adoran" (Neh. 9:5, 6).

Pensamiento 2. Dios creó la tierra de etapa en etapa. Él tuvo el poder para tomar una tierra deformada y amorfa y moldearla y formarla. Él tuvo el poder para tomar una tierra sin vida y despoblada y crear vida y poblarla. Así, Dios es el Señor y Majestad soberana del universo. Como Señor soberano, Dios nos revela tres verdades maravillosas.

1) Dios tiene el poder para tomar una persona y hacer de ella una nueva creación. Y Dios tiene el poder para tomar la persona nueva, la nueva creación y mover etapa por etapa hasta que alcance el momento culminante de la redención y la perfección, todo ello al regreso del Señor Jesucristo.

"De modo que si alguno está en Cristo, nueva criatura es; las cosas viejas pasaron; he aquí todas son hechas nuevas" (2 Co. 5:17).

"estando persuadido de esto, que el que comenzó en vosotros la buena obra, la perfeccionará hasta el día de Jesucristo" (Fil. 1:6).

"Por lo cual asimismo padezco esto; pero no me avergüenzo, porque yo sé a quién he creído, y estoy seguro que es poderoso para guardar mi depósito para aquel día" (2 Ti. 1:12).

"que sois guardados por el poder de Dios mediante la fe, para alcanzar la salvación que está preparada para ser manifestada en el tiempo postrero" (1 P. 1:5).

"Y a aquel que es poderoso para guardaros sin caída, y presentaros sin mancha delante de su gloria con gran alegría, al único y sabio Dios, nuestro Salvador, sea gloria y majestad, imperio y potencia, ahora y por todos los siglos. Amén" (Jud. 24, 25).

2) Dios también tiene el poder para tomar el universo actual, que está corrupto, destruirlo y crear un nuevo cielo y una nueva tierra.

"Pero el día del Señor vendrá como ladrón en la noche; en el cual los cielos pasarán con grande estruendo, y los elementos ardiendo serán deshechos, y la tierra y las obras que en ella hay serán quemadas. Puesto que todas estas cosas han de ser deshechas, ¡cómo no debéis vosotros andar en santa y piadosa manera de vivir, esperando y apresurándoos para la venida del día de Dios, en el cual los cielos, encendiéndose, serán deshechos, y los elementos, siendo quemados, se fundirán! Pero nosotros esperamos, según sus promesas, cielos nuevos y tierra nueva, en los cuales mora la justicia. Por lo cual, oh amados, estando en espera de estas cosas, procurad con diligencia ser hallados por él sin mancha e irreprensibles, en paz" (2 P. 3:10-14).

"Vi un cielo nuevo y una tierra nueva; porque el primer cielo y la primera tierra pasaron, y el mar ya no existía más. Y yo Juan vi la santa ciudad, la nueva Jerusalén, descender del cielo, de Dios, dispuesta como una esposa ataviada para su marido. Y oí una gran voz del cielo que decía: He aquí el tabernáculo de Dios con los hombres, y él morará con ellos; y ellos serán su pueblo, y Dios mismo estará con ellos como su Dios. Enjugará Dios toda lágrima de los ojos de ellos; y ya no habrá muerte, ni habrá más llanto, ni clamor, ni dolor; porque las primeras cosas pasaron. Y el que estaba sentado en el trono dijo: He aquí, yo hago nuevas todas las cosas. Y me dijo: Escribe; porque estas palabras son fieles y verdaderas" (Ap. 21:1-5).

"Porque he aquí que yo crearé nuevos cielos y nueva tierra; y de lo primero no habrá memoria, ni más vendrá al pensamiento" (Is. 65:17).

"Porque como los cielos nuevos y la nueva tierra que yo hago permanecerán delante de mí, dice Jehová, así permanecerá vuestra descendencia y vuestro nombre" (Is. 66:22).

"Porque el anhelo ardiente de la creación es el aguardar la manifestación de los hijos de Dios. Porque la creación fue sujetada a vanidad, no por su propia voluntad, sino por causa del que la sujetó en esperanza; porque también la creación misma será libertada de la esclavitud de corrupción, a la libertad gloriosa de los hijos de Dios. Porque sabemos que toda la creación gime a una, y a una está con dolores de parto hasta ahora" (Ro. 8:19-22).

3) Dios tiene el poder para tomar la materia, muerta y sin vida, y darle vida. Él tiene el poder para revivir el espíritu muerto del hombre. Él tiene el poder para "dar vida a los muertos, y llamar las cosas que no son como si fuesen" (Ro. 4:17).

"Y él os dio vida a vosotros, cuando estabais muertos en vuestros delitos y pecados" (Ef. 2:1).

"Y a vosotros, estando muertos en pecados y en la incircuncisión de vuestra carne, os dio vida juntamente con él, perdonándoos todos los pecados" (Col. 2:13).

2. Está la *posición de la Brecha o el Juicio Divino.* (Vea el *Estudio a fondo 4,* Gn. 1:2 para un análisis).

ESTUDIO A FONDO 4

(1:2) ***Creación — Dios, Creador — "teoría de la brecha" — "teoría del juicio divino" — "teoría de la recreación" — "teoría de la restitución" — Satanás, caída de:*** La segunda mayor posición acerca de la creación se conoce por al menos cuatro nombres, pero probablemente el nombre más usado sea La *"teoría de la brecha"*. Los otros nombres por los que se conoce la teoría son la *"teoría de la recreación"*, la *"teoría de la restitución"* o la *"teoría del juicio divino"*. Cada uno de estos nombres enfatiza algún elemento principal de la teoría.

Brevemente, la *"teoría de la brecha"* plantea que la palabra "*estaba*" (v. 2) debe traducirse como "*se volvió*". La tierra fue creada perfecta en el versículo uno. Pero en el versículo dos la tierra se ve desordenada y vacía. De ahí que entre el versículo uno y el versículo dos haya una enorme brecha de tiempo, un número desconocido de siglos. Entre los dos versículos algo sucedió, algo con consecuencias *catastróficas*. ¿Qué? ¿Qué provocó que la tierra se "volviera desordenada y vacía"? Con frecuencia se dice que la caída de Satanás ocurrió en este tiempo y su rebelión contra Dios provocó que cayera sobre la tierra un juicio catastrófico. (Vea Is. 14:12; cp. Ez. 28:12.) Por eso el versículo uno describe una creación perfecta y el versículo dos describe lo que le sucedió a la tierra después que cayera sobre ella un gran juicio. El versículo tres comienza la recreación de la tierra por el Espíritu de Dios que se cernía sobre la tierra. Hay varios argumentos que apoyan esta posición.

1. La palabra "*estaba*" se puede traducir como "*se volvió*". Por lo tanto, estos dos versículos deberían decir:

"En el principio creó Dios los cielos y la tierra. Y la tierra estaba desordenada y vacía" (Gn. 1:1, 2).

2. La Biblia dice claramente que la tierra "no la creó en vano [vacía, desordenada]" (Is. 45:18). Por consiguiente, cuando Dios creó la tierra, debe haber sido perfecta. La tierra debe haber reflejado la perfección misma de la naturaleza de Dios, la perfección de toda su gloria y majestuosidad. También se añade este argumento lógico: Un Dios perfecto y adorable no puede crear un universo imperfecto. Un Dios perfecto y adorable solo puede crear un mundo perfecto.

"Porque así dijo Jehová, que creó los cielos; él es Dios, el que formó la tierra, el que la hizo y la compuso; no la creó en vano, para que fuese habitada la creó: Yo soy Jehová, y no hay otro" (Is. 45:18).

3. La Biblia enseña que Satanás (Lucifer) era el ángel más exaltado de todo el cielo, que Dios lo había creado para que rigiera como el más grande de todos los seres creados. Pero Satanás hizo lo mismo que han hecho todos los hombres: Satanás pecó y cayó. Se rebeló contra Dios. Por eso, de la misma manera que el hombre fue echado del Huerto del Edén, Satanás fue echado de su posición exaltada ante Dios. Y de la misma manera que los hombres deben enfrentarse al juicio eterno de Dios, Satanás también tendrá que hacerlo. Satanás será condenado a una eternidad del infierno, pronto, muy pronto, de la misma manera que todos los hombres que rechazan a Dios serán condenados.

¿Cuándo fue echado Satanás de su posición exaltada ante Dios? La *"teoría de la brecha"* dice que un pasado sin fecha, en algún momento entre las eras de los versículos uno y dos. Y la caída de Satanás hizo que un juicio catastrófico cayera sobre la tierra. Al parecer, parte del gobierno y reino era la tierra y el universo material y físico. Por ende, cuando el juicio cayó sobre Satanás, el juicio también cayó sobre todo aquello que él reinaba, entre lo que se incluye la tierra. Fue entonces que la tierra se volvió "desordenada y vacía [desolada, un desperdicio]" (Gn. 1:2).

"¡Cómo caíste del cielo, oh Lucero, hijo de la mañana! Cortado fuiste por tierra, tú que debilitabas a las naciones. Tú que decías en tu corazón:

Subiré al cielo; en lo alto, junto a las estrellas de Dios, levantaré mi trono, y en el monte del testimonio me sentaré, a los lados del norte; sobre las alturas de las nubes subiré, y seré semejante al Altísimo. Mas tú derribado eres hasta el Seol, a los lados del abismo" (Is. 14:12-15).

"Vino a mí palabra de Jehová, diciendo: Hijo de hombre, levanta endechas sobre el rey de Tiro, y dile: Así ha dicho Jehová el Señor: Tú eras el sello de la perfección, lleno de sabiduría, y acabado de hermosura. En Edén, en el huerto de Dios estuviste; de toda piedra preciosa era tu vestidura; de cornerina, topacio, jaspe, crisólito, berilo y ónice; de zafiro, carbunclo, esmeralda y oro; los primores de tus tamboriles y flautas estuvieron preparados para ti en el día de tu creación. Tú, querubín grande, protector, yo te puse en el santo monte de Dios, allí estuviste; en medio de las piedras de fuego te paseabas. Perfecto eras en todos tus caminos desde el día que fuiste creado, hasta que se halló en ti maldad. A causa de la multitud de tus contrataciones fuiste lleno de iniquidad, y pecaste; por lo que yo te eché del monte de Dios, y te arrojé de entre las piedras del fuego, oh querubín protector. Se enalteció tu corazón a causa de tu hermosura, corrompiste tu sabiduría a causa de tu esplendor; yo te arrojaré por tierra; delante de los reyes te pondré para que miren en ti. Con la multitud de tus maldades y con la iniquidad de tus contrataciones profanaste tu santuario; yo, pues, saqué fuego de en medio de ti, el cual te consumió, y te puse en ceniza sobre la tierra a los ojos de todos los que te miran" (Ez. 28:11-18).

4. La Biblia enseña que Satanás tiene cierto control sobre la tierra: Satanás tiene acceso para influir al mundo y al hombre. La historia, la destrucción y devastación de la naturaleza y el mal de los hombres demuestra que el dominio de Satanás incluye la tierra, al menos hasta cierto grado. Dios ciertamente no creó el universo y luego puso a Satanás y sus fuerzas malignas a cargo del mismo. Esto sería totalmente opuesto a la naturaleza de Dios. Por eso, la caída y el control de Satanás sobre la tierra tuvo que ocurrir después de que la tierra y el universo fueron creados. Nuevamente, en el único tiempo en que esto puede haber ocurrido es entre el versículo uno y dos. Dios creó una tierra y unos cielos perfectos, y luego cuando Satanás cayó, la tierra "se volvió desordenada y vacía" porque estaba bajo el dominio de Satanás. (Vea el *Estudio a fondo 1, Satanás,* Ap. 12:9 para un mayor análisis.)

=> Las Escrituras le llaman a Satanás el Dios de este mundo.

"Pero si nuestro evangelio está aún encubierto, entre los que se pierden está encubierto; en los cuales el dios de este siglo cegó el entendimiento de los incrédulos, para que no les resplandezca la luz del evangelio de la gloria de Cristo, el cual es la imagen de Dios" (2 Co. 4:3, 4).

=> Las Escrituras le llaman a Satanás el príncipe de este mundo.

"Ahora es el juicio de este mundo; ahora el príncipe de este mundo será echado fuera" (Jn. 12:31).

"No hablaré ya mucho con vosotros; porque viene el príncipe de este mundo, y él nada tiene en mí" (Jn. 14:30).

"y de juicio, por cuanto el príncipe de este mundo ha sido ya juzgado" (Jn. 16:11).

=> Las Escrituras le llaman a Satanás el príncipe de la potestad del aire.

"en los cuales anduvisteis en otro tiempo, siguiendo la corriente de este mundo, conforme al príncipe de la potestad del aire, el espíritu que ahora opera en los hijos de desobediencia" (Ef. 2:2).

=> Las Escrituras le llaman a Satanás el gobernador de las tinieblas de este mundo.

"Porque no tenemos lucha contra sangre y carne, sino contra principados, contra potestades, contra los gobernadores de las tinieblas de este siglo, contra huestes espirituales de maldad en las regiones celestes" (Ef. 6:12).

=> Satanás es el rey de un reino.

"Y si Satanás echa fuera a Satanás, contra sí mismo está dividido; ¿cómo, pues, permanecerá su reino?" (Mt. 12:26).

"Otra vez le llevó el diablo a un monte muy alto, y le mostró todos los reinos del mundo y la gloria de ellos, y le dijo: Todo esto te daré, si postrado me adorares" (Mt. 4:8, 9).

=> Satanás tiene el control sobre todo el mundo.

"Sabemos que somos de Dios, y el mundo entero está bajo el maligno" (1 Jn. 5:19).

5. La tierra muestra algunas señales de que ha sufrido alguna catástrofe prehistórica. La mayoría de nosotros ha visto fotos o ha leído de animales prehistóricos que se encontraron congelados con sus órganos internos intactos. Al parecer sufrieron alguna catástrofe que inmediatamente cayó sobre ellos y los congeló, de lo contrario sus órganos internos se habrían descompuesto. Esto apunta a una catástrofe inmediata e inesperada que agarró al mundo de los animales desprotegidos. La caída de Satanás explicaría la catástrofe.

6. Las palabras "desordenada y vacía" (*tohu va bohu*) se usan juntas en solo dos lugares más (Is. 34:11; Jer. 4:23). En ambos casos apuntan a una condición provocada por el juicio de Dios. Por lo tanto, se argumenta que para ser consecuente, debemos concluir que la tierra se volvió "desordenada y vacía" aquí en el versículo dos por algún juicio de Dios. El único juicio prehistórico revelado por las Escrituras es el de Satanás cuando cayó.

7. La brecha, el período indefinido de tiempo entre los versículos uno y dos, se puede usar para explicar los descubrimientos científicos que apuntan a una tierra prehistórica. Los descubrimientos fosilíferos de animales, vegetación y siglos prehistóricos necesarios para el desarrollo de los depósitos minerales, todos estos se pueden

explicar como si hubieran tenido lugar durante las eras existentes entre los versículos uno y dos.

8. La tierra tenía que ser creada perfecta porque un Dios perfecto la creaba. Un Dios perfecto nunca podría crear nada "desordenado y sin forma".

9. La estructura del relato de la creación resalta los versículos uno y dos del resto del relato de la creación. Génesis 1:1-2 son sencillamente diferentes de Génesis 1:3-31, significativamente diferentes.

=> El versículo tres es donde comienzan los siete días de la creación, no en los versículos uno y dos.

=> El versículo tres es donde las Escrituras comienzan a declarar que "dijo Dios" y donde comienzan los seis días de la creación. Y note cómo cada uno de los días de la creación comienzan con las mismas palabras "dijo Dios" (Gn. 1:3, 6, 9, 14, 20, 24). Esto separa la creación real del universo de los versículos uno y dos, de un modo marcado, según la *"teoría de la brecha"*.

=> Cada día de la creación también se hace resaltar con lo que se dice al cierre del relato del día. Note las palabras: "Y fue la tarde y la mañana el día primero [segundo, tercero, cuarto, quinto, y sexto]" (vv. 5, 8, 13, 19, 23, 31).

De ahí que se diga que la estructura misma del relato de la creación apunte a dos creaciones diferentes del universo. Se dice que los versículos uno y dos son el registro de la creación original, y que de los versículos tres hasta el veintitrés sean el registro de la *recreación de la tierra* después de que algún juicio catastrófico cayera sobre la tierra.

10. La Biblia dice que Dios mandó al hombre a "fructificar, multiplicarse, y (re)llenar la tierra" (Gn. 1:28). Quiere decir llenar de nuevo, repoblar, no poblar por primera vez.

11. La Biblia dice que cuando se echaron los cimientos de la tierra: "alababan todas las estrellas del alba [ángeles], y se regocijaban todos los hijos de Dios" (Job 38:7). Una tierra no desarrollada y amorfa no sería razón para alabanza ni para regocijarse en la soberanía de Dios, en su poder e inteligencia suprema.

1 La Palabra de Dios creó la luz **2 Dios vio que su creación**	**B. El primer día: La creación de la luz, 1:3-5** 3 Y dijo Dios: Sea la luz; y fue la luz. 4 Y vio Dios que la luz era	buena; y separó Dios la luz de las tinieblas. 5 Y llamó Dios a la luz Día, y a las tinieblas llamó Noche. Y fue la tarde y la mañana un día.	**era "buena", cumplía su función** **3 Dios llamó a la luz día y a las tinieblas llamó noche**

DIVISIÓN I

CREACIÓN DE LOS CIELOS Y LA TIERRA, 1:1—2:3

B. El primer día: La creación de la luz, 1:3-5

(1:3-5) ***Introducción:*** Recuerde la etapa de la creación en que se encontraba la tierra. Estaba flotando en el espacio, sin forma ni figura, sin desarrollar y sin terminar. La faz de toda la tierra estaba cubierta de "aguas primigenias, embravecidas, convulsas" (H. C. Leupold. *Génesis*, vol. 1, p. 47); y una niebla espesa y densa (vapor) flotaba sobre las aguas. La tierra también estaba envuelta en un velo de oscuridad total. Imagínese la escena: Es espeluznante. Es la ilustración de la tierra primigenia, una tierra que aún no se había desarrollado ni formado y la tierra tenía una niebla densa y sobrecogedora (vapor) que flotaba sobre olas arremolinadas y gigantescas y aguas primigenias, embravecidas, todas cubiertas por el velo de oscuridad total.

Ahora Dios está listo para moverse a la próxima etapa de la creación. Él está listo para lanzar lo que se conoce como *los seis días de la creación*, el tiempo que se tardó en crear el universo. (Vea la Introducción a los siete días de la creación, *Estudio a fondo 9*, Gn. 1:1-2:3). Este es "El primer día: La creación de la luz".

1. La Palabra de Dios creó la luz (v. 3).
2. Dios vio que su creación era "buena", cumplía su función (v. 4).
3. Dios llamó a la luz día y a las tinieblas llamó noche (v. 5).

1 (1:3) ***Luz — Creación — Palabra de Dios:*** La Palabra de Dios creó la luz. La palabra "sea" es una palabra en hebreo (*hayah*). Es un imperativo activo y fuerte. Dios está ordenándole a "la luz que ocurra", que exista. La luz no es eterna; no siempre ha existido. La luz nació de la misma manera que todo lo demás en el universo. Dios creó la luz.

Ahora bien, ¿qué es la luz? La luz es una energía irradiadora que se irradia de algún cuerpo. En el caso de la tierra, la luz se irradia del cuerpo del sol. La ciencia nos dice que existen miles de millones de soles o estrellas (una estrella es un sol) esparcidos por todo el universo, miles de millones de soles que irradian y emiten luz. La ciencia también nos dice que los cuerpos celestes, los soles o las estrellas, están naciendo, formándose y muriendo todo el tiempo. Esparcidos por todo el universo, por todo el espacio exterior, hay miles de millones de soles en varias etapas de nacimiento, crecimiento y muerte. Estas etapas varían completamente:

- Desde la primera etapa donde los gases comienzan a formar y crear un calor intenso.
- Hasta la formación de una masa sólida o cuerpo celeste de llama volcánica.
- Hasta el fin de la combustión de la llama volcánica y finalmente la muerte del sol.

Ahora bien, vamos a remitirnos nuevamente al versículo uno: "En el principio creó Dios los cielos y la tierra". Dios ya había creado los cielos, las estrellas o soles, del universo en el versículo uno. ¿Entonces qué quiere decir aquí en el versículo tres cuando dice que "dijo Dios: 'Sea la luz'; y hubo luz"? Puede tener uno de cuatro significados.

1. "Sea la luz": Esto puede querer decir que Dios creó la luz cósmica en todo el universo. Es posible que el universo estuviera en una etapa en que se encontraba incompleto tal como estaba la tierra. Dios no había terminado ni completado aún los soles del espacio exterior. Los cuerpos celestes se habían creado tal como se había creado la tierra, en una etapa inicial de desarrollo. Todos los cuerpos celestes se encontraban en una etapa gaseosa, pero ahora Dios estaba listo para crear la luz. Por eso, Él *completó* algunos, solo algunos, de los soles, haciendo que los gases y los elementos sólidos (átomos, protones, neutrones, electrones o cualesquiera que sean los elementos más básicos que forman las estrellas) se formaran como masa sólida, en su forma completada.

De un modo muy sencillo, Cuando dijo Dios: "Sea la luz", Él completó la formación de *algunos soles*. Por todo el universo, sol tras sol comenzaron a emitir su luz, calor y belleza. Dijo Dios: " 'Sea la luz' y hubo luz" (Gn. 1:3).

2. "Sea la luz": Esto puede significar que Dios creó el cielo y la tierra por medio de lo que llamamos *ley natural* o *las leyes de la naturaleza*. Quizá Dios creó los átomos, los protones, los neutrones, los electrones, los gases o las sustancias químicas, cualesquiera que sean la energía, la masa o las partículas más diminutas. Quizás en ese momento Dios puso en marcha las leyes naturales que rigen los cuerpos celestes. Esto significaría que las estrellas y soles comenzaron en una etapa gaseosa y luego se desarrollaron a un estado sólido de masa y gas tal como hacen en la actualidad en las regiones lejanas del espacio. Cuando dijo Dios: "Sea la luz", Él estaba echando a andar la ley natural que tomaría la materia y la energía y desarrollaría soles que emitirían luz, materia y energía que seguirían desarrollando soles y estrellas durante siglos. Esto es lo que sucede hoy día, porque la ciencia nos dice algo sorprendente: Los gases, las partículas y las moléculas que flotan en el espacio exterior están interactuando y se están juntando y comprimiendo. Se están comprimiendo con tanta fuerza que se está creando una masa llameante de enorme temperatura. Así están naciendo y formándose nuevas estrellas por todo el

universo. Claro está, Dios creó las leyes que hacen que ocurra este fenómeno y las puso en marcha.

3. "Sea la luz": Esto puede querer decir que Dios creó la luz completamente independiente de los cuerpos celestes (es decir, soles o estrellas). Cuando Dios creó el cielo y la tierra, quizá los colocó en el espacio (v. 1). Quizá las leyes que rigen su funcionamiento no se habían creado aún ni se habían puesto en marcha. Los cuerpos celestes sencillamente flotaban en el espacio, pero aún no desempeñaban su función, no estaban rotando, no estaban puestos en marcha, no volaban por el espacio. Pero cuando dijo Dios: "Sea la luz", la energía combustible que irradia la luz le fue proporcionada a algunas de las estrellas o soles. Las leyes físicas que las rigen se pusieron en funcionamiento y los soles del universo comenzaron a funcionar. Comenzaron a desempeñar la función para la que se habían creado: Emitían luz.

4. "Sea la luz": Esto puede querer decir que las nubes y la niebla densa (vapor) que flotaba sobre la tierra comenzó a evaporarse y a perder consistencia. Se evaporaron y mermaron lo suficiente como para dejar pasar los primeros rayos de luz a la tierra. Si esto es lo que sucedió, entonces tardó tres días más en que todas las nubes y el vapor desaparecieran completamente y el sol, la luna y las estrellas pudieran verse desde la tierra. (Vea el bosquejo y las notas, Gn. 1:14-19 para un mayor análisis.)

Nota: Esta es la posición adoptada por aquellos que sostienen la *"teoría de la brecha"*. (Vea el *Estudio a fondo 4*, Gn. 1:2 para un mayor análisis.) La *"teoría de la brecha"* dice que la caída de Satanás fue tan devastadora que Dios tuvo que juzgar severamente a Satanás y a su dominio. Parte del dominio de Satanás había incluido la tierra. Por consiguiente, el versículo dos es una descripción de la severidad con la que Dios tuvo que juzgar a la tierra. Parte del juicio incluía el velo de oscuridad que abarcaba la tierra. Dios le ordenó al sol que su luz no irradiara sobre la tierra. ¿Cómo? Cubriendo la tierra con nubes y con una niebla densa y espesa. Esta idea se toma de los siguientes pasajes.

> **"Él fundó la tierra sobre sus cimientos; no será jamás removida. Con el abismo, como con vestido, la cubriste; sobre los montes estaban las aguas. A tu reprensión huyeron; al sonido de tu trueno se apresuraron; subieron los montes, descendieron los valles, al lugar que tú les fundaste. Les pusiste término, el cual no traspasarán, ni volverán a cubrir la tierra" (Sal. 104:5-9).**
>
> **"He aquí que Jehová vacía la tierra y la desnuda, y trastorna su faz, y hace esparcir a sus moradores" (Is. 24:1).**
>
> **"Porque así dijo Jehová, que creó los cielos; él es Dios, el que formó la tierra, el que la hizo y la compuso; no la creó en vano, para que fuese habitada la creó: Yo soy Jehová, y no hay otro" (Is. 45:18).**
>
> **"Miré a la tierra, y he aquí que estaba asolada y vacía; y a los cielos, y no había en ellos luz. Miré a los montes, y he aquí que temblaban, y todos los collados fueron destruidos. Miré, y no había hombre, y todas las aves del cielo se habían ido. Miré, y he aquí el campo fértil era un desierto, y todas sus ciudades eran asoladas delante de Jehová, delante del ardor de su ira" (Jer. 4:23-26).**
>
> **"Éstos ignoran voluntariamente, que en el tiempo antiguo fueron hechos por la palabra de Dios los cielos, y también la tierra, que proviene del agua y por el agua subsiste, por lo cual el mundo de entonces pereció anegado en agua; pero los cielos y la tierra que existen ahora, están reservados por la misma palabra, guardados para el fuego en el día del juicio y de la perdición de los hombres impíos" (2 P. 3:5-7).**

Pensamiento 1. La luz es lo más puro y brillante que conozca el hombre. Con frecuencia se usa para describir una escena llena de gloria y esplendor. Con frecuencia la luz es fascinante e imponente.

> **"La luz de los ojos alegra el corazón, y la buena nueva conforta los huesos" (Pr. 15:30).**
>
> **"Suave ciertamente es la luz, y agradable a los ojos ver el sol" (Ec. 11:7).**

Pensamiento 2. Las escrituras declaran que Dios es luz. Luz es lo que Dios es dentro de sí mismo, dentro de su ser y naturaleza, y en su carácter. Dios mora en el esplendor y la gloria de la luz. Dondequiera que esté, el esplendor y la gloria de la luz brilla de su ser. De hecho, ni siquiera es necesario el sol cuando la gloria de Dios está presente. La gloria de su presencia emite la luz más brillante que se pueda imaginar, tan brillante y gloriosa que consumiría la carne humana. La naturaleza de la luz de Dios es la luz de su *santidad*. Dios es santo, está lleno de luz y esplendor de santidad. (Vea la nota 5, 1 Jn. 1:5 para un mayor análisis.)

1) Dios es la luz infinita y eterna.

> **"Este es el mensaje que hemos oído de él, y os anunciamos: Dios es luz, y no hay ningunas tinieblas en él" (1 Jn. 1:5).**

2) Dios es el Padre de las luces.

> **"Toda buena dádiva y todo don perfecto desciende de lo alto, del Padre de las luces, en el cual no hay mudanza, ni sombra de variación" (Stg. 1:17).**

3) Dios vive en la luz inaccesible.

> **"el único que tiene inmortalidad, que habita en luz inaccesible; a quien ninguno de los hombres ha visto ni puede ver, al cual sea la honra y el imperio sempiterno. Amén" (1 Ti. 6:16).**

4) Los creyentes vivirán eternamente con Dios en su ciudad santa. Su ciudad santa será la capital de los nuevos cielos y la nueva tierra, y viviremos todos allí en el esplendor de la luz y la gloria de Dios para siempre y por toda la eternidad.

> **"La ciudad no tiene necesidad de sol ni de luna que brillen en ella; porque la gloria de Dios la ilumina, y el Cordero es su lumbrera. Y las naciones que hubieren sido salvas andarán a la luz de ella; y los reyes de la tierra traerán su gloria y honor a ella" (Ap. 21:23, 24).**
>
> **"No habrá allí más noche; y no tienen necesidad de luz de lámpara, ni de luz del sol, porque Dios el Señor los iluminará; y reinarán por los siglos de los siglos" (Ap. 22:5).**

Pensamiento 3. Dios no quiere que el hombre more en

tinieblas, sino en luz. La vida no puede existir en tinieblas, es imposible. Por eso, Dios creó la luz para que el hombre pudiera vivir y andar por la tierra.

Esto sucede también en el reino espiritual de la vida. Dios no quiere que el hombre viva en tinieblas espirituales, sino en luz espiritual. Dios no quiere que el hombre ande a oscuras, tropezando, buscando a tientas y a ciegas, preguntándose...

- de dónde él proviene.
- por qué él está aquí en la tierra.
- hacia dónde se dirige.

Dios no quiere al hombre en tinieblas espirituales. Dios sabe que el hombre no puede existir, no puede vivir, no eternamente, no para siempre, si anda en tinieblas espirituales.

Por lo tanto, Dios le ha dado al hombre *la luz de la vida* para que pueda vivir y andar, para que pueda ver y conocer la verdad del mundo y del hombre. Dios le ha dado al hombre *la luz de la vida* para que el hombre pueda ver y conocer de dónde él proviene, por qué está aquí en la tierra y hacia dónde él se dirige.

¿Qué es esa *luz de la vida*? Es Jesucristo, el Hijo de Dios. (Vea el *Estudio a fondo 1*, Jn. 8:12.)

> **"En él estaba la vida, y la vida era la luz de los hombres" (Jn. 1:4).**
>
> **"Y ésta es la condenación: que la luz vino al mundo, y los hombres amaron más las tinieblas que la luz, porque sus obras eran malas" (Jn. 3:19).**
>
> **"Otra vez Jesús les habló, diciendo: Yo soy la luz del mundo; el que me sigue, no andará en tinieblas, sino que tendrá la luz de la vida" (Jn. 8:12).**
>
> **"Entre tanto que estoy en el mundo, luz soy del mundo" (Jn. 9:5).**
>
> **"Entonces Jesús les dijo: Aún por un poco está la luz entre vosotros; andad entre tanto que tenéis luz, para que no os sorprendan las tinieblas; porque el que anda en tinieblas, no sabe a dónde va. Entre tanto que tenéis la luz, creed en la luz, para que seáis hijos de luz" (Jn. 12:35, 36).**
>
> **"Yo, la luz, he venido al mundo, para que todo aquel que cree en mí no permanezca en tinieblas" (Jn. 12:46).**
>
> **"La noche está avanzada, y se acerca el día. Desechemos, pues, las obras de las tinieblas, y vistámonos las armas de la luz" (Ro. 13:12).**
>
> **"Porque Dios, que mandó que de las tinieblas resplandeciese la luz, es el que resplandeció en nuestros corazones, para iluminación del conocimiento de la gloria de Dios en la faz de Jesucristo" (2 Co. 4:6).**
>
> **"Por lo cual dice: Despiértate, tú que duermes, y levántate de los muertos, y te alumbrará Cristo" (Ef. 5:14).**

[2] (1:4) ***Luz — Creación:*** Dios vio que su creación era *buena*, la luz cumplía su función. La ilustración es la de que Dios miró la *luz* y vio que era *buena*. La palabra *buena* se refiere al valor, el propósito y la función de algo. De ahí que Dios analizara y viera que la luz era *buena*: Era valiosa, muy valiosa; cumplía su propósito y su función. ¿Cuál es el propósito y función de la luz? Note el planteamiento: "y separó Dios la luz de las tinieblas". A menos que la luz existiera, a menos que la luz se separara de las tinieblas, la tierra estaría en total oscuridad.

=> Si la tierra no tuviera sol, la tierra estaría sumida en total oscuridad.
=> Si la tierra aún estuviera cubierta de una niebla espesa y densa (nubes y vapor), la tierra estaría velada de total oscuridad.

La luz tiene al menos cinco propósitos o funciones básicas.

=> La luz separa a las tinieblas para darle luz a la tierra y al universo.
=> La luz hace crecer las cosas. La vida no puede existir sin la luz. El hombre, los animales, las plantas verdes y las algas, todos dependen de la luz para vivir en la tierra. Las plantas verdes y las algas convierten la luz en energía y así crecen (el proceso se conoce como fotosíntesis). Sin luz no habría plantas en la tierra para alimentar al hombre y los animales. La luz es un elemento esencial para la vida y el crecimiento.
=> La luz da calor.
=> La luz da color y belleza a las cosas.
=> La luz permite que el hombre y los animales vean. La luz expone las cosas, todo el universo y toda la tierra, para que el hombre y los animales puedan ver y llevar a cabo su función en un mundo de variedad y belleza.

Cuando "vio Dios [Él vio] que la luz era *buena*". La luz cumplía su función. La luz era exactamente como Dio había planeado; fue diseñada y cumplió perfectamente su propósito. Fue útil y beneficiosa. Funcionaba tal como Dios había dispuesto.

Pensamiento 1. La creación de la luz es un regalo maravilloso de Dios.

=> La luz le da calor al hombre.
=> La luz le da color y belleza al universo para el hombre.
=> La luz hace que las cosas crezcan para que el hombre tenga qué comer.
=> La luz permite que el hombre vea la belleza de la tierra y el universo.

Pensamiento 2. La creación de la luz permite que el hombre vea dos cosas.

1) La luz permite que el hombre vea la belleza de la creación de Dios. Permite que el hombre vea la gran obra de Dios en la creación, la gran inteligencia y poder de Dios (vea la nota 3, Gn. 1:1; vea también notas: "Introducción a los siete días de la creación", Gn. 1:1-2:3).
2) La luz permite que el hombre vea cómo hacer su obra. Permite que el hombre cumpla su propósito en la tierra.

Pero observe: Poder ver y trabajar no quiere decir que el hombre vaya a cumplir su propósito en la tierra. El hombre tiene que tener responsabilidad. Tiene que seguir al Señor Jesucristo, el Hijo del propio Dios, para cosechar propósito, sentido y significado en la vida. Él tiene que usar sus habilidades, sus habilidades y talentos, como Cristo le ha mandado. Así y solo así puede el hombre cumplir su propósito y función en la tierra.

Dios le dio vida al hombre y envió a su Hijo al mundo para demostrarle al hombre cómo vivir y obrar. Por eso, el hombre tiene que hacer lo que Dios dice o de lo contrario el hombre nunca tendrá sentido y propósito, no tendrá sentido y propósito eternos. El hombre nunca podrá vivir y obrar con Dios, no eternamente, no para siempre, a menos que el hombre viva como dice Cristo.

Pensamiento 3. Dios creó la luz, separó la luz de las tinieblas y lo hizo por el hombre. Dios hará las mismas cosas por el hombre espiritualmente. Dios le dará luz al hombre en medio de las tinieblas:

- La luz del orden en medio del caos de las tinieblas.
- La luz del propósito en medio del vacío de las tinieblas.
- La luz de la fraternidad en medio de la soledad de las tinieblas.
- La luz del conocimiento en medio de la ignorancia de las tinieblas.

Dios creará la luz dentro del corazón oscuro y caótico del hombre para que el hombre pueda *conocer a Dios*, para que el hombre pueda sentir y experimentar la gloria de Dios dentro de su propio ser.

> **"Porque Dios, que mandó que de las tinieblas resplandeciese la luz, es el que resplandeció en nuestros corazones, para iluminación del conocimiento de la gloria de Dios en la faz de Jesucristo" (2 Co. 4:6).**
>
> **"y revestido del nuevo, el cual conforme a la imagen del que lo creó se va renovando hasta el conocimiento pleno" (Col. 3:10).**

Pensamiento 4. La luz y las tinieblas nunca más se unirán ni reconciliarán, no en la naturaleza. Sucede lo mismo espiritualmente.

> **"No os unáis en yugo desigual con los incrédulos; porque ¿qué compañerismo tiene la justicia con la injusticia? ¿Y qué comunión la luz con las tinieblas?" (2 Co. 6:14. Vea *Estudio a fondo 2,* Jn 8:12).**

Pensamiento 5. Dios creó la luz. Luz es una de las grandes palabras de las Escrituras.

1) Dios es luz y no hay ningunas tinieblas en Él (1 Jn. 1:5).
2) Jesucristo es la luz del mundo, la encarnación misma de la luz celestial (Jn. 8:12; 9:5).
3) La luz del conocimiento de Dios se ve en la faz de Jesucristo (2 Co. 4:6).
4) Jesucristo "alumbra a todo hombre" que viene al mundo (Jn. 1:9).
5) Se dice que los creyentes se convierten en "hijos de luz" por medio de la creencia en la luz, el propio Jesucristo (Jn. 12:36).
6) A los creyentes se les ha trasladado de la potestad de las tinieblas al reino de Cristo, la herencia de la luz (Col. 1:13).
7) Antes de venir a Cristo, los creyentes no solo están en tinieblas, sino que son una encarnación de las tinieblas. Pero cuando vienen a Cristo, a los creyentes se les pone en la luz y se convierten en una encarnación de la propia luz (Ef. 5:8).
8) Los creyentes son la luz del mundo (Mt. 5:14-16).
9) Los creyentes deben poner su luz sobre un candelero, para que todos vean su luz (Mt. 5:15).
10) El que hace lo malo aborrece la luz (Jn. 3:20s).
11) La creación de la luz es una ilustración de la expulsión de las tinieblas espirituales (Gn. 1:2s).

[3] (1:5) ***Luz — Tinieblas — Creación:*** Dios llamó a la luz *Día*, y a las tinieblas llamó *Noche*. Observe dos elementos.

1. Dios, no el hombre, dio nombre a la luz y a las tinieblas. Esto es muy significativo. Muestra que Dios es el Señor del día y la noche, no el hombre. Tanto la luz como las tinieblas forman parte de la creación de Dios. Ambas son *buenas*; ambas tienen su propósito y función en la creación de Dios.

Pensamiento 1. Esto quiere decir que el hombre le debe su cuerpo y su vida al Dios tanto durante el día como durante la noche. El hombre debe servir a Dios en el día y en la noche. No debe abusar del día ni de la noche:

- Siendo haragán, perezoso o displicente.
- Dañando su cuerpo, su mente o su espíritu.
- Descuidando, ignorando o negando a Dios.
- Parrandeando, bebiendo o drogándose.
- Siendo engreído, altanero u orgulloso.
- Estando de juerga, excediéndose o cayendo en inmoralidades.
- Mostrando prejuicio, favoritismo o parcialidad.

Pensamiento 2. Dios es el Señor tanto del día como de la noche. Por eso, no hay necesidad de temerle al día ni a la noche. Dios puede cuidarnos en la luz y en las tinieblas. Los creyentes podemos vivir cada momento de cada día y cada momento de cada noche sabiendo que Dios nos está cuidando. Podemos saber que estamos al *buen recaudo* de Dios. Siempre estamos delante del ojo vigilante de Dios, día y noche.

> **"¿No se venden dos pajarillos por un cuarto? Con todo, ni uno de ellos cae a tierra sin vuestro Padre. Pues aun vuestros cabellos están todos contados. Así que, no temáis; más valéis vosotros que muchos pajarillos" (Mt. 10:29-31).**
>
> **"Por lo cual asimismo padezco esto; pero no me avergüenzo, porque yo sé a quién he creído, y estoy seguro que es poderoso para guardar mi depósito para aquel día" (2 Ti. 1:12).**
>
> **"Y el Señor me librará de toda obra mala, y me preservará para su reino celestial. A él sea gloria por los siglos de los siglos. Amén" (2 Ti. 4:18).**
>
> **"Por tanto, id, y haced discípulos a todas las naciones, bautizándolos en el nombre del Padre, y del Hijo, y del Espíritu Santo; enseñándoles que guarden todas las cosas que os he mandado; y he aquí *yo estoy con***

vosotros todos los días, **hasta el fin del mundo. Amén" (Mt. 28:19, 20).**

"Jehová es mi fortaleza y mi escudo; En él confió mi corazón, y fui ayudado, por lo que se gozó mi corazón, y con mi cántico le alabaré" (Sal. 28:7).

"Aunque afligido yo y necesitado, Jehová pensará en mí. Mi ayuda y mi libertador eres tú; Dios mío, no te tardes" (Sal. 40:17).

"He aquí, no se adormecerá ni dormirá El que guarda a Israel" (Sal. 121:4).

"No temas, porque yo estoy contigo; no desmayes, porque yo soy tu Dios que te esfuerzo; siempre te ayudaré, siempre te sustentaré con la diestra de mi justicia" (Is. 41:10).

"Y hasta la vejez yo mismo, y hasta las canas os soportaré yo; yo hice, yo llevaré, yo soportaré y guardaré" (Is. 46:4).

2. Dios le ha dado una función muy especial tanto al día como a la noche. La tierra rota y gira sobre su eje mientras vuela por el espacio. Le toma alrededor de veinticuatro horas a cada parte de la tierra rotar para estar frente al sol. Cuando una parte de la tierra rota y enfrenta al sol, se le llama día. Cuando la otra parte de la tierra no está frente al sol, se le llama noche.

Sucede lo siguiente: Cada uno (día y noche) sigue al otro, en una sucesión de tiempo. El tiempo se divide en día y noche.

=> El día da la luz para trabajar y el cumplimiento de la función del hombre en la tierra.

=> La noche da la oscuridad para el descanso y la renovación de las fuerzas.

Pensamiento 1. Espiritualmente, hay un mensaje para nosotros en la creación del día y la noche.

1) El día le muestra al hombre que hay un nuevo principio, un nuevo día, un nuevo comienzo, un nuevo despertar.

=> El principio de un nuevo día apunta hacia el principio de una nueva vida. Podemos comenzar la vida de nuevo: Podemos *nacer nuevamente* y ser renovados espiritualmente. Podemos convertirnos en una *nueva criatura*, un *hombre nuevo* en Cristo.

"Respondió Jesús y le dijo: De cierto, de cierto te digo, que el que no naciere de nuevo, no puede ver el reino de Dios. Nicodemo le dijo: ¿Cómo puede un hombre nacer siendo viejo? ¿Puede acaso entrar por segunda vez en el vientre de su madre, y nacer? Respondió Jesús: De cierto, de cierto te digo, que el que no naciere de agua y del Espíritu, no puede entrar en el reino de Dios" (Jn. 3:3-5).

"De modo que si alguno está en Cristo, nueva criatura es; las cosas viejas pasaron; he aquí todas son hechas nuevas" (2 Co. 5:17).

"y vestíos del *nuevo hombre,* creado según Dios en la justicia y santidad de la verdad" (Ef. 4:24).

"y revestido *del nuevo,* el cual conforme a la imagen del que lo creó se va renovando hasta el conocimiento pleno" (Col. 3:10).

"siendo renacidos, no de simiente corruptible, sino de incorruptible, por la palabra de Dios que vive y permanece para siempre" (1 P. 1:23).

=> El principio de un nuevo día, el despertar de nuestro sueño, apunta a la resurrección del cuerpo.

"De cierto, de cierto os digo: Viene la hora, y ahora es, cuando los muertos oirán la voz del Hijo de Dios; y los que la oyeren vivirán" (Jn. 5:25).

"Y esta es la voluntad del que me ha enviado: Que todo aquél que ve al Hijo, y cree en él, tenga vida eterna; y yo le resucitaré en el día postrero" (Jn. 6:40).

"Le dijo Jesús: Yo soy la resurrección y la vida; el que cree en mí, aunque esté muerto, vivirá" (Jn. 11:25).

"Porque así como en Adán todos mueren, también en Cristo todos serán vivificados" (1 Co. 15:22).

"sabiendo que el que resucitó al Señor Jesús, a nosotros también nos resucitará con Jesús, y nos presentará juntamente con vosotros" (2 Co. 4:14).

"Porque el Señor mismo con voz de mando, con voz de arcángel, y con trompeta de Dios, descenderá del cielo; y los muertos en Cristo resucitarán primero. Luego nosotros los que vivimos, los que hayamos quedado, seremos arrebatados juntamente con ellos en las nubes para recibir al Señor en el aire, y así estaremos siempre con el Señor" (1 Ts. 4:16, 17).

"No os maravilléis de esto; porque vendrá hora cuando todos los que están en los sepulcros oirán su voz; y los que hicieron lo bueno, saldrán a resurrección de vida; mas los que hicieron lo malo, a resurrección de condenación" (Jn. 5:28, 29).

"teniendo esperanza en Dios, la cual ellos también abrigan, de que ha de haber resurrección de los muertos, así de justos como de injustos" (Hch. 24:15).

"Pero Dios redimirá mi vida del poder del Seol, porque él me tomará consigo" (Sal. 49:15).

"Tú, que me has hecho ver muchas angustias y males, volverás a darme vida, y de nuevo me levantarás de los abismos de la tierra" (Sal. 71:20).

"Y muchos de los que duermen en el polvo de la tierra serán despertados, unos para vida eterna, y otros para vergüenza y confusión perpetua" (Dn. 12:2).

"De la mano del Seol los redimiré, los libraré de la muerte. Oh muerte, yo seré tu muerte; y seré tu destrucción, oh Seol" (Os. 13:14).

2) La noche le muestra al hombre que hay un tiempo para detenerse, finalizar las actividades, acostarnos y evaluar nuestra vida diaria. Esto apunta hacia el fin de la vida cuando habrá una interrupción de la vida, un descanso del cuerpo humano, un tiempo en que el hombre ya no puede trabajar, un tiempo en que el hombre será juzgado por como ha vivido en la tierra.

"Porque la paga del pecado es muerte, mas la dádiva de Dios es vida eterna en Cristo Jesús Señor nuestro" (Ro. 6:23).

"Porque el ocuparse de la carne es muerte, pero el ocuparse del Espíritu es vida y paz" (Ro. 8:6).

"los cuales sufrirán pena de eterna perdición, excluidos de la presencia del Señor y de la gloria de su poder" (2 Ts. 1:9).

"Y de la manera que está establecido para los

hombres que mueran una sola vez, y después de esto el juicio" (He. 9:27).

"Hazme saber, Jehová, mi fin, y cuánta sea la medida de mis días; sepa yo cuán frágil soy" (Sal. 39:4).

Pensamiento 2. La creación del día y la noche enseña dos lecciones que constituyen una meta:

1) Debemos obrar para Dios de día.

"Me es necesario hacer las obras del que me envió, entre tanto que el día dura; la noche viene, cuando nadie puede trabajar" (Jn. 9:4).

"Así que, hermanos míos amados, estad firmes y constantes, creciendo en la obra del Señor siempre, sabiendo que vuestro trabajo en el Señor no es en vano" (1 Co. 15:58).

"Y todo lo que hagáis, hacedlo de corazón, como para el Señor y no para los hombres; sabiendo que del Señor recibiréis la recompensa de la herencia, porque a Cristo el Señor servís" (Col. 3:23, 24. Vea bosquejo y notas, Ef. 6:5–9).

"Si quisiereis y oyereis, comeréis el bien de la tierra" (Is.1:19).

"Mas a Jehová vuestro Dios serviréis, y él bendecirá tu pan y tus aguas; y yo quitaré toda enfermedad de en medio de ti" (Éx. 23:25).

2) Debemos descansar en Dios de noche. Debemos meditar en la Palabra de Dios de día y de noche.

"Sino que en la ley de Jehová está su delicia, y en su ley medita de día y de noche" (Sal. 1:2).

"¡Oh, cuánto amo yo tu ley! Todo el día es ella mi meditación" (Sal. 119:97).

"Y estas palabras que yo te mando hoy, estarán sobre tu corazón; y las repetirás a tus hijos, y hablarás de ellas estando en tu casa, y andando por el camino, y al acostarte, y cuando te levantes" (Dt. 6:6, 7).

1 **La Palabra de Dios creó la expansión (atmósfera y espacio aéreo)**	**C. El segundo día: La creación de la expansión (La atmósfera y el espacio aéreo que envuelve a la tierra), 1:6-8** 6 Luego dijo Dios: Haya expansión en medio de las aguas, y separe las aguas de las aguas.	7 E hizo Dios la expansión, y separó las aguas que estaban debajo de la expansión, de las aguas que estaban sobre la expansión. Y fue así. 8 Y llamó Dios a la expansión Cielos. Y fue la tarde y la mañana el día segundo.	**2 Dios creó la expansión** **3 Dios llamó a la expansión cielos**

DIVISIÓN I

CREACIÓN DE LOS CIELOS Y LA TIERRA, 1:1—2:3

C. El segundo día: La creación de la expansión (La atmósfera y el espacio aéreo que envuelve a la tierra), 1:6-8

(1:6-8) ***Introducción:*** Recuerde cómo estaba la tierra: Aguas embravecidas y convulsas cubrían toda la tierra. No había tierra que sobresaliera por encima de las aguas. No había tierra alguna expuesta. No se podía ver tierra alguna. Solo estaban las aguas primigenias con olas gigantescas y arremolinadas arremetiendo de alante hacia atrás sobre la faz de la tierra. La tierra también estaba cubierta de vapor, niebla y nubes densas y pesadas, las que envolvían la tierra en una oscuridad total (Gn. 2:4-6, fundamentalmente 6). Esta es la ilustración de la tierra prehistórica, una tierra cubierta de aguas, aguas que arremetían de un lado a otro y aguas en forma de nubes, niebla y vapor flotando sobre las aguas embravecidas. Toda la tierra estaba cubierta de agua, su faz y su atmósfera. La tierra era un océano de agua inmenso e interminable cubierto de vapor, niebla y nubes que se levantaban alto, todo cubierto de una oscuridad total.

Ahora bien, ocurre el segundo día de la creación. Ahora Dios está listo para separar las aguas. Él está listo para crear las leyes físicas que harán que las nubes, la niebla y el vapor abandonen la faz de la tierra, se levanten y floten en el cielo sobre la tierra. Ahora Dios está listo para crear la expansión, es decir, la atmósfera, el aire, la extensión, el espacio entre las nubes y la tierra. Este es "El segundo día: La creación de la expansión (la atmósfera y el espacio aéreo que envuelve a la tierra)".

1. La Palabra de Dios creó la expansión faltó en el cuadro (atmósfera y espacio aéreo) (v. 6).
2. Dios creó la expansión faltó en el cuadro (atmósfera y espacio aéreo) (v. 7).
3. Dios llamó a la expansión cielos (la atmósfera y el espacio aéreo, el cielo inferior) (v. 8).

[1] (1:6) ***Expansión — Creación:*** La Palabra de Dios creó la expansión. La expansión es la atmósfera, el aire. La extensión, el espacio que envuelve a la tierra. H. C. Leupold, el gran teólogo luterano y erudito hebreo, dice que la palabra "expansión" (*ragia*) proviene de la raíz hebrea que significa "martillar o extender" (*Gn.* vol. 1, p. 59). Lo que Dios hizo fue extender las nubes y la niebla que cubrían la tierra. Dios hizo que las nubes y la niebla abandonaran la faz de la tierra, se elevaran y se quedaran flotando en el cielo. Dios puso en marcha las leyes físicas que crearon…

- un espacio aéreo
- un atmósfera
- una extensión
- un cielo despejado sobre la tierra

¿Cómo Dios hizo esto? Por medio de su Palabra. Note las Escrituras: "dijo Dios: Haya expansión " (v. 6). Dios usó el poder de su Palabra; Dios habló e hizo que la expansión, la atmósfera y el cielo despejado, existiera.

Esto era absolutamente necesario si iba a existir vida en la tierra. Mientras las nubes y la niebla densa se cernieran sobre la tierra, ni el sol ni su luz podrían penetrar jamás la tierra y hacer su trabajo. Tampoco crecería vegetación apropiada, el hombre no podría ver ni funcionar. Dios tuvo que crear la expansión. Él tuvo que separar las nubes y la niebla de las aguas que estaban sobre la tierra. Él tuvo que poner en marcha las leyes físicas que *forman y mantienen* las nubes sobre la superficie de la tierra.

Pensamiento 1. La creación de la expansión (atmósfera y espacio aéreo) muestra el gran ser y poder de Dios. Al diseminar las nubes y la niebla, el hombre puede ver el universo enorme del que forma parte. Puede ver el cielo inferior (la atmósfera) donde vuelan las aves (v. 20) y el cielo superior (el espacio exterior) donde se encuentran los cuerpos celestes (vv. 14-15).

=> El hombre puede observar la belleza espectacular de los cielos.

=> El hombre puede pensar en el espacio aéreo, la atmósfera, que envuelve a la tierra y que le permite respirar y sobrevivir.

La expansión, la atmósfera y el cielo despejado, deben alentar al hombre a adorar y alabar a Dios. Debe hacer que el hombre le dé gracias a Dios por su grandioso ser y poder.

"Los cielos cuentan la gloria de Dios, y el firmamento anuncia la obra de sus manos" (Sal.19:1).

"Los cielos anunciaron su justicia, y todos los pueblos vieron su gloria" (Sal. 97:6).

"Alabad a Dios en su santuario; alabadle en la magnificencia de su firmamento" (Sal. 150:1).

"si bien no se dejó a sí mismo sin testimonio, haciendo bien, dándonos lluvias del cielo y tiempos

fructíferos, llenando de sustento y de alegría nuestros corazones" (Hch. 14:17).

"Porque las cosas invisibles de él, su eterno poder y deidad, se hacen claramente visibles desde la creación del mundo, siendo entendidas por medio de las cosas hechas, de modo que no tienen excusa" (Ro. 1:20).

Pensamiento 2. Dios ha creado la expansión, la atmósfera y el espacio aéreo que envuelve a la tierra. Esto es lo que permite que el hombre respire y sobreviva en la tierra. El cuidado y provisión de Dios deben instar al hombre a bendecir al Señor desde lo más profundo de su alma.

"Bendice, alma mía, a Jehová. Jehová Dios mío, mucho te has engrandecido; te has vestido de gloria y de magnificencia. El que se cubre de luz como de vestidura, que extiende los cielos como una cortina, que establece sus aposentos entre las aguas, el que pone las nubes por su carroza, el que anda sobre las alas del viento;... Él fundó la tierra sobre sus cimientos; no será jamás removida. Con el abismo, como con vestido, la cubriste; sobre los montes estaban las aguas... Él riega los montes desde sus aposentos; del fruto de sus obras se sacia la tierra" (Sal. 104:1-3, 5, 6, 13).

"El edificó en el cielo sus cámaras, y ha establecido su expansión sobre la tierra; él llama las aguas del mar, y sobre la faz de la tierra las derrama; Jehová es su nombre" (Am. 9:6).

Pensamiento 3. La Palabra de Dios creó la expansión, la atmósfera que rodea la tierra. Dios habló y lo que Dios mandó, ocurrió. No hubo mudanza ni sombra de variación de lo que Él dijo. Una vez que hubo hablado, nada pudo impedir que la expansión o la atmósfera surgieran. Lo que Él dijo ocurrió: La expansión se creó exactamente como Él dijo. La Palabra de Dios es segura. Todas las promesas y todas las advertencias de su Palabra se mantienen firmes y nunca variarán. Lo que Dios ha dicho sucederá, tanto las promesas como las advertencias. Su Palabra para el hombre ocurre de la misma manera que la expansión existió cuando Él habló. La Palabra de Dios es segura e inquebrantable. Su Palabra nunca falla.

"Para siempre, oh Jehová, permanece tu palabra en los cielos" (Sal. 119:89).

"Sécase la hierba, marchítase la flor; mas la palabra del Dios nuestro permanece para siempre" (Is. 40:8).

"Porque de cierto os digo que hasta que pasen el cielo y la tierra, ni una jota ni una tilde pasará de la ley, hasta que todo se haya cumplido" (Mt. 5:18).

"El cielo y la tierra pasarán, pero mis palabras no pasarán" (Mt. 24:35).

"Mas la palabra del Señor permanece para siempre. Y esta es la palabra que por el evangelio os ha sido anunciada" (1 P. 1:25).

"Bendito sea Jehová, que ha dado paz a su pueblo Israel, conforme a todo lo que él había dicho; ninguna palabra de todas sus promesas que expresó por Moisés su siervo, ha faltado" (1 R. 8:56).

"Las obras de sus manos son verdad y juicio; fieles son todos sus mandamientos" (Sal. 111:7).

"Porque yo Jehová hablaré, y se cumplirá la palabra que yo hable; no se tardará más, sino que en vuestros días, oh casa rebelde, hablaré palabra y la cumpliré, dice Jehová el Señor" (Ez. 12:25).

"porque todas las promesas de Dios son en él Sí, y en él Amén, por medio de nosotros, para la gloria de Dios" (2 Co. 1:20).

Pensamiento 4. Dios sabe que el hombre tiene que tener una atmósfera para *respirar y vivir* en la tierra. Por lo tanto, Dios creó la atmósfera o el espacio aéreo para sustentar la vida.

Sucede lo mismo espiritualmente. En las Escrituras el equivalente hebreo de *aliento de Dios (pneuma)* significa *el Espíritu de Dios*. Dios sabe que el hombre no puede vivir espiritualmente sin el aliento o Espíritu de Dios. Ninguna persona puede vivir con Dios a menos que tenga la naturaleza divina de Dios, el propio aliento de Dios, la presencia misma del Espíritu Santo viviendo en su corazón. Por lo tanto, Dios ha hecho posible que el hombre sea creado nuevamente, que nazca nuevamente y que se convierta en un hombre nuevo y una nueva criatura. Dios ha hecho posible que su aliento o Espíritu, que su divina naturaleza, vivan en el corazón del hombre. Dios puede hacer un hombre nuevo, una persona nueva, una nueva criatura de una persona. Una persona puede recomenzar la vida completamente.

"Respondió Jesús y le dijo: De cierto, de cierto te digo, que el que no naciere de nuevo, no puede ver el reino de Dios... Respondió Jesús: De cierto, de cierto te digo, que el que no naciere de agua y del Espíritu, no puede entrar en el reino de Dios" (Jn. 3:3, 5).

"De modo que si alguno está en Cristo, nueva criatura es; las cosas viejas pasaron; he aquí todas son hechas nuevas" (2 Co. 5:17).

"y vestíos del nuevo hombre, creado según Dios en la justicia y santidad de la verdad" (Ef. 4:24).

"y revestido del nuevo, el cual conforme a la imagen del que lo creó se va renovando hasta el conocimiento pleno" (Col. 3:10).

"siendo renacidos, no de simiente corruptible, sino de incorruptible, por la palabra de Dios que vive y permanece para siempre" (1 P. 1:23).

"por medio de las cuales nos ha dado preciosas y grandísimas promesas, para que por ellas llegaseis a ser participantes de *la naturaleza divina,* habiendo huido de la corrupción que hay en el mundo a causa de la concupiscencia" (2 P. 1:4).

"¿O ignoráis que vuestro cuerpo es templo del Espíritu Santo, el cual está en vosotros, el cual tenéis de Dios, y que no sois vuestros? Porque habéis sido comprados por precio; glorificad, pues, a Dios en vuestro cuerpo y en vuestro espíritu, los cuales son de Dios" (1 Co. 6:19, 20).

"el cual también nos ha sellado, y nos ha dado las arras del Espíritu en nuestros corazones" (2 Co. 1:22).

"En él también vosotros, habiendo oído la palabra de verdad, el evangelio de vuestra salvación, y habiendo creído en él, fuisteis sellados con el Espíritu Santo de la promesa" (Ef. 1:13).

[2] (1:7) ***Expansión — Creación:*** Dios creó la expansión, la atmósfera y el aire. La razón para repetir y volver a enfatizar este acto creativo de Dios tiene dos objetivos.

1. Es necesario enfatizar que Dios y solo Dios creó la atmósfera y el espacio aéreo que envuelve a la tierra. La atmósfera y el espacio aéreo no sucedieron así...

- por casualidad
- al azar
- por alguna fuerza o energía impersonal del universo
- por las leyes físicas que ya existían

La atmósfera fue creada por Dios y solo por Dios. Dios mismo creó las leyes de la física y las hizo existir. Dios mismo hizo las leyes que hicieron que las nubes y la niebla se separaran de la tierra y se mantuvieran en el cielo. Dios creó las leyes de la naturaleza que pusieron un círculo de aire y atmósfera alrededor de la tierra. Dios mismo está detrás de la atmósfera y las leyes físicas que la rigen.

2. Es necesario enfatizar que Dios cumple su Palabra. Él termina lo que Él comienza. Dios siguió ejerciendo su poder hasta que la atmósfera y el espacio aéreo envolvieron completamente la tierra.

=> En el versículo 6 "dijo Dios: "Haya expansión en medio de las aguas". Él solo habló la Palabra.

=> En el versículo 7 "Dios creó la expansión". Es decir, la Palabra de Dios comenzó a obrar y a llevar a cabo lo que Dios había dicho. Y el poder de la Palabra de Dios obró todo el día, obró hasta que toda la tierra estuvo envuelta completamente en una atmósfera y un espacio aéreo.

Note las palabras: "Y fue así" (v. 7). Lo que dijo Dios se hizo. Él mandó y ocurrió. A su Palabra no se le puede hacer resistencia. Dios y solo Dios es el Señor soberano del universo; Él y solo Él tiene energía y poder, conocimiento e inteligencia supremos. Por eso, cuando Dios planeó la atmósfera y el espacio aéreo para la tierra, Él dijo: "Haya expansión" (v. 6) y "Y fue así" (v. 7). El poder y la energía de la Palabra de Dios obraron y crearon la expansión, crearon la atmósfera y el espacio aéreo que envuelve a la tierra. Note que las palabras "Y fue así" se usan 6 veces en el relato de la creación (vv. 7, 9, 11, 15, 24, 30).

Pensamiento 1. Lo que Dios comenzó, Él lo terminó. Lo que dijo Dios, Él lo hizo. Él comenzó el proceso y el acto de crear la atmósfera y Él se encargó de terminarla. Este énfasis, esta doble declaración real de los versículos seis y siete, le da gran confianza a los creyentes. Dios completará la obra de salvación que Él ha comenzado en nosotros.

"estando persuadido de esto, que el que comenzó en vosotros la buena obra, la perfeccionará hasta el día de Jesucristo" (Fil. 1:6).

"porque Dios es el que en vosotros produce así el querer como el hacer, por su buena voluntad" (Fil. 2:13).

"Fiel es el que os llama, el cual también lo hará" (1 Ts. 5:24).

"Pero fiel es el Señor, que os afirmará y guardará del mal" (2 Ts. 3:3).

"Por lo cual asimismo padezco esto; pero no me avergüenzo, porque yo sé a quién he creído, y estoy seguro que es poderoso para guardar mi depósito para aquel día" (2 Ti. 1:12).

"Si fuéremos infieles, él permanece fiel; el no puede negarse a sí mismo" (2 Ti. 2:13).

"que sois guardados por el poder de Dios mediante la fe, para alcanzar la salvación que está preparada para ser manifestada en el tiempo postrero" (1 P. 1:5).

"Y a aquel que es poderoso para guardaros sin caída, y presentaros sin mancha delante de su gloria con gran alegría" (Jud. 24).

Pensamiento 2. Dios no abrió la atmósfera sobre la tierra para hacernos sentir la gran distancia del espacio, para hacernos sentir que Dios está lejos en el espacio exterior en algún lugar muy apartado de nosotros, para hacernos sentir que no podemos alcanzar ni acercarnos a Dios. Por el contrario, Dios abrió la atmósfera:

- Para que pudiéramos ver los cielos, todas la gloria, poder y bondad de Dios.
- Para que pudiéramos saber que hay un espacio abierto, una puerta abierta, a la presencia de Dios. Podemos acercarnos a Dios. Tenemos todo el acceso a su propia presencia.

"Pero en cuanto a mí, *el acercarme* a Dios es el bien; he puesto en Jehová el Señor mi esperanza, para contar todas tus obras" (Sal. 73:28).

"Cantad alegres a Dios, habitantes de toda la tierra. Servid a Jehová con alegría; *venid ante su presencia* con regocijo. Reconoced que Jehová es Dios; Él nos hizo, y no nosotros a nosotros mismos; pueblo suyo somos, y ovejas de su prado" (Sal. 100:1-3).

"*acerquémonos* con corazón sincero, en plena certidumbre de fe, purificados los corazones de mala conciencia, y lavados los cuerpos con agua pura" (He. 10:22).

"*Acercaos* a Dios, y él se acercará a vosotros. Pecadores, limpiad las manos; y vosotros los de doble ánimo, purificad vuestros corazones" (Stg. 4:8).

Pensamiento 3. Las Escrituras declaran que Dios usa la expansión con varios objetivos.

=> Para revelar la gloria, poder, y conocimiento de Dios.

"Los cielos cuentan la gloria de Dios, y el firmamento anuncia la obra de sus manos. Un día emite palabra a otro día, y una noche a otra noche declara sabiduría" (Sal. 19:1, 2).

=> Para regar la tierra y hacerla producir.

"Visitas la tierra, y la riegas; en gran manera la enriqueces; con el río de Dios, lleno de aguas, preparas el grano de ellos, cuando así la dispones. Haces que se empapen sus surcos, haces descender sus canales; la ablandas con lluvias, bendices sus renuevos" (Sal. 65:9, 10).

"El riega los montes desde sus aposentos; del fruto de sus obras se sacia la tierra" (Sal. 104:13).

=> Para contener la nieve y el granizo para usarlos como instrumento de juicio.

"¿Has entrado tú en los tesoros de la nieve, o has visto los tesoros del granizo, que tengo reservados para el tiempo de angustia, para el día de la guerra y de la batalla?" (Job 38:22, 23).

Pensamiento 4. Las aguas que estaban debajo y las aguas que estaban encima de la expansión ilustran el Egipto mundano y el Canaán espiritual o celestial. Las Escrituras usan esta ilustración.

"La tierra a la cual entras para tomarla no es como la tierra de Egipto de donde habéis salido, donde sembrabas tu semilla, y regabas con tu pie, como huerto de hortaliza. La tierra a la cual pasáis para tomarla es tierra de montes y de vegas, que bebe las aguas de la lluvia del cielo; tierra de la cual Jehová tu Dios cuida; siempre están sobre ella los ojos de Jehová tu Dios, desde el principio del año hasta el fin" (Dt. 11:10-12).

Note lo que ha dicho en el versículo anterior:

=> El riego de los cultivos a partir de las aguas de la tierra (por medio de métodos de irrigación) se ilustran como si vinieran solamente de la tierra. Simbolizan al mundano Egipto.

=> Las aguas que caen de la lluvia del cielo se ilustran como si vinieran de Dios. Simbolizan el Canaán espiritual o celestial.

Sucede lo siguiente: No debemos fijarnos en el mundo, en sus maneras y recursos para sustentarnos y darnos vida. Debemos fijarnos en el cielo y en Dios. Es Él quien nos cuida y protege. Dios y solo Dios puede darnos vida, vida abundante y eterna. Dios y solo Dios puede darnos el agua del cielo que dura para siempre.

"Respondió Jesús y le dijo: Si conocieras el don de Dios, y quién es el que te dice: Dame de beber; tú le pedirías, y él te daría agua viva" (Jn. 4:10).

"mas el que bebiere del agua que yo le daré, no tendrá sed jamás; sino que el agua que yo le daré será en él una fuente de agua que salte para vida eterna" (Jn. 4:14).

"En el último y gran día de la fiesta, Jesús se puso en pie y alzó la voz, diciendo: Si alguno tiene sed, venga a mí y beba. El que cree en mí, como dice la Escritura, de su interior correrán ríos de agua viva. Esto dijo del Espíritu que habían de recibir los que creyesen en él; pues aún no había venido el Espíritu Santo, porque Jesús no había sido aún glorificado" (Jn. 7:37-39).

"Y el Espíritu y la Esposa dicen: Ven. Y el que oye, diga: Ven. Y el que tiene sed, venga; y el que quiera, tome del agua de la vida gratuitamente" (Ap. 22:17).

[3] (1:8) ***Expansión — Cielos — Creación:*** Dios llama a la expansión, la atmósfera y el espacio aéreo, *cielos*. La palabra "cielos" (*shamayim*) literalmente significa *las alturas, las regiones altas.* Significa tanto la atmósfera como el espacio aéreo que rodea la tierra y las regiones lejanas del espacio exterior. Quiere decir todo el universo, todo el espacio exterior, todos los cielos. Note dos elementos.

1. Lo que Dios acababa de crear en este segundo día de la creación era la atmósfera y el espacio aéreo que envuelve a la tierra. Dios no tuvo que crear el espacio, la distancia entre los soles y las estrellas del universo. El espacio (la distancia) ya existía; naturalmente existía cuando Dios creó y colocó los soles y estrellas en el espacio. Lo que Dios tuvo que crear fue una atmósfera y un espacio aéreo que envolviera la tierra. La vida en la tierra tenía que respirar, así que Dios tuvo que crear la atmósfera y el espacio aéreo. Pero observe: A lo que Dios le pone nombre es a la atmósfera y al espacio exterior, tanto al espacio inmediato que hay sobre la tierra como a las regiones más remotas del espacio. Dios nombró a ambos "cielos". Para ayudar al hombre en su entendimiento, el hombre con frecuencia lo analiza en tres cielos:

=> El *primer cielo* es la atmósfera y el espacio aéreo que envuelve a la tierra, el cielo donde vuelan las aves.

=> El *segundo cielo* es el espacio exterior donde se encuentran los cuerpos celestes. Es donde operan todos los soles, las estrellas y los planetas del universo material.

=> El *tercer cielo* es el lugar donde está Dios, el lugar donde Él y todos los creyentes viven y vivirán eternamente. El tercer cielo es el mundo espiritual, la dimensión espiritual de la existencia.

2. Dios, no el hombre, le puso nombre a la atmósfera que envuelve a la tierra y al espacio exterior. Esto resulta significativo. Quiere decir que Dios es el Señor soberano de los cielos. Tanto la atmósfera de la tierra como las distancias del espacio exterior son creaciones de Dios. Ambos están bajo su potestad, no importa hasta cuáles distancias lejanas se extiendan las regiones más remotas del espacio. Dios está por encima, delante y sobre todo.

Pensamiento 1. El hombre no puede escaparse de Dios. La autoridad de Dios llega a todas partes, incluso más allá de las regiones lejanas del espacio exterior. Esto constituye una frase de aliento y de advertencia al hombre.

=> Es un aliento para los creyentes que confiamos en Dios. Quiere decir que Dios está en todas partes y que puede protegernos cuando viajemos a las regiones lejanas del espacio.

=> Es una advertencia para los incrédulos. Quiere decir que no importa cuánto intente escapar una persona de la presencia y autoridad de Dios, Dios sigue ahí. Incluso si la persona viaja a las regiones lejanas del espacio exterior, la autoridad y presencia de Dios seguirá ahí.

"Aprende pues, hoy, y reflexiona en tu corazón que Jehová es Dios arriba en el cielo y abajo en la tierra, y no hay otro" (Dt. 4:39).

"¿A dónde me iré de tu Espíritu? ¿Y a dónde huiré de tu presencia? Si subiere a los cielos, allí estás tú; y si en el Seol hiciere mi estrado, he aquí, allí tú estás" (Sal. 139:7, 8).

"Los ojos de Jehová están en todo lugar, mirando a los malos y a los buenos" (Pr. 15:3).

"Jehová dijo así: El cielo es mi trono, y la tierra estrado de mis pies; ¿dónde está la casa que me habréis de edificar, y dónde el lugar de mi reposo?" (Is. 66:1).

"¿Se ocultará alguno, dice Jehová, en escondrijos que yo no lo vea? ¿No lleno yo, dice Jehová, el cielo y la tierra?" (Jer. 23:24).

Pensamiento 2. Las Escrituras declaran que Dios está en la altura de los cielos, por encima de la expansión y el espacio aéreo que envuelve a la tierra, incluso por encima de las regiones lejanas del espacio exterior.

"¿No está Dios en la altura de los cielos? Mira lo encumbrado de las estrellas, cuán elevadas están" (Job 22:12).

Pensamiento 3. Cuando salimos en una noche despejada y contemplamos los cielos, en su inmensidad y enormidad, no son más que una partícula en comparación con Dios. Dios está aún por encima y más allá de todo lo que vemos. Dios es...

- infinito
- trascendental
- abarcador
- soberano
- eterno
- omnisciente
- omnipotente
- omnipresente
- majestuoso
- glorioso
- santo
- puro

"¿Quién como tú, oh Jehová, entre los dioses? ¿Quién como tú, magnífico en santidad, terrible en maravillosas hazañas, hacedor de prodigios?" (Éx. 15:11).

"¿Descubrirás tú los secretos de Dios? ¿Llegarás tú a la perfección del Todopoderoso?" (Job 11:7).

"Todo lo hizo hermoso en su tiempo; y ha puesto eternidad en el corazón de ellos, sin que alcance el hombre a entender la obra que ha hecho Dios desde el principio hasta el fin" (Ec. 3:11).

"¿No has sabido, no has oído que el Dios eterno es Jehová, el cual creó los confines de la tierra? No desfallece, ni se fatiga con cansancio, y su entendimiento no hay quien lo alcance" (Is. 40:28).

"Desde el principio tú fundaste la tierra, y los cielos son obra de tus manos. Ellos perecerán, mas tú permanecerás; y todos ellos como una vestidura se envejecerán; como un vestido los mudarás, y serán mudados" (Sal. 102:25, 26).

"¡Oh profundidad de las riquezas de la sabiduría y de la ciencia de Dios! ¡Cuán insondables son sus juicios, e inescrutables sus caminos! Porque ¿quién entendió la mente del Señor? ¿O quién fue su consejero? ¿O quién le dio a él primero, para que le fuese recompensado? Porque de él, y por él, y para él, son todas las cosas. A él sea la gloria por los siglos. Amén" (Ro. 11:33-36).

"Por tanto, al Rey de los siglos, inmortal, invisible, al único y sabio Dios, sea honor y gloria por los siglos de los siglos. Amén" (1 Ti. 1:17).

"el único que tiene inmortalidad, que habita en luz inaccesible; a quien ninguno de los hombres ha visto ni puede ver, al cual sea la honra y el imperio sempiterno. Amén" (1 Ti. 6:16).

"Y: Tú, oh Señor, en el principio fundaste la tierra, y los cielos son obra de tus manos. Ellos perecerán, mas tú permaneces; y todos ellos se envejecerán como una vestidura, y como un vestido los envolverás, y serán mudados; pero tú eres el mismo, y tus años no acabarán" (He. 1:10-12).

"al único y sabio Dios, nuestro Salvador, sea gloria y majestad, imperio y potencia, ahora y por todos los siglos. Amén" (Jud. 25).

1 La Palabra de Dios creó las aguas y lo seco	**D. El tercer día (parte 1): La creación de las aguas (mares, lagos, ríos) y de lo seco (continentes, islas), 1:9-10** 9 Dijo también Dios: Júntense las aguas que están debajo de los cielos en un lugar, y descúbrase lo seco. Y fue así.	10 Y llamó Dios a lo seco Tierra, y a la reunión de las aguas llamó Mares. Y vio Dios que era bueno.	**2 Dios llamó a lo seco tierra y a las aguas mares** **3 Dios vio que su creación era "buena", cumplía su función**

DIVISIÓN I

CREACIÓN DE LOS CIELOS Y LA TIERRA, 1:1—2:3

D. El tercer día (parte 1): La creación de las aguas (mares, lagos, ríos) y de lo seco (continentes, islas), 1:9-10

(1:9-10) ***Introducción — Tierra, primigenia:*** Recuerde cómo se veía la tierra. Toda la tierra estaba cubierta de agua. Olas gigantescas y arremolinadas se abalanzaban de un lado a otro sobre la faz de la tierra. La tierra también había estado cubierta por un vapor espeso de nubes densas y densa niebla. Habría sido imposible divisar algo a distancia alguna desde cualquier lugar de la tierra. Pero el segundo día de la creación, Dios había puesto en marcha las leyes físicas que hicieron que las nubes y la niebla abandonaran la tierra y flotaran en el cielo. Dios creó la expansión, es decir, la atmósfera, el espacio aéreo, la extensión, el cielo despejado que está justamente sobre la tierra. Pero note: Al parecer, la tierra aún estaba cubierta de nubes densas que flotaban a unos cuantos cientos de pies sobre la tierra. Aún era imposible ver el sol, la luna y las estrellas del espacio exterior (vea la nota, Gn. 1:14-19 para un análisis). Además, no había nada seco, ni continentes, ni islas, ni ninguna tierra que se pudiera ver. Solo estaban las aguas embravecidas y convulsas que cubrían la superficie de la tierra.

Ahora bien, está listo para lanzarse el tercer día de la creación. Ahora Dios está listo para crear las leyes físicas que harán que lo seco aparezca y que proveerán agua y vegetación para sustentar la vida en el planeta tierra. Este es "El tercer día (parte 1): La creación de las aguas (mares, lagos, ríos) y de lo seco (continentes, islas)". Dios también creó la vida vegetal el tercer día, pero esto se analizará en el próximo bosquejo.

1. La Palabra de Dios creó las aguas y lo seco (v. 9).
2. Dios llamó a lo seco tierra y a las aguas mares (v. 10).
3. Dios vio que su creación era "buena", cumplía su función (v. 10).

1 (1:9) ***Tierra — Mar — Creación:*** La Palabra de Dios creó las aguas y lo seco. Una vez más, imagínese la tierra. Toda su superficie estaba completamente cubierta de aguas embravecidas y arremolinadas. Ni una sola isla, ni siquiera un solo pico montañoso, sobresalía del agua. No se podía ver ninguna tierra. Toda la tierra estaba sumergida bajo las aguas turbulentas. La tierra no era nada más que un océano mundial.

Imagínese la escena.

=> ¿Qué poder, qué fuerza gigantesca, podría golpear la tierra y darle una nueva forma completamente a su superficie?

=> ¿Qué energía podría hacer que todos los *continentes* con sus montañas impresionantes e imponentes sobresalieran de las aguas? ¿Qué poder podría disparar y levantar a todos los continentes y montañas a miles y miles de pies y hacerlos permanecer allí? ¿Qué energía titánica pudiera darle una nueva forma así a la corteza terrestre?

=> ¿Qué poder podría hacer que todas las *islas* y sus elevaciones hicieran erupción y salieran de las aguas? ¿Qué poder gigantesco podría darle una nueva forma como esa a la corteza terrestre?

=> ¿Qué fuerza tan imponente podría hacer que todos los *barrancos, grietas, depresiones, cuencas y cavernas*, todos los lechos de los ríos, los lagos y los océanos, se formaran, recibieran y contuvieran toda el agua que cubría la superficie de la tierra?

¿Qué fuerza podría ocasionar una reformación así de la corteza terrestre? Dios. Dios habló. Él les ordenó a las aguas que se juntaran y que lo seco apareciera. Cuando Dios lo ordenó, ocurrieron levantamientos gigantescos por toda la tierra.

=> Erupciones volcánicas impresionantes hicieron que todas las masas continentales salieran disparadas y emergieran de las aguas.

=> Se crearon depresiones titánicas en la corteza terrestre: Se crearon depresiones para recibir y contener lo que parecía ser un tonelaje ilimitado de aguas embravecidas y convulsas.

Sucede lo siguiente: Dios creó las aguas y lo seco de la tierra. Las aguas (mares, lagos, y ríos) y lo seco no ocurrió por casualidad. Los continentes y las aguas de la tierra no existen por ciertas leyes físicas estáticas o eternas, leyes físicas que producen agua y que rigen las erupciones volcánicas y las depresiones en la corteza terrestre. Cualesquiera que sean las leyes físicas que provocaron las erupciones volcánicas y las depresiones, cualesquiera que sean las fuerzas físicas que existan que tengan ese poder, esas leyes o fuerzas fueron creadas por Dios. Dios habló y todas las leyes físicas comenzaron a existir. Todas las leyes físicas fueron creadas y puestas en funcionamiento por Dios. Los levantamientos gigantescos en la corteza terrestre ocurrieron porque Dios le ordenó a la superficie de la tierra reformarse.

=> Dios les ordenó a las aguas juntarse en un lugar. (Por "un lugar" se entiende las profundidades, barrancos y cuencas de la corteza terrestre).

=> Dios le ordenó a lo seco dispararse y emerger en erupciones gigantescas.

Dios habló. Dijo Dios: "Júntense las aguas... en un lugar, y descúbrase lo seco" (v. 9). Y note lo que sucedió: "Y fue así" (v. 9). Las masas continentales con sus picos montañosos y elevaciones imponentes hicieron erupción en el levantamiento más gigantesco que se pueda imaginar y las aguas, millones y millones de toneladas, se evacuaron a chorros en las profundidades y barrancos de la tierra.

Pensamiento 1. Las Escrituras dan una descripción gráfica de lo que sucedió, una ilustración vívida del poder de Dios que hizo algo tan sorprendente:

"Entonces aparecieron los abismos de las aguas, y quedaron al descubierto los cimientos del mundo, a tu reprensión, oh Jehová, por el soplo del aliento de tu nariz" (Sal. 18:15).

"Él fundó la tierra sobre sus cimientos; no será jamás removida. Con el abismo, como con vestido, la cubriste; sobre los montes estaban las aguas. A tu reprensión huyeron; al sonido de tu trueno se apresuraron; subieron los montes, descendieron los valles, al lugar que tú les fundaste" (Sal. 104:5-8).

"Cuando ponía al mar su estatuto, para que las aguas no traspasasen su mandamiento; cuando establecía los fundamentos de la tierra" (Pr. 8:29).

"Porque yo Jehová, que agito el mar y hago rugir sus ondas, soy tu Dios, cuyo nombre es Jehová de los ejércitos" (Is. 51:15).

"¿A mí no me temeréis? dice Jehová. ¿No os amedrentaréis ante mí, que puse arena por término al mar, *por ordenación eterna* la cual no quebrantará? Se levantarán tempestades, mas no prevalecerán; bramarán sus ondas, mas no lo pasarán" (Jer. 5:22).

Pensamiento 2. Las aguas de la tierra muestran la inteligencia y poder sorprendentes de Dios. Las aguas todas se interrelacionan y entrelazan. Puede que sean subterráneas o superficiales, pero por depósito, flujo y evaporación, todas tienen una fuente y recipiente común. Solo la inteligencia y poder de Dios podría relacionar a todas las aguas de la tierra.

"Los ríos todos van al mar, y el mar no se llena; al lugar de donde los ríos vinieron, allí vuelven para correr de nuevo" (Ec. 1:7).

Pensamiento 3. Las aguas de la creación con frecuencia se usan en las Escrituras para simbolizar tanto la vida como las pruebas y tribulaciones de la vida.

1) Hay una ilustración del agua de la vida.

"Yo a la verdad os bautizo en agua para arrepentimiento; pero el que viene tras mí, cuyo calzado yo no soy digno de llevar, es más poderoso que yo; él os bautizará en Espíritu Santo y fuego" (Mt. 3:11).

"Respondió Jesús: De cierto, de cierto te digo, que el que no naciere de agua y del Espíritu, no puede entrar en el reino de Dios" (Jn. 3:5).

"Respondió Jesús y le dijo: Si conocieras el don de Dios, y quién es el que te dice: Dame de beber; tú le pedirías, y él te daría agua viva" (Jn. 4:10).

"Respondió Jesús y le dijo: Cualquiera que bebiere de esta agua, volverá a tener sed; mas el que bebiere del agua que yo le daré, no tendrá sed jamás; sino que el agua que yo le daré será en él una fuente de agua que salte para vida eterna" (Jn. 4:13, 14).

"En el último y gran día de la fiesta, Jesús se puso en pie y alzó la voz, diciendo: Si alguno tiene sed, venga a mí y beba. El que cree en mí, como dice la Escritura, de su interior correrán ríos de agua viva" (Jn. 7:37, 38).

2) Hay una ilustración de las pruebas y tribulaciones de la vida.

"Un abismo llama a otro a la voz de tus cascadas; todas tus ondas y tus olas han pasado sobre mí. Pero de día mandará Jehová su misericordia, y de noche su cántico estará conmigo, y mi oración al Dios de mi vida" (Sal. 42:7, 8).

"Estoy hundido en cieno profundo, donde no puedo hacer pie; he venido a abismos de aguas, y la corriente me ha anegado. Cansado estoy de llamar; mi garganta se ha enronquecido; han desfallecido mis ojos esperando a mi Dios... Sácame del lodo, y no sea yo sumergido; sea yo libertado de los que me aborrecen, y de lo profundo de las aguas. No me anegue la corriente de las aguas, ni me trague el abismo, ni el pozo cierre sobre mí su boca" (Sal. 69:2, 3, 14, 15).

[2] (1:10) ***Tierra — Mar — Creación:*** Dios llamó a lo seco Tierra y las aguas Él llamó *Mares*. Observe que no es el hombre quien nombra lo seco y las aguas, sino Dios. Esto es importante; quiere decir que Dios es dueño de la tierra y el mar. Él es el Dueño, el Señor y Amo, de toda la tierra y de todos los mares de la tierra. Como Dueño del planeta Tierra, tenía el derecho, la prerrogativa de llamarlos como quisiera. Y Dios decidió nombrar a lo seco *Tierra* y a las aguas *Mares*.

Pensamiento 1. El hombre es solo el fideicomisario de la tierra y las aguas de la tierra. El hombre es solo un fideicomisario temporal, un fideicomisario que es tan temporal que, como individuo, dura solo setenta años o algo por el estilo, a lo sumo, suponiendo que ningún accidente o enfermedad le arrebate la vida.

1) El hombre debe cuidar lo seco y las aguas de la tierra y cuidarlas con diligencia. Debe conservar tanto la tierra como el agua de la tierra. La tierra y las aguas pertenecen a Dios, no al hombre. El hombre es responsable ante Dios por cómo él use las reservas del planeta Tierra.

"Ahora, pues, si diereis oído a mi voz, y guardareis mi pacto, vosotros seréis mi especial tesoro sobre todos los pueblos; porque mía es toda la tierra" (Éx. 19:5).

"La tierra no se venderá a perpetuidad, porque la tierra mía es; pues vosotros forasteros y extranjeros sois para conmigo" (Lv. 25:23).

"Porque ¿quién soy yo, y quién es mi pueblo, para que pudiésemos ofrecer voluntariamente cosas semejantes? Pues todo es tuyo, y de lo recibido de tu mano te damos" (1 Cr. 29:14).

"De Jehová es la tierra y su plenitud; el mundo, y los que en él habitan" (Sal. 24:1).

2) Dios posee y supervisa la tierra y el mar. Por eso, Dios puede cuidar del hombre cuando está en la tierra y en el mar. Dios puede usar su tierra y su mar para proveer para el hombre. Él también puede librar al hombre de los peligros y tormentas que arrasan tanto en la tierra como en el mar.

"He aquí, yo estoy contigo, y te guardaré por dondequiera que fueres, y volveré a traerte a esta tierra; porque no te dejaré hasta que haya hecho lo que te he dicho" (Gn. 28:15).

"Ten misericordia de mí, oh Dios, ten misericordia de mí; porque en ti ha confiado mi alma, y en la sombra de tus alas me ampararé hasta que pasen los quebrantos" (Sal. 57:1).

"He aquí, no se adormecerá ni dormirá El que guarda a Israel" (Sal. 121:4).

"Porque fuiste fortaleza al pobre, fortaleza al menesteroso en su aflicción, refugio contra el turbión, sombra contra el calor; porque el ímpetu de los violentos es como turbión contra el muro" (Is. 25:4).

"No temas, porque yo estoy contigo; no desmayes, porque yo soy tu Dios que te esfuerzo; siempre te ayudaré, siempre te sustentaré con la diestra de mi justicia" (Is. 41:10).

"Cuando pases por las aguas, yo estaré contigo; y si por los ríos, no te anegarán. Cuando pases por el fuego, no te quemarás, ni la llama arderá en ti" (Is. 43:2).

[3] (1:10) ***Tierra — Mares — Creación:*** Dios vio que su creación era "buena", lo seco y los mares cumplían su función. La palabra "buena" quiere decir que lo seco y las aguas de la tierra eran valiosas: Tenían un propósito muy específico para ser creadas. ¿Cuáles son los propósitos para los que se crearon la tierra y las aguas?

=> Para proveer un lugar tanto para que vivieran el hombre y los animales, tanto los animales terrestres como los animales acuáticos

=> Para proveer un lugar para que creciera el alimento y un lugar que contuviera las aguas y donde estas fluyeran para que se sustentara la vida en el planeta Tierra.

Pensamiento 1. El hombre le debe su vida, su propia existencia, a Dios. Son la tierra y las aguas, todo lo creado por Dios, lo que mantienen vivo al hombre. Sin la mano creativa de Dios que creó la tierra y el agua, el hombre no podría sobrevivir.

Pensamiento 2. La creación de la tierra y el agua es un regalo muy maravilloso de Dios.

=> La tierra le da al hombre un lugar donde vivir y producir alimento para comer.

=> Las aguas proporcionan agua para beber y alimento para comer.

=> Tanto la tierra como el agua proporcionan variedad y contribuyen al interés y belleza del hogar del hombre en el planeta Tierra.

"Suyo también el mar, pues él lo hizo; y sus manos formaron la tierra seca. Venid, adoremos y postrémonos; arrodillémonos delante de Jehová nuestro Hacedor" (Sal. 95:5, 6).

"Y él les respondió: Soy hebreo, y temo a Jehová, Dios de los cielos, que hizo el mar y la tierra" (Jon. 1:9).

Pensamiento 3. Hay varias cosas que debieran alentar al hombre a alabar a Dios.

=> La provisión de lo seco como hogar.

=> La provisión de lo seco que produce un crecimiento tal como para proporcionar alimento, belleza y variedad.

=> La provisión del agua para beber.

=> La provisión del agua para proveer alimento, empresas comerciales, belleza y recreación.

Pensamiento 4. Dios sabe que el hombre debe tener agua para beber y lo seco como hogar para sustentar su vida en la tierra. Sucede lo mismo espiritualmente.

1) El hombre debe tener el agua espiritual, el agua viva, de Cristo a fin de vivir eternamente con Dios.

"Respondió Jesús y le dijo: Si conocieras el don de Dios, y quién es el que te dice: Dame de beber; tú le pedirías, y él te daría agua viva... Respondió Jesús y le dijo: Cualquiera que bebiere de esta agua, volverá a tener sed; mas el que bebiere del agua que yo le daré, no tendrá sed jamás; sino que el agua que yo le daré será en él una fuente de agua que salte para vida eterna" (Jn. 4:10, 13, 14).

Observe cinco elementos acerca del agua viva de Cristo.

=> El agua viva proviene de Cristo. Él y solo Él, es la Fuente.

=> El agua viva no deja que el hombre sienta sed nuevamente. Su sed interna desaparece para siempre. Se sacia y satisface completamente.

=> El agua viva es "una fuente de agua" colocada *dentro* del hombre. La "fuente de agua" no está puesta fuera del hombre, no está colocada en ninguna otra parte del mundo, ni en su hogar, ni en su iglesia, ni en el club, la tierra, el lago o en su negocio. Está colocada *dentro* de él.

=> El agua viva brota y sigue brotando y borboteando, fluyendo constantemente. Siempre está en movimiento.

=> El agua viva brota en la vida eterna. Nunca terminará.

"En el último y gran día de la fiesta, Jesús se puso en pie y alzó la voz, diciendo: Si alguno tiene sed, venga a mí y beba. El que cree en mí, como dice la Escritura, de su interior correrán ríos de agua viva" (Jn. 7:37, 38).

"porque el Cordero que está en medio del trono los pastoreará, y los guiará a fuentes de aguas de vida; y Dios enjugará toda lágrima de los ojos de ellos" (Ap. 7:17).

"Y me dijo: Hecho está. Yo soy el Alfa y la Omega, el principio y el fin. Al que tuviere sed, yo le daré gratuitamente de la fuente del agua de la vida" (Ap. 21:6).

"Y el Espíritu y la Esposa dicen: Ven. Y el que oye,

diga: Ven. Y el que tiene sed, venga; y el que quiera, tome del agua de la vida gratuitamente" (Ap. 22:17).

"Porque contigo está el manantial de la vida; en tu luz veremos la luz" (Sal. 36:9).

"Sacaréis con gozo aguas de las fuentes de la salvación" (Is. 12:3).

"A todos los sedientos: Venid a las aguas; y los que no tienen dinero, venid, comprad y comed. Venid, comprad sin dinero y sin precio, vino y leche" (Is. 55:1).

"Jehová te pastoreará siempre, y en las sequías saciará tu alma, y dará vigor a tus huesos; y serás como huerto de riego, y como manantial de aguas, cuyas aguas nunca faltan" (Is. 58:11).

2) El hombre debe poner su vista más allá de esta *tierra corruptible* en el hogar eterno de los nuevos cielos y la tierra a fin de vivir eternamente con Dios.

"Porque no por la ley fue dada a Abraham o a su descendencia la promesa de que sería heredero del mundo, sino por la justicia de la fe" (Ro. 4:13).

"porque esperaba la ciudad que tiene fundamentos, cuyo arquitecto y constructor es Dios" (He. 11:10).

"Pero anhelaban una mejor, esto es, celestial; por lo cual Dios no se avergüenza de llamarse Dios de ellos; porque les ha preparado una ciudad" (He. 11:16).

"sino que os habéis acercado al monte de Sion, a la ciudad del Dios vivo, Jerusalén la celestial, a la compañía de muchos millares de ángeles" (He.12:22).

"porque no tenemos aquí ciudad permanente, sino que buscamos la por venir" (He. 13:14).

"Pero el día del Señor vendrá como ladrón en la noche; en el cual los cielos pasarán con grande estruendo, y los elementos ardiendo serán deshechos, y la tierra y las obras que en ella hay serán quemadas. Puesto que todas estas cosas han de ser deshechas, ¡cómo no debéis vosotros andar en santa y piadosa manera de vivir, esperando y apresurándoos para la venida del día de Dios, en el cual los cielos, encendiéndose, serán deshechos, y los elementos, siendo quemados, se fundirán! Pero nosotros esperamos, según sus promesas, cielos nuevos y tierra nueva, en los cuales mora la justicia" (2 P. 3:10-13).

"Vi un cielo nuevo y una tierra nueva; porque el primer cielo y la primera tierra pasaron, y el mar ya no existía más. Y yo Juan vi la santa ciudad, la nueva Jerusalén, descender del cielo, de Dios, dispuesta como una esposa ataviada para su marido. Y oí una gran voz del cielo que decía: He aquí el tabernáculo de Dios con los hombres, y él morará con ellos; y ellos serán su pueblo, y Dios mismo estará con ellos como su Dios. Enjugará Dios toda lágrima de los ojos de ellos; y ya no habrá muerte, ni habrá más llanto, ni clamor, ni dolor; porque las primeras cosas pasaron" (Ap. 21:1-4).

1 **La Palabra de Dios creó la flora o vegetación, cada uno "según su género"** 2 **Dios creó toda la vegetación en la tierra** 3 **Se cumplió el acto creativo de Dios: La tierra produjo fruto**	**E. El tercer día (parte 2): La creación de la flora o la vegetación, 1:11-13** 11 Después dijo Dios: Produzca la tierra hierba verde, hierba que dé semilla; árbol de fruto que dé fruto según su género, que su semilla esté en él, sobre la tierra. Y fue así.	12 Produjo, pues, la tierra hierba verde, hierba que da semilla según su naturaleza, y árbol que da fruto, cuya semilla está en él, según su género. Y vio Dios que era bueno. 13 Y fue la tarde y la mañana el día tercero.	4 **Dios vio que su creación era "buena", cumplía su función**

DIVISIÓN I

CREACIÓN DE LOS CIELOS Y LA TIERRA, 1:1—2:3

E. El tercer día (parte 2): La creación de la flora o la vegetación, 1:11-13

(1:11-13) ***Introducción — Tierra, primigenia:*** Aún está ocurriendo el tercer día de la creación. Estos tres versos cubren la última parte del día. Recuerde, toda la tierra había estado cubierta de aguas embravecidas y convulsas. Pero al principio de este tercer día, la superficie de la tierra fue reformada. Dios golpeó todo el planeta con un levantamiento gigantesco y convulsivo:

=> Todo lo seco de la tierra, los continentes e islas, se disparó emergiendo de las aguas.

=> Todas las aguas se dirigieron a gran velocidad hacia las profundidades de la tierra: Hacia los lechos deprimidos, valles, grietas y barrancos, que se habían formado para los ríos, los lagos y los océanos del mundo.

Ya lo seco y las aguas de la tierra estaban colocados en sus límites adecuados. Estaban listos para proveer un hogar para la vida que Dios estaba a punto de crear. Al fin, en esta segunda parte del tercer día, Dios puede crear las primeras cosas vivas del planeta Tierra: La vegetación o la flora. Este es "El tercer día (parte 2): La creación de la flora o la vegetación".

1. La Palabra de Dios creó la flora o vegetación faltó (v. 11).
2. Dios creó toda la vegetación en la tierra (v. 11).
3. Se cumplió el acto creativo de Dios: La tierra produjo fruto (vv. 11-12).
4. Dios vio que su creación era "buena", cumplía su función (vv. 12-13).

[1] (1:11) ***Flora — Vegetación — Creación:*** La Palabra de Dios creó la vegetación. "dijo Dios: 'Produzca la tierra [vegetación]'" (v. 11). Note que Dios no creó directamente flora completamente crecida. En su lugar, Él le ordenó a la tierra que produjera la vegetación; la vegetación salió de la propia tierra. Dios creó las leyes de la naturaleza que hicieron que la tierra produjera la vegetación. La propia tierra le dio vida a la vegetación. Dijo Dios, Dios habló y se lanzaron las leyes físicas que hacen nacer y crecer la flora. La tierra, en obediencia a la Palabra de Dios, produjo vegetación.

> **"Si yo tuviese hambre, no te lo diría a ti; porque mío es el mundo y *su plenitud*" (Sal. 50:12).**
>
> **"Tuyos son los cielos, tuya también la tierra; el mundo y *su plenitud,* tú lo fundaste" (Sal. 89:11).**
>
> **"porque del Señor es la tierra y *su plenitud*" (1 Co. 10:26).**

[2] (1:11) ***Flora — Vegetación — Creación:*** Dios creó toda la vegetación en la tierra. En esto consiste la amplia clasificación proporcionada por las Escrituras. La versión empleada proporciona tres amplias clases en la traducción del texto hebreo: Hierba verde, planta o hierba de semilla y árboles. Los grandes comentaristas, El comentario del púlpito, Keil y Delitzsch, y Leupold, todos coinciden con esta traducción y clasificación.

=> *Hierba verde* (*deshe*): Note que la característica principal de esta clasificación es que no produce semilla. Las otras dos clasificaciones sí. El significado original de la palabra hebrea "*deshe*" significa verde o húmedo. Esto comprendería a todas las plantas húmedas y verdes que alfombran la tierra. Esto comprendería musgos, líquenes, algas, hongos, helechos, plantas que se reproducen por esporas (plantas criptógamas), plantas que cubren y yacen inmediatamente sobre y debajo de la superficie de la tierra.

=> *Plantas o hierbas de semilla* (*esebh*) que den semilla: Esto comprende a todas las plantas que producen semillas como por ejemplo los granos, los vegetales, los arbustos, las flores, la hierba mala, el césped, toda la flora existente entre las plantas que cubren el suelo y los árboles imponentes.

=> *Árboles que producen fruto o semillas*: Por fruto en hebreo se entienden todos los árboles que producen semilla, no solo los árboles que producen frutos para comer. Entre estos se encuentran los árboles que producen conos, frutos secos, bayas y otras formas de semillas.

Ahora bien, note un elemento significativo: Flora proviene de la tierra. Dios creó las leyes físicas que hacen que la tierra produzca vegetación. Esto ata la flora a su medio ambiente: Toda la flora proviene de una sola fuente, la tierra. Esto quiere decir que toda la vegetación de la tierra está interrelacionada. Toda la flora tiene algunos elementos comunes, algunas sustancias químicas comunes, algunas semejanzas.

Pero todas las plantas tienen una existencia independiente, tienen carácter y propósito independientes y propios. Note las palabras *"según su género"*. Esto quiere decir que todas las plantas y la vegetación se reproducen por sí mismas. Toda flora cuenta con algunos medios para perpetuar su propia especie, su propio género de vida. Algunas se reproducen cuando sus semillas caen al suelo y otras se reproducen por esporas: Toda vegetación tiene el poder para producir el mismo género de vida del reproductor. "Según su género" quiere decir que toda la flora reproduce y propaga su propia *especie*. Sucede lo siguiente: Cada planta se interrelaciona con las otras porque cada una proviene de la tierra, una sola fuente. Para cada una es también independiente; cada una tiene una existencia, carácter y propósito diferente que le pertenece a ella y solo a ella.

Pensamiento 1. La tierra y toda su flora son del Señor. Él es el Propietario legítimo y Señor soberano de todo. El hombre es solo el fideicomisario de la tierra y sus frutos. Esto implica varios aspectos prácticos:

1) El hombre debe agradecer constantemente el fruto de la tierra.
2) El hombre debe reconocer la propiedad de Dios y adorar a Dios como el Creador.
3) El hombre debe ser responsable y cuidadoso. Debe utilizar los recursos vegetales de la tierra.
4) El hombre debe dar cuentas de cómo maneja la tierra y sus recursos.

"Porque el reino de los cielos es semejante a un hombre, padre de familia, que salió por la mañana a contratar obreros para su viña" (Mt. 20:1).

"Oíd otra parábola: Hubo un hombre, padre de familia, el cual plantó una viña, la cercó de vallado, cavó en ella un lagar, edificó una torre, y la arrendó a unos labradores, y se fue lejos" (Mt. 21:33).

"Ahora bien, se requiere de los administradores, que cada uno sea hallado fiel" (1 Co. 4:2).

"Y creó Dios al hombre a su imagen, a imagen de Dios lo creó; varón y hembra los creó. Y los bendijo Dios, y les dijo: Fructificad y multiplicaos; llenad la tierra, y *sojuzgadla,* y señoread en los peces del mar, en las aves de los cielos, y en todas las bestias que se mueven sobre la tierra" (Gn. 1:27, 28).

"Le hiciste señorear sobre las obras de tus manos; todo lo pusiste debajo de sus pies" (Sal. 8:6).

"De Jehová es la tierra y su plenitud; el mundo, y los que en él habitan" (Sal. 24:1).

"Si yo tuviese hambre, no te lo diría a ti; porque mío es el mundo y su plenitud" (Sal. 50:12).

3 (1:11-12) ***Flora — Vegetación — Creación:*** Se cumplió el acto creativo de Dios: la tierra produjo fruto (vv. 11c-12). Note las palabras: "Y fue así" (v. 11c). "dijo Dios: Produzca la tierra [flora]...*Y fue así*... Y la tierra produjo [flora]'" (vv. 11-12). La tierra...

- estaba vacía
- era estéril
- era infructífera
- era descolorida

Pero ahora la tierra estaba cambiada dramáticamente. La tierra cobró vida, cobró todo tipo de hierbas, arbustos, flores, árboles y fruto. La tierra estaba llena de colores; Dios la hizo verde, exuberante y fructífera.

Ahora bien, note lo significativo: "Produjo la tierra [flora]" (v. 12). Pero Dios fue la fuente, la primera causa, el Creador. La tierra produjo vegetación solo porque Dios había hablado y puso en marcha las leyes de la naturaleza que producen la flora. Originalmente, al principio, no había *semilla* ni flora: No había sustancia, materia, elemento, ni partícula eterna que diera lugar a la vegetación de la tierra. En el principio solo estaba Dios. Dios creó la vegetación, la tierra y todo cuanto hay en ella. Cierto, la tierra ahora produce la planta y la semilla, pero en el principio, Dios habló y creó toda la materia y toda la energía. El propio Dios creó la materia y las sustancias y puso en marcha las leyes físicas que dieron lugar a la flora. La tierra produjo flora solamente porque Dios había creado la materia y "le dio vida" a la tierra para que produjera vegetación.

Pensamiento 1. La tierra florece con vegetación por el amor y cuidado de Dios para con el hombre. Dios nos ama y nos cuida. Esta es la razón por la que Él ha creado y dado abundancia de flora para llenar la tierra. Nosotros debemos, a cambio, demostrar amor y cuidado hacia Dios. Debemos amarlo y demostrar cuidado por la tierra que Él ha creado. (Vea la nota previa 2 para ver los versículos.)

4 (1:12-13) ***Flora — Vegetación — Creación:*** Dios vio que su creación era "buena", la vegetación de la tierra cumplía su función y propósito. ¿Cuál es la función de la vegetación de la tierra? Las funciones principales son...

- proveer alimento
- suministrar oxígeno a la atmósfera
- ayudar a controlar el clima
- evitar la erosión de lo seco
- descomponer y proveer los combustibles fósiles de la tierra
- retener energía de la luz y convertirla en energía química (fotosíntesis). Es la energía química que posibilita la vida en la tierra.

Pensamiento 1. El hombre debe alabar a Dios por el medio ambiente de la tierra, por la flora abundante que florece en el planeta tierra. Pero el hombre también debe proteger el medio ambiente; debe proteger toda la flora de la tierra. Cada planta está interrelacionada con otras plantas. Cada una tiene su propio propósito y función que cumplir en la tierra. Destruir una especie de planta es romper la cadena de vida que existe en el mundo. Es destruir el propósito para el que existió la flora. Esto tiene un resultado peligroso y si se destruye suficiente vegetación en la tierra, el resultado puede convertirse en una amenaza para la vida. Cabe la posibilidad de que la vida humana se pueda extinguir por medio del mal uso de la flora de la tierra. Esto se ve claramente en la destrucción de los bosques tropicales de la tierra que tuvo lugar en el siglo XX.

Hay una gran necesidad de que el hombre alabe a Dios por el medio ambiente de la tierra, por la flora abundante que florece en el planeta Tierra. El hombre necesita agradecer y proteger la flora, no destruirla.

Pensamiento 2. El hombre debe tener vegetación para sustentar la vida en la tierra. Sucede lo mismo espiritualmente. El hombre debe tener el alimento de Dios, es decir, el pan de Dios, para sustentarse mientras esté en la tierra si desea vivir con Dios para siempre.

"Jesús les dijo: Yo soy el pan de vida; el que a mí viene, nunca tendrá hambre; y el que en mí cree, no tendrá sed jamás" (Jn. 6:35).

"De cierto, de cierto os digo: El que cree en mí, tiene vida eterna" (Jn. 6:47).

"Éste es el pan que desciende del cielo, para que el que de él come, no muera. Yo soy el pan vivo que descendió del cielo; si alguno comiere de este pan, vivirá para siempre; y el pan que yo daré es mi carne, la cual yo daré por la vida del mundo" (Jn. 6:50, 51).

"Como me envió el Padre viviente, y yo vivo por el Padre, asimismo el que me come, él también vivirá por mí. Éste es el pan que descendió del cielo; no como vuestros padres comieron el maná, y murieron; el que come de este pan, vivirá eternamente" (Jn. 6:57, 58).

1 **La Palabra de Dios creó y distribuyó las lumbreras sobre la tierra**	**F. El cuarto día: La creación y distribución de las lumbreras sobre la tierra para regular el día y la noche, las estaciones y los años, 1:14-19** 14 Dijo luego Dios: Haya lumbreras en la expansión de los cielos para separar el día de la noche; y sirvan de señales para las estaciones, para días y años, 15 y sean por lumbreras en la expansión de los cielos para alumbrar sobre la tierra. Y fue así.	16 E hizo Dios las dos grandes lumbreras; la lumbrera mayor para que señorease en el día, y la lumbrera menor para que señorease en la noche; hizo también las estrellas. 17 Y las puso Dios en la expansión de los cielos para alumbrar sobre la tierra, 18 y para señorear en el día y en la noche, y para separar la luz de las tinieblas. Y vio Dios que era bueno. 19 Y fue la tarde y la mañana el día cuarto.	2 **Dios creó el sol, la luna y las estrellas, que proporcionan luz para la tierra** a. Dios y solo Dios las creó b. La razón por la que Él las creó 1) Para dar luz 2) Para señorearse en el día y la noche 3 **Dios vio que su creación era "buena", cumplía su función**

DIVISIÓN I

CREACIÓN DE LOS CIELOS Y LA TIERRA, 1:1—2:3

F. El cuarto día: La creación y distribución de las lumbreras sobre la tierra para regular el día y la noche, las estaciones y los años, 1:14-19

(1:14-19) ***Introducción — Tierra, prehistórica:*** Recuerde cómo estaba la tierra. Estaba flotando en el espacio deformada y sin terminar.

=> La tierra estaba envuelta en total oscuridad. Un velo de vapor espeso, densas nubes, y una niebla densa envolvían la tierra (vea la nota 4, pt. 1b, Gn. 1:2 para un análisis).

=> Además, toda la superficie de la tierra estaba cubierta de agua, un océano imponente y mundial con enormes olas embravecidas y convulsas (vea la nota 4, pt. 1c, Gn. 1:2 para un análisis).

Pero Dios había comenzado a formar la tierra, a crear las cosas que serían necesarias para sustentar la vida.

=> El primer día, Dios había creado la luz. El vapor espeso que había envuelto la tierra comenzó a evaporarse, solo lo suficiente como para dejar que los rayos de luz comenzaran a penetrar y llegar a la tierra (vv. 3-5).

=> El segundo día, Dios había creado la expansión, es decir, la atmósfera o el espacio aéreo que se cierne sobre la tierra. Dios había levantado el espeso vapor, las nubes y la niebla, al parecer lo levantó al cielo a unos cientos de pies. Las nubes todavía circundaban la tierra, pero había un espacio aéreo claro entre las nubes y la tierra (vv. 6-8).

=> El tercer día, Dios había creado las aguas, los mares, lagos y ríos, y había creado lo seco. Hubo un levantamiento convulsivo de la corteza terrestre en todo el mundo, un levantamiento convulsivo que disparó y lanzó las masas continentales hacia arriba. Las aguas del océano mundial se lanzaron rápidamente a los barrancos y valles deprimidos del mundo. Así se crearon los continentes e islas y las aguas dulces y saladas de la tierra.

Además, este tercer día Dios había creado toda la flora, todos los pastos, flores, arbustos, vegetales, y árboles, con todos sus colores, belleza y provisión para alimentar y sustentar la vida.

Ahora bien, llegamos al cuarto día: "La creación y distribución de las lumbreras sobre la tierra para regular las estaciones, los días y los años".

1. La Palabra de Dios creó y distribuyó las lumbreras sobre la tierra (vv. 14-15).
2. Dios creó el sol, la luna y las estrellas, que proporcionan luz para la tierra (vv. 16-18).
3. Dios vio que su creación era "buena", cumplía su función (vv. 18-19).

[1] (1:14-15) ***Luz — Creación — Sol — Luna — Estrellas:*** La Palabra de Dios creó y distribuyó las lumbreras sobre la tierra. "Dijo Dios: Haya lumbreras en la expansión [el cielo o espacio exterior] de los cielos " (v. 14). La palabra "lumbreras" (*meoroth*) quiere decir *portadores de luz o luminarias*. Se refiere a los cuerpos celestes: El sol, la luna y las estrellas (v. 16). Ahora note los versículos 14 y 15; note detenidamente lo que Dios está haciendo.

=> Dios no está creando el sol, la luna y las estrellas. Ya se habían creado cuando "creó Dios los cielos y la tierra" (v. 1).

=> Dios no está creando la luz, el día y la noche, por todo el universo. La luz ya se había creado cuando "dijo Dios: 'Sea la luz' " (v. 3).

¿Entonces qué está creando Dios este cuarto día de la creación? Estos dos versículos nos lo dicen: Dios está creando y distribuyendo las lumbreras *sobre la tierra*. Él no está lidiando con la luz en todo el universo. Él está lidiando con la luz sobre la tierra. Recuerde: La tierra había estado cubierta de una capa espesa de nubes y niebla densa (vea la nota 4, pt. 1b, Gn. 1:2 para un análisis). El primer día de la creación, cuando Dios creó la luz, la luz cósmica, luz en todo el universo, la luz al parecer había comenzado a penetrar las nubes y el vapor neblinoso que cubría la tierra. Pero la luz y el calor del sol aún no habían evaporado suficiente de las nubes y el vapor como para que fuera visible sobre la tierra, no lo suficiente como para proporcionar o regular el día y la noche, las estaciones y los años. Pero ahora, este cuarto día de la creación, Dios hace que todo el impacto de la luz se distribuya sobre la tierra. Las nubes que envuelven la tierra están hechas para evaporarse para que el sol, la luna y las estrellas se puedan ver desde la tierra. Ahora pueden desempeñar su labor en la tierra.

¿Cuál es la labor, cuáles son las funciones, del sol, la luna y las estrellas? Las Escrituras proporcionan cinco mayores labores o funciones.

1. El sol separa el día de la noche; provee un período de luz y de oscuridad (vv. 14, 18. Cp. los vv. 4-5). Esta es una función particular del sol, porque la luz de la tierra proviene del sol. La tierra es redonda y gira sobre un eje a alrededor de 1600 kilómetros por hora. Cada rotación tarda 23 horas, 56 minutos y 4. 1 segundos, casi cerca de 24 horas. Por ende, casi una mitad de la tierra enfrenta al sol todo el tiempo. Cuando una parte de la tierra rota y enfrenta al sol, la luz del sol le da al hombre un tiempo para trabajar. Cuando una parte de la tierra rota y no enfrenta al sol, la oscuridad le da al hombre un tiempo para descansar.

Pensamiento 1. La separación del día de la noche fue absolutamente esencial. El hombre las necesita a ambas.

=> Por el día, el hombre adquiere una sensación de propósito y satisfacción de su trabajo, de sentirse bien con su trabajo.

=> Por la noche, el hombre reposa su cuerpo y renueva sus fuerzas.

Por eso, la creación y la distribución de las lumbreras sobre la tierra por parte de Dios fue absolutamente esencial. Se tuvieron que crear tanto el día como la noche a fin de sustentar la vida en la tierra.

2. Los cuerpos celestes sirven como *señales* para la tierra (v. 14). La palabra "señales" (*othoth*) quiere decir algo que está gravado o marcado.

=> Los cuerpos celestes son señales que los hombres usan para la orientación, ya sea en la tierra o el mar; señales que guían a una brújula de día o de noche.

=> Los cuerpos celestes son señales que indican las condiciones del tiempo.

"Mas él respondiendo, les dijo: Cuando anochece, decís: Buen tiempo; porque el cielo tiene arreboles. Y por la mañana: Hoy habrá tempestad; porque tiene arreboles el cielo nublado. ¡Hipócritas! que sabéis distinguir el aspecto del cielo, ¡mas las señales de los tiempos no podéis!" (Mt. 16:2, 3).

=> Los cuerpos celestes son señales que declaran la gloria de Dios y apuntan a una persona hacia Dios.

"Los cielos cuentan la gloria de Dios, y el firmamento anuncia la obra de sus manos" (Sal. 19:1).

"Los cielos anunciaron su justicia, y todos los pueblos vieron su gloria." (Sal. 97:6).

"Porque las cosas invisibles de él, su eterno poder y deidad, se hacen claramente visibles desde la creación del mundo, siendo entendidas por medio de las cosas hechas, de modo que no tienen excusa" (Ro. 1:20).

=> Los cuerpos celestes son señales que controlan los océanos y sus mareas día tras día y mes tras mes.

Pensamiento 1. Se dice que la luna es una lumbrera menor y lo es. Es más pequeña y la luz que emite es solo una luz reflejada desde el sol. Pero a pesar de su tamaño más pequeño y su luz prestada, su función es esencial para la tierra. Su valor es enorme: Proporciona luz de noche y controla parte de las señales e influye en las mareas de los mares. Pero observe: La luna no es tan dotada y tampoco impacta la tierra tanto como el sol. Sucede lo mismo con los creyentes. Entre los creyentes, están aquellos dotados menos que otros. Aún así, Dios dice que todo creyente es esencial para el cuerpo de Cristo (1 Co. 12:14-24). Todo creyente es de un tamaño y valor enormes para el mundo. La cantidad de luz (dones) no determina el valor. El valor está determinado por la utilización de la luz (los dones), de lo que una persona hace con lo que tiene.

"Porque el reino de los cielos es como un hombre que yéndose lejos, llamó a sus siervos y les entregó sus bienes. A uno dio cinco talentos, y a otro dos, y a otro uno, a cada uno conforme a su capacidad; y luego se fue lejos" (Mt. 25:14, 15).

"Dijo, pues: Un hombre noble se fue a un país lejano, para recibir un reino y volver. Y llamando a diez siervos suyos, les dio diez minas, y les dijo: Negociad entre tanto que vengo" (Lc. 19:12, 13).

"Mas entre vosotros no será así, sino que el que quiera hacerse grande entre vosotros será vuestro servidor" (Mt. 20:26).

"El que es el mayor de vosotros, sea vuestro siervo" (Mt. 23:11).

3. Los cuerpos celestes proveen *estaciones* para la tierra (v. 14). ¿Cómo se crearon las estaciones? Note dos elementos significativos:

a. La tierra no solo rota sobre su propio eje, sino que también rota alrededor del sol. Su trayectoria u órbita alrededor del sol es de alrededor de 583.400.000 millas (o 938.900.000 km). La tierra viaja en su órbita a alrededor de 66.000 millas por hora (o 106.000 km). La tierra se tarda alrededor de 365 días en rodear el sol. Así es como medimos nuestros años. Un año es un viaje o revolución de la tierra alrededor del sol.

b. El eje de la tierra está inclinado cerca de 23,5 grados. Es esta inclinación y el girar de la tierra alrededor del sol los que crean las estaciones del año. Por la inclinación, diferentes partes de la tierra enfrentan el sol de forma más directa en diferentes períodos durante el año. Por supuesto, mientras más directamente una región enfrente al sol, más cálida es y mientras más indirectamente, más fría es. Es esto, el calor y el frío de la superficie de la tierra, lo que le proporciona las estaciones a la tierra.

¿Cuál es el propósito de las estaciones en la tierra? Las estaciones proporcionan:

- Períodos para la agricultura, para la ganadería.
- Períodos para la migración de los animales.

"Aun la cigüeña en el cielo conoce su tiempo, y la tórtola y la grulla y la golondrina guardan el tiempo de su venida; pero mi pueblo no conoce el juicio de Jehová" (Jer. 8:7).

- Períodos para festivales religiosos y otras celebraciones en la tierra.

"Así ha dicho Jehová de los ejércitos: El ayuno del cuarto mes, el ayuno del quinto, el ayuno del séptimo, y el ayuno del décimo, se convertirán para la casa de Judá en gozo y alegría, y en festivas solemnidades. Amad, pues, la verdad y la paz" (Zac. 8:19).

- Períodos para la variedad y la belleza.

Pensamiento 1. La temperatura de la superficie del sol es enorme: Alrededor de 5,148 ^{o}C. La temperatura en el centro es inimaginable de unos 16 millones de grados. El sol es una masa de fuego volcánico. Tiene algo más 1 390 473 kilómetros de diámetro. El horno rojo y ardiente es tan grande que le caben 1 300 000 tierras. Y si pudiéramos imaginar la distancia, está a 149 668 992 kilómetros de la tierra. Si la tierra estuviera más cerca del sol, habría demasiado calor para la vida; y si estuviera más lejos, habría demasiado frío para la vida. Dios ha creado los cuerpos celestes justamente para sustentar la vida, para proporcionar luz, estaciones, días y años.

Pensamiento 2. La salida y puesta del sol determina el día y la noche; su movimiento hacia el eje de la tierra determina el verano y el invierno, las estaciones de la tierra. Dios creó un propósito para cada movimiento del sol y de la tierra. Así sucede con el hombre. Dios creó al hombre y lo creó con propósito. Por tanto, cada movimiento suyo debe tener un propósito. Debe ser capaz de decir con Eclesiastés:

"Todo tiene su tiempo, y todo lo que se quiere debajo del cielo tiene su hora" (Ec. 3:1).

4. Los cuerpos celestes proporcionan "días y años" para la tierra. Según se ha planteado, un día es una revolución de la tierra alrededor de su propio eje, cerca de 24 horas. Un año es una revolución de la tierra alrededor del sol, alrededor de 365 días. La tierra no tendría días, noches ni años si no fuera por los cuerpos celestes, en particular el sol. Los días proporcionan luz en la tierra para que el hombre pueda ver al andar y trabajar.

"Me es necesario hacer las obras del que me envió, entre tanto que el día dura; la noche viene, cuando nadie puede trabajar" (Jn. 9:4).

"Respondió Jesús: ¿No tiene el día doce horas? El que anda de día, no tropieza, porque ve la luz de este mundo" (Jn. 11:9).

Los años le dan al hombre una manera de medir el tiempo, una mayor medida de tiempo. Esto le permite llevar un mejor registro del tiempo y conocer y medir mejor las estaciones y sucesos de la vida.

Pensamiento 1. El énfasis de este acto creativo está en el propósito. Las lumbreras del cielo no dan luz ni controlan el día y la noche, el tiempo, ni las estaciones para sí mismas, sino para el hombre, para permitirle al hombre cumplir su propósito en la tierra. (Vea bosquejo y notas, Gn. 2:15-17 para un análisis acerca del propósito del hombre.)

Pensamiento 2. Las lumbreras del cielo cumplen su función día tras día y noche tras noche. Se rigen por las leyes establecidas por Dios para controlar su existencia, siempre de un modo tan *consecuente y fiel*. ¡Qué lección para los creyentes!

5. Los cuerpos celestes proporcionan luz sobre la tierra (v. 15). (Vea la nota 2, Gn. 1:4 para un análisis completo.)

Pensamiento 1. Vea la nota 2, pensamiento 3, Génesis 1:4 para ver el pensamiento y la aplicación.

Pensamiento 2. Las lumbreras de los cielos se crearon para dar luz. Su luz se ve claramente por todos. A los creyentes se les llama "la luz del mundo" (Mt. 5:14-16). También deben dejar que su luz brille como las lumbreras de los cielos para que el mundo pueda ver con claridad y no tropezar. Cuánto necesita el mundo la vista y el testimonio claro de los creyentes.

Pensamiento 3. Lo más grandioso que hacen las lumbreras celestes es cumplir su función *consecuentemente*. Ningún hombre se preocupa por si ellas no logran cumplir su función. Si no la cumplieran, ¡imagínese la destrucción! Lo más grande que puede hacer un hombre es ser consecuente al cumplir su función en la tierra, dejar que brille su luz.

"Vosotros sois la luz del mundo; una ciudad asentada sobre un monte no se puede esconder. Ni se enciende una luz y se pone debajo de un almud, sino sobre el candelero, y alumbra a todos los que están en casa. Así alumbre vuestra luz delante de los hombres, para que vean vuestras buenas obras, y glorifiquen a vuestro Padre que está en los cielos" (Mt. 5:14-16).

Ahora bien, observe las palabras: "Y fue así" (v. 15). Lo que Dios dijo se hizo. Él le ordenó a la luz que se distribuyera sobre la tierra y sucedió. A su Palabra no se le puede hacer resistencia. Cuando Dios habló, la luz del sol llegó a la tierra de día y la luz de la luna y las estrellas llegó a la tierra de noche. La tierra recibió la luz que necesitaba para sustentar la vida.

Por favor observe: Las fuentes para las estadísticas sobre el sol son dos:

Funk and Wagnalls New Encyclopedia [Nueva Enciclopedia Funk y Wagnalls], vol. 24. USA: Funk y Wagnalls, Inc.: 1971; 1975; 1979; 1983.

William Orr. *How We May Know That God Is* [Cómo podemos saber que Dios existe]. Wheaton, IL: Van Kampen Press, s.f., p. 29.

2 (1:16-18) ***Creación — Astrología — Sol — Luna — Estrellas:*** Dios creó el sol, la luna y las estrellas, que proporcionan luz para la tierra. Nota: Estos versículos nos dicen de dónde provienen la luz que Dios distribuyó sobre la tierra. La luz provenía de tres fuentes...

=> una gran luz, que es el sol
=> una lumbrera menor, que es la luna
=> las estrellas

¿Por qué se menciona esto aquí, cuando ya se habían creado el sol, la luna, y las estrellas (v. 1), y cuando la luz ya se había difundido por el universo (v. 3)? Existen dos razones.

1. Es necesario enfatizar que Dios y solo Dios creó el sol, la luna y las estrellas. Existen solo porque Dios las creó. No son eternas; no siempre han existido. No surgieron...

- por casualidad
- al azar
- por alguna masa o energía impersonal que es eterna en el universo
- por leyes físicas que ya estaban en existencia

El sol, la luna y las estrellas fueron creados por Dios y solo Dios. Él mismo creó las leyes de la naturaleza que dieron lugar a construir y poner en movimiento los cuerpos celestes.

2. Es necesario enfatizar la razón por la que Dios creó el sol, la luna y las estrellas. Observe lo siguiente con detenimiento: Él creó los cuerpos celestes para dar luz sobre la tierra, para señorearse en el día y en la noche, para separar la luz de las tinieblas. ¿Por qué repetir esto de los versículos 14 y 15? ¿Por qué reafirmar esto? Por la tendencia del hombre a adorar y buscar su destino y porvenir en el sol, en la luna y en las estrellas. Los cuerpos celestes deben señorear en el día y en la noche, no en la vida del hombre. Dios nunca quiso que los cuerpos celestes señorearan en la vida del hombre. Él los creó solo para señorear en el día y la noche.

Pensamiento 1. La astrología y la adoración de los cuerpos celestes son falsas creencias y falsa adoración.

=> La persona que lee su destino y porvenir en los cuerpos celestes lo hace en vano.
=> La persona que se goza o haya tropiezo en lo que lee en las estrellas lo hace en vano.
=> La persona que adora el sol, la luna o las estrellas las adora en vano.

Los cuerpos celestes fueron creados por Dios solo para señorearse en el día y la noche, no en la vida de las personas. Solo hay un Dios que ha de enseñorearse en la vida de cada uno de nosotros, el propio Dios. Y hay solo dos personas que determinan nuestro destino y porvenir: Nosotros mismos y Dios.

"Te has fatigado en tus muchos consejos. Comparezcan ahora y te defiendan los contempladores de los cielos, los que observan las estrellas, los que cuentan los meses, para pronosticar lo que vendrá sobre ti. He aquí que serán como tamo; fuego los quemará, no salvarán sus vidas del poder de la llama; no quedará brasa para calentarse, ni lumbre a la cual se sienten. Así te serán aquellos con quienes te fatigaste, los que traficaron contigo desde tu juventud; cada uno irá por su camino, no habrá quien te salve" (Is. 47:13-15).

"Así dijo Jehová: No aprendáis el camino de las naciones, ni de las señales del cielo tengáis temor, aunque las naciones las teman" (Jer. 10:2).

"No os volváis a los encantadores ni a los adivinos; no los consultéis, contaminándoos con ellos. Yo Jehová vuestro Dios" (Lv. 19:31).

"Daniel respondió delante del rey, diciendo: El misterio que el rey demanda, ni sabios, ni astrólogos, ni magos ni adivinos lo pueden revelar al rey. Pero hay un Dios en los cielos, el cual revela los misterios, y él ha hecho saber al rey Nabucodonosor lo que ha de acontecer en los postreros días. He aquí tu sueño, y las visiones que has tenido en tu cama" (Dn. 2:27, 28).

"El rey gritó en alta voz que hiciesen venir magos, caldeos y adivinos; y dijo el rey a los sabios de Babilonia: Cualquiera que lea esta escritura y me muestre su interpretación, será vestido de púrpura, y un collar de oro llevará en su cuello, y será el tercer señor en el reino" (Dn. 5:7).

"Asimismo destruiré de tu mano las hechicerías, y no se hallarán en ti agoreros" (Mi. 5:12).

"Porque los terafines han dado vanos oráculos, y los adivinos han visto mentira, han hablado sueños vanos, y vano es su consuelo; por lo cual el pueblo vaga como ovejas, y sufre porque no tiene pastor" (Zac. 10:2).

"Pero los cobardes e incrédulos, los abominables y homicidas, los fornicarios y hechiceros, los idólatras y todos los mentirosos tendrán su parte en el lago que arde con fuego y azufre, que es la muerte segunda" (Ap. 21:8).

Pensamiento 2. El día y la noche son recordatorios de la necesidad de adoración diaria, de adoración tanto en la mañana como en la noche (Sal. 1:2). Como el sol se enseñorea en el día y la luna en la noche, el hombre debe enseñorearse en su adoración de Dios de día y de noche. Ninguna otra persona puede hacerlo por él y tampoco las estrellas de los cielos. Dios las dispuso para un propósito y solo un propósito:

- Para dar luz sobre la tierra.
- Enseñorearse en el día y la noche.

"Nunca se apartará de tu boca este libro de la ley, sino que *de día y de noche* meditarás en él, para que guardes y hagas conforme a todo lo que en él está escrito; porque entonces harás prosperar tu camino, y todo te saldrá bien" (Jos. 1:8).

"Sino que en la ley de Jehová está su delicia, y en su ley medita *de día y de noche*" (Sal. 1:2).

"Temblad, y no pequéis; meditad en vuestro corazón estando en vuestra cama, y callad" (Sal. 4:4).

"Sean gratos los dichos de mi boca y la meditación de mi corazón delante de ti, Oh Jehová, roca mía, y redentor mío" (Sal. 19:14).

"Cuando me acuerde de ti en mi lecho, cuando medite en ti en las vigilias de la noche" (Sal. 63:6).

"Dulce será mi meditación en él; yo me regocijaré en Jehová" (Sal. 104:34).

"En tus mandamientos meditaré; consideraré tus caminos" (Sal. 119:15).

"Alzaré asimismo mis manos a tus mandamientos que amé, Y meditaré en tus estatutos" (Sal. 119:48).

"Se anticiparon mis ojos a las vigilias de la noche, para meditar en tus mandatos" (Sal. 119:148).

"Me acordé de los días antiguos; meditaba en todas tus obras; reflexionaba en las obras de tus manos" (Sal. 143:5).

Pensamiento 3. Las lumbreras de los cielos se enseñorean en el día y la noche, no en el hombre. No son creadas para que se les adore, tampoco para determinar el destino y porvenir del hombre. Son creadas para mostrarle al hombre cuando descansar y cuando trabajar. ¡Cuánto se requiere del cumplimiento y consecuencia en la obra y testimonio del hombre! Cuando la noche se acerca ningún hombre puede trabajar.

"Todo lo que te viniere a la mano para hacer, hazlo según tus fuerzas; porque en el Seol, adonde vas, no hay obra, ni trabajo, ni ciencia, ni sabiduría" (Ec. 9:10).

"Me es necesario hacer las obras del que me envió, entre tanto que el día dura; la noche viene, cuando nadie puede trabajar" (Jn. 9:4).

"En lo que requiere diligencia, no perezosos; fervientes en espíritu, sirviendo al Señor" (Ro. 12:11).

"Así que, hermanos míos amados, estad firmes y constantes, creciendo en la obra del Señor siempre, sabiendo que vuestro trabajo en el Señor no es en vano" (1 Co. 15:58).

"Así que, según tengamos oportunidad, hagamos bien a todos, y mayormente a los de la familia de la fe" (Gá. 6:10).

"Por lo cual te aconsejo que avives el fuego del don de Dios que está en ti por la imposición de mis manos" (2 Ti. 1:6).

"Porque Dios no es injusto para olvidar vuestra obra y el trabajo de amor que habéis mostrado hacia su nombre, habiendo servido a los santos y sirviéndoles aún. Pero deseamos que cada uno de vosotros muestre la misma solicitud hasta el fin, para plena certeza de la esperanza, a fin de que no os hagáis perezosos, sino imitadores de aquellos que por la fe y la paciencia heredan las promesas" (He. 6:10-12).

"Por lo cual, hermanos, tanto más procurad hacer firme vuestra vocación y elección; porque haciendo estas cosas, no caeréis jamás" (2 P. 1:10).

3 (1:18-19) ***Luz — Creación:*** Dios vio que su creación era "buena", la luz en la tierra cumplía su función. (Vea la nota 2, Gn. 1:4 para un análisis.)

1 La Palabra de Dios creó las criaturas acuáticas y las criaturas del aire[EF1] 2 Dios creó toda criatura	**G. El quinto día: La creación de las criaturas acuáticas (peces, vida marina, reptiles) y las criaturas del aire (pájaros, aves, insectos y más), 1:20-23** 20 Dijo Dios: Produzcan las aguas seres vivientes, y aves que vuelen sobre la tierra, en la abierta expansión de los cielos. 21 Y creó Dios los grandes	monstruos marinos, y todo ser viviente que se mueve, que las aguas produjeron según su género, y toda ave alada según su especie. Y vio Dios que era bueno. 22 Y Dios los bendijo, diciendo: Fructificad y multiplicaos, y llenad las aguas en los mares, y multiplíquense las aves en la tierra. 23 Y fue la tarde y la mañana el día quinto.	acuática y toda criatura del aire, cada una "según su género" 3 Dios vio que su creación era "buena", cumplía su función 4 Dios bendijo las criaturas acuáticas y las criaturas del aire

DIVISIÓN I

CREACIÓN DE LOS CIELOS Y LA TIERRA, 1:1—2:3

G. El quinto día: La creación de las criaturas acuáticas (peces, vida marina, reptiles) y las criaturas del aire (pájaros, aves, insectos y más), 1:20-23

(1:20-23) ***Introducción — Aves — Peces — Criaturas acuáticas:*** Recuerde como estaba la tierra. Dios había puesto los cielos y la tierra en el espacio. Pero la primera imagen que recibimos de la tierra es la de una tierra que está desordenada y vacía. La tierra estaba incompleta, sin terminar y vacía. La tierra, toda la tierra, estaba cubierta de agua, por un imponente océano de aguas embravecidas y convulsas y de grandes olas que se levantaban de un lado a otro de la superficie de la tierra. Además, la tierra estaba cubierta de un velo de oscuridad total por una niebla densa y nubes espesas y pesadas que colgaban sobre las aguas embravecidas y convulsas. Pero Dios estaba listo para crear; ahora estaba listo para preparar la tierra para sustentar la vida. Por lo tanto, Dios lanzó *los siete grandes días de la creación*. Hasta ahora, hemos estudiado cuatro de los grandes días de la creación. Hasta ahora hemos visto a Dios:

- Crear la luz (Gn. 1:3-5).
- Crear la expansión (la atmósfera y espacio aéreo que está sobre la tierra) (Gn. 1:6-8).
- Crear las aguas (mares, lagos, ríos) y lo seco (continentes, islas) (Gn. 1:9-10).
- Crear la flora o la vegetación (Gn. 1:11-13).
- Crear y distribuir la luz en la tierra para regular el día, la noche, las estaciones y los años (Gn. 1:14-19).

Ahora bien, se lanza el quinto día de la creación. Este es un día muy significativo, porque ahora se va a crear la primera vida animal. Este es "El quinto día: La creación de las criaturas acuáticas y las criaturas del aire".

1. La Palabra de Dios creó las criaturas acuáticas y las criaturas del aire (v. 20).
2. Dios creó toda criatura acuática y toda criatura del aire, cada una "según su género" (v. 21).
3. Dios vio que su creación era "buena", cumplía su función (v. 21).
4. Dios bendijo las criaturas acuáticas y las criaturas del aire (vv. 22-23).

[1] (1:20) ***Peces — Aves — Creación:*** La Palabra de Dios creó las criaturas acuáticas y las criaturas del aire. Lo que Dios creaba ahora era totalmente diferente de todo el resto de la creación. La creación de la vida animal era distintiva y única. Esto se ve en tres elementos.

1. En hebreo este versículo dice: "Que las aguas se repleten de multitudes de seres vivientes [almas], y que las aves vuelen sobre la tierra en la abierta expansión de los cielos". Las aguas no produjeron los seres vivientes del mar ni del aire. El propio Dios creó los animales del mar y del aire. No había nada en las aguas, el aire o la tierra que pudiera crear o producir las criaturas del mar y del aire, no había…

• energía	• gas	• sustancia
• fuerza	• química	• elemento
• poder	• materia	• partícula

El propio Dios, su Palabra, el poder de su mandato, creó las criaturas del mar y del aire.

Pensamiento 1. La Palabra de Dios es poder, poder ilimitado. Fue la Palabra de Dios la que creó, la que tuvo el poder para crear las criaturas del agua y del aire. Las Escrituras declaran que la Palabra de Dios es poder ilimitado, que la Palabra de Dios puede hacer cualquier cosa.

=> La Palabra de Dios puede envolver en llamas el corazón más duro o de lo contrario puede golpearlo como un martillo hasta que se rompa y se rinda a Cristo.

> **"¿No es mi palabra como fuego, dice Jehová, y como martillo que quebranta la piedra?" (Jer. 23:29).**

=> El mensaje de Dios, el evangelio de Cristo, puede salvar a todo aquel que cree.

> **"Porque no me avergüenzo del evangelio, porque es poder de Dios para salvación a todo aquel que cree; al judío primeramente, y también al griego" (Ro. 1:16).**

=> La Palabra de Dios puede perforar como una espada, dividir en dos espíritu y alma, pensamientos y motivos.

> **"Porque la palabra de Dios es viva y eficaz, y más cortante que toda espada de dos filos; y penetra hasta**

partir el alma y el espíritu, las coyunturas y los tuétanos, y discierne los pensamientos y las intenciones del corazón" (He. 4:12).

=> La Palabra de Dios puede limpiar el camino de una persona.

"¿Con qué limpiará el joven su camino? Con guardar tu palabra" (Sal. 119:9).

"Ya vosotros estáis limpios por la palabra que os he hablado" (Jn. 15:3).

"Santifícalos en tu verdad; tu palabra es verdad" (Jn. 17:17).

2. La palabra "crear" (*bara*, v. 21) se usa por primera vez desde el versículo uno. En los primeros cuatro días de la creación, Dios usó material existente, algo que fue creado cuando Él creó los cielos y la tierra. Sencillamente Él tomó lo que Él ya había creado y lo reorganizó o reformó a fin de crear lo que deseara. Por ejemplo:

=> El primer día: Dios reorganizó o forzó la luz de los cuerpos celestes hacia la tierra. Él creó o hizo que la luz comenzara a penetrar las nubes y la niebla en la tierra.

=> El segundo día: Dios reorganizó la niebla y las nubes, hizo que se levantaran de la tierra y que flotaran en el espacio. Él creó la atmósfera o el espacio aéreo entre las nubes y la tierra.

=> El tercer día: Dios reformó las aguas y lo seco. Tanto el agua como la tierra (debajo del agua) ya existían, pero Él creó nuevos barrancos y depresiones para las aguas y creó los continentes y las islas al provocar una erupción mundial e imponente de la tierra que la lanzó hacia arriba.

=> El tercer día: Dios también formó la flora o la vegetación de la propia tierra. La tierra ya existía, pero Dios hizo que la tierra diera lugar a la flora.

=> El cuarto día: Dios tomó la luz que ya existía y la distribuyó sobre la tierra. Él hizo que la luz de los cuerpos celestes llegara a la tierra y rigiera sus días y noches, y sus estaciones y años.

Sucede lo siguiente: Todo lo creado hasta este momento era cuestión de que Dios tomara algo que Él ya había creado y se centrara en eso, lo reorganizara o lo reformara. Pero en este caso no, no con la creación de la vida animal. Las criaturas acuáticas y del aire debían ser diferentes, distintivas y únicas, de tal manera que era necesario un acto creativo especial de Dios. Era necesaria la "*creación bara*" de Dios.

=> La palabra hebrea "*bara*" significa la creación de algo nuevo, completamente nuevo. Es la creación de algo *de la nada*. No se usa material, materia, ni sustancia de ningún tipo, nada en lo absoluto. La Palabra de Dios y el mandato solamente crearon la vida animal. Él creó las criaturas acuáticas y del aire *de la nada*.

Según se ha señalado, esta es la primera vez que se usa la palabra hebrea "*bara*" (crear) desde que Dios creó (*bara*) los cielos y la tierra (v. 1). Definitivamente esto demuestra que la creación de las criaturas acuáticas y del aire fue diferente de toda la creación anterior.

Pensamiento 1. Dios puede hacer cualquier cosa. Su poder es ilimitado. Él puede crear vida *de la nada*, por el puro poder de su Palabra.

"Yo conozco que todo lo puedes, y que no hay pensamiento que se esconda de ti" (Job 42:2).

"Nuestro Dios está en los cielos; todo lo que quiso ha hecho" (Sal. 115:3).

"Aun antes que hubiera día, yo era; y no hay quien de mi mano libre. Lo que hago yo, ¿quién lo estorbará?" (Is. 43:13).

"Y mirándolos Jesús, les dijo: Para los hombres esto es imposible; mas para Dios todo es posible" (Mt. 19:26).

"porque nada hay imposible para Dios" (Lc. 1:37).

"Y a Aquel que es poderoso para hacer todas las cosas mucho más abundantemente de lo que pedimos o entendemos, según el poder que actúa en nosotros" (Ef. 3:20).

3. El término hebreo "ser viviente" significa *almas vivas*. (Vea el *Estudio a fondo 1*, Gn. 1:20 para un análisis.)

Pensamiento 1. Dios es el Dios del progreso y la perfección. Él quiere seguir adelante y en ascenso. Por eso, se movió hacia adelante y creó una forma superior de existencia, la de las criaturas acuáticas y del aire.

Hay una lección en el movimiento progresivo de Dios. Dentro de la creación, los creyentes siempre debemos ascender e ir adelante, aprendiendo a crecer cada vez más en Cristo. Los creyentes debemos andar día tras día aprendiendo todo cuanto podamos acerca de Cristo. Los creyentes debemos madurar en Cristo hasta que alcancemos la forma de vida superior, la de ser perfeccionado en Cristo Jesús. (Nota: Muy pocos van adelante y crecen.)

"Irán de poder en poder; verán a Dios en Sion" (Sal. 84:7).

"Mas la senda de los justos es como la luz de la aurora, que va en aumento hasta que el día es perfecto" (Pr. 4:18).

"Y ahora, hermanos, os encomiendo a Dios, y a la palabra de su gracia, que tiene poder para sobreedificaros y daros herencia con todos los santificados" (Hch. 20:32).

"De manera que yo, hermanos, no pude hablaros como a espirituales, sino como a carnales, como a niños en Cristo. Os di a beber leche, y no vianda; porque aún no erais capaces, ni sois capaces todavía" (1 Co. 3:1, 2).

"para que ya no seamos niños fluctuantes, llevados por doquiera de todo viento de doctrina, por estratagema de hombres que para engañar emplean con astucia las artimañas del error, sino que siguiendo la verdad en amor, crezcamos en todo en aquel que es la cabeza, esto es, Cristo" (Ef. 4:14, 15).

"Por tanto, de la manera que habéis recibido al Señor Jesucristo, andad en él" (Col. 2:6).

"Ocúpate en estas cosas; permanece en ellas, para que tu aprovechamiento sea manifiesto a todos" (1 Ti. 4:15).

"Porque debiendo ser ya maestros, después de tanto tiempo, tenéis necesidad de que se os vuelva a

enseñar cuáles son los primeros rudimentos de las palabras de Dios; y habéis llegado a ser tales que tenéis necesidad de leche, y no de alimento sólido" (He. 5:12).

"Por tanto, dejando ya los rudimentos de la doctrina de Cristo, vamos adelante a la perfección; no echando otra vez el fundamento del arrepentimiento de obras muertas, de la fe en Dios" (He. 6:1).

"desead, como niños recién nacidos, la leche espiritual no adulterada, para que por ella crezcáis para salvación" (1 P. 2:2).

"vosotros también, poniendo toda diligencia por esto mismo, añadid a vuestra fe virtud; a la virtud, conocimiento" (2 P. 1:5).

"Antes bien, creced en la gracia y el conocimiento de nuestro Señor y Salvador Jesucristo. A él sea gloria ahora y hasta el día de la eternidad. Amén" (2 P. 3:18).

"El que dice que permanece en él, debe andar como él anduvo" (1 Jn. 2:6).

ESTUDIO A FONDO 1

(1:20) ***Alma (nephesh):*** El hebreo dice: "Que las aguas se repleten de multitudes de 'almas vivas'". Esta es la primera vez que se usa la palabra "*alma*" en las Escrituras. Este elemento indica que lo que se estaba creando ahora era diferente y distinto del resto de la creación.

El *alma* es el aliento, la vida, la conciencia y la animación de los animales. El alma es la esencia y el ser de los animales. Los animales son *seres con alma,* criaturas que respiran, poseen vida conciente y son animados. Esto es lo que distingue a los animales de la vegetación. El mundo de la vegetación vive y los animales viven, pero hay una diferencia en su vida. Los animales son...

- seres que respiran
- seres concientes
- seres animados

La esencia de su existencia es el *aliento, la consciencia y la animación.* Los animales son *"almas vivas"* (*nephesh*) "vivientes" (Gn. 1:20). Sucede lo siguiente: lo que se estaba creando ahora era diferente de la vegetación que Dios había acabado de crear. Lo que se estaba creando en ese momento eran "almas vivas", *seres con almas.* Las "almas vivas" eran animales: Las criaturas acuáticas y del aire que respiran, tienen consciencia y viven al ser animadas y moverse de un lado a otro.

[2] (1:21) ***Peces —Aves — Creación:*** Dios creó toda criatura acuática y toda criatura del aire, cada uno "según su género". ¿Por qué se repite el acto creativo de Dios? Para enfatizar que Dios y solo Dios creó todo ser viviente en las aguas y el aire de la tierra. Note las criaturas mencionadas.

=> Los grandes monstruos marinos o grandes criaturas (*tanninim*): La palabra hebrea significa realmente las grandes criaturas de los mares y las aguas. Esto comprendería a las ballenas, los cocodrilos, los tiburones y otras criaturas grandes.

=> Todo ser viviente que se mueve en el agua: Esto comprendería a todos los peces pequeños y todas las criaturas de las aguas que se arrastran como es el cangrejo, la langosta y el camarón.

=> Toda ave alada: Esto comprendería a todos los seres vivientes que tienen alas como los pájaros, los pollos, los avestruces y los insectos.

No hay una criatura del agua o del aire que Dios no creara. Todo lo que conforma a un animal, las sustancias químicas, las moléculas, las células, el ADN, la sustancia, cualquiera que sea el elemento básico, cualquiera que sea la materia y energía brutas de la vida animal, Dios la creó. Dios creó la sustancia bruta de la vida. Él creó las criaturas acuáticas y del aire de la tierra. Y observe: Este versículo declara enfáticamente que Dios creó a *cada uno* de ellos. Él es la Fuente, el Origen, detrás de todas las criaturas acuáticas y del aire. Él es el Creador de todos los seres vivientes tanto del agua como del aire.

Ahora bien, note otro elemento: Dios creó a cada criatura "según su género". Esto quiere decir que todas las criaturas acuáticas y las criaturas del aire tienen el poder para reproducirse. Toda la vida animal cuenta con un medio:

- Para perpetuar su especie, su género de vida animal.
- Para producir el mismo género de vida animal, el mismo género de vida del progenitor.
- Para propagar su propia especie.

Pensamiento 1. Piense nada más en todas las aves y peces hermosos de la tierra, toda la variedad y belleza de las criaturas acuáticas y del aire. Dios es un Dios de belleza y variedad.

Piense en otro elemento también: Cuánta compañía nos proporcionan las criaturas del mar y del aire. Piense nada más:

- Cuán vacíos estarían las aguas y el aire sin ningún tipo de vida.
- Cuán vacía estaría la tierra sin peces ni aves.

Dios es digno de alabanza por darnos la compañía, toda la variedad y la belleza, de las criaturas acuáticas y del aire. Deberíamos agradecer y alabar constantemente a Dios por su gloriosa creación de la vida animal.

"Las aves de los cielos y los peces del mar; todo cuanto pasa por los senderos del mar. ¡Oh Jehová, Señor nuestro, cuán grande es tu nombre en toda la tierra!" (Sal. 8:8, 9).

"¡Cuán innumerables son tus obras, oh Jehová! Hiciste todas ellas con sabiduría; la tierra está llena de tus beneficios. He allí el grande y anchuroso mar, en donde se mueven seres innumerables, seres pequeños y grandes" (Sal. 104:24, 25).

Pensamiento 2. Dios es el Dios del orden y la inteligencia suprema. Él crea abundancia de las criaturas acuáticas y del aire, especie tras especie. Y crea cada una "según su género", con la capacidad de reproducirse por sí sola. Dios pensó, planeó, dispuso y actuó, todo con inteligencia suprema.

Cuánto más el hombre debe ser una persona de orden e inteligencia: Pensar, planear, disponer y actuar. El hombre debe ordenar sus pasos y su vida según Dios, para vivir como Dios manda.

"Ordena mis pasos con tu palabra, y ninguna

iniquidad se enseñoree de mí" (Sal. 119:133).

"Digo, pues: Andad en el Espíritu, y no satisfagáis los deseos de la carne" (Gá. 5:16).

"Yo pues, preso en el Señor, os ruego que andéis como es digno de la vocación con que fuisteis llamados" (Ef. 4:1).

"Mirad, pues, con diligencia cómo andéis, no como necios sino como sabios" (Ef. 5:15).

"Por tanto, de la manera que habéis recibido al Señor Jesucristo, andad en él" (Col. 2:6).

"pero si andamos en luz, como él está en luz, tenemos comunión unos con otros, y la sangre de Jesucristo su Hijo nos limpia de todo pecado" (1 Jn. 1:7).

"El que dice que permanece en él, debe andar como él anduvo" (1 Jn. 2:6).

[3] (1:21) ***Peces — Aves — Creación:*** Dios vio que su creación era buena, las criaturas acuáticas y del aire cumplían su función y propósito. Una vez más, la palabra "buena" quiere decir que las criaturas del mar y del aire de la tierra eran valiosas: Tenían un propósito específico para ser creadas. Hay al menos cuatro *razones principales* de por qué Dios creó las criaturas del mar y del aire:

=> Para poblar y dar vida a su creación, a las aguas y al cielo de la tierra.

=> Para ayudar a perpetuar la reproducción de la cadena alimenticia.

=> Para dar variedad y belleza al agua y el cielo de la tierra; para demostrar su gloriosa obra.

=> Para proporcionarle compañía al hombre.

La importancia de estos propósitos se ve claramente cuando nos imaginamos una tierra sin peces ni aves. Imagínese nada más cuán vacíos estarían los océanos, los lagos y los ríos sin peces, sin ningún tipo de vida en lo absoluto. Cuán vacía estaría la tierra sin aves, sin ave alada de tipo alguno. Qué vacío llenaría las aguas (océanos, lagos y ríos) y el cielo de la tierra.

Pensamiento 1. Dios es el Dios de la variedad, la diversidad y la belleza. Género tras género, especie tras especie, clase tras clase se crearon, una infinita variedad y diversidad, cada una con su propia belleza y propósito. Con qué claridad el hombre podría ver el poder de Dios en la creación si tan solo se detuviera a contemplarlo. ¡Con qué frecuencia Dios espera que se le reconozca y se le alabe en la creación!

"Tú solo eres Jehová; tú hiciste los cielos, y los cielos de los cielos, con todo su ejército, la tierra y todo lo que está en ella, los mares y todo lo que hay en ellos; y tú vivificas todas estas cosas, y los ejércitos de los cielos te adoran" (Neh. 9:6).

"Y en efecto, pregunta ahora a las bestias, y ellas te enseñarán; a las aves de los cielos, y ellas te lo mostrarán; o habla a la tierra, y ella te enseñará; los peces del mar te lo declararán también.¿Qué cosa de todas estas no entiende que la mano de Jehová la hizo? En su mano está el alma de todo viviente, y el hálito de todo el género humano" (Job 12:7-10).

"Las aves de los cielos y los peces del mar; todo cuanto pasa por los senderos del mar" (Sal. 8:8).

"Todo lo hizo hermoso en su tiempo; y ha puesto eternidad en el corazón de ellos, sin que alcance el hombre a entender la obra que ha hecho Dios desde el principio hasta el fin" (Ec. 3:11).

"y diciendo: Varones, ¿por qué hacéis esto? Nosotros también somos hombres semejantes a vosotros, que os anunciamos que de estas vanidades os convirtáis al Dios vivo, que hizo el cielo y la tierra, el mar, y todo lo que en ellos hay" (Hch. 14:15).

[4] (1:22-23) ***Peces — Aves — Creación:*** Dios bendijo las criaturas acuáticas y del aire. ¿Cuál es la bendición?

Primero, está la bendición y privilegio de la vida. El privilegio de ser criaturas animadas y con alma. El privilegio de vivir en la tierra, una tierra llena de variedad, belleza y provisión. (Recuerde: La tierra no estaba corrupta hasta después de la caída del hombre.)

"Dijo Dios: Produzcan las aguas seres vivientes, y aves que vuelen sobre la tierra, en la abierta expansión de los cielos" (Gn. 1:20).

Segundo, está la bendición y el privilegio de la reproducción, de fructificar y multiplicarse, de poblar las aguas y el aire, de perpetuar su especie en particular. Nota: El poder para reproducirse se infunde en la naturaleza misma de la criatura. Las propias criaturas, los peces y las aves, las criaturas acuáticas y del aire, tienen el poder para reproducirse y perpetuar sus especies. Pero observe el elemento crucial: Dios colocó el poder de la reproducción en el animal. El poder de la reproducción fue creado por Dios. Dios mandó a las criaturas del agua y del aire a reproducirse.

Pensamiento 1. Dios es el Dios de la vida. Él quiere que la vida continúe, que fructifique y se multiplique y Él ha tomado medidas en previsión de la reproducción. El hombre debe honrar a Dios y su voluntad: Debe adorar a Dios y respetar y preservar la vida.

"Y en efecto, pregunta ahora a las bestias, y ellas te enseñarán; a las aves de los cielos, y ellas te lo mostrarán; O habla a la tierra, y ella te enseñará; los peces del mar te lo declararán también. ¿Qué cosa de todas estas no entiende que la mano de Jehová la hizo? En su mano está el alma de todo viviente, y el hálito de todo el género humano" (Job 12:7-10).

"He entendido que todo lo que Dios hace será perpetuo; sobre aquello no se añadirá, ni de ello se disminuirá; y lo hace Dios, para que delante de él teman los hombres" (Ec. 3:14).

Pensamiento 2. Dios es el Dios de la vida y la esperanza. Se acerca el día en que dejen de existir el dolor y la muerte. El animal no se alimentará más de animal. Ni el hombre ni el animal será salvaje ni le arrebatará la vida a otra criatura: Toda la vida vivirá junta en paz. Ese día no habrá lucha, ni matanzas, ni asaltos, ni muertes, ni guerras. La tierra será recreada y perfeccionada. Todas las criaturas vivirán en un perfecto estado de existencia, como era antes de que el pecado y el mal corrompieran la tierra.

"Morará el lobo con el cordero, y el leopardo con el cabrito se acostará; el becerro y el león y la bestia doméstica andarán juntos, y un niño los pastoreará. La

vaca y la osa pacerán, sus crías se echarán juntas; y el león como el buey comerá paja. Y el niño de pecho jugará sobre la cueva del áspid, y el recién destetado extenderá su mano sobre la caverna de la víbora. No harán mal ni dañarán en todo mi santo monte; porque la tierra será llena del conocimiento de Jehová, como las aguas cubren el mar" (Is. 11:6-9).

"porque también la creación misma será libertada de la esclavitud de corrupción, a la libertad gloriosa de los hijos de Dios. Porque sabemos que toda la creación gime a una, y a una está con dolores de parto hasta ahora" (Ro. 8:21, 22).

"Pero el día del Señor vendrá como ladrón en la noche; en el cual los cielos pasarán con grande estruendo, y los elementos ardiendo serán deshechos, y la tierra y las obras que en ella hay serán quemadas. Puesto que todas estas cosas han de ser deshechas, ¡cómo no debéis vosotros andar en santa y piadosa manera de vivir, esperando y apresurándoos para la venida del día de Dios, en el cual los cielos, encendiéndose, serán deshechos, y los elementos, siendo quemados, se fundirán! Pero nosotros esperamos, según sus promesas, ***cielos nuevos y tierra nueva,*** **en los cuales mora la justicia. Por lo cual, oh amados, estando en espera de estas cosas, procurad con diligencia ser hallados por él sin mancha e irreprensibles, en paz" (2 P. 3:10-14).**

"Vi un cielo nuevo y una tierra nueva; porque el primer cielo y la primera tierra pasaron, y el mar ya no existía más... Enjugará Dios toda lágrima de los ojos de ellos; y ya no habrá muerte, ni habrá más llanto, ni clamor, ni dolor; porque las primeras cosas pasaron. Y el que estaba sentado en el trono dijo: He aquí, yo hago nuevas todas las cosas. Y me dijo: Escribe; porque estas palabras son fieles y verdaderas. Y me dijo: Hecho está. Yo soy el Alfa y la Omega, el principio y el fin. Al que tuviere sed, yo le daré gratuitamente de la fuente del agua de la vida. El que venciere heredará todas las cosas, y yo seré su Dios, y él será mi hijo" (Ap. 21:1, 4-7).

1 La Palabra de Dios creó los animales terrestres	**H. El sexto día (parte 1): La creación de los animales terrestres, 1:24-25** 24 Luego dijo Dios: Produzca la tierra seres vivientes según su género, bestias y serpientes y animales de la tierra según su especie. Y fue así.	25 E hizo Dios animales de la tierra según su género, y ganado según su género, y todo animal que se arrastra sobre la tierra según su especie. Y vio Dios que era bueno.	**2 Dios creó a los animales terrestres, cada uno según su género** **3 Dios vio que su creación era "buena", cumplía su función**

DIVISIÓN I

CREACIÓN DE LOS CIELOS Y LA TIERRA, 1:1—2:3

H. El sexto día (parte 1): La creación de los animales terrestres, 1:24-25

(1:24-25) ***Introducción:*** Recuerde como estaba la tierra prehistórica. Era una tierra primigenia: Toda la tierra estaba cubierta por un velo de oscuridad total y estaba cubierta de agua, por las olas embravecidas y convulsas de un imponente océano. También había un vapor espeso, una niebla densa y nubes espesas, flotando sobre la tierra, al parecer de unos cientos de pies de grosor, tan gruesa que bloqueaba toda la luz del sol. La tierra primigenia esta puesta en el espacio si terminar e incompleta, vacía e infructífera. Pero Dios comenzó a moverse. Dios comenzó a crear exactamente lo que se necesitaba para sustentar la vida en la tierra.

=> Dios creó la luz (Gn. 1:3-5).
=> Dios creó la expansión (la atmósfera y espacio aéreo que estaba sobre la tierra) (Gn. 1:6-8).
=> Dios creó las aguas (mares, lagos, ríos) y lo seco (continentes e islas) (Gn. 1:9-10).
=> Dios creó la flora o vegetación (Gn. 1:11-13).
=> Dios creó y distribuyó las lumbreras sobre la tierra para regular el día y la noche, las estaciones y los años (Gn. 1:14-19).
=> Dios creó los animales acuáticos y los animales del aire (Gn. 1:20-23).

Ahora bien, llegamos al sexto día de la creación, al día más importante de todos, con mucho el día más importante. ¿Por qué? Porque ahora Dios crea tanto los animales terrestres como el hombre. El hombre va a ser la cumbre de la creación de Dios. Cuando el hombre esté creado, Dios no creará nada más. Pero el hombre no es creado hasta la segunda mitad del día. Antes del hombre, la tierra debe estar llena y poblada con los animales terrestres. Este es el tema que se analiza ahora: "El sexto día (parte 1): La creación de los animales terrestres".

1. La Palabra de Dios creó los animales terrestres (v. 24).
2. Dios creó a los animales terrestres, cada uno según su género (v. 25).
3. Dios vio que su creación era "buena", cumplía su función (v. 25).

1 (1:24) ***Animales — Creación:*** La Palabra de Dios creó los animales terrestres. Observe cinco elementos importantes:

1. Los animales fueron creados a partir de la tierra: "Dijo Dios: 'Produzca la tierra seres vivientes'" (v. 24). Fue la tierra la que produjo los animales: A la tierra se le ordenó producir los animales, se lo ordenó Dios. La palabra "produzca" (*totse*) significa fabricar, hacer que exista. ¿Qué se entiende por estas palabras? Deben tenerse en cuenta tres elementos.
   a. Dios no dijo cómo Él iba a usar la tierra en la creación de los animales, no en este pasaje. En este pasaje específico, las Escrituras no dicen cómo la tierra produjo la vida animal. Todo cuanto dijo Dios fue: "Produzca la tierra seres vivientes" (v. 24). Pero note el punto siguiente.
   b. Las Escrituras son bien claras: "hizo Dios [animales] de la tierra" (v. 25. Cp. pt. 5 debajo). Todas las teorías que apuntan a que los animales provengan de alguna otra fuente que no sea Dios son totalmente erróneas. Las Sagradas Escrituras declaran en términos para nada inciertos: "hizo Dios [animales] de la tierra" (v. 24).
   c. Las Escrituras son claras en cuanto a cómo la tierra desempeñó un papel importante en la creación del hombre. El hombre fue creado *de la tierra*.

"Entonces Jehová Dios formó al hombre del polvo de la tierra" (Gn. 2:7).

Lo que se quiere decir con ser formado se plantea clara e inequívocamente: "de ella [la tierra] fuiste tomado; pues polvo eres, y al polvo volverás" (Gn. 3:10). La tierra fue la sustancia, el material, los elementos, las partículas que Dios usó en la creación del hombre.

Sucede lo siguiente: Así es como la tierra sirvió a Dios en la creación de los animales terrestres. Los animales de la tierra fueron creados *de la tierra*. La tierra fue la sustancia y el material, los elementos y las partículas que Dios usó para formar y crear los animales. De hecho, las Escrituras plantean claramente lo siguiente:

"Jehová Dios formó, pues, *de la tierra* toda bestia del campo" (Gn. 2:19).

Pensamiento 1. La tierra sirvió a Dios. Dios le dijo a la tierra que "produzca" vida animal, y la tierra lo hizo. La tierra le desempeñó una misión muy, muy especial a Dios, por medio del nombramiento de Dios. Cuánto más debe servir el hombre a Dios. La misión del hombre es servir a Dios mientras esté en esta tierra. Las Escrituras son claras al respecto.

> **"Mas a Jehová vuestro Dios serviréis, y él bendecirá tu pan y tus aguas; y yo quitaré toda enfermedad de en medio de ti" (Éx. 23:25).**
>
> **"Ahora, pues, Israel, ¿qué pide Jehová tu Dios de ti, sino que temas a Jehová tu Dios, que andes en todos sus caminos, y que lo ames, y sirvas a Jehová tu Dios con todo tu corazón y con toda tu alma" (Dt. 10:12).**
>
> **"Sesrvid a Jehová con temor, y alegraos con temblor" (Sal. 2:11).**
>
> **"Así que, recibiendo nosotros un reino inconmovible, tengamos gratitud, y mediante ella sirvamos a Dios agradándole con temor y reverencia" (He. 12:28).**

2. Los animales fueron creados como almas vivas, como criaturas con alma. Observe lo que se creó: "Seres vivientes". El equivalente hebreo de criatura (*nephesh*) es alma. Dios creó "almas vivas". *Los animales son "almas vivas"* (vea el *Estudio a fondo 1, alma,* Gn. 1:20 para un análisis).

3. Los animales fueron creados en tres clases.

=> Bestias (*behemah*): Los animales domésticos; animales que se pueden domar y usarse en el servicio del hombre como son las reses, los bueyes, los camellos, los caballos, los perros, las ovejas y los asnos.

=> Serpientes (*remes*): Los animales pequeños que se deslizan sobre su barriga o que andan arrastrándose con patas pequeñas. Las serpientes comprenderían animales como las serpientes, los gusanos, las hormigas y los insectos.

=> Animales de la tierra (*chayyah haarets*): Los animales salvajes, los animales temerarios y sin domar como leones, osos, lobos y elefantes.

Pensamiento 1. Dios es un Dios de sabiduría. Dios agrupó los animales en las tres clases en las que los hombres naturalmente piensan en ellos. Imagínese nada más el número, la belleza y la variedad de animales. Su número, géneros, formas, naturaleza y belleza todos hablan de la gloria de Dios.

> **"Tú solo eres Jehová; tú hiciste los cielos, y los cielos de los cielos, con todo su ejército, la tierra y todo lo que está en ella, los mares *y todo lo que hay en ellos;* y tú vivificas todas estas cosas, y los ejércitos de los cielos te adoran" (Neh. 9:6).**
>
> **"Y ellos, habiéndolo oído, alzaron unánimes la voz a Dios, y dijeron: Soberano Señor, tú eres el Dios que hiciste el cielo y la tierra, el mar *y todo lo que en ellos hay*" (Hch. 4:24).**

4. Los animales fueron creados con el poder de reproducirse "según su género". Esto quiere decir que todos los animales terrestres tienen algún medio:

- Para perpetuar su especie, su género de vida animal.
- Para producir el mismo género de vida animal, el mismo género de vida que los progenitores.
- Para propagar su propia especie.

5. Los animales fueron creados por la Palabra de Dios, por el poder de su Palabra. Note las palabras: "Y fue así". Cuando Dios le habló a la tierra, la tierra produjo vida animal. Lo que dijo Dios se hizo. Lo que Él ordenó se llevó a cabo. Cuando hubo hablado, nada podía detener la creación de la vida animal.

> **"Las obras de sus manos son verdad y juicio; fieles son todos sus mandamientos" (Sal. 111:7).**
>
> **"Nuestro Dios está en los cielos; todo lo que quiso ha hecho" (Sal. 115:3).**
>
> **"Para siempre, oh Jehová, permanece tu palabra en los cielos" (Sal. 119:89).**
>
> **"porque nada hay imposible para Dios" (Lc. 1:37).**

[2] (1:25) ***Animales — Creación:*** Dios creó a los animales terrestres, cada uno según su género. ¿Por qué las Escrituras declaran nuevamente a Dios como la fuente de la vida animal? ¿Por qué se repite y enfatiza tanto el origen de los animales? Hay al menos dos razones:

1. Es necesario enfatizar que Dios y solo Dios creó los animales de la tierra. La vida animal no ocurrió por casualidad. La sustancia básica de la vida animal no provino *de la nada*, ni las células de los animales, ni el ADN de los animales, ni el hidrógeno de los animales, ni las moléculas de los animales. Cualquiera que sea el elemento básico de la vida animal, lo que sea que el hombre aún esté por descubrir como la sustancia básica de la vida, cualquiera que sea la materia prima y energía de la vida, esa sustancia básica no empezó a formar y moldear la vida animal así como así. La vida animal no ocurrió...

- por casualidad
- aleatoriamente
- por alguna fuerza o energía impersonal que juntara las células básicas y el ADN para formar la vida animal
- por algunas leyes físicas que ya estaban en existencia y que comenzaron a formar la vida animal así como así

La vida animal fue creada por Dios y solo por Dios. Cualesquiera que sean las sustancias básicas que componen la vida animal, cualesquiera que sean las leyes y fuerzas brutas que ocasionan la vida animal, fueron todas creadas y puestas en funcionamiento por Dios. Dios y solo Dios, por el poder de su Palabra omnipotente, creó la vida animal. Dios y solo Dios ordenó a la tierra producir la vida animal.

2. Es necesario enfatizar que Dios creó los animales según "*su propio género*" y solo según "su propio género". Observe cómo se plantea esto claramente después de cada una de las tres clases de animales. E hizo Dios:

- Los animales salvajes "según su género".
- Los animales domésticos "según su género".
- Los animales que se arrastran "según su género".

¿Qué quiere decir esto? Quiere decir que Dios les dio a los animales el poder para reproducir *su propio género*. Toda la vida animal tiene algún medio:

- Para perpetuar su especie, su género de vida animal.
- Para producir el mismo género de vida animal, el mismo género de vida que los progenitores.
- Para propagar su propia especie.

¿Quiere decir esto también que las especies solo pueden reproducirse dentro de su propia especie? ¿Que la teoría de la evolución está errada? ¿Que no ha habido entrecruzamiento ni transmutación de especies? Hasta la actualidad, el registro fósil de la tierra no ha revelado ningún entrecruzamiento o transmutación de una especie con otra especie. El registro fósil ha demostrado el desarrollo y adaptación entre algunos animales dentro de las especies, pero no ha habido descubrimiento alguno que demuestre el desarrollo de una especie a otra especie. De hecho, lo que sucede es todo lo contrario. Durante décadas y décadas se han estudiado los restos fósiles con la tecnología científica más desarrollada disponible, pero nunca se ha encontrado entrecruzamiento de especies de ningún tipo. Nunca ha habido un desarrollo gradual ni una transición lenta de una especie a otra. (Tenga presente que se ha hallado desarrollo y adaptación dentro de las especies o ciertos grupos de animales, pero no entrecruzamientos ni transmutaciones.) Lo que se ha encontrado es la aparición repentina de principales grupos de animales, no un desarrollo gradual ni entrecruzamientos. Entre los principales grupos o especies no existe más que brechas y eslabones perdidos, cientos de ellos. ¿Se encontrarán alguna vez los eslabones perdidos? ¿El registro fósil o cualquier otro descubrimiento arrojará suficiente evidencia de entrecruzamientos, de desarrollo gradual, entre especies y principales grupos de animales? Hay tres elementos que apuntan fuertemente contra esto.

=> Cien años de investigación no han sido capaces de hallar evidencia significativa del desarrollo gradual entre los principales grupos de animales. No hay evidencia de entrecruzamiento entre especies de animales. Como ya se ha preguntado, ¿la investigación fósil arrojará tal evidencia? ¿Cómo va hacer algo así, cuando lleva más de cien años investigando? Ya se habría descubierto evidencia significativa de los entrecruzamientos. Pero siguen existiendo los eslabones perdidos y las brechas.

=> El estudio de la vida realizado por la astrofísica y la bioquímica demuestra que la probabilidad de la evolución es casi cero, de no ser cero. Según el estudio objetivo y franco de la ciencia, parece imposible que la vida pueda haber surgido de gases, protones, neutrones y electrones apareciendo *de la nada* y desarrollándose en una sola célula y luego seguir desarrollándose en la forma compleja del hombre. Los hechos apuntan a cada especie reproduciendo su propia especie.

=> Las Sagradas Escrituras declaran que Dios hizo y dio forma a los animales "según su género". Cada especie, cada grupo principal, fue creado para reproducir solo *su propio género*.

(Nota: James Montgomery Boice tiene un análisis excelente acerca de los varios criterios de la creación, incluso el criterio de la evolución. Vea su libro: *Génesis*: *Un comentario expositivo*, vol. 1, pp. 37-38).

"Porque las cosas invisibles de él, su eterno poder y deidad, se hacen claramente visibles desde la creación del mundo, siendo entendidas por medio de las cosas hechas, de modo que no tienen excusa. Pues habiendo conocido a Dios, no le glorificaron como a Dios, ni le dieron gracias, sino que se envanecieron en sus razonamientos, y su necio corazón fue entenebrecido. Profesando ser sabios, se hicieron necios, y cambiaron la gloria del Dios incorruptible en semejanza de imagen de hombre corruptible, de aves, de cuadrúpedos y de reptiles" (Ro. 1:20-23).

"Todas las cosas por él fueron hechas, y sin él nada de lo que ha sido hecho, fue hecho" (Jn. 1:3).

"y de aclarar a todos cuál sea la dispensación del misterio escondido desde los siglos en Dios, que creó todas las cosas" (Ef. 3:9).

"Porque en él fueron creadas todas las cosas, las que hay en los cielos y las que hay en la tierra, visibles e invisibles; sean tronos, sean dominios, sean principados, sean potestades; todo fue creado por medio de él y para él. Y él es antes de todas las cosas, y todas las cosas en él subsisten" (Col. 1:16, 17).

"Señor, digno eres de recibir la gloria y la honra y el poder; porque tú creaste todas las cosas, y por tu voluntad existen y fueron creadas" (Ap. 4:11).

Pensamiento 1. Dios le dio a los animales un parentesco con la tierra. Él creó los animales de la tierra (vea la nota, Gn. 1:24). Como criaturas de Dios y de la tierra de Dios, el hombre está obligado a cuidar de los animales, incluso como el propio Dios los cuidaría.

Pensamiento 2. El creyente ahora ve una gran verdad confirmada en la creación de los animales terrestres: Dios es definitivamente un Dios de orden (evolución y perfección) y un Dios de bondad, de participación personal. El hecho de que Dios creó en sentido ascendente, avanzó, haciendo una forma superior de creación ya queda claro (vea la nota, Gn. 1:20-23). La creación de seres con almas se mueve no solo de una forma a otra, paso a paso, sino que la creación de la vida se mueve en sentido ascendente hacia un orden superior de la existencia (vea la nota y *Estudio a fondo 1*, Gn. 1:20; nota 3, 1:25). Y el propio Dios participa de modo activo en cada movimiento. ¡Imagínese nada más todas las formas de vida de la tierra solamente, la cifra innumerable y el complicado detalle de cada una y de todas combinadas! ¡Cuán infinito es Dios, el Dios de orden (evolución y perfección) y el Dios de bondad, de participación personal!

El creyente hace reverencia, incapaz de comprender a Dios; confía a Dios y adora sumisamente a Dios.

"Señor, digno eres de recibir la gloria y la honra y el poder; porque tú creaste todas las cosas, y por tu voluntad existen y fueron creadas" (Ap. 4:11).

"diciendo a gran voz: Temed a Dios, y dadle gloria, porque la hora de su juicio ha llegado; y adorad a aquel que hizo el cielo y la tierra, el mar y las fuentes de las aguas" (Ap. 14:7).

"porque se me ha abierto puerta grande y eficaz, y muchos son los adversarios" (1 Cr. 16:9).

"Dad a Jehová la gloria debida a su nombre; adorad a Jehová en la hermosura de la santidad" (Sal. 29:2).

"Venid, adoremos y postrémonos; arrodillémonos delante de Jehová nuestro Hacedor" (Sal. 95:6).

"Adorad a Jehová en la hermosura de la santidad; temed delante de él, toda la tierra" (Sal. 96:9).

[3] (1:25) ***Animales — Creación:*** Dios vio que su creación era buena, los animales de la tierra cumplían su función. La palabra "buena" quiere decir que los animales terrestres de la tierra eran valiosos: Tenían una razón específica para ser creados. Hay al menos cuatro *razones principales* de por qué Dios creó los animales terrestres:

=> Para poblar y darle vida a su creación, a la tierra.
=> Para ayudar a perpetuar la reproducción de la cadena alimenticia.
=> Para darle a la tierra variedad y belleza; para demostrar su glorioso trabajo.
=> Para proporcionarle compañía al hombre.

La importancia de estos propósitos se ve claramente cuando nos imaginamos una tierra sin los animales terrestres. Imagínese nada más cuán vacía estaría la tierra sin ningún tipo de vida animal. Qué vacío llenaría la tierra.

Pensamiento 1. Dios es el Dios de variedad, diversidad y belleza. Dios creó género tras género, especie tras especie, clase tras clase, una infinita variedad y diversidad, cada una con su propia belleza y propósito. Con qué claridad el hombre podría ver el poder de Dios si tan solo se tomara el tiempo de contemplarlo. ¡Con qué frecuencia Dios espera que se le reconozca y alabe en la creación!

"Tú solo eres Jehová; tú hiciste los cielos, y los cielos de los cielos, con todo su ejército, la tierra y todo lo que está en ella, los mares y todo lo que hay en ellos; y tú vivificas todas estas cosas, y los ejércitos de los cielos te adoran" (Neh. 9:6).

"Y en efecto, pregunta ahora a las bestias, y ellas te enseñarán; a las aves de los cielos, y ellas te lo mostrarán; o habla a la tierra, y ella te enseñará; los peces del mar te lo declararán también. ¿Qué cosa de todas estas no entiende que la mano de Jehová la hizo? En su mano está el alma de todo viviente, y el hálito de todo el género humano" (Job 12:7-10).

"Todo lo hizo hermoso en su tiempo; y ha puesto eternidad en el corazón de ellos, sin que alcance el hombre a entender la obra que ha hecho Dios desde el principio hasta el fin" (Ec. 3:11).

"y diciendo: Varones, ¿por qué hacéis esto? Nosotros también somos hombres semejantes a vosotros, que os anunciamos que de estas vanidades os convirtáis al Dios vivo, que hizo el cielo y la tierra, el mar, *y todo lo que en ellos hay*" (Hch. 14:15).

Pensamiento 2. Dios "aprobó" y juzgó su propia obra. ¿Cuánto más juzgará Él la conducta del hombre para con la tierra y el deber del hombre para con la tierra? La forma en que el hombre trata a la tierra y a las criaturas de la tierra es de importancia para Dios, de crítica importancia.

"Porque el anhelo ardiente de la creación es el aguardar la manifestación de los hijos de Dios. Porque la creación fue sujetada a vanidad, no por su propia voluntad, sino por causa del que la sujetó en esperanza; porque también la creación misma será libertada de la esclavitud de corrupción, a la libertad gloriosa de los hijos de Dios. Porque sabemos que toda la creación gime a una, y a una está con dolores de parto hasta ahora; y no sólo ella, sino que también nosotros mismos, que tenemos las primicias del Espíritu, nosotros también gemimos dentro de nosotros mismos, esperando la adopción, la redención de nuestro cuerpo" (Ro. 8:19-23).

"Porque el reino de los cielos es semejante a un hombre, padre de familia, que salió por la mañana a contratar obreros para su viña" (Mt. 20:1).

"Oíd otra parábola: Hubo un hombre, padre de familia, el cual plantó una viña, la cercó de vallado, cavó en ella un lagar, edificó una torre, y la arrendó a unos labradores, y se fue lejos" (Mt. 21:33).

"Ahora bien, se requiere de los administradores, que cada uno sea hallado fiel" (1 Co. 4:2).

"Y creó Dios al hombre a su imagen, a imagen de Dios lo creó; varón y hembra los creó. Y los bendijo Dios, y les dijo: Fructificad y multiplicaos; llenad la tierra, y *sojuzgadla,* y señoread en los peces del mar, en las aves de los cielos, y en todas las bestias que se mueven sobre la tierra" (Gn. 1:27, 28).

"Le hiciste señorear sobre las obras de tus manos; todo lo pusiste debajo de sus pies" (Sal. 8:6).

"De Jehová es la tierra y su plenitud; el mundo, y los que en él habitan" (Sal. 24:1).

"Si yo tuviese hambre, no te lo diría a ti; porque mío es el mundo y su plenitud" (Sal. 50:12).

Pensamiento 3. Dios había creado los animales para el hombre (Gn. 2:18s). El hombre, por lo tanto, debía estar complacido con la creación animal de Dios y actuar con responsabilidad para con ellos.

Pensamiento 4. Dios cuida de todos los animales, incluso del pequeño gorrión que cae al suelo. Piensen en cuánto más cuida de nosotros.

"Mirad las aves del cielo, que no siembran, ni siegan, ni recogen en graneros; y vuestro Padre celestial las alimenta. ¿No valéis vosotros mucho más que ellas?" (Mt. 6:26).

"¿No se venden cinco pajarillos por dos cuartos? Con todo, ni uno de ellos está olvidado delante de Dios" (Lc. 12:6, 7).

"Y el Señor me librará de toda obra mala, y me preservará para su reino celestial. A él sea gloria por los siglos de los siglos. Amén" (2 Ti. 4:18).

"de manera que podemos decir confiadamente: El Señor es mi ayudador; no temeré lo que me pueda hacer el hombre" (He. 13:6).

"Y él dijo: Mi presencia irá contigo, y te daré descanso" (Éx. 33:14).

"No temas, porque yo estoy contigo; no desmayes, porque yo soy tu Dios que te esfuerzo; siempre te ayudaré, siempre te sustentaré con la diestra de mi justicia" (Is. 41:10).

"Cuando pases por las aguas, yo estaré contigo;

y si por los ríos, no te anegarán. Cuando pases por el fuego, no te quemarás, ni la llama arderá en ti" (Is. 43:2).

"Jehová es mi fortaleza y mi escudo; en él confió mi corazón, y fui ayudado, por lo que se gozó mi corazón, y con mi cántico le alabaré" (Sal. 28:7).

"Aunque afligido yo y necesitado, Jehová pensará en mí. Mi ayuda y mi libertador eres tú; Dios mío, no te tardes" (Sal. 40:17).

	I. El sexto día (parte 2): La creación del hombre, varón y hembra,[EF1] **1:26-31**	gadla, y señoread en los peces del mar, en las aves de los cielos, y en todas las bestias que se mueven sobre la tierra.	a. Fructificarse, multiplicarse y llenar la tierra b. Sojuzgar la tierra[EF3] c. Señorear, gobernar, sobre toda la vida animal
1 La Palabra de Dios creó al hombre a. Dios sostuvo un consejo divino para crear al hombre b. Dios creó al hombre a imagen de la deidad[EF2] c. Dios creó al hombre con un propósito muy especial: Señorear 1) En todos los animales 2) En toda la tierra	26 Entonces dijo Dios: Hagamos al hombre a nuestra imagen, conforme a nuestra semejanza; y señoree en los peces del mar, en las aves de los cielos, en las bestias, en toda la tierra, y en todo animal que se arrastra sobre la tierra.	29 Y dijo Dios: He aquí que os he dado toda planta que da semilla, que está sobre toda la tierra, y todo árbol en que hay fruto y que da semilla; os serán para comer. 30 Y a toda bestia de la tierra, y a todas las aves de los cielos, y a todo lo que se arrastra sobre la tierra, en que hay vida, toda planta verde les será para comer. Y fue así.	**5 Dios proveyó la vegetación en la tierra para alimentar al hombre y a los animales** a. Proveyó la vegetación para el hombre b. Proveyó la vegetación para los animales
2 Dios y solo Dios creó al hombre, varón y hembra: Los creó con la más alta dignidad y honra, a su imagen	27 Y creó Dios al hombre a su imagen, a imagen de Dios lo creó; varón y hembra los creó.	31 Y vio Dios todo lo que había hecho, y he aquí que era bueno en gran manera. Y fue la tarde y la mañana el día sexto.	**6 Dios vio que su creación era "buena", cumplía su función**
3 Dios bendijo al hombre **4 Dios le dio al hombre tres grandes tareas**	28 Y los bendijo Dios, y les dijo: Fructificad y multiplicaos; llenad la tierra, y sojuz-		

DIVISIÓN I

CREACIÓN DE LOS CIELOS Y LA TIERRA, 1:1—2:3

I. El sexto día (parte 2): La creación del hombre, varón y hembra, 1:26-31

(1:26-31) ***Introducción:*** Cuando Dios creó el universo, lo creó por etapas. Al principio, Él sencillamente colgó las estrellas y la tierra en el espacio. Todo estaba incompleto, sin terminar y era improductivo. La tierra misma estaba cubierta de un océano imponente: Toda la tierra yacía bajo un mar de olas embravecidas y convulsas. Además, había un vapor espeso, una niebla densa y nubes gruesas, que envolvían la tierra. ¡Imagínese nada más! La tierra estaba envuelta en una masa densa de nubes que al parecer se levantaban a varios cientos de pies hacia el cielo. Esto significaría que la tierra estaba envuelta en oscuridad total (vea la nota 4, Gn. 1:2 para un mayor análisis). Esta era la tierra primigenia; así lucía nuestro planeta antes de que Dios comenzara los seis días de la creación. Pero Dios no creó la tierra para que permaneciera en una etapa primigenia. Él creó la tierra para que fuera el hogar del hombre. Por ende, Dios lanzó sus grandes actos creativos; Dios lanzó los seis grandes días de la creación:

=> El primer día: Dios creó luz (Gn. 1:3-5).

=> El segundo día: Dios creó la expansión (la atmósfera y espacio aéreo que está sobre la tierra) (Gn. 1:6-8).

=> El tercer día: Dios creó las aguas, lo seco y la vegetación (Gn. 1:9-13).

=> El cuarto día: Dios distribuyó las lumbreras sobre la tierra para regular el día y la noche y las estaciones y años (Gn. 1:14-19).

=> El quinto día: Dios creó las criaturas acuáticas y del aire (Gn. 1:20-23).

=> El sexto día, durante la primera mitad del día: Dios creó los animales terrestres (Gn. 1:24-25).

Ahora bien, en la segunda mitad del sexto día, ha de ocurrir el acto final de la creación. Este acto creativo va a ser la culminación y cumbre de la creación de Dios. Después de este acto de creación, la tierra estará completamente llena de criaturas creadas por Dios. No habrá más creación, no en la tierra. La tierra tendrá la criatura que será su *gobernante y protector:* El hombre. El hombre es la creación culminante de Dios. El hombre es la criatura a quien Dios planeó eternamente, mucho antes de la fundación de la tierra. Este es el tema de este gran pasaje de las Escrituras, el pasaje que abarca el acto culminante de la creación de Dios: "La creación del hombre, varón y hembra".

1. La Palabra de Dios creó al hombre (v. 26).
2. Dios y solo Dios creó al hombre, varón y hembra: Los creó con la más alta dignidad y honra, a su imagen (v. 27).
3. Dios bendijo al hombre (v. 28).
4. Dios le dio al hombre tres grandes tareas (v. 28).
5. Dios proveyó la vegetación en la tierra para alimentar al hombre y a los animales (vv. 29-30).
6. Dios vio que su creación era "buena", cumplía su función (v. 31).

ESTUDIO A FONDO 1

(1:26-31) ***Hombre, creación de — Animales:*** El hombre es la cumbre de la creación de Dios. No es sencillamente un animal. El hombre es un ser especial, un ser distintivo que se formó en la mente de Dios. Esta es la verdad crítica que el hombre debe saber a fin de comprenderse a sí mismo.

=> El hombre es de la tierra, pero también es de Dios.

=> El hombre es del mundo físico, pero también es del mundo espiritual. El hombre es carne, pero también es espíritu.

=> El hombre está relacionado con los animales de la tierra, pero también está relacionado con Dios.

En el hombre, tanto la carne como el espíritu se juntan. En el hombre, tanto la tierra como el cielo están representados. En el hombre, se desean tanto el presente como la eternidad. En el hombre, se experimentan tanto el mundo físico como el mundo espiritual. (Vea las notas, Ro. 8:28-39, cp. 8:2; 1 Co. 3:1-3. Cp. Ro. 8:1, 5s; Gá. 5:17.)

¿Cómo está relacionado el hombre con los animales y cómo se diferencia de los animales? El hombre tiene lo siguiente en común con los animales de acuerdo con el relato de la creación:

1. *Creación*: El hombre está hecho del polvo de la tierra, al igual que los animales (Gn. 2:7, 19. Vea la nota, Gn. 1:24).

2. *Sustento*: El hombre vive *de la tierra*, al igual que los animales (Gn. 1:29-30).

3. *Reproducción*: El hombre perpetúa la raza humana por medio del mismo proceso que los animales perpetúan sus especies, por medio de la reproducción (Gn. 1:22, 28).

4. *Naturaleza*: Los animales fueron creados para el hombre (relacionados, asociados al hombre). Hay una asociación estrecha entre el hombre y los animales (Gn. 2:18-19, cp. 6:19s; 8:18-19).

El hombre difiere de los animales en al menos cuatro elementos importantes. (Debe tenerse en cuenta que a pesar de todas las semejanzas entre el hombre y los animales, el énfasis de Génesis radica en la distinción del hombre. El hombre *es* la cumbre de la creación de Dios [Sal. 8:5-8]).

1. El hombre es diferente de los animales en *la mente y el corazón de Dios*. Hubo un "consejo divino" para analizar la creación del hombre (vea el *Estudio a fondo 2*, Gn. 1:26). Dios ama mucho al hombre (Pr. 8:31; Jn. 3:16).

2. El hombre es diferente de los animales en *las palabras de las Escrituras*. "Hagamos al [hombre]" enfatiza un acto más directo y distintivo por parte de Dios que "produzca la tierra [animales]" (cp. Gn. 1:24, 26). Las palabras apuntan hacia un ser de dignidad, inteligencia y poder que está siendo creado, un ser que ha de dominar la tierra por Dios.

3. El hombre es diferente de los animales en la forma en que Dios lo creó. Dios le sopló su propio aliento, su propio Espíritu y vida, dentro del hombre (Gn. 2:7).

4. El hombre es diferente de los animales por *función*. A él se le da dominio "sobre toda la tierra", incluso el dominio sobre todos los animales (vea el *Estudio a fondo 3*, Gn. 1:28, cp. 2:19; Sal. 8:4-8; Stg. 3:7).

1 (1:26) ***Hombre — Creación — Tierra — Trinidad:*** La Palabra de Dios creó al hombre. El hombre existe porque Dios habló e hizo existir al hombre. Dios usó el poder de su Palabra para crear al hombre. Dios sencillamente habló y el hombre surgió. Dios habló y las leyes que hicieron que el hombre se formara comenzaron a funcionar. Dios habló y los elementos básicos, los átomos, moléculas, protones, neutrones, electrones, genes, ADN y cualquier otro elemento básico que se descubra que compone la vida humana, comenzaron a existir. Dios habló y el poder de su Palabra formó y creó al hombre. Hay tres puntos muy especiales en este versículo.

1. Dios sostuvo una conferencia muy especial, un consejo divino, para crear al hombre. Observe lo que dijo Dios: "Hagamos al hombre... a nuestra imagen... conforme a nuestra semejanza". Esto es plural. Dios les está hablando a Cristo, su Hijo y al Espíritu Santo. ¿Cómo sabemos esto?

=> Primero, porque Jesucristo nos reveló la Trinidad (Jn. 14:16-17, 26). Dios el Padre, Dios el Hijo y Dios el Espíritu Santo sí existen. Los tres existen en perfecta unidad. Todos son una sola mente y un solo propósito. Por eso, están obligados a analizar y decidir las cosas juntos como lo hace cualquier familia unida.

=> Segundo, porque las Escrituras revelan que las tres Personas de la deidad participaron en la creación (Gn. 1:1; 1:2; Jn. 1:3; Col. 1:16; He. 1:1-2). La deidad ciertamente habría analizado los planes y la obra de creación mientras creaban la tierra. Resulta ilógico pensar que no analizarían su trabajo.

=> Tercero, porque Dios usa el plural aquí en Génesis. Dios dice: *"Hagamos* al hombre a *nuestra* imagen, conforme a *nuestra* semejanza". Dios no les está diciendo a los ángeles ni a ninguna otra criatura celestial que van a obrar juntos en la creación del hombre. Dios, no los seres celestiales, está creando al hombre. El hombre es la creación de Dios y solo de Dios. Dios el Padre, Dios el Hijo y Dios el Espíritu Santo, la deidad completa, todo cuanto Dios es, crearon su culminación y gloria: El hombre.

=> Cuarto, porque Dios hizo al hombre a su propia imagen. Dios no hizo al hombre a imagen de los ángeles ni de ningún otro ser celestial. En esto no radica el énfasis de este acto creativo. El énfasis radica en lo siguiente: Dios estaba haciendo al hombre a su *propia* imagen y solo a su imagen. "Hagamos al hombre" se refiere a Dios el Padre hablando con Dios el Hijo y con Dios el Espíritu Santo. El hombre lleva la imagen misma del propio Dios. El hombre fue creado:

- A imagen de Dios el Padre.
- A imagen de Dios el Hijo.
- A imagen de Dios el Espíritu Santo.

Sucede lo siguiente: Dios sostuvo una conferencia muy especial, un "consejo divino", para crear al hombre. El

Espíritu Santo, que inspira las Escrituras, está usando el plural "hagamos" para decírnoslo. Esto no quiere decir que aquí se enseña la doctrina completa de la Trinidad. Eso sería una tontería. A Dios nunca se le conocería como un Ser trino si solo leyéramos el relato de la creación de Génesis e ignoráramos el Nuevo Testamento. Pero cuando leemos y nos damos cuenta del plural, la simiente de la Trinidad queda sembrada en la mente de cada uno de nosotros. Y sabemos lo significa por la revelación de Jesucristo y de las Escrituras como un todo. Sabemos que el Espíritu Santo ha inspirado las Escrituras, que Él ha guiado deliberadamente al autor de Génesis a usar el plural. ¿Para qué? Para demostrarla gran dignidad y honra del hombre. Al hombre se le dio el privilegio glorioso de ser creado por *toda la deidad*. Dios sostuvo un gran consejo para planear la creación del hombre. La creación del hombre debía ser tan especial, tan culminante, la cumbre y gloria misma de la creación, que Dios convocó una conferencia muy especial para analizar el asunto, un "consejo divino" en el que participaban...

- Dios el Padre
- Dios el Hijo
- Dios el Espíritu Santo

(Vea el *Estudio a fondo 3*, Gn. 3:22 para un mayor análisis.)

Pensamiento 1. Las tres personas de la deidad consultaron y participaron personalmente en la creación del hombre. Cuando el creyente medita realmente sobre esta verdad gloriosa, su corazón debe latir fuertemente de emoción. Él ve que Dios lo planeó con un plan muy especial y que Dios cuida de él y lo ama con un amor y un cariño muy especiales. Dios el Padre, Dios el Hijo, y Dios el Espíritu Santo participaron todos en su planeamiento y creación. El plan de Dios plan para su creación era tan importante que exigía la plenitud de la presencia, amor y cuidado de Dios.

> **"Envías tu Espíritu, son creados, y renuevas la faz de la tierra" (Sal.104:30).**
>
> **"Todas las cosas por él fueron hechas, y sin él nada de lo que ha sido hecho, fue hecho" (Jn. 1:3).**
>
> **"Porque en él fueron creadas todas las cosas, las que hay en los cielos y las que hay en la tierra, visibles e invisibles; sean tronos, sean dominios, sean principados, sean potestades; todo fue creado por medio de él y para él" (Col. 1:16).**
>
> **"Dios, habiendo hablado muchas veces y de muchas maneras en otro tiempo a los padres por los profetas, en estos postreros días nos ha hablado por el Hijo, a quien constituyó heredero de todo, y por quien asimismo hizo el universo" (He. 1:1, 2).**

Pensamiento 2. En el principio, Dios sostuvo una conferencia muy especial, un "consejo divino" para crear al hombre. Hoy día, Dios guarda una esperanza muy especial para el hombre: La redención. Desde la caída del hombre al pecado y la muerte, Dios (toda la deidad) ha participado activamente en la recreación y redención del hombre. En la creación inicial, Dios envió tanto a su Hijo como a su Espíritu a crear al hombre. Ahora, en la recreación, requerida por la caída del hombre, Dios envía tanto a su Hijo como a su Espíritu para recrear al hombre (el nuevo nacimiento). Las tres personas de la deidad participan activamente en la redención del hombre, en la recreación del hombre, como lo hicieron en la creación inicial del hombre. Las tres personas de la deidad están buscando la redención del hombre.

> **"Porque de tal manera amó Dios al mundo, que ha dado a su Hijo unigénito, para que todo aquel que en él cree, no se pierda, mas tenga vida eterna" (Jn. 3:16).**
>
> **"Y yo rogaré al Padre, y os dará otro Consolador, para que esté con vosotros para siempre: el Espíritu de verdad, al cual el mundo no puede recibir, porque no le ve, ni le conoce; pero vosotros le conocéis, porque mora con vosotros, y estará en vosotros. No os dejaré huérfanos; vendré a vosotros" (Jn. 14:16-18).**
>
> **"Pero yo os digo la verdad: Os conviene que yo me vaya; porque si no me fuera, el Consolador no vendría a vosotros; mas si me fuere, os lo enviaré. Y cuando él venga, convencerá al mundo de pecado, de justicia y de juicio. De pecado, por cuanto no creen en mí; de justicia, por cuanto voy al Padre, y no me veréis más; y de juicio, por cuanto el príncipe de este mundo ha sido ya juzgado. Aún tengo muchas cosas que deciros, pero ahora no las podéis sobrellevar. Pero cuando venga el Espíritu de verdad, él os guiará a toda la verdad; porque no hablará por su propia cuenta, sino que hablará todo lo que oyere, y os hará saber las cosas que habrán de venir. Él me glorificará; porque tomará de lo mío, y os lo hará saber. Todo lo que tiene el Padre es mío; por eso dije que tomará de lo mío, y os lo hará saber" (Jn. 16:7-15).**
>
> **"Porque todos los que son guiados por el Espíritu de Dios, éstos son hijos de Dios. Pues no habéis recibido el espíritu de esclavitud para estar otra vez en temor, sino que habéis recibido el espíritu de adopción, por el cual clamamos: ¡Abba, Padre! El Espíritu mismo da testimonio a nuestro espíritu, de que somos hijos de Dios. Y si hijos, también herederos; herederos de Dios y coherederos con Cristo, si es que padecemos juntamente con él, para que juntamente con él seamos glorificados" (Ro. 8:14-17).**

2. Dios creó al hombre como una criatura muy especial: El hombre fue creado a la propia imagen de Dios, conforme a su propia semejanza (vea el pt. 1 anterior para un análisis).

3. Dios creó al hombre con un propósito muy especial: Señorear en toda la tierra. Dios planeó y creó al hombre con una honra y responsabilidad muy especiales: Cuidar todo cuanto Él había creado (vea el *Estudio a fondo 3*, Gn. 1:28 para un análisis).

ESTUDIO A FONDO 2

(1:26) ***Hombre — Creación — Espíritu:*** Dios creó al hombre a imagen de la deidad. Observe exactamente lo que dicen las Escrituras:

> **"Entonces dijo Dios: Hagamos al hombre a nuestra imagen, conforme a nuestra semejanza" (v. 26).**
>
> **"Y creó Dios al hombre a su imagen, a imagen de Dios lo creó; varón y hembra los creó" (v. 27).**

¿Qué se quiere decir con que el hombre es creado a "imagen y semejanza de Dios"? No significa otra cosa que la distinción entre el hombre del resto de la vida. En ninguna otra parte dice Dios que Él creó un ser a "su imagen, conforme a su semejanza". Solo el hombre es "a imagen y semejanza de Dios". (Vea la nota, Gn. 5:1-2 para un mayor análisis.)

1. No es probable que signifique el *alma* del hombre. La Biblia dice que todos los seres vivientes son almas. Son creados como *almas vivas*. Todos los seres vivientes poseen el aliento, la consciencia, y la animación de la vida. (Vea el *Estudio a fondo 1*, *alma,* Gn. 1:20 para un mayor análisis.)

2. No es probable que signifique la capacidad de razonamiento. Al parecer, los animales tienen cierta capacidad de razonamiento e incluso de aprendizaje a varios grados. Los animales demuestran cierta capacidad para pensar cuando se enfrentan a problemas o a un enemigo o al atravesar las innumerables experiencias de la vida.

3. No es probable que signifique la capacidad de ser moral y justo. Los animales, en particular ciertos animales, tanto de modo individual como en grupos familiares, tienen reglas y leyes que conllevan a una conducta moral y virtuosa entre ellos en incluso entre otros. Al parecer es algún tipo de ejercicio del bien y el mal entre algunos animales.

Sin embargo, es necesario señalar lo siguiente: El hombre es muy superior a los animales, tanto mental como moralmente. El hombre es muy superior como un ser racional (un ser que razona) y como un ser moral (un ser que debe vivir en justicia, relacionarse con otros como debe). (Note cómo ser *renovado espiritual y mentalmente* en Cristo afecta los poderes racionales y morales del hombre. El hombre puede ser *creado* en verdadera justicia y *verdadera* santidad, liberado de la esclavitud legalista de la justicia y santidad manufacturadas, de una religión manufacturada de reglas y rituales [Ef. 4:24; Col. 3:10]).

¿Qué quiere decir Dios cuando dice que el hombre fue creado "a imagen, a semejanza de Dios"? Quiere decir al menos cinco cosas:

1. Dios es perfecto, así que creó al hombre igual a Él, perfecto. Esto, claro está, se refiere a la *creación original* del hombre. Cuando Dios creó al hombre por primera vez, el hombre fue creado igual a Dios, creado en perfección, creado sin defecto alguno. Tenía un cuerpo y una mente perfectos, una salud e inteligencia perfectas. El hombre no conocía enfermedades, padecimientos ni accidentes; y no tenía discapacidad para aprender. Él no experimentaba dolor ni sufrimiento. Él no experimentaba alienación alguna, ni vacío, ni soledad. El hombre nunca derramó una lágrima de tristeza, pesar o dolor. Y por encima de todo, el hombre estaba libre de pecado y corrupción, libre para vivir para siempre y nunca morir. El hombre fue creado perfecto, a la propia "imagen y semejanza" de la perfección de Dios.

> **"Sed, pues, vosotros perfectos, como vuestro Padre que está en los cielos es perfecto" (Mt. 5:48).**
>
> **"teniendo el entendimiento entenebrecido, ajenos de la vida de Dios por la ignorancia que en ellos hay, por la dureza de su corazón" (Ef. 4:18).**
>
> **"a quien anunciamos, amonestando a todo hombre, y enseñando a todo hombre en toda sabiduría, a fin de presentar perfecto en Cristo Jesús a todo hombre" (Col. 1:28).**

2. Dios es luz, está lleno de gloria, es esplendor y brillantez de la luz. Por eso, Dios creó al hombre y lo vistió con la gloria de su luz (vea la nota 1, pt. 2, Gn. 3:7; 3:21).

> **"Este es el mensaje que hemos oído de él, y os anunciamos: Dios es luz, y no hay ningunas tinieblas en él" (1 Jn. 1:5).**
>
> **"El que se cubre de luz como de vestidura, que extiende los cielos como una cortina" (Sal. 104:2).**

3 Dios es santo, impecable, justo, puro y moral. Por eso Dios creó al hombre santo, impecable, justo, puro, y moral. Dios hizo al hombre para que fuera distinto, apartado de todas las criaturas, en la vida y conducta, para llevar una vida piadosa.

> **"porque escrito está: Sed santos, porque yo soy santo" (1 P. 1:16, cp. Lv. 11:45).**
>
> **"Seguid la paz con todos, y la santidad, sin la cual nadie verá al Señor" (He. 12:14).**
>
> **"Puesto que todas estas cosas han de ser deshechas, ¡cómo no debéis vosotros andar en santa y piadosa manera de vivir" (2 P. 3:11).**

4 Dios es amor: Es devoto, leal, adorable, misericordioso, y compasivo. Así que Dios creó al hombre como una criatura de amor, devoción, lealtad, misericordia, gracia, y compasión.

> **"Amados, amémonos unos a otros; porque el amor es de Dios. Todo aquel que ama, es nacido de Dios, y conoce a Dios. El que no ama, no ha conocido a Dios; porque Dios es amor" (1 Jn. 4:7, 8).**
>
> **"Y nosotros hemos conocido y creído el amor que Dios tiene para con nosotros. Dios es amor; y el que permanece en amor, permanece en Dios, y Dios en él" (1 Jn. 4:16).**

5. Dios es Espíritu, Espíritu eterno; Dios es vida, vida eterna; Dios es el único que ha vivido para siempre, que nunca tuvo un principio y nunca tendrá un fin. Por tanto:

- Dios creó al hombre y le dio un espíritu, un aliento inmortal, una vida que vive para siempre al igual que Dios.

Dios fue más allá de lo que había hecho cuando creó los animales como almas vivas y les dio una vida terrenal y un aliento temporal. Dios hizo al hombre como un *espíritu que es igual a Él, igual a su propia vida*. Al parecer, ningún animal es un espíritu; los animales son solo almas. Como almas vivas, están capacitadas en varios grados para respirar, para razonar y para emparentarse. Pero ninguna de ellas tiene el poder inherente para respirar eternamente, tampoco la capacidad de razonar como Dios ni de relacionarse con Dios. Pero el hombre sí tiene ese poder, esa capacidad. El hombre es espíritu, al igual que Dios es

Espíritu. El hombre no solo es cuerpo y alma como los animales de la creación. El hombre no es solamente una alma que vive y respira para esta tierra. El hombre es un espíritu, un ser inmortal.

A la luz de esto, hay al menos dos marcas distintivas de la imagen de Dios en el hombre, dos marcas distintivas del hombre como espíritu:

a. La imagen de Dios en el hombre es *el poder de la inmortalidad.* El hombre vive más allá de esta tierra, vive para siempre y vivirá en la próxima vida al igual que Dios. Según se ha mencionado anteriormente, según la Biblia, ningún animal es un espíritu; los animales son solo almas. Como almas están capacitadas para respirar, es decir, para vivir. Pero ninguna de ellas tiene el poder inherente para respirar eternamente. Pero el hombre sí tiene ese poder. El hombre es un espíritu, al igual que Dios es Espíritu. *El hombre no es solo un alma que vive y respira como los animales que son hechos para esta tierra, el hombre es un espíritu, un ser inmortal hecho tanto para esta tierra como para la eternidad.*

"Y ésta es la vida eterna: *que te conozcan a ti,* el único Dios verdadero, y a Jesucristo, a quien has enviado" (Jn. 17:3).

b. La imagen de Dios en el hombre es tanto *la energía como la capacidad (la decisión) de adorar.* El hombre no solo tiene la capacidad del alma para razonar y relacionarse, sino que tiene:
   - Una *energía* y *capacidad* espiritual insaciables para razonar como Dios.
   - Una energía y capacidad insaciables para relacionarse con Dios.

Una vez más, según se ha mencionado anteriormente, ningún animal terrenal tiene esta energía y capacidad. La Biblia sí le atribuye a las almas varias capacidades, pero ninguna alma animal tiene la energía y capacidad para *razonar como Dios* ni para *relacionarse con Dios*. La adoración es una energía y capacidad espiritual, una capacidad del espíritu solamente, del hombre solamente. Al igual que animales, *el hombre conoce y comprende las cosas* de esta tierra; pero *el hombre debe conocer, creer y comprender a* Dios como lo primero y más importante (Is. 43:10). El hombre debe adorar a Dios. Dios es Espíritu, y el hombre, que es creado como espíritu, debe adorar a Dios en espíritu y en verdad.

"Dios es Espíritu; y los que le adoran, en espíritu y en verdad es necesario que adoren" (Jn. 4:24).

"Vosotros sois mis testigos, dice Jehová, y mi siervo que yo escogí, *para que me conozcáis y creáis,* y *entendáis* que yo mismo soy; antes de mí no fue formado dios, ni lo será después de mí" (Is. 43:10).

Hay dos elementos muy significativos a tener en cuenta acerca de la imagen de Dios en el hombre, acerca del hombre como un ser espiritual.

1. La rebelión del hombre contra Dios (la caída del hombre) afectó la imagen de Dios en el hombre. Dios creó al hombre como un ser inmortal. Como un ser inmortal sobre la tierra, el hombre tenía dos derechos:

=> El derecho de vivir en esta tierra.

=> El derecho de vivir con Dios para siempre.

Cuando el hombre ejerció su capacidad y decisión y se volvió contra Dios, él perdió ambos derechos. El hombre ya no podría vivir en la tierra para siempre, tampoco podría vivir con Dios para siempre. En su rebelión contra Dios, el hombre decía:
- Que prefería un mundo diferente y no el mundo de Dios.
- Que prefería un Dios diferente (su propia voluntad) y no la voluntad del propio Dios.

Así el hombre se condenó a sí mismo a abandonar esta tierra (a morir, Gn. 2:17; 3:1s; 3:19) y a estar separado de Dios eternamente (Jn. 3:18). Observe que el hombre ya estaba creado como un ser inmortal. Así, él seguiría adelante; existiría para siempre, pero:
- Debía estar ubicado en algún otro lugar que no era esta tierra (así lo había decidido).
- Debía estar separado de Dios para siempre.

Esta fue la decisión del hombre (vea la nota 3 y el *Estudio a fondo 2*, Gn. 2:16-17). La imagen de Dios, el poder de la inmortalidad y la energía y la capacidad de adorar y vivir con Dios, se estropeó eternamente.

2. La imagen de Dios en el hombre se puede renovar.

   a. El hombre puede "nacer de nuevo", ser revivido espiritualmente para Dios, tan espiritualmente vivo como lo era en el principio, para nunca perecer.

"Respondió Jesús y le dijo: De cierto, de cierto te digo, que el que no naciere de nuevo, no puede ver el reino de Dios... Respondió Jesús: De cierto, de cierto te digo, que el que no naciere de agua y del Espíritu, no puede entrar en el reino de Dios" (Jn. 3:3, 5).

"siendo renacidos, no de simiente corruptible, sino de incorruptible, por la palabra de Dios que vive y permanece para siempre" (1 P. 1:23).

"Todo aquel que cree que Jesús es el Cristo, es nacido de Dios; y todo aquel que ama al que engendró, ama también al que ha sido engendrado por él" (1 Jn. 5:1).

   b. El hombre puede participar de la naturaleza divina de Dios, "vestirse del nuevo hombre".

"y vestíos del nuevo hombre, creado según Dios en la justicia y santidad de la verdad" (Ef. 4:24).

"y revestido del nuevo, el cual conforme a la imagen del que lo creó se va renovando hasta el conocimiento pleno" (Col. 3:10).

"por medio de las cuales nos ha dado preciosas y grandísimas promesas, para que por ellas llegaseis a ser participantes de la naturaleza divina,

habiendo huido de la corrupción que hay en el mundo a causa de la concupiscencia" (2 P. 1:4).

c. El hombre puede ser renovado, regenerado, o recreado en Cristo Jesús.

"De modo que si alguno está en Cristo, nueva criatura es; las cosas viejas pasaron; he aquí todas son hechas nuevas" (2 Co. 5:17).

"Al que no conoció pecado, por nosotros lo hizo pecado, para que nosotros fuésemos hechos justicia de Dios en él" (2 Co. 5:21).

"quien llevó él mismo nuestros pecados en su cuerpo sobre el madero, para que nosotros, estando muertos a los pecados, vivamos a la justicia; y por cuya herida fuisteis sanados" (1 P. 2:24).

"nos salvó, no por obras de justicia que nosotros hubiéramos hecho, sino por su misericordia, por el lavamiento de la regeneración y por la renovación en el Espíritu Santo" (Tit. 3:5)

d. El hombre puede participar de la naturaleza divina de Dios y asegurarse de que vivirá para siempre en los nuevos cielos y en la nueva tierra.

"Y así como hemos traído la imagen del terrenal, traeremos también la imagen del celestial" (1 Co. 15:49).

"por medio de las cuales nos ha dado preciosas y grandísimas promesas, para que por ellas llegaseis a ser participantes de la naturaleza divina, habiendo huido de la corrupción que hay en el mundo a causa de la concupiscencia" (2 P. 1:4).

"Pero el día del Señor vendrá como ladrón en la noche; en el cual los cielos pasarán con grande estruendo, y los elementos ardiendo serán deshechos, y la tierra y las obras que en ella hay serán quemadas. Puesto que todas estas cosas han de ser deshechas, ¡cómo no debéis vosotros andar en santa y piadosa manera de vivir, esperando y apresurándoos para la venida del día de Dios, en el cual los cielos, encendiéndose, serán deshechos, y los elementos, siendo quemados, se fundirán! Pero nosotros esperamos, según sus promesas, cielos nuevos y tierra nueva, en los cuales mora la justicia" (2 P. 3:10-13).

"Vi un cielo nuevo y una tierra nueva; porque el primer cielo y la primera tierra pasaron, y el mar ya no existía más" (Ap. 21:1).

Pensamiento 1. Dijo Dios: "Hagamos al hombre a *nuestra imagen, conforme a nuestra semejanza*" (Gn. 1:26). Con estas palabras *Dios está demostrando* que el hombre es la gloria culminante de su creación: el ser que abarca toda la dignidad y la nobleza de la mente de Dios, el ser que descolló muy alto y por encima de todo lo demás, el ser que estaba diseñado para dominar y controlar toda la creación de Dios y a quien se le dieron los poderes fenomenales para llevarlo a cabo.

Pensamiento 2. Dios quería mucho al hombre. Dios planeó y creó al hombre con una gracia y cuidado muy especiales: A su propia imagen, conforme a su propia semejanza. El hombre es el punto máximo y la cumbre culminante de la creación de Dios.

[2] (1:27) ***Hombre — Creación:*** Dios y solo Dios creó al hombre, varón y hembra, los creó con la más alta dignidad y honra honor, a su imagen. ¿Por qué se repite la creación del hombre por parte de Dios? ¿Por qué las Escrituras declaran nuevamente que Dios hizo al hombre a su propia imagen? Note exactamente lo que dice el versículo:

"Y creó Dios al hombre a su imagen, a imagen de Dios lo creó; varón y hembra los creó" (v. 27).

Hay tres razones por las que la creación del hombre por Dios se enfatiza:

1. Es necesario enfatizar que Dios y solo Dios creó al hombre. La vida humana no surgió por casualidad. La sustancia básica de la vida humana no provino *de la nada*, ni las células del hombre, ni el ADN, los átomos, ni las moléculas del hombre. Cualquiera que sea el elemento básico de la vida humana, lo que sea que el hombre aún esté por descubrir como la sustancia básica de la vida, cualquiera que sea la energía y materia crudas de la vida, esa sustancia básica no empezó a formar ni a moldear la vida así como así. La vida humana no sucedió...

- por casualidad.
- aleatoriamente.
- por medio de alguna fuerza o energía impersonal que unió las células básicas y el ADN para formar la vida humana
- por medio de algunas leyes físicas que ya existían y comenzaron a formar la vida humana

La vida humana fue creada por Dios y solo por Dios. Cualesquiera que sean las sustancias básicas que componen la vida humana, cualesquiera que sean las leyes y fuerzas crudas que ocasionan la vida humana, todas fueron creadas y puestas en funcionamiento por Dios. Dios y solo Dios, por el poder de su Palabra omnipotente, creó la vida humana. Dios y solo Dios le ordenó a la vida humana que existiera.

Pensamiento 1. Solo Dios creó al hombre. El hombre no debe rechazar ni negar a Dios; no debe descuidar ni ignorar a Dios. Hacer tal cosa conlleva a que Dios nos rechace, porque Dios es el Creador del hombre. El hombre es la criatura. La criatura nunca debe rebelarse contra el Creador. Tal rebelión solo conllevará al juicio y a la condenación. Por lo tanto, el hombre debe reconocer a Dios como su Creador. El hombre debe servir y adorar a Dios como el Creador, como la Fuente y el Dador de vida, el Señor y Majestad soberana del universo.

"Y ya te has olvidado de Jehová tu Hacedor, que extendió los cielos y fundó la tierra; y todo el día temiste continuamente del furor del que aflige, cuando se disponía para destruir. ¿Pero en dónde está el furor del que aflige?" (Is. 51:13).

"¿No tenemos todos un mismo padre? ¿No nos ha creado un mismo Dios?" (Mal. 2:10).

"Reconoced que Jehová es Dios; Él nos hizo, y no nosotros a nosotros mismos; pueblo suyo somos, y ovejas de su prado. Entrad por sus puertas con acción de

gracias, por sus atrios con alabanza; alabadle, bendecid su nombre. Porque Jehová es bueno; para siempre es su misericordia, y su verdad por todas las generaciones" (Sal. 100:3-5).

Pensamiento 2. La criatura siempre debe servir a su Creador. Un Creador que es tan considerado que le da libre albedrío a la criatura merece que se le venere y sirva para siempre. Un creador que ama tanto que le da a la criatura la capacidad de amar libremente merece que se le ame y se le adore. Eso lo ha hecho Dios. Dios no ha dado un libre albedrío y la capacidad de amar libremente. Por lo tanto, a Dios se le debe adorar y servir para siempre. A Dios todos lo debemos amar y adorar.

2. Es necesario enfatizar la gran dignidad y honra del hombre. El hombre fue creado a la propia imagen y semejanza de Dios. El hombre es la coronación y culminación de la creación de Dios. El hombre es la criatura a quien Dios le ha dado su Espíritu, su propio aliento inmortal, su vida que vive para siempre. Por eso, el hombre vive para siempre al igual que Dios. El hombre nunca deja de existir.

Pensamiento 1. Eso es algo que el hombre necesita saber: El hombre ha sido creado a la imagen, a la propia semejanza, de Dios. Es una criatura inmortal: Existirá para siempre y por toda la eternidad. Por eso, el hombre debe asegurarse, de un modo absoluto, de que va a vivir con Dios. Lo que sí no debe hacer es vivir separado y apartado de Dios. El hombre no debe perderse el privilegio glorioso de vivir para siempre con Dios.

"Porque de tal manera amó Dios al mundo, que ha dado a su Hijo unigénito, para que todo aquel que en él cree, no se pierda, mas tenga vida eterna" (Jn. 3:16).

"El que cree en el Hijo tiene vida eterna; pero el que rehúsa creer en el Hijo no verá la vida, sino que la ira de Dios está sobre él" (Jn. 3:36).

"De cierto, de cierto os digo, que el que guarda mi palabra, nunca verá muerte" (Jn. 8:51).

"Y todo aquel que vive y cree en mí, no morirá eternamente. ¿Crees esto?" (Jn. 11:26).

"Porque sabemos que si nuestra morada terrestre, este tabernáculo, se deshiciere, tenemos de Dios un edificio, una casa no hecha de manos, eterna, en los cielos" (2 Co. 5:1).

"Y éste es el testimonio: que Dios nos ha dado vida eterna; y esta vida está en su Hijo. El que tiene al Hijo, tiene la vida; el que no tiene al Hijo de Dios no tiene la vida" (1 Jn. 5:11, 12).

"y el polvo vuelva a la tierra, como era, y el espíritu vuelva a Dios que lo dio" (Ec. 12:7).

Pensamiento 2. Dios le ha dado al hombre su propio Espíritu, el aliento mismo de su propia existencia.

"El espíritu de Dios me hizo, y el soplo del Omnipotente me dio vida" (Job 33:4).

Pensamiento 3. Dios le ha dado gran dignidad al hombre. Dios ha coronado al hombre con gloria y honra.

"Le has hecho poco menor que los ángeles, y lo coronaste de gloria y de honra" (Sal. 8:5).

Pensamiento 4. La imagen de Dios que actualmente descansa sobre el hombre es solo una sombra. Es como una figura en un sello. La figura no es la persona. Es solo una figura, solo una imagen de la persona. Pero observe: Es una imagen; es una semejanza.

¿Por qué Dios le ha dado al hombre una imagen, una semejanza, de sí mismo? Para que el hombre ande por fe y *decida libremente* amar y adorar a Dios. Dios le ha dado al hombre suficiente de sí mismo para hacer que el hombre sienta sed de Dios y busque a Dios. El hombre tiene suficiente de la imagen de Dios para hacerlo perseguir la inmortalidad y la vida eterna.

"Mas si desde allí buscares a Jehová tu Dios, lo hallarás, si lo buscares de todo tu corazón y de toda tu alma" (Dt. 4:29).

"Buscad a Jehová y su poder; buscad siempre su rostro" (Sal. 105:4).

"Buscad a Jehová mientras puede ser hallado, llamadle en tanto que está cercano" (Is. 55:6).

"Pero así dice Jehová a la casa de Israel: Buscadme, y viviréis" (Am. 5:4).

"Buscad a Jehová todos los humildes de la tierra, los que pusisteis por obra su juicio; buscad justicia, buscad mansedumbre; quizá seréis guardados en el día del enojo de Jehová" (Sof. 2:3).

"para que busquen a Dios, si en alguna manera, palpando, puedan hallarle, aunque ciertamente no está lejos de cada uno de nosotros" (Hch. 17:27).

Pensamiento 5. Solo Jesucristo es la *imagen exacta* de Dios (He. 1:3, cp. Fil. 2:6-8).

3. Es necesario enfatizar que Dios hizo al *varón y a la hembra*, tanto al hombre como a la mujer, a su propia imagen. La mujer fue creada por Dios al igual que el hombre; ella fue hecha a imagen de Dios al igual que el hombre. A la mujer se le dio tanta dignidad y honra como al hombre. La mujer es la coronación y culminación de la creación de Dios tanto como el hombre.

Pensamiento 1. Los hombres y las sociedades que le restan importancia y esclavizan a las mujeres están equivocados, terriblemente equivocados. Las mujeres son creadas a imagen de Dios. Por lo tanto, a las mujeres se les debe estimar y honrar tanto como a los hombres. Se les debe permitir cumplir su función en la tierra con dignidad y honra tanto como a los hombres. Dios creó a la mujer para que anduviera como compañía del hombre, no como una esclava.

"Y creó Dios al hombre a su imagen, a imagen de Dios lo creó; varón y hembra los creó. *Y los bendijo* Dios, y les dijo: Fructificad y multiplicaos; llenad la tierra, y sojuzgadla, y señoread en los peces del mar, en las aves de los cielos, y en todas las bestias que se mueven sobre la tierra" (Gn. 1:27, 28).

"Y dijo Jehová Dios: No es bueno que el hombre esté solo; le haré ayuda idónea para él" (Gn. 2:18).

"Mujer virtuosa, ¿quién la hallará? porque su estima sobrepasa largamente a la de las piedras preciosas" (Pr. 31:10).

"Saludad a Priscila y a Aquila, mis colaboradores en Cristo Jesús" (Ro. 16:3).

"Saludad a María, la cual ha trabajado mucho entre vosotros" (Ro. 16:6).

"Saludad a Trifena y a Trifosa, las cuales trabajan en el Señor. Saludad a la amada Pérsida, la cual ha trabajado mucho en el Señor" (Ro. 16:12).

"que tenga testimonio de buenas obras; si ha criado hijos; si ha practicado la hospitalidad; si ha lavado los pies de los santos; si ha socorrido a los afligidos; si ha practicado toda buena obra" (1 Ti. 5:10).

Pensamiento 2. Dios creó al varón y a la hembra. Cada uno provino de Dios. Él creó a uno tanto como al otro. Cada uno fue creado *para* Dios al igual que *por* Dios.

Cada uno es tan importante para Dios como el otro, para su plan y propósito para el mundo. De un modo muy sencillo, el varón y la hembra fueron creados *por* y *para* Dios. Por lo tanto, cada uno es creado *para* Dios. Cada uno, el varón y la hembra, debe vivir *para* la gloria de Dios, sirviendo y adorándolo a Él como el Creador, el Señor y Soberano de toda la vida.

"Servid a Jehová con alegría; venid ante su presencia con regocijo. Reconoced que Jehová es Dios; Él nos hizo, y no nosotros a nosotros mismos; pueblo suyo somos, y ovejas de su prado" (Sal.100:2, 3).

3 (1:28) ***Hombre, propósito — Matrimonio —Tierra— Creación —Animales — Ciencia:*** Dios bendijo al hombre y a la mujer. Esto da la idea de una reunión que Dios tuvo con el hombre y la mujer poco tiempo después de haberlos creado. Imagínese como Adán (el primer hombre) se sintió justo después de que fue creado, cuando de repente estaba parado sobre la tierra, experimentando los primeros momentos de vida. Él estaba consciente de sí mismo y de todos sus alrededores, de la belleza y fruto de la tierra, pero todo era extraño, todo un completo enigma. ¿Quién era él? ¿Dónde estaba él? ¿Qué debía hacer? Era necesario que a todas estas preguntas se les diera respuesta y que se les diera respuesta poco tiempo después de que fuera creado. Lo mismo tenía que suceder también con Eva (la primera mujer).

Esto ilustra lo que estaba sucediendo en los versículos 28-30. Dios estaba reunido frente a frente con el hombre y la mujer, bendiciéndolos y explicándoles quiénes eran y por qué fueron creados y puestos en la tierra. Note que Dios bendijo al hombre y a la mujer. ¿Cuál fue la bendición? Dios bendijo al hombre y a la mujer con:

- El privilegio de la presencia de Dios, de la fraternidad con Dios.
- El privilegio de la vida, tanto de la vida abundante como de la vida eterna.
- El privilegio de ser creado a imagen de Dios, de ser la coronación y culminación de su creación.
- El privilegio de vivir en la tierra con todas sus provisiones de alimento y belleza.
- El privilegio de ser varón y hembra, de tener la compañía de uno y el otro.
- El privilegio de la reproducción, de llenar la tierra con su propia especie.
- El privilegio de tener animales como compañeros en la tierra.
- El privilegio de regir y reinar sobre todas las criaturas de la tierra.
- El privilegio de trabajar, de hallar satisfacción y realización en sojuzgar la tierra, por medio de la investigación, el descubrimiento, el desarrollo y el crecimiento.

Pensamiento 1. Nota: Las bendiciones y privilegios se les dan a todo hombre y mujer. Pero cada persona tiene que reclamar los privilegios, obrar con diligencia usándolos cada vez más para el beneficio de uno mismo y de la sociedad, todo en obediencia a Dios.

Pensamiento 2. Observe que la bendición de Dios fue personal: "Y los bendijo Dios, y les dijo" (v. 28). Dios le habló al hombre y a la mujer personalmente, frente a frente. Recibir la bendición de Dios significa que Dios...

- nos guarda
- hace que su rostro brille sobre nosotros
- es misericordioso con nosotros
- levanta su semblante sobre nosotros
- y nos da paz

"Jehová te bendiga, y te guarde; Jehová haga resplandecer su rostro sobre ti, y tenga de ti misericordia; Jehová alce sobre ti su rostro, y ponga en ti paz" (Nm. 6:24-26).

4 (1:28) ***Hombre, propósito — Matrimonio — Tierra — Creación —Animales — Ciencia:*** Dios le dio al hombre y a la mujer tres grandes tareas y propósitos.

1. Primero, el hombre y la mujer debían reproducirse y llenar la tierra. Esa debía ser una tarea maravillosa. El hombre y la mujer debían establecer el lazo más íntimo que se pueda imaginar, una relación de amor, cuidado, confianza y lealtad del uno con el otro. Debían andar, trabajar y adorar juntos en su andar por la vida. La relación que construyeron debía servir como el fundamento para todas las otras relaciones de la tierra y en las sociedades y naciones de la tierra. Todos los grupos de la tierra, ya sean sociedades o naciones, debían andar juntos en amor, cuidado, confianza y lealtad.

Nota: Dios había creado al hombre y a los animales, pero Él creó un solo hombre y una sola mujer. ¿Para qué? Había al menos cuatro razones:

=> Para establecer la familia: Para instituir la regla y el principio de un hombre y una mujer para cada uno. No debía haber separación ni divorcio, no debía haber familias separadas, ni niños sin padre ni madre, cuando Dios creó por primera vez al hombre y a la mujer.

=> Para edificar un amor, confianza y lealtad mucho más fuertes en el hombre y en la mujer. El amor, la confianza y la lealtad se debilitan y se destruyen cuando se tienen relaciones íntimas con otras personas. Cuando el amor, la confianza y la lealtad se debilitan en el lazo más fuerte que el hombre haya conocido, el de la familia, se debilitan en todas las otras relaciones de la vida: En el trabajo, en el juego, con el país.

=> Para enseñarle al hombre que todas las personas son de una misma sangre, de una fuente. Por lo tanto, todas las personas, todas las razas y naciones, deben vivir en paz y unidad, obrando juntas para sojuzgar la tierra. No debía haber prejuicio, discriminación, violencia, avaricia, egoísmo, ni guerra en la tierra, no originalmente, no cuando Dios creó inicialmente al hombre.

=> Para enseñar que el hombre es tan importante como la mujer y que la mujer es tan importante como el hombre, que a todas las generaciones sucesoras de hombres y mujeres se les debe tener en tan alta estima como al primer hombre y mujer. No debe haber maltrato ni esclavitud de las mujeres ni de los hombres en la creación de Dios. Ambos forman parte de la misión de Dios para la tierra.

"Él, respondiendo, les dijo: ¿No habéis leído que el que los hizo al principio, varón y hembra los hizo, y dijo: Por esto el hombre dejará padre y madre, y se unirá a su mujer, y los dos serán una sola carne? Así que no son ya más dos, sino una sola carne; por tanto, lo que Dios juntó, no lo separe el hombre" (Mt. 19:4-6).

Pensamiento 1. Note cuán lejos ha llegado el hombre, cuán lejos ha caído, de las tareas originales de Dios. Note todo...

- el prejuicio
- la discriminación
- la sobrepoblación
- la violencia
- el odio
- la guerra
- el egoísmo
- la avaricia
- la esclavitud
- el maltrato a esposa, hijo, y esposo
- el abuso de poder
- abuso gubernamental

2. Segundo, el hombre y la mujer debían sojuzgar la tierra. (Vea el *Estudio a fondo 3,* Gn. 1:28 para un análisis.)

3. Tercero, el hombre y la mujer debían tener dominio sobre todos los animales. Dominio significa gobernar, imperar, controlar, dirigir, proteger y cuidar de. Originalmente, cuando Dios creó los animales y el hombre, al parecer no había ferocidad entre los animales. Ni el hombre ni los animales se comían a otros animales (Gn. 1:30, cp. 9:3). El hombre y el animal vivían juntos en paz y al parecer con cierto afecto uno por el otro, al menos entre el orden superior de los animales. Pero el hombre era el que gobernaba, la fuerza dominante, el líder de todas las criaturas de la tierra.

Pero observe lo que ha sucedido desde la caída del hombre y del mundo en la corrupción. Los animales viven en un mundo de salvajismo, donde tienen que luchar por el alimento y pelear por la supervivencia contra otros animales. Sin embargo, Dios promete una nueva era y un nuevo día, una nueva tierra y un nuevo mundo, en que la perfección y la paz reinarán en la tierra. El cordero se echará junto al león. Una tierra renovada, un nuevo cielo y una nueva tierra, se acerca.

"Morará el lobo con el cordero, y el leopardo con el cabrito se acostará; el becerro y el león y la bestia doméstica andarán juntos, y un niño los pastoreará. La vaca y la osa pacerán, sus crías se echarán juntas; y el león como el buey comerá paja. Y el niño de pecho jugará sobre la cueva del áspid, y el recién destetado extenderá su mano sobre la caverna de la víbora. No harán mal ni dañarán en todo mi santo monte; porque la tierra será llena del conocimiento de Jehová, como las aguas cubren el mar" (Is.11:6-9).

"El lobo y el cordero serán apacentados juntos, y el león comerá paja como el buey; y el polvo será el alimento de la serpiente. No afligirán, ni harán mal en todo mi santo monte, dijo Jehová" (Is. 65:25).

"En aquel tiempo haré para ti pacto con las bestias del campo, con las aves del cielo y con las serpientes de la tierra; y quitaré de la tierra arco y espada y guerra, y te haré dormir segura" (Os. 2:18).

"Y juzgará entre las naciones, y reprenderá a muchos pueblos; y volverán sus espadas en rejas de arado, y sus lanzas en hoces; no alzará espada nación contra nación, ni se adiestrarán más para la guerra" (Is. 2:4).

"Lo dilatado de su imperio *y la paz* no tendrán límite, sobre el trono de David y sobre su reino, disponiéndolo y confirmándolo en juicio y en justicia desde ahora y para siempre. El celo de Jehová de los ejércitos hará esto" (Is. 9:7).

"Y se sentará cada uno debajo de su vid y debajo de su higuera, y no habrá quien los amedrente; porque la boca de Jehová de los ejércitos lo ha hablado" (Mi. 4:4).

ESTUDIO A FONDO 3

(1:28) ***Hombre, propósito — Tierra — Creación — Ciencia:*** Dios le ordenó al hombre sojuzgar la tierra. El versículo veintiocho dice: "Señoread... en toda la tierra". Esta es una tarea grande, muy grande. Note cuatro elementos significativos:

1. *Sojuzgad y señoread sobre* la tierra significa:
   - Gobernar y dominar la tierra.
   - Proteger y cuidar la tierra.
   - Investigar, estudiar y descubrir los recursos de la tierra.
   - Desarrollar y usar los recursos de la tierra.
   - Administrar la tierra con todas sus provisiones y recursos.

2. Dios le dio la tierra tanto al hombre como a la mujer, puso la tierra a su cuidado. La tierra era:
   - Un regalo y un deber.
   - Una herencia y una responsabilidad.
   - Una propiedad y una obligación.
   - Un fideicomiso y una misión.

La tierra está al cuidado del hombre y la mujer. Dios le dio la tierra a ellos como regalo, como una herencia, como un fideicomiso. Ahora la tierra es su patrimonio, su hogar y propiedad. Pero la tierra es también su responsabilidad. Es la tarea del hombre y la mujer, su deber y obligación, proteger la tierra. Dios los ha colocado sobre la tierra, sobre su creación. Por lo tanto, es su deber administrar la tierra por Dios.

Pensamiento 1. El medio ambiente le interesa a Dios; por lo tanto, Dios ha puesto al hombre a cargo, para proteger, el medio ambiente. El medio ambiente le debe interesar al hombre. El hombre no debe contaminar el aire ni el agua; no debe contaminar ni destruir la tierra ni los cielos.

3. Dios estaba supliendo dos de las necesidades más básicas del hombre en esta tarea. El hombre tiene las necesidades básicas:

- De ser amado y estimulado.
- De amar y dedicar su vida a un propósito significativo.

La provisión de Dios de la tierra satisface la necesidad del hombre. Cuando una persona se da cuenta realmente de que Dios le ha dado la tierra como una herencia, esa persona sabe que Dios la ama. Sabe que Dios la protege con el mayor cuidado y amor. En respuesta, el hombre debe amar a Dios. El gran regalo de Dios de la tierra debería estimular al hombre a responder a los intereses de Dios, a amar a Dios de la manera que Dios lo ha amado.

También, la tarea de Dios de sojuzgar la tierra satisface la necesidad del hombre de un propósito significativo. Cuando una persona se da cuenta realmente de que Dios le ha dado la tierra para protegerla y administrarla, esa persona se ve estimulada con el mayor de los propósitos. Está estimulada a dedicar su vida a trabajar con diligencia y a hacer todos los aportes que pueda para desarrollar la tierra y sus sociedades. Está estimulada a amar la tierra y a aquellos que trabajan con ella en el cuidado de la tierra. Está estimulada a entregarse al gran propósito por el que Dios lo puso en la tierra: El de sojuzgar y administrar la tierra *por Dios*.

Nota: Cuando una persona obra con diligencia en su trabajo, obra con diligencia para hacer todo cuanto puede para mejorar la tierra, esa persona experimenta *un gran propósito, realización y satisfacción*. Estas tres grandes cosas, una *sensación de propósito, realización y satisfacción*—provienen de:

- Conocer a Dios de un modo personal.
- Conocer por qué Dios nos ha puesto en la tierra.
- Dedicar nuestra vida a Dios y a su gran propósito por el hombre: Sojuzgar y desarrollar la tierra a plenitud.

4. La capacidad del hombre de sojuzgar la tierra se ha estropeado y debilitado, de un modo considerable. Observe tres elementos significativos:

a. El propósito original de Dios, cuando creó al hombre, fue el siguiente: El hombre debía llevar una vida perfecta, vivir en un entorno perfecto. Debía vivir en una utopía. El hombre debía tener una fraternidad perfecta con Dios, experimentando el propósito y realización al sojuzgar la tierra. El hombre debía estar perfectamente feliz, perfectamente satisfecho, al desempeñar su trabajo desarrollando y administrando la tierra. El hombre debía usar toda la tecnología e investigación científica que se pudiera imaginar; debía investigar, descubrir y desarrollar todos los recursos de la tierra. Debía aprender acerca de su mundo y adquirir todo el conocimiento que pudiera para progresar verdaderamente. Al parecer, él poseía una mente que era perfecta en su capacidad para aprender y él estaba sujeto solo a Dios (Gn. 2:15-17).

b. Fue el pecado lo que estropeó y debilitó la soberanía y capacidad del hombre para sojuzgar la tierra. Desde la caída del hombre al pecado, la tierra, incluso el propio hombre, está en una ola de violencia y sufrimiento:

- La naturaleza se vuelve salvaje con desastre natural tras desastre natural: Huracanes, tifones, ciclones, tornados, inundaciones, erupciones volcánicas, terremotos, tormentas eléctricas, tormentas violentas, plagas de langostas, hambrunas y así sucesivamente. La naturaleza constantemente se vuelve salvaje.
- El hombre se vuelve salvaje con acto de violencia tras acto de violencia: Malos tratos infantiles, malos tratos a esposas, malos tratos a esposos, violaciones, asaltos, mutilaciones, matanzas, guerras, robos, engaños, hurtos, mentiras, asesinatos, actos terroristas, incendios y así sucesivamente.
- La tierra está llena de enfermedades, pestilencias y accidentes, todas provocando sufrimientos y destruyendo la vida y enormes secciones de la tierra y sus recursos.

Sucede lo siguiente: La tierra, su naturaleza, dista mucho de estar bajo el control del hombre. Solía estar bajo el control del hombre cuando Dios creó al hombre. Pero ya no, no desde la rebelión del hombre contra Dios, no desde la terrible caída del hombre al pecado. El pecado ha estropeado y debilitado el gobierno y soberanía del hombre sobre la tierra.

c. Pero Dios ha prometido restaurar el gobierno y soberanía del hombre sobre la tierra, de hecho, sobre todo el universo. ¿Cómo? Por medio de Jesucristo. Jesucristo ha garantizado el derecho de gobernar y reinar sobre la tierra. Él va a regresar a la tierra, a establecer su gobierno y a restaurar al hombre a su posición original de dominio y soberanía, conjuntamente con Él mismo.

"Y dijo el Señor: ¿Quién es el mayordomo fiel y prudente al cual su señor pondrá sobre su casa, para que a tiempo les dé su ración? Bienaventurado aquel siervo al cual, cuando su señor venga, le halle haciendo así. En verdad os digo que le pondrá sobre todos sus bienes" (Lc. 12:42-44).

"El Espíritu mismo da testimonio a nuestro espíritu, de que somos hijos de Dios. Y si hijos,

también herederos; herederos de Dios y coherederos con Cristo, si es que padecemos juntamente con él, para que juntamente con él *seamos glorificados*" (Ro. 8:16, 17).

"Porque la creación fue sujetada a vanidad, no por su propia voluntad, sino por causa del que la sujetó en esperanza; porque también la creación misma será libertada de la esclavitud de corrupción, a la libertad gloriosa de los hijos de Dios. Porque sabemos que toda la creación gime a una, y a una está con dolores de parto hasta ahora; y no sólo ella, sino que también nosotros mismos, que tenemos las primicias del Espíritu, nosotros también gemimos dentro de nosotros mismos, esperando la adopción, la redención de nuestro cuerpo" (Ro. 8:20-23).

"¿O no sabéis que los santos han de juzgar al mundo? Y si el mundo ha de ser juzgado por vosotros, ¿sois indignos de juzgar cosas muy pequeñas? ¿O no sabéis que hemos de juzgar a los ángeles? ¿Cuánto más las cosas de esta vida?" (1 Co. 6:2, 3).

"Si sufrimos, también reinaremos con él; si le negáremos, él también nos negará" (2 Ti. 2:12).

"pero alguien testificó en cierto lugar, diciendo: ¿Qué es el hombre, para que te acuerdes de él, o el hijo del hombre, para que le visites? Le hiciste un poco menor que los ángeles, le coronaste de gloria y de honra, y le pusiste sobre las obras de tus manos; todo lo sujetaste bajo sus pies. Porque en cuanto le sujetó todas las cosas, nada dejó que no sea sujeto a él; pero todavía no vemos que todas las cosas le sean sujetas. Pero vemos a aquel que fue hecho un poco menor que los ángeles, a Jesús, coronado de gloria y de honra, a causa del padecimiento de la muerte, para que por la gracia de Dios gustase la muerte por todos" (He. 2:6-9).

"Pero el día del Señor vendrá como ladrón en la noche; en el cual los cielos pasarán con grande estruendo, y los elementos ardiendo serán deshechos, y la tierra y las obras que en ella hay serán quemadas. Puesto que todas estas cosas han de ser deshechas, ¡cómo no debéis vosotros andar en santa y piadosa manera de vivir, esperando y apresurándoos para la venida del día de Dios, en el cual los cielos, encendiéndose, serán deshechos, y los elementos, siendo quemados, se fundirán! Pero nosotros esperamos, según sus promesas, cielos nuevos y tierra nueva, en los cuales mora la justicia" (2 P. 3:10-13).

"y nos has hecho para nuestro Dios reyes y sacerdotes, y reinaremos sobre la tierra" (Ap. 5:10).

"Vi un cielo nuevo y una tierra nueva; porque el primer cielo y la primera tierra pasaron, y el mar ya no existía más... Enjugará Dios toda lágrima de los ojos de ellos; y ya no habrá muerte, ni habrá más llanto, ni clamor, ni dolor; porque las primeras cosas pasaron" (Ap. 21:1, 4).

"Y no habrá más maldición; y el trono de Dios y del Cordero estará en ella, y sus siervos le servirán, y verán su rostro, y su nombre estará en sus frentes. No habrá allí más noche; y no tienen necesidad de luz de lámpara, ni de luz del sol, porque Dios el Señor los iluminará; y reinarán por los siglos de los siglos" (Ap. 22:3-5).

Pensamiento 1. El hombre tiene la necesidad imperiosa de hacer dos cosas:

1) El hombre necesita arrepentirse, volverse a Dios.

"Pedro les dijo: Arrepentíos, y bautícese cada uno de vosotros en el nombre de Jesucristo para perdón de los pecados; y recibiréis el don del Espíritu Santo" (Hch. 2:38).

"Así que, arrepentíos y convertíos, para que sean borrados vuestros pecados; para que vengan de la presencia del Señor tiempos de refrigerio" (Hch. 3:19).

"Arrepiéntete, pues, de esta tu maldad, y ruega a Dios, si quizá te sea perdonado el pensamiento de tu corazón" (Hch. 8:22).

"si se humillare mi pueblo, sobre el cual mi nombre es invocado, y oraren, y buscaren mi rostro, y se convirtieren de sus malos caminos; entonces yo oiré desde los cielos, y perdonaré sus pecados, y sanaré su tierra" (2 Cr. 7:14).

"Deje el impío su camino, y el hombre inicuo sus pensamientos, y vuélvase a Jehová, el cual tendrá de él misericordia, y al Dios nuestro, el cual será amplio en perdonar" (Is. 55:7).

"Mas el impío, si se apartare de todos sus pecados que hizo, y guardare todos mis estatutos e hiciere según el derecho y la justicia, de cierto vivirá; no morirá" (Ez. 18:21).

"Echad de vosotros todas vuestras transgresiones con que habéis pecado, y haceos un corazón nuevo y un espíritu nuevo. ¿Por qué moriréis, casa de Israel?" (Ez. 18:31).

2) El hombre necesita buscar de Dios para obtener sabiduría al tratar de sojuzgar y controlar la tierra. Nuestra capacidad para administrar la tierra y su naturaleza corrupta se ha debilitado y estropeado, pero necesitamos trabajar como animales para sojuzgar todo cuanto podamos. Es necesario que toda la violencia y corrupción, tanto de la naturaleza como del hombre, sean controladas al máximo de nuestra capacidad. Dios puede darnos sabiduría mientras obremos por controlarla, si tan solo se la pidiéramos a Dios.

"Pedid, y se os dará; buscad, y hallaréis; llamad, y se os abrirá. Porque todo aquel que pide, recibe; y el que busca, halla; y al que llama, se le abrirá" (Mt. 7:7, 8).

"Y si alguno de vosotros tiene falta de sabiduría, pídala a Dios, el cual da a todos abundantemente y sin reproche, y le será dada. Pero pida con fe, no dudando nada; porque el que duda es semejante a la onda del mar, que es arrastrada por el viento y echada de una parte a otra. No piense, pues, quien tal haga, que recibirá cosa alguna del Señor. El hombre de doble ánimo es inconstante en todos sus caminos" (Stg. 1:5-8).

"Amados hermanos míos, no erréis. Toda buena dádiva y todo don perfecto desciende de lo alto, del Padre de las luces, en el cual no hay mudanza, ni sombra de variación" (Stg. 1:16, 17).

5 (1:29-30) ***Alimento — Vegetación — Flora — Creación:*** Dios proveyó la vegetación de la tierra para alimentar al hombre y al animal. Recuerde: Dios está reunido con el hombre, explicándole quién es el hombre y por qué ha sido creado y colocado en la tierra (vea la nota 3, Gn. 1:28 para un mayor análisis). Observe varios elementos:

1. El hombre y el animal debían ser vegetarianos en la creación original de la tierra perfecta. No existía eso de comer carne. Comer carne apareció solo después de la caída (Gn. 9:3).

2. Al hombre y al animal se les dio abundancia de alimento: Vegetales, bayas y frutas. Se les dio toda planta que daba semilla y todo árbol que daba fruto.

3. Todo el territorio de la tierra era fructífero. Había vegetación y flora por todas partes, y había más que suficiente. Note las palabras: "sobre *toda la tierra*" (v. 29). Al parecer, no había terrenos infértiles ni desolados sobre la tierra.

4. Desde la caída del hombre al pecado, se han afectado la tierra y su fruto. El hombre ha maltratado y sigue maltratando la tierra y su flora o vegetación, incluso al punto de amenazar la supervivencia de futuras generaciones. El hombre está destruyendo rápidamente la flora de la tierra por la urbanización, por los desarrollos comerciales y por la contaminación. El hombre está contaminando y demoliendo los terrenos de la tierra de una manera tan rápida que los recursos de la tierra se están agotando trágicamente. Se están agotando por…

- la lluvia ácida
- la destrucción de los bosques tropicales y otra flora
- el vertimiento de desechos tóxicos y químicos en lugares amenazadores
- el no reciclaje de materiales utilizables

Pensamiento 1. La misericordia y cuidado de Dios se ve claramente en este pasaje. Dios ha provisto para el hombre, ha provisto suficiente vegetación y fruto para alimentar a todas las personas. El hombre tiene una sola responsabilidad:

> **"Mas buscad primeramente el reino de Dios y su justicia, y todas estas cosas os serán añadidas" (Mt. 6:33).**
>
> **"Tu justicia es como los montes de Dios, tus juicios, abismo grande. oh Jehová, al hombre y al animal conservas" (Sal. 36:6).**

Pensamiento 2. La tierra y su naturaleza que producen fruto y alimento son provistas por Dios. Al hombre se le dio la responsabilidad de "sojuzgar la tierra", usar la tierra para que produzca tanta cosecha como sea necesaria. A Dios se le debe alabar y se debe confiar en Él por el alimento que sea necesario para alimentar la tierra. Pero mientras se alabe y confíe en Dios, el hombre debe trabajar para conseguir su alimento.

> **"Porque también cuando estábamos con vosotros, os ordenábamos esto: Si alguno no quiere trabajar, tampoco coma. Porque oímos que algunos de entre vosotros andan desordenadamente, no trabajando en nada, sino entremetiéndose en lo ajeno. A los tales mandamos y exhortamos por nuestro Señor Jesucristo, que trabajando sosegadamente, coman su propio pan. Y vosotros, hermanos, no os canséis de hacer bien" (2 Ts. 3:10-13).**
>
> **"y que procuréis tener tranquilidad, y ocuparos en vuestros negocios, y trabajar con vuestras manos de la manera que os hemos mandado, a fin de que os conduzcáis honradamente para con los de afuera, y no tengáis necesidad de nada" (1 Ts. 4:11, 12).**

Pensamiento 3. Dios le ha dado alimento al hombre para que sustente su vida. El hombre no debe buscar alimento para consumirlo satisfaciendo sus deseos. Solo debe buscar la cantidad de alimento necesario para sustentar su vida.

> **"Pues tentaron a Dios en su corazón, pidiendo comida a su gusto" (Sal. 78:18).**
>
> **"Y Daniel propuso en su corazón no contaminarse con la porción de la comida del rey, ni con el vino que él bebía; pidió, por tanto, al jefe de los eunucos que no se le obligase a contaminarse" (Dn. 1:8, cp. 1:8-15).**

Pensamiento 4. El hombre debiera recibir su alimento según su agradecimiento para con Dios por ello.

> **"Y habiendo dicho esto, tomó el pan y dio gracias a Dios en presencia de todos, y partiéndolo, comenzó a comer" (Hch. 27:35).**

6 (1:31) ***Hombre — Creación:*** Dios vio que su creación era "buena", todo lo creado durante los seis días de la creación, incluso el hombre, cumplía su función. Este versículo se refiere a toda la creación de Dios. Se refiere al hombre, sí, pero Dios también está repasando todo lo que Él ha creado. Observe dos elementos:

1. El hombre podía cumplir su propósito y función en la tierra. El hombre fue creado a imagen de *Dios*: Tenía el propio aliento, la vida inmortal, de Dios. Por lo tanto, el hombre:

- Podía adorar, fraternizar y tener comunión con Dios (vv. 26-27).
- Podía poblar la tierra (v. 28).
- Podía servir a Dios sojuzgando, desarrollando y administrando la tierra (v. 28).
- Podía alimentarse y sustentarse con los recursos de la tierra (vv. 29-30).

2. Dios miró todo lo que había creado y "he aquí que era bueno en gran manera" (v. 31). La frase "he aquí" llama la atención a cuán buena, cuán perfecta, era la creación de Dios. Dios estaba extremadamente complacido con su creación. Todo estaba bueno en gran manera, perfecto a cada detalle. Todo estaba exactamente como Dios lo había planeado: Todo estaba perfecto para sustentar al hombre en la tierra, perfecto para proveer un hogar para el hombre para que cumpliera el propósito dado por Dios en la tierra.

Pensamiento 1. Dios repasó su obra y la evaluó, una tremenda lección para el hombre su obra y servicio. El hombre podría decir: "Consideré mis caminos, y volví mis pies a tus testimonios [los de Dios]" (Sal. 119:59).

Pensamiento 2. Dios miró atrás y lo vio todo, que cumplía su función. El propio Dios pone un ejemplo dinámico para el hombre: Todo era bueno y cumplía su función. Todo en la vida del hombre debe tener un propósito, diseñado al grado máximo (Col. 3:17, 23).

"Mas a Jehová vuestro Dios serviréis, y él bendecirá tu pan y tus aguas; y yo quitaré toda enfermedad de en medio de ti" (Éx. 23:25).

"Ahora, pues, Israel, ¿qué pide Jehová tu Dios de ti, sino que temas a Jehová tu Dios, que andes en todos sus caminos, y que lo ames, y sirvas a Jehová tu Dios con todo tu corazón y con toda tu alma" (Dt. 10:12).

"Servid a Jehová con temor, y alegraos con temblor" (Sal. 2:11).

"Pues si vivimos, para el Señor vivimos; y si morimos, para el Señor morimos. Así pues, sea que vivamos, o que muramos, del Señor somos" (Ro. 14:8).

"y por todos murió, para que los que viven, ya no vivan para sí, sino para aquel que murió y resucitó por ellos" (2 Co. 5:15).

"Y todo lo que hacéis, sea de palabra o de hecho, hacedlo todo en el nombre del Señor Jesús, dando gracias a Dios Padre por medio de él" (Col. 3:17).

"Y todo lo que hagáis, hacedlo de corazón, como para el Señor y no para los hombres" (Col. 3:23).

"Así que, recibiendo nosotros un reino inconmovible, tengamos gratitud, y mediante ella sirvamos a Dios agradándole con temor y reverencia" (He. 12:28).

Pensamiento 3. Lo que Dios hizo, Él lo vio. Él ve todo lo que Él ha hecho. Esta es una gran afirmación para el justo cuando se encuentra en necesidades. También es una amonestación clara para el perverso cuando está pecando. Nada se escapa de su vista ni de su presencia (Sal. 139:1-16).

"Porque mis ojos están sobre todos sus caminos, los cuales no se me ocultaron, ni su maldad se esconde de la presencia de mis ojos" (Jer. 16:17).

"Y vino sobre mí el Espíritu de Jehová, y me dijo: Di: Así ha dicho Jehová: Así habéis hablado, oh casa de Israel, y las cosas que suben a vuestro espíritu, yo las he entendido" (Ez. 11:5).

"Y no consideran en su corazón que tengo en memoria toda su maldad; ahora les rodearán sus obras; delante de mí están" (Os. 7:2).

"Porque Dios traerá toda obra a juicio, juntamente con toda cosa encubierta, sea buena o sea mala" (Ec. 12:14).

"Porque nada hay encubierto, que no haya de descubrirse; ni oculto, que no haya de saberse" (Lc. 12:2).

"Así que, no juzguéis nada antes de tiempo, hasta que venga el Señor, el cual aclarará también lo oculto de las tinieblas, y manifestará las intenciones de los corazones; y entonces cada uno recibirá su alabanza de Dios" (1 Co. 4:5).

Pensamiento 4. Al final de la vida, un hombre debe ser capaz de repasar su vida y decir exactamente lo que dijo Dios: "¡Era bueno en gran manera!"

Pensamiento 5. Dios vio: "que era bueno en gran manera", cumplía su función (v. 31). Lo que Dios comenzó, Él lo completó. Así sucede también con la salvación. Dios completará nuestra salvación.

"estando persuadido de esto, que el que comenzó en vosotros la buena obra, la perfeccionará hasta el día de Jesucristo" (Fil. 1:6).

"Fiel es el que os llama, el cual también lo hará" (1 Ts. 5:24).

"Por lo cual asimismo padezco esto; pero no me avergüenzo, porque yo sé a quién he creído, y estoy seguro que es poderoso para guardar mi depósito para aquel día" (2 Ti. 1:12).

"que sois guardados por el poder de Dios mediante la fe, para alcanzar la salvación que está preparada para ser manifestada en el tiempo postrero" (1 P. 1:5).

"Y a aquel que es poderoso para guardaros sin caída, y presentaros sin mancha delante de su gloria con gran alegría, al único y sabio Dios, nuestro Salvador, sea gloria y majestad, imperio y potencia, ahora y por todos los siglos. Amén" (Jud 24, 25).

1 Dios acabó la creación de los cielos y la tierra	**CAPÍTULO 2** **J. El séptimo día: La creación de un día de reposo y adoración, 2:1-3** 1 Fueron, pues, acabados los cielos y la tierra, y todo el ejército de ellos.	2 Y acabó Dios en el día séptimo la obra que hizo; y reposó el día séptimo de toda la obra que hizo. 3 Y bendijo Dios al día séptimo, y lo santificó, porque en él reposó de toda la obra que había hecho en la creación.	**2 Dios reposó el séptimo día de toda su obra** **3 Dios bendijo el séptimo día y lo santificó**

DIVISIÓN I

CREACIÓN DE LOS CIELOS Y LA TIERRA, 1:1—2:3

J. El séptimo día: La creación de un día de reposo y adoración, 2:1-3

(2:1-3) **Introducción:** Recuerde como estaba la tierra cuando Dios la puso en el espacio. Estaba deformada y amorfa, sin desarrollar ni terminar. El gran plan de Dios de la creación era crear el mundo por etapas. Debía haber siete grandes días de la creación. Puesta en el espacio, toda la tierra estaba cubierta de un océano de agua. Olas turbulentas, aguas embravecidas y convulsas, cubrían la tierra primigenia. También había un vapor espeso flotando sobre toda la tierra: Un aro de niebla densa y nubes gruesas que se levantaban a varios miles de pies envolvía la tierra. El sol, toda la luz, estaba bloqueado y no podía llegar a la tierra. La tierra estaba envuelta en un velo de oscuridad total.

Pero Dios tenía un gran plan para remediar la situación, un plan que iba a crear la tierra por etapas, en lo que se conoce como *los siete días de la creación*. Ya hemos visto los primeros seis días.

=> El primer día: Dios creó la luz (Gn. 1:3-5).
=> El segundo día: Dios creó la expansión (la atmósfera y espacio aéreo que está sobre la tierra) (Gn. 1:6-8).
=> El tercer día: Dios creó las aguas, lo seco y la vegetación (Gn. 1:9-13).
=> El cuarto día: Dios distribuyó las lumbreras sobre la tierra para regular el día y la noche y las estaciones y los años (Gn. 1:14-19).
=> El quinto día: Dios creó las criaturas acuáticas y del aire (Gn. 1:20-23).
=> El sexto día, durante la primera mitad del día: Dios creó los animales terrestres (Gn. 1:24-25).
=> El sexto día, durante la segunda mitad del día: Dios creó al hombre, varón y hembra (Gn. 1:26-31).

Ahora bien, por una cuestión crucial: ¿Por qué decidiría Dios crear el mundo por etapas, en siete días, en vez de crearlo todo de una vez? El séptimo día de la creación nos lo dice.

=> Dios quiso que el hombre midiera el tiempo por días y semanas. Y quiso que el hombre tomara un día a la semana, el séptimo día, para el reposo y la adoración.

Por lo tanto, Dios lanzó el tiempo, Él le dio inicio al tiempo conjuntamente con sus actos creativos. Toda la actividad terrenal se debía medir en días y semanas y el hombre debía tomar uno de los siete días, el séptimo día, para el reposo y la adoración. Esta es la razón por la que Dios no creó el mundo en un momento de tiempo; esta es una de las razones por las que Dios creó la tierra por etapas, en siete días.

Ahora llegamos al día final de la creación: "El séptimo día: La creación de un día para el reposo o la adoración".

1. Dios acabó la creación de los cielos y la tierra (v. 1).
2. Dios reposó el séptimo día de toda su obra (v. 2).
3. Dios bendijo el séptimo día y lo santificó (v. 3).

[1] (2:1) ***Creación — Cielos — Tierra:*** Dios acabó la creación de los cielos y la tierra. El hebreo dice: "Fueron, pues, acabados los cielos y la tierra". Se hace énfasis en la palabra *acabados*: La creación está completada; ya Dios ha completado su plan de la creación. La palabra *acabados* significa tanto *completado* como *perfeccionado. Ya ahora la creación estaba completada y el producto estaba perfeccionado.*

El universo había comenzado como una idea en la mente de Dios. Dios se había dispuesto a poner su idea del mundo en existencia. Él lo había creado paso a paso.

=> Ya Dios había creado todos los elementos básicos del universo, todos los átomos, protones, neutrones y electrones, cualquiera que sea la sustancia más básica que conforma la materia, Dios había creado toda la materia y energía del universo. La creación de la materia y la energía estaba terminada y perfeccionada.
=> Ya Dios había organizado toda la materia y energía para formar los cielos y la tierra. Ya se había acabado la disposición y organización.
=> Ya Dios había creado todo lo necesario para mantener la vida en la tierra. Se había completado todo, la luz, el aire, el agua, lo seco, la vegetación, el día y la noche, las estaciones y los años.

El plan de la creación de Dios ya estaba acabado, completado y perfeccionado. Esto se enfatiza con fuerza en este versículo. Note la frase "todo el ejército de ellos". Ésta es una ilustración militar. La idea es la de que "todo el ejército" de la creación ya estaba acabado y perfeccionado:

=> Todos los átomos y los elementos.
=> Toda la materia y la energía.
=> Todos los gases y las sustancias químicas.
=> Todas las estrellas y todos los planetas.
=> Toda la flora y vegetación

A todo el ejército de la creación ya se le había mandado

y ordenando, dispuesto y organizado, clasificado y colocado donde debían estar. Los innumerables ejércitos de la creación se habían acabado, completado y perfeccionado como Dios había dispuesto.

Pensamiento 1. Dios acabó, completó y perfeccionó todas las obras de la creación. Dios siempre completa y perfecciona lo que Él comienza. Por ende, Él completará y perfeccionará la obra de salvación en la vida de cada creyente, hasta el día glorioso de la redención.

> **"estando persuadido de esto, que el que comenzó en vosotros la buena obra, la perfeccionará hasta el día de Jesucristo" (Fil. 1:6).**
>
> **"porque Dios es el que en vosotros produce así el querer como el hacer, por su buena voluntad" (Fil. 2:13).**
>
> **"Fiel es el que os llama, el cual también lo hará" (1 Ts. 5:24).**
>
> **"Por lo cual asimismo padezco esto; pero no me avergüenzo, porque yo sé a quién he creído, y estoy seguro que es poderoso para guardar mi depósito para aquel día" (2 Ti. 1:12).**
>
> **"Si fuéremos infieles, él permanece fiel; Él no puede negarse a sí mismo" (2 Ti. 2:13).**
>
> **"que sois guardados por el poder de Dios mediante la fe, para alcanzar la salvación que está preparada para ser manifestada en el tiempo postrero" (1 P. 1:5).**
>
> **"Y a aquel que es poderoso para guardaros sin caída, y presentaros sin mancha delante de su gloria con gran alegría, al único y sabio Dios, nuestro Salvador, sea gloria y majestad, imperio y potencia, ahora y por todos los siglos. Amén" (Jud. 24, 25).**

[2] (2:2) ***Sábado — Domingo — Creación:*** Dios reposó el séptimo día de toda su obra.

1. Observe la palabra "acabó". En hebreo significa declararle un fin a; declarar terminado (H. C. Leupold, *Genesis*, vol. 1, p. 102). Da la idea de que Dios declaró su obra de creación como acabada.

Pensamiento 1. El regocijo de Dios, Cristo, el Espíritu Santo, y las huestes celestiales de seres angélicos debe haber sido uno de los sucesos más espectaculares que se hayan experimentado en toda la eternidad. La declaración de Dios de que la creación del universo ya estaba completada debe haber despertado emoción, tanta emoción, alabanza y adoración como se haya experimentado en todos los anales de la eternidad.

2. Note la palabra "reposó" (*shabhath*). Significa detener o cesar el trabajo. La idea no es la de que Dios reposó de toda la obra después de la creación. Dios no necesita descansar como el hombre necesita descansar: Él no estaba descansado, cargado, presionado, ni exhausto de su obra de creación. El versículo dos nos dice claramente que Dios reposó de o dejó de hacer: "reposó él… toda la obra que hizo [o creó]". La palabra "obra" (*melakhah*) significa una obra especial, un trabajo o tarea muy especial. La tarea u obra especial acometida por Dios fue la creación. Por lo tanto, la obra de la que Dios reposó fue la obra de la creación. El significado se puede plantear de varias maneras.

=> Dios *había acabado* su obra creativa; por ende, Él reposó, cesó de su obra creativa.
=> Dios *había completado* la obra que había estado haciendo, la obra de creación; por ende, Él reposó, cesó de toda la obra de la creación.
=> Dios *había terminado* la obra especial que Él se había dispuesto a hacer; por ende, él reposó, cesó de esa obra especial.
=> Dios *había completado y perfeccionado* su obra de creación; por lo tanto, Él se apartó con una sensación de paz y realización por su obra creativa.

Sucede lo siguiente: Dios no reposó ni cesó de obrar. Él solo reposó y cesó de la obra que había estado haciendo esa semana. Su obra de esa semana, la obra de la creación, estaba completada. El reposo de Dios no fue…

- inactividad
- sueño
- ocio
- relajación
- pereza
- haraganería

> **"¿No has sabido, no has oído que el Dios eterno es Jehová, el cual creó los confines de la tierra? No desfallece, ni se fatiga con cansancio, y su entendimiento no hay quien lo alcance" (Is. 40:28).**

El reposo de Dios fue una sensación de paz y realización por la obra creativa que había acabado de completar. La ilustración es descriptiva: Dios tomó un día, el séptimo día, para apartarse y disfrutar su obra creativa. No en balde todas las huestes celestiales se sumaron en su celebración y declaración de que la obra de la creación, los seis grandes días de la creación, ya estaban completados. El séptimo día del reposo de Dios, *el reposo de Dios*, es una sensación de…

- paz
- compleción
- seguridad
- realización
- éxito
- confianza
- cumplimiento
- propósito
- aprobación
- satisfacción
- significado
- seguridad

Dios estaba muy complacido con su obra. Parado allí el séptimo día, sintió que había hecho una obra muy buena. Dios sintió una profunda sensación de paz, satisfacción, y realización. Él estaba en paz con lo que había hecho. (Vea la nota, *reposo,* He. 4:1 para un mayor análisis.)

Pensamiento 1. El hombre debe seguir el ejemplo de Dios. El hombre debe apartar un día en que reposa de su trabajo. Pero durante la semana el hombre también tiene que trabajar de la misma manera que trabajó Dios, con diligencia y fidelidad. El hombre debe ser capaz de hacer lo que hizo Dios: Pararse el día de reposo, mirar atrás a la semana que acaba de terminar y sentir una profunda sensación de realización. Él debe poder:

- Sentir que ha hecho un buen trabajo.
- Sentirse satisfecho y realizado porque ha obrado con diligencia.
- Sentir el propósito porque ha contribuido a satisfacer las necesidades de las personas y la sociedad y hacer del mundo un mejor lugar para vivir.

La gran tragedia es la siguiente: Pocas personas tienen este reposo de Dios, el reposo de la realización, la satisfacción y el propósito en la vida. Muy pocos obran diligentemente en su trabajo. Muy pocos hacen todo cuanto pueden para satisfacer las necesidades de las personas y de la sociedad. La mayoría hacen su trabajo rutinariamente, usan tan poca energía y esfuerzo como les es posible y egoístamente trabajan tan poco como les es posible.

> **"Su señor le dijo: Bien, buen siervo y fiel; sobre poco has sido fiel, sobre mucho te pondré; entra en el gozo de tu señor" (Mt. 25:23).**
>
> **"Ahora bien, se requiere de los administradores, que cada uno sea hallado fiel" (1 Co. 4:2).**
>
> **"Siervos, obedeced a vuestros amos terrenales con temor y temblor, con sencillez de vuestro corazón, como a Cristo; no sirviendo al ojo, como los que quieren agradar a los hombres, sino como siervos de Cristo, de corazón haciendo la voluntad de Dios; sirviendo de buena voluntad, como al Señor y no a los hombres" (Ef. 6:5-7).**
>
> **"Y todo lo que hacéis, sea de palabra o de hecho, hacedlo todo en el nombre del Señor Jesús, dando gracias a Dios Padre por medio de él" (Col. 3:17).**
>
> **"Todos los que están bajo el yugo de esclavitud, tengan a sus amos por dignos de todo honor, para que no sea blasfemado el nombre de Dios y la doctrina" (1 Ti. 6:1).**
>
> **"Exhorta a los siervos a que se sujeten a sus amos, que agraden en todo, que no sean respondones" (Tit. 2:9).**
>
> **"Criados, estad sujetos con todo respeto a vuestros amos; no solamente a los buenos y afables, sino también a los difíciles de soportar" (1 P. 2:18).**
>
> **"Quien cuida la higuera comerá su fruto, y el que mira por los intereses de su señor, tendrá honra" (Pr. 27:18).**
>
> **"Todo lo que te viniere a la mano para hacer, hazlo según tus fuerzas; porque en el Seol, adonde vas, no hay obra, ni trabajo, ni ciencia, ni sabiduría" (Ec. 9:10).**

[3] (2:3) ***Sábado — Domingo:*** Dios bendijo el séptimo día y lo santificó. Observe con qué claridad, sin lugar a dudas, Dios aparta el séptimo día.

> **"Y bendijo Dios al día séptimo, y *lo santificó,* porque en él reposó de toda la obra que había hecho en la creación" (v. 3).**

No cabe duda en cuanto a lo que Dios está haciendo con el séptimo día. Él está apartando el día de todos los otros días de la semana. Cuatro elementos significativos lo demuestran:

1. Dios bendijo el séptimo día. Nota: Es *el día como tal* el que se bendice. No se bendijo ningún otro día, solo el séptimo día. Se honró solamente el séptimo día con la bendición de Dios.

2. Dios santificó el séptimo día. La palabra "santificó" quiere decir *apartar y hacer santo.* Dios consagró el día realmente y lo declaró santo. Esto es muy significativo: Quiere decir que el séptimo día se estaba apartando como un día permanente. El séptimo día debía tener una permanencia que los otros seis días no tenían. Cualquier tipo de trabajo se podría hacer en los otros seis días, pero no en el séptimo día. El trabajo del séptimo día debía ser el mismo semana tras semana. Debía ser un día apartado para un propósito muy especial. Debía ser un día diferente de los otros seis días, un día que no debía desaparecer nunca, un día que se le debía entregar a la *obra de la santidad.*

> ***Pensamiento 1.*** Note un elemento claro: El séptimo día está consagrado y declarado *santo* por Dios. El propio hecho de que Dios mismo haga esto significa que el día está consagrado y es santo. No importa cuánto el hombre maltrate el día de reposo y adoración, aún así está consagrado y es santo para Dios y sus verdaderos seguidores.
>
> ¡Qué acusación contra el hombre! Con cuánto apremio necesitamos dejar de maltratar el día de reposo y adoración. Muchos reposan, pero pocos le entregan el día a la santidad.

3. Dios reposó y adoró el séptimo día. No cabe duda, todo el ejército celestial se regocijó con Dios cuando Él celebró su obra gloriosa de creación. El ejército celestial, todos los ángeles, serafines, y querubines de Dios, estaban obligados a alabar y bendecir a Dios por su obra maravillosa. Él es:

- El Creador soberano.
- La Inteligencia y Poder supremos
- El Señor y Majestad del universo

Dios es digno de toda la gloria y majestad, todo el dominio y poder, toda la alabanza y acción de gracias, toda la adoración y honra. El primer séptimo día, el gran día del reposo de Dios, debe haber sido uno de los días más gloriosos de adoración que se haya experimentado en toda la eternidad.

4. Dios apartó el día como un día de celebración y conmemoración. Dios santificó e hizo santo el día, lo apartó como un día muy especial y como un día permanente. Observe ahora: El día no se apartó para Dios; se apartó para el hombre. Dios no necesita un día permanente de reposo. Decir o pensar que sí sería una tontería. El día de reposo y santidad está apartado para el hombre. El hombre necesita el día para dos propósitos muy específicos.

   a. El hombre necesita un día en que pueda reposar, tanto física como espiritualmente. El hombre necesita un día en que pueda experimentar una paz y una sensación de realización por su trabajo de la semana pasada. (Vea la nota 2, Gn. 2:2 para un mayor análisis.)

   b. El hombre necesita un día para adoración y bendición, para alabanza y acción de gracias. El hombre necesita un día que esté apartado para él para concentrarse en Dios. El período de atención del hombre es corto y el foco de sus emociones no dura mucho. Por lo tanto, el hombre necesita un día de cada siete en que pueda concentrar su atención y sus emociones en Dios, un día en que se pueda concentrar en Dios sin mayores distracciones. El hombre necesita un día a la semana para adorar a Dios, para adorar:

      - Alabando a Dios como el Creador del universo.
      - Dándole gracias a Dios por la vida: El privilegio y provisión de la vida.

- Reconociendo a Dios como el Señor y Majestad del universo.
- Bendiciendo a Dios por el privilegio del trabajo y la salud durante la semana.
- Sirviendo a Dios en el espíritu de santidad y justicia.
- Pidiéndole a Dios que satisfaga sus necesidades y las necesidades de otros.

Pensamiento 1. ¡Imagínese nada más cómo Dios bendeciría a la persona que respetara el día de reposo y adoración como Él quiere que se respete!

"Bienaventurado el hombre que hace esto, y el hijo de hombre que lo abraza; que guarda el día de reposo para no profanarlo, y que guarda su mano de hacer todo mal" (Is. 56:2).

"Si retrajeres del día de reposo tu pie, de hacer tu voluntad en mi día santo, y lo llamares delicia, santo, glorioso de Jehová; y lo venerares, no andando en tus propios caminos, ni buscando tu voluntad, ni hablando tus propias palabras, entonces te deleitarás en Jehová; y yo te haré subir sobre las alturas de la tierra, y te daré a comer la heredad de Jacob tu padre; porque la boca de Jehová lo ha hablado" (Is. 58:13, 14).

"Bienaventurados los que habitan en tu casa; perpetuamente te alabarán" (Sal. 84:4).

"Ciertamente el bien y la misericordia me seguirán todos los días de mi vida, y en la casa de Jehová moraré por largos días" (Sal. 23:6).

"Una cosa he demandado a Jehová, ésta buscaré; que esté yo en la casa de Jehová todos los días de mi vida, para contemplar la hermosura de Jehová, y para inquirir en su templo" (Sal. 27:4).

"Bienaventurado el que tú escogieres y atrajeres a ti, para que habite en tus atrios; seremos saciados del bien de tu casa, de tu santo templo" (Sal. 65:4).

Pensamiento 2. El hombre debe respetar y guardar fielmente el día de reposo.

"Acuérdate del día de reposo para santificarlo" (Éx. 20:8).

"Seis días trabajarás, mas en el séptimo día descansarás; aun en la arada y en la siega, descansarás" (Éx. 34:21).

"Bienaventurado el hombre que hace esto, y el hijo de hombre que lo abraza; que guarda el día de reposo para no profanarlo, y que guarda su mano de hacer todo mal" (Is. 56:2).

Pensamiento 3. Hay una diferencia entre el sábado como se respetaba por los judíos y por otros y el domingo como se respetaba por los creyentes cristianos. El sábado es el último día de la semana. Fue un día en que Jesús el Mesías estuvo en la tumba, un día de gran tristeza para el verdadero creyente cristiano. Sin embargo, el domingo es el primer día de la semana. Es un día de gran gozo, porque fue el día de la resurrección de Jesús, el día que Él venció a la muerte. Se le llama el Día del Señor y se celebra como un día de reposo y de gozo, un día glorioso para examinar el alma y meditar en Dios. Es el día de adoración y de fraternidad cristiana celebrado por los creyentes de todo el mundo (Hch. 20:7; 1 Co. 16:2).

=> Era costumbre de Jesús adorar el día de reposo (Lc. 4:16).
=> Era costumbre de Pablo adorar el día de reposo (Hch. 17:2).
=> El pueblo de Dios no debe descuidar la adoración (He. 10:25; cp. Hch. 16:13).
=> El pueblo de Dios debe recordar el día de reposo, guardarlo como santo (Éx. 20:8; 31:14; 34:21).
=> Al pueblo de Dios se le prometió una bendición especial por guardar el día de reposo como santo (Is. 56:2; 58:13-14).
=> Profanar el día de reposo traerá el juicio de Dios sobre las personas (Ez. 20:13; 22:8, 15; cp. Nm. 15:32-35; Jer. 17:27; Ez. 20:13; 22; 8, 15).
=> Compra y venta no deben ocurrir el día de reposo (Neh. 10:31; 13:15).
=> Ayudar al necesitado es lícito el día de reposo (Mt. 12:12; cp. Jn. 7:23; 9:14).
=> Los creyentes de la iglesia primitiva adoraban el día que Cristo resucitó de los muertos, es decir, el domingo, el primer día de la semana (Hch. 20:7; 1 Co. 16:2).

1 **Jehová Dios creó el universo, los cielos y la tierra**	**II. ADÁN, EL PRIMER HOMBRE (PARTE 1): EL PRINCIPIO DE LA HUMANIDAD Y DE LA SIMIENTE PIADOSA: LO QUE LE SUCEDIÓ AL HOMBRE Y A LA TIERRA, 2:4—3:24** **A. La primera ilustración de la tierra antes del hombre: Tiempos prehistóricos, 2:4-6** 4 Estos son los orígenes de los cielos y de la tierra cuando fueron creados, el día	que Jehová Dios hizo la tierra y los cielos, 5 y toda planta del campo antes que fuese en la tierra, y toda hierba del campo antes que naciese; porque Jehová Dios aún no había hecho llover sobre la tierra, ni había hombre para que labrase la tierra, 6 sino que subía de la tierra un vapor, el cual regaba toda la faz de la tierra.	**2 Jehová Dios mismo creó el universo** **3 Jehová Dios creó la tierra y los cielos por etapas** a. Antes de las plantas y arbustos del campo b. Antes de la lluvia c. Antes del hombre d. Al principio, la tierra estaba envuelta en un vapor espeso de niebla densa y nubes gruesas

DIVISIÓN II

ADÁN, EL PRIMER HOMBRE (PARTE 1): EL PRINCIPIO DE LA HUMANIDAD Y DE LA SIMIENTE PIADOSA: LO QUE LE SUCEDIÓ AL HOMBRE Y A LA TIERRA, 2:4—3:24

A. La primera ilustración de la tierra antes del hombre: Tiempos prehistóricos, 2:4-6

(2:4—3:24) ***Perspectiva general de la división: Hombre — Historia — Civilización:*** Esta sección de Génesis registra el principio de la historia del hombre. Abarca el principio mismo del hombre en la tierra. Es el principio de la humanidad y de la simiente piadosa o de los verdaderos seguidores de Dios. A partir de este todo se centra en el hombre:

- Cómo el hombre se inició en la tierra (Gn. 2:4-25).
- Cómo el hombre empezó a pecar contra Dios y a morir (Gn. 3:1-13).
- Cómo Dios salvó al hombre del pecado y la muerte (Gn. 3:14-24).

Esto se ve claramente ojeando las Escrituras y los Encabezamientos Principales de los resúmenes que aparecen a continuación (A, B, C y más). Observe con qué claridad se abarca el mismísimo principio de la historia del hombre. Note que todo lo que se analiza es una primicia, la primera vez que ocurre o que tiene lugar el suceso en la tierra.

II. ADÁN, EL PRIMER HOMBRE (PARTE 1): EL PRINCIPIO DE LA HUMANIDAD Y DE LA SIMIENTE PIADOSA: LO QUE LE SUCEDIÓ AL HOMBRE Y A LA TIERRA, 2:4—3:24

A. La primera ilustración de la tierra antes del hombre: Tiempos prehistóricos, 2:4-6.
B. El primer hombre: Adán, 2:7.
C. El primer huerto y su propósito: Edén, el hogar o lugar ideal del hombre, 2:8-14.
D. El primer mandato o pacto: El propósito del hombre sobre la tierra, 2:15-17
E. La primera mujer: La compañía del hombre, Eva, 2:18-25
F. La primera tentación y pecado: La caída del hombre de la perfección — Los primeros pasos del hombre y la mujer al pecado, 3:1-6
G. Las primeras consecuencias del pecado: La caída trágica del hombre de la perfección, 3:7-13
H. El primer juicio sobre el pecado (parte 1): El juicio sobre el tentador, Esa serpiente antigua llamada el diablo, 3:14-15
I. El primer juicio sobre el pecado (parte 2): El juicio sobre la mujer, 3:16
J. El primer juicio sobre el pecado (parte 3): El juicio sobre el hombre, 3:17-19
K. La primera provisión de Dios para el hombre: Dios provee vida y vestiduras (Justicia) para el hombre, 3:20-21
L. El primer acto de liberación o salvación: Se salva al hombre de vivir para siempre como pecador en un mundo caído, 3:22-24

(2:4-6) ***Introducción:*** El hombre siempre se ha preguntado acerca de los tiempos prehistóricos. ¿Cómo era la tierra en los primeros días? ¿Qué existía y qué no existía? ¿Cómo comenzó la vegetación y la vida en la tierra? ¿Cuál es el origen de las plantas y de la vida? Estos cuatro versículos dan una ilustración de la tierra prehistórica. Son verdaderamente una breve reseña del relato de la creación comprendido en el primer capítulo de Génesis. Estos cuatro versículos constituyen el trabajo preliminar para explicar lo que le ha sucedido a la tierra y a los cielos, al hombre y a su mundo, desde que Dios creó el universo. Esta es "La primera ilustración de la tierra antes del hombre: Tiempos prehistóricos".

1. Jehová Dios creó el universo, los cielos y la tierra (v. 4).
2. Jehová Dios mismo creó el universo (v. 4).
3. Jehová Dios creó la tierra y los cielos por etapas (vv. 5-6).

1 (2:4) ***Creación — Universo:*** Jehová Dios creó los cielos y la tierra. Estos son los orígenes de los cielos y de la tierra "cuando fueron creados". La palabra hebrea "orígenes" (*toledoth*) significa generaciones, cuento, historia, relato. Este es el verdadero relato de cómo surgieron la tierra y los cielos. Este es el verdadero relato, una breve reseña, del origen de la tierra prehistórica. Esta es una breve reseña del capítulo uno de Génesis. Observe las palabras "cuando fueron creados". Se hace énfasis en que *fueron creados*: El universo no surgió por sí solo. Los cielos y la tierra no ocurrieron sencillamente…

- por casualidad
- por algún hecho fortuito
- por algo, alguna fuerza o materia, algún gas o energía, que apareció *de la nada.*

Que algo aparezca *de la nada* va en contra de todas las leyes de la naturaleza y la ciencia.

¿Cuál es la verdad acerca del origen del universo, de los cielos y de la tierra? La verdad es que Jehová Dios mismo creó el universo, tanto la tierra como los cielos. Y en esta declaración hay una verdad pasmosa: La verdad pasmosa es que Dios existe verdaderamente. La negación y el rechazo del hombre de la verdad no pueden acabar con Dios. Dios *es*, Dios *existe* y Dios mismo creó tanto la tierra como los cielos.

"Y dijeron los levitas Jesúa, Cadmiel, Bani, Hasabnías, Serebías, Hodías, Sebanías y Petaías: Levantaos, bendecid a Jehová vuestro Dios desde la eternidad hasta la eternidad; y bendígase el nombre tuyo, glorioso y alto sobre toda bendición y alabanza. Tú solo eres Jehová; tú hiciste los cielos, y los cielos de los cielos, con todo su ejército, la tierra y todo lo que está en ella, los mares y todo lo que hay en ellos; y tú vivificas todas estas cosas, y los ejércitos de los cielos te adoran" (Neh. 9:5, 6).

"Dice el necio en su corazón: No hay Dios. Se han corrompido, hacen obras abominables; no hay quien haga el bien" (Sal. 14:1).

"Dice el necio en su corazón: No hay Dios. Se han corrompido, e hicieron abominable maldad; no hay quien haga bien. Dios desde los cielos miró sobre los hijos de los hombres, para ver si había algún entendido que buscara a Dios. Cada uno se había vuelto atrás; todos se habían corrompido; no hay quien haga lo bueno, no hay ni aun uno" (Sal. 53:1-3).

"Sean afrentados y turbados para siempre; sean deshonrados, y perezcan. Y conozcan que tu nombre es Jehová; Tú solo Altísimo sobre toda la tierra" (Sal. 83:17, 18).

"El Dios que hizo el mundo y todas las cosas que en él hay, siendo Señor del cielo y de la tierra, no habita en templos hechos por manos humanas, ni es honrado por manos de hombres, como si necesitase de algo; pues él es quien da a todos vida y aliento y todas las cosas. Y de una sangre ha hecho todo el linaje de los hombres, para que habiten sobre toda la faz de la tierra; y les ha prefijado el orden de los tiempos, y los límites de su habitación; para que busquen a Dios, si en alguna manera, palpando, puedan hallarle, aunque ciertamente no está lejos de cada uno de nosotros. Porque en él vivimos, y nos movemos, y somos; como algunos de vuestros propios poetas también han dicho: Porque linaje suyo somos" (Hch. 17:24-28).

2 (2:4) ***Dios, nombres de — Jehová — Yahvéh — Creación:*** Jehová Dios mismo hizo el universo. Observe el nombre usado para Dios en estos versículos: Jehová Dios (Jehová Elohim). El nombre para Dios cambia o más bien se engrandece aquí en el capítulo dos de Génesis. *Dios* (Elohim) se combina con *Señor* (Jehová o Yahvéh). En el capítulo uno, donde era necesario enfatizar la fuerza y el poder creativos de Dios, se usó solo el nombre general de Dios, *Elohim.* Elohim es el nombre que enfatiza su poder y fuerza como el Creador y Majestad soberana del universo. (Vea el *Estudio a fondo 2*, Gn. 1:1 para el significado completo de Elohim.) Ahora bien, al registrar el principio de la historia del hombre en la tierra, *Jehová* o *Yahvéh* se combina con el nombre creativo de Dios: fue Jehová Dios, Jehová (Yahvéh) Elohim, quien creó el universo. ¿Por qué los nombres combinados? ¿Por qué combinar Jehová o Yahvéh con Elohim? ¿Por qué ahora es necesario decir que fue Jehová Dios quien está detrás de la creación? Porque Jehová es el *nombre personal* de Dios, el nombre *revelador y redentor* de Dios. Dios está casi listo:

- Para *revelársele* a sí mismo al hombre.
- Para establecer una *relación personal* con el hombre.
- Para *redimir* al hombre de su caída al pecado y la muerte.

Este pasaje está preparando los cimientos para lo que debe suceder: El principio de la historia del hombre en la tierra. El principio de la historia explica la relación entre Dios y el hombre:

=> Lo que le sucedió al hombre y a su mundo.
=> Cómo el hombre se alienó y se marginó de Dios.
=> Cómo Dios redimió al hombre de su caída al pecado y la muerte.

Es hora de que Dios se revele como *Jehová*, como Jehová Dios del universo. El universo fue creado por un *Dios personal*, un Dios que creó el mundo para establecer una relación personal con su creación, en específico con el hombre. De un modo sencillo, Jehová Dios, Jehová Elohim, es el nombre que describe lo que Dios está a punto de hacer en la tierra: *Establecer una relación personal* con el hombre y *redimir al hombre* de su terrible caída al pecado y la muerte. (Vea la nota 1, pt. 3, Gn. 2:7 para un mayor análisis.)

Pensamiento 1. El nombre mismo de Dios describe su carácter glorioso, exactamente cómo es.

1) Dios es Jehová Dios, Jehová Elohim, el Dios personal: El único Dios vivo y verdadero, el único Dios que puede establecer una relación personal con el hombre. Su propósito mismo para crear la tierra fue establecer una relación personal con nosotros, con cada uno de nosotros. Esta es la declaración de las Escrituras de principio a fin.

"Mas Jehová Dios llamó al hombre, y le dijo: ¿Dónde estás tú?" (Gn. 3:9).

"Mas si desde allí buscares a Jehová tu Dios, lo ha-

llarás, si lo buscares de todo tu corazón y de toda tu alma" (Dt. 4:29).

"Venid luego, dice Jehová, y estemos a cuenta: si vuestros pecados fueren como la grana, como la nieve serán emblanquecidos; si fueren rojos como el carmesí, vendrán a ser como blanca lana" (Is. 1:18).

"Porque así dijo Jehová, que creó los cielos; él es Dios, el que formó la tierra, el que la hizo y la compuso; no la creó en vano, para que fuese habitada la creó: Yo soy Jehová, y no hay otro" (Is. 45:18).

"A todos los sedientos: Venid a las aguas; y los que no tienen dinero, venid, comprad y comed. Venid, comprad sin dinero y sin precio, vino y leche" (Is. 55:1).

"Buscad a Jehová mientras puede ser hallado, llamadle en tanto que está cercano" (Is. 55:6).

"y me buscaréis y me hallaréis, porque me buscaréis de todo vuestro corazón" (Jer. 29:13).

"Venid a mí todos los que estáis trabajados y cargados, y yo os haré descansar" (Mt. 11:28).

"El Dios que hizo el mundo y todas las cosas que en él hay, siendo Señor del cielo y de la tierra, no habita en templos hechos por manos humanas, ni es honrado por manos de hombres, como si necesitase de algo; pues él es quien da a todos vida y aliento y todas las cosas. Y de una sangre ha hecho todo el linaje de los hombres, para que habiten sobre toda la faz de la tierra; y les ha prefijado el orden de los tiempos, y los límites de su habitación; para que busquen a Dios, si en alguna manera, palpando, puedan hallarle, aunque ciertamente no está lejos de cada uno de nosotros. Porque en él vivimos, y nos movemos, y somos; como algunos de vuestros propios poetas también han dicho: Porque linaje suyo somos" (Hch. 17:24-28).

"He aquí, yo estoy a la puerta y llamo; si alguno oye mi voz y abre la puerta, entraré a él, y cenaré con él, y él conmigo" (Ap. 3:20).

"Y el Espíritu y la Esposa dicen: Ven. Y el que oye, diga: Ven. Y el que tiene sed, venga; y el que quiera, tome del agua de la vida gratuitamente" (Ap. 22:17).

2) Dios es Jehová Dios, Jehová Elohim, *el Dios que se revela*: El único Dios vivo y verdadero, el único Dios que puede revelarse a sí mismo y la verdad del hombre y el mundo. Solo Jehová Dios puede revelar de dónde proviene el hombre, por qué el hombre está aquí y hacia dónde el hombre se dirige. Jehová Dios solamente puede decirle al hombre por qué hay maldad, sufrimiento y muerte en la tierra. Solo Él puede revelar cómo el hombre puede ser liberado del mal y la muerte.

Nota: Jehová Dios revela la verdad de cuatro maneras:

a) Jehová Dios ha revelado la verdad a través de su Hijo, el Señor Jesucristo.

"Profeta les levantaré de en medio de sus hermanos, como tú; y pondré mis palabras en su boca, y él les hablará todo lo que yo le mandare" (Dt. 18:18).

"Porque así dijo Jehová, que creó los cielos; él es Dios, el que formó la tierra, el que la hizo y la compuso; no la creó en vano, para que fuese habitada la creó: Yo soy Jehová, y no hay otro. No hablé en secreto, en un lugar oscuro de la tierra; no dije a la descendencia de Jacob: En vano me buscáis. Yo soy Jehová que hablo justicia, que anuncio rectitud" (Is. 45:18, 19).

"Muchas cosas tengo que decir y juzgar de vosotros; pero el que me envió es verdadero; y yo, lo que he oído de él, esto hablo al mundo" (Jn. 8:26).

"Jesús le dijo: ¿Tanto tiempo hace que estoy con vosotros, y no me has conocido, Felipe? El que me ha visto a mí, ha visto al Padre; ¿cómo, pues, dices tú: Muéstranos el Padre?" (Jn. 14:9).

b) Jehová Dios revela la verdad a través del Espíritu Santo.

"Pero cuando venga el Espíritu de verdad, él os guiará a toda la verdad; porque no hablará por su propia cuenta, sino que hablará todo lo que oyere, y os hará saber las cosas que habrán de venir" (Jn. 16:13).

"Antes bien, como está escrito: Cosas que ojo no vio, ni oído oyó, ni han subido en corazón de hombre, son las que Dios ha preparado para los que le aman. Pero Dios nos las reveló a nosotros por el Espíritu; porque el Espíritu todo lo escudriña, aun lo profundo de Dios" (1 Co. 2:9, 10).

c) Jehová Dios revela la verdad a través de su Palabra, la Santa Biblia.

"Procura con diligencia presentarte a Dios aprobado, como obrero que no tiene de qué avergonzarse, que usa bien la palabra de verdad" (2 Ti. 2:15).

"Por lo cual también nosotros sin cesar damos gracias a Dios, de que cuando recibisteis la palabra de Dios que oísteis de nosotros, la recibisteis no como palabra de hombres, sino según es en verdad, la palabra de Dios, la cual actúa en vosotros los creyentes" (1 Ts. 2:13).

"Toda la Escritura es inspirada por Dios, y útil para enseñar, para redargüir, para corregir, para instruir en justicia" (2 Ti. 3:16).

"Para siempre, oh Jehová, permanece tu palabra en los cielos" (Sal. 119:89).

"Porque de cierto os digo que hasta que pasen el cielo y la tierra, ni una jota ni una tilde pasará de la ley, hasta que todo se haya cumplido" (Mt. 5:18).

"porque nunca la profecía fue traída por voluntad humana, sino que los santos hombres de Dios hablaron siendo inspirados por el Espíritu Santo" (2 P. 1:21).

"Y ahora, hermanos, os encomiendo a Dios, y a la palabra de su gracia, que tiene poder para sobreedificaros y daros herencia con todos los santificados" (Hch. 20:32).

d) Jehová Dios revela la verdad a través de la naturaleza.

"si bien no se dejó a sí mismo sin testimonio, haciendo bien, dándonos lluvias del cielo y tiempos fructíferos, llenando de sustento y de alegría nuestros corazones" (Hch. 14:17).

"Porque las cosas invisibles de él, su eterno poder y deidad, se hacen claramente visibles desde la creación del mundo, siendo entendidas por medio de las cosas hechas, de modo que no tienen excusa" (Ro. 1:20).

"Por la fe entendemos haber sido constituido el universo por la palabra de Dios, de modo que lo que se ve fue hecho de lo que no se veía" (He. 11:3).

"Pero sin fe es imposible agradar a Dios; porque es necesario que el que se acerca a Dios crea que le hay, y que es galardonador de los que le buscan" (He. 11:6).

"Los cielos cuentan la gloria de Dios, y el firmamento anuncia la obra de sus manos" (Sal. 19:1).

"Los cielos anunciaron su justicia, y todos los pueblos vieron su gloria" (Sal. 97:6).

3) Dios es Jehová Dios, Jehová Elohim, *el Dios redentor*: El único Dios vivo y verdadero, el único Dios que puede redimir y salvar al hombre verdaderamente del pecado, la muerte y el infierno.

"En tu mano encomiendo mi espíritu; Tú me has redimido, oh Jehová, Dios de verdad" (Sal. 31:5).

"Redención ha enviado a su pueblo; para siempre ha ordenado su pacto; Santo y temible es su nombre" (Sal. 111:9).

"Ahora, así dice Jehová, Creador tuyo, oh Jacob, y Formador tuyo, oh Israel: No temas, porque yo te redimí; te puse nombre, mío eres tú" (Is. 43:1).

"como el Hijo del Hombre no vino para ser servido, sino para servir, y para dar su vida en rescate por muchos" (Mt. 20:28).

"Bendito el Señor Dios de Israel, que ha visitado y redimido a su pueblo" (Lc. 1:68).

"en quien tenemos redención por su sangre, el perdón de pecados según las riquezas de su gracia" (Ef. 1:7).

"el cual nos ha librado de la potestad de las tinieblas, y trasladado al reino de su amado Hijo, en quien tenemos redención por su sangre, el perdón de pecados" (Col. 1:13, 14).

"Porque esto es bueno y agradable delante de Dios nuestro Salvador, el cual quiere que todos los hombres sean salvos y vengan al conocimiento de la verdad. Porque hay un solo Dios, y un solo mediador entre Dios y los hombres, Jesucristo hombre, el cual se dio a sí mismo en rescate por todos, de lo cual se dio testimonio a su debido tiempo" (1 Ti. 2:3-6).

"sabiendo que fuisteis rescatados de vuestra vana manera de vivir, la cual recibisteis de vuestros padres, no con cosas corruptibles, como oro o plata, sino con la sangre preciosa de Cristo, como de un cordero sin mancha y sin contaminación" (1 P. 1:18, 19).

3 (2:5-6) ***Creación:*** Jehová Dios creó los cielos y la tierra por etapas (vv. 5-6). Note que los cielos y la tierra fueron creados:

=> Antes de las plantas y los arbustos del campo.
=> Antes de la lluvia.
=> Antes del hombre.

La breve ilustración de la tierra prehistórica dibujada por los versículos cinco y seis es la siguiente: La tierra estaba envuelta en un vapor espeso de niebla densa y nubes gruesas. Fue esto lo que regó la tierra. Observe lo siguiente: Al parecer la luz y el calor del sol y otros cuerpos celestes no podía llegar a la tierra en este momento. Cuando Dios creó la tierra, era un planeta infértil puesto en el espacio, y estaba envuelto en una capa grande y densa de nubes, niebla y vapor. Había poca luz y calor y no había crecimiento, al principio no, no cuando Dios creó el planeta tierra. Jehová Dios creó el universo por etapas y en día sucesivos.

Ahora bien, note cómo se enfatiza la tierra prehistórica:

=> La tierra y los cielos, el universo, fue creado por Jehová Dios mismo.
=> El universo, la tierra y los cielos, fueron creados por etapas por Jehová Dios.

El hecho de que Dios es, de que Dios existe, de que fue Él mismo quien creó el universo, es el énfasis de la tierra prehistórica, de estos tres versículos.

Pensamiento 1. Dios creó la tierra etapa por etapa. Él tenía el poder para tomar una tierra deformada y amorfa, moldearla y darle forma. Él tenía el poder para tomar una tierra sin vida y despoblada y crear vida y poblarla. Por eso Dios es el Señor soberano del universo. Como Señor soberano, Dios nos revela dos cosas maravillosas.

1) Dios tiene el poder para tomar a una persona y hacer de ella una nueva creación. Y Dios tiene el poder para tomar esa nueva persona, esa nueva creación, y moverla etapa por etapa hasta que alcance el momento culminante de la redención al regreso del Señor Jesucristo.

"De modo que si alguno está en Cristo, nueva criatura es; las cosas viejas pasaron; he aquí todas son hechas nuevas" (2 Co. 5:17).

"estando persuadido de esto, que el que comenzó en vosotros la buena obra, la perfeccionará hasta el día de Jesucristo" (Fil. 1:6).

"Por lo cual asimismo padezco esto; pero no me avergüenzo, porque yo sé a quién he creído, y estoy seguro que es poderoso para guardar mi depósito para aquel día" (2 Ti. 1:12).

"que sois guardados por el poder de Dios mediante la fe, para alcanzar la salvación que está preparada para ser manifestada en el tiempo postrero" (1 P. 1:5).

"Y a aquel que es poderoso para guardaros sin caída, y presentaros sin mancha delante de su gloria con gran alegría, al único y sabio Dios, nuestro Salvador, sea gloria y majestad, imperio y potencia, ahora y por todos los siglos. Amén" (Jud. 24, 25).

2) Dios tiene el poder para revivir la materia muerta y darle vida. Por ende, Dios tiene el poder para revivir el espíritu muerto del hombre. Él tiene el poder para "dar vida a los muertos, y llamar las cosas que no son como si fuesen" (Ro. 4:17).

"Y él os dio vida a vosotros, cuando estabais muertos en vuestros delitos y pecados" (Ef. 2:1).

"Y a vosotros, estando muertos en pecados y en la incircuncisión de vuestra carne, os dio vida juntamente con él, perdonándoos todos los pecados" (Col. 2:13).

	B. El primer hombre: Adán, 2:7
1 Jehová Dios formó al hombre 2 El hombre fue formado del polvo de la tierra 3 Dios sopló su propio aliento de vida en el hombre 4 Fue el hombre un ser viviente	7 Entonces Jehová Dios formó al hombre del polvo de la tierra, y sopló en su nariz aliento de vida, y fue el hombre un ser viviente.

DIVISIÓN II

ADÁN, EL PRIMER HOMBRE (PARTE 1): EL PRINCIPIO DE LA HUMANIDAD Y DE LA SIMIENTE PIADOSA: LO QUE LE SUCEDIÓ AL HOMBRE Y A LA TIERRA, 2:4—3:24

B. El primer hombre: Adán, 2:7

(2:7) ***Introducción:*** Esta es la cumbre de la creación de Dios, la creación fenomenal del hombre. Dios tomó dos cosas e hizo al hombre: el polvo de la tierra y su propio aliento de vida. Él formó a Adán del polvo de la tierra y sopló su propio aliento en la nariz de Adán. Así el creyente conoce una verdad maravillosa: él ha sido creado por el propio Dios, por el Señor y Majestad soberana del universo. Como dice el salmista: "formidables, maravillosas son tus obras" (Sal. 139:14). Cuando estudiamos y meditamos las enseñanzas de las Escrituras, podemos decir: "Espíritu hay en el hombre… el Espíritu de Dios me hizo, y el soplo del Omnipotente me dio vida… de barro fui yo también formado" (Job 32:8; 33:4, 6).

1. Jehová Dios formó al hombre (v. 7).
2. El hombre fue formado del polvo de la tierra (v. 7).
3. Dios sopló su propio aliento de vida en el hombre (v. 7).
4. Fue el hombre un ser viviente (v. 7).

1 (2:7) ***Hombre — Creación:*** Jehová Dios formó al hombre. Esto es exactamente lo que dicen las Escrituras: "Entonces Jehová Dios formó al hombre". En esta declaración se están planteando tres elementos significativos:

1. Dios y solo Dios formó al hombre. El hombre no fue formado por fuerzas impersonales ni tampoco apareció *de la nada*. Tampoco el hombre evolucionó de otras criaturas que habían provenido *de la nada*. Las fuerzas impersonales no *formaron* al hombre: Ni las células, ni el ADN, ni los átomos, ni las moléculas, ni el hidrógeno, ni los protones, ni los neutrones, ni los electrones. Lo que se descubra como la sustancia y energía básica de la vida humana, esa sustancia no formó al hombre. Pero observe: Todas estas sustancias *son* parte del hombre; son lo que constituyen y componen el cuerpo y la vida física del hombre. Sin embargo, las sustancias básicas no son lo que formaron al hombre. La energía y poder que formó al hombre es la Inteligencia suprema del universo, Jehová Dios del universo. Jehová Dios formó al hombre. Jehová Dios creó las sustancias y luego tomó las sustancias y las usó para crear al hombre. El hombre fue creado y formado por Dios y solo por Dios.

2. Dios *"formó"* (yatsar) al hombre. La palabra *"formó"* significa moldear, dar forma, formar. Es la ilustración de un alfarero que tiene una imagen en su mente que quiere crear. Por consiguiente, él toma un poco de barro y lo moldea y le da la forma de la imagen que tiene en su mente. Nota: El alfarero tiene la idea de lo que quiere crear y tienen tanto la inteligencia como el poder para formar su creación. Así sucedió con Dios. Dios es el artesano maestro que tuvo la idea del hombre en su mente. Dios también tuvo la inteligencia y el poder para crear al hombre, tanto la omnisciencia (todo el conocimiento) como la omnipotencia (todo el poder) para hacer lo que Él quería. Dios quiso crear al hombre; por eso, Dios *formó* al hombre. Dios moldeó y dio forma al hombre al igual que un alfarero que forma la creación de su mente. El hombre es la creación de Dios, de la mente de Dios, de la inteligencia y poder de Dios, de la omnisciencia y omnipotencia de Dios.

> ***Pensamiento 1.*** Esto le confiere gran dignidad y honra al hombre. El hombre es el producto de la mente de Dios, de su pensamiento y de su corazón. La creación del hombre, el propio cuerpo, la mente y el espíritu del hombre, provino del corazón de Dios, de la inteligencia y poder del propio Dios. Somos la creación del propio corazón de Dios, de su propia mente y poder. Nos ha creado con toda la dignidad y honra posibles, nos ha creado la propia inteligencia y poder del propio Dios. Somos la creación del Señor y Majestad soberana del universo.
>
> **"Cuando veo tus cielos, obra de tus dedos, la luna y las estrellas que tú formaste, digo: ¿Qué es el hombre, para que tengas de él memoria, y el hijo del hombre, para que lo visites? Le has hecho poco menor que los ángeles, y lo coronaste de gloria y de honra. Le hiciste señorear sobre las obras de tus manos; todo lo pusiste debajo de sus pies" (Sal. 8:3-6).**
>
> **"Te alabaré; porque formidables, maravillosas son tus obras; estoy maravillado, y mi alma lo sabe muy bien. No fue encubierto de ti mi cuerpo, bien que en**

oculto fui formado, y entretejido en lo más profundo de la tierra" (Sal. 139:14, 15).

"¿Qué es el hombre, para que lo engrandezcas, y para que pongas sobre él tu corazón, y lo visites todas las mañanas, y todos los momentos lo pruebes?" (Job 7:17, 18).

"Le hiciste un poco menor que los ángeles, le coronaste de gloria y de honra, y le pusiste sobre las obras de tus manos" (He. 2:7).

3. Fue Jehová Dios, Jehová Elohim, quien formó al hombre. Este es el *nombre personal* de Dios, el nombre que enfatiza:

- *La relación personal* de Dios con el hombre.
- *La revelación* de Dios al hombre.
- *La redención* de Dios para el hombre.

Cuando se usa este nombre, Jehová Dios, se está haciendo énfasis en la *relación personal* de Dios con el hombre. La creación del hombre por parte de Dios fue sumamente especial. Fue un asunto que contó con la atención y el cuidado personal de Dios. El propio Dios personalmente participó en la creación del hombre, participó de una manera muy diferente de la que participó cuando Él creó el resto del mundo. Al crear el hombre, Dios estaba creando a la criatura:

- Que sería la cumbre de su creación en la tierra.
- Que tendría la capacidad de decidir libremente adorar y servir a Dios.
- Que supervisaría el universo por Dios por toda la eternidad.

Por eso Jehová Dios iba a establecer una relación muy especial, una relación personal entre Él y el hombre, entre Él y la criatura que estaba poniendo a cargo de su mundo. Dios se paró delante del hombre como Dios, como el gran Creador y Sustentador de la vida. Pero Dios también se paró frente al hombre como el Señor, como el amo supremo de la vida del hombre, como el Señor y amo supremo:

- Que ama y cuida al hombre.
- Que protege y ampara al hombre.
- Que busca y salva al hombre.
- Que está relacionado personalmente con el hombre como Señor y Amo.
- Que se revela a sí mismo, se comunica y fraterniza con el hombre.

Es por eso que se usa el nombre de *Jehová Dios* en la creación del hombre. Jehová Dios estaba estableciendo una relación personal con la criatura que Él estaba creando: El hombre sería sumamente especial para Dios. Debía haber una relación personal, un lazo íntimo, entre Dios y el hombre para siempre. Dios, Jehová Dios, debía aparecer ante el hombre como el Señor del hombre. El hombre debía ser el súbdito de Dios para siempre y por toda la eternidad. (Vea la nota 2, Gn. 2:4 para un mayor análisis.)

Pensamiento 1. Dios creó al hombre para que lo conociera, lo adorara, y le sirviera.

1) Dios creó al hombre para que lo conociera.

"Reconoced que Jehová es Dios; Él nos hizo, y no nosotros a nosotros mismos; pueblo suyo somos, y ovejas de su prado" (Sal. 100:3).

"todos los llamados de mi nombre; para gloria mía los he creado, los formé y los hice... Vosotros sois mis testigos, dice Jehová, y mi siervo que yo escogí, para que me conozcáis y creáis, y entendáis que yo mismo soy; antes de mí no fue formado dios, ni lo será después de mí" (Is. 43:7, 10).

"Mas alábese en esto el que se hubiere de alabar: en entenderme y conocerme, que yo soy Jehová, que hago misericordia, juicio y justicia en la tierra; porque estas cosas quiero, dice Jehová" (Jer. 9:24).

"Y ésta es la vida eterna: que te conozcan a ti, el único Dios verdadero, y a Jesucristo, a quien has enviado" (Jn. 17:3).

2) Dios creó al hombre para que lo adorara.

"Venid, adoremos y postrémonos; arrodillémonos delante de Jehová nuestro Hacedor" (Sal. 95:6).

"Adorad a Jehová en la hermosura de la santidad; temed delante de él, toda la tierra" (Sal. 96:9).

"Entonces Jesús le dijo: Vete, Satanás, porque escrito está: Al Señor tu Dios adorarás, y a él solo servirás" (Mt. 4:10).

"Dios es Espíritu; y los que le adoran, en espíritu y en verdad es necesario que adoren" (Jn. 4:24).

"diciendo a gran voz: Temed a Dios, y dadle gloria, porque la hora de su juicio ha llegado; y adorad a aquel que hizo el cielo y la tierra, el mar y las fuentes de las aguas" (Ap. 14:7).

3) Dios creó al hombre para que le sirviera.

"Entonces dijo Dios: Hagamos al hombre a nuestra imagen, conforme a nuestra semejanza; y señoree en los peces del mar, en las aves de los cielos, en las bestias, en toda la tierra, y en todo animal que se arrastra sobre la tierra. Y creó Dios al hombre a su imagen, a imagen de Dios lo creó; varón y hembra los creó. Y los bendijo Dios, y les dijo: Fructificad y multiplicaos; llenad la tierra, y sojuzgadla, y señoread en los peces del mar, en las aves de los cielos, y en todas las bestias que se mueven sobre la tierra" (Gn. 1:26-28).

"Todas las cosas ha hecho Jehová para sí mismo, y aun al impío para el día malo" (Pr. 16:4).

"según nos escogió en él antes de la fundación del mundo, para que fuésemos santos y sin mancha delante de él, en amor habiéndonos predestinado para ser adoptados hijos suyos por medio de Jesucristo, según el puro afecto de su voluntad, para alabanza de la gloria de su gracia, con la cual nos hizo aceptos en el Amado" (Ef. 1:4-6).

"para que andéis como es digno del Señor, agradándole en todo, llevando fruto en toda buena obra, y creciendo en el conocimiento de Dios" (Col. 1:10).

"Mas vosotros sois linaje escogido, real sacerdocio, nación santa, pueblo adquirido por Dios, para que anunciéis las virtudes de aquel que os llamó de las tinieblas a su luz admirable" (1 P. 2:9).

"Señor, digno eres de recibir la gloria y la honra y el poder; porque tú creaste todas las cosas, y por tu voluntad existen y fueron creadas" (Ap. 4:11).

2 (2:7) ***Hombre — Creación:*** El hombre fue formado del polvo de la tierra. El material usado para *formar* el cuerpo del hombre fue modesto, material que es tanto humilde como de

poco valor. ¿Cuál era? El polvo, el polvo de la tierra. Isaías y Job dicen "barro" (Is. 64:8; Job 33:6). Martín Lutero traduce el hebreo "terrón de tierra" (H. C. Leupold. *Genesis*, vol. 1, p. 115). Al parecer la idea de las Escrituras es la de que se usó una mezcla de agua y tierra para formar el cuerpo del hombre. ¡Imagínese! Nuestro cuerpo está hecho de la misma sustancia, de los mismos elementos químicos, como la propia tierra. Físicamente, no somos más que *polvo humilde,* nada más que granos de polvo que yacen en la tierra. No se ha redactado mejor descripción de la humildad de la creación del hombre que los planteamientos hechos por Matthew Henry:

=> "La materia era despreciable. Él [el hombre] fue hecho del polvo de la tierra, un material muy improbable para hacer al hombre".

=> "[El hombre fue hecho] prácticamente nada".

=> "Él [el hombre] fue hecho del polvo, del pequeño polvo, tal como aparece en la superficie de la tierra".

=> "Él [el hombre] no fue hecho de polvo de oro, polvo de perla, ni de polvo de diamante, sino del polvo común, del polvo de la tierra".

=> "Se dice que él [Adán] es de la tierra. Terrenal, 1 Co. 15:47. Y nosotros también somos de la tierra, porque somos su descendencia y del mismo molde".

=> Existe una afinidad tal entre la tierra y nuestro cuerpo terrenal que "al vientre de nuestra madre, de donde nacemos, se le llama la tierra".

"No fue encubierto de ti mi cuerpo, bien que en oculto fui formado, y entretejido en lo más profundo de la tierra" (Sal. 139:15).

=> A nuestro cuerpo se le llama "casa de barro" y se dice que nuestros cimientos están en la tierra.

"¡Cuánto más en los que habitan en casas de barro, cuyos cimientos están en el polvo, y que serán quebrantados por la polilla!" (Job 4:19).

=> "Nuestro tejido [la carne, el cuerpo] es terrenal y su formación es como la de una vasija de barro".

"Acuérdate que como a barro me diste forma; ¿Y en polvo me has de volver?" (Job 10:9).

=> "Nuestra comida proviene de la tierra".

"De la tierra nace el pan, y debajo de ella está como convertida en fuego" (Job 28:5).

=> Nuestro cuerpo se descompone y se corrompe y se lo comen los gusanos de la tierra.

"A la corrupción he dicho: Mi padre eres tú; a los gusanos: Mi madre y mi hermana" (Job 17:14).

=> "Nuestros padres están en la tierra, y nuestra propia tendencia final [el destino] es eso; entonces de qué tenemos que enorgullecernos".
(Comentario de Matthew Henry, vol. 1, p. 14).

Pensamiento 1. ¡De veras! ¿De qué tenemos que enorgullecernos? De nada. De absolutamente nada, porque estamos hechos de nada más que un puñado de polvo. Del polvo venimos y al polvo volveremos. Antes de que nos demos cuenta, nuestro cuerpo no será más que una pequeña cantidad de polvo que yace en algún lugar de los territorios de la tierra.

Pensamiento 2. El objetivo de las Escrituras es el siguiente: Provenimos del más humilde de los principios. Nuestro origen es el del polvo, del polvo y de la tierra humildes. Nuestro cuerpo es frágil y débil. No es nada; por eso, debemos confiar en que Dios nos proteja, y debemos buscar la gloria y dignidad que solo Dios puede conferir. No importa cuánta gloria y dignidad logremos en la tierra, pronto no seremos más que un puñado de polvo. Nuestro origen y principio en la tierra fue humilde. Por lo tanto, debemos andar humildemente ante Dios, confiando en que Dios nos hará seres gloriosos y eternos. Seres que se levantarán del polvo de la tierra y vivirán para siempre. Debemos confiar en que Dios nos dé un cuerpo que nunca envejezca ni desaparezca, un cuerpo que nunca morirá, sino que vivirá para siempre.

"Porque de tal manera amó Dios al mundo, que ha dado a su Hijo unigénito, para que todo aquel que en él cree, no se pierda, mas tenga vida eterna" (Jn. 3:16).

"De cierto, de cierto os digo: El que oye mi palabra, y cree al que me envió, tiene vida eterna; y no vendrá a condenación, mas ha pasado de muerte a vida" (Jn. 5:24).

"No os maravilléis de esto; porque vendrá hora cuando todos los que están en los sepulcros oirán su voz; y los que hicieron lo bueno, saldrán a resurrección de vida; mas los que hicieron lo malo, a resurrección de condenación" (Jn. 5:28, 29).

"siendo renacidos, no de simiente corruptible, sino de incorruptible, por la palabra de Dios que vive y permanece para siempre" (1 P. 1:23).

Pensamiento 3. Todas las personas están hechas de la misma sustancia, del polvo de la tierra. Ninguna persona tiene más valor que otra, no en cuanto al material del que está hecha. Todos venimos del polvo y al polvo volveremos. Esto resulta significativo: Quiere decir:

- Que nadie está por encima de nadie.
- Que nadie vale más que nadie.
- Que nadie tiene derecho alguno a rebajar a nadie.

No hay cabida para el orgullo, el prejuicio, la discriminación, el celo, la esclavitud, la parcialidad, ni el favoritismo entre las personas. No hay cabida para el maltrato de ninguna persona en la tierra.

"También estos son dichos de los sabios: Hacer acepción de personas en el juicio no es bueno" (Pr. 24:23).

"Él os reprochará de seguro, si solapadamente hacéis acepción de personas" (Job 13:10).

"¿No tenemos todos un mismo padre? ¿No nos ha creado un mismo Dios? ¿Por qué, pues, nos portamos deslealmente el uno contra el otro, profanando el pacto de nuestros padres?" (Mal. 2:10).

"No juzguéis, para que no seáis juzgados" (Mt. 7:1).

"El amor no hace mal al prójimo; así que el cumplimiento de la ley es el amor" (Ro. 13:10).

"¿no hacéis distinciones entre vosotros mismos, y

venís a ser jueces con malos pensamientos?" (Stg. 2:4).

"Uno solo es el dador de la ley, que puede salvar y perder; pero tú, ¿quién eres para que juzgues a otro?" (Stg. 4:12).

3 (2:7) ***Hombre — Creación:*** Dios sopló su propio aliento de vida en el hombre. El hombre no es solamente polvo, no solo una sustancia física. El hombre es mucho más que un cuerpo físico. El hombre es un espíritu. Dios le ha dado al hombre su propio aliento.

La ilustración es la siguiente:

- El cuerpo del primer hombre, Adán, yacía en la tierra ante Dios. Dios lo había acabado de formar del polvo de la tierra. Adán era, sencillamente un cuerpo humano que yacía en la tierra, sin haber respirado jamás. Luego de repente, en términos descriptivos, Dios se inclinó sobre él y sopló su propio aliento en la nariz de Adán. Adán recibió el aliento de Dios y cuando lo recibió, el resultado fue increíble: Se levantó del suelo y fue un ser viviente.

Ahora bien, ¿qué es el aliento de Dios? ¿Qué hay con el aliento de Dios que hizo que Dios le soplara su propio aliento al hombre? El aliento de Dios es al menos dos cosas. (Vea el *Estudio a fondo 2*, Gn. 1:26 para un análisis acerca de la imagen de Dios en el hombre.)

1. El aliento de Dios es *el Espíritu de Dios*. Esto se ve en el equivalente hebreo de espíritu, *ruach*. La palabra *ruach* significa viento, aliento, aire, espíritu. Cuando Dios sopló su aliento en la nariz de Adán, Él no estaba soplándole aire a los pulmones de Adán para que pudiera vivir. Si eso es todo cuanto Dios estaba haciendo, dándole vida a Adán, Él no tenía que soplarle su propio aliento a Adán. Dios sencillamente podía haber hablado y haber hecho que Adán se convirtiera en un ser viviente tal como hizo cuando creó a los animales. Lo que Dios estaba haciendo era simbolizar y describirles este único elemento a todas las generaciones futuras: Dios le ha dado al hombre su Espíritu, el Espíritu mismo del propio Dios. Dios realmente le ha soplado al hombre su propio Espíritu. Esto significa algo maravilloso: Dios se ha relacionado con el hombre de la forma más íntima posible. Dios ha puesto su propio Espíritu dentro del hombre. El hombre está relacionado con Dios, atado a Dios, unido a Dios. Tanto Dios como el hombre tienen el mismo aliento, el mismo Espíritu. El hombre tiene dentro de su cuerpo el aliento y Espíritu mismos del propio Dios.

2. El aliento de Dios es la vida de Dios. Cuando Dios sopló en el hombre, Dios le dio su propia vida al hombre. ¿Qué es la vida de Dios? Es la vida que perdura, la vida de la eternidad, el poder para vivir eternamente. El aliento de Dios no es temporal; el aliento de Dios vive para siempre. El aliento de Dios nunca deja de existir. Por lo tanto, el hombre debía respirar y vivir para siempre; el hombre debía vivir eternamente con Dios. Al hombre se le dio el aliento mismo del propio Dios, el poder de la inmortalidad, el poder de vivir para siempre.

Pero observe lo siguiente acerca del Espíritu de vida, el Espíritu de Dios, que se le ha dado al hombre: El hombre fue creado como un ser espiritual, pero su espíritu se ha estropeado con su caída al pecado (vea el *Estudio a fondo 2, última parte,* Gn. 1:26 para un análisis).

Pensamiento 1. Dios no hizo a ninguna otra criatura como hizo al hombre. Dios no le dio a ninguna otra criatura su aliento, tampoco su Espíritu ni su vida de inmortalidad. Esto hace de la creación del hombre algo distintivo, algo del más alto orden y existencia, de la más alta honra y gloria, del más alto valor.

"El espíritu de Dios me hizo, y el soplo del Omnipotente me dio vida" (Job 33:4).

"Le has hecho poco menor que los ángeles, y lo coronaste de gloria y de honra" (Sal. 8:5).

Pensamiento 2. Hay un sentido en que el hombre constituye una paradoja. Fue creado con toda la dignidad y honra posible, creado por la mano de Dios y se le dio el aliento mismo de Dios. Aún así, también fue creado del material más humilde de todos: El polvo. En un sentido el hombre tiene toda la razón para gloriarse; en otro tiene toda la razón para humillarse. ¿Cuál debe ser la actitud del hombre? El hombre debe gloriarse: No hay nada malo en gloriarse. El hombre debe humillarse: No hay nada malo en humillarse. Es la razón u objeto por el que se gloría o se humilla lo que le da al hombre el acierto o el desacierto.

=> El hombre debe adorar y gloriarse en Dios, porque Dios le dio la vida, la dignidad y la honra (privilegio) de la vida.

=> El hombre debe andar humildemente ante Dios y ante los hombres, porque Dios ha hecho a todos los hombres del mismo material, del polvo de la tierra misma. (Jer. 9:24; cp. 1 Co. 1:31; 2 Co. 10:17; Ro. 11:36; Gá. 1:5; 2 Ti. 4:18; He. 13:21; 1 P. 5:11.)

El deber del hombre es el siguiente: presentarle su cuerpo a Dios como un "sacrificio vivo" y como "el tempo del Espíritu Santo" (Ro. 12:1; 1 Co. 6:19).

"Entonces dijo Dios: Hagamos al hombre a nuestra imagen, conforme a nuestra semejanza; y señoree en los peces del mar, en las aves de los cielos, en las bestias, en toda la tierra, y en todo animal que se arrastra sobre la tierra. Y creó Dios al hombre a su imagen, a imagen de Dios lo creó; varón y hembra los creó" (Gn. 1:26, 27).

"Te alabaré; porque formidables, maravillosas son tus obras; estoy maravillado, y mi alma lo sabe muy bien. No fue encubierto de ti mi cuerpo, bien que en oculto fui formado, y entretejido en lo más profundo de la tierra" (Sal. 139:14, 15).

"Así que, hermanos, os ruego por las misericordias de Dios, que presentéis vuestros cuerpos en sacrificio vivo, santo, agradable a Dios, que es vuestro culto racional" (Ro. 12:1).

"¿O ignoráis que vuestro cuerpo es templo del Espíritu Santo, el cual está en vosotros, el cual tenéis de Dios, y que no sois vuestros? Porque habéis sido comprados por precio; glorificad, pues, a Dios en vuestro cuerpo y en vuestro espíritu, los cuales son de Dios" (1 Co. 6:19, 20).

Pensamiento 3. Hay una cosa que el hombre necesita

saber: Él ha sido creado a imagen, a semejanza, de Dios. Es una criatura inmortal: Existirá para siempre y por toda la eternidad. Por eso, el hombre debe asegurarse, por completo, de que va a vivir con Dios. Lo único que *no debe hacer* es vivir apartado de Dios. El hombre no debe perderse el privilegio glorioso de vivir para siempre con Dios.

> **"Porque de tal manera amó Dios al mundo, que ha dado a su Hijo unigénito, para que todo aquel que en él cree, no se pierda, mas tenga vida eterna" (Jn. 3:16).**
>
> **"El que cree en el Hijo tiene vida eterna; pero el que rehúsa creer en el Hijo no verá la vida, sino que la ira de Dios está sobre él" (Jn. 3:36).**
>
> **"De cierto, de cierto os digo, que el que guarda mi palabra, nunca verá muerte" (Jn. 8:51).**
>
> **"Y todo aquel que vive y cree en mí, no morirá eternamente. ¿Crees esto?" (Jn. 11:26).**
>
> **"Porque sabemos que si nuestra morada terrestre, este tabernáculo, se deshiciere, tenemos de Dios un edificio, una casa no hecha de manos, eterna, en los cielos" (2 Co. 5:1).**
>
> **"Y éste es el testimonio: que Dios nos ha dado vida eterna; y esta vida está en su Hijo. El que tiene al Hijo, tiene la vida; el que no tiene al Hijo de Dios no tiene la vida" (1 Jn. 5:11, 12).**
>
> **"y el polvo vuelva a la tierra, como era, y el espíritu vuelva a Dios que lo dio" (Ec. 12:7).**

4 (2:7) ***Creación:*** Fue el hombre un ser viviente. Recuerde: "Ser" (*nephesh*) significa un *ser animado, que respira, consciente, y vivo.* No significa el espíritu del hombre. Dios acababa de soplar su Espíritu y vida en el hombre. Cuando Dios hizo esto, fue el hombre un ser viviente, un ser viviente, consciente, animado y que respira. Era un ser viviente como todas las otras criaturas de la tierra (vea la nota 3, *alma,* Gn. 1:20 para un mayor análisis). Sin embargo, había una diferencia distintiva entre los animales y el hombre: Al hombre se le dio el aliento mismo del propio Dios, la vida y el Espíritu mismos de Dios.

Nota: El hombre no fue un ser viviente hasta que Dios sopló su Espíritu y vida en el hombre. Esto resulta sumamente significativo:

=> Quiere decir que el hombre es el único espíritu vivo sobre la tierra. El hombre es un ser animado, espiritual y con alma.

=> Quiere decir que los animales son solo seres vivos o seres no espirituales.

=> Quiere decir que la vegetación es solo un *ser inanimado*.

Otra manera de decir lo mismo es la siguiente:

=> La vegetación (flora) vive, pero es inanimada.

=> Los animales viven, pero son solo criaturas animadas o con alma. No son criaturas espirituales; no tienen el aliento ni el Espíritu de Dios dentro de ellos; no adoran a Dios.

=> El hombre vive, pero es una criatura animada y espiritual. El hombre es tanto alma como espíritu. El hombre es un animal, una criatura con alma, pero también es una criatura espiritual, una criatura que adora a Dios. El hombre está hecho de la tierra y del cielo.

Esa es la distinción del hombre. El hombre es la cumbre de la creación de Dios: La criatura que posee alma y espíritu. Es la criatura a la que se le ha dado *el aliento mismo de Dios, el espíritu y la vida del propio Dios.*

=> El hombre es la criatura que se ha creado de la tierra y del cielo.

=> El hombre es la criatura que puede decidir vivir para la tierra o para Dios.

Pensamiento 1. ¿Por qué Dios le ha dado su propio aliento al hombre, le ha dado al hombre su propio Espíritu y vida? Así que el hombre puede decidir libremente amar y adorar a Dios. Dios le ha dado al hombre (a pesar de la caída del hombre) suficiente de sí mismo como para que el hombre tenga sed de Dios y busque de Dios. El hombre tiene una sensación, una conciencia, de que ha perdido el Espíritu de Dios y ha perdido el poder de vivir eternamente con Dios. Está conciente de Dios lo suficiente como para buscar la inmortalidad con Dios, buscar de Dios y del privilegio de vivir para siempre con Dios.

> **"Mas si desde allí buscares a Jehová tu Dios, lo hallarás, si lo buscares de todo tu corazón y de toda tu alma" (Dt. 4:29).**
>
> **"Buscad a Jehová y su poder; buscad siempre su rostro" (Sal. 105:4).**
>
> **"Buscad a Jehová mientras puede ser hallado, llamadle en tanto que está cercano" (Is. 55:6).**
>
> **"Pero así dice Jehová a la casa de Israel: Buscadme, y viviréis" (Am. 5:4).**
>
> **"Buscad a Jehová todos los humildes de la tierra, los que pusisteis por obra su juicio; buscad justicia, buscad mansedumbre; quizá seréis guardados en el día del enojo de Jehová" (Sof. 2:3).**
>
> **"para que busquen a Dios, si en alguna manera, palpando, puedan hallarle, aunque ciertamente no está lejos de cada uno de nosotros" (Hch. 17:27).**

Pensamiento 2. Qué vergüenza que el hombre le sea fiel a esta tierra y a su vida mundana.

> **"El que tiene en poco la disciplina menosprecia su alma" (Pr. 15:32).**

Dios le sopló su Espíritu al hombre. Con qué frecuencia y con qué intensidad ese espíritu dentro del hombre deberá respirar necesitando a Dios.

> **"Bienaventurados los que tienen hambre y sed de justicia, porque ellos serán saciados" (Mt. 5:6).**

1 **Un lugar real, un huerto plantado por Dios** 2 **El Edén suplía la necesidad del hombre de un hogar: Un lugar muy especial donde vivir** 3 **El Edén suplía la necesidad del hombre de belleza, alimento y un entorno espiritual** 4 **El Edén suplía la necesidad del hombre de vivir para siempre: El árbol de vida** 5 **El Edén suplía la necesidad del hombre de ejercer su libre albe-**	**C. El primer huerto y su propósito: Edén, el hogar o lugar ideal del hombre,**[EF1] **2:8-14** 8 Y Jehová Dios plantó un huerto en Edén, al oriente; y puso allí al hombre que había formado. 9 Y Jehová Dios hizo nacer de la tierra todo árbol delicioso a la vista, y bueno para comer; también el árbol de vida en medio del huerto, y el árbol de la ciencia del bien y del mal.	10 Y salía de Edén un río para regar el huerto, y de allí se repartía en cuatro brazos. 11 El nombre del uno era Pisón; Este es el que rodea toda la tierra de Havila, donde hay oro; 12 y el oro de aquella tierra es bueno; hay allí también bedelio y ónice. 13 El nombre del segundo río es Gihón; Este es el que rodea toda la tierra de Cus. 14 Y el nombre del tercer río es Hidekel; Este es el que va al oriente de Asiria. Y el cuarto río es el Eufrates.	**drío, su capacidad para decidir: El árbol de la ciencia del bien y del mal** 6 **El Edén suplía la necesidad del hombre de agua e irrigación**[EF2]

DIVISIÓN II

ADÁN, EL PRIMER HOMBRE (PARTE 1): EL PRINCIPIO DE LA HUMANIDAD Y DE LA SIMIENTE PIADOSA: LO QUE LE SUCEDIÓ AL HOMBRE Y A LA TIERRA, 2:4—3:24

C. El primer huerto y su propósito: Edén, el hogar o lugar ideal del hombre, 2:8-14

(2:8-14) ***Introducción — Edén, huerto del:*** Imagínese la escena, el hombre acababa de ser creado. Jehová Dios mismo acababa de formar al hombre del polvo de la tierra y le había soplado el aliento mismo de Dios en la nariz del hombre (Gn. 2:7). El hombre estaba en la tierra por primera vez en la historia humana, estaba en medio de todo el exuberante verdor de la selva y los radiantes colores rojos, naranjas, amarillos, azules, morados, blancos y todos los otros colores de las flores y arbustos que exhibían su belleza silvestre. Ahora Dios tenía:

- El universo que Él había planeado y dispuesto.
- El hombre que había planeado y dispuesto.
- La perfección, el hombre perfecto y el universo perfecto, que Él había planeado y dispuesto.

Pero se necesitaba algo más. El hombre necesitaba una residencia, un hogar, un lugar donde vivir. Este pasaje de las Escrituras describe el lugar donde el hombre tuvo sus inicios en la tierra, el lugar donde el hombre debía vivir. Abarca las características distintivas que Dios diseñó para la residencia u hogar del hombre. El lugar llamado *El Huerto del Edén*, el paraíso más bello y abundante que el hombre se podría imaginar. El Huerto del Edén fue el paraíso del hombre, su utopía.

Observe que la bondad gloriosa de Dios se ve en su diseño del huerto. Las características distintivas del huerto demuestran claramente que Dios se preocupa mucho por el hombre, para el bienestar, la provisión, seguridad, gozo y felicidad del hombre. El huerto demuestra que Dios diseñó el lugar ideal para la residencia u hogar del hombre. Este pasaje abarca "El primer huerto y su propósito: Edén, el hogar o lugar ideal del hombre".

1. Un lugar real, un huerto plantado por Dios (v. 8).
2. El Edén suplía la necesidad del hombre de un hogar: Un lugar muy especial donde vivir (v. 8).
3. El Edén suplía la necesidad del hombre de belleza, alimento y entorno espiritual (v. 9).
4. El Edén suplía la necesidad del hombre de vivir para siempre: El árbol de vida (v. 9).
5. El Edén suplía la necesidad del hombre de ejercer su libre albedrío, su capacidad para decidir: El árbol de la ciencia del bien y del mal (v. 9).
6. El Edén suplía la necesidad del hombre de agua e irrigación (v. 10).

ESTUDIO A FONDO 1

(2:8-14) *Adán frente a Cristo:* Esta nota analiza como *Estudio a fondo 2* porque constituye un estudio por separado para predicar y enseñar e incluirlo aquí interrumpiría el estudio de este pasaje. (Vea *Estudio a fondo 2*, Gn. 2:10-14 para un análisis.)

[1] (2:8) ***Huerto del Edén:*** El Huerto del Edén era un lugar real, un huerto real plantado por el propio Dios. Sin embargo, algunas personas han negado la realidad del huerto.

=> *El hombre secular* considera el Huerto del Edén como una historia ficticia, un cuento de hada o una fábula. Cree que el huerto no es más que la imaginación del autor bíblico de cómo el hombre inició su vida en la tierra. El hombre secular dice que el autor bíblico sencillamente ilustra al hombre iniciando su vida en un medio perfecto y luego fracasando y corrompiendo la tierra.

=> *El hombre religioso* con frecuencia mira el Huerto del Edén como un símbolo o tipo del medio ideal o la tierra ideal. Él cree que el huerto es el sueño del medio y la tierra ideales hacia el que el hombre debe dirigir su obra. El hombre religioso con frecuencia dice que la tarea del hombre es esforzarse por hacer de la tierra un Huerto del Edén, el paraíso utópico con el que el hombre sueña.

Pero observe: Eso no es lo que dice este pasaje, ni siquiera se acerca a lo que dice. Este pasaje enseña claramente que el Huerto del Edén fue un lugar real e histórico, un huerto real e histórico creado por el propio Dios. ¿Cómo podemos decir esto con tanta confianza, con tanta seguridad? Por tres elementos claros:

1. Se da la dirección específica del huerto: El huerto se plantó al oriente, en la tierra de Edén. Cuando Moisés escribió esto, él guiaba a Israel en la marcha por el desierto a través del gran desierto árabe. El oriente del gran desierto árabe apuntaría hacia las naciones árabes del Oriente Medio, específicamente hacia las grandes llanuras fértiles de los ríos Tigris y Éufrates.

Nota: La dirección a la que se apunta no es una tierra simbólica ni ficticia. Es una dirección específica y una tierra bien conocida.

2. Se da la ubicación general del huerto (vv. 10-14). Se mencionan tierras reales: Havila, Cus y Asiria. Se dan también ríos reales: Pisón, Gihón, Hidekel o el Tigris, y el Éufrates. Al parecer, el huerto se encontraba en alguna parte cercana a donde se unen el Tigris y el Éufrates. Esto colocaría al huerto en lo que se conoce hoy día como el sur de Irak.

Lo que se debe tener en cuenta es lo siguiente: El huerto del Edén, el paraíso del hombre, yacía hacia el oriente y estaba rodeado por cuatro ríos que fluían a través de los territorios o naciones bien conocidos para las personas de aquella época. No hay nada ficticio ni imaginario acerca de la dirección o ubicación del Huerto del Edén. Fue un lugar real e histórico, un huerto real e histórico.

3. Note también un tercer elemento. El contexto mismo de esta sección de las Escrituras apunta a que el huerto sea histórico. Lo que se analiza en esta sección de Génesis es la creación, los principios del universo y del hombre en la tierra. Si la tierra y el universo son reales y el hombre es real, si el relato de la creación es exacto, entonces el Huerto del Edén, el paraíso del hombre en la tierra, debe ser un lugar real e histórico. Parte de los inicios del hombre en la tierra está obligado a incluir un análisis de su primer medio u hogar. Es algo lógico; es de esperar.

Pensamiento 1. ¿Por qué es importante enfatizar que el Huerto del Edén fue un lugar real e histórico?

1) Si el huerto fue un lugar ficticio, entonces quiere decir que la caída del hombre es una fábula. ¿Por qué? Porque la caída del hombre tuvo lugar en el Huerto del Edén. Por ende, si el huerto no es real, entonces significa que no existe el pecado, ni el hombre está perdido en el pecado ni separado de Dios. Si el Huerto del Edén nunca existió, no realmente, entonces la caída del hombre al pecado nunca tuvo lugar.
2) Si el huerto es sencillamente un símbolo o tipo del paraíso, del medio ideal o de la tierra ideal, entonces no es necesaria la redención por medio de Cristo. El hombre no necesita a Dios ni a Cristo para que lo salve a él y a este mundo. El hombre es perfectamente capaz de crear el medio perfecto él mismo. Todo cuanto el hombre tiene que hacer es obrar y obrar en función de la tierra ideal, y finalmente traerá el paraíso y la utopía a la tierra, todo por medio de su propia energía, esfuerzo, obras y bondad.

"Por tanto, como el pecado entró en el mundo por un hombre, y por el pecado la muerte, así la muerte pasó a todos los hombres, por cuanto todos pecaron" (Ro. 5:12).

"Tu primer padre pecó, y tus enseñadores prevaricaron contra mí" (Is. 43:27).

"por cuanto todos pecaron, y están destituidos de la gloria de Dios" (Ro. 3:23).

"Porque por gracia sois salvos por medio de la fe; y esto no de vosotros, pues es don de Dios; no por obras, para que nadie se gloríe" (Ef. 2:8, 9).

"nos salvó, no por obras de justicia que nosotros hubiéramos hecho, sino por su misericordia, por el lavamiento de la regeneración y por la renovación en el Espíritu Santo, el cual derramó en nosotros abundantemente por Jesucristo nuestro Salvador, para que justificados por su gracia, viniésemos a ser herederos conforme a la esperanza de la vida eterna" (Tit. 3:5-7).

[2] (2:8) ***Hombre, necesidades; responsabilidad — Hogar — Medio — Huerto del Edén:*** El Huerto del Edén suplía la necesidad del hombre de un hogar, su necesidad de un lugar muy especial donde vivir. El hombre necesita un lugar al que él le pueda llamar hogar, un lugar:

- Donde pueda estar ubicado céntricamente.
- Donde pueda experimentar el amor, cuidado, compenetración, comunicación y relaciones más cercanas e íntimas.
- Donde se pueda emplear y donde pueda cumplir sus deberes y responsabilidades y hacer su aporte a la sociedad.
- Donde pueda dar a luz y criar una familia.
- Donde pueda sentirse establecido y seguro, tranquilo y en paz.
- Donde se pueda instalar al anochecer y relajarse, descansar, dormir y reponer sus fuerzas para los deberes del próximo día.

Dios conocía la necesidad del hombre, que el hombre necesitaba un lugar donde pudiera estar ubicado céntricamente, un lugar que pudiera llamar hogar. Por ende, Dios suplió la necesidad del hombre: Dios creó el Huerto del Edén, el paraíso más bello que se pueda imaginar; luego tomó al hombre y lo puso en el huerto. Note dos elementos.

1. La palabra "huerto" (*gan*) significa un lugar que está cerrado, protegido y cuidado. Incluso da la idea de estar

cubierto, de estar perfectamente protegido (he., ganan) (*Comentario del púlpito*, vol. 1, p. 43). La palabra "Edén" (*edhen*) significa lugar de deleite, de placer, de felicidad. Edén significa un paraíso.

Sucede lo siguiente: El Huerto del Edén era diferente del resto de la tierra. La tierra era perfecta con un medio perfecto y para nada amenazador, donde sobreabundaba la belleza y el fruto. Pero la idea de las Escrituras es que el Huerto del Edén sobrepasaba ampliamente a la tierra en belleza y provisión. El huerto le proporcionaba al hombre un lugar, alguna tierra, algunos acres, donde él pudiera vivir y establecer un hogar y una comunidad. Un lugar que estaba encerrado, protegido y abrigado de los elementos de la naturaleza y del clima. Un lugar que proporcionaba la cobija, la provisión y hogar perfectos, que el hombre necesitaba. El Huerto del Edén era un paraíso para el hombre.

2. Dios tomó al hombre y puso al hombre en el huerto. Según se ha planteado anteriormente, el huerto difería del resto de la tierra. Desde el principio, el hombre conocía la diferencia entre el huerto y el resto de los territorios que estaban fuera de él. El hombre sabía que Dios había bendecido y cuidado al hombre de un modo excelente: Dios le había dado un lugar que sobrepasaba ampliamente el resto de la tierra. Como señala Matthew Henry: Dios no puso al hombre en un palacio hecho de oro y plata, ni en una casa hecha de marfil, sino en el lugar más bello e ingenioso de todos: La naturaleza, un huerto amueblado y adornado por el propio Dios (*Comentario de Matthew Henry*, vol. 1, p. 15).

Pensamiento 1. El hombre con frecuencia culpa a su entorno por sus defectos y fracasos. Pero observe cómo el hombre comenzó su vida en la tierra: En un entorno perfecto, en un paraíso en la tierra. Dios fue con el hombre tan bueno como pudo: Él le dio al hombre una naturaleza perfecta y un entorno perfecto para que el hombre pudiera tener abundancia de vida, una vida que sobrepasaba ampliamente cualquier cosa que el hombre pudiera pedir. Pero como veremos en el capítulo tres de Génesis, aún así el hombre cayó en pecado. Aún así falló y fracasó. El hombre, ni el primer hombre, ni ningún otro hombre, no puede usar su entorno como excusa para pecar, fracasar y fallar. El entorno, claro está, ejerce influencia sobre cada uno de nosotros; pero una persona prácticamente es responsable de su propia conducta y acciones. Adán, el primer hombre en la tierra, el padre de todos nosotros, lo ilustra claramente. Todos fracasaríamos y fallaríamos aunque tuviéramos un mundo y entorno perfectos. Nuestro problema con el fracaso y el pecado no radica en un entorno malo; nuestro problema radica en el corazón: El deseo y anhelo de hacer lo que queremos y de tener lo que queremos sin importar el efecto que nuestra conducta ejerza en la tierra y en otros. No tenemos justificación.

"Porque las cosas invisibles de él, su eterno poder y deidad, se hacen claramente visibles desde la creación del mundo, siendo entendidas por medio de las cosas hechas, de modo que no tienen excusa" (Ro. 1:20).

"por cuanto todos pecaron, y están destituidos de la gloria de Dios" (Ro.3:23).

"Porque nosotros también éramos en otro tiempo insensatos, rebeldes, extraviados, esclavos de concupiscencias y deleites diversos, viviendo en malicia y envidia, aborrecibles, y aborreciéndonos unos a otros" (Tit. 3:3).

"Si decimos que no tenemos pecado, nos engañamos a nosotros mismos, y la verdad no está en nosotros" (1 Jn. 1:8).

"¿Quién hará limpio a lo inmundo? Nadie" (Job 14:4).

"Muchos hombres proclaman cada uno su propia bondad, pero hombre de verdad, ¿quién lo hallará?" (Pr. 20:6).

"¿Quién podrá decir: Yo he limpiado mi corazón, limpio estoy de mi pecado?" (Pr. 20:9).

"Ciertamente más rudo soy yo que ninguno, ni tengo entendimiento de hombre" (Pr. 30:2).

"Si bien todos nosotros somos como suciedad, y todas nuestras justicias como trapo de inmundicia; y caímos todos nosotros como la hoja, y nuestras maldades nos llevaron como viento" (Is. 64:6).

Pensamiento 2. El entorno del Huerto del Edén demuestra cuál es la voluntad de Dios para el entorno de la tierra. Dios quiere que protejamos y cuidemos el entorno, no que lo destruyamos. Pero piensen en lo que hacemos: toda la contaminación, la basura y los desechos nucleares. Todos los efectos devastadores que la contaminación tiene en los ríos, los lagos, los mares, el cielo, el aire y los territorios de la tierra. Y ¿Por qué? Por el egoísmo (el egoísmo personal y económico), la extravagancia y el pecado del corazón humano.

[3] (2:9) ***Hombre, necesidades de:*** El Huerto del Edén suplía la necesidad del hombre de belleza, alimento y entorno espiritual. Dios hizo que "todo árbol" (*kolets*), todo tipo de árbol, creciera en el huerto. Da la idea de un número enorme y de toda clase de árboles "delicioso a la vista, y bueno para comer". Al parecer el huerto era un enorme bosque de árboles, arbustos y vegetación. Estaba preparado para proveer tanto la *necesidad* de Adán como el *placer*. La belleza y provisión del huerto suplía hasta cierto grado las tres necesidades básicas del hombre.

1. El huerto proveía *belleza, descubrimiento y encuentro* para el hombre. Todo árbol, arbusto, flor y planta que se pudiera imaginar estaba allí: Cada una con su propia altura y ancho, hoja y corteza, color y fragancia. La belleza e inmenso tamaño del huerto le daba al hombre la provisión misma que él necesitaba para suplir sus necesidades mentales, emocionales y estéticas.

2. El huerto proveía *alimento y abrigo* para el hombre. Toda especie de vegetación, fruto, baya, y nuez estaba allí, todo para satisfacer el gusto y la alimentación del hombre.

3. El huerto proveía *un entorno espiritual, un ambiente espiritual.* La belleza y provisión del huerto estaba destinada a darle al hombre una sensación de respeto y adoración, a despertar alabanza y acción de gracia en el hombre. No hay entorno ni ambiente que pueda suplir completamente la necesidad del hombre de adoración. Solo Dios puede suplir

completamente la necesidad espiritual del hombre. Pero el huerto era tan hermoso y tan propicio para la adoración que iba a atraer al hombre a adorar a Dios. (Vea las notas, Gn. 2:15-17 para la provisión plena de Dios al suplir las necesidades del hombre. Vea también nota, Col. 2:9-10 para un mayor análisis.)

Pensamiento 1. La mayoría de las personas buscan la plenitud de la vida a partir de tres cosas:

=> Las posesiones de la tierra.
=> Los placeres de la tierra.
=> El poder de la tierra.

Las personas tratan de conseguir lo que quieren de su entorno y de su medio. Pero la tierra y las cosas de la tierra no pueden suplir la necesidad básica del hombre. Por importante que sean la tierra y lo físico, la necesidad básica del hombre es mucho más profunda de lo que parece en la superficie, mucho más profunda que lo físico y lo material. El hombre es espíritu; por consiguiente, su necesidad básica es espiritual (vea las notas, Gn. 1:26; 2:15-17; Ef. 1:3. la nota de Efesios ayudará grandemente a la comprensión de la importancia del mundo espiritual frente al material).

Pensamiento 2. Dios le hace al hombre una promesa inusual. Dios se encargará de que cualquier persona tenga suficiente comida, cobija y vestidura. *Pero* hay una condición. La persona tiene que "buscar primeramente el reino de Dios y su justicia" (Mt. 6:33; cp. 6:24-34).

Pensamiento 3. Cuando alguien recibe una abundancia, deben suceder inmediatamente tres resultados:

=> Se debe reconocer a Dios.
=> Se debe alabar a Dios.
=> Se debe compartir la abundancia.

4 (2:9) ***Hombre, necesidades — Vida eterna — Árbol de vida:*** El Huerto del Edén suplía la necesidad del hombre de vivir para siempre. ¿Cómo? Dios plantó un árbol de fruto en el huerto y le dio el poder de la vida eterna. ¿Cuál es este árbol? Aquí están todos los versículos de las Escrituras que hacen referencia al mismo:

> **"Y Jehová Dios hizo nacer de la tierra todo árbol delicioso a la vista, y bueno para comer; también el árbol de vida en medio del huerto, y el árbol de la ciencia del bien y del mal" (Gn. 2:9).**
>
> **"Y dijo Jehová Dios: He aquí el hombre es como uno de nosotros, sabiendo el bien y el mal; ahora, pues, que no alargue su mano, y tome también del árbol de la vida, y coma, y viva para siempre" (Gn. 3:22).**
>
> **"El que tiene oído, oiga lo que el Espíritu dice a las iglesias. Al que venciere, le daré a comer del árbol de la vida, el cual está en medio del paraíso de Dios" (Ap. 2:7).**
>
> **"En medio de la calle de la ciudad, y a uno y otro lado del río, estaba el árbol de la vida, que produce doce frutos, dando cada mes su fruto; y las hojas del árbol eran para la sanidad de las naciones" (Ap. 22:2).**
>
> **"Bienaventurados los que lavan sus ropas, para tener derecho al árbol de la vida, y para entrar por las puertas en la ciudad" (Ap. 22:14).**
>
> **"Y junto al río, en la ribera, a uno y otro lado, crecerá toda clase de árboles frutales; sus hojas nunca caerán, ni faltará su fruto. A su tiempo madurará, porque sus aguas salen del santuario; y su fruto será para comer, y su hoja para medicina" (Ez. 47:12).**

Aquí están los elementos que se dan sobre el árbol:

=> El árbol se llama "árbol de vida". Estaba ubicado en medio del Huerto del Edén (Gn. 2:9).
=> Si Adán, el primer hombre en la tierra, hubiera comido del árbol, habría vivido para siempre. Al parecer, no había comido nunca del árbol cuando estuvo en el huerto (Gn. 3:22).
=> Ezequiel el profeta predijo esto acerca del árbol de vida: Que cuando Cristo regresara, habría árboles que crecerían y constantemente proporcionarían, nunca dejarán de proveer, alimento y medicina para los ciudadanos de su reino (Ez. 47:12).
=> A los vencedores en la gran tribulación se les dará el derecho al árbol de vida (Ap. 2:7).
=> El árbol de vida estará en la Nueva Jerusalén, la capital de los nuevos cielos y tierra. El árbol de vida estará en el medio de la calle principal de la capital y crecerá en las dos orillas del río más importante que fluye a través de la capital. Observe que este versículo, al igual que el de Ezequiel, se refiere al árbol de vida como muchos árboles, un tipo o especie de árbol y no solo a un árbol (Ap. 22:2).

Ahora bien, ¿qué es el árbol de vida? Sobre la base de los elementos revelados en las Escrituras, el árbol es un árbol real que produce frutos que dan vida, frutos que le dan a la persona vida eterna, que impide que la persona muera jamás. Pero observe lo siguiente: El árbol de vida existe solo en un mundo perfecto, solo donde existe la perfección:

- Solo en la perfección del Huerto del Edén.
- Solo en la Nueva Jerusalén, la capital de los nuevos cielos y tierra (vea la nota, Ap. 22:1-5 para un mayor análisis).

Cuando Dios plantó *el árbol de vida* en el Huerto del Edén, el árbol debía impedir que Adán muriera. Adán debía comer de su fruto y vivir para siempre. Pero, como se verá, Adán nunca comió del árbol de vida. Él decidió comer del fruto del árbol prohibido. El resultado fue catastrófico: El hombre fue expulsado del huerto y no se le permitió comer del fruto del árbol de vida (vea las notas, Gn. 3:22-24).

Lo que se debe tener en cuenta en el pasaje actual es lo siguiente: Dios plantó el árbol de vida justo en el medio del huerto, en el lugar más prominente y conspicuo en el que se vería siempre fácilmente. Estaba plantado donde Adán siempre se recordaría que tenía que comer del árbol a fin de vivir para siempre. Dios le dio al hombre todas las oportunidades que se puedan imaginar…

- *elegir* por la vida y no la muerte
- *elegir* por la presencia de Dios y no la alienación
- *elegir* por la eternidad con Dios y no la separación de Dios
- *elegir* por la paz y no la división
- *elegir* por la obediencia y no la desobediencia y la rebelión

- *elegir* por la libertad y no la esclavitud y la servidumbre
- *elegir* por la justicia y no la injusticia
- *elegir* por el bien y no el mal
- *elegir* por el propósito y no la inutilidad
- *elegir* por la realización y no el vacío
- *elegir* por la perfección y no la corrupción
- *elegir* por Dios y no por el yo y Satanás

"Mira, yo he puesto delante de ti hoy la vida y el bien, la muerte y el mal" (Dt. 30:15).

"A los cielos y a la tierra llamo por testigos hoy contra vosotros, que os he puesto delante la vida y la muerte, la bendición y la maldición; escoge, pues, la vida, para que vivas tú y tu descendencia" (Dt. 30:19).

Pensamiento 1. Dios ama al hombre, a todos nosotros. Él le demostró su amor a Adán proveyendo el árbol de vida, la posibilidad misma de vivir para siempre. Dios nos demuestra su amor proveyendo la vida eterna por medio de su Hijo, el Señor Jesucristo.

"Porque de tal manera amó Dios al mundo, que ha dado a su Hijo unigénito, para que todo aquel que en él cree, no se pierda, mas tenga vida eterna" (Jn. 3:16).

"El que cree en el Hijo tiene vida eterna; pero el que rehúsa creer en el Hijo no verá la vida, sino que la ira de Dios está sobre él" (Jn. 3:36).

"Y esta es la voluntad del que me ha enviado: Que todo aquél que ve al Hijo, y cree en él, tenga vida eterna; y yo le resucitaré en el día postrero" (Jn. 6:40).

"Mas Dios muestra su amor para con nosotros, en que siendo aún pecadores, Cristo murió por nosotros" (Ro. 5:8).

"pero que ahora ha sido manifestada por la aparición de nuestro Salvador Jesucristo, el cual quitó la muerte y sacó a luz la vida y la inmortalidad por el evangelio" (2 Ti. 1:10).

"Y éste es el testimonio: que Dios nos ha dado vida eterna; y esta vida está en su Hijo. El que tiene al Hijo, tiene la vida; el que no tiene al Hijo de Dios no tiene la vida" (1 Jn. 5:11, 12).

5 (2:9) ***Hombre, necesidades — Árbol de la ciencia del bien y el mal:*** El Huerto del Edén suplía la necesidad del hombre de ejercer su libre albedrío, su capacidad para decidir. Dios plantó un segundo árbol de fruto en el huerto. Se dan también varios elementos acerca de este árbol.

1. Estaba en el centro del huerto (Gn. 3:3).
2. Era *bueno* para comer y *agradable* a los ojos (Gn. 3:6).
3. Era el único árbol del que se le dijo a Adán y a Eva que no comieran. Dios usó el árbol para que el hombre ejerciera su libertad de elección, su instinto y capacidad espirituales (vea el *Estudio a fondo 2*, Gn. 1:26).

=> El hombre debía elegir a Dios obedeciéndole (vea la nota, Gn. 2:16; cp. 2:16-17; 3:2-3).

=> Si el hombre elige desobedecer a Dios comiendo del fruto del árbol, el hombre conocería el mal, lo que es ser desobediente. Experimentaría el mal personalmente y moriría, es decir, estaría separado de Dios espiritualmente, físicamente y eternamente.

4. Fue uno de los dos árboles escogidos para ejercer la elección del hombre entre la vida y la muerte (la separación de Dios). Adán, el primer hombre, el antepasado de la raza humana, hizo lo que nosotros hacemos: Decidió hacer su propia voluntad, hacer lo que le place, desobedecer a Dios. Él rechazó el árbol de vida y comió del árbol de la ciencia del bien y el mal. (vea las notas, Gn. 2:16-17; 3:1-6; cp. 3:8-9; He. 9:27).

Es necesario decir ciertas cosas en este momento acerca del árbol de la vida y del árbol de la ciencia del bien y el mal. ¿Los árboles son figurados o literales? Sostener que son literales no es ni ingenuo ni mágico.

1. El hombre debía elegir algo, algún objeto, algún acto, para ejercer su capacidad o elección *por Dios* y por vivir con Él. Note lo siguiente: El hombre estaba en la naturaleza, en el huerto más bello del mundo. El huerto tenía los árboles más excelentes del mundo y los árboles producían los frutos más deliciosos del mundo. Uno de los instintos y necesidades básicos del hombre era satisfacer su hambre con los frutos deliciosos provistos tan abundantemente. ¿Qué mejor manera para que el hombre ejerza su capacidad o elección por Dios que a través de la carne, que tener un mandamiento que incluía el fruto necesario para satisfacer su necesidad física de alimento?

De hecho, prohibir frutos en un entorno así como el Huerto del Edén sería *lo ideal* que Dios haría, lo natural, lo que es de esperar.

2. Ningún árbol, por sí mismo, tiene el poder para dar vida o muerte. Ningún árbol ni fruto tiene tal poder inherente. Cualquier fruto que tenga tal poder lo tendría solo porque Dios le dio cualidades que producen vida, sustancias químicas o jugos. Todos lo sabemos.

Las Escrituras dicen que esto es exactamente lo que hizo Dios: Dios le dio al árbol de vida cualidades que producen vida y al árbol de la ciencia del bien y el mal le dio cualidades corruptibles, que producen la muerte. Note tres elementos significativos acerca de esto:

=> Primero, esto es exactamente lo que dicen las Escrituras. Es el *planteamiento literal* del relato de Génesis.

=> Segundo, Dios es Dios, Elohim, Dios Todopoderoso, el Dios de toda fuerza y poder (vea el *Estudio a fondo 2*, Gn. 1:1). Dios puede decretarle tal poder a cualquier alimento que Él decida.

=> Tercero, según se ha planteado en el primer punto, cualquier persona se siente presionada grandemente al elegir un mejor método para que el hombre ejerza su elección por Dios y la eternidad, se siente presionado grandemente al elegir un mejor método cuando el hombre está en un huerto como el Huerto del Edén.

3. Ahora bien, tras haber dicho lo anterior, hay otra posibilidad acerca de las cualidades de la vida y la muerte de los árboles. Es posible que los árboles y su fruto sean los medios (vehículo, método, manera) escogidos para que el hombre ejerciera su elección espiritual para vivir con Dios o apartado de Dios. Es posible que la Palabra de Dios le decretara la vida o la muerte al hombre, basado en la elección del hombre. Es posible que los árboles no poseyeran cualidades ni sustancias

químicas ni jugos que dieran vida o muerte, que fueran solo los medios usados para que el hombre ejerciera su libertad de elegir obedecer a Dios. Dios, su Palabra, decretó que comer del árbol de vida daba vida; comer del otro árbol provocaba la muerte. Los árboles solo eran las cosas usadas para hacer realidad lo que Dios ya había dicho. El poder de la vida y la muerte reposaban en lo que Dios había decretado y el hombre decidió hacer, no en los árboles mismos. (Vea la nota 3 y *Estudio a fondo 2*, Gn. 2:16-17).

> **"Mira, yo he puesto delante de ti hoy la vida y el bien, la muerte y el mal" (Dt. 30:15).**
>
> **"A los cielos y a la tierra llamo por testigos hoy contra vosotros, que os he puesto delante la vida y la muerte, la bendición y la maldición; escoge, pues, la vida, para que vivas tú y tu descendencia" (Dt. 30:19).**
>
> **"Y si mal os parece servir a Jehová, escogeos hoy a quién sirváis... pero yo y mi casa serviremos a Jehová" (Jos. 24:15).**
>
> **"Y acercándose Elías a todo el pueblo, dijo: ¿Hasta cuándo claudicaréis vosotros entre dos pensamientos? Si Jehová es Dios, seguidle; y si Baal, id en pos de él. Y el pueblo no respondió palabra" (1 R. 18:21).**

6 (2:10-14) ***Hombre, necesidades — Huerto del Edén:*** El Huerto del Edén suplía la necesidad del hombre de agua e irrigación. Dios hizo que un río fluyera a través del Edén, al parecer un gran río. Era lo suficientemente grande como para irrigar todo el huerto y como para dividirse en cuatro ríos principales. El propósito de enumerar los cuatros ríos y varios de los territorios vecinos fue:

- Demostrar que el Huerto del Edén había sido un huerto real.
- Demostrar que el primer hombre, Adán, fue una persona real.
- Demostrar que el relato de Génesis no es solo exacto, sino que es verdad.
- Demostrar la verdad de cómo Dios creó al hombre y colocó al hombre en el huerto y la verdad de lo que le sucedió al hombre.

Observe los elementos dados:

Los ríos	*Los elementos*
Pisón	Fluía por la tierra de Havila, Havila que se conoce por su oro, bedelio (una gema preciosa), y ónice.
Gihón	Fluía por la tierra de Cus.
Hidekel o Tigris	Fluía por todo el oriente de Asiria.
Éufrates	Fluía de las tierras altas de Armenia hasta el Golfo Pérsico. Se conocía como "el gran río", el río más importante de Asia occidental.

Ahora bien, ¿dónde estaba ubicado el Huerto del Edén? Note que dos de los ríos se conocen hoy día, el Tigris y el Éufrates, pero no se conocen dos. Lo más probable, el diluvio catastrófico en los días de Noé reorganizaron la geografía de la tierra y eliminaron los dos ríos desconocidos. Pero observe también lo siguiente: El diluvio fue tan catastrófico que lo más probable es que se reorganizaran los lechos y canales del Tigris y del Éufrates. Pensar de otro modo no sería realista, porque la devastación y redisposición de la geografía de la superficie de la tierra por las lluvias torrenciales y las inundaciones severas se conocen muy bien hoy día. Por ende, resulta imposible decir exactamente donde estaba ubicado el Huerto del Edén. Lo que más podemos decir con exactitud es que estaba en algún lugar en las tierras que rodean los ríos Tigris y Éufrates, tierras que cubren varias naciones del mundo como Armenia, Turquía, Siria, Irak, e Irán. H. C. Leupold cree que puede haber estado en las tierras altas de Armenia (*Génesis*, vol. 1, p. 126); otros piensan que puede haber estado en el sur de Irak (cp. NVI, Gn. 2:8).

Ahora bien, volviendo a la idea central de este punto: Dios hizo que un gran río fluyera a través del Edén, un río que se separaba en cuatro otros ríos al salir de Edén. Esto demuestra el cuidado y bondad gloriosos de Dios. Dios hizo todo tipo de provisiones para el hombre, incluso se ocupó de que el hombre tuviera agua para beber y un sistema de irrigación para regar el huerto.

Pensamiento 1. Dios le hace al hombre hoy día dos grandes promesas.

1) Dios proveerá para el hombre todas las necesidades de la vida si el hombre busca primeramente de Él y su justicia.

> **"Mas buscad primeramente el reino de Dios y su justicia, y todas estas cosas os serán añadidas" (Mt. 6:33).**

2) Dios ha provisto un agua viva que le da al hombre vida eterna, un agua viva que se halla en su Hijo, el Señor Jesucristo.

> **"mas el que bebiere del agua que yo le daré, no tendrá sed jamás; sino que el agua que yo le daré será en él una fuente de agua que salte para vida eterna" (Jn. 4:14).**
>
> **"Jesús les dijo: Yo soy el pan de vida; el que a mí viene, nunca tendrá hambre; y el que en mí cree, no tendrá sed jamás" (Jn. 6:35).**
>
> **"El que cree en mí, como dice la Escritura, de su interior correrán ríos de agua viva. Esto dijo del Espíritu que habían de recibir los que creyesen en él; pues aún no había venido el Espíritu Santo, porque Jesús no había sido aún glorificado" (Jn. 7:38, 39).**
>
> **"Y me dijo: Hecho está. Yo soy el Alfa y la Omega, el principio y el fin. Al que tuviere sed, yo le daré gratuitamente de la fuente del agua de la vida" (Ap. 21:6).**
>
> **"Y el Espíritu y la Esposa dicen: Ven. Y el que oye, diga: Ven. Y el que tiene sed, venga; y el que quiera, tome del agua de la vida gratuitamente" (Ap. 22:17).**
>
> **"Sacaréis con gozo aguas de las fuentes de la salvación" (Is. 12:3).**
>
> **"Jehová te pastoreará siempre, y en las sequías saciará tu alma, y dará vigor a tus huesos; y serás como huerto de riego, y como manantial de aguas, cuyas aguas nunca faltan" (Is. 58:11).**
>
> **"En aquel tiempo habrá un manantial abierto... para la purificación del pecado y de la inmundicia" (Zac. 13:1).**

ESTUDIO A FONDO 2

(2:10) ***Adán frente a Cristo — Getsemaní frente al Huerto del Edén — La cruz frente al árbol de la ciencia del bien y el mal:*** Hay un gran contraste entre el *primer Adán* en su Huerto del Edén y el *segundo Adán*, el Señor Jesucristo, en su Huerto de Getsemaní. (La idea del contraste la promovió James Montgomery Boice. *Génesis, Un comentario expositivo*, vol. 1. Grand Rapids, MI: The Zondervan Corporation, 1938, p. 104s). Recuerde que nuestro Señor enfrentaba la decisión crítica de la cruz en el Huerto de Getsemaní.

El primer Adán en *su Huerto del Edén*	**El segundo Adán, el Señor Jesucristo, *su Huerto de Getsemaní***
Adán estaba en un huerto perfecto en un mundo perfecto (Gn. 1:1; 2:8-9).	Cristo estaba en un huerto infértil y desértico en un mundo imperfecto (Gn. 3:17-18; Ro. 8:19-22).
Adán estaba en un huerto de belleza y gozo (Gn. 2:8-10).	Cristo estaba en un lugar de pesadumbre y pesar (Mt. 26:37).
Adán estaba tratando de llevar a cabo sus propios deseos y anhelos (Gn. 2:17; 3:6).	Cristo estaba tratando de hacer la voluntad de Dios (Mt. 26:39; He. 10:7-10).
Adán desobedeció a Dios y pecó y le ocasionó la muerte a la raza humana (Gn. 2:17; 3:1s; Ro. 5:12).	Cristo obedeció a Dios y murió por el hombre y le trajo vida a la raza humana (Jn. 3:16; Ro. 5:8; 1 P. 2:24; 3:18).

Hay también un gran contraste entre el árbol de la ciencia del bien y el mal y el árbol de la cruz. (La idea del contraste la promovió Arthur Pink. *Gleanings in Genesis* [Fragmentos en Génesis]. Chicago, IL: Moody Press, 1922, p. 27s.)

El árbol de la ciencia *del bien y el mal*	***El árbol de la cruz***
El árbol fue plantado por Dios (Gn. 2:8-9).	El árbol de la cruz fue hecho por el hombre (Jn. 19:15-16).
El árbol era agradable a los ojos (Gn. 3:6).	El árbol de la cruz era un árbol repulsivo y maldito (Gá. 3:13).
Al hombre se le ordenó alejarse de este árbol (Gn. 2:17).	Al hombre se le ordena acercarse a este árbol (Jn. 12:32).
Comer de este fruto traía como resultado la muerte (Gn. 2:17; 3:1s; Ro. 5:12).	Comer de este fruto, del propio Cristo, trae como resultado la vida (Jn. 6:53-54; cp. Jn. 6:51, 58).

1 Conocer la bondad y gracia de Dios 2 Servir a Dios labrando y guardando el huerto 3 Elegir vivir con Dios:	**D. El primer mandato o pacto: El propósito del hombre sobre la tierra, 2:15-17** 15 Tomó, pues, Jehová Dios al hombre, y lo puso en el huerto de Edén, para que lo labrara y lo guardase. 16 Y mandó Jehová Dios al	hombre, diciendo: De todo árbol del huerto podrás comer; 17 mas del árbol de la ciencia del bien y del mal no comerás; porque el día que de él comieres, ciertamente morirás.	**Amar, adorar y fraternizar**[EF2] a. El incentivo para elegir vivir con Dios b. La única prohibición c. El resultado de la desobediencia: La muerte[EF3]

DIVISIÓN II

ADÁN, EL PRIMER HOMBRE (PARTE 1): EL PRINCIPIO DE LA HUMANIDAD Y DE LA SIMIENTE PIADOSA: LO QUE LE SUCEDIÓ AL HOMBRE Y A LA TIERRA, 2:4—3:24

D. El primer mandato o pacto: El propósito del hombre sobre la tierra, 2:15-17

(2:15-17) ***Introducción — Hombre, propósito — Creación, propósito:*** Aparte de todos los otros versículos del relato de la creación, estos versículos demuestran por qué Dios creó al hombre. De un modo muy sencillo, Dios quiere vivir con un ser que decida, lo decida libremente, vivir con Él. Dios quiere vivir con un ser que tenga la capacidad de decidir vivir con Él y que *decidirá* vivir con Él. Dios quiere vivir con un ser que tenga libertad de elección, un ser:

- Que decida conocer a Dios, conocer la bondad y gracia de Dios.
- Que decida servir a Dios.
- Que decida vivir con Dios: Amar, adorar y fraternizar con Dios.

Dios no quiere coaccionar al hombre. Dios no quiere que el hombre sea un autómata que se haya pasado por una línea de ensamblaje y se haya programado para servir y adorar a Dios. Dios quiere que el hombre tenga la libertad de elección, la capacidad de decidir vivir con Dios o apartado de Dios.

Esto se ve claramente analizando la naturaleza del hombre según se revela en estos versículos.

=> Se ve que el hombre *es muy inteligente y físicamente fuerte*. Se le da la responsabilidad de pensar, planificar y cultivar el huerto (v. 15).

=> Se ve que el hombre *tiene la capacidad de comunicarse* con otros. Se ve a Dios hablando y relacionándose con él (vv. 16-17).

=> Se ve que el hombre *tiene la capacidad de desear y decidir*. Posee libre albedrío (vv. 16-17).

=> Se ve que el hombre *tiene necesidades e instintos* que se tienen que suplir con el entorno y con Dios. Su entorno tiene que proveerle trabajo, alimento y belleza. Dios tiene que proveerle instrucciones, orientaciones, amor, adoración, fraternidad, propósito, sentido e importancia (vv. 15-17).

=> Se ve que el hombre *es un ser espiritual* que requiere dirección espiritual y fraternidad piadosa para su vida (vv. 15-17).

=> Se ve que el hombre *es un ser muy capaz de responder* a otros, de amarlos y de expresarles agradecimiento. Dios aquí está interactuando con él (vv. 15-17).

=> Se ve que el hombre *ha sido un ser de perfección y de inmortalidad*, un ser que era moralmente perfecto, físicamente perfecto y espiritualmente perfecto. El hombre era originalmente un ser que no estaba corrupto y no moría y nunca había estado separado de Dios.

=> Se ve que el hombre *es un ser que tiene deseos e impulsos* que lo mueven hacia aquello que le agrada a la carne y que luce atractivo y beneficioso. Los árboles del huerto y la prohibición que regía el árbol de la ciencia del bien y del mal lo demuestran (vv. 16-17).

=> Se ve que el hombre *es un ser de curiosidad*, un ser que tiene el instinto de conocer cada vez más, aunque el conocimiento lo lleve al mal (cp. el desarrollo de las armas bélicas) (v. 17).

Se revela mucho acerca de la naturaleza del hombre en estos tres breves versículos y se pudiera añadir mucho más a la lista anterior. Pero se ha dado suficiente para hacerlo entender: Dios ha creado al hombre con libertad de elección. Dios quiere vivir con personas que decidan vivir con Él. Dios no quiere personas con Él que no quieran estar con Él. Dios quiere compartir su gracia y bondad con aquellos que quieran experimentar su gracia y bondad. Este es el análisis de este pasaje informativo de las Escrituras. Estos versículos abarcan "El primer mandato o pacto: El propósito del hombre en la tierra".

1. Conocer la bondad y gracia de Dios (v. 15).
2. Servir a Dios labrando y guardando el huerto (o el mundo) (v. 15).
3. Elegir vivir con Dios: Amar, adorar y fraternizar (vv. 16-17).

(2:15-25) ***Otro bosquejo:*** El propósito del hombre.

1. Propósito 1: Similitud, ser como Dios (1:26).
2. Propósito 2: Dominio y autoridad, señorear en la creación de Dios (1:28).
3. Propósito 3: Adoración (2:3).
4. Propósito 4: Fraternidad y disfrute (2:8; cp. 3:8s).

5. Propósito 5: Servicio y obra (2:15).
6. Propósito 6: Obediencia y lealtad (2:16-17).
7. Propósito 7: Compañía (2:18-25).

ESTUDIO A FONDO 1

(2:15-17) ***Pacto:*** Un pacto es un acuerdo específico entre dos o más personas. En la Biblia se ven tres tipos de pactos.

1. Un acuerdo entre dos o más personas que acuerdan libremente los términos del contrato o pacto (Gn. 21:32).
2. Un acuerdo impuesto por una parte superior exigiendo obediencia de la parte más débil (Ez. 17:13-14). Esto también se ve cuando Dios le exige obediencia al hombre al expedir ciertos mandamientos (Gn. 2:16-17; Jos. 23:16).
3. Un acuerdo o promesa incondicional, a lo que se le podría llamar un pacto de misericordia o gracia, por medio del cual Dios se obliga a sí mismo a ayudar o a reconciliar al hombre pecador (Dt. 7:6-8; Sal. 89:3-4; cp. Gn. 3:15).

La palabra pacto se usa alrededor de 253 veces en el Antiguo Testamento y veinte veces en el Nuevo Testamento. Muchas de estas se usan en referencia al arca del pacto que estaba ubicado en el Lugar santísimo, el santuario interior del tabernáculo judío que era el centro de adoración de Israel.

H. C. Leupold dice que los pactos hechos por Dios...

- "[son] la forma más solemne y vinculante de... la promesa,
- "[son] dados por la doble seguridad del hombre y por la debilidad carnal del hombre...
- "no se deben comparar con los pactos humanos en que dos partes contratantes se reúnen al mismo nivel y hacen promesas mutuas...
- "Emanan [provienen] de Dios... Él los hace, Él fija los términos y las condiciones, Él en su libertad soberana se vincula a sí mismo" (*Génesis* vol. 1, p. 336).

Los eruditos difieren en cuanto al número real de pactos en la Biblia. Sin embargo, las Escrituras analizan al menos nueve pactos o promesas y órdenes. (Vea los resúmenes y notas de cada una en las referencias provistas como información adicional.)

=> El pacto de Edén donde Dios suple las necesidades más básicas del hombre (Gn. 2:15-17).

=> El pacto con Adán donde Dios promete redención (Gn. 3:15).

=> El pacto con Noé donde Dios conserva la raza humana (Gn. 9:8-17).

=> El pacto con Abraham donde Dios comienza una nueva raza (la raza judía) como la descendencia escogida del pueblo de Dios (Gn. 12:1-3; 15:9-21; 17:1-27).

=> El pacto con Moisés donde Dios promete que Israel puede ser pueblo escogido (Éx. 19:5-6).

=> El pacto con los siervos sacerdotales de Dios donde Dios promete establecer un sacerdocio eterno (Nm. 25:12-13; Mal. 2:4-5; Ez. 44:15).

=> El pacto con Israel donde Dios promete reunir a Israel nuevamente en la Tierra Prometida (de la diáspora por toda la tierra) (Dt. 30:1-3).

=> El pacto con David donde Dios promete enviar al Mesías por medio de la descendencia de David. El Mesías iba a ser "el Hijo de David" (2 S. 7:16; 23:5).

=> El pacto con los creyentes donde Dios reconcilia al hombre consigo mismo por medio de Cristo (Jer. 31:31-34; cp. He. 8:6-13, fundamentalmente 8. Cp. Is. 42:6; 49:8; 2 Co. 3:6-18; He. 7:22; 8:6-13).

[1] (2:15) ***Hombre, propósito — Creación, propósito:*** El propósito del hombre es recibir la bondad y gracia de Dios. ¿Por qué Dios creó al hombre? ¿Por qué existe el hombre? ¿Cuál es el propósito de la vida? Según se ha planteado, el propósito del hombre es recibir la bondad y gracia de Dios. Dios quiere compartir las riquezas de su bondad y gracia con el hombre, las riquezas desbordantes de su bondad y gracia. Esto se ve claramente en lo que Dios hizo por el primer hombre, Adán.

Dios hizo un paraíso, el Huerto del Edén, para el hombre. El huerto era el paraíso más perfecto que se pueda imaginar. Recuerde: La tierra era perfecta, pero Dios quería un lugar sumamente especial para el hombre, un lugar de un esplendor, belleza, provisión, fraternidad y perfección sin igual. El Huerto del Edén sobrepasaba ampliamente el mundo que yacía fuera del huerto. Adán podía compararlos los dos, porque él había vivido algún tiempo en el mundo exterior. Qué tiempo, se desconoce, pero él estuvo allí y anduvo por allí (Gn. 2:8, 15).

Pero observe lo que sucedió (v. 15): Dios tomó a Adán y lo colocó en el Huerto del Edén. Él había estado fuera del huerto, pero Dios lo quiso dentro de sus fronteras. Dios quiso que Adán conociera y experimentara el paraíso, el gran regalo de Dios, la bondad y gracia gloriosas de Dios.

Sucede lo siguiente: Dios creó para el hombre el hogar más glorioso que se pueda imaginar, el paraíso mismo, el Huerto del Edén. El hombre ya tenía una tierra perfecta, pero una tierra perfecta no podía describir ni tampoco demostrar apropiadamente la bondad y gracia infinitas de Dios. Por eso, Dios creó el paraíso mismo, un lugar donde el hombre podía contemplar todo el esplendor, belleza, provisión, fraternidad y la perfección de la bondad y gracia de Dios.

> ***Pensamiento 1.*** El propósito de Dios para con el hombre no se ha frustrado a pesar del pecado de Adán. Dios no permitirá que se frustre su propósito, jamás, por nada ni nadie. Todo cuanto se había perdido por el pecado de Adán se ha recuperado con Cristo. ¿Cómo? Por medio de la muerte de Cristo. Recuerde: El propósito de Dios de crear al hombre es demostrarle al hombre las riquezas de su bondad y gracia. Jamás se podrá demostrar amor más grande que el que demostró Dios dando a su Hijo para que muriera por los pecados del hombre. Esto es exactamente lo que sucedió en la muerte de Cristo. La cumbre de la bondad y la gracia se ve en lo siguiente: Dios dio a su Hijo para que cargara con la condenación, el castigo y

el juicio por el pecado del hombre. Cuando un hombre cree que *Cristo murió por él*, Dios toma la creencia de esa persona y la considera como la muerte de Cristo. Dios considera al hombre como si hubiera muerto con Cristo. Por ende se ha pagado el castigo del hombre: Ha muerto con Cristo. Por consiguiente, es libertado del pecado: Ante Dios es perfecto y acepto. Por Cristo, por la fe en Cristo, el hombre es libertado del pecado; el hombre puede ser restaurado a la perfección y justicia.

> **"Pero Dios, que es rico en misericordia, por su gran amor con que nos amó, aun estando nosotros muertos en pecados, nos dio vida juntamente con Cristo (por gracia sois salvos), y juntamente con él nos resucitó, y asimismo nos hizo sentar en los lugares celestiales con Cristo Jesús, para mostrar en los siglos venideros las abundantes *riquezas de su gracia* en su bondad para con nosotros en Cristo Jesús" (Ef. 2:4-7).**
>
> **"Y creyó a Jehová, y le fue contado por justicia" (Gn. 15:6).**
>
> **"Así Abraham creyó a Dios, y le fue contado por justicia." (Gá. 3:6).**
>
> **"quien llevó él mismo nuestros pecados en su cuerpo sobre el madero, para que nosotros, estando muertos a los pecados, vivamos a la justicia; y por cuya herida fuisteis sanados" (1 P. 2:24).**

¿Pero y qué hay del paraíso? ¿Cómo se puede restaurar una tierra perfecta y un paraíso perfecto? Por la promesa y poder de Dios. Dios ha prometido recrear unos nuevos cielos y una nueva tierra, crear un paraíso para el hombre por todo el universo. Se acerca el día en que Dios mostrará las riquezas de su bondad y gracia más allá de lo que cualquiera pueda pedir o pensar. ¿Cuándo? El día glorioso de la redención y de la eternidad.

> **"para mostrar *en los siglos venideros* las abundantes riquezas de su gracia en su bondad para con nosotros en Cristo Jesús" (Ef. 2:7).**
>
> **"Pues tengo por cierto que las aflicciones del tiempo presente no son comparables con la gloria venidera que en nosotros ha de manifestarse. Porque el anhelo ardiente de la creación es el aguardar la manifestación de los hijos de Dios. Porque la creación fue sujetada a vanidad, no por su propia voluntad, sino por causa del que la sujetó en esperanza; porque también la creación misma será libertada de la esclavitud de corrupción, a la libertad gloriosa de los hijos de Dios. Porque sabemos que toda la creación gime a una, y a una está con dolores de parto hasta ahora" (Ro. 8:18-22).**
>
> **"Pero el día del Señor vendrá como ladrón en la noche; en el cual los cielos pasarán con grande estruendo, y los elementos ardiendo serán deshechos, y la tierra y las obras que en ella hay serán quemadas. Puesto que todas estas cosas han de ser deshechas, ¡cómo no debéis vosotros andar en santa y piadosa manera de vivir, esperando y apresurándoos para la venida del día de Dios, en el cual los cielos, encendiéndose, serán deshechos, y los elementos, siendo quemados, se fundirán! Pero nosotros esperamos, según sus promesas, cielos nuevos y tierra nueva, en los cuales mora la justicia" (2 P. 3:10-13).**

Pensamiento 2. Note que Dios puso a Adán en el huerto. Lo más grandioso de todo el mundo es ser llamado y ubicado por Dios. No importa dónde sea, el lugar que Dios elija para nosotros es el mejor lugar en que podemos estar.

[2] (2:15) ***Hombre, propósito — Labor — Obra — Empleo:*** El propósito del hombre es servir a Dios labrando y guardando el huerto, el paraíso en que él vive. Dios le había dado el huerto a Adán, el paraíso más perfecto, bello y pródigo que se pueda imaginar y Dios esperaba que Adán labrara y guardara el huerto. Observe tres elementos significativos:

1. El hombre debía cuidar del huerto. Él tenía que "labrarlo" (*abhadh*). La palabra significa trabajar, obrar, cultivar, cuidar y atender el huerto. El hombre también tenía que "guardar" (*shamar*) el huerto. Esta palabra significa vigilar, custodiar, guardar, proteger, cuidar de. Sucede lo siguiente: Al hombre se le dio la responsabilidad, la responsabilidad personal, del Huerto del Edén. El huerto era un paraíso: Era el lugar más perfecto, bello y pródigo que se pueda imaginar, pero había que protegerlo y cuidarlo. Este deber se le asignó al hombre. El hombre debía:
   - Labrar y cultivar la tierra.
   - Labrar los huertos, los arbustos y las flores.
   - Alimentarse y proveer para sí mismo.
   - Controlar el desarrollo del huerto.
   - Proteger y cuidar a los animales.

   De un modo sencillo, el hombre debía guardar el paraíso como un paraíso. Dios había creado el huerto, el paraíso más perfecto, bello y pródigo que se pueda imaginar; dependía del hombre mantener el huerto perfecto, bello y pródigo.

2. El hombre fue creado como una persona responsable y una persona activa y trabajadora. El hombre no fue hecho para que fuera irresponsable ni para que fuera inactivo, holgazán, perezoso, displicente, ni haragán. Fue hecho para trabajar y para trabajar duro.

> **"Y los bendijo Dios, y les dijo: Fructificad y multiplicaos; llenad la tierra, y sojuzgadla, y señoread en los peces del mar, en las aves de los cielos, y en todas las bestias que se mueven sobre la tierra" (Gn. 1:28).**
>
> **"En lo que requiere diligencia, no perezosos; fervientes en espíritu, sirviendo al Señor" (Ro. 12:11).**
>
> **"Siervos, obedeced en todo a vuestros amos terrenales, no sirviendo al ojo, como los que quieren agradar a los hombres, sino con corazón sincero, temiendo a Dios. Y todo lo que hagáis, hacedlo de corazón, como para el Señor y no para los hombres; sabiendo que del Señor recibiréis la recompensa de la herencia, porque a Cristo el Señor servís" (Col. 3:22-24).**
>
> **"Porque también cuando estábamos con vosotros, os ordenábamos esto: Si alguno no quiere trabajar, tampoco coma" (2 Ts. 3:10).**
>
> **"Mas a Jehová vuestro Dios serviréis, y él bendecirá tu pan y tus aguas; y yo quitaré toda enfermedad de en medio de ti" (Éx. 23:25).**
>
> **"Pasé junto al campo del hombre perezoso, y junto a la viña del hombre falto de entendimiento; y he aquí que por toda ella habían crecido los espinos, orti-**

gas habían ya cubierto su faz, y su cerca de piedra estaba ya destruida" (Pr. 24:30, 31).

"Por la pereza se cae la techumbre, y por la flojedad de las manos se llueve la casa" (Ec. 10:18).

3. El hombre fue creado para tener una fuerte sensación de propósito y de valor propio. El hombre es una criatura mental y emocional. El hombre necesita un fuerte propósito en la vida, sentir que vale la pena, que lo que él hace sí importa y es significativo y cuenta para algo. El hombre también necesita una fuerte imagen de sí mismo, sentir que es alguien, una persona que le importa a otras personas. Tanto el propósito como la imagen de sí mismo provienen, en un mayor grado, del trabajo que hace el hombre. Si el trabajo de un hombre es significativo, entonces tiene una razón para levantarse en la mañana y vivir, él siente que vale la pena y tiene un fuerte propósito y una fuerte imagen de sí mismo. Así es como Dios hizo al hombre. Esta es la razón por la que Dios le ordenó al hombre que trabajara y cuidara el huerto y el mundo. El hombre necesita pensar, planear, descubrir, trabajar y hacer algo beneficioso. De una responsabilidad tan gigantesca, la sensación del hombre de propósito y de valor propio están más o menos suplidas. (Nota: Las necesidades mentales y emocionales, el propósito y el valor propio, se suplen solo parcialmente con el mundo físico y la responsabilidad que hay en él. La sensación más satisfactoria de propósito y de valor propio proviene de tener las necesidades espirituales cubiertas. Esto se analiza en la próxima nota, Gn. 2:16-17.)

Pensamiento 1. El paraíso se ha perdido y la tierra se ha corrompido. El pecado y la caída de Adán los destruyeron a los dos. Pero Jesucristo ha prometido restaurar a ambos. Él ha prometido:

- Crear unos nuevos cielos y una nueva tierra, un universo perfecto.
- Crear el paraíso más perfecto, bello y pródigo que se pueda imaginar. Una ciudad que refulgirá con todas las joyas y gloria del propio Dios. Una ciudad que será la cumbre de la perfección y la provisión. Una ciudad que será la ciudad misma de Dios y de Cristo. Una ciudad que servirá como la capital del universo y se nombrará la Ciudad de Dios, la Ciudad Santa, la Nueva Jerusalén.

Sucede lo siguiente: Todas las personas deben asegurarse de ser aceptos ante Dios, que serán ciudadanos de los nuevos cielos y tierra, del paraíso venidero de Dios (vea el bosquejo y notas, Ap. 21:1-22:5 para un mayor análisis).

"Pero el día del Señor vendrá como ladrón en la noche; en el cual los cielos pasarán con grande estruendo, y los elementos ardiendo serán deshechos, y la tierra y las obras que en ella hay serán quemadas. Puesto que todas estas cosas han de ser deshechas, ¡cómo no debéis vosotros andar en santa y piadosa manera de vivir, esperando y apresurándoos para la venida del día de Dios, en el cual los cielos, encendiéndose, serán deshechos, y los elementos, siendo quemados, se fundirán! Pero nosotros esperamos, según sus promesas, cielos nuevos y tierra nueva, en los cuales mora la justicia" (2 P. 3:10-13).

"Vi un cielo nuevo y una tierra nueva; porque el primer cielo y la primera tierra pasaron, y el mar ya no existía más. Y yo Juan vi la santa ciudad, la nueva Jerusalén, descender del cielo, de Dios, dispuesta como una esposa ataviada para su marido. Y oí una gran voz del cielo que decía: He aquí el tabernáculo de Dios con los hombres, y él morará con ellos; y ellos serán su pueblo, y Dios mismo estará con ellos como su Dios. Enjugará Dios toda lágrima de los ojos de ellos; y ya no habrá muerte, ni habrá más llanto, ni clamor, ni dolor; porque las primeras cosas pasaron. Y el que estaba sentado en el trono dijo: He aquí, yo hago nuevas todas las cosas. Y me dijo: Escribe; porque estas palabras son fieles y verdaderas" (Ap. 21:1-5).

"Desde el principio tú fundaste la tierra, y los cielos son obra de tus manos. Ellos perecerán, mas tú permanecerás; y todos ellos como una vestidura se envejecerán; como un vestido los mudarás, y serán mudados; pero tú eres el mismo, y tus años no se acabarán" (Sal. 102:25-27).

"Y todo el ejército de los cielos se disolverá, y se enrollarán los cielos como un libro; y caerá todo su ejército, como se cae la hoja de la parra, y como se cae la de la higuera" (Is. 34:4).

"Porque he aquí que yo crearé nuevos cielos y nueva tierra; y de lo primero no habrá memoria, ni más vendrá al pensamiento" (Is. 65:17).

"Porque como los cielos nuevos y la nueva tierra que yo hago permanecerán delante de mí, dice Jehová, así permanecerá vuestra descendencia y vuestro nombre" (Is. 66:22).

Pensamiento 2. El paraíso se ha perdido y la tierra se ha corrompido, pero la tierra no se ha destruido. Aún tenemos nuestra mente y nuestro cuerpo y aún así tenemos la tierra en la que vivimos. Por ende, la orden de Dios aún está vigente: El propósito del hombre en la tierra sigue siendo el mismo. Debemos proteger y cuidar la tierra. Debemos cultivarla y guardarla, custodiando de muy cerca su bienestar. La tierra, su suelo, aire, agua y crecimiento, debe preservarse y protegerse, para generaciones futuras y para Dios.

"Y los bendijo Dios, y les dijo: Fructificad y multiplicaos; llenad la tierra, y sojuzgadla, y señoread en los peces del mar, en las aves de los cielos, y en todas las bestias que se mueven sobre la tierra" (Gn. 1:28).

"Y todo lo que hagáis, hacedlo de corazón, como para el Señor y no para los hombres; sabiendo que del Señor recibiréis la recompensa de la herencia, porque a Cristo el Señor servís" (Col. 3:23, 24).

"Ahora bien, se requiere de los administradores, que cada uno sea hallado fiel" (1 Co. 4:2).

"Así que, hermanos míos amados, estad firmes y constantes, creciendo en la obra del Señor siempre, sabiendo que vuestro trabajo en el Señor no es en vano" (1 Co. 15:58).

"Cada uno según el don que ha recibido, minístrelo a los otros, como buenos administradores de la multiforme gracia de Dios" (1 P. 4:10).

> **"Si quisiereis y oyereis, comeréis el bien de la tierra" (Is. 1:19).**

3 (2:16-17) ***Hombre, propósito:*** El propósito del hombre es decidir vivir con Dios, amar, adorar y fraternizar con Él. ¿Por qué Dios creó al hombre? ¿Por qué Dios puso al hombre en la tierra y no inmediatamente en el cielo? Estos dos versículos nos lo demuestran: Dios quiere un ser que decida, lo decida libremente, vivir con Él. Dios quiere una criatura con libertad de elección, una criatura que *desee* vivir con Él, que desee amar, adorar y fraternizar con Él *de un modo supremo*. Observe tres elementos significativos:

1. Estaba el gran incentivo que el hombre tenía para elegir vivir con Dios. Al hombre se le había dado todo árbol del huerto excepto uno. El hombre lo tenía todo:

=> Un hogar en el paraíso.
=> Perfección: El hombre no tenía pecado.
=> Todos los árboles y alimentos del paraíso.
=> El árbol de vida, de la inmortalidad (Gn. 2:9).
=> El amor, la presencia y la fraternidad de Dios.

El hombre sentía la atracción, el gusto, el atractivo de todo esto. El hombre tenía la atracción y el derecho a *todo el fruto* del huerto. *Solo un fruto* él no podía tocar, solo un fruto de *todos los frutos*. No había excusa alguna para que el hombre eligiera por un fruto o cualquier cosa y no por Dios. El hombre tenía el incentivo más grande de todo el mundo para elegir por Dios. Al elegir por Dios, el hombre lo tenía todo: Todos los árboles, toda la abundancia y los beneficios del propio paraíso.

> **"¿cómo escaparemos nosotros, si descuidamos una salvación tan grande? La cual, habiendo sido anunciada primeramente por el Señor, nos fue confirmada por los que oyeron" (He. 2:3).**

2. Estaba la gran decisión, una gran prueba, que se tenía que tomar. Incluía una prohibición sencilla. ¿Cómo Dios iba a *arreglar* que el hombre ejerciera su libertad de elección, su voluntad? ¿Cómo Dios iba a probar la elección del hombre, su amor y lealtad, por Dios? Al hombre había que probarlo para que demostrara que amaba a Dios por encima de todo lo demás, que él quería vivir con Dios. La prueba era esencial; de lo contrario, el hombre no sería nada más que un autómata. Observe tres elementos significativos:

a. Tenía que haber otra opción por la que el hombre eligiera además de Dios. Si un hombre debía decidir por Dios, la oportunidad de alejarse de Dios tenía que estar presente. Por algo, algún objeto, algún acto, tenía que decidirse para que el hombre ejerciera su capacidad o elección *por Dios* y por vivir con Él. Note lo siguiente: El hombre estaba en la naturaleza, en el huerto más hermoso del mundo. El huerto tenía los árboles más excelentes del mundo y los árboles producían los frutos más exquisitos del mundo. Una de las necesidades e instintos básicos del hombre era satisfacer su hambre con los frutos más exquisitos provistos abundantemente. ¿Qué mejor manera para que el hombre ejerza su capacidad o elección por Dios que por medio de la carne, que tener un mandamiento que incluya el fruto necesario para satisfacer su necesidad básica de alimento?

De hecho, prohibir el fruto en un entorno tal como el Huerto del Edén sería lo más apropiado que Dios podría hacer, lo natural, lo que es de esperar.

b. Dios le dio al hombre una opción, una opción muy sencilla y fácil. Dios puso *una sola* restricción y esa sola restricción estaba *solamente en un árbol*. Adán podía comer de todo árbol del huerto excepto de uno, el árbol de la ciencia del bien y el mal. Nota: Para la orden en hebreo se usa el lenguaje más fuerte posible: Usted *no debe, no debe absolutamente*, comer del árbol.

c. Dios le dio al hombre esta opción por una razón muy específica: Un hombre es un ser espiritual. El hombre fue creado con necesidad de Dios. Toda persona inteligente y honrada lo sabe, lo sabe en lo más profundo de su corazón. Pero el hombre no solo necesita a Dios, el hombre tiene la capacidad para vivir con Dios. El hombre puede suplir esta necesidad; el hombre puede buscar y llegar a conocer a Dios. Es una cuestión de elección: El hombre tiene que elegir vivir con Dios. La decisión le pertenece al hombre.

Esta es la razón por la que Dios le dio esta orden a Adán. Adán necesitaba la Palabra de Dios, necesitaba que Dios le hablara, necesitaba que Dios fraternizara e interactuara con él. El hombre necesitaba la Palabra de Dios, necesitaba que Dios le dijera en términos sencillos qué hacer y qué no hacer. Es en buscar y en obedecer a Dios que el hombre interactúa y fraterniza con Dios. Esto se ve claramente en Adán.

Dios sencillamente dijo: "De todo árbol del huerto podrás comer; mas de este único árbol no podrás comer" (Gn. 2:16-17). Dios habló, dispuso el curso de la vida del hombre. Adán debía hacer sencillamente lo que dijo Dios. Adán debía elegir por la vida que Dios había dispuesto para él.

=> Obedecer significaba elegir vivir con Dios para siempre; desobedecer significaba elegir la muerte, la separación de Dios para siempre (Gn. 2:17; vea el *Estudio a fondo 1,* He. 9:27; cp. Jn. 3:18).
=> Obedecer significaba elegir por la fraternidad con Dios; desobedecer significaba separarse de Dios.
=> Obedecer significaba elegir por servir a Dios; desobedecer significaba servir al yo y a Satanás.
=> Obedecer significaba elegir por reconocer a Dios; desobedecer significaba ignorar y rebelarse contra Dios.

=> Obedecer significaba elegir por honrar a Dios; desobedecer significaba deshonrar a Dios.

Pensamiento 1. Adán tenía que elegir; él tenía que tomar una decisión. El árbol estaba allí. Si dejaba quieta la *fruta prohibida*, estaría obedeciendo a Dios y eligiendo vivir con Dios. Si se comía la fruta, estaría desobedeciendo a Dios y eligiendo vivir su vida como le pareciera.

Sucede lo mismo con nosotros. Tenemos que elegir; tenemos que tomar una decisión. Jesucristo, el Hijo de Dios, ha venido a la tierra. Él está ahí. Si lo ignoramos, lo descuidamos, lo negamos o nos rebelamos contra Él, desobedecemos a Dios y elegimos vivir sin Dios. Si recibimos a Jesucristo como nuestro Salvador, obedecemos a Dios y elegimos vivir con Dios.

"Mas a todos los que le recibieron, a los que creen en su nombre, les dio potestad de ser hechos hijos de Dios" (Jn. 1:12).

"Porque de tal manera amó Dios al mundo, que ha dado a su Hijo unigénito, para que todo aquel que en él cree, no se pierda, mas tenga vida eterna" (Jn. 3:16).

"Y este es su mandamiento: Que creamos en el nombre de su Hijo Jesucristo, y nos amemos unos a otros como nos lo ha mandado" (1 Jn. 3:23).

"A los cielos y a la tierra llamo por testigos hoy contra vosotros, que os he puesto delante la vida y la muerte, la bendición y la maldición; escoge, pues, la vida, para que vivas tú y tu descendencia" (Dt. 30:19).

"Y si mal os parece servir a Jehová, escogeos hoy a quién sirváis; si a los dioses a quienes sirvieron vuestros padres, cuando estuvieron al otro lado del río, o a los dioses de los amorreos en cuya tierra habitáis; pero yo y mi casa serviremos a Jehová" (Jos. 24:15).

"Mas yo en ti confío, oh Jehová; Digo: Tú eres mi Dios" (Sal. 31:14).

Pensamiento 2. No solo de pan vive el hombre, sino de toda Palabra que sale de la boca de Dios. La vida, la verdadera fraternidad, adoración y servicio, con Dios se encuentra en vivir en la Palabra de Dios y en dejar que la Palabra viva en nosotros.

"El respondió y dijo: Escrito está: No solo de pan vivirá el hombre, sino de toda palabra que sale de la boca de Dios" (Mt. 4:4).

"Toda la Escritura es inspirada por Dios, y útil para enseñar, para redargüir, para corregir, para instruir en justicia, a fin de que el hombre de Dios sea perfecto, enteramente preparado para toda buena obra" (2 Ti. 3:16, 17).

"lo que hemos visto y oído, eso os anunciamos, para que también vosotros tengáis comunión con nosotros; y nuestra comunión verdaderamente es con el Padre, y con su Hijo Jesucristo" (1 Jn. 1:3).

"Escogí el camino de la verdad; he puesto tus juicios delante de mí" (Sal. 119:30).

3. Estaba el resultado de la desobediencia: la muerte. El hebreo dice literalmente: "morir, morirás". Si el hombre desobedece a Dios, no logra elegir vivir con Dios, él muere. La muerte es segura, absoluta y cierta. No se puede detener.

En la Biblia la muerte significa separación, la separación de Dios. (Vea el *Estudio a fondo 2, la muerte,* Gn. 2:17 para un mayor análisis.) Si un hombre elige vivir sin Dios, entonces no vivirá con Dios. Morirá, estará separado, apartado de Dios. Esto fue exactamente lo que eligió Adán. Él se alejó de Dios, se alejó de la Palabra de Dios y se volvió hacia su propia voluntad y camino en la vida. Él hizo lo que le plugo. Como resultado, él murió.

"Muchos me dirán en aquel día: Señor, Señor, ¿no profetizamos en tu nombre, y en tu nombre echamos fuera demonios, y en tu nombre hicimos muchos milagros? Y entonces les declararé: Nunca os conocí; apartaos de mí, hacedores de maldad" (Mt. 7:22, 23).

Pensamiento 1. Note que a la muerte le deben temer aquellos que eligen no vivir con Dios. Dios advierte al hombre una y otra vez.

"Y de la manera que está establecido para los hombres que mueran una sola vez, y después de esto el juicio" (He. 9:27).

"Y entonces les declararé: Nunca os conocí; apartaos de mí, hacedores de maldad" (Mt. 7:23).

"mas los hijos del reino serán echados a las tinieblas de afuera; allí será el lloro y el crujir de dientes" (Mt. 8:12).

"Enviará el Hijo del Hombre a sus ángeles, y recogerán de su reino a todos los que sirven de tropiezo, y a los que hacen iniquidad" (Mt. 13:41).

"Entonces el rey dijo a los que servían: Atadle de pies y manos, y echadle en las tinieblas de afuera; allí será el lloro y el crujir de dientes" (Mt.22:13).

"y lo castigará duramente, y pondrá su parte con los hipócritas; allí será el lloro y el crujir de dientes" (Mt. 24:51).

"Entonces dirá también a los de la izquierda: Apartaos de mí, malditos, al fuego eterno preparado para el diablo y sus ángeles" (Mt. 25:41).

"E irán éstos al castigo eterno, y los justos a la vida eterna" (Mt. 25:46).

"Si tu mano te fuere ocasión de caer, córtala; mejor te es entrar en la vida manco, que teniendo dos manos ir al infierno, al fuego que no puede ser apagado,... Y si tu pie te fuere ocasión de caer, córtalo; mejor te es entrar a la vida cojo, que teniendo dos pies ser echado en el infierno, al fuego que no puede ser apagado,... Y si tu ojo te fuere ocasión de caer, sácalo; mejor te es entrar en el reino de Dios con un ojo, que teniendo dos ojos ser echado al infierno" (Mr. 9:43, 45, 47).

"El que cree en el Hijo tiene vida eterna; pero el que rehúsa creer en el Hijo no verá la vida, sino que la ira de Dios está sobre él" (Jn. 3:36).

"pero ira y enojo a los que son contenciosos y no obedecen a la verdad, sino que obedecen a la injusticia" (Ro. 2:8).

"Si alguno destruyere el templo de Dios, Dios le destruirá a él; porque el templo de Dios, el cual sois vosotros, santo es" (1 Co. 3:17).

"los cuales sufrirán pena de eterna perdición, excluidos de la presencia del Señor y de la gloria de su poder" (2 Ts. 1:9).

"sabe el Señor librar de tentación a los piadosos, y

reservar a los injustos para ser castigados en el día del juicio" (2 P. 2:9).

"pero los cielos y la tierra que existen ahora, están reservados por la misma palabra, guardados para el fuego en el día del juicio y de la perdición de los hombres impíos" (2 P. 3:7).

"fieras ondas del mar, que espuman su propia vergüenza; estrellas errantes, para las cuales está reservada eternamente la oscuridad de las tinieblas" (Jud. 13).

"Y el que no se halló inscrito en el libro de la vida fue lanzado al lago de fuego" (Ap. 20:15).

"Pero los cobardes e incrédulos, los abominables y homicidas, los fornicarios y hechiceros, los idólatras y todos los mentirosos tendrán su parte en el lago que arde con fuego y azufre, que es la muerte segunda" (Ap. 21:8).

ESTUDIO A FONDO 2

(2:16-17) ***Hombre, naturaleza de — Pecado, significado de:*** Hay al menos seis elementos más que son significativos y que necesitan analizarse en este breve pasaje.

1. La naturaleza de Adán. Adán había sido creado *inocente*, con una naturaleza humana inocente. Él no conocía el mal. Él nunca había probado ni experimentado el mal. Por lo tanto, la atracción y el gusto del mal a partir de la experiencia no estaban en él. Adán no tenía idea de cómo sabía ni como se sentía el mal. Él era inocente, perfectamente inocente; por ende, él no conocía la diferencia entre el bien y el mal.

Sucede lo siguiente: Dios creó a Adán con la habilidad, el poder, la capacidad de no pecar. Cierto, Adán tenía el poder para pecar, pero también tenía el poder para no pecar.

Pero si Adán elegía pecar, entonces conocería el bien y el mal; perdería el poder para no pecar. ¿Cómo? Pecando. Pecando se convertiría en un ser pecador. Nunca más podría ser inocente o perfecto. Sería un ser que había caído por debajo de lo que Dios quería, un ser con una naturaleza humana caída, una naturaleza que es corruptible y que muere (vea el *Estudio a fondo 1*, Mt. 6:19; la nota, 1 Co. 15:50; *Estudio a fondo* 1, 2 P. 1:4 para un análisis).

2. La naturaleza moral de Adán. A Adán se le dio una opción. Él tenía una elección libre, libre albedrío. Él era un *ser libre*. Pero más que eso, Adán era un *ser moral libre*. Su moralidad se ve en la decisión que él tuvo que tomar. Si él obedecía a Dios, él era moral y justo; si él desobedecía a Dios, él era inmoral e injusto.

3. La naturaleza del pecado, la moralidad y la justicia. La moralidad y la justicia radican esencialmente en obedecer a Dios. El pecado, la inmoralidad y la injusticia, radica esencialmente en desobedecer a Dios.

4. La necesidad del hombre de la Palabra de Dios. El hombre necesita la Palabra de Dios, la necesita imperiosamente. Vivir según la Palabra de Dios es la única manera en que el hombre puede vivir abundante y eternamente. Esta es la razón por la que Dios tuvo que darle al hombre (a Adán) su Palabra, su mandamiento. Esto se ve claramente al tener en cuenta la diferencia entre los animales y el hombre. Los animales son seres con alma (vea el *Estudio a fondo 1*, Gn. 1:20 para un análisis). No se les da la Palabra de Dios para que vivan según ella. No son seres espirituales. No son inmortales y tampoco tienen la opción, el instinto y la capacidad, de vivir con Dios. Los animales no tienen la capacidad de amar, adorar, ni fraternizar con Dios. Ellos actúan solamente según, su carne, mente e impulsos, dicta lo físico. Desean solamente este mundo y son movidos a vivir y actuar solamente en función de este mundo. Por ende, no conocen más que este mundo.

Pero con el hombre no es así. Dios hizo al hombre un ser espiritual, es decir:

- Un ser que es *inmortal.*
- Un ser con la opción, la *necesidad, instinto y capacidad*, de elegir vivir con Dios, ahora y eternamente (vea el *Estudio a fondo 2*, Gn. 1:26).

Dios suple la necesidad espiritual del hombre dándole al hombre la Palabra de Dios: "De todo árbol del huerto podrás comer; mas del árbol de la ciencia del bien y del mal no comerás" (Gn. 2:16-17). Por medio de esta Palabra de Dios, el hombre ejerce su capacidad para decidir vivir con Dios. Él mantiene vivo su espíritu obedeciendo y haciendo lo que Dios dice. Al hacer lo que Dios dice, el hombre vive con Dios, ama, adora y fraterniza con Él. Por consiguiente, Dios le da vida al hombre, ahora y eternamente.

5. El gran amor y cuidado de Dios por el hombre se ve en estos versículos.

a. El hombre fue ubicado en el entorno y ambiente más bello que se pueda imaginar. El entorno le demostraba claramente al hombre exactamente cuán bueno era vivir en fraternidad con Dios y los bellos alrededores atraían al hombre hacia Dios (v. 15).

b. El hombre tenía cada una de sus necesidades suplidas por Dios por medio del entorno y el mandamiento (la Palabra de Dios) que le había dado (vv. 15-17).

c. Al hombre se le dio todo árbol del huerto. Solo se le prohibió un árbol (vv. 16-17).

d. Al hombre se le dijo claramente de las consecuencias de su conducta. Se le hizo la advertencia de la muerte si rechazaba a Dios (v. 17).

e. Al hombre se le dio una oportunidad magnífica para responder, para amar y demostrarle agradecimiento a Dios (vv. 16-17). Podía haber elegido a Dios, haber elegido vivir con Dios y amar, adorar y fraternizar con Dios.

6. Lo que Dios hizo por el hombre. Hasta este punto, se han dado tres pasos significativos con el hombre desde su creación.

a. El hombre fue creado como un ser espiritual. Es decir, fue creado a imagen y semejanza de Dios. Esto quiere decir al menos dos cosas:

=> El hombre tiene la necesidad y el instinto de la inmortalidad.

=> El hombre tiene la necesidad y la capacidad (la opción) de vivir con Dios, amar, adorar y fraternizar con Dios.

b. El hombre fue colocado en un entorno que suplía sus necesidades. A varios grados su entorno suplía sus necesidades físicas, mentales y espirituales.

c. Al hombre se le dio la Palabra de Dios para que rigiera su vida según ella. La Palabra de Dios era el curso que el hombre debía seguir en su vida. Al obedecer la Palabra de Dios, el hombre debía ejercitar y mantener vivo y activo su espíritu. El vehículo escogido para la Palabra de Dios y el mandamiento era el más natural para el hombre, su entorno, el fruto de uno de los árboles de los que él era responsable.

ESTUDIO A FONDO 3

(2:17) ***Muerte:*** El significado básico de la muerte es *separación*. La muerte no significa lo que algunas personas piensan: Dejar de existir. La muerte nunca significa extinción, aniquilación, inexistencia, ni inactividad.

La Biblia habla de tres muertes.

1. La muerte física: La *separación* del espíritu del hombre o la vida del cuerpo. A esto es a lo que los hombres por lo general le llaman muerte. Es cuando la persona deja de existir en esta tierra y se le entierra (1 Co. 15:21-22; He. 9:27).

"Porque por cuanto la muerte entró por un hombre, también por un hombre la resurrección de los muertos. Porque así como en Adán todos mueren, también en Cristo todos serán vivificados" (1 Co. 15:21, 22).

"Y de la manera que está establecido para los hombres que mueran una sola vez, y después de esto el juicio" (He. 9:27).

2. La muerte espiritual: La *separación* del espíritu del hombre de Dios mientras aún vive y anda por la tierra. Esta muerte es el *estado natural* de un hombre en la tierra sin Cristo. Se ve al hombre aún en sus pecados y *muerto* para Dios (Ef. 2:1; 4:18; 1 Jn. 5:12).

La muerte espiritual habla de una persona que está muerta mientras aún vive (1 Ti. 5:6). Es un hombre natural que vive en este mundo actual, pero se dice que está muerto para el Señor Jesucristo y para Dios y para asuntos espirituales.

a. Una persona que malgasta su vida viviendo de un modo desenfrenado está muerto espiritualmente.

"Mas era necesario hacer fiesta y regocijarnos, porque este tu hermano era muerto, y ha revivido; se había perdido, y es hallado" (Lc. 15:32).

b. Una persona que no ha participado de Cristo, le ha permitido a Cristo vivir dentro de él, está muerto espiritualmente.

"Jesús les dijo: De cierto, de cierto os digo: Si no coméis la carne del Hijo del Hombre, y bebéis su sangre, no tenéis vida en vosotros" (Jn. 6:53).

c. Una persona que no tiene el Espíritu de Cristo se dice que esta muerta espiritualmente.

"Mas vosotros no vivís según la carne, sino según el Espíritu, si es que el Espíritu de Dios mora en vosotros. Y si alguno no tiene el Espíritu de Cristo, no es de él" (Ro. 8:9).

d. Una persona que vive en pecado se dice que está muerta espiritualmente.

"Y él os dio vida a vosotros, cuando estabais muertos en vuestros delitos y pecados" (Ef. 2:1).

"Y a vosotros, estando muertos en pecados y en la incircuncisión de vuestra carne, os dio vida juntamente con él, perdonándoos todos los pecados" (Col. 2:13).

e. Una persona que está alienada de Dios se dice que está muerta espiritualmente.

"teniendo el entendimiento entenebrecido, ajenos de la vida de Dios por la ignorancia que en ellos hay, por la dureza de su corazón; los cuales, después que perdieron toda sensibilidad, se entregaron a la lascivia para cometer con avidez toda clase de impureza" (Ef. 4:18, 19).

f. Una persona que duerme en el pecado está muerta espiritualmente.

"Por lo cual dice: Despiértate, tú que duermes, y levántate de los muertos, y te alumbrará Cristo" (Ef. 5:14).

g. Una persona que vive en un placer pecaminoso está muerta espiritualmente, muerta mientras vive.

"Pero la que se entrega a los placeres, viviendo está muerta" (1 Ti. 5:6).

h. Una persona que no tiene al Hijo de Dios está muerta espiritualmente.

"El que tiene al Hijo, tiene la vida; el que no tiene al Hijo de Dios no tiene la vida" (1 Jn. 5:12).

i. Una persona que hace grandes obras religiosas pero hace las obras equivocadas está muerta espiritualmente.

"Escribe al ángel de la iglesia en Sardis: El que tiene los siete espíritus de Dios, y las siete estrellas, dice esto: Yo conozco tus obras, que tienes nombre de que vives, y estás muerto" (Ap. 3:1).

3. La muerte eterna: La *separación* del hombre de la presencia de Dios para siempre. Esta es la segunda muerte, un estado eterno de estar *muerto para Dios* (1 Co. 6:9-10; 2 Ts. 1:9). Es la muerte espiritual, la separación de Dios, la que se prolonga más allá de la muerte del cuerpo. Se le llama "la segunda muerte" o la muerte eterna.

"Porque la paga del pecado es muerte, mas la dádiva de Dios es vida eterna en Cristo Jesús Señor nuestro" (Ro. 6:23).

"Porque el ocuparse de la carne es muerte, pero el ocuparse del Espíritu es vida y paz" (Ro. 8:6).

"y a vosotros que sois atribulados, daros reposo con nosotros, cuando se manifieste el Señor Jesús desde el cielo con los ángeles de su poder, en llama de fuego, para dar retribución a los que no conocieron a Dios, ni obedecen al evangelio de nuestro Señor Jesucristo; los cuales sufrirán pena de eterna perdición, excluidos de la presencia del Señor y de la gloria de su poder" (2 Ts. 1:7-9).

"Y la muerte y el Hades fueron lanzados al lago de fuego. Esta es la muerte segunda. Y el que no se halló inscrito en el libro de la vida fue lanzado al lago de fuego" (Ap. 20:14, 15).

	E. La primera mujer: La compañía del hombre, Eva, 2:18-25		hombre su gran necesidad de una mujer
1 El plan de Dios para crear a la mujer a. No era bueno que el hombre estuviera solo b. El hombre necesitaba una ayuda, una compañía	18 Y dijo Jehová Dios: No es bueno que el hombre esté solo; le haré ayuda idónea para él.	21 Entonces Jehová Dios hizo caer sueño profundo sobre Adán, y mientras Este dormía, tomó una de sus costillas, y cerró la carne en su lugar. 22 Y de la costilla que Jehová Dios tomó del hombre, hizo una mujer, y la trajo al hombre.	**3 La creación de la mujer por Dios** a. Dios puso a Adán a dormir y tomó de él una costilla b. Dios creó a la mujer de la costilla de Adán
2 La necesidad del hombre de una mujer a. Dios enfatiza una y otra vez que Él es el Creador de todas las compañías del hombre, de todos los seres vivientes b. Dios le muestra al hombre que el hombre es superior a los animales 1) En autoridad 2) En inteligencia 3) En ser y persona: Un ser espiritual c. El propósito de Dios: Demostrarle al	19 Jehová Dios formó, pues, de la tierra toda bestia del campo, y toda ave de los cielos, y las trajo a Adán para que viese cómo las había de llamar; y todo lo que Adán llamó a los animales vivientes, ese es su nombre. 20 Y puso Adán nombre a toda bestia y ave de los cielos y a todo ganado del campo; mas para Adán no se halló ayuda idónea para él.	23 Dijo entonces Adán: Esto es ahora hueso de mis huesos y carne de mi carne; Esta será llamada Varona, porque del varón fue tomada. 24 Por tanto, dejará el hombre a su padre y a su madre, y se unirá a su mujer, y serán una sola carne.	**4 El hombre y la mujer fueron juntados por Dios: Los elementos que rigen la unión** a. La unión era de Dios b. La mujer era igual al hombre en cuanto a ser c. El hombre fue creado antes que la mujer d. El matrimonio es la primera institución de la sociedad 1) Dejar a los padres 2) Unirse 3) Ser una sola carne
		25 Y estaban ambos desnudos, Adán y su mujer, y no se avergonzaban.	**5 El hombre y la mujer fueron creados perfectos, inocentes y sin ningún tipo de vergüenza**

DIVISIÓN II

ADÁN, EL PRIMER HOMBRE (PARTE 1): EL PRINCIPIO DE LA HUMANIDAD Y DE LA SIMIENTE PIADOSA: LO QUE LE SUCEDIÓ AL HOMBRE Y A LA TIERRA, 2:4—3:24

E. La primera mujer: La compañía del hombre, Eva, 2:18-25

(2:18-25) ***Introducción:*** Este es un pasaje precioso de las Escrituras. En sus palabras está:

- La experiencia de la necesidad y el deseo (por parte de Adán).
- La experiencia del cuidado y el amor (por parte de Dios).
- La experiencia de la promesa y provisión (de Dios).
- La experiencia de previsión y la emoción (de Adán).
- La experiencia del cariño y la ternura (de Adán y Eva). (Vea los resúmenes y notas, Ef. 5:22-33 para un mayor análisis.)

Este es el gran estudio acerca de "La primera mujer: La compañía del hombre, Eva".

1. El plan de Dios para crear a la mujer (v. 18).
2. La necesidad del hombre de una mujer (vv. 19-20).
3. La creación de la mujer por Dios (vv. 21-22).
4. El hombre y la mujer fueron juntados por Dios: Los elementos que rigen la unión (vv. 22-24).
5. El hombre y la mujer fueron creados perfectos, inocentes y sin ningún tipo de vergüenza (v. 25).

[1] (2:18) ***Mujer — Creación — Eva:*** Dios planeó a la mujer. La mujer era tan creación de Dios como el hombre.

Observe que la creación de la mujer se analiza en gran detalle en este pasaje. ¿Por qué? Esta parece ser la razón primordial: Establecer y disponer la relación entre el hombre y la mujer para siempre.

=> El hombre y la mujer están relacionados uno con el otro, de un modo íntimo. Están unidos y dependen totalmente uno del otro. Uno no puede existir sin el otro. El hombre y la mujer se necesitan mutuamente, se necesitan uno al otro imperiosamente. Dios necesitaba revelarle esto a todas las generaciones.

=> El hombre y la mujer son personas diferentes, individuos distintos. Cada uno tiene un papel distintivo en la tierra; cada uno fue creado para un propósito diferente. Cada uno debe desempeñar su papel a fin de sobrevivir y llevar una vida completa y plena. Dios también necesitaba revelarle esto a todas las generaciones.

Una vez más, ¿por qué la Biblia analiza en detalles la creación de la mujer? Para demostrar que el hombre y la mujer están relacionados mutuamente, de un modo íntimo, pero a la vez, para demostrar que son diferentes uno del otro. Cada uno es distinto y único con un papel y propósito distintivos en la tierra.

Observe lo siguiente: Dios planeó la creación de la mujer (v. 18). Es el propio Dios quien está planeando y hablando en este suceso. El plan de la creación de la mujer:

- No fue una idea de último momento.
- No fue un plan inferior.
- No fue de menor importancia.
- No se le concedió menos atención y consideración que a la creación del hombre.

Al revés, sucedió todo lo contrario. Este pasaje demuestra la gran atención y consideración que se le dio a la creación de la mujer. El plan de la creación de la mujer se ideó a gran detalle.

Note por qué Dios creó a la mujer. Su propósito se plantea de una manera clara.

1. La mujer fue creada porque no era bueno que el hombre estuviera solo. La frase "no es bueno" quiere decir incompleto, sin terminar, falto de realización, deficiente. Por sí solo, sin compañía, el hombre está...

- incompleto
- sin terminar
- falto de realización
- deficiente
- solitario

Por lo tanto, no era bueno que el hombre estuviera solo. Sin la mujer, el hombre no tendría una compañía idónea para el amor y el consuelo. Tampoco podría reproducirse, ni trabajar ni sojuzgar la tierra como Dios le había mandado (cp. Gn. 1:28). Sin la mujer, el hombre no tendría una persona con quien compartir la vida, no alguien de su propia naturaleza. Y desde la corrupción de la tierra por el pecado, el hombre pronto moriría y sería una especie extinta.

Sucede lo siguiente: El hombre era solo la mitad del plan de Dios para la vida humana. La mujer era la otra mitad. El plan de Dios no estaba completo hasta que la mujer fuera creada. La mujer era una parte del plan de Dios para la vida humana, tanto como lo era el hombre. Por eso, no era bueno que el hombre estuviera solo. El hombre estaba incompleto y era deficiente sin la mujer. El hombre necesitaba a la mujer, la necesitaba imperiosamente. Dios sabía esto cuando le dio inicio al plan de la vida humana en la tierra. Por consiguiente, Dios planeó la creación de la mujer, planeó crearla conjuntamente con el hombre.

Pensamiento 1. Los mismos problemas afligen y asedian al hombre en la actualidad...

=> la soledad
=> el vacío
=> la deficiencia
=> el estar incompleto
=> la falta de realización

Dios no creó al hombre y la mujer para que sufrieran tales tribulaciones. Pero muchos de nosotros las sufrimos, todo por culpa del pecado. ¿Hay una solución, una salida, para estos problemas? ¿Existe algo como una vida completa y realizada, una vida de propósito, sentido y significado? ¡Sí! Las Escrituras declaran que sí la hay. Las Escrituras declaran que Jesucristo vino a la tierra con este mismo propósito: Darnos vida, vida abundante y eterna. Todo cuanto tenemos que hacer es lo siguiente: Volvernos a Cristo y seguirlo. Cuando nos volvemos a Cristo y lo seguimos es cuando Él nos da la vida que anhelamos.

"En él estaba la vida, y la vida era la luz de los hombres" (Jn. 1:4).

"De cierto, de cierto os digo: El que oye mi palabra, y cree al que me envió, tiene vida eterna; y no vendrá a condenación, mas ha pasado de muerte a vida" (Jn. 5:24).

"El ladrón no viene sino para hurtar y matar y destruir; yo he venido para que tengan vida, y para que la tengan en abundancia" (Jn. 10:10).

"Venid a mí todos los que estáis trabajados y cargados, y yo os haré descansar" (Mt. 11:28).

"La paz os dejo, mi paz os doy; yo no os la doy como el mundo la da. No se turbe vuestro corazón, ni tenga miedo" (Jn. 14:27).

"echando toda vuestra ansiedad sobre él, porque él tiene cuidado de vosotros" (1 P. 5:7).

"Estas cosas os he hablado, para que mi gozo esté en vosotros, y vuestro gozo sea cumplido" (Jn. 15:11).

2. Dios planeó a la mujer porque el hombre necesitaba una ayuda, una compañía, una ayuda y compañía *idónea.* El equivalente hebreo "idónea" o "apropiada" (*keneghdo*) significa adecuada, que se corresponde con, adaptada a, de acuerdo con, homólogo, opuesto, igual a. Quiere decir que la mujer:

- Fue creada como una ayuda idónea para el hombre.
- Fue creada como una ayuda adecuada para el hombre.
- Fue adaptada a la naturaleza del hombre.
- Se correspondía con la naturaleza del hombre.
- Estaba de acuerdo con la naturaleza del hombre.
- Era igual a la naturaleza del hombre.
- Era un ser igual y opuesto al hombre.

Otra forma de decir lo mismo es la siguiente: Dios planeó a la mujer:

- Para ser el homólogo del hombre.
- Para tener la misma naturaleza del hombre.
- Para tener el mismo rango que el hombre.
- Para ser igual al hombre mental, física y moralmente.

Observe tres elementos significativos:

a. El plan de Dios incluía la creación de la mujer de la misma forma que su plan había incluido la creación del hombre. Dios creó a la mujer como la verdadera ayuda y compañía para el hombre. El hombre, claro está, debía proveerle a ella la misma ayuda y compañía. En el plan de Dios no hay nada de superioridad ni inferioridad, nada de un rango superior e inferior para la mujer ni para el hombre. La idea de que la mujer es inferior para el hombre, un ser inferior, no proviene de Dios ni de su Palabra, la Santa Biblia. Proviene de la sociedad y humanidad depravada y pecaminosa.

b. La razón primordial por la que Dios planeó la creación de la mujer fue "para él", por el hombre (v. 18). El hombre estaba incompleto, incompleto en un sentido absoluto, sin la mujer. Era totalmente deficiente. La creación no estaba terminada nada más con el hombre en la tierra. El hombre necesitaba a la mujer, la necesitaba desesperadamente. Por lo tanto, la mujer fue creada ante todo *para el hombre*. La mujer fue creada como la ayuda, la compañía, la compañera del hombre. La compañía, ser la compañera del hombre, es la función primordial de la mujer en la tierra. Esta función sobrepasa todos los propósitos.

c. Dios creó los primeros dos humanos como los *padres de la raza humana*. Debían ser la compañía de cada cual, vivir y trabajar juntos como compañeros, ayudándose cada uno en todo cuanto pudieran. *Como padres de la raza humana*, debían ilustrar cómo Dios quiere que sea la raza: Una familia. Este es uno de los puntos o revelaciones principales que Dios provee en este pasaje. El hombre y la mujer deben ser la compañía de cada uno, verdaderas compañías, que viven y trabajan juntos como una familia, como la familia de Dios. La raza humana debe vivir unida y en paz, en el amor, gozo y paz de una familia.

Pensamiento 1. El plan de Dios con el hombre y la mujer es que se ayuden mutuamente. Se requieren dos cosas:
1) La disposición de ayudar.
2) La disposición de recibir y aceptar la ayuda ofrecida.

"Por tanto, recibíos los unos a los otros, como también Cristo nos recibió, para gloria de Dios" (Ro.15:7).

"Sobrellevad los unos las cargas de los otros, y cumplid así la ley de Cristo" (Gá. 6:2).

"Mejores son dos que uno; porque tienen mejor paga de su trabajo. Porque si cayeren, el uno levantará a su compañero; pero ¡ay del solo! que cuando cayere, no habrá segundo que lo levante" (Ec. 4:9, 10).

Pensamiento 2. No hay registro alguno de que Adán se quejara de su soledad. Él fraternizaba con Dios. Dios era todo cuanto él conocía, todo cuanto él tenía. Con Él era suficiente. Cuando estemos solos y si nos obligan a estar solos, Dios hará que baste con su presencia.

"enseñándoles que guarden todas las cosas que os he mandado; y he aquí yo estoy con vosotros todos los días, hasta el fin del mundo. Amén" (Mt. 28:20).

"Sean vuestras costumbres sin avaricia, contentos con lo que tenéis ahora; porque él dijo: No te desampararé, ni te dejaré" (He. 13:5).

"Y él dijo: Mi presencia irá contigo, y te daré descanso" (Éx. 33:14).

"Ahora, así dice Jehová, Creador tuyo, oh Jacob, y Formador tuyo, oh Israel: No temas, porque yo te redimí; te puse nombre, mío eres tú. Cuando pases por las aguas, yo estaré contigo; y si por los ríos, no te anegarán. Cuando pases por el fuego, no te quemarás, ni la llama arderá en ti" (Is. 43:1, 2).

Pensamiento 3. En este punto se aplican varias consideraciones.
1) Una casa debe tener ríos de comunicación y deben relacionarse los cauces de sus habitaciones. Aún así, muchas casas parecen desiertos secos.
2) Una persona puede estar en medio de una multitud o en el centro de una familia y aún así estar completamente solo.

Pensamiento 4. Note la ilustración que hay de Dios en el versículo 18: Dios ve las cosas y se ocupa de ellas. Él vio la necesidad de Adán y Él ve nuestra necesidad. La ilustración es la del cuidado paternal. Si andamos con Dios como anduvo Adán, Dios suplirá nuestra necesidad.

"echando toda vuestra ansiedad sobre él, porque él tiene cuidado de vosotros" (1 P. 5:7).

"Mi Dios, pues, suplirá todo lo que os falta conforme a sus riquezas en gloria en Cristo Jesús" (Fil. 4:19).

2 (2:19-20) ***Hombre — Necesidades:*** La necesidad del hombre de compañía. Observe lo que hace la Biblia ahora: Cambia de la decisión de Dios de crear a la mujer a la creación de Dios de los animales y a mandar al hombre a nombrar a los animales. ¿Por qué? ¿Por qué insertar la creación y nombramiento de los animales justo en medio de la creación de Dios de la mujer? Hay al menos cuatro razones.

1. Dios necesitaba volver a enfatizar un elemento importante: Él es el Creador de todas las compañías del hombre, de todos los seres vivientes. El hombre necesitaba saber esto, incorporarlo en su mente. Si el hombre iba a tener una compañía especial, una compañía con su propia naturaleza, Dios era quien tenía que crearla. El hombre tenía que confiar en que Dios le diera la compañía que fuera una compañera perfectamente idónea.

Pensamiento 1. Este sigue siendo el énfasis de Dios, incluso hoy día: Todo hombre y mujer debe confiar en que Dios les dé la compañía que ellos necesitan.

Pensamiento 2. Nota: Algunos críticos de la Biblia dicen que este es un segundo relato, un relato enteramente diferente, de la creación. Nada podría distar más de la verdad. Los críticos usan el tiempo gramatical de *"Dios formó"* y dicen que es un pretérito simple sencillo. Pero muchos eruditos bíblicos señalan que el tiempo hebreo se puede traducir con la misma exactitud, si no es que se puede traducir con más exactitud, como *"Dios había formado"* (el tiempo pluscuamperfecto). Note lo que plantea el gran comentario de la antigüedad de Keil y Delitzsch:

"Nuestro estilo moderno de expresar la misma idea sería sencillamente el siguiente: 'Dios le trajo a Adán las bestias que Él [ya] había formado'" (Keil y Delitzsch.

Comentario sobre el Antiguo Testamento, vol. 1. Grand Rapids, MI: Eerdmans, s.f., p. 87).

2. Dios le demuestra al hombre que él es superior a los animales. Esto es cierto en tres áreas significativas.

a. El hombre tiene *una autoridad superior sobre los animales*. Su autoridad se ve en el hecho de que Dios le trajo los animales a Adán para que los nombrara. Los animales no nombraron al hombre; el hombre nombró a los animales. Dios le había dado al hombre dominio sobre la tierra. Ahora Dios le entregaba el mundo animal al hombre para que comenzara a ejercer esa autoridad. Por consiguiente el mundo animal estaba bajo la autoridad y cuidado del hombre. (Vea la nota 4, Gn. 1:28 para un mayor análisis.)

Nota: Las Escrituras dicen que Dios le trajo los animales a Adán. Es necesario hacer dos preguntas lógicas.

Primero, ¿cómo Dios trajo a los animales? ¿Haciendo que los ángeles escoltaran a los animales donde Adán? ¿Por medio de alguna motivación en su corazón a ir donde Adán? Las Escrituras no lo dicen, pero resulta más natural decir que Dios motivó el corazón de los animales, les dio un sentido intuitivo, a ir donde Adán.

Segundo, ¿todos los animales de la tierra fueron donde Adán? Muchos eruditos bíblicos dicen que no, que solo se nombraron los animales del Huerto del Edén. Sin embargo, note las Escrituras: Al parecer hay indicios de que Dios creó *todos los animales* y el hombre nombró *todos los animales*. Pero observe lo siguiente: No se mencionan los animales acuáticos como los peces.

Pensamiento 1. La autoridad del hombre sobre el mundo se ve desde el principio de la historia conocida. La historia revela dos cosas significativas acerca de la autoridad del hombre:

1) El hombre ha usado su autoridad para bien ya que ha hecho cierto progreso edificando su mundo por medio de la medicina y la tecnología.
2) El hombre también ha usado su autoridad para propósitos depravados: Para la destrucción de la vida humana, la naturaleza, el medio ambiente, el aire y el agua que respiramos y bebemos.

b. El hombre tienen *una inteligencia superior sobre los animales*. Los equivalentes hebreos de *llamar y nombrar* los animales dan la idea de estudio y pensamiento concentrado, estudio y pensamiento que trata de hacer coincidir los nombres con la naturaleza de un animal. La inteligencia superior del hombre se ve en los siguientes elementos:

- El hombre podía controlar los animales de modo que podía nombrarlos. Él tenía autoridad sobre ellos por su inteligencia superior.
- El hombre podía estudiar, razonar y concentrarse mucho más que los animales, tanto como para darles nombre a los animales, nombre que coincidía con la naturaleza de los animales.
- El hombre podía investigar la naturaleza de cada animal. Después demostró creatividad al formular nombres que coincidieran con su naturaleza.
- El hombre podía hablar, ponerle palabras a sus pensamientos, vocalizar sus ideas.

Pensamiento 1. A través de los siglos, el hombre ha usado su inteligencia tanto responsable como irresponsablemente, tanto para bien como para mal.

1) Responsablemente, el hombre ha tratado de mejorar su bienestar en la tierra, tanto material como mentalmente.
   => Materialmente ha tratado de hacerse cada vez más saludable y ponerse cada vez más cómodo.
   => Mentalmente ha tratado de aprender cada vez más a fin de mejorar la vida de todos los hombres y de controlar cada vez más el mundo natural.
2) Irresponsablemente, el hombre ha destinado mucho de su adelanto en la ciencia y la tecnología hacia fines egoístas, hacia la indulgencia, la extravagancia, el poder y la autoridad sobre otros, el egoísmo que despoja a otros, que los esclaviza y los destruye.

c. El hombre tiene una *persona y ser superiores* sobre los animales. El hombre es un ser espiritual. Al parecer, en la medida que Adán comenzó a relacionarse con los animales, cayó en cuenta de un elemento; se dio cuenta de algo. No había una compañía ni ayuda idónea para él. Todos los animales tenían una pareja, porque Dios los había creado con compañía y con la capacidad de reproducirse. Pero Adán no. No había compañía para Adán. Cuando estudiaba la naturaleza de los animales y los nombraba, en su corazón debe haber surgido el anhelo de una compañía con un ser superior. Por eso, Adán se dio cuenta de su necesidad de una compañía espiritual igual a él.

Pensamiento 1. Hay una relación estrecha entre el hombre y el animal, pero también hay una gran diferencia entre los dos. El hombre y el animal se pueden comunicar hasta cierto punto, pueden jugar juntos y disfrutar uno del otro. Pero en todos los casos, sin excepción, el hombre tiene que rebajarse e interactuar con el animal a su nivel. El animal nunca puede ascender e interactuar con el hombre a su nivel. Esto es lo que Adán percibió y experimentó tan profundamente. No había criatura que fuera capaz de ser su compañía. Adán necesitaba a la mujer, un ser igual en persona y naturaleza a él. (El pensamiento para esta ilustración proviene de Arnold Toynbee en el volumen diez de su gran historia. James Boice. *Génesis, un comentario expositivo*, vol. 1., p. 108.)

(Por favor observe: Todos los *pensamientos* del punto dos que se expuso anteriormente abordan la supremacía del hombre sobre el mundo, no la creación de la mujer. Una persona puede tomar este punto e impartir una lección por separado acerca de *la supremacía del hombre sobre la tierra*. Cuando se aborde el tema de la creación de la mujer, Recuerde lo que Dios está haciendo en el punto 2 [vv. 19-20]: Demostrándole al hombre su gran necesidad de la mujer, de una compañía igual a él. A pesar de la gran autoridad del hombre sobre el mundo animal, él no tenía compañía igual a él, no tenía compañía con su naturaleza superior).

3. El propósito de Dios era demostrarle al hombre su gran necesidad de la mujer, de una compañía igual a él. Imagínese a Adán estudiando y observando los animales. Mientras investiga su naturaleza, en algún momento se da cuenta de que todo animal vivo tiene una compañía igual a ese animal. Se da cuenta de que la creación está incompleta, que es necesario otro acto de creación, un acto muy especial de creación: Dios necesita crear una compañía para él. Observe dos elementos significativos:

a. Este método de demostrarle a Adán su necesidad de la mujer debía tener un efecto tremendo en Adán. Iba a hacer que Adán amara y valorara a su querida esposa mucho más que si Dios la hubiera creado al mismo tiempo que lo creó a él. Cuando Dios creó a Eva, Adán la anhelaba, la anhelaba con un deseo intenso. Él sabía lo imperiosa que era la necesidad de una compañía que fuera igual a él, una compañía con su propia naturaleza.

b. Este método de demostrarle a Adán su necesidad de la mujer era la manera de Dios de demostrarle al hombre algo que siempre se debía recordar: El hombre y la mujer fueron creados como seres iguales, como dos seres que debían ser compañías iguales uno del otro, el homólogo de cada uno. El hombre era la persona más fuerte *físicamente*. Por consiguiente, Dios sabía (como lo ha demostrado la historia) que en muchas sociedades, si no en todas, el hombre tendería a dominar a la mujer. Por lo tanto, Dios necesitaba demostrarle al hombre que la mujer es igual, igual por la naturaleza misma de su creación.

=> La mujer sería creada por Dios como un individuo único al igual que el hombre.

=> La mujer se tomaría del propio cuerpo del hombre; por ende, sería creada del mismo material que el hombre (v. 22).

=> El hombre debía querer muchísimo a la mujer, amarla y respetarla mucho, porque ella provenía de la mano de Dios y del propio cuerpo del hombre. Ella era del *mismísimo ser espiritual* que Adán y del *mismísimo ser físico* que Adán. Ella era de Dios y del hombre.

Sucede lo siguiente: El hombre y la mujer son iguales en persona y ser. Difieren solamente ya que tienen papeles y propósitos diferentes en la tierra (vea las notas, Gn. 2:18; Ef. 5:22-33 para un mayor análisis).

Pensamiento 1. El hombre ha usado su ser espiritual bien y mal. Él ha contemplado el mundo en toda su inmensidad, belleza y diseño. Ha estudiado e investigado sus orígenes, preguntándose de dónde proviene todo. Ha inquirido: "¿Hay un Creador, una Fuerza e Inteligencia suprema, un Dios personal que hizo el mundo y creó al hombre y a la mujer?" Con frecuencia el hombre ha visto el poder e inteligencia de Dios revelados en la naturaleza; ha visto que Dios existe realmente. Pero el hombre con mucha frecuencia se ha envanecido en su imaginación y se ha profesado *demasiado sabio* para creer en un Dios más allá de sí mismo. Como resultado el hombre ha cambiado la imagen del Dios incorruptible por la imagen del hombre corruptible. El hombre con mucha frecuencia ha alegado ser su propio Dios (humanismo y secularismo).

"Pues habiendo conocido a Dios, no le glorificaron como a Dios, ni le dieron gracias, sino que se envanecieron en sus razonamientos, y su necio corazón fue entenebrecido. Profesando ser sabios, se hicieron necios, y cambiaron la gloria del Dios incorruptible en semejanza de imagen de hombre corruptible, de aves, de cuadrúpedos y de reptiles" (Ro. 1:21-23).

"Porque el corazón de este pueblo se ha engrosado, y con los oídos oyeron pesadamente, y sus ojos han cerrado, para que no vean con los ojos, y oigan con los oídos, y entiendan de corazón, y se conviertan, y yo los sane" (Hch. 28:27).

"en los cuales el dios de este siglo cegó el entendimiento de los incrédulos, para que no les resplandezca la luz del evangelio de la gloria de Cristo, el cual es la imagen de Dios" (2 Co. 4:4).

"teniendo el entendimiento entenebrecido, ajenos de la vida de Dios por la ignorancia que en ellos hay, por la dureza de su corazón" (Ef. 4:18).

"Y vio Jehová que la maldad de los hombres era mucha en la tierra, y que todo designio de los pensamientos del corazón de ellos era de continuo solamente el mal" (Gn. 6:5).

"El malo, por la altivez de su rostro, no busca a Dios; no hay Dios en ninguno de sus pensamientos" (Sal. 10:4).

"No saben, no entienden, andan en tinieblas; tiemblan todos los cimientos de la tierra" (Sal. 82:5).

"Jehová conoce los pensamientos de los hombres, que son vanidad" (Sal. 94:11).

Pensamiento 2. El mundo y las cosas del mundo nunca pueden satisfacer el alma del hombre. Nada puede satisfacer la sed espiritual del hombre excepto Dios. El alma del hombre siempre estará incompleta, sin realizar, insatisfecha e inquieta hasta que llegue a conocer a Dios, a conocerlo personalmente.

"Venid a mí todos los que estáis trabajados y cargados, y yo os haré descansar" (Mt. 11:28).

"El ladrón no viene sino para hurtar y matar y

destruir; yo he venido para que tengan vida, y para que la tengan en abundancia" (Jn. 10:10).

"Venid luego, dice Jehová, y estemos a cuenta: si vuestros pecados fueren como la grana, como la nieve serán emblanquecidos; si fueren rojos como el carmesí, vendrán a ser como blanca lana" (Is. 1:18).

"A todos los sedientos: Venid a las aguas; y los que no tienen dinero, venid, comprad y comed. Venid, comprad sin dinero y sin precio, vino y leche" (Is. 55:1).

"¡He aquí, vengo pronto! Bienaventurado el que guarda las palabras de la profecía de este libro" (Ap. 22:7).

Pensamiento 3. Algunas personas le dan más atención y afecto a los animales que a sus propios cónyuges o hijos. Sustituyen a aquellos que se supone que sean sus seres queridos por los animales. ¡Eso no es de Dios!

Pensamiento 4. Note un elemento extremadamente importante: La razón de la autoridad superior del hombre es su inteligencia superior, y la razón de su inteligencia superior es su ser superior, su espíritu. Es su espíritu, la imagen y semejanza de Dios, la que le da al hombre la inteligencia y autoridad superiores. Toda la investigación y estudio del hombre en el mundo de la naturaleza debiera comenzar a partir de este fundamento. El hombre es un ser espiritual, un ser creado a imagen y semejanza de Dios.

3 (2:21-22) ***Mujer — Eva — Creación:*** La creación de la mujer por Dios. La creación de la mujer es una ilustración de la gran intimidad, la gran compañía, que Dios quiere entre marido y mujer mientras vivan y trabajen juntos en la tierra. La cercanía e intimidad, el lazo entre el hombre y la mujer, se ve inmediatamente en lo siguientes elementos:

1. Dios puso a Adán a dormir y tomó una costilla de él. Dios no creó a la mujer como creó al hombre y al reino, independiente de cada uno. Igual que un cirujano, Dios cuidadosamente puso a Adán a dormir y Adán durmió. El equivalente griego *dormía* (*tardemah*) significa un *sueño sumamente profundo*. Dios tierna y meticulosamente operó a Adán y retiró una costilla de su cuerpo.

2. Dios creó a la mujer de la costilla de Adán. Dios creó a la mujer del propio cuerpo y ser del hombre. De un modo sencillo, Dios le realizó una cirugía al hombre y tomó una de sus costillas e hizo a la mujer de esa costilla. ¡Fantástico! ¡Increíble! ¡Inimaginable! No, no realmente, no cuando analizamos las razones maravillosas e importantes por las que Dios creó a la mujer de esta manera. Esto no es una fábula acerca del origen de la especie femenina de la humanidad, tampoco un mito en cuanto a cómo la mujer apareció en la tierra y comenzó su trayecto a través de los siglos. El relato bíblico es una explicación sencilla de lo que sucedió: Es un relato exacto. Pero ¿por qué? ¿Por qué Dios no formaría a la mujer del polvo de la tierra como hizo con el hombre?

Un estudio detenido de este pasaje demuestra por qué: Demuestra que Dios tenía varias razones maravillosas e importantes para crear a la mujer de esta manera.

1. La mujer salió *de la necesidad del hombre*. Por ende, debía *salir "del ser del hombre"* (vv. 18, 21-23).

2. La mujer debía ser a lo que el hombre se *uniría*. Por eso, la mujer fue hecha del ser del hombre a fin de ocasionar una *unión natural*, una búsqueda del propio ser de cada uno, de la propia carne de cada uno (vv. 23-24).

3. La mujer debía ser *una sola carne* con el hombre. Por ende, ella fue hecha de la propia carne del hombre de modo que el hombre y la mujer tendrían *naturalezas idénticas* y fueran *homólogos* uno del otro (vv. 22-23).

4. La mujer salió *de la carne del hombre* de modo que ambos se quisieran y cuidaran. Nadie odia su propia carne. Lo que sucede es lo contrario: La quiere, la protege y la cuida.

"Así también los maridos deben amar a sus mujeres como a sus mismos cuerpos. El que ama a su mujer, a sí mismo se ama. Porque nadie aborreció jamás a su propia carne, sino que la sustenta y la cuida, como también Cristo a la iglesia" (Ef. 5:28, 29).

5. La mujer es la *gloria y cumbre de la creación*, el ser que le aporta al mundo más refinamiento que cualquier otra criatura.

"la mujer es gloria del varón" (1 Co. 11:7).

Ella es la gloria y cumbre del hombre y la naturaleza. Observe lo siguiente: Los animales fueron creados por Dios (Gn. 1:20-25). *Después* de su creación, el hombre fue creado del polvo de la tierra. El que fue creado *después* era más excelente y tenía más gloria que los animales. Pero la mujer fue creada *después* del hombre, ella no fue tomada del polvo, sino del propio hombre. Por ende, se puede decir que la creación de la mujer:

- Es más excelente y más gloriosa que la del hombre, porque ella fue tomada dos veces del polvo de la tierra.
- Le trae a la tierra más refinamiento, belleza y gloria.
- Es la culminación, la gloria cumbre de la creación.

6. La mujer fue creada de la costilla tomada del propio pecho del hombre, lo que protege su corazón. La mujer es lo que le da tanto sentido al hombre, lo que le trae calor, ternura y aliento al hombre. Ella es una fuerza protectora o destructiva en su vida.

4 (2:22-24) ***Matrimonio — Mujer — Hombre:*** El hombre y la mujer fueron juntados por Dios. Este pasaje es dramático e informativo. El Nuevo Testamento fundamenta la mayoría de sus enseñanzas acerca de la relación entre el hombre y la mujer con la experiencia registrada acá (cp. 1 Co. 11:2, 7-9, 11-12; 1 Ti. 2:12-15). Recuerde: Antes de esto, Adán no tenía compañía, ningún ser humano con quien compartir su vida. Cuando estaba investigando y estudiando a los animales fue que lo azotó su gran necesidad de compañía. Cada animal tenía una pareja y una compañía de su propia especie, pero Adán no. Adán estaba completamente solo: No había criatura que tuviera su carne y naturaleza, nadie con quien pudiera compartir su vida.

Pero ahora, estaba Eva. Nada más imagínese la escena. Los primeros dos seres humanos parados uno frente al otro por primera vez en la historia humana. ¡Imagínese la experiencia, la primera vez que se miraron y tocaron cada uno! ¡Los sentimientos, la emoción! El momento debe haber sido uno de los momentos más dramáticos y emocionantes de la experiencia humana.

Según se ha planteado, el pasaje prepara el fundamento para la relación entre el hombre y la mujer en la tierra. Observe estos elementos:

1. La unión y relación entre el hombre y la mujer fue obrada por Dios.

=> Dios creó tanto al hombre como a la mujer: Primero al hombre, luego a la mujer (vv. 7, 22).

=> Dios juntó al hombre y a la mujer (v. 22b).

=> Dios estableció la ley del matrimonio (v. 24).

2. La mujer era igual al hombre en ser y persona. Ella estaba hecha de la misma carne y sangre, del mismo material que Adán. Ella era "*igual a Adán*" en todos los aspectos: En el ser físico, mental y espiritual. Ella fue "tomada del varón", del mismo material o sustancia del hombre (v. 23. Vea la nota, pt. 2, Gn. 2:18; vea también el *Estudio a fondo 2*, Gn. 1:26; 1:27; 2:21-22 para un mayor análisis).

3. El hombre fue creado y formado primero, en algún momento antes que la mujer (v. 23; cp. 18; cp. 1 Ti. 2:13; cp. 1 Co. 11:8-9). Esto no significa superioridad e inferioridad, sino *orden y prioridad*. El hombre no es superior ni inferior a la mujer, ni en ser ni en persona. Como personas, el hombre y la mujer son iguales ante los ojos de Dios y deben ser iguales ante los ojos de cada uno.

Lo que las Escrituras dicen es lo siguiente: Dios creó de una manera ordenada. Él estructuró un orden dentro de la familia y dentro de la sociedad. Él dispuso que el hombre fuera el primero en el orden de la familia y la sociedad, luego la mujer, y luego el hijo. Si debe haber un orden dentro de cualquier estructura u organización, alguien tiene que ser el primero, alguien tiene que ser la cabeza o el líder de la estructura u organización.

Sin embargo, la Biblia es clara es sus instrucciones a la cabeza: Orden y prioridad verdaderos no se hallan en la dominación, sino en la sumisión y amor voluntarios. (Vea los resúmenes y notas, 1 Co. 11:3; 11:7-10; Ef. 5:22-24; 1 Ti. 2:12-14.)

Pensamiento 1. El orden y relación entre el hombre y la mujer se muestran claramente en este pasaje: La mujer...

- fue creada para el hombre
- fue creada del hombre
- fue presentada *al* hombre

Pero una vez más: El objetivo de este pasaje no es declarar alguna supuesta superioridad del hombre sobre la mujer. El objetivo es declarar que Dios creó una *compañera para el hombre*, una compañera necesitada desesperadamente a fin de llevar a cabo la voluntad de Dios para la tierra. La sociedad es entre dos *personas y seres iguales*, pero sus *funciones y propósitos* en la tierra difieren.

"Los diáconos sean maridos de una sola mujer, y que gobiernen bien sus hijos y sus casas" (1 Ti. 3:12).

"Las casadas estén sujetas a sus propios maridos, como al Señor" (Ef. 5:22).

"Maridos, amad a vuestras mujeres, así como Cristo amó a la iglesia, y se entregó a sí mismo por ella" (Ef. 5:25).

"Asimismo vosotras, mujeres, estad sujetas a vuestros maridos; para que también los que no creen a la palabra, sean ganados sin palabra por la conducta de sus esposas" (1 P. 3:1).

Pensamiento 2. Note que el hombre (*ish*) nombra a la mujer por él mismo porque ella fue tomada de su cuerpo. Él la nombra "mujer" o "varona" (*isha o ishshah*).

4. El matrimonio se establece como la primera institución en la tierra, la primera institución establecida para la sociedad. Note tres leyes o reglas del lazo del matrimonio:

a. Debe haber un *abandono de los padres*, una separación permanente de los padres por parte del hombre y la mujer. La unión entre marido y mujer es la relación más fuerte y primordial entre las personas. Debe ser tan fuerte que el hombre y la mujer dejarán a sus padres, se casarán y edificarán una familia propia. (Vea el *Estudio a fondo 2*, Mt. 19:5 para un mayor análisis.)

b. Debe haber una *unión del uno con el otro*. La unión debe ser íntima y permanente, tan duradera como "una sola carne". El lazo del matrimonio debe durar mientras viva la carne. (Vea la nota 7, Mt. 19:5 para un mayor análisis.)

c. Debe haber "una sola carne". El hombre y la mujer, marido y mujer, deben ser una sola carne. Él debe ser de ella y ella debe ser de él, de tal forma que serán como una sola carne, una sola persona. De un modo sencillo, debe haber una intimidad física y una unión espiritual tan vinculante que se conviertan en "una sola carne". Una sola persona en cuerpo, mente y espíritu. (Vea la nota 6, Mt. 19:5 para un mayor análisis.)

Pensamiento 1. Dios trajo la mujer al hombre. Dios suplió la necesidad de Adán. Observe dos lecciones:

1) Debemos confiar en que Dios suplirá nuestra necesidad de una esposa o de compañía piadosa.
2) Dios quiere voz y voto en la elección de nuestra compañía y cónyuge.

"Por tanto, lo que Dios juntó, no lo separe el hombre" (Mr. 10:9).

"Así también los maridos deben amar a sus mujeres como a sus mismos cuerpos. El que ama a su mujer, a sí mismo se ama" (Ef. 5:28).

"Honroso sea en todos el matrimonio, y el lecho sin mancilla; pero a los fornicarios y a los adúlteros los juzgará Dios" (He. 13:4).

"Sea bendito tu manantial, y alégrate con la mujer de tu juventud" (Pr. 5:18).

"El que halla esposa halla el bien, y alcanza la benevolencia de Jehová" (Pr. 18:22).

5 (2:25) ***Hombre — Mujer:*** El hombre y la mujer fueron creados perfectos, inocentes y sin ningún tipo de vergüenza. Este versículo está preparando el trabajo preliminar para lo que sigue en el próximo pasaje: La caída del hombre.

Note que el hombre y la mujer estaban desnudos, aún así no estaban apenados ni avergonzados. ¿Por qué? Porque no tenían nada de qué avergonzarse. Eran seres perfectos, completamente inocentes. No habían hecho nada malo. No sentían culpabilidad ni vergüenza de ningún tipo. Pertenecían el uno al otro: El cuerpo de cada uno de ellos les pertenecía mutuamente y juntamente les pertenecían a Dios. Estaban delante de Dios y de cada uno de ellos en perfección. Perfectamente inocentes y libres de cualquier sentido de vergüenza, culpabilidad, equivocación o fracaso. Eran seres perfectos en un mundo perfecto, eran todo cuanto debían ser uno con el otro y ambos con Dios. No había pecado, culpabilidad, ni ningún tipo de vergüenza, nada en lo absoluto que ocultar de ninguno de ellos ni de Dios.

"Bienaventurados los de limpio corazón, porque ellos verán a Dios" (Mt. 5:8).

"para que seáis irreprensibles y sencillos, hijos de Dios sin mancha en medio de una generación maligna y perversa, en medio de la cual resplandecéis como luminares en el mundo" (Fil. 2:15).

"Y el Señor os haga crecer y abundar en amor unos para con otros y para con todos, como también lo hacemos nosotros para con vosotros, para que sean afirmados vuestros corazones, irreprensibles en santidad delante de Dios nuestro Padre, en la venida de nuestro Señor Jesucristo con todos sus santos" (1 Ts. 3:12, 13).

"Y el mismo Dios de paz os santifique por completo; y todo vuestro ser, espíritu, alma y cuerpo, sea guardado irreprensible para la venida de nuestro Señor Jesucristo." (1 Ts. 5:23).

"Pues el propósito de este mandamiento es el amor nacido de corazón limpio, y de buena conciencia, y de fe no fingida" (1 Ti. 1:5).

"Por lo cual, oh amados, estando en espera de estas cosas, procurad con diligencia ser hallados por él sin mancha e irreprensibles, en paz" (2 P. 3:14).

"Y a aquel que es poderoso para guardaros sin caída, y presentaros sin mancha delante de su gloria con gran alegría, al único y sabio Dios, nuestro Salvador, sea gloria y majestad, imperio y potencia, ahora y por todos los siglos. Amén" (Jud. 24, 25).

Pensamiento 1. Observe dos elementos significativos acerca de la familia como institución:

1) Dios estableció la familia como la primera institución de la sociedad. Luego establecerá el centro de adoración (tabernáculo, templo e iglesia) y el gobierno.
2) Todas las instituciones de la sociedad hallan sus raíces en la familia. El hombre dio surgimiento:

- Al gobierno: Cuando se necesitaron reglas y leyes entre las familias y tribus.
- A la adoración: Cuando surgió la necesidad de fraternidad con Dios y de instrucción de los hijos.
- A la educación: Cuando surgió la necesidad de instrucción y enseñanza de los hijos.
- A la asistencia médica: Cuando surgió el cuidado y atención físicos de los miembros de la familia.

(Esta idea es tomada de James Montgomery Boice. *Génesis, un comentario expositivo*, vol. 1, p. 113).

1 La serpiente

2 Paso 1: Enfrentarse a pensamientos provocativos, atractivos y tentadores

3 Paso 2: Considerar, abrigar, y analizar los pensamientos provocativos

4 Paso 3: Dudar de las consecuencias de la Palabra de Dios

5 Paso 4: Pensar que uno se realizará más, que uno ganará y se beneficiará más

6 Paso 5: Mirar y ansiar, desear

7 Paso 6: Cometer el pecado: Tomar y comer el fruto prohibido

8 Paso 7: Hacer pecar a otros: Ser tropezadero

CAPÍTULO 3

F. Los primeros pasos del hombre y la mujer al pecado, 3:1-6

1 Pero la serpiente era astuta,
más que todos los animales
del campo que Jehová Dios
había hecho; la cual dijo a la
mujer: ¿Conque Dios os ha
dicho: No comáis de todo
árbol del huerto?
2 Y la mujer respondió a la
serpiente: Del fruto de los
árboles del huerto podemos
comer;
3 pero del fruto del árbol que
está en medio del huerto dijo
Dios: No comeréis de él, ni le
tocaréis, para que no muráis.
4 Entonces la serpiente dijo a
la mujer: No moriréis;
5 sino que sabe Dios que el
día que comáis de él, serán
abiertos vuestros ojos, y
seréis como Dios, sabiendo
el bien y el mal.
6 Y vio la mujer que el árbol
era bueno para comer, y que
era agradable a los ojos, y
árbol codiciable para
alcanzar la sabiduría; y tomó
de su fruto, y comió; y dio
también a su marido, el cual
comió así como ella.

DIVISIÓN II

ADÁN, EL PRIMER HOMBRE (PARTE 1): EL PRINCIPIO DE LA HUMANIDAD Y DE LA SIMIENTE PIADOSA: LO QUE LE SUCEDIÓ AL HOMBRE Y A LA TIERRA, 2:4—3:24

F. Los primeros pasos del hombre y la mujer al pecado, 3:1-6

(3:1-6) ***Introducción:*** El mundo está lleno de anarquía, crimen, inmoralidad, adulterio, drogas, borrachera, mentira, robo, engaño, avaricia, codicia, extravagancia, indulgencia, asesinato, asaltos, guerra, todo tipo de pecado y de mal. Pero esto no siempre ha sido así. Hubo una época en la que el mundo era perfecto, una época en la que no había un solo acto de violencia o de mal en la tierra. De hecho, no se había cometido una mala obra. La tierra era perfecta; ni el hombre ni la mujer tenían pecado. Solo conocían la paz y la armonía, la satisfacción y la realización, el amor, el gozo y la paz, predominaba toda la plenitud de la vida. Imperaba y reinaba la perfección.

¿Qué sucedió? ¿Qué destruyó la perfección y ocasionó tal destrucción y anarquía en la tierra? ¿Qué corrompió el corazón del hombre?

En esto consiste el análisis de este pasaje, un pasaje que revela la verdad descarnada de la tentación y el pecado. Esta es "la primera tentación y pecado: La caída del hombre de la perfección: Los primeros pasos del hombre y la mujer al pecado".

1. La serpiente (v. 1).
2. Paso 1: Enfrentarse a pensamientos provocativos, atractivos y tentadores (v. 1).
3. Paso 2: Considerar, abrigar y analizar los pensamientos provocativos (v. 2).
4. Paso 3: Dudar de las consecuencias de la Palabra de Dios (v. 3).
5. Paso 4: Pensar que uno se realizará más, que uno ganará y se beneficiará más (vv. 4-5).
6. Paso 5: Mirar y ansiar, desear (v. 6).
7. Paso 6: Cometer el pecado: Tomar y comer el fruto prohibido (v. 6).
8. Paso 7: Hacer pecar a otros: Ser tropezadero (v. 6).

[1] (3:1) ***Satanás — Serpiente:*** Este suceso de la serpiente que tienta a la mujer es una escena horrorosa, un giro drástico de los sucesos. Dios había acabado de crear el universo y todo era bueno. Las Escrituras son muy claras al respecto: Dios estaba bien complacido, perfectamente satisfecho, con su creación, porque era perfecta. Tenía que ser perfecta, porque Él es Dios, el Señor y Majestad soberana del universo y Dios no puede crear nada imperfecto. Dios también había creado el Huerto del Edén para el hombre, el lugar más perfecto que se pueda imaginar para vivir el hombre. Todo era ideal y perfecto: El hombre estaba en una utopía, en el paraíso. El hombre no podía querer nada más.

Pero sucedió. De la nada, algo terrible sucedió: El mal apareció en forma de una criatura maligna. ¿De dónde en el mundo provino la criatura? ¿El hombre no estaba en el Huerto del Edén, en el propio paraíso?

"¡Sí!" La respuesta a estas preguntas es: "Sí. Dios sí creó todas las cosas buenas, y Él sí le dio al hombre un paraíso donde vivir".

Pero, de ser así, ¿quién es la criatura maligna y de dónde provino? ¿Cómo llegó a la tierra y al Huerto del Edén, el paraíso de la tierra? Otros pasajes de las Escrituras nos lo dicen. Observe siete puntos.

1. Las Escrituras nos dicen que al diablo, al propio Satanás, se le llama la serpiente.

> **"Y fue lanzado fuera el gran dragón, *la serpiente antigua,* que se llama diablo y Satanás, el cual engaña al mundo entero; fue arrojado a la tierra, y sus ángeles fueron arrojados con él" (Ap. 12:9; cp. los vv. 14, 15; 20:2).**

¿Quiere esto decir que Satanás poseyó o encarnó una serpiente viva y real y habló por medio de la criatura? Algunos comentaristas extraordinarios sostienen esta posición (por ejemplo, Leupold, p. 142; Kidner, pp. 67, 70). ¿O quiere decir que Satanás realmente se transformó en una serpiente (NVI)? ¿O quiere decir que la serpiente es solo una referencia a Satanás, cuyo nombre mismo es "la serpiente antigua, que se llama diablo y Satanás" (Ap. 12:9)? Es decir, ¿podría ser esto una ilustración del propio Satanás? Algunos eruditos extraordinarios sostienen esta posición (por ejemplo, W. H. Griffith Thomas, p. 47). ¿Es posible saber que se quiere decir? ¿Las Escrituras son claras acerca de cómo Satanás tentó al hombre? Algunos muy estimados comentaristas sostienen que las Escrituras admiten cualquier interpretación (por ejemplo, Matthew Henry, p. 21). (Vea la nota, Gn. 3:14 para un mayor análisis.)

Para determinar quién o qué era la serpiente, es necesario tener en cuenta estos elementos de las Escrituras.

a. La serpiente, cuando se creó inicialmente, al parecer andaba erguida y era una criatura magnífica (Gn. 3:14). Esto puede ser un lenguaje simbólico que se refiere a Satanás (note que el v. 15 es definitivamente simbólico, porque definitivamente se refiere a Satanás) o es lenguaje literal que se refiere a una serpiente real. Si es literal, entonces el versículo 15 cambia a lenguaje simbólico.

b. La astucia de la serpiente se compara con la astucia de los animales del campo. La Escrituras dicen que la serpiente era más "astuta" (pícara, hábil, perspicaz) que todos los animales de la tierra (Gn. 3:1). Esto es una comparación de la astucia de Satanás con la astucia de los animales, o de la astucia de un animal con la astucia de los otros animales.

c. Las Escrituras dan ejemplos donde Satanás tuvo el poder para usar a personas como instrumentos para hablar a través de ellos.
   => Pedro (Mt. 16:22-23).
   => Personas poseídas por demonios (Mt. 8:28-34; Hch. 16:16-18).

d. Toda la creación fue creada perfecta por Dios, incluso la serpiente. Si decimos que la serpiente fue una serpiente literal usada como un instrumento maligno por Satanás, entonces tenemos problema para explicar cómo la creación era perfecta: Cómo un animal podría usarse como un instrumento maligno en un mundo de animales perfectos? Esta es la razón por la que algunos intérpretes dicen que Satanás realmente se transformó o se disfrazó de serpiente (NVI, Gn. 3:1).

2. El propio Jesucristo nos dice que Satanás estaba detrás de la caída trágica del hombre.

> **"Vosotros sois de vuestro padre el diablo, y los deseos de vuestro padre queréis hacer. El ha sido homicida *desde el principio,* y no ha permanecido en la verdad, porque no hay verdad en él. Cuando habla mentira, de suyo habla; porque es mentiroso, y *padre de mentira*" (Jn. 8:44).**

3. Pablo también dice que Satanás estaba detrás de la caída del hombre.

> **"Pero temo que como *la serpiente* con su astucia engañó a Eva, vuestros sentidos sean de alguna manera extraviados de la sincera fidelidad a Cristo... Y no es maravilla, porque el mismo Satanás se disfraza como ángel de luz" (2 Co. 11:3, 14).**
>
> **"Y el Dios de paz aplastará en breve a Satanás bajo vuestros pies. La gracia de nuestro Señor Jesucristo sea con vosotros" (Ro. 16:20; cp. Gn. 3:15).**

4. Las Escrituras dicen que Satanás había sido el ángel más exaltado que hubiera creado Dios, que Dios lo había creado para señorear como el más alto de todos los seres creados. Su reinado y gobierno en específico para Dios era sobre la tierra y el universo, sobre la dimensión de la existencia y *mundo físico y material.* Pero Satanás hizo lo mismo que han hecho todos los hombres: Pecó y cayó. Satanás comenzó a fijarse en sí mismo y comenzó a querer vivir como él quería en vez de cómo quería Dios. Satanás quería:

- Gobernar y reinar sobre el universo como él quería.
- Gobernar sin responder ante Dios.
- Poseer la autoridad máxima sobre el mundo.
- Ser el líder supremo de la tierra y del universo físico.

Satanás quería lo mismo que ha querido la naturaleza humana a través de la historia: Ser quien queremos ser; hacer lo que nos place; controlar nuestra propia vida. Satanás quería lo que tantas personas sedientas de poder han querido a través de la historia: Ser el gobernador soberano de las naciones y de la vida de las personas. Esto es lo que las Escrituras quieren decir cuando revelan lo que Satanás dijo en Isaías 14:13-14:

- "Tú que decías en tu corazón...
- "Subiré al cielo [la posición, gobierno, y autoridad de Dios sobre el universo...
- "en lo alto, junto a las estrellas de Dios, levantaré mi trono...
- "en el monte del testimonio me sentaré [seré honrado, alabado, adorado, culto recibiré por los testimonios de otros]...
- "sobre las alturas de las nubes subiré, y seré semejante al Altísimo [el propio Dios]" (Is. 14:13-14).

De un modo sencillo, Satanás se rebeló contra Dios. Por consiguiente, Dios no tenía otra opción que derribar a Satanás de su posición exaltada en el cielo. Originalmente, cuando Satanás gobernaba como el más alto de los seres creados:

- Su nombre era Lucero, que significa *estrella de la mañana.*
- Satanás era el querubín ungido que cubría el trono mismo del propio Dios. Era el ángel a cargo de la gloria del trono mismo de Dios en todo el universo físico y material.

Observe cómo los siguientes pasajes hacen referencia doblemente tanto a un rey terrenal como al propio Satanás.

> **"¡Cómo caíste del cielo, oh Lucero, hijo de la mañana! Cortado fuiste por tierra, tú que debilitabas**

a las naciones. Tú que decías en tu corazón: Subiré al cielo; en lo alto, junto a las estrellas de Dios, levantaré mi trono, y en el monte del testimonio me sentaré, a los lados del norte; sobre las alturas de las nubes subiré, y seré semejante al Altísimo. Mas tú derribado eres hasta el Seol, a los lados del abismo" (Is. 14:12-15).

"Vino a mí palabra de Jehová, diciendo: Hijo de hombre, levanta endechas sobre el rey de Tiro, y dile: Así ha dicho Jehová el Señor: Tú eras el sello de la perfección, lleno de sabiduría, y acabado de hermosura. En Edén, en el huerto de Dios estuviste; de toda piedra preciosa era tu vestidura; de cornerina, topacio, jaspe, crisólito, berilo y ónice; de zafiro, carbunclo, esmeralda y oro; los primores de tus tamboriles y flautas estuvieron preparados para ti en el día de tu creación. Tú, querubín grande, protector, yo te puse en el santo monte de Dios, allí estuviste; en medio de las piedras de fuego te paseabas. Perfecto eras en todos tus caminos desde el día que fuiste creado, hasta que se halló en ti maldad. A causa de la multitud de tus contrataciones fuiste lleno de iniquidad, y pecaste; por lo que yo te eché del monte de Dios, y te arrojé de entre las piedras del fuego, oh querubín protector. Se enalteció tu corazón a causa de tu hermosura, corrompiste tu sabiduría a causa de tu esplendor; yo te arrojaré por tierra; delante de los reyes te pondré para que miren en ti. Con la multitud de tus maldades y con la iniquidad de tus contrataciones profanaste tu santuario; yo, pues, saqué fuego de en medio de ti, el cual te consumió, y te puse en ceniza sobre la tierra a los ojos de todos los que te miran. Todos los que te conocieron de entre los pueblos se maravillarán sobre ti; espanto serás, y para siempre dejarás de ser" (Ez. 28:11-19).

Note otro elemento más: El propio Jesucristo dijo que el pasaje de Isaías hablaba de Satanás. Él citó Is. 14:12 al hacer referencia a Satanás en Lucas 10:18.

=> Lea Isaías 14:12.

"¡Cómo caíste del cielo, oh Lucero, hijo de la mañana! Cortado fuiste por tierra, tú que debilitabas a las naciones" (Is. 14:12).

=> Lea Lucas 10:18.

"Y les dijo: Yo veía a Satanás caer del cielo como un rayo" (Lc. 10:18).

5. La Biblia enseña que Satanás tiene cierto control sobre la tierra. Él tiene acceso para influir al mundo y al hombre. La historia, la destrucción y devastación de la naturaleza y la terrible maldad de los hombres, todo esto, demuestra que el dominio de Satanás incluye a la tierra y al universo, es decir, la dimensión de existencia y el mundo físico y material.

Surge la interrogante: ¿Cuándo Satanás consiguió el acceso y control de la tierra y el universo? Ciertamente Dios no creó el universo y puso a Satanás y todas sus fuerzas malignas a cargo de él. El único Dios vivo y verdadero, el Señor y Majestad supremos del universo que es el Dios de la perfección y el amor, nunca podría crear el mal ni poner al mal a cargo de su creación perfecta. Esto iría totalmente en contra de la naturaleza de Dios. Esto se analiza en el próximo punto, el punto seis. Por ahora, el elemento que debemos analizar es el control y autoridad de Satanás en el mundo. Las Escrituras plantean lo siguiente:

=> Las Escrituras le llaman a Satanás el Dios de este mundo.

"Pero si nuestro evangelio está aún encubierto, entre los que se pierden está encubierto; en los cuales el dios de este siglo cegó el entendimiento de los incrédulos, para que no les resplandezca la luz del evangelio de la gloria de Cristo, el cual es la imagen de Dios" (2 Co. 4:3, 4).

=> Las Escrituras le llaman a Satanás el príncipe de este mundo.

"Ahora es el juicio de este mundo; ahora el príncipe de este mundo será echado fuera" (Jn. 12:31).

"No hablaré ya mucho con vosotros; porque viene el príncipe de este mundo, y él nada tiene en mí" (Jn. 14:30).

"y de juicio, por cuanto el príncipe de este mundo ha sido ya juzgado" (Jn. 16:11).

=> Las Escrituras le llaman a Satanás el príncipe de la potestad del aire.

"en los cuales anduvisteis en otro tiempo, siguiendo la corriente de este mundo, conforme al príncipe de la potestad del aire, el espíritu que ahora opera en los hijos de desobediencia" (Ef. 2:2).

=> Las Escrituras le llaman a Satanás el gobernador de las tinieblas de este siglo.

"Porque no tenemos lucha contra sangre y carne, sino contra principados, contra potestades, contra los gobernadores de las tinieblas de este siglo, contra huestes espirituales de maldad en las regiones celestes" (Ef. 6:12).

=> Satanás es el rey de un reino.

"Y si Satanás echa fuera a Satanás, contra sí mismo está dividido; ¿cómo, pues, permanecerá su reino?" (Mt. 12:26).

"Otra vez le llevó el diablo a un monte muy alto, y le mostró todos los reinos del mundo y la gloria de ellos, y le dijo: Todo esto te daré, si postrado me adorares" (Mt. 4:8, 9).

=> Satanás tiene todo el mundo bajo su control.

"Sabemos que somos de Dios, y el mundo entero está bajo el maligno" (1 Jn. 5:19).

6. La Biblia enseña que Satanás pelea y lucha contra Dios y su voluntad. Existen dos propósitos por los que Satanás lucha contra Dios.

a. El propósito de Satanás es el poder y la adoración, recibir tanto poder y adoración del universo como le sea posible (Is. 14:12-17; Ez. 28:11-17). Esto lo lleva a cabo de tres maneras.

=> Se opone y perturba la obra de Dios en el mundo (Is. 14:12-17; Ez. 28:11-17; Job 1:6; 2:1-6; Mt. 4:10; Mr. 1:13; Lc. 4:8; Ap. 12:7-9).

=> Desalienta a los creyentes por medio de

varias estrategias (vea las notas, Lc. 22:31; Ef. 6:10-12).

=> Despierta la justicia de Dios contra las personas al hacerlas pecar, negar y rebelarse contra Dios. Y cuando lo hacen, la justicia de Dios tiene que actuar y juzgar a las personas según el destino de su elección: vivir con Satanás eternamente (vea la nota, Jn. 13:31-33).

b. El propósito de Satanás es herir y lacerar el corazón de Dios. ¿Por qué? Porque Dios lo ha juzgado y condenado por rebelarse contra Dios. Por lo tanto, Satanás hace todo cuanto puede para vengarse de Dios. La mejor manera en que puede hacerlo es alejar el corazón de las personas de Dios y hacer que pequen y sigan el camino del mal. (Vea las notas, pt. 3, Ap. 12:3-4; pt. 2, Ap. 12:7-9; pt. 2, Ap. 12:10-11 para un mayor análisis.)

Sucede lo siguiente: ¿Cuándo el mal entró al mundo? ¿Cómo Satanás consiguió el acceso y control del mundo? Se puede decir este tanto: Con toda certeza Dios no crearía el universo y luego pondría a Satanás a cargo de él. Esto iría totalmente en contra de la naturaleza del Señor y Majestad soberana del universo, el Señor soberano cuya propia naturaleza es amor y perfección. Por ende, la historia de Satanás debe preceder al hombre. La creación y caída de Satanás sucedió antes de que se creara al hombre. En las eras de la historia pasada cuando Satanás fue creado como el más exaltado de todos los seres angélicos, se le debe haber puesto a cargo de la tierra, como debía estarlo el hombre después. Pero:

- Tal como el hombre pecaría y caería, Satanás pecó y cayó.
- Tal como Dios aún no ha destruido completamente al hombre, Dios no destruyó completamente a Satanás, todavía no.
- Tal como Dios aún tiene un propósito para el hombre, Dios aún tiene un propósito para Satanás.

Satanás debía ser usado por Dios para probar al hombre, para darle al hombre la oportunidad de elegir por Dios, de ejercer su libre albedrío para obedecer y seguir a Dios en vez de desobedecer y rechazar a Dios (vea las notas, Gn. 2:16-17; 3:1 para un análisis). Recuerde que nosotros como seres humanos pecadores aún tenemos el derecho de rondar por el universo. De la misma manera Satanás, como ser espiritual pecador, aún tiene el derecho de rondar la tierra y el universo. El propósito de Dios con la creación no se detendrá, ni por el hombre ni por Satanás y por sus espíritus malignos, no hasta que se complete y realice el propósito de Dios. Dios va a tener una raza de personas con libre albedrío, una raza de personas que elegirá amarlo y seguirlo supremamente.

Sucede lo siguiente: La mejor explicación acerca de la entrada del mal y de Satanás al mundo es la de las Escrituras, la de la Santa Biblia, no las conjeturas de los hombres, según se aborda en los puntos anteriores.

7. El hombre tenía que ser tentado a fin de ejercer su libre albedrío *por Dios*. Dios tenía que crear una situación donde el hombre pudiera ejercer su voluntad y elegir obedecer y seguir a Dios. Como ya se ha visto, no había mejor manera que exigirle al hombre que no comiera de uno de los árboles del huerto (vea la nota 5, Gn. 2:9 para un mayor análisis). Pero recuerde esto: El hombre fue creado perfecto, perfectamente impecable e inocente. El hombre no tenía idea de lo que era la tentación y el pecado. El hombre tenía acceso y fraternidad perfectas con Dios. En su estado perfecto de inocencia e impecabilidad, no había manera en que el hombre actuara en contra de Dios. Por eso, para que el hombre ejerciera su libre albedrío, era necesario otra cosa que no fuera que Dios le dijera a Adán que no comiera de un solo árbol. Era necesaria la tentación: El despertar de un pensamiento provocativo.

Esta es la razón por la que Dios le permitió a Satanás tentar a Eva. La tentación de Satanás era necesaria para que el hombre ejerciera su voluntad por Dios, necesaria para que el hombre pudiera rechazar su propio deseo y elegir obedecer y seguir a Dios. Pero observe lo siguiente: Satanás tenía el derecho de tentar a Eva, pero él no tenía el poder de hacer pecar a Eva. Eva era impecable e inocente: Ella eligió pecar. Ella ejerció su propio libre albedrío eligiendo seguir a Satanás y a sus deseos malignos. La tentación radicó en que Satanás despertó deseos dentro de ella, pero el pecado fue de su propio libre albedrío y elección.

2 (3:1) ***Tentación — Pensamientos — Satanás — Eva:*** El primer paso a la tentación y el pecado implica los pensamientos: Pensamientos provocativos, atractivos y tentadores. Inmediatamente se tienen en cuenta varias cosas sorprendentes acerca de Eva y de la tentación que la atacó.

=> Eva estaba sola. Había salido sin su marido, Adán.

=> Eva estaba donde no debía estar. Estaba parada cerca del árbol prohibido.

=> Eva al parecer pensaba en el árbol y en su delicioso fruto.

=> Eva no estaba cuidándose de la tentación.

¿Qué nos hace decir esto, que Eva estaba pensando en el delicioso fruto? Note lo que Satanás le dijo a Eva: "¿Conque Dios os ha dicho: No comáis de todo árbol del huerto?" La primera palabra, "Conque", sugiere fuertemente que Eva estaba pensando en el árbol. En ese mismo momento, mientras ella pensaba en él, Satanás atacó y le dio seguimiento a sus pensamientos: "¿Conque [qué bien luce], Dios os ha dicho: No comáis de todo árbol del huerto?"

Observe que Satanás citó incorrectamente la Palabra de Dios. Dios había dicho que el hombre *podía comer de todo árbol* del huerto excepto uno. Dios era bueno, extremadamente bueno. El hombre tenía todo cuanto pudiera querer: Todos los frutos excepto un árbol. Todos los árboles beneficiarían al hombre, pero el árbol prohibido lo destruiría. Pero note lo que hizo Satanás: Satanás le preguntó a Eva: "¿Conque Dios os ha dicho: *No comáis de todo árbol del huerto*?" Plantó el pensamiento en la mente de Eva, el pensamiento provocativo de:

- Que se estaba perdiendo algo.

- Que el fruto más delicioso era el que estaba prohibido.
- Que le estaban ocultando y reteniendo algo bueno.
- Que ella no podía perderse lo que lucía bien y probablemente supiera bien y se sintiera bien.

Este es el primer paso en la tentación, el paso que implica nuestros pensamientos, los pensamientos de la insinuación. El pensamiento insinuado es:

- Que estamos perdiéndonos algo que luce bien, sabe bien y se siente bien.
- Que quizás la Palabra de Dios nos hace perdernos algo que es delicioso.

Pensamiento 1. Muchos de nosotros nos quedamos solos o nos alejamos de los seres queridos y nos vamos a lugares que no debiéramos. Trágicamente, incluso algunos maridos y mujeres hacen esto.

> **"Así que, hermanos, os ruego por las misericordias de Dios, que presentéis vuestros cuerpos en sacrificio vivo, santo, agradable a Dios, que es vuestro culto racional. No os conforméis a este siglo, sino transformaos por medio de la renovación de vuestro entendimiento, para que comprobéis cuál sea la buena voluntad de Dios, agradable y perfecta" (Ro. 12:1, 2).**
>
> **"Por lo cual, salid de en medio de ellos, y apartaos, dice el Señor, y no toquéis lo inmundo; y yo os recibiré, y seré para vosotros por Padre, y vosotros me seréis hijos e hijas, dice el Señor Todopoderoso" (2 Co. 6:17, 18).**

3 (3:2) ***Pensamientos — Tentación — Pecado:*** El segundo paso a la tentación y al pecado implica analizar nuestros pensamientos: Realmente considerar, abrigar y analizar los pensamientos provocativos. Podemos analizar los pensamientos en nuestra mente o verbalmente con alguien. De un modo muy práctico, lo que sucede con un pensamiento provocativo que comienza a tentarnos es lo siguiente: El pensamiento provocativo atraviesa nuestra mente. En ese momento debe ser rechazado y no considerado, abrigado ni analizado. Un pensamiento tentador, un pensamiento que nos sugiere que pequemos, que desobedezcamos la Palabra de Dios, nunca se debe considerar ni abrigar. En nuestro andar por un mundo pecaminoso, ya sea sentados, caminando, parados o en un medio de transporte:

- No siempre podemos evitar que nos tienten, pero sí podemos huir de la tentación.
- No siempre podemos evitar que lo atractivo nos pase por delante, pero sí podemos evitar mirar.
- No siempre podemos evitar la primera mirada, pero sí podemos controlar la segunda.
- No siempre podemos evitar que los pensamientos crucen nuestra mente, pero sí podemos evitar que permanezcan allí.
- No siempre podemos evitar que el primer pensamiento provocativo de la tentación entre en nuestra mente, pero sí podemos echarlo fuera. Podemos volver nuestros pensamientos y nuestra mente hacia otra cosa, en específico a alguna cita de las Escrituras.

Pero observe: Esto no es lo que hizo Eva. Eva hizo tres cosas:

a. Eva consideró, abrigó y analizó el pensamiento provocativo. Fue en este momento que Eva comenzó a pecar, porque se alejó de la gran bondad de Dios. Note que ella omite la palabra "todo" o "todos" de "todo árbol" (Gn. 2:16). Sencillamente dice: "del fruto de los árboles del huerto, podemos comer". La bondad gloriosa de Dios de darle a ella *todos los árboles* se va atenuando en su mente. Sus pensamientos se han alejado de la bondad de Dios: Ya ella no está centrada en todo lo que Dios ha hecho por ella. Ella ha alejado sus pensamientos de Dios y su bondad y ahora abriga y analiza el pensamiento provocativo. El pecado comienza realmente cuando se abriga y considera el pensamiento provocativo. Es entonces que se rechaza, ignora, descuida y se echa a un lado a Dios y su bondad.

b. Eva comenzó a sentir que el mandato de Dios era demasiado estricto y restrictivo. Esto se ve en sus palabras: "Ni le tocaréis". Dios nunca dijo eso (Gn. 2:17). Dios sencillamente dijo: "no comerás [no deberás comer] de él". Eva no estaba confiando en Dios completamente en este momento. Ella estaba pensando, justificando, que con tocar el árbol no habría problema. Quizá no debía comer de él, pero tocarlo no provocaría daño alguno. Los pensamientos de Eva iban de atrás hacia alante analizando la Palabra de Dios, lo que Él había dicho. Ella estaba considerando y abrigando el pensamiento tentador; ella estaba sustentando y justificando sus intenciones. Estaba pensando en lo restrictiva que era la Palabra de Dios, dudando de la bondad de Dios, que Dios no había provisto lo mejor para ella. Eva estaba justo en medio del pecado, pecaba por cuestionar y dudar de la gran bondad de Dios.

c. Eva comenzó a pensar en las consecuencias del pecado. Ella aligeró las consecuencias un tanto cuando dijo: "para que no muráis" o "mueras". Esto no es lo que había dicho Dios. Dios no se anduvo con miramientos: Él había dicho que el hombre "ciertamente moriría" (Gn. 2:17). Una vez más, Eva se estaba justificando; una cadena de pensamientos pasaba por su mente acerca de la Palabra de Dios. Ella estaba flaqueando: Preguntándose y cuestionándose exactamente lo que Dios había dicho. Debió haber huido del primer pensamiento provocador y tentador. En su lugar, ella estaba considerando, abrigando y analizando el pensamiento provocativo. Ella se había olvidado de la gran bondad de Dios. Ya no estaba pensando en Dios en todo lo que Él había hecho por ella. Ella se estaba alejando cada vez más de Dios, justificando su conducta cada vez más.

4 (3:3) ***Palabra de Dios — Duda — Tentación:*** El tercer paso a la tentación y el pecado implica la duda: Dudar de las consecuencias de la Palabra de Dios. El pensamiento provocativo y tentador permanecía en la mente de Eva. Ella le había permitido a su mente vacilar, detenerse y abrazar el pensamiento provocativo. Ahora estaba coqueteando con la tentación, abrigando y justificando su conducta. Ella se estaba preguntándose y cuestionándose si se podría salir con la suya, preguntándose si podía experimentar con el fruto. Luego de repente y de un modo increíble, Satanás insertó la mentira en su mente: "No moriréis" (v. 4). Eva dudó que las consecuencias la pudieran afectar.

Pensamientos como estos con frecuencia nos atacan y sin duda atacaron a Eva:

=> "La advertencia se le hizo a Adán, no a mí, no directamente. El juicio, si he de ser juzgado, será menor que la muerte".

=> "Ciertamente, Dios no me condenaría a mí y dejaría a Adán solo, sin mujer, sin compañía ni ayuda que le asista".

=> "Dios es tan bueno, Él me perdonará. Esta vez solo probaré el fruto, luego le pediré a Dios que me perdone".

=> "Dios ciertamente no me condenaría por hacerlo una sola vez".

=> "Compensaré a Dios. Puede hacerlo y luego servir a Dios como nunca antes y Él me perdonará y me aceptará".

=> "Ciertamente Dios no me dejaría morir; hay tanto que hacer y llevar a cabo en la vida y tanto que hacer por Dios".

=> "En el análisis final, cuando todo está dicho y hecho, sencillamente Dios nunca me rechazaría, no permanentemente, no a la muerte eterna".

Pero Eva estaba equivocada. En el próximo bosquejo veremos que la Palabra de Dios se mantuvo firme. Adán y Eva fueron condenados a morir y murieron. Satanás mintió, le sugirió a Eva una mentira descarada. Como veremos en la próxima nota, Eva aceptó la mentira: Ella dudó de la Palabra de Dios. Ella se justificó y pensó que la advertencia de la Palabra de Dios no se le aplicaría a ella, no del todo, no plenamente, no en toda la magnitud de su juicio.

Pensamiento 1. La advertencia de Dios acerca del pecado y sus consecuencias se mantienen vigentes. No hay escape del juicio sobre el pecado.

"Porque la paga del pecado es muerte, mas la dádiva de Dios es vida eterna en Cristo Jesús Señor nuestro" (Ro. 6:23).

"y a vosotros que sois atribulados, daros reposo con nosotros, cuando se manifieste el Señor Jesús desde el cielo con los ángeles de su poder, en llama de fuego, para dar retribución a los que no conocieron a Dios, ni obedecen al evangelio de nuestro Señor Jesucristo; los cuales sufrirán pena de eterna perdición, excluidos de la presencia del Señor y de la gloria de su poder" (2 Ts. 1:7-9).

"Ciertamente, si habiéndose ellos escapado de las contaminaciones del mundo, por el conocimiento del Señor y Salvador Jesucristo, enredándose otra vez en ellas son vencidos, su postrer estado viene a ser peor que el primero. Porque mejor les hubiera sido no haber conocido el camino de la justicia, que después de haberlo conocido, volverse atrás del santo mandamiento que les fue dado" (2 P. 2:20, 21).

"Porque al hombre que le agrada, Dios le da sabiduría, ciencia y gozo; mas al pecador da el trabajo de recoger y amontonar, para darlo al que agrada a Dios. También esto es vanidad y aflicción de espíritu" (Ec. 2:26).

"He aquí que todas las almas son mías; como el alma del padre, así el alma del hijo es mía; el alma que pecare, esa morirá" (Ez. 18:4; cp. 18:20).

Pensamiento 2. La declaración de la Palabra de Dios y del Hijo de Dios es clara: la elección es nuestra.

"Por eso os dije que moriréis en vuestros pecados; porque si no creéis que yo soy, en vuestros pecados moriréis" (Jn. 8:24).

5 (3:4-5) ***Plenitud, espiritual — Tentación:*** El cuarto paso a la tentación y el pecado implica la realización personal: Pensar que uno se realizará más, que uno ganará y se beneficiará más si uno come del fruto prohibido (v. 5). Este es el paso final a la tentación. Cuando le hemos permitido a nuestra mente ir tan lejos con los pensamientos provocativos y atractivos, resulta difícil, si no imposible, alejarse del pecado.

1. Está el pensamiento de que tenemos *necesidades que no se pueden satisfacer de ninguna otra manera*, el pensamiento de que la tentación suplirá nuestras necesidades más de lo que Dios nos ha dado.

Esto es exactamente lo que Satanás le dijo a Eva: "Dios sabe que cuando ustedes coman de este árbol, se satisfarán sus necesidades mucho más que si no comen de él. Dios no ha provisto lo mejor para ustedes, no de la manera más plena".

2. Está el pensamiento de que nuestros *ojos se abrirán*, que nunca los sabremos si no lo experimentamos. Esto es lo que Satanás le dijo a Eva: "Si comes del árbol, si haces esto, sabrás más acerca de él, cuán bien se siente y cuán bien sabe. Para saberlo debes hacerlo. No puedes saber si es bueno o malo hasta que realmente no lo experimentes".

3. Está el pensamiento de la posición, el poder, la fuerza, la autosuficiencia, la independencia y la individualidad, de ser quien uno quiere ser y determinar tu propio destino y porvenir. El pensamiento en bruto, el fundamento subyacente del pensamiento, es lo que Satanás le prometió a Eva: "Serás como Dios. Si haces esto, serás quien quieres ser, independiente, individualista, conseguirás posición y poder. Hazlo: Haz lo que te plazca; haz lo que quieras cuando quieras. Vale la pena".

=> "Ser quien quieres ser produce realización y satisfacción, ego e imagen de sí mismo. Produce emoción, estímulo y placer.

=> "Ser quien quieres ser te hace ser como Dios: Puedes determinar tu propia vida y destino".

4. Está el pensamiento de que podemos conocer el bien y el mal, que podemos determinar lo que es bueno y malo para nosotros mismos. Satanás le dijo a Eva:

- Que ella podía determinar lo que debía o no debía hacer.

- Que podía discernir entre el bien y el mal aparte de la Palabra de Dios.
- Que era necesario que hiciera lo que quería, y al hacer lo que quisiera, aprendería a (conseguiría poder para) regir y dirigir cada vez más su vida.
- Que la única manera en que podía aprender a elegir la vida más plena, discernir entre el bien y el mal, sería hacer lo que quería.
- Que no necesitaba que Dios le dijera qué hacer, sino que podía obtener el conocimiento por sí sola haciendo lo que quería.

Pensamiento 1. Debemos entender el ataque de Satanás por medio de la tentación.

1) Satanás tiene todo tipo de estrategias para atacarnos.

"Vestíos de toda la armadura de Dios, para que podáis estar firmes contra las asechanzas del diablo" (Ef. 6:11; cp. 6:10-18).

2) Satanás usa todo tipo de recursos o ardides para ganarnos ventaja.

"para que Satanás no gane ventaja alguna sobre nosotros; pues no ignoramos sus maquinaciones" (2 Co. 2:11).

3) Satanás es astuto; trata de engañarnos tal como le hizo a Eva.

"Pero temo que como la serpiente con su astucia engañó a Eva, vuestros sentidos sean de alguna manera extraviados de la sincera fidelidad a Cristo" (2 Co. 11:3).

4) Satanás es un león rugiente. Anda tratando de devorar a todo aquel que lo siga.

"Sed sobrios, y velad; porque vuestro adversario el diablo, como león rugiente, anda alrededor buscando a quien devorar" (1 P. 5:8).

5) Satanás nos tentará cuando tengamos grandes necesidades y estemos más susceptibles a caer en pecado.

"Entonces Jesús fue llevado por el Espíritu al desierto, para ser tentado por el diablo. Y *después de haber ayunado cuarenta días y cuarenta noches,* tuvo hambre. Y vino a él el tentador, y le dijo: Si eres Hijo de Dios, di que estas piedras se conviertan en pan. Él respondió y dijo: Escrito está: No sólo de pan vivirá el hombre, sino de toda palabra que sale de la boca de Dios" (Mt. 4:1-4).

6) Satanás tomará a una persona que no entienda la Palabra y robará la Palabra del corazón de la persona. (Esto demuestra la importancia crítica de estudiar y aprender la Palabra de Dios.)

"Cuando alguno oye la palabra del reino y no la entiende, viene el malo, y arrebata lo que fue sembrado en su corazón. Este es el que fue sembrado junto al camino" (Mt. 13:19).

[6] (3:6) ***Tentación — Eva — Pecado — Mundanal — Deseo:*** El quinto paso a la tentación y el pecado es mirar, ansiar y desear. Las Escrituras dicen claramente:

"Porque todo lo que hay en el mundo, los deseos de la carne, los deseos de los ojos, y la vanagloria de la vida, no proviene del Padre, sino del mundo" (1 Jn. 2:16).

Un recuadro sencillo demuestra lo que le sucedió a Eva.

El planteamiento de las Escrituras	*Lo que le sucedió a Eva*
El deseo de la carne.	Eva vio que el árbol era *bueno para comer.*
El deseo de los ojos.	Eva vio que el árbol era grato, codiciable y *agradable a los ojos.*
El orgullo de la vida.	Eva vio que el árbol era codiciable para alcanzar *el conocimiento, la experiencia y la sabiduría.*

(Vea el bosquejo y las notas, pt. 2, 1 Jn. 2:15-16 para un análisis detallado de estos pecados.)

1. La carne de Eva deseaba el árbol. Ella vio que el árbol era bueno para comer. Ella debió haberse alejado del árbol y haber controlado sus ojos, con no mirarlo nunca. Pero ella salió sola y fue al árbol, un lugar al que nunca debió haber ido. Ella le dejó al tentador una puerta abierta, una oportunidad muy amplia, para tentarla. Tan pronto la tentó, ella debía haber huido de la tentación. Pero como se ha visto, pensó en la tentación, abrigó y analizó los pensamientos del pecado. Ahora estaba mirando el fruto prohibido y su carne estaba deseándolo, anhelándolo y ansiándolo. Ella lo quería.

"Y manifiestas son las obras de la carne, que son: adulterio, fornicación, inmundicia, lascivia, idolatría, hechicerías, enemistades, pleitos, celos, iras, contiendas, disensiones, herejías, envidias, homicidios, borracheras, orgías, y cosas semejantes a estas; acerca de las cuales os amonesto, como ya os lo he dicho antes, que los que practican tales cosas no heredarán el reino de Dios" (Gá. 5:19-21).

2. Los ojos de Eva deseaban el árbol. Eva vio que el árbol era atractivo, agradable y codiciable. El fruto, fruto prohibido, la atraía. Al parecer ella se sentía tan atraída que experimentó lo que en ocasiones experimentamos: Un anhelo lujurioso, un ansia, un impulso incontenible de estirar la mano y tomar el fruto prohibido.

Pensamiento 1. ¿Cuáles son los pecados que se cometen con mayor frecuencia por el deseo de los ojos? Las Escrituras mencionan los siguientes:

=> Está el deseo de los ojos por el sexo.

"Pero yo os digo que cualquiera que mira a una mujer para codiciarla, ya adulteró con ella en su corazón" (Mt. 5:28).

"Por esto Dios los entregó a pasiones vergonzosas; pues aun sus mujeres cambiaron el uso natural por el que es contra naturaleza, y de igual modo también los hombres, dejando el uso natural de la mujer, se encendieron en su lascivia unos con otros, cometiendo hechos vergonzosos hombres con hombres, y recibiendo en sí mismos la retribución debida a su extravío. Y como ellos no aprobaron tener en cuenta a Dios, Dios los entregó a una mente reprobada, para hacer cosas que no convienen" (Ro. 1:26-28).

"Tienen los ojos llenos de adulterio, no se sacian de pecar, seducen a las almas inconstantes, tienen el corazón habituado a la codicia, y son hijos de maldición" (2 P. 2:14).

"Hice pacto con mis ojos; ¿Cómo, pues, había yo de mirar a una virgen?" (Job 31:1).

=> Está el deseo de los ojos por toda clase de mal.

"pero si tu ojo es maligno, todo tu cuerpo estará en tinieblas. Así que, si la luz que en ti hay es tinieblas, ¿cuántas no serán las mismas tinieblas?" (Mt. 6:23).

=> Está el deseo de los ojos por las cosas de otras personas.

"Se sienta en acecho cerca de las aldeas; en escondrijos mata al inocente. Sus ojos están acechando al desvalido" (Sal. 10:8).

"Y les dijo: Mirad, y guardaos de toda avaricia; porque la vida del hombre no consiste en la abundancia de los bienes que posee" (Lc. 12:15).

=> Está el deseo de los ojos por todos los placeres y posesiones del mundo.

"No negué a mis ojos ninguna cosa que desearan, ni aparté mi corazón de placer alguno, porque mi corazón gozó de todo mi trabajo; y esta fue mi parte de toda mi faena" (Ec. 2:10).

=> Está el deseo de los ojos por el vino, las drogas y las bebidas alcohólicas.

"¿Para quién será el ay? ¿Para quién el dolor? ¿Para quién las rencillas? ¿Para quién las quejas? ¿Para quién las heridas en balde? ¿Para quién lo amoratado de los ojos? Para los que se detienen mucho en el vino, para los que van buscando la mistura. No mires al vino cuando rojea, cuando resplandece su color en la copa. Se entra suavemente" (Pr. 23:29-31).

=> Está el deseo de los ojos por otros dioses.

"No haréis para vosotros ídolos, ni escultura, ni os levantaréis estatua, ni pondréis en vuestra tierra piedra pintada para inclinaros a ella; porque yo soy Jehová vuestro Dios" (Lv. 26:1).

3. Eva deseó el orgullo de la vida. Ella vio que el árbol era codiciable para alcanzar conocimiento, experiencia y sabiduría. Eva quería determinar lo que era bueno para ella y lo que era malo (el mal). Ella quería el conocimiento, la experiencia y la sabiduría plenas, la plenitud de la vida, aparte de Dios. La vida, la sabiduría y la plenitud de la vida, aparte de Dios son imposible, absolutamente imposible. Pero Eva fue engañada. Ella se había entregado a la tentación y el pecado. Eva quería conocimiento, experiencia, sabiduría, autoridad, poder, posición, independencia, autosuficiencia, todo aparte de Dios. Ella deseaba el orgullo de la vida.

"Yo soy limpio y sin defecto; soy inocente, y no hay maldad en mí" (Job 33:9).

"Cuando viene la soberbia, viene también la deshonra; mas con los humildes está la sabiduría" (Pr. 11:2).

"Antes del quebrantamiento es la soberbia, y antes de la caída la altivez de espíritu" (Pr. 16:18).

"Altivez de ojos, y orgullo de corazón, y pensamiento de impíos, son pecado" (Pr. 21:4).

"El altivo de ánimo suscita contiendas; mas el que confía en Jehová prosperará" (Pr. 28:25).

"Jesús les respondió: Si fuerais ciegos, no tendríais pecado; mas ahora, porque decís: Vemos, vuestro pecado permanece" (Jn. 9:41).

"Nada hagáis por contienda o por vanagloria; antes bien con humildad, estimando cada uno a los demás como superiores a él mismo; no mirando cada uno por lo suyo propio, sino cada cual también por lo de los otros" (Fil. 2:3, 4).

Pensamiento 1. No debemos exaltarnos nosotros mismos: No debemos buscar reconocimiento, posición, autoridad, poder, dinero, riquezas, posesiones, conocimiento, sabiduría, experiencia, cualquier cosa aparte de Dios. No debemos actuar de un modo autosuficiente e independiente, exaltándonos nosotros mismos por encima de otros. No debemos vivir como si no necesitáramos a Dios.

1) Dios nos advierte contra el orgullo y el engaño.

"Unánimes entre vosotros; no altivos, sino asociándoos con los humildes. No seáis sabios en vuestra propia opinión" (Ro. 12:16).

"Y si alguno se imagina que sabe algo, aún no sabe nada como debe saberlo" (1 Co. 8:2).

"No seas sabio en tu propia opinión; teme a Jehová, y apártate del mal" (Pr. 3:7).

"Cuando viene la soberbia, viene también la deshonra; mas con los humildes está la sabiduría" (Pr. 11:2).

"Antes del quebrantamiento es la soberbia, y antes de la caída la altivez de espíritu" (Pr. 16:18).

"Altivez de ojos, y orgullo de corazón, y pensamiento de impíos, son pecado" (Pr. 21:4).

"¡Ay de los sabios en sus propios ojos, y de los que son prudentes delante de sí mismos!" (Is. 5:21).

2) Dios nos advierte contra la autosuficiencia y la exaltación de nosotros mismos.

"Porque el que se enaltece será humillado, y el que se humilla será enaltecido" (Mt. 23:12).

"y diré a mi alma: Alma, muchos bienes tienes guardados para muchos años; repósate, come, bebe, regocíjate. Pero Dios le dijo: Necio, esta noche vienen a pedirte tu alma; y lo que has provisto, ¿de quién será?" (Lc. 12:19, 20).

"Así que, el que piensa estar firme, mire que no caiga" (1 Co. 10:12).

"Si te remontares como águila, y aunque entre las estrellas pusieres tu nido, de ahí te derribaré, dice Jehová" (Abd. 4).

"El que confía en su propio corazón es necio; mas el que camina en sabiduría será librado" (Pr. 28:26).

3) Dios nos advierte contra el orgullo espiritual.

"El fariseo, puesto en pie, oraba consigo mismo de esta manera: Dios, te doy gracias porque no soy como los otros hombres, ladrones, injustos, adúlteros, ni aun como este publicano" (Lc. 18:11).

"Jesús les respondió: Si fuerais ciegos, no tendríais pecado; mas ahora, porque decís: Vemos, vuestro pecado permanece" (Jn. 9:41).

"Yo soy limpio y sin defecto; soy inocente, y no hay maldad en mí" (Job 33:9).

7 (3:6) ***Tentación — Eva — Pecado:*** El sexto paso a la tentación y el pecado es cometer el pecado, realmente tomar y comer del fruto prohibido. Recuerde: El pecado ya había ocurrido en el corazón de Eva.

=> Eva ya había estado pensando y abrigando los pensamientos del fruto prohibido (vea la nota 6, pt. 1, Gn. 3:6).
=> Eva ya había cuestionado a Dios y se había olvidado de Dios y su bondad.
=> Eva ya había mirado, ansiado y deseado el fruto prohibido.

Sucede lo siguiente: Eva ya había pecado internamente, en sus pensamientos. Ahora debía pecar externamente; debía cometer el acto realmente. No siempre podemos diferenciar cuando una persona está pecando internamente, en su corazón. Los pecados silentes, los pecados de la mente y del corazón, con frecuencia no se ven. El pecado de Eva hasta ahora no era visible al ojo humano. Pero ahora, el pecado de su corazón, sus anhelos lujuriosos, están listos para desatarse. Eva extendió su mano y tomó el fruto prohibido y comió de él. Eva:

- Desobedeció la Palabra de Dios.
- Se rebeló contra la Palabra de Dios.
- Ignoró la Palabra de Dios.
- Rechazó la Palabra de Dios.
- Actuó contra la Palabra de Dios.
- Se opuso la Palabra de Dios.
- Adoptó una posición contra la Palabra de Dios.

Eva pecó. Observe cuál fue el pecado: La desobediencia, desobedecer la Palabra de Dios. Dios había dicho, no debes comer de este fruto, porque te traerá la muerte, una muerte segura. Pero Eva se alejó de Dios; ella se negó a escuchar a Dios. Ella rechazó su advertencia y desobedeció su Palabra. Ella hizo lo que estaba prohibido.

Pensamiento 1. Resulta difícil, sumamente difícil, alejarse de la tentación y el pecado:

- Cuando vamos a lugares mundanos donde abundan la tentación y el pecado.
- Cuando permitimos que entren en nuestra mente pensamientos provocativos.
- Cuando pensamos y pensamos en el fruto atractivo.
- Cuando abrigamos pensamientos tentadores.

Si nos sometemos a la presencia del fruto pecaminoso, no hay forma de evitar pensar en el fruto pecaminoso y si el fruto pecaminoso está disponible, frente a nosotros y se nos ofrece, no podemos detenernos. Pecaremos y caeremos. Someternos a la presencia del fruto pecaminoso *siempre* es, sin excepción alguna, jugar con fuego.

Hay que derrotar la tentación cuando golpea por primera vez. Debemos alejarnos de lugares, personas y cosas mundanas, tanto como sea posible y debemos rechazar todo pensamiento provocativo que cruce nuestra mente. En esto consistió el fracaso de Eva y el fracaso es siempre nuestro cuando pecamos. Debemos siempre, sin excepción alguna, *huir de la tentación.*

"Huid de la fornicación" (1 Co. 6:18).
"huid de la idolatría" (1 Co. 10:14).
"huye de estas cosas" (1 Ti. 6:11).
"Huye también de las pasiones juveniles" (2 Ti. 2:22).

8 (3:6) ***Tentación — Eva — Pecado — Tropezadero:*** El séptimo paso a la tentación y el pecado es hacer pecar a otros. Note la simplicidad y brevedad de las Escrituras al plantear lo que sucedió: Eva dio del fruto a su marido *quien la acompañó* y él también comió del fruto prohibido. ¿Por qué las Escrituras no explican la experiencia de la tentación de Adán? Porque la tentación de Adán fue la misma que la de Eva. Los pasos para la tentación y el pecado son los mismos para todos nosotros. Eva usó con Adán los mismos argumentos que Satanás había usado con ella.

=> Eva le presentó el pensamiento provocador, atractivo y tentador a Adán.
=> Adán consideró, abrigó y analizó el pensamiento.
=> Luego Adán comenzó a dudar de la consecuencia de la Palabra de Dios. Y note, Eva estaba parada delante de él como siempre: La pena de la muerte no había caído sobre ella. Lo que Dios había dicho no le había sucedido a ella.
=> Eva tentó a Adán diciéndole que él podía experimentar más y sentirse más realizado comiendo del fruto prohibido.
=> Adán miró, ansió y deseó el fruto prohibido.
=> Adán comió del fruto.

Observe dos puntos significativos:

Primero, Eva fue tropezadero para Adán. Ella debía ser una ayuda para él, pero fue su tentadora, un tropezadero para que él no hiciera la voluntad de Dios.

Segundo, Adán no fue engañado en su pecado: Adán sabía exactamente lo que estaba haciendo. Adán pecó voluntaria y deliberadamente. Con Eva no fue así: Ella fue engañada. Pero Adán a sabiendas y deliberadamente...

- desobedeció la Palabra de Dios
- rechazó la Palabra de Dios
- se rebeló contra Dios

Por consiguiente, Adán cometió el error más grande. Una persona que sabe y deliberadamente hace mal siempre es más culpable que la persona que es engañada y hace mal. Ambos hacen mal, pero el pecador voluntario y deliberado es mucho más culpable de su fechoría. Esto es exactamente lo que dicen las Escrituras:

"y Adán *no fue engañado,* sino que la mujer, siendo engañada, incurrió en transgresión" (1 Ti. 2:14).

Esta es la razón por la que las Escrituras pueden decir que el pecado entró al mundo por medio del hombre, Adán. Él fue quien a sabiendas y deliberadamente trajo el pecado al mundo.

"Por tanto, como el pecado entró en el mundo por un hombre, y por el pecado la muerte, así la muerte

pasó a todos los hombres, por cuanto todos pecaron" (Ro. 5:12).

Pensamiento 1. Este es uno de los pecados más graves que haya cometido una persona. Las Escrituras nos advierten, nos advierten severamente, no debemos ser tropezadero para otros.

"Dijo Jesús a sus discípulos: Imposible es que no vengan tropiezos; mas ¡ay de aquel por quien vienen! Mejor le fuera que se le atase al cuello una piedra de molino y se le arrojase al mar, que hacer tropezar a uno de estos pequeñitos" (Lc. 17:1, 2).

"Así que, ya no nos juzguemos más los unos a los otros, sino más bien decidid no poner tropiezo u ocasión de caer al hermano" (Ro. 14:13).

"Pero si por causa de la comida tu hermano es contristado, ya no andas conforme al amor. No hagas que por la comida tuya se pierda aquel por quien Cristo murió" (Ro. 14:15).

"Bueno es no comer carne, ni beber vino, ni nada en que tu hermano tropiece, o se ofenda, o se debilite" (Ro. 14:21).

"No seáis tropiezo ni a judíos, ni a gentiles, ni a la iglesia de Dios" (1 Co. 10:32).

"No damos a nadie ninguna ocasión de tropiezo, para que nuestro ministerio no sea vituperado" (2 Co. 6:3).

Pensamiento 2. Necesitamos imperiosamente prestarle atención a lo que Dios nos enseña en esta experiencia de Adán y Eva. Debemos observar y aprender los siete pasos implicados en la tentación y el pecado. Aprenderse los pasos nos ayudará grandemente para combatir la tentación y el pecado. Conocer los pasos, tenerlos en mente listos para recordarlos, nos permitirá impedir que los pensamientos tentadores nos ataquen. Los pasos nos darán más consciencia de la tentación y el pecado, acerca de cómo la tentación y el pecado nos atacan.

1) Debemos rechazar todo pensamiento provocativo, atractivo y tentador.
2) No debemos considerar, abrigar, ni analizar ningún pensamiento provocativo.
3) No debemos dudar de las consecuencias de la Palabra de Dios. Lo que Dios ha dicho no se puede violar; su Palabra se cumplirá. Dios no tiene favoritos. Él no muestra parcialidad, no importa quien sea.
4) Nunca debemos pensar que el fruto prohibido nos concederá más realización, que conseguiremos y nos beneficiaremos más por hacer lo prohibido.
5) Nunca debemos mirar y desear, nunca debemos desear el fruto prohibido, no importa cuán atractivo y atrayente pueda ser.
6) Nunca debemos cometer pecado, nunca debemos tomar el fruto prohibido y comer de él.
7) Nunca debemos hacer que otros pequen, nunca debemos ser tropezadero para otros.
8) Nunca debemos dudar de la bondad y la Palabra de Dios. Debemos saber, siempre debemos confiar, que Dios suplirá nuestras necesidades de la manera más beneficiosa posible.

"ni tampoco presentéis vuestros miembros al pecado como instrumentos de iniquidad, sino presentaos vosotros mismos a Dios como vivos de entre los muertos, y vuestros miembros a Dios como instrumentos de justicia" (Ro. 6:13).

"No os ha sobrevenido ninguna tentación que no sea humana; pero fiel es Dios, que no os dejará ser tentados más de lo que podéis resistir, sino que dará también juntamente con la tentación la salida, para que podáis soportar" (1 Co. 10:13).

"Bienaventurado el varón que soporta la tentación; porque cuando haya resistido la prueba, recibirá la corona de vida, que Dios ha prometido a los que le aman" (Stg. 1:12).

"sabe el Señor librar de tentación a los piadosos, y reservar a los injustos para ser castigados en el día del juicio" (2 P. 2:9).

"Así que vosotros, oh amados, sabiéndolo de antemano, guardaos, no sea que arrastrados por el error de los inicuos, caigáis de vuestra firmeza" (2 P. 3:17).

	G. Las primeras consecuencias del pecado: La caída trágica del hombre de la perfección, 3:7-13	10 Y él respondió: Oí tu voz en el huerto, y tuve miedo, porque estaba desnudo; y me escondí. 11 Y Dios le dijo: ¿Quién te enseñó que estabas desnudo? ¿Has comido del árbol de que yo te mandé no comieses?	**5 Las relaciones dañadas y las divisiones severas provocadas por el pecado** a. El pecado daña la relación del hombre con Dios b. El pecado daña la relación del hombre con otros y provoca una división entre él y otros
1 La sensación de estar desnudos: De ser imperfectos y corruptibles, de carecer de la gloria y justicia de Dios **2 El intento de encubrir el pecado**	7 Entonces fueron abiertos los ojos de ambos, y conocieron que estaban desnudos; entonces cosieron hojas de higuera, y se hicieron delantales.		
3 Huir y esconderse de Dios	8 Y oyeron la voz de Jehová Dios que se paseaba en el huerto, al aire del día; y el hombre y su mujer se escondieron de la presencia de Jehová Dios entre los árboles del huerto.	12 Y el hombre respondió: La mujer que me diste por compañera me dio del árbol, y yo comí. 13 Entonces Jehová Dios dijo a la mujer: ¿Qué es lo que has hecho? Y dijo la mujer: La serpiente me engañó, y comí.	1) Adán culpó a Eva 2) Adán culpó a Dios 3) Eva culpó a la serpiente, al diablo
4 La alienación de Dios y la laceración del corazón de Dios	9 Mas Jehová Dios llamó al hombre, y le dijo: ¿Dónde estás tú?		

DIVISIÓN II

ADÁN, EL PRIMER HOMBRE (PARTE 1): EL PRINCIPIO DE LA HUMANIDAD Y DE LA SIMIENTE PIADOSA: LO QUE LE SUCEDIÓ AL HOMBRE Y A LA TIERRA, 2:4—3:24

G. Las primeras consecuencias del pecado: La caída trágica del hombre de la perfección, 3:7-13

(3:7-13) ***Introducción:*** Hubo una época en que no existía el mal, no había pecado de ningún tipo, en la tierra, una época en que todo el mundo era perfecto, estaba revestido de perfección. Pero llegó el día en que el pecado entró al mundo. Esto lo vimos en el último pasaje (Gn. 3:1-6). Cuando el pecado entró por primera vez al mundo, comenzaron a ocurrir consecuencias catastróficas. Este pasaje aborda "las primeras consecuencias del pecado: La caída trágica del hombre de la perfección" (Gn. 3:7-13). Note cómo el pecado afectó la imagen que tenían Adán y Eva de ellos mismos. El pecado aplastó y devastó la imagen que tenían de sí mismos. Todas estas cinco consecuencias son tendencias o rasgos de una baja imagen de sí mismo.

1. La sensación de estar desnudos: De ser imperfectos y corruptibles, de carecer de la gloria y justicia de Dios (v. 7).
2. El intento de encubrir el pecado (v. 7).
3. Huir y esconderse de Dios (v. 8).
4. La alienación de Dios y la laceración del corazón de Dios (v. 9).
5. Las relaciones dañadas y las divisiones severas provocadas por el pecado (vv. 10-13).

(3:7-24) ***Otro bosquejo:*** Hay siete consecuencias del pecado en este capítulo.

1. La vergüenza, 3:7
2. La culpabilidad y el temor, 3:8
3. La alienación de Dios, 3:9
4. La división, relaciones dañadas, 3:10-13
5. Juicio, 3:14-19
6. La muerte, 3:19
7. La separación, la expulsión de la perfección, 3:22-24

[1] (3:7) ***Pecado, resultados — Hombre, caída de — Imperfección — Gloria de Dios, carecer de — Vergüenza — Injusticia:*** Está la sensación de estar desnudos, de ser imperfectos y corruptibles, de carecer de la justicia y gloria de Dios. Tan pronto Adán y Eva pecaron, se abrieron sus ojos y de inmediato conocieron algo: Estaban totalmente desnudos. ¿Qué quiere decir esto? Probablemente quiera decir dos cosas:

1. Se despojaron de sus vestiduras de perfección e inocencia. Note el planteamiento: "fueron abiertos los ojos de ambos, y conocieron que estaban desnudos" (v. 7). Esto no podría hacer referencia a sus ojos físicos, porque los ojos de su cuerpo se habían abierto desde su creación. Debe significar, por lo tanto, los ojos de su corazón y de su mente, de su consciencia. Antes de su pecado, Adán y Eva eran *moralmente* perfectos e inocentes, impecables y justos. Pero cuando pecaron, ocurrió un cambio radical en el corazón y en la mente de cada uno de ellos. De inmediato supieron que algo andaba mal y trágicamente mal, había ocurrido algo terrible. Ya no se sentían perfectos ni inocentes, impecables ni justos. En el corazón y en la mente de cada uno de ellos experimentaron culpabilidad y vergüenza y supieron, sin duda alguna,

que habían hecho mal. Ellos conocían *tanto el bien como el mal*, porque habían comido del *fruto del mal*. Se habían alejado de Dios, habían desobedecido su Palabra y se habían rebelado contra Él. La consecuencia del pecado había cobrado efecto: El pecado los había dejado desnudos. Ahora eran:

- Imperfectos, no perfectos.
- Culpables de rebelarse contra Dios, no inocentes.
- Pecadores, no impecables.
- Injustos, no justos.

El cambio radical que ocurrió en el corazón y en la mente de cada uno de ellos era traumático. Adán y Eva nunca habían conocido otra cosa que la perfección. Pero su pecado había cambiado ya todo eso.

=> Tenían una paz perfecta, pero el pecado los hizo sentir el disturbio.

=> Tenían una seguridad perfecta, pero el pecado los hizo sentirse inseguros.

=> Tenían un consuelo perfecto, pero el pecado los hizo sentirse impacientes.

=> Tenían una bondad perfecta, pero el pecado los hizo sentirse malos y perversos.

=> Tenían un gozo perfecto, pero el pecado los hizo sentirse tristes.

=> Tenían un amor perfecto, pero el pecado los hizo sentirse rechazados.

=> Tenían una fuerza perfecta, pero el pecado los hizo sentirse débiles.

=> Tenían un control, disciplina y obediencia perfectos; pero el pecado los hizo sentir culpabilidad y vergüenza.

Adán y Eva quedaron, tras haber pecado, despojados de toda la perfección y la inocencia de su ser. Ellos conocieron, experimentaron y sintieron que estaban desnudos. Las vestiduras de su perfección e inocencia habían desaparecido.

Pensamiento 1. Todo ser humano, toda persona seria y sincera, siente y sabe que es imperfecta, que con frecuencia no es ni hace lo que debe ser y hacer. Esto es lo que la Biblia denomina *pecado* o *injusticia*. Sencillamente no logramos hacer lo correcto y hacemos lo incorrecto. Esta sensación y conocimiento del pecado, de la injusticia, de la carencia, entró al mundo por medio de Adán. Pero tenemos una noticia gloriosa: Dios ha contrarrestado el pecado de Adán. Dios ha provisto una vía para que nos salvemos del pecado y la muerte. ¿Cuál? Por medio de su Hijo, el Señor Jesucristo.

"Por tanto, como el pecado entró en el mundo por un hombre, y por el pecado la muerte, así la muerte pasó a todos los hombres, por cuanto todos pecaron" (Ro. 5:12).

"Porque de tal manera amó Dios al mundo, que ha dado a su Hijo unigénito, para que todo aquel que en él cree, *no se pierda,* mas tenga vida eterna" (Jn. 3:16).

"quien llevó él mismo nuestros pecados en su cuerpo sobre el madero, para que nosotros, estando muertos a los pecados, vivamos a la justicia; y por cuya herida fuisteis sanados" (1 P. 2:24).

"Porque también Cristo padeció una sola vez por los pecados, el justo por los injustos, para llevarnos a Dios, siendo a la verdad muerto en la carne, pero vivificado en espíritu" (1 P. 3:18).

2. Se despojaron de las vestiduras de la justicia y gloria de Dios. Recuerde, Adán había sido creado a imagen y semejanza de Dios. Las Escrituras nos dicen que "Dios es luz" (1 Jn. 1:5) y que "[Dios] se cubre de luz como de vestidura" (Sal. 104:2). La gloria de Dios es tan brillante y está tan llena de tanto esplendor y luz que les ha infundido un miedo aterrador a los hombres que la han presenciado. Un ejemplo lo constituyen los pastores en el nacimiento de Cristo (Lc. 2:9-10; cp. Is. 6:1s). Recuerde también la transfiguración de Cristo: La gloria de Dios cambió todo el rostro de Cristo. Su rostro resplandeció como el sol y sus vestidos se hicieron blancos como la luz (Mt. 17:2s).

Imagínese nada más cómo es la "imagen y semejanza de Dios" en su gloria, en la brillantez y esplendor de la luz de su presencia. Sucede lo siguiente: Adán y Eva habían sido creados a "imagen y semejanza de Dios". Esto debía incluir, al menos hasta cierto grado, parte de la gloria y justicia del ser de Dios. En el cuerpo perfecto de cada uno de ellos y en su entorno perfecto (el Huerto del Edén) parte de la gloria y justicia de Dios deben haber morado y resplandecido en el cuerpo de Adán y en el de Eva. La imagen y semejanza de Dios, parte de su gloria y justicia, debe haber cubierto y vestido a Adán y a Eva en su estado perfecto de existencia.

Pero note lo que sucedió cuando pecaron: De inmediato se volvieron *desnudos*. Perdieron la cubierta de la justicia y gloria de Dios. Se habían alejado de Dios, habían rechazado su estilo de vida, el estilo de la perfección, la gloria y la justicia. Al parecer, el pecado provocó un cambio radical en el cuerpo y el rostro de cada uno de ellos, un cambio tan radical que quedaron despojados de la gloria, la luz y la justicia de Dios. El cuerpo de Adán y de Eva cambió radicalmente:

- De la perfección a la imperfección.
- De la incorrupción a la corrupción.
- De la gloria la deshonra.
- Del poder a la debilidad.
- De un cuerpo espiritual a un cuerpo natural (cp. 1 Co. 15:42-44).

Pensamiento 1. Las Escrituras declaran dos elementos significativos acerca de nuestra desnudez espiritual, acerca de nuestra pérdida de la gloria de Dios.

1) Es el pecado el que nos hace carecer de la gloria de Dios.

"por cuanto todos pecaron, y están destituidos de la gloria de Dios" (Ro.3:23).

2) Los creyentes recibirán un cuerpo perfecto cuando Cristo regrese. La gloria de Dios regresará una vez más y *se manifestará* en el cuerpo de cada uno de los creyentes.

"Y por esto también gemimos, deseando ser revestidos de aquella nuestra habitación celestial" (2 Co. 5:2).

"Así también es la resurrección de los muertos. Se siembra en corrupción, resucitará en incorrupción. Se

siembra en deshonra, resucitará en gloria; se siembra en debilidad, resucitará en poder. Se siembra cuerpo animal, resucitará cuerpo espiritual. Hay cuerpo animal, y hay cuerpo espiritual" (1 Co. 15:42-44).

"Y así como hemos traído la imagen del terrenal, traeremos también la imagen del celestial" (1 Co. 15:49).

"Mas nuestra ciudadanía está en los cielos, de donde también esperamos al Salvador, al Señor Jesucristo; el cual transformará el cuerpo de la humillación nuestra, para que sea semejante al cuerpo de la gloria suya, por el poder con el cual puede también sujetar a sí mismo todas las cosas" (Fil. 3:20-21).

[2] (3:7) ***Pecado — Culpabilidad — Vergüenza:*** Está el intento de encubrir nuestro pecado y vergüenza. Esto siempre sucede con la persona que peca: Trata de esconder y encubrir su pecado para que las otras personas no se enteren. ¿Por qué? Por la vergüenza. La persona está avergonzada de su pecado y de su fracaso, por lo que no quiere que las otras personas lo sepan. Esto sucedió con Adán y Eva. Inmediatamente, cuando probaron del fruto prohibido, sintieron vergüenza y culpabilidad. Antes, no sentían vergüenza alguna, de ningún tipo. Pero ahora, sentían una vergüenza intensa y profunda. Recuerde, vemos y experimentamos tanto pecado y vergüenza que nos endurecemos y nos volvemos inmunes a ambos. Pero Adán y Eva no. Nunca habían visto ni experimentado el obrar mal. Este fue el primer pecado y vergüenza que el hombre haya visto o experimentado. La vergüenza que ellos sintieron debe haber sido la vergüenza más intensa y aterradora que se pueda imaginar. Esto es lo que los hizo cubrirse con delantales hechos de hojas de higuera. Estaban tratando de cubrir la vergüenza y la culpabilidad que estaban sintiendo.

Pensamiento 1. Todo el mundo necesita hacerse las mismas preguntas que Job hizo cientos de años después de Adán y Eva:

"Si encubrí como hombre mis transgresiones, escondiendo en mi seno mi iniquidad" (Job 31:33).

Recuerde esto: Adán y Eva habían perdido la cubierta de la gloria, la luz y la justicia de Dios. Se sentían desnudos. Sintieron lo que sentimos nosotros cuando estamos desnudos y estamos listos para salir así en público: El impulso instintivo de buscar algo de ropa y vestirnos.

Pero observe lo siguiente: ¿Por qué solo cubrieron los órganos sexuales? Hay al menos dos razones.

Primera, era la única parte del cuerpo que las hojas podían cubrir adecuadamente. El movimiento de una persona se vería entorpecido grandemente si tuviera hojas cubriendo sus piernas, hombros, brazos, su cabeza y su rostro. Cubrir estas partes del cuerpo no tendría mucho sentido, no con delantales de hojas.

Segunda, el expositor luterano H. C. Leupold probablemente tenga razón en lo que dice: Adán y Eva cubrieron esa parte del cuerpo de donde proviene la naturaleza humana. Cubrieron los órganos reproductores. ¿Por qué? Porque sintieron instintivamente que a partir de ese momento la vida humana estaba contaminada por el pecado. Era de esa parte del cuerpo de donde debía nacer la humanidad caída. Por lo tanto, Adán y Eva fueron movidos instintivamente a cubrir aquello que representa de la mejor manera la naturaleza caída y corrupta del hombre (H. C. Leupold. *Génesis*, vol. 1, p. 154).

Pensamiento 1. Algunas personas pueden oponerse a la sensación instintiva e interna de la desnudez y el pecado. Por ejemplo, ha habido tribus de aborígenes en las selvas del mundo que no usan ropas de ningún tipo y no sienten vergüenza alguna. Igualmente, hay muchas personas en culturas tecnológicas que andan así delante de sus cónyuges o parejas sexuales y no sienten vergüenza. Hay incluso colonias nudistas esparcidas por el mundo, personas que viven juntas y que no usan ropas y no experimentan vergüenza alguna.

¿Por qué estas personas no tienen sensación instintiva de vergüenza? Porque podemos ajustarnos y acondicionarnos para aceptar la desnudez. Como seres humanos, somos criaturas de acondicionamiento. Podemos endurecer nuestra sensibilidad y nuestra consciencia contra el pecado y la vergüenza. Recuerde, Adán y Eva no habían tenido tiempo para acondicionarse contra nada. Acababan de cometer el primer pecado de la tierra. Sintieron una vergüenza intensa e inmediata. Por consiguiente, trataron de hacer lo que hacemos nosotros cuando pecamos: Trataron de encubrir y esconder su pecado. Instintivamente, por una consciencia acusadora, trataron de encubrir su desnudez.

"Por tanto, como el pecado entró en el mundo por un hombre, y por el pecado la muerte, así la muerte pasó a todos los hombres, por cuanto todos pecaron" (Ro. 5:12).

"porque vergonzoso es aun hablar de lo que ellos hacen en secreto" (Ef. 5:12).

"¿Quién podrá entender sus propios errores? Líbrame de los que me son ocultos" (Sal. 19:12).

"No me arrebates juntamente con los malos, y con los que hacen iniquidad, los cuales hablan paz con sus prójimos, pero la maldad está en su corazón" (Sal. 28:3).

"¡Ay de los hijos que se apartan, dice Jehová, para tomar consejo, y no de mí; para cobijarse con cubierta, y no de mi espíritu, añadiendo pecado a pecado!" (Is. 30:1).

Pensamiento 2. James Montgomery Boice tiene un análisis excelente acerca de cómo andamos tratando de encubrir y ocultar nuestro pecado. Su análisis está basado en el análisis de C. S. Lewis en *El problema del dolor* del propio Lewis (p. 47-48). Boice dice lo siguiente (*Génesis, un comentario expositivo*, vol. 1, pp. 147-148):

1) Tratamos de ocultar nuestra vergüenza y pecado "fijándonos en el exterior de las cosas y no en su interior". Al igual que Adán y Eva, nos vestimos para encubrir nuestro pecado, quienes somos realmente. Nos vestimos tanto como nos es posible para llamar la atención en vez de llamar el rechazo. También nos comparamos nosotros mismos con otros y con su bondad o pecaminosidad de modo que sentimos que nuestros fracasos no son tan malos

después de todo. Somos tan buenos y para nada peores que cualquier otra persona.

2) Tratamos de ocultar nuestra vergüenza y pecado "centrándonos en el pecado colectivo más que en nuestro mal obrar". Boice admite que hay pecados y culpas sociales o colectivas. Pero las instituciones de la sociedad, el gobierno y los negocios las formamos nosotros y las operamos nosotros. Por lo tanto, son pecaminosas, no son como deben ser, por nuestros pecados y defectos. La sociedad y sus instituciones son sencillamente extensiones de nosotros mismos.

3) Tratamos de ocultar nuestra vergüenza y pecado "suponiendo que el tiempo oculta el pecado". Esto se ve cuando nos referimos a pecados que cometimos hace mucho tiempo atrás. Los pecados se desvanecen en nuestra memoria y nos referimos nuevamente a ellos sin recordar el terrible dolor o laceración que provocaron. Desgarraron el corazón de Dios, quien es eterno y quien siempre conoce nuestros pecados terribles nuestra naturaleza depravada. Además, nuestros pecados con frecuencia hieren a otras personas mucho más de lo que nos podemos imaginar. Aún así, con demasiada frecuencia, nos referimos a nuestros pecados pasados, en ocasiones hasta con jocosidad. Creemos que el tiempo se ha ocupado de nuestros pecados y ha reducido nuestra culpabilidad y vergüenza. Pero es así, no ante los ojos de Dios. Cristo y solo Cristo puede ocuparse del pecado.

4) Tratamos de ocultar el pecado "creyendo que la cantidad provee seguridad". Si todo el mundo lo hace, entonces yo lo puedo hacer. No debe ser algo tan malo. Ciertamente Dios no será demasiado duro conmigo cuando todo el mundo lo hace. Él no me rechazará, no en el análisis final, no por hacer algo que todo el mundo está haciendo.

[3] (3:8) ***Esconderse — Huir — Ocultar — Ocultación — Pecado — Vergüenza — Culpabilidad:*** Está el huir y esconderse de Dios. Observe dos elementos significativos en este punto:

1. Al parecer Dios tenía el hábito de aparecérseles a Adán y a Eva y relacionarse con ellos en fraternidad y comunión. Recuerde: La fraternidad fue una de las razones primordiales por las que Dios había creado al hombre (vea las notas, Gn. 2:15; 2:16-17). Por lo tanto, es de esperar que Dios "se paseaba en el huerto, al irse del día". Él tenía ese hábito, esa costumbre, de venir donde Adán y Eva y fraternizar con ellos. ¿Esto quiere decir que Dios se les aparecía en forma corpórea? Se pueden decir algunas cosas tratando de dar respuesta a esta pregunta.

=> Al parecer esa es la ilustración descrita por el versículo 8.

=> Dios, al parecer en la persona de Jesucristo, sí se les apareció a los hombres en el Antiguo Testamento (vea el *Estudio a fondo 2*, Gn. 16:7). Fácilmente esta podría ser la forma en que Dios se le apareció a Adán y a Eva y fraternizaba con ellos. En el futuro, cuando se creen los nuevos cielos y tierra, las Escrituras declaran enfáticamente que todos los creyentes tendrán comunión con Dios frente a frente. ¿Por qué Dios no habría hecho menos por Adán en su mundo perfecto? Adán y Eva fueron creados perfectos y fueron colocados en un mundo perfecto. Por consiguiente, deben haber tenido comunicación con Dios cara a cara.

Los comentarios de H. C. Leupold, por su gran erudición, son útiles en este punto:

> *"A Yahvéh Dios se le representa 'paseándose por el huerto'. De la manera casi informal en que se señala esto demuestra que esto no ocurría por primera vez en ese momento... Que Dios había hecho esto repetidas veces resulta muy posible... Hay una probabilidad extrema de que el Todopoderoso asumiera alguna forma análoga a la forma humana que estuviera hecha a su imagen. Tampoco estaríamos forzando nada [al decir que]... nuestros primeros padres se hubieran reunido y conversado libremente con su padre celestial" (Génesis,* vol. 1, p. 155).

2. Adán y Eva huyeron y se escondieron de Dios. ¡Qué cambio tan abrupto! Con frecuencia había oído a Dios pasearse y llamarlos en el huerto. El corazón de cada uno de ellos siempre se había llenado de alegría, emoción y gran expectativa cuando escuchaban el sonido de voz fuerte, pero aún así tierna y cordial. Siempre habían corrido a su encuentro, de la misma manera que un hijo corre al encuentro de su padre que se ha ausentado por un rato.

Pero ahora no sucedía eso, esta vez no. Algo terrible había sucedido desde la última visita de Dios. Adán y Eva:

- Se habían alejado de Dios.
- Habían desobedecido a Dios.
- Se habían rebelado contra Dios.
- Habían decidido hacer lo que querían ellos y no lo quería Dios.
- Habían escogido obedecer al yo y a Satanás en lugar de obedecer a Dios.

El resultado había sido catastrófico: Todo su ser, tanto interno como externo, tanto espíritu como cuerpo, se habían estropeado y corrompido. Se habían quedado desnudos: Ya no eran perfectos e inocentes. Ya no poseían el brillo de la gloria, la luz y la justicia de Dios. Ahora estaban separados, marginados, alienados de Dios. Esta es la razón por la que Adán y Eva huyeron y se escondieron de Dios. Ellos no querían:

- Darle el frente a Dios.
- Darle el frente a la realidad de su pecado.
- Responder por su conducta.
- Sufrir el juicio y el castigo.

De un modo muy sencillo, no quisieron enfrentar las consecuencias de su pecado. Dios lo había dejado claro: Si comen del fruto prohibido, *morirán.* Sin dudas, Dios había explicado exactamente qué quería decir Él con *la muerte*, de la misma manera que nos ha explicado a nosotros la muerte (que significa separación no aniquilación) en las Sagradas

Escrituras. Adán y Eva sabían exactamente lo que les esperaba. Fue eso, el juicio y castigo de la muerte, lo que los hizo huir y esconderse de Dios.

Pensamiento 1. El hombre aún trata de huir y esconderse de Dios, de esconderse de Él. Él trata de huir y esconderse:

=> Alejándose de la iglesia.
=> Rehusándose a someterse a la predicación de la Palabra de Dios.
=> No buscando nunca de Dios.
=> Nunca leyendo ni estudiando la Biblia y nunca orando.
=> Rehusándose a permitirles a los seres amados y al prójimo que hablen de Dios.
=> Negando la existencia de Dios.
=> Ignorando a Dios.
=> Descuidando a Dios.
=> Echando fuera de la mente pensamientos acerca de Dios.
=> Negando que existe el pecado, la culpabilidad o la consciencia.
=> Haciendo énfasis en el mundo físico de la ciencia, la tecnología, la filosofía, la psicología y minimizando o negando el mundo espiritual.

La lista podría ser interminable. Las personas tratan de esconderse detrás de todo lo que se pueda imaginar para evitar darle frente a Dios. Pero nadie, ni una sola persona, puede esconderse de Dios. Todos nosotros tendremos que enfrentarnos a Dios, algún día, en algún lugar, tendremos que estar frente a frente con Él. Nadie puede esconderse de Él. Él nos ve, no importa dónde estemos y qué estemos haciendo, sea bueno o malo.

"¿A dónde me iré de tu Espíritu? ¿Y a dónde huiré de tu presencia? Si subiere a los cielos, allí estás tú; y si en el Seol hiciere mi estrado, he aquí, allí tú estás. Si tomare las alas del alba y habitare en el extremo del mar aun allí me guiará tu mano, y me asirá tu diestra. Si dijere: Ciertamente las tinieblas me encubrirán; aun la noche resplandecerá alrededor de mí. Aun las tinieblas no encubren de ti, y la noche resplandece como el día; lo mismo te son las tinieblas que la luz" (Sal. 139:7-12).

"Los ojos de Jehová están en todo lugar, mirando a los malos y a los buenos" (Pr. 15:3).

"¿Se ocultará alguno, dice Jehová, en escondrijos que yo no lo vea? ¿No lleno yo, dice Jehová, el cielo y la tierra?" (Jer. 23:24).

"y serán reunidas delante de él todas las naciones; y apartará los unos de los otros, como aparta el pastor las ovejas de los cabritos. Y pondrá las ovejas a su derecha, y los cabritos a su izquierda. Entonces el Rey dirá a los de su derecha: Venid, benditos de mi Padre, heredad el reino preparado para vosotros desde la fundación del mundo… Entonces dirá también a los de la izquierda: Apartaos de mí, malditos, al fuego eterno preparado para el diablo y sus ángeles" (Mt. 25:32-34, 41).

"De manera que cada uno de nosotros dará a Dios cuenta de sí" (Ro. 14:12).

"Porque es necesario que todos nosotros comparezcamos ante el tribunal de Cristo, para que cada uno reciba según lo que haya hecho mientras estaba en el cuerpo, sea bueno o sea malo" (2 Co. 5:10).

"Y vi a los muertos, grandes y pequeños, de pie ante Dios; y los libros fueron abiertos, y otro libro fue abierto, el cual es el libro de la vida; y fueron juzgados los muertos por las cosas que estaban escritas en los libros, según sus obras" (Ap. 20:12).

[4] (3:9) ***Dios, amor — Alienación — Reconciliación, necesidad de:*** Está la alienación (separación) de Dios y la laceración del corazón de Dios. El pecado de Adán separó (alienó) al hombre de Dios y desgarró el corazón de Dios. La separación se ve cuando Adán huyó y se escondió de la voz de Dios, y el corazón lacerado de Dios se ve cuando él busca a Adán (v. 9). Note que Adán no está buscando a Dios, sino que Dios está buscando a Adán.

Note la pregunta de Dios: "Adán, ¿dónde estás tú?" esta es una pregunta sorprendente, porque Dios sabía exactamente donde estaba Adán. Dios lo sabe todo. ¿Entonces, qué está haciendo Dios?

1. Este es el llamado del *Salvador que lo busca*. El pecado de Adán había lacerado el corazón de Dios. En su conocimiento infinito:

- Dios vio todas las eras, siglos, décadas, años, días de pecado y vergüenza que le esperaban al hombre caído: Actos de mentira, robo, engaño, matanza, guerras, mutilación, inmoralidad, todas las vidas y hogares deshechos, todo el dolor, las heridas y el sufrimiento que llevarían los hombres, las mujeres y los niños por el resto de los días y siglos de la historia.
- Dios vio el gran precio que Él tendría que pagar para completar su propósito en la tierra. Dios vio que Él tendría que dar a su Hijo para pagar la pena del pecado del hombre.

Según se ha planteado, se desgarró el corazón de Dios, se desgarró porque Él vio el pecado terrible del hombre y el gran precio que Él, como Dios, tendría que pagar para salvar al hombre del pecado. Dios es amor, su propia naturaleza es amor, por ende, Dios se dispuso a demostrar su amor. Dios fue tras Adán, salió en busca de él: "Adán, ¿dónde estás tú?" Este es el llamado de Dios como el Salvador que busca.

"y envió a sus siervos a llamar a los convidados a las bodas; mas éstos no quisieron venir" (Mt. 22:3).

"¿Qué hombre de vosotros, teniendo cien ovejas, si pierde una de ellas, no deja las noventa y nueve en el desierto, y va tras la que se perdió, hasta encontrarla?" (Lc. 15:4).

"Porque el Hijo del Hombre vino a buscar y a salvar lo que se había perdido" (Lc. 19:10).

"He aquí, yo estoy a la puerta y llamo; si alguno oye mi voz y abre la puerta, entraré a él, y cenaré con él, y él conmigo" (Ap. 3:20).

Pensamiento 2. Arthur W. Pink dice: *"Esta no era la voz del policía, sino el llamado de un amor vehemente. Por oscuro que sea el antecedente acá, solo sirve para revelar más claramente las riquezas de la gracia de Dios. Con todo y lo favorecidos que fueron nuestros primeros padres, benditos con todo cuanto su corazón podía* *desear, con solo una sencilla restricción puesta en su libertad a fin de probar su lealtad y fidelidad a su Creador, ¡cuán aterradora entonces su caída, cuán terrible su pecado! ¿Sería de extrañar que Dios los hubiera relegado 'guardados bajo oscuridad, en prisiones eternas", como hizo con los ángeles cuando pecaron? ¿Sería de extrañar que su ira los hubiera consumido instantáneamente? Tal no habría sido una severidad indebida. Sencillamente habría sido pura justicia. Era todo cuanto merecían. Pero no. En su condescendencia infinita y misericordia abundante, Dios se dignó a ser el buscador, y vino al Edén gritando: ¿Dónde estás tú?"* (Tomado de *Gleanings in Genesis* [Fragmentos en Génesis] por Arthur Pink, p. 41. Derechos reservados en 1922, Instituto Bíblico Moody de Chicago, Moody Press. Usado con permiso.)

2. Este es el llamado de la *Convicción piadosa*. Dios sabía exactamente dónde estaba Adán. La pregunta: "Adán, ¿dónde estás tú?" no era para la información de Dios; era para motivar a Adán a pensar dónde estaba. Él estaba huyendo y escondiéndose de Dios. Dios estaba llamando a Adán a fin de despertar convicción en él. Adán necesitaba pensar en lo que estaba haciendo: Adán estaba huyendo y escondiéndose de Dios que era el:

- Que podía reconciliarlo y ayudarlo.
- Que podía corregir, rectificar y salvar la situación.
- Que podía darle guía y dirección, paz, seguridad, amor y gozo, esperanza y vida en esta tierra.
- Que podía salvarlo y restaurarlo a su posición anterior de perfección, gloria y justicia.
- Que podía decirle cómo escapar del juicio de la muerte que pronto le tocaría y se lo robaría de este mundo.

Recuerde: Adán había perdido su ser de perfección, gloria y justicia. Ya no había brillo en su corazón ni resplandor en su cuerpo. En su desnudez había quedado despojado de perfección, gloria y justicia. Recuerde también que Adán había vivido en un mundo perfecto. De la única manera que él podía haber conocido lo que significaba la muerte era que Dios le explicara el significado. Al parecer, esto es lo que Dios hizo. Adán sabía que él moriría.

Adán necesitaba pensar en estas cosas; él necesitaba experimentar convicción, experimentar su necesidad de Dios, experimentar su necesidad de reconciliación con Dios. Adán necesitaba buscar de Dios, no huir de Él.

"Porque mis iniquidades se han agravado sobre mi cabeza; como carga pesada se han agravado sobre mí" (Sal. 38:4).

"Porque yo reconozco mis rebeliones, y mi pecado está siempre delante de mí" (Sal. 51:3).

"Y cuando él venga, convencerá al mundo de pecado, de justicia y de juicio" (Jn. 16:8).

"Mas Pablo clamó a gran voz, diciendo: No te hagas ningún mal, pues todos estamos aquí. Él entonces, pidiendo luz, se precipitó adentro, y temblando, se postró a los pies de Pablo y de Silas; y sacándolos, les dijo: Señores, ¿qué debo hacer para ser salvo? Ellos dijeron: Cree en el Señor Jesucristo, y serás salvo, tú y tu casa" (Hch. 16:28-31).

3. Este es el llamado de la *justicia de Dios*. El pecado de Adán era un pecado terrible contra Dios. De hecho, el pecado de Adán fue el mismo pecado terrible que cometemos nosotros contra Dios. Adán hizo la misma cosa terrible que hacemos nosotros cuando pecamos:

=> Alejarnos de Dios.
=> Desobedecer a Dios.
=> Rebelarse contra Dios.

Adán se rehusó a vivir para Dios, se rehusó a hacer lo que dijo Dios. Él se rebeló contra Dios, cometió el acto más violento que pudiera cometer una persona: El acto de la rebelión.

Cuando Dios creó a Adán, le dijo a Adán de la pena del pecado: La pena era la muerte. Por consiguiente, el llamado de Dios a Adán fue un llamado a juicio. Adán debía comparecer ante el tribunal de Dios y enfrentar la sentencia de muerte. Él tenía que soportar el juicio por su rebelión e insurrección contra Dios.

Pensamiento 1. Una persona puede tratar de huir y esconderse de Dios. Puede negar, ignorar y descuidar a Dios. Pero se acerca el día en que Dios la llamará a ella y a todo el mundo a comparecer ante su tribunal de justicia. Y toda persona, todo aquel que huyó y trató de esconderse de Dios, será juzgado:

- Juzgado porque se alejó de Dios.
- Juzgado porque desobedeció a Dios.
- Juzgado porque se rebeló en contra de Dios.

"Cuando el Hijo del Hombre venga en su gloria, y todos los santos ángeles con él, entonces se sentará en su trono de gloria, y serán reunidas delante de él todas las naciones; y apartará los unos de los otros, como aparta el pastor las ovejas de los cabritos" (Mt. 25:31-32).

"y a vosotros que sois atribulados, daros reposo con nosotros, cuando se manifieste el Señor Jesús desde el cielo con los ángeles de su poder, en llama de fuego, para dar retribución a los que no conocieron a Dios, ni obedecen al evangelio de nuestro Señor Jesucristo" (2 Ts. 1:7-8).

"Y de la manera que está establecido para los hombres que mueran una sola vez, y después de esto el juicio" (He. 9:27).

"sabe el Señor librar de tentación a los piadosos, y reservar a los injustos para ser castigados en el día del juicio" (2 P. 2:9).

"pero los cielos y la tierra que existen ahora, están reservados por la misma palabra, guardados para el fuego en el día del juicio y de la perdición de los hombres impíos" (2 P. 3:7).

"De éstos también profetizó Enoc, séptimo desde Adán, diciendo: He aquí, vino el Señor con sus santas decenas de millares, para hacer juicio contra todos, y dejar convictos a todos los impíos de todas sus obras impías que han hecho impíamente, y de todas las cosas duras que los pecadores impíos han hablado contra él" (Jud. 14-15).

"Y vi a los muertos, grandes y pequeños, de pie ante Dios; y los libros fueron abiertos, y otro libro fue abierto, el cual es el libro de la vida; y fueron juzgados

los muertos por las cosas que estaban escritas en los libros, según sus obras. Y el mar entregó los muertos que había en él; y la muerte y el Hades entregaron los muertos que había en ellos; y fueron juzgados cada uno según sus obras" (Ap. 20:12-13).

"He aquí que yo envío muchos pescadores, dice Jehová, y los pescarán, y después enviaré muchos cazadores, y los cazarán por todo monte y por todo collado, y por las cavernas de los peñascos. Porque mis ojos están sobre todos sus caminos, los cuales no se me ocultaron, ni su maldad se esconde de la presencia de mis ojos" (Jer. 16:16-17).

5 (3:10-13) ***Excusas — Pecado — División — Relaciones:*** Están las relaciones dañadas y las divisiones severas provocadas por el pecado. Note dos elementos significativos:

1. El pecado daña la relación de un hombre con Dios y el pecado provoca una división entre él y Dios. Ya esto se vio cuando Adán huyó y se escondió de Dios. La relación perfecta que él tenía con Dios ya no existía. Él se había relacionado y había fraternizado con Dios, pero ya no. Ahora Adán le temía a Dios (v. 10). Observe por qué él le temía a Dios: Porque estaba desnudo. Adán:

- Ya no era perfecto e inocente.
- Ya no estaba lleno de la gloria y justicia de Dios.
- Ya no era semejante a Dios.
- Ya no era a imagen, conforme a la semejanza de Dios.

Ahora Adán era totalmente diferente a Dios. Una muralla de división y sentimientos perturbados separaba a Adán de Dios. Adán era el pecador y Dios era el Dios perfecto y santo, el Dios glorioso y justo. Ahora Adán estaba desnudo, despojado de la semejanza de Dios. Si se enfrentaba a Dios, tendría que soportar la pena y el juicio por el pecado, por haber dañado la relación entre él y Dios. Sería juzgado y condenado por el pecado, por provocar una gran división, la gran alienación y separación, entre él y Dios. Esta es la razón por la que Adán le temía a Dios.

De un modo sencillo, él estaba desnudo ante Dios, alienado y separado de Dios. Él había dañado la relación entre él y Dios, había creado un gran abismo, una división aterradora, entre el hombre y Dios. Y Adán debía ser juzgado por su terrible pecado.

Pensamiento 1. El pecado ha provocado un gran abismo, una división aterradora, entre nosotros y Dios. Nuestra relación con Dios se ha dañado tanto por el pecado que estamos condenados, condenados a menos que nos entreguemos totalmente a Dios y dediquemos todo cuanto somos y tenemos para seguir a Dios. El pecado nos separa de Dios.

"Este pueblo de labios me honra; mas su corazón está *lejos de mí*" (Mt. 15:8).

"Esto, pues, digo y requiero en el Señor: que ya no andéis como los otros gentiles, que andan en la vanidad de su mente, teniendo el entendimiento entenebrecido, *ajenos* de la vida de Dios por la ignorancia que en ellos hay, por la dureza de su corazón; los cuales, después que perdieron toda sensibilidad, se entregaron a la lascivia para cometer con avidez toda clase de impureza" (Ef. 4:17-19).

"Si en mi corazón hubiese yo mirado a la iniquidad, el Señor *no me habría escuchado*" (Sal. 66:18).

"pero vuestras iniquidades han hecho *división* entre vosotros y vuestro Dios, y vuestros pecados han hecho ocultar de vosotros su rostro para no oír" (Is. 59:2).

"Nadie hay que invoque tu nombre, que se despierte para apoyarse en ti; por lo cual *escondiste de nosotros tu rostro,* y nos dejaste marchitar en poder de nuestras maldades" (Is. 64:7).

2. El pecado daña la relación del hombre con otros y provoca una división severa (vv. 11-13). Dios le hizo a Adán dos preguntas: ¿Quién te dijo que estabas desnudo? ¿Me has desobedecido; has comido del fruto prohibido? Note tres elementos.

a. Adán culpó a Eva (v. 12). En esencia, él dijo: "la mujer me dio el fruto. Yo no comí de él hasta que ella me tentó a comer de él. Nunca lo habría tocado si ella no me hubiera tentado".

Pensamiento 1. Así es como procede el pecado, culpando a otros y tratando de librarse de cuanta culpabilidad como pueda. Suceda lo que nos suceda, no importa cuáles sean las circunstancias, con frecuencia ponemos la mayor parte de la culpa a los pies de:

- El esposo
- La esposa
- El padre
- Los parientes políticos
- El empleador
- Los empleados
- El gobierno
- La economía
- Las condiciones
- Las situaciones o las circunstancias

b. Adán culpó a Dios (v. 12). Note cuán insidioso resulta esto: "La mujer que *tú* me diste por compañera, ella me tentó a comer del fruto prohibido" (v. 12). Enfaticen la palabra "*tú*" y todo se ve claramente. Este es el fin del pecado: Culpar a Dios por nuestro fracaso, nuestro defecto, las circunstancias, las enfermedades, las dolencias, la muerte, por cualquier mal o cosa mala que nos suceda. Aún así, esto es exactamente lo que hizo Adán y lo que en ocasiones hacemos nosotros. Con frecuencia preguntamos por qué Dios permitió que algo tan terrible nos sucediera, como si Dios provocara la tentación o la tragedia. Pero note: Dios no tentó a Adán, tampoco Dios nos tienta a nosotros ni provoca que nos sucedan cosas malas. Fue el pecado de Adán y es nuestro pecado el que provoca la corrupción y la muerte en el mundo.

Adán deseó y anheló el fruto prohibido. Él sabía exactamente lo que estaba haciendo. Las Escrituras son claras acerca de esto: A él no lo engañó nadie (1 Ti. 2:14). Él y solo él decidió comer del fruto prohibido.

"Cuando alguno es tentado, no diga que es tentado de parte de Dios; porque Dios no puede ser tentado por el mal, ni él tienta a nadie; sino que cada uno es tentado, cuando de su propia concupiscencia es atraído y seducido. Entonces la concupiscencia, después que ha

concebido, da a luz el pecado; y el pecado, siendo consumado, da a luz la muerte" (Stg. 1:13-15).

"¿De dónde vienen las guerras y los pleitos entre vosotros? ¿No es de vuestras pasiones, las cuales combaten en vuestros miembros? Codiciáis, y no tenéis; matáis y ardéis de envidia, y no podéis alcanzar; combatís y lucháis, pero no tenéis lo que deseáis, porque no pedís. Pedís, y no recibís, porque pedís mal, para gastar en vuestros deleites" (Stg. 4:1-3).

c. Eva culpó a la serpiente, el diablo. Ella sencillamente dijo: "La serpiente me engañó" (v. 13). Nota: Esta era la verdad, pero aún así Eva eligió, tomó la decisión, de comer del fruto prohibido.

Observe esto también: Eva no aceptó más culpa por su pecado de la que aceptó Adán. Ella culpó a otra persona, al diablo. Al hacer eso, ella descendió a la profundidad del pecado en que había caído Adán: Ella de una forma indirecta acusó a Dios de ser la causa del pecado. Ella estaba diciendo que Dios podía haber impedido que Satanás la tentara, que era Él, Dios, quien había permitido que el diablo entrara en el huerto y la tentara.

Pensamiento 1. Note cuán progresivo es el pecado, cómo el pecado sencillamente crece y crece a partir de que se comete:

=> Adán y Eva comieron del fruto prohibido.
=> Adán culpó a Eva y Eva culpó a Satanás.
=> Luego, Adán y Eva ambos culparon a Dios.

Note también cómo las relaciones entre todas las partes se afectaron trágicamente.

=> El amor y la unidad de espíritu de Adán y Eva se dañaron grandemente.
=> El amor y la unidad de espíritu con Dios se dañó grandemente.

Ambos cayeron de su estado de perfección. Ahora se estaban culpando uno al otro, se estaban criticando y acusando uno al otro. ¡Qué tragedia tan terrible y devastadora en el pecado!

"Por lo cual eres inexcusable, oh hombre, quienquiera que seas tú que juzgas; pues en lo que juzgas a otro, te condenas a ti mismo; porque tú que juzgas haces lo mismo" (Ro. 2:1).

"Si yo me justificare, me condenaría mi boca; si me dijere perfecto, esto me haría inicuo" (Job 9:20).

"Muchos hombres proclaman cada uno su propia bondad, pero hombre de verdad, ¿quién lo hallará?" (Pr. 20:6).

"Hay generación limpia en su propia opinión, si bien no se ha limpiado de su inmundicia" (Pr. 30:12).

"Soy inocente, de cierto su ira se apartó de mí. He aquí yo entraré en juicio contigo, porque dijiste: No he pecado" (Jer. 2:35).

Pensamiento 2. Debemos confesar y arrepentirnos de nuestros pecados. Dios ha provisto salvación, vida eterna, para nosotros, pero debemos ser honrados y dejar de culpar a los otros. Debemos hacer exactamente lo que dicen las Escrituras: arrepentirnos y confesar nuestros pecados.

"Arrepentíos, porque el reino de los cielos se ha acercado" (Mt. 3:2).

"Os digo: No; antes si no os arrepentís, todos pereceréis igualmente" (Lc. 13:3).

"Pedro les dijo: Arrepentíos, y bautícese cada uno de vosotros en el nombre de Jesucristo para perdón de los pecados; y recibiréis el don del Espíritu Santo" (Hch. 2:38).

"Así que, arrepentíos y convertíos, para que sean borrados vuestros pecados; para que vengan de la presencia del Señor tiempos de refrigerio" (Hch. 3:19).

"Arrepiéntete, pues, de esta tu maldad, y ruega a Dios, si quizá te sea perdonado el pensamiento de tu corazón" (Hch. 8:22).

"Pero Dios, habiendo pasado por alto los tiempos de esta ignorancia, ahora manda a todos los hombres en todo lugar, que se arrepientan" (Hch. 17:30).

"Si confesamos nuestros pecados, él es fiel y justo para perdonar nuestros pecados, y limpiarnos de toda maldad" (1 Jn. 1:9).

"Pues si de algo me he gloriado con él respecto de vosotros, no he sido avergonzado, sino que así como en todo os hemos hablado con verdad, también nuestro gloriarnos con Tito resultó verdad" (2 Co. 7:14).

"Deje el impío su camino, y el hombre inicuo sus pensamientos, y vuélvase a Jehová, el cual tendrá de él misericordia, y al Dios nuestro, el cual será amplio en perdonar" (Is. 55:7).

"Mas el impío, si se apartare de todos sus pecados que hizo, y guardare todos mis estatutos e hiciere según el derecho y la justicia, de cierto vivirá; no morirá" (Ez. 18:21).

1 Fue maldecido entre todas las criaturas 2 Se arrastraría sobre su pecho: Sería detestado, degradado y	**H. El primer juicio sobre el pecado (parte 1): El juicio sobre el tentador, esa serpiente antigua llamada el diablo, 3:14-15** 14 Y Jehová Dios dijo a la serpiente: Por cuanto esto hiciste, maldita serás entre todas las bestias y entre todos los animales del campo;	sobre tu pecho andarás, y polvo comerás todos los días de tu vida. 15 Y pondré enemistad entre ti y la mujer, y entre tu simiente y la simiente suya; ésta te herirá en la cabeza, y tú le herirás en el calcañar.	miserable siempre 3 Comería polvo: Sería derrotado y humillado siempre 4 Sería objeto de enemistad, habría enemistad entre él y la simiente de la mujer 5 Sería aplastado por una simiente o descendencia específica de la mujer

DIVISIÓN II

ADÁN, EL PRIMER HOMBRE (PARTE 1): EL PRINCIPIO DE LA HUMANIDAD Y DE LA SIMIENTE PIADOSA: LO QUE LE SUCEDIÓ AL HOMBRE Y A LA TIERRA, 2:4—3:24

H. El primer juicio sobre el pecado (parte 1): El juicio sobre el tentador, esa serpiente antigua llamada el diablo, 3:14-15

(3:14-15) ***Introducción:*** Adán pecó y cuando él pecó inmediatamente sufrió consecuencias terribles. Las consecuencias del pecado se abordan en el pasaje anterior (Gn. 3:7-13). Ahora se aborda el juicio sobre el pecado. El pecado debe ser juzgado; debe llevarse a cabo la justicia perfecta. Sucedió así en el principio con Adán; sucederá así con nosotros en el juicio final de todos los hombres. Este pasaje aborda el primer juicio que se haya pronunciado en la tierra. Aborda “el primer juicio sobre el pecado (parte 1): El juicio sobre el tentador, esa serpiente antigua llamada el diablo”. (Vea la nota 1, Gn. 3:1 para un análisis sobre quién o qué era la serpiente, una criatura serpiente o el propio Satanás.)

1. Fue maldecido entre todas las criaturas (v. 14).
2. Se arrastraría sobre su pecho: Sería detestado, degradado y miserable siempre (v. 14).
3. Comería polvo: Sería derrotado y humillado siempre (v. 14).
4. Sería objeto de enemistad, habría enemistad entre él y la simiente de la mujer (v. 15).
5. Sería aplastado por una simiente o descendencia específica de la mujer (v. 15).

[1] (3:14) ***Juicio — Satanás — Serpiente:*** El tentador fue maldecido entre todas las criaturas. Es necesario considerar dos puntos en esta parte del juicio.

1. ¿La serpiente era una serpiente literal o una referencia al propio Satanás? Esto ya se ha analizado en una nota anterior (vea la nota 1, Gn. 3:1).
   a. James Montgomery Boice sostiene que la serpiente se debe entender de forma literal. Sin embargo, antes de la maldición, andaba erguida y era una criatura magnífica. Boice expresa:

   “Hay algo muy asombroso en este juicio literal. No sabemos cómo lucía la serpiente antes de este juicio, aunque debe haber sido una criatura bella y erguida, quizá la más espléndida de todas las criaturas. Tampoco sabemos con precisión cuándo se llevó a cabo el juicio que se menciona aquí, aunque probablemente fuera en ese momento. Lo que podemos saber, porque nos podemos poner en el lugar de ellos, es el horror de Adán y Eva cuando oyeron la voz de Dios y presenciaron la transformación horrible de esta criatura que una vez fuera hermosa en la criatura peligrosa, sibilante y deslizadiza que conocemos como serpiente hoy día. Deben haber retrocedido de un miedo mortal, reconociendo que Dios tenía todo el derecho de pronunciar este mismo juicio o incluso un juicio más terrible sobre ellos. Deben haber esperado que Él lo hiciera, y el diablo también debe haber esperado este juicio” (Génesis, un comentario expositivo, vol. 1, p. 159).

   b. Otros eruditos sostienen que la serpiente era literal, pero que era un reptil desde el principio, no necesariamente una criatura magnífica y erguida (Derek Kidner. *Génesis*. “Comentarios de Tyndale sobre el Antiguo Testamento”. Downers Grove, IL: InterVarsity Press, 1979, p. 70).
   c. Las Escrituras dicen lo siguiente cuando se refieren a Satanás y a estos dos versículos de juicio sobre la serpiente (vv. 14-15):

   “Y el Dios de paz *aplastará en breve a Satanás* bajo vuestros pies. La gracia de nuestro Señor Jesucristo sea con vosotros” (Ro. 16:20).

   “Y fue lanzado fuera el gran dragón, *la serpiente antigua,* que se llama diablo y Satanás, el cual engaña al mundo entero; fue arrojado a la tierra, y sus ángeles fueron arrojados con él” (Ap. 12:9).

   “Y prendió al dragón, *la serpiente antigua,* que es el diablo y Satanás, y lo ató por mil años” (Ap. 20:2).

   d. El pasaje actual de Génesis 3:14-15 definitivamente se refiere a Satanás. Por ende, si la serpiente se ha de entender en un sentido literal, entonces el pasaje debe tener una doble referencia. Debe referirse tanto a la serpiente como una criatura como a Satanás que es “esa serpiente antigua llamada el diablo” (Ap. 12:9). Esto se verá claramente en la medida en que analicemos los detalles del juicio sobre el tentador.

=> Por ejemplo, en el tercer juicio, la serpiente es condenada a "comer polvo" (v. 14c). Las serpientes no comen polvo. Esto es un lenguaje simbólico que significa que el tentador iba a *comer el polvo* de la derrota y la humillación.

=> Otro ejemplo es la referencia a la simiente de la mujer y la simiente de la serpiente (v. 15). Esta maldición de Dios no habla de todas las pequeñas serpientes que se arrastran por todo el mundo. Se refiere a los seguidores de esa "serpiente antigua llamada el diablo" (Ap. 12:9). Según se ha planteado, el juicio se refiere definitivamente a Satanás. Si también está implicada una serpiente como criatura, entonces el juicio tiene una doble referencia tanto a Satanás como a la serpiente como criatura (vea la nota 2, Gn. 3:1 para un mayor análisis).

2. El tentador fue maldecido entre todas las criaturas. Toda la creación se vio afectada por el pecado y la caída del hombre:

=> Todas las criaturas fueron maldecidas y condenadas. Pero note: La serpiente y el tentado fueron *maldecidos más que el resto* de todas criaturas.

=> El hombre y la mujer fueron condenados (vv. 16-19).

=> La tierra con su vegetación fue maldecida (vv. 17-19).

Sucede lo siguiente: El juicio sobre el tentador fue el juicio más severo pronunciado por Dios. Observe exactamente lo que dicen las Escrituras: "Por cuanto esto hiciste, porque tú eres el tentador, porque tú tentaste e hiciste que el hombre pecara, maldita serás *entre todas las bestias y entre todos los animales del campo*" (v. 14).

El pecado del hombre fue muy trágico y el juicio que se trajo sobre sí fue terrible, pero al hombre se le ofrecería una vía de salvación. La tierra también sufrirá una terrible corrupción bajo la maldición de Dios, pero ella, también, será libertada de la esclavitud de corrupción y se hará incorruptible (Ro. 8:19-21). Pero el tentador no. El tentador está condenado para siempre. Las Escrituras nunca dicen, en ninguna parte, en ningún pasaje ni ningún versículo, que al tentador se le vaya a salvar y liberar del juicio pronunciado sobre él. De hecho, las Escrituras declaran todo lo contrario:

=> El tentador comerá polvo (será derrotado y humillado) *todos los días* de su vida (v. 14).

=> El tentador comerá polvo en el mundo futuro, durante el reino milenario de Cristo en la tierra.

> **"Y prendió al dragón, la serpiente antigua, que es el diablo y Satanás, y lo ató por mil años; y lo arrojó al abismo, y lo encerró, y puso su sello sobre él, para que no engañase más a las naciones, hasta que fuesen cumplidos mil años; y después de esto debe ser desatado por un poco de tiempo" (Ap. 20:2-3).**
>
> **"El lobo y el cordero serán apacentados juntos, y el león comerá paja como el buey; y el polvo será el alimento de la serpiente. No afligirán, ni harán mal en todo mi santo monte, dijo Jehová" (Is. 65:25).**

=> El tentador, "esa serpiente antigua llamada el diablo", está condenado a una eternidad en el lago de fuego.

> **"Y el diablo que los engañaba fue lanzado en el lago de fuego y azufre, donde estaban la bestia y el falso profeta; y serán atormentados día y noche por los siglos de los siglos" (Ap. 20:10; cp. 19:20).**

Sucede lo siguiente: El tentador fue maldecido más que a todas las criaturas creadas. No hay esperanza para él. Nunca será liberado de su juicio y condenación, nunca será liberado por su terrible atrocidad contra Dios y el hombre.

[2] (3:14) ***Juicio — Satanás — Serpiente:*** El tentador fue maldecido a arrastrarse sobre su pecho todos los días de su vida. Esto quiere decir que fue maldecido a ser detestado, degradado y miserable.

=> Una criatura que se arrastra (p. ej. una serpiente) es la ilustración de un ser que es detestado, que está degrado, que es repulsivo, que es despreciable y desdeñado, una abominación (Lv. 11:42).

=> Un cuerpo que se agacha y se postra hasta la tierra es la ilustración de la miseria (Sal. 44:25).

Note que esta maldición se podría aplicar tanto a la serpiente como al diablo. La mayoría de las personas desprecian, detestan y desdeñan a ambos. Aunque este juicio esté dirigido a la serpiente como criatura terrenal, su idea central apunta al diablo que es el tentador principal del hombre. Es él, "esa serpiente antigua llamada el diablo", a quien Dios está juzgando y condenando principalmente. Fue el diablo quien deseó, planeó e inició la tentación, el pecado y la caída del hombre. Satanás está condenado a ser...

- despreciado
- detestado
- odiado
- degradado
- repulsivo
- despreciable
- desdeñado
- miserable
- aborrecido
- asqueroso

Pensamiento 1. Uno de los nombres dados a Satanás es *Beelzebú*. El nombre quiere decir el dios de las moscas, el dios de la inmundicia o el dios del estiércol. A Satanás se le conoce como el dios de los espíritus inmundos (vea el *Estudio a fondo 1*, Mr. 3:22).

[3] (3:14) ***Juicio — Satanás — Serpiente:*** El tentador fue maldecido a comer polvo todos los días de su vida. Esto quiere decir que está maldito a ser derrotado y humillado. En las Escrituras, *comer o lamer el polvo* quiere decir ser derrotado, ser humillado.

> **"Ante él se postrarán los moradores del desierto, y sus enemigos lamerán el polvo" (Sal. 72:9).**
>
> **"Reyes serán tus ayos, y sus reinas tus nodrizas; con el rostro inclinado a tierra te adorarán, y lamerán el polvo de tus pies; y conocerás que yo soy Jehová, que no se avergonzarán los que esperan en mí" (Is. 49:23).**
>
> **"Lamerán el polvo como la culebra; como las serpientes de la tierra, temblarán en sus encierros; se volverán amedrentados ante Jehová nuestro Dios, y temerán a causa de ti" (Mi. 7:17).**

Donald Grey Barnhouse dice:

"Comer polvo es conocer la derrota, y ese es el juicio profético de Dios sobre el enemigo. Él siempre

perseguirá sus deseos y no los alcanzará. Habrá una aspiración constante, pero nunca habrá logros" (Génesis. Grand Rapids, MI: Zondervan Publishing House, 1970, p. 22).

Una vez más, si el juicio es contra la serpiente como criatura, la ira principal aún está dirigida al diablo. "Esa serpiente antigua llamada el diablo" está condenada a ser...

- derrotado • vencido • deshonrado
- aplastado • destruido • avergonzado
- derrocado • humillado • degradado

Pensamiento 1. Satanás ha sido derrotado y siempre lo será. Su destino final es la destrucción total en el lago de fuego.

"Volvieron los setenta con gozo, diciendo: Señor, aun los demonios se nos sujetan en tu nombre" (Lc. 10:17).

"Y prendió al dragón, la serpiente antigua, que es el diablo y Satanás, y lo ató por mil años; y lo arrojó al abismo, y lo encerró, y puso su sello sobre él, para que no engañase más a las naciones, hasta que fuesen cumplidos mil años; y después de esto debe ser desatado por un poco de tiempo" (Ap. 20:2-3).

"Y el diablo que los engañaba fue lanzado en el lago de fuego y azufre, donde estaban la bestia y el falso profeta; y serán atormentados día y noche por los siglos de los siglos" (Ap. 20:10).

4 (3:15) ***Juicio — Simiente, la — Jesucristo — Satanás — Serpiente:*** El tentador sería objeto de enemistad: Se pondría enemistad entre él, la mujer y su simiente a lo largo de la historia. La palabra *enemistad* (*ebhah*) significa odio, antagonismo, hostilidad. En la Biblia siempre se usa para referirse a la enemistad entre las personas, no entre los animales. Este elemento solamente, así como el resto de esta parte del juicio, apunta a que el tentador sea el diablo y no sencillamente una serpiente (H. C. Leupold. *Génesis*, vol. 1, p. 164).

1. Siempre habrá enemistad entre el tentador y la mujer.
   a. Es Dios quien pone la enemistad entre la serpiente y el hombre. Es Dios quien motiva al hombre a oponerse al mal. Es Dios quien dice "pondré enemistad". La enemistad por lo general es pecaminosa, pero la enemistad contra el mal es una virtud. Los creyentes siempre deben estar enojados con el mal y oponerse al mal. (Vea la nota, Ef. 4:26-27 para un mayor análisis sobre el *enojo.)*
   b. Esta enemistad comenzó realmente cuando se creó a la mujer. James Montgomery Boice señala que Satanás odiaba a la mujer desde el momento en que fue creada. Pero ahora, desde el momento de este juicio, la mujer odiaría a Satanás. Ella podría amar su pecado, pero también lo odiaría. Como plantea Boice:

"Cuando pecamos, con frecuencia nos damos cuenta de que nos gusta el pecado pero queremos librarnos de las consecuencias del pecado. Quisiéramos destruirnos nosotros mismos de la comodidad, como el adicto que se destruye a sí mismo en el estupor de ensueño del alcohol y las drogas que lo debilitan. Quisiéramos irnos al infiernos felices" (Génesis, un comentario expositivo, vol. 1, p. 162).

   c. La mujer también odiaría la destrucción que Satanás y su perversidad obraron en su familia por medio del divorcio, la enfermedad, el accidente, las drogas, el alcohol, la guerra y la muerte. La historia demuestra que la mujer, por su naturaleza más delicada y maternal, es mucho más sensible al pecado y sus efectos sobre la sociedad y las familias humanas. Ella por lo general odia y ataca la injusticia y el mal con gran diligencia, no siempre, pero con frecuencia.
   d. Note también otro elemento: Satanás nunca podría dominar a la mujer completamente. Él había intentado dominar la raza humana consiguiendo que la mujer y el hombre actuaran egoístamente, hacer lo que quisieran, contra Dios. Ellos hicieron eso, actuaron egoístamente, trataron de hacer lo que querían. Pero en este acto de egoísmo, Satanás se condenó a sí mismo, porque el hombre actuaría egoístamente. El hombre para siempre tendería a ponerse a sí mismo egoístamente por delante de cualquiera y cualquier cosa, incluso Satanás. Puede que Satanás quiera que la raza humana haga lo que se le antoje, pero la mayoría de los hombres por lo general, tratan de satisfacer sus propios deseos y anhelos. En las palabras de Donald Grey Barnhouse:

"[Satanás] no quiere el bien de la raza, tampoco la raza quiere su bien. Cada uno, de hecho, desea egoístamente su propio bien. Por lo tanto, no puede haber... coalición alguna entre el hombre y Satanás. Unos cuantos pueden convertirse en hijos del diablo, pero la mayoría son... adictos al amor de sus propios intereses" (Génesis, p. 23).

Sucede lo siguiente: Incluso el egoísmo de Satanás y el egoísmo de la mujer (la humanidad) fue maldecido a la enemistad. Dios puso enemistad (antagonismo) entre el egoísmo de Satanás y el egoísmo de la mujer, egoísmo actuando contra egoísmo. Dios usó lo mismo que Satanás inyectó en la raza humana, egoísmo, para condenar a Satanás a la derrota. Satanás nunca podría dominar a la raza humana porque la mayor parte de la raza siempre actuaría egoístamente, perseguiría sus propios deseos, incluso antes que los deseos de Satanás.

2. Siempre habrá enemistad entre la simiente (descendencia) del tentador y la simiente de la mujer. ¿Quién es la simiente (descendencia) del tentador o serpiente?

La simiente de la serpiente no podrían ser todas las serpientes de las generaciones futuras que aún están por nacer. Una interpretación como esa no tiene sentido. Además, según se ha planteado anteriormente, la palabra *enemistad* siempre se refiere a hostilidad entre las personas, no entre criaturas.

También resulta dudoso, muy dudoso, que la simiente de la serpiente se refiriera a los demonios que sirven a Satanás. Satanás no da a luz a demonios como *descendencia*: Los demonios no crecen en números. Todos fueron creados por Dios como seres angélicos y cayeron de su posición exaltada cuando Satanás cayó. ¿Quién es entonces la simiente o descendencia de "esa serpiente antigua llamada el diablo?" ¿Quiénes son los hijos y descendencia del diablo? Las Escrituras nos lo dicen: La simiente o descendencia del diablo son:

- Las personas que viven según los deseos de la carne.

"Vosotros sois de vuestro padre el diablo, y los deseos de vuestro padre queréis hacer" (Jn. 8:44).

- Las personas que son enemigas de Dios, aquellas que niegan, maldicen, descuidan e ignoran a Dios.

"Porque si *siendo enemigos,* fuimos reconciliados con Dios por la muerte de su Hijo, mucho más, estando reconciliados, seremos salvos por su vida" (Ro. 5:10; cp. Ro. 5:6-9).

"Y a vosotros también, que erais en otro tiempo extraños y enemigos en vuestra mente, haciendo malas obras, ahora os ha reconciliado" (Col. 1:21).

- Las personas que son adúlteros y adúlteras.

"¡Oh almas adúlteras! ¿No sabéis que la amistad del mundo es enemistad contra Dios? Cualquiera, pues, que quiera ser amigo del mundo, se constituye enemigo de Dios" (Stg. 4:4).

- Las personas que cometen pecado.

"El que practica el pecado es del diablo; porque el diablo peca desde el principio. Para esto apareció el Hijo de Dios, para deshacer las obras del diablo" (1 Jn. 3:8).

- Las personas que son injustas y no aman a otras personas.

"En esto se manifiestan los hijos de Dios, y los hijos del diablo: todo aquel que no hace justicia, y que no ama a su hermano, no es de Dios" (1 Jn. 3:10).

La simiente (descendencia) del diablo se refiere a los hombres y mujeres impíos de la tierra y la simiente de la mujer se refiere a los hombres y mujeres piadosos de la tierra. Hay dos simientes en la tierra, dos descendencias, dos progenies:

=> Los que siguen la justicia y los que siguen la injusticia.
=> Los que siguen el camino de Dios y los que siguen el camino del yo y el diablo.
=> Los que siguen el bien de Dios y los que siguen el pecado y el mal del diablo.
=> Los que siguen al propio Dios y los que siguen al propio diablo.

La simiente piadosa de la mujer se encuentra en una lucha contra la simiente impía del diablo. Este versículo, Génesis 3:15, es una profecía de la historia humana. La historia será una gran lucha entre el bien y el mal, entre los hombres y las naciones. La historia será un escenario sobre el que se dramatiza la obra del conflicto, un conflicto entre los piadosos y los impíos, entre el bien y el mal, en la tierra. Hay una simiente buena y piadosa en la tierra y hay una simiente maligna e impía en la tierra. Hay una humanidad piadosa y una humanidad impía en la tierra y siempre la habrá.

Pero note lo siguiente: Dios no dejará que Satanás triunfe. Siempre habrá personas piadosas en la tierra. No importa cuánto Satanás intente destruir la piedad en la tierra, Dios se asegurará de que siempre haya personas piadosas en algún lugar de la tierra. Satanás y sus seguidores nunca quedarán libres de la enemistad que ellos sienten por los seguidores verdaderos y piadosos de Dios. Los impíos arderán de enemistad contra la verdadera piedad mientras exista tierra.

"Os expulsarán de las sinagogas; y aun viene la hora cuando cualquiera que os mate, pensará que rinde servicio a Dios. Y harán esto porque no conocen al Padre ni a mí" (Jn. 16:2-3).

"Acordaos de la palabra que yo os he dicho: El siervo no es mayor que su señor. Si a mí me han perseguido, también a vosotros os perseguirán; si han guardado mi palabra, también guardarán la vuestra" (Jn. 15:20).

"Estas cosas os he hablado, para que no tengáis tropiezo. Os expulsarán de las sinagogas; y aun viene la hora cuando cualquiera que os mate, pensará que rinde servicio a Dios. Y harán esto porque no conocen al Padre ni a mí. Mas os he dicho estas cosas, para que cuando llegue la hora, os acordéis de que ya os lo había dicho" (Jn. 16:1-4).

"a fin de que nadie se inquiete por estas tribulaciones; porque vosotros mismos sabéis que para esto estamos puestos" (1 Ts. 3:3).

"Porque a vosotros os es concedido a causa de Cristo, no solo que creáis en él, sino también que padezcáis por él" (Fil. 1:29).

"Y también todos los que quieren vivir piadosamente en Cristo Jesús padecerán persecución" (2 Ti. 3:12).

"Hermanos míos, no os extrañéis si el mundo os aborrece" (1 Jn. 3:13).

"Amados, no os sorprendáis del fuego de prueba que os ha sobrevenido, como si alguna cosa extraña os aconteciese, sino gozaos por cuanto sois participantes de los padecimientos de Cristo, para que también en la revelación de su gloria os gocéis con gran alegría. Si sois vituperados por el nombre de Cristo, sois bienaventurados, porque el glorioso Espíritu de Dios reposa sobre vosotros. Ciertamente, de parte de ellos, él es blasfemado, pero por vosotros es glorificado" (1 P. 4:12-14).

5 (3:15) ***Simiente, la — Jesucristo — Juicio — Satanás — Serpiente — Pacto, adámico — Reconciliación:*** El tentador sería aplastado por una simiente o descendencia específica de la mujer. Esta es una promesa gloriosa: Algún descendiente de la mujer destruiría a la serpiente. La serpiente golpearía heriría el calcañal del descendiente, pero el descendiente acertaría el golpe fatal y decisivo. El descendiente aplastaría la cabeza de la serpiente. Esta es definitivamente una promesa del Salvador, el Señor Jesucristo. Note: Esta es la primera promesa del Salvador en la Biblia y la promesa es incondicional: El Salvador vendría y destruiría la serpiente (el tentador) a fin de reconciliar al hombre con Dios.

Esto es lo que se conoce como el *pacto adámico*, la promesa incondicional de Dios a Adán y al hombre, la promesa incondicional de enviar al Salvador a liberar al hombre.

El versículo quince también se conoce como el *protevangelium*, que significa la primera declaración del evangelio. Observe varios elementos.

1. El Nuevo Testamento nos dice claramente quién es *la Simiente prometida*. En ocasiones la simiente se puede referir a la descendencia de la humanidad o a Israel, pero el significado primordial de *la Simiente prometida* es singular: Es el propio Cristo Jesús.

> **"Ahora bien, a Abraham fueron hechas las promesas, y a su simiente. No dice: Y a las simientes, como si hablase de muchos, sino como de uno: Y a tu simiente, la cual es Cristo" (Gá. 3:16).**

2. Se dice que *la Simiente prometida* es la simiente de la mujer, no del hombre. Esto apunta hacia el nacimiento virgen, la encarnación, de Cristo.

3. El diablo, a partir de ahora, trataría de destruir la Simiente de la mujer. Pero note: Dios nunca dijo qué mujer daría a luz a la Simiente. Satanás siempre estaba adivinando. De hecho, Satanás desde el principio ha tratado de destruir a la Simiente de la mujer. Él le ha estado haciendo la guerra a la *Simiente* de Dios, el Salvador del mundo, desde que Dios prometió salvar el mundo. El gran predicador bautista W. A. Criswell señala esto nombrando algunos de los intentos de Satanás a través de la Biblia (*Expository Sermon On Revelation* [Sermón expositivo sobre Apocalipsis], vol. 4. Grand Rapids, MI: Zondervan, 1969, pp. 86-87). Para mayor claridad los intentos se han conformado a un recuadro.

La simiente o descendencia a través de la cual vendría la Simiente prometida	Las estrategias de Satanás para devorar el hijo o destruir la simiente y la gran liberación de Dios
=> Estaba la descendencia de Abel, el hijo de Adán.	=> Satanás hizo que Caín matara a Abel, pero Dios le dio otro hijo a Adán, Set (Gn. 4:1s).
=> Estaba la descendencia temprana de la simiente piadosa.	=> Satanás hizo que la descendencia piadosa se mezclara con los impíos y los llevó a perversidades tan violentas que Dios tuvo que destruir la tierra. Pero Dios levantó a Noé (Gn. 6:5f).
=> Estaba la descendencia de Abraham, de Isaac y de Jacob.	=> Satanás hizo que Esaú amenazara con matar a su hermano, Jacob. Pero Dios protegió a Jacob (Gn. 27:41s).
=> Estaba la descendencia de los hijos de Israel.	=> Satanás hizo que el Faraón intentara matar a todos los bebés de Israel. Pero Dios salvó a Moisés (Éx. 1:8s).
=> Estaba la descendencia de David.	=> Satanás llevó a varios de los hijos de David al pecado, los llevó a cometer asesinato y a descalificarse como la descendencia piadosa. Pero Dios siempre mantuvo al menos a un hijo de David con vida (2 S. 13s).
=> Estaba la descendencia de los hijos de David.	=> Satanás mandó a Joram, uno de los hijos de Josafat, a matar a todos sus hermanos. Pero Dios hizo que nacieran hijos de Joram para darle continuidad a la descendencia (2 Cr. 21:1s).
=> Estaba la descendencia de los hijos de Josafat.	=> Satanás hizo que viniera un enemigo y matara a todos los hijos excepto uno, Ocozías (2 R. 8:25s).
=> Estaba la descendencia de Ocozías.	=> Satanás hizo que Jehú matara a Ocozías y a la madre de la reina, Atalía, tomó el trono y mató todos los hijos excepto uno. Dios hizo que la esposa del sumo sacerdote salvara a un pequeño bebé, Joás. En este momento la descendencia de la Simiente prometida descansaba en la salvación de la vida de este pequeño bebé (2 R. 9:11s).
=> Estaba la descendencia del pueblo escogido.	=> Satanás hizo que el rey Asuero planeara exterminar todo el pueblo de Dios. Pero Dios le proporcionó una noche muy inquieta y espantosa. Por lo tanto, el rey perdonó a la descendencia escogida (El libro de Ester).

=> Estaba la descendencia de la Simiente prometida, el propio Jesús, en su nacimiento.	=> Satanás hizo que el rey Herodes asesinara a todos los bebés de Belén en un intento de matar al niño prometido. Pero Dios advirtió a José y le dijo a José que huyera con el niño (Mt. 2:1s).
=> Estaba la descendencia de la Simiente prometida, el propio Jesús, en su tentación.	=> Satanás tentó a Jesús a tirarse del pináculo del templo, para garantizar la lealtad y la adoración del pueblo por medio de un prodigio espectacular y no por la cruz. Pero Jesús decidió por el camino de Dios, el camino de la cruz, en vez del de Satanás (Mt. 4:1s).
=> Estaba la descendencia de la Simiente prometida, el propio Jesús, en su pueblo natal, Nazaret.	=> Satanás hizo que los ciudadanos de Nazaret trataran de despeñar a Jesús monte abajo, pero Jesús se libró (Lc. 4:29).
=> Estaba la descendencia de la Simiente prometida, el propio Jesús, haciéndole frente a los fanáticos religiosos.	=> Satanás hizo que los religiosos odiaran a Jesús y que tramaran su muerte una y otra vez (Jn. 7:1s). Pero Jesús se libró una y otra vez.
=> Estaba la descendencia de la Simiente prometida, el propio Jesús, en la cruz.	=> Satanás hizo que el mundo pusiera a Jesús en la cruz y lo matara. Pero Dios resucitó a Jesús de los muertos (Jn. 19:1s).

Así es como Satanás ha intentado herir a Dios, haciendo todo cuanto puede para destruir a la mujer y a su descendencia piadosa a través de los siglos. Él hizo todo cuanto pudo para impedir que naciera el Salvador, el Señor Jesucristo. Ahora que Cristo ha venido, Satanás hace todo cuanto puede para alejar a las personas del juicio venidero. Incluso cuando las personas sí se arrepienten y se vuelve a Cristo para seguirlo, Satanás hace todo cuanto puede para alejar a los seguidores del Señor de Él.

4. *La Simiente prometida de la mujer*, el Señor Jesucristo, debía aplastar la cabeza de la serpiente. Jesucristo aplastó a Satanás cuando Él murió en la cruz.

a. Cristo aplastó la cabeza de Satanás no cediendo nunca a las tentaciones del diablo (Mt. 4:1-11) y no pecando nunca (2 Co. 5:21; He. 4:15; 7:26; 1 P. 1:19; 2:22). Cristo llevó una vida perfecta; Él fue perfectamente justo. Por ende, Él se convirtió en el Hombre perfecto, el Hombre ideal, la Justicia ideal:

- En quien todos los hombres deben confiar.
- A quien todos los hombres han de seguir.
- A quien todos los hombres deben usar como el *patrón para la vida de cada uno de ellos* (vea la nota, Mt. 8:20).

Satanás fue derrotado ya que se proveyó una Justicia ideal para el hombre. Ahora el hombre podía volverse acepto ante Dios vistiéndose de la justicia de Cristo *por medio de la fe* (2 Co. 5:21; Ef. 4:23-24. Vea el *Estudio a fondo 2, justificación,* Ro. 4:22; 5:1.)

b. Cristo aplastó la cabeza de Satanás muriendo *por el hombre*, soportando toda la culpa y el castigo del hombre por el pecado. En nombre del hombre, Cristo asumió sobre sí todos los pecados del hombre y soportó el juicio de Dios contra el pecado. Él es el *Hombre ideal*, así que su muerte se convierte en la Muerte ideal. De la misma manera que su *Justicia Ideal* representa y cubre a todo hombre, su Muerte Ideal representa y cubre a todo hombre. Por consiguiente, la pena y el castigo por los pecados ya se han pagado. El hombre ya no tiene que morir y estar separado de Dios (vea el *Estudio a fondo 1, la muerte*, He. 9:27). El camino para vivir para siempre en la presencia de Dios ahora se encuentra abierto. El poder de Satanás ha sido quebrantado y destruido.

"Así que, por cuanto los hijos participaron de carne y sangre, él también participó de lo mismo, para destruir por medio de la muerte al que tenía el imperio de la muerte, esto es, al diablo, y librar a todos los que por el temor de la muerte estaban durante toda la vida sujetos a servidumbre" (He. 2:14-15).

"Ahora es el juicio de este mundo; ahora el príncipe de este mundo será echado fuera. Y yo, si fuere levantado de la tierra, a todos atraeré a mí mismo. Y decía esto dando a entender de qué muerte iba a morir" (Jn. 12:31-33. cp. Jn. 14:30, esp. vv. 28-31; 16:11).

"el cual nos ha librado de la potestad de las tinieblas, y trasladado al reino de su amado Hijo, en quien tenemos redención por su sangre, el perdón de pecados" (Col. 1:13-14).

c. Cristo aplastó la cabeza de Satanás al ser resucitado de entre los muertos. Nuevamente, como el Hombre ideal, la resurrección de Cristo se convierte en la *Resurrección ideal.* Su resurrección representa y cubre a todo hombre. Note dos elementos.

1) Fue el *espíritu perfecto de santidad* (la justicia perfecta) el que resucitó a Cristo de

los muertos. La muerte no puede retener a la perfección, porque la muerte es el resultado del pecado. Cristo, al ser perfecto, tenía que resucitar.

2) Cuando Cristo resucitó, Él venció a Satanás, mostrando abiertamente que la muerte es la obra de Satanás. La muerte no debe ser la experiencia natural del hombre. La muerte nunca fue el propósito de Dios; la vida es el propósito de Dios. La resurrección de Cristo demuestra esto abiertamente.

"sepultados con él en el bautismo, en el cual fuisteis también resucitados con él, mediante la fe en el poder de Dios que le levantó de los muertos... y despojando a los principados y a las potestades, los exhibió públicamente, triunfando sobre ellos en la cruz" (Col. 2:12, 15).

d. Cristo aplastó la cabeza de Satanás por medio de su encarnación, es decir, al venir al mundo y revelarse como el Hijo de Dios. Piensen al respecto: El hecho de que el Hijo de Dios vino al mundo destruye las obras del diablo. Tan pronto como el Hijo de Dios apareció en escena, su venida significó que las obras del diablo serían destruidas.

"El que practica el pecado es del diablo; porque el diablo peca desde el principio. Para esto apareció el Hijo de Dios, para deshacer las obras del diablo" (1 Jn. 3:8).

"Porque de tal manera amó Dios al mundo, que ha dado a su Hijo unigénito, para que todo aquel que en él cree, no se pierda, mas tenga vida eterna. Porque no envió Dios a su Hijo al mundo para condenar al mundo, sino para que el mundo sea salvo por él" (Jn. 3:16-17; cp. Jn. 3:18-21).

e. Cristo aplastó el poder de Satanás de encomendar a los hombres al pecado. El poder de Satanás *de encomendar a los hombres al pecado* ya ha quedado "eliminado". Ahora los hombres pueden tener el poder para librarse de la pena del pecado. Cristo asumió los pecados de los hombres sobre sí y pagó la pena por sus pecados. Él murió por los pecados del mundo.

"quien llevó él mismo nuestros pecados en su cuerpo sobre el madero, para que nosotros, estando muertos a los pecados, vivamos a la justicia; y por cuya herida fuisteis sanados" (1 P. 2:24).

"¿Quién acusará a los escogidos de Dios? Dios es el que justifica" (Ro. 8:33).

f. El poder de Satanás de *causar la muerte* ya ha quedado "eliminado". Ya los hombres no tienen que morir. Cristo murió *por el hombre*, se convirtió en el sustituto del hombre en la muerte.

"Así que, por cuanto los hijos participaron de carne y sangre, él también participó de lo mismo, para destruir por medio de la muerte al que tenía el imperio de la muerte, esto es, al diablo, y librar a todos los que por el temor de la muerte estaban durante toda la vida sujetos a servidumbre" (He. 2:14-15).

g. El poder de Satanás para *hacer que los hombres estén separados de Dios* ya ha quedado eliminado. Ya los hombres no tienen que ir al infierno ni estar separados de Dios. Cristo estuvo separado de Dios *por el hombre* (vea la nota, Mt. 27:46-49). Ahora él puede estar reconciliado con Dios y vivir para siempre.

"Porque también Cristo padeció una sola vez por los pecados, el justo por los injustos, para llevarnos a Dios, siendo a la verdad muerto en la carne, pero vivificado en espíritu" (1 P. 3:18).

"Y si el Espíritu de aquel que levantó de los muertos a Jesús mora en vosotros, el que levantó de los muertos a Cristo Jesús vivificará también vuestros cuerpos mortales por su Espíritu que mora en vosotros" (Ro. 8:11).

h. El poder de Satanás *para esclavizar a los hombres* con los hábitos del pecado y la vergüenza ya está "eliminado". Con su muerte, Cristo hizo posible que el hombre quedara liberado del pecado. El creyente, limpiado por la sangre de Cristo, se convierte en un templo santo para Dios, un templo idóneo para la presencia y el poder del Espíritu de Dios. Ahora el hombre puede vencer los hábitos del pecado que lo esclavizan por el poder del Espíritu de Dios.

"¿O ignoráis que vuestro cuerpo es templo del Espíritu Santo, el cual está en vosotros, el cual tenéis de Dios, y que no sois vuestros? Porque habéis sido comprados por precio; glorificad, pues, a Dios en vuestro cuerpo y en vuestro espíritu, los cuales son de Dios" (1 Co. 6:19-20).

"Hijitos, vosotros sois de Dios, y los habéis vencido; porque mayor es el que está en vosotros, que el que está en el mundo" (1 Jn. 4:4).

	I. El primer juicio sobre el pecado (parte 2): El juicio sobre la mujer, 3:16
1 Ella experimentaría muchas formas de dolor **2 Ella tendría un deseo vehemente por un esposo** **3 Ella viviría en sujeción a su esposo**	16 A la mujer dijo: Multiplicaré en gran manera los dolores en tus preñeces; con dolor darás a luz los hijos; y tu deseo será para tu marido, y él se enseñoreará de ti.

DIVISIÓN II

ADÁN, EL PRIMER HOMBRE (PARTE 1): EL PRINCIPIO DE LA HUMANIDAD Y DE LA SIMIENTE PIADOSA: LO QUE LE SUCEDIÓ AL HOMBRE Y A LA TIERRA, 2:4—3:24

I. El primer juicio sobre el pecado (parte 2): El juicio sobre la mujer, 3:16

(3:16) ***Introducción:*** Recuerde, el hombre y la mujer acababan de pecar. "Esa serpiente antigua llamada el diablo y Satanás" había seducido a la mujer a tomar el fruto prohibido y el hombre había decidido deliberadamente seguir a la mujer al pecado. Se acababa de pronunciar el juicio de Dios sobre el diablo. Ahora bien, era hora de que el hombre y la mujer respondieran ante Dios, Era hora de que oyeran el terrible juicio que se habían provocado sobre sí mismos. Es necesario tener en cuenta tres elementos al estudiar los detalles del juicio.

Primero, el juicio de Dios siempre es *justo* y *equitativo*, perfectamente imparcial. Dios siempre juzga a una persona imparcialmente. Una persona recibe exactamente lo que merece, ni más, ni menos. El juicio de Dios siempre se corresponde con el pecado de la persona. Una persona nunca será juzgada por más de lo que ha hecho. Los juicios pronunciados acerca de Adán y Eva se corresponden con su pecado. Note esto mientras estudiamos estos juicios.

Segundo, el juicio de Dios siempre está lleno de *sabiduría, propósito y misericordia*. Mientras el hombre está en la tierra, Dios siempre pronuncia juicio *sabiamente* con el *propósito* de mover a la persona a arrepentirse y volverse a Dios en busca de *misericordia*.

Dios juzga a Adán y a Eva, el hombre y la mujer, con el propósito de instarlos y moverlos:

- A volverse nuevamente a Dios.
- A huir y alejarse del pecado no sea que venga sobre ellos un juicio peor.
- A confiar en la misericordia y gracia de Dios.
- A mantenerse cerca de Dios.

Tercero, Adán y Eva son el padre y la madre de la raza humana. Esto se ve claramente en todo juicio pronunciado sobre ellos. Los juicios pronunciados sobre Adán y Eva se les transmitieron a sus hijos. Los juicios aún pesan sobre los hombros de la raza humana. Nosotros portamos la naturaleza humana y carnal, la naturaleza caída, de Adán y Eva. Por consiguiente, nosotros llevamos a cuestas el juicio de nuestro padre y madre, de Adán y Eva. El primer juicio cae sobre la persona que pecó primero, la mujer. Este pasaje es "el primer juicio sobre el pecado (parte 2): El juicio sobre la mujer".

1. Ella experimentaría muchas formas de dolor (v. 16).
2. Ella tendría un deseo vehemente por un esposo (v. 16).
3. Ella viviría en sujeción a su esposo (v. 16).

1 (3:16) ***Juicio — Mujer — Eva:*** La mujer experimentaría muchas *formas de dolor*. Este versículo no se refiere solamente al dolor de la maternidad, como se interpreta con frecuencia. El juicio es el siguiente:

> **"A la mujer dijo: Multiplicaré en gran manera los dolores en tus preñeces; con dolor darás a luz los hijos" (v. 16).**

Observe la palabra "dolor" (*itstsebhon*). Significa trabajo, pesar y dolor (William Wilson. *Wilson's Old Testament Word Studies* [Estudios lexicológicos de Wilson de las palabras del Antiguo Testamento]. McLean, VA: MacDonald Publishing Company, s.f., p. 406). Se mencionan tres dolores en particular:

1. Está el dolor provocado por la propia naturaleza de la mujer. Dios creó la mujer con una naturaleza más tierna, delicada y sensible que el hombre. Por consiguiente, cuando ella cayó en pecado, ella iba a sentir y sufrir mayor dolor. Pero note: Dios dice que va a intensificar ese dolor y cuando miramos a la vida de la mujer, eso es exactamente lo que vemos. Por su naturaleza, la mujer por lo general, siente las cosas con mayor profundidad que el hombre. Ella experimenta más dolor que el hombre y ella por lo general, siente por otros más que el hombre. Al parecer comprende los sentimientos, las necesidades, problemas, pesares, dolores de otros más profundamente. Pero por encomiable que sea este rasgo, con frecuencia le provoca problemas, pesares y dolor a ella, tanto física como mentalmente. Como siente más, con frecuencia sufre más.

=> La mujer se había alejado de Dios y había buscado el placer de la vida por sí misma. El juicio era justo: A partir de ese momento ella viviría como había decidido. El placer de la perfección de Dios ya no descansaría en ella. Ahora andaría por la vida llevando a cuestas la imperfección y sus frutos: El problema, el pesar y el dolor. El cuerpo y naturaleza perfectos que Dios les había dado ahora sufriría el problema, el pesar y el dolor de la vida imperfecta que ella había escogido.

=> La mujer había hecho también que otra persona se alejara de Dios y buscara el placer de la vida apartado de Dios. Por ende, ella fue juzgada para que sintiera por otros, para que sufriera su pesar y dolor de un modo más agudo que el hombre. (Note cuán cierto es esto, en particular con su propia familia y amigos íntimos.)

La misericordia de Dios se ve en lo siguiente: El pesar y el dolor con frecuencia y siempre deberá ser así, motivan a una persona a invocar a Dios para que los ayude. El pesar y el dolor motivan al arrepentimiento, la confianza, la dependencia y la esperanza en Dios. Esta probablemente sea una de las razones por las que las mujeres aparentemente se vuelvan a Dios más fácil y pronto que la mayoría de los hombres.

2. Está el dolor único del parto que la mujer tiene que soportar. Las penalidades del parto son dolorosas, tan dolorosas que con frecuencia se usan en las Escrituras para ilustrar un pesar y sufrimiento severos (Jn. 16:21; 1 Ts. 5:3; Ap. 12:2; Mi. 4:10). Dios mandó al hombre y a la mujer a tener hijos en cuanto fueron creados (Gn. 1:27-28). Estaban en el paraíso, el Huerto del Edén, un lugar perfecto en el que no había pesar ni dolor. El dolor de la maternidad no entró al mundo hasta después de la caída de la mujer en el pecado. Es una parte del juicio del pecado sobre la mujer. El parto de los hijos ahora, después del pecado de la mujer, iba a implicar dolor y penalidades.

Nota: El juicio es justo e imparcial. La mujer había decidido vivir su vida apartada de Dios y de su perfección. Por ende, Dios la juzgó para que soportara lo que había sembrado. Ahora pariría hijos en un mundo imperfecto y corruptible, un mundo de pesar y dolor. Pero note la misericordia de Dios en lo siguiente: Cada vez que una mujer pare un hijo, su dolor debe instarla a invocar a Dios con confianza y dependencia, por ella y por su hijo. Su dolor en el parto debe hacerla volverse a Dios en busca de ayuda.

3. El pesar y el dolor de la mujer es también más profundo que el del hombre en la crianza de los hijos. Con dolor la mujer *da a luz los hijos* (v. 16). La frase "dar a luz" significa más que embarazo y nacimiento. Significa criar y educar a los hijos. Por su propia naturaleza, una naturaleza más tierna, delicada y sensible, la mujer siente y sufre grandemente por sus hijos cuando ellos sufren o se descarrían.

Este juicio es justo e imparcial. El propio pecado que la mujer introdujo en el mundo literalmente le desgarra el corazón de muchas madres. Muchos hijos pecan y cuando lo hacen, la madre por lo general, sufre mucho más del pesar y el dolor que el padre. La mujer, por su propia naturaleza, tiene que soportar más del pesar y el dolor cuando los hijos…

- hablan con acritud.
- reaccionan
- se rebelan
- caen en pecado

Pero nuevamente, note la sabiduría y misericordia de Dios. Los profundos pesares y dolores de la mujer por sus hijos deben motivarla:

- A invocar a Dios y buscarlo, confiar en Él y depender de Él para que la ayude.
- A ser más diligente al ayudar y enseñar a sus hijos a vivir como debieran.

Según se ha planteado anteriormente, el juicio de la mujer es justo e imparcial. Ella se alejó de Dios y de su perfección de vida, se alejó para perseguir el placer de la vida con su propia fuerza y voluntad. Su juicio le permitió hacer precisamente eso: Vivir apartada de Dios, vivir en un mundo imperfecto, un mundo de placeres carnales, pero también un mundo de corrupción, pesar y dolor. Por consiguiente, el juicio sobre la mujer fue el sufrimiento de muchas formas de dolor. La mujer cuando da a luz, tiene dolor, porque ha llegado su hora; pero después que ha dado a luz un niño, ya no se acuerda de la angustia, por el gozo de que haya nacido un hombre en el mundo (Jn. 16:21).

> **"Es verdad que ninguna disciplina al presente parece ser causa de gozo, sino de tristeza; pero después da fruto apacible de justicia a los que en ella han sido ejercitados" (He. 12:11).**
>
> **"Reconoce asimismo en tu corazón, que como castiga el hombre a su hijo, así Jehová tu Dios te castiga" (Dt. 8:5).**
>
> **"He aquí, bienaventurado es el hombre a quien Dios castiga; por tanto, no menosprecies la corrección del Todopoderoso" (Job 5:17).**
>
> **"Antes que fuera yo humillado, descarriado andaba; mas ahora guardo tu palabra" (Sal. 119:67).**

[2] (3:16) ***Juicio — Mujer — Eva — Matrimonio — Esposa:*** La mujer tendría un deseo vehemente por un esposo. La palabra "deseo" (*teshuqah*) significa anhelo, ansia, deseo. Por naturaleza, la mujer anhela, ansía y desea establecerse con un esposo. Esto no es sencillamente una atracción sexual. La atracción implica toda la vida para la mujer: Es una atracción que es más profunda e implica más de la vida que esa del hombre. Por supuesto, el hombre se siente atraído a la mujer y mucho, pero el deseo de la mujer de establecerse con un esposo es por lo general más profundo que el del hombre. La mayoría de los padres de los adolescentes nota que las hijas y las muchachas pasan mucho más tiempo hablando de los chicos que los chicos hablando de las chicas. Incluso las mujeres adultas hablan más de sus esposos y de los hombres que los hombres de ellas. El centro mismo de conversación entre un grupo de mujeres, jóvenes, solteras o casadas, es con frecuencia los hombres, con mucho mayor frecuencia que la conversación de los hombres.

Este deseo y anhelo con frecuencia conlleva al pesar y el dolor para la mujer, un pesar y un dolor terrible, mucho mayor que para el hombre. Esto se ve en elementos como estos:

=> Hay más mujeres en el mundo que hombres, una cifra considerable. El deseo de muchas mujeres por un esposo y una familia nunca se podrá cumplir, con una obediencia piadosa al mandato de Dios de una esposa para un esposo. Muchas mujeres están obligadas a andar por la vida solteras y solas. Muchas están obligadas a manejar todos los asuntos de la vida solas y a sufrir la soledad cuando preferirían tener un esposo.

=> La mujer con frecuencia está más apegada al hombre que el hombre a la mujer. Esto quiere decir que el hombre por lo general:
- Es más lento para apegarse.
- Se descarría con más facilidad.
- Tiene menos probabilidades de sentir apego.

Claro está, esto significa que el hombre provoca más desengaños amorosos y hogares deshechos que la mujer. Pero también significa que la mujer por lo general sufre más problemas, pesares y dolores que el hombre.

Pero observe: Este es un juicio justo e imparcial.

=> Fue la mujer quien tentó al hombre y lo hizo descarriarse; por ende, ahora le toca a ella descarriarse y ser tentada por una atracción mucho más fuerte por el hombre.

=> Fue la mujer, quien actuó independientemente del hombre, quien debía ser su compañía perfecta en el mundo perfecto. Por lo tanto, ahora sentiría una atracción mucho mayor por estar al lado de él, más de lo que lo sentiría él por estar al lado de ella.

=> Fue la mujer quien buscó el placer y la satisfacción apartada del hombre. Por ende, ahora era juzgada para que anhelara y ansiara el placer y la satisfacción de su presencia, otra vez, más que el hombre por ella.

Pero note la misericordia de Dios en este juicio. El deseo de la mujer por un esposo la motivaría a ser tan atractiva como le fuera posible, a establecerse y a tener una familia. Su deseo, anhelo y ansia tendería a atraer al hombre hacia ella y a mantener la familia unida en un lazo mucho más íntimo.

Pensamiento 1. Con frecuencia Cantar de los cantares expresa el deseo de la mujer, su anhelo y ansia, por el hombre.

> **"Abrí yo a mi amado; pero mi amado se había ido, había ya pasado; y tras su hablar salió mi alma. Lo busqué, y no lo hallé; lo llamé, y no me respondió" (Cnt. 5:6).**
>
> **"¿A dónde se ha ido tu amado, oh la más hermosa de todas las mujeres? ¿A dónde se apartó tu amado, y lo buscaremos contigo?... Yo soy de mi amado, y mi amado es mío; el apacienta entre los lirios" (Cnt. 6:1, 3).**
>
> **"Yo soy de mi amado, y conmigo tiene su contentamiento" (Cnt. 7:10).**
>
> **"Por las noches busqué en mi lecho al que ama mi alma; lo busqué, y no lo hallé. Y dije: Me levantaré ahora, y rodearé por la ciudad; por las calles y por las plazas buscaré al que ama mi alma; lo busqué, y no lo hallé. Me hallaron los guardas que rondan la ciudad, y les dije: ¿Habéis visto al que ama mi alma?" (Cnt. 3:1-3).**

3 (3:16) ***Juicio — Mujer — Eva — Esposa — Matrimonio:*** La mujer viviría en sujeción a su esposo. Cuando una persona dice algo sobre la sujeción de la mujer al hombre, de hecho, la sujeción de cualquiera a otra persona, tiene que tener cuidado. El simple pensamiento de una persona sujetándose a otra despierta rechazo. Esto no debiera ser así, porque todos estamos sujetos a cierta autoridad, regla y orden todos los días. Alguien tiene autoridad y es el responsable máximo del orden de las cosas no importa donde estemos: En la oficina, en la tienda, en la escuela, en la iglesia o en cualquier otro lugar. Las reglas, la autoridad, la ley y el orden son necesarios, absolutamente necesarios, para que cualquier grupo de personas vivan y funcionen juntas. ¿Por qué debiera ser diferente en el *hogar*? Observe la palabra *hogar*. Esta es la clave. El juicio de Dios no es como algunas personas declaran ni como viven algunas sociedades: La sujeción general de la mujer al hombre. Note: Las Escrituras tienen la mayor claridad posible:

> **"y él se enseñoreará de ti" (v. 16).**

Este juicio se aplica a cada hombre individualmente, no a *todos los hombres se enseñorearán de todas las mujeres*. Quiere decir que *toda esposa* esté sujeta a su *propio esposo*, no sujeta a todos los hombres. El juicio no es que todos los hombres deban enseñorearse de todas las mujeres; el juicio es que cada esposo a partir de ese momento se enseñoree de su esposa y solo de ella. Esto es exactamente lo que dice el Nuevo Testamento:

> **"Las casadas estén sujetas a sus propios maridos, como al Señor; porque el marido es cabeza de la mujer, así como Cristo es cabeza de la iglesia, la cual es su cuerpo, y él es su Salvador" (Ef. 5:22-23).**

Cuando Dios juzgó a la mujer para que se sujetara al hombre, Dios no la estaba condenando a:
- Tener menos capacidad o valía.
- Tener menos competencia o valor.
- Tener menos brillantez o ventaja.

El juicio de Dios lidiaba con la función y el orden dentro de la familia. Por el pecado, la familia ya no sería perfecta donde cada miembro llevaría una vida perfecta sin problemas. Ahora la familia conocería el egoísmo, las dificultades, los problemas, el rechazo, la rebelión, toda clase de disturbios y pecados. La familia necesitaba a alguien que fuera el cabeza, alguien que fuera el responsable de las reglas y el orden en la familia. El cabeza debía ser el hombre, no la mujer. La mujer debía ser gobernada por su esposo y ella debía someterse a su autoridad. Esto fue parte de su juicio.

Nota: El juicio es un *juicio justo e imparcial*. La mujer había actuado independientemente de Dios y del hombre. Ella había tomado los asuntos, el gobierno de su propia vida, en sus propias manos. Ella anhelaba el control, independencia, autoridad, gobierno, de su propia vida. Además, ella sedujo al hombre:
- A alejarse de Dios.
- A quebrantar la autoridad de Dios.
- A actuar independientemente de Dios.
- A rebelarse contra Dios.

Por consiguiente, el juicio es justo e imparcial: Ahora la mujer debe estar bajo la autoridad y gobierno de su esposo. Esto no quiere decir que el hombre deba ser dominante y exigente. Sencillamente quiere decir que al tomar el fruto prohibido, Eva había actuado por sí sola, había asumido el control y había tomado las cosas por su cuenta. Ella había buscado una independencia de la que nunca se tuvo la intención de que existiera entre el hombre y la mujer. Por eso, el juicio es que ella se someterá a la autoridad misma que ella había intentado asumir para sí. A partir de ese momento ella viviría bajo la autoridad de su esposo. (Vea la nota, Ef. 5:22-24 para un mayor análisis.)

Hay misericordia en esto: Su sumisión despierta respeto y amor en su esposo. ¿Cómo? Su sumisión atrae a su esposo a ella. Su sumisión:

- Honra a su esposo en el hogar y ante el mundo.
- Muestra respeto por su esposo y familia ante el mundo.
- Elimina las diferencias, las discusiones y el desorden que de lo contrario surgirían.

La sumisión de la mujer realmente se convierte en uno de sus atractivos. Un espíritu sumiso es suave, tierno, cálido, querido, siempre resulta atractivo a un esposo cariñoso, interesado o dedicado.

Pensamiento 1. Recuerde lo siguiente: En la mayoría de las sociedades a las mujeres las dominan trágicamente, en ocasiones las esclavizan, sus esposos y en algunos casos los hombres en general. La dominación y la esclavitud, la oportunidad desigual en la sociedad y en el centro de trabajo, no son el juicio de Dios. Esto se debe al pecado y al egoísmo. Dios es claro: El esposo debe *amar* a su esposa, amarla expiatoriamente, amarla al punto de sacrificar todo cuanto es y tiene, incluso su propia voluntad, por ella. La mujer está condenada a ser la parte sujeta en la familia, pero a la familia se le debe dirigir con amor, con un amor dispuesto al sacrificio.

"Casadas, estad sujetas a vuestros maridos, como conviene en el Señor" (Col. 3:18).

"La mujer aprenda en silencio, con toda sujeción. Porque no permito a la mujer enseñar, ni ejercer dominio sobre el hombre, sino estar en silencio. Porque Adán fue formado primero, después Eva" (1 Ti. 2:11-13).

"Las mujeres asimismo sean honestas, no calumniadoras, sino sobrias, fieles en todo" (1 Ti. 3:11).

"que enseñen a las mujeres jóvenes a amar a sus maridos y a sus hijos" (Tit. 2:4).

"Asimismo vosotras, mujeres, estad sujetas a vuestros maridos; para que también los que no creen a la palabra, sean ganados sin palabra por la conducta de sus esposas" (1 P. 3:1).

"Considera los caminos de su casa, y no come el pan de balde" (Pr. 31:27).

1 **Fue condenado a vivir en un mundo maldito, un mundo de imperfección y corrupción** 2 **Fue condenado a luchar por la supervivencia,**	**J. El primer juicio sobre el pecado (parte 3): El juicio sobre el hombre, 3:17-19** 17 Y al hombre dijo: Por cuanto obedeciste a la voz de tu mujer, y comiste del árbol de que te mandé diciendo: No comerás de él; maldita será la tierra por tu causa;	con dolor comerás de ella todos los días de tu vida. 18 Espinos y cardos te producirá, y comerás plantas del campo. 19 Con el sudor de tu rostro comerás el pan hasta que vuelvas a la tierra, porque de ella fuiste tomado; pues polvo eres, y al polvo volverás.	**fue condenado a luchar contra la naturaleza por la necesidad más básica de la vida, la alimentación** 3 **Fue condenado a morir**[EF1]

DIVISIÓN II

ADÁN, EL PRIMER HOMBRE (PARTE 1): EL PRINCIPIO DE LA HUMANIDAD Y DE LA SIMIENTE PIADOSA: LO QUE LE SUCEDIÓ AL HOMBRE Y A LA TIERRA, 2:4—3:24

J. El primer juicio sobre el pecado (parte 3): El juicio sobre el hombre, 3:17-19

(3:17-19) ***Introducción:*** El primer hombre en la tierra pecó, pecó trágicamente y se rehusó a aceptar la responsabilidad de su pecado. Como muchas personas hoy día, él culpó a su esposa por su pecado. La acusó a ella de llevarlo a pecar, de hacerlo pecar. Es cierto, ella sí se le acercó y lo tentó a pecar, pero el propio Adán fue culpable delante de Dios. De hecho, él fue culpable de al menos tres pecados. Adán falló en al menos tres áreas:

=> Primero, Adán no intentó devolver a Eva al camino de Dios. ¡Piensen nada más en el fallo que constituye esto! Él *ni siquiera trató* de mover a su esposa al arrepentimiento, ni siquiera tocó el tema de que ella se devolviera al camino de Dios. Ni siquiera le sugirió que le confesara a Dios y le implorara perdón y restauración.

=> Segundo, Adán hizo caso de las persuasiones y tentaciones de Eva. Él no le impidió que le hablara y le ofreciera el fruto prohibido. Él se quedó allí y le hizo caso a sus argumentos persuasivos, a sus tentaciones y seducciones. Note, esto es exactamente lo que Dios dice: *Por cuanto obedeciste a la voz de tu mujer*, serás juzgado (v. 17.) Adán falló, falló trágicamente, al hacerle caso a su esposa, al no impedirle que le hablara del fruto prohibido.

=> Tercero, el propio Adán decidió comer del fruto prohibido. Él culpó a su esposa, pero Eva no lo obligó a comer del fruto prohibido. Adán *decidió voluntariamente*, tomó una *decisión deliberada*, pecar. Él sabía exactamente lo que estaba haciendo. A él no lo engañaron; él tenía los ojos bien abiertos cuando pecó (1 Ti. 2:14). Él era culpable, culpable voluntaria y deliberadamente, de:

- Rechazar a Dios.
- Rebelarse contra Dios.
- Desobedecer a Dios.
- Alejarse de Dios.

Por consiguiente, Adán sería juzgado. Él era culpable delante de Dios, culpable del pecado más terrible: Adán se había alejado de Dios voluntaria y deliberadamente. Este es el gran análisis de este pasaje: "El primer juicio sobre el pecado (parte 3): El juicio sobre el hombre".

1. Fue condenado a vivir en un mundo maldito, un mundo de imperfección y corrupción (v. 17).
2. Fue condenado a luchar por la supervivencia, fue condenado a luchar contra la naturaleza por la necesidad más básica de la vida, la alimentación (vv. 17-18).
3. Fue condenado a morir (v. 19).

Observe otro elemento: Todos los juicios sobre el hombre cayeron también sobre la mujer. Puede que haya una diferencia, una diferencia psicológica y emocional. En el *juicio dos*, puede que el hombre sea juzgado para sufrir la presión de proveer el alimento y otras necesidades para la familia más que la mujer. Por supuesto, la mujer con frecuencia siente la presión de las necesidades, en particular si es una madre soltera sin esposo. Pero quizás el juicio dos esté condenando al hombre a tener una naturaleza que sufra el dolor de más presión y estrés que la mujer. El período de vida más corto del hombre puede ser un indicio de esto.

1 (3:17) ***Juicio — Mundo — Adán — Hombre:*** El hombre fue condenado a vivir en un mundo maldito, un mundo de imperfección y corrupción. El texto hebreo dice: "maldita será la tierra *por tu causa*", "por tu cuenta". Dios maldijo la tierra por el pecado de Adán.

¿Por qué? ¿Por qué la tierra tendría que sufrir una maldición si fue Adán quien pecó? De un modo muy sencillo, la tierra era el hogar de Adán. Adán y la tierra estaban *interrelacionados*. Ahora Adán era imperfecto, una criatura caída. Dios no podía permitir que el imperfecto Adán continuara en un mundo perfecto. La imperfección no es compatible con la perfección, no puede vivir con ella. La imperfección y el pecado no deben estar con la perfección y la justicia. Por ende, Dios tuvo que maldecir la tierra como parte del juicio sobre Adán. La tierra le pertenecía a Adán y Adán le pertenecía a la tierra; estaban tan íntimamente relacionados como podían. Por eso, cualquiera que fuera la caída que sufriera Adán, la tierra tenía que sufrir la misma caída.

Las Escrituras explican aún más lo que sucedió en Romanos 8:19-22. Este pasaje es importante para comprender lo que sucedió. Por su importancia, se repiten aquí el pasaje, el bosquejo y el comentario de Romanos 8:19-22. Note lo que dice Romanos: Toda la creación, todo el universo, no solo la tierra, estaba corrompida por el pecado. (*La Biblia de bosquejos y sermones*, tomo 7, Ro. 8:18-27.)

2. La creación sufre y lucha por su liberación de la corrupción	**Romanos 8:19-22**
	19 Porque el anhelo ardiente de la creación es el aguardar la manifestación de los hijos de Dios.
a. La creación está sujeta a corrupción	20 Porque la creación fue sujetada a vanidad, no por su propia voluntad, sino por causa del que la sujetó en esperanza;
b. La creación será liberada	21 porque también la creación misma será libertada de la esclavitud de corrupción, a la libertad gloriosa de los hijos de Dios.
c. La creación gime de dolor por liberación	22 Porque sabemos que toda la creación gime a una, y a una está con dolores de parto hasta ahora;

Note que la creación sufre y lucha por la liberación de la corrupción. La palabra "creación" se refiere a todo lo que se encuentra *por debajo* del hombre: Los animales, las plantas y los minerales. Toda la creación se describe como si estuviera viviendo y esperando con anhelo el día en que los hijos de Dios sean glorificados. Las palabras "anhelo ardiente" (*apokaradokia*) significan vigilar con el cuello estirado y la cabeza erguida. Es un anhelo persistente e inquebrantable que no ceja, sino que se mantiene en vigilia hasta que ocurra el suceso. Note tres elementos revelados acerca del universo en que vive el hombre.

1. La creación está sujeta a corrupción. Esto lo ven claramente los hombres; y lo que ven los hombres lo confirman constantemente autoridades como los botánicos, los zoólogos, los geólogos y los astrónomos del mundo. Toda la creación, ya sea el mineral, la planta o el animal, sufre tanto como los hombres. Toda la creación sufre la laceración, el daño, la pérdida, el deterioro, la erosión, la muerte y la descomposición; toda la creación lucha por la vida. Está llena de "vanidad" (*mataios*), es decir, está condenada a la inutilidad y la frustración, es incapaz de cumplir su propósito, está sujeta a corrupción. Note las dos cosas que se dicen de la creación en este versículo (v. 20).

   a. La creación fue condenada a la vanidad, inutilidad y frustración, por Dios. La creación no decidió voluntariamente ser condenada a la corrupción. El mundo fue hecho para que fuera el hogar del hombre, el lugar en el que debía vivir. Por lo tanto, cuando el hombre pecó, su mundo fue condenado a sufrir las consecuencias del pecado con él. El mundo del hombre fue maldecido conjuntamente con él.

"maldita será la tierra por tu causa" (Gn. 3:17).

"Se destruyó, cayó la tierra; enfermó, cayó el mundo; enfermaron los altos pueblos de la tierra. Y la tierra se contaminó bajo sus moradores; porque traspasaron las leyes, falsearon el derecho, quebrantaron el pacto sempiterno. Por esta causa *la maldición consumió la tierra,* y sus moradores fueron asolados; por esta causa fueron consumidos los habitantes de la tierra, y disminuyeron los hombres" (Is. 24:4-6).

"¿Hasta cuándo estará desierta la tierra, y marchita la hierba de todo el campo? Por la maldad de los que en ella moran" (Jer. 12:4).

Pensamiento 1. Imagínese nada más el enorme dolor y daño que ocurre en nuestro mundo. Piensen en:

- La enfermedad y ferocidad del mundo animal.
- La laceración y el daño que ocurre con tanta facilidad en el mundo vegetal.
- La destrucción y el deterioro que ocurre en el mundo mineral.

Piensen en los terremotos, los tornados, las tormentas, las enfermedades, la hambruna, los ataques, y las luchas por la supervivencia que tienen lugar. Y estos son solo unos cuantos de los millares de sucesos que demuestran la corrupción del mundo.

   b. La creación ha estado sujeta a corrupción "en esperanza". Las noticias de las Escrituras son gloriosas: La situación del mundo no es desesperanzada ni definitiva. La creación tiene la misma esperanza de redención y renovación que el hombre. El mundo fue hecho para el hombre; por ende, toda la creación será finalmente libertada de la corrupción al igual que el hombre será libertado de la corrupción.

2. La creación será libertada de la corrupción. Estas son noticias gloriosas de la buena nueva gloriosa. Note un elemento muy significativo: Cualquier cosa que le suceda al hombre le va a suceder a su mundo. El hombre es la culminación de la creación de Dios; por ende, todo lo que esté por debajo del hombre está entrelazado, entretejido e interrelacionado con él. El hombre y su mundo son una misma cosa; dependen uno del otro. Esto tiene una importancia enorme: Como el hombre y su mundo están interrelacionados, quiere decir que el mundo experimentará lo que el hombre experimente. Cuando el hombre cayó, su mundo estaba obligado a caer con él. Pero he aquí la buena nueva gloriosa. Cuando el hombre sea libertado de la corrupción, su mundo será libertado también. Dios tuvo que sujetar el mundo del hombre al destino del hombre, pero Dios también tuvo que sujetar el mundo del hombre "en esperanza". La creación experimentará la esperanza gloriosa de *vivir para siempre* con el hombre, de ser renovada completa y perfectamente. Habrá "nuevos cielos y una nueva tierra" (cp. Sal. 96:11-13; 98:7-9; Is. 11:6-9; Ap. 5:13).

> **"Pero el día del Señor vendrá como ladrón en la noche; en el cual los cielos pasarán con grande estruendo, y los elementos ardiendo serán deshechos, y la tierra y las obras que en ella hay serán quemadas. Puesto que todas estas cosas han de ser deshechas, ¡cómo no debéis vosotros andar en santa y piadosa manera de vivir, esperando y apresurándoos para la venida del día de Dios, en el cual los cielos, encendiéndose, serán deshechos, y los elementos, siendo quemados, se fundirán! Pero nosotros esperamos, según sus promesas, cielos nuevos y tierra nueva, en los cuales mora la justicia" (2 P. 3:10-13).**
>
> **"Vi un cielo nuevo y una tierra nueva; porque el primer cielo y la primera tierra pasaron, y el mar ya no existía más" (Ap. 21:1; cp. He.12:26-27).**
>
> **"Porque he aquí que yo crearé nuevos cielos y nueva tierra; y de lo primero no habrá memoria, ni más vendrá al pensamiento" (Is. 65:17).**
>
> **"Porque como los cielos nuevos y la nueva tierra que yo hago permanecerán delante de mí, dice Jehová, así permanecerá vuestra descendencia y vuestro nombre" (Is. 66:22).**

3. La creación gime de dolores de parto por la liberación. Note que *toda la creación* sufre junta: Toda la creación está interrelacionada, entretejida y entrelazada. Todo el universo depende de sus varias partes para la supervivencia. La tierra no podría sobrevivir sin los cielos y los cielos no tendrían propósito alguno aparte de la creación de Dios del hombre y su tierra. Esto no quiere decir que el hombre sea egocéntrico ni egotista, tampoco que el hombre sea el único ser racional del universo. Sencillamente quiere decir que el hombre y su tierra son el centro de la creación increíble de Dios, de su plan y propósito eternos en Cristo. Ser el centro de la creación *ante Dios* no es una verdad para enorgullecer al hombre, sino para humillarlo, una verdad para hacerlo reverenciar con adoración y alabanza, gratitud y agradecimiento, una verdad para hacerlo llevar el evangelio a los extremos lejanos del universo si hubiera seres racionales allí. Ser la culminación de la creación de Dios no es un don de privilegio, no actualmente, sino de una responsabilidad enorme.

Observe las palabras "gime y está con dolores de parto". La ilustración es la de una mujer dando a luz. La creación experimenta "dolores de parto" en su lucha por la supervivencia. Y note: Ha estado experimentado "dolores de parto" *hasta ahora,* es decir, desde la caída del hombre hasta el momento actual.

En conclusión, toda la escena de estos cuatro versículos es que la creación espera por un mundo renovado. A la creación le contraría el mal y lucha contra la descomposición y la muerte. Lucha por la supervivencia. Lucha contra la esclavitud de la muerte y del cambio.

La idea expresada es que la creación aguarda el día de la redención: Con ansiedad, expectación, anhelo y entusiasmo espera su liberación de la corrupción. La creación se queja, gime y llora por el develamiento del Hijo de Dios. Dios maldijo la tierra por el pecado del hombre, sí, pero Dios también ha le proporcionado a la tierra la esperanza más grande que se pueda imaginar, a todo el universo, la esperanza de redención eterna.

> **"porque también la creación misma será libertada de la esclavitud de corrupción, a la libertad gloriosa de los hijos de Dios" (Ro. 8:21).**
>
> **"Pero nosotros esperamos, según sus promesas, cielos nuevos y tierra nueva, en los cuales mora la justicia" (2 P. 3:13).**
>
> **"Y *no habrá más maldición;* y el trono de Dios y del Cordero estará en ella, y sus siervos le servirán, y verán su rostro, y su nombre estará en sus frentes. No habrá allí más noche; y no tienen necesidad de luz de lámpara, ni de luz del sol, porque Dios el Señor los iluminará; y reinarán por los siglos de los siglos" (Ap. 22:3-5).**

[2] (3:17c-19a) ***Juicio — Dolor de parto — Necesidades — Necesidades básicas — Adán:*** El hombre fue condenado a luchar por la supervivencia, fue condenado a luchar contra la naturaleza por las necesidades mas básicas de la vida. Note tres elementos sobre este juicio específico acerca del hombre:

1. El hombre fue condenado a sufrir *dolor* al satisfacer su necesidad más básica: La alimentación. La palabra "dolor" (*itstsebhon*) significa pena, sufrimiento, gran esfuerzo, una labor ardua, trabajo agotador. Antes de la caída del hombre al pecado, su trabajo no era un gran esfuerzo. Nunca fue miserable. Su trabajo y actividad siempre fueron un placer y un gozo. Tanto él como su mundo eran perfectos. Por lo tanto, el nunca experimentó el sentir sus músculos adoloridos, tampoco el agotamiento físico y mental. Pero ahora sí, después de su pecado. Ahora el hombre tiene que sufrir:

- El dolor del estrés, la presión y la tensión.
- El dolor del esfuerzo, el trabajo y las labores.
- El dolor de la fatiga física y mental.

Y observe: El hombre tiene que sufrir este dolor *todos los días* de su vida. La tierra, la propia naturaleza, había sido maldecida por el pecado del hombre. En consecuencia, el hombre está condenado a luchar por la supervivencia, a luchar contra las fuerzas de la naturaleza por las necesidades básicas de la vida.

2. El hombre fue condenado a luchar contra los espinos y los cardos de la tierra. Antes del pecado y caída del hombre, la tierra le había producido al hombre todo buen fruto y buena planta que se pudiera imaginar. La naturaleza se encontraba completamente bajo control. Todas las necesidades del hombre estaban suplidas de un modo abundante. Pero ahora no era así, desde el pecado del hombre no era así. La naturaleza ya no se encuentra bajo control. Le produce al hombre espinos, cardos y todo tipo de problemas. El hombre siempre tiene que luchar contra la naturaleza, luchar para controlar la naturaleza, a fin de proteger su necesidad más básica, el propio alimento que come.

¡Imagínese! Solo para comer, solo para suplir su necesidad más básica, el hombre tendría que luchar y pelear por controlar a la propia naturaleza.

Nota: La idea en este juicio específico no son solamente los espinos y los cardos, no solo el hombre luchando contra los espinos y los cardos a fin de comer. La idea es que la naturaleza ya no se encuentra bajo control. La naturaleza ya no va a producir abundancia para el hombre, no de un modo natural, ni ordenado, ni sistemático. Al hombre se le ha condenado a luchar contra la naturaleza, contra los espinos y los cardos de la naturaleza, contra toda la naturaleza a fin de suplir su necesidad más básica, la de la alimentación. La alimentación, la necesidad más básica del hombre, es solo un ejemplo de *todas las necesidades básicas* que él tiene. El hombre tiene que luchar contra la naturaleza por todas sus necesidades básicas, abrigo, vestiduras y alimentación. Él podría vivir sin abrigo ni vestiduras, pero él no podría vivir sin alimentación. Al parecer, Dios decidió hablar de la lucha por la alimentación porque era la necesidad más básica que tenía Adán. Pero, una vez más, sucede lo siguiente: La naturaleza ya no se encuentra bajo control, ya no es perfecta. Por lo tanto, la naturaleza produciría cosas buenas y malas, estaría bajo control y fuera de control. El hombre tenía que luchar contra la naturaleza por la supervivencia, tenía que luchar para suplir sus necesidades más básicas, incluso su necesidad de alimentación.

3. El hombre fue condenado a sudar para comer, a fin de controlar la naturaleza y suplir su necesidad más básica. Este elemento tiene dos aspectos:

a. La lucha del hombre contra la naturaleza es extenuante y difícil. Al hombre se le ha condenado a *sudar*, a trabajar duro, a fin de tener algo. Esto sucede incluso al garantizar su necesidad más básica, la alimentación. La lucha contra la tierra, contra la naturaleza y sus características irregulares e incontrolables, es una lucha extenuante y difícil. Las necesidades del hombre, sus necesidades más básicas, se deben satisfacer por medio del sudor, las lágrimas y el esfuerzo.

b. La lucha del hombre contra la naturaleza tiene que continuar, tiene que durar toda su vida, hasta que regrese a la tierra. Todo cuanto el hombre tiene y posee, incluso el alimento, es incierto desde la caída de Adán. Algún suceso, algún evento repentino e incontrolable en la naturaleza, puede arrebatarle al hombre todo cuanto tiene. El hombre está condenado a luchar por la supervivencia todos los días de su vida.

Pensamiento 1. La misericordia de Dios se ve en medio del juicio. El trabajo duro y el sudor del hombre producirán resultados. Él podrá alimentarse el mismo, podrá suplir las necesidades básicas de la vida. Pero note: El hombre debe trabajar y trabajar diligentemente a fin de suplir sus necesidades.

"Tomó, pues, Jehová Dios al hombre, y lo puso en el huerto de Edén, para que lo labrara y lo guardase" (Gn. 2:15).

"maldita será la tierra por tu causa; con dolor comerás de ella todos los días de tu vida. Espinos y cardos te producirá, y comerás plantas del campo. Con el sudor de tu rostro comerás el pan" (Gn. 3:17*c*-19*a*).

"Siervos, obedeced a vuestros amos terrenales con temor y temblor, con sencillez de vuestro corazón, como a Cristo" (Ef. 6:5).

"Siervos, obedeced en todo a vuestros amos terrenales, no sirviendo al ojo, como los que quieren agradar a los hombres, sino con corazón sincero, temiendo a Dios" (Col. 3:22).

"Todos los que están bajo el yugo de esclavitud, tengan a sus amos por dignos de todo honor, para que no sea blasfemado el nombre de Dios y la doctrina" (1 Ti. 6:1).

"Exhorta a los siervos a que se sujeten a sus amos, que agraden en todo, que no sean respondones" (Tit. 2:9).

"Criados, estad sujetos con todo respeto a vuestros amos; no solamente a los buenos y afables, sino también a los difíciles de soportar" (1 P. 2:18).

"Pasé junto al campo del hombre perezoso, y junto a la viña del hombre falto de entendimiento; y he aquí que por toda ella habían crecido los espinos, ortigas habían ya cubierto su faz, y su cerca de piedra estaba ya destruida" (Pr. 24:30-31).

"Por la pereza se cae la techumbre, y por la flojedad de las manos se llueve la casa" (Ec. 10:18).

"a fin de que no os hagáis perezosos, sino imitadores de aquellos que por la fe y la paciencia heredan las promesas" (He. 6:12).

3 (3:19b) ***Muerte — Juicio — Hombre:*** El hombre fue condenado a morir. Recuerde: Adán y el mundo fueron creados perfectos. En un mundo perfecto, hay fraternidad y comunión perfectas entre Dios y el hombre. Dios debe haber analizado *la muerte* con Adán cuando lo advirtió acerca del pecado y las consecuencias de la muerte. Dios debe haberle explicado a Adán lo que significaban el pecado y la muerte, su tragedia y sus consecuencias terribles. De la misma manera que comprendemos toda la tragedia y la consecuencia del pecado hoy día, lo comprendió Adán. Dios no lo habría dejado en la ignorancia de la misma manera que Él no nos ha dejado en la ignorancia a nosotros. Note tres puntos significativos acerca del juicio de la muerte:

1. El propio Adán trajo la muerte y la corrupción al

mundo. Dios había advertido a Adán: Si comía del fruto prohibido, ciertamente moriría (Gn. 2:17). Adán se alejó de Dios; desobedeció y rechazó la Palabra de Dios.

=> Adán puso en movimiento la ley de la desobediencia, del desorden y del desequilibrio que trae como resultado la corrupción.

A partir del momento del pecado de Adán, él y todo lo que se encontraba en el mundo experimentarían...

- envejecimiento
- deterioro
- descomposición
- desorden
- desequilibrio
- desgaste
- atrofia
- regreso al polvo

2. El juicio sobre Adán fue el juicio sobre toda la humanidad. Adán era el padre de la raza humana. La historia, la experiencia y la Biblia, las tres, proclaman el juicio de la maldición de la tierra y la muerte del hombre. Adán representa una figura decorativa, un hombre representativo, para todos los hombres (vea la nota, Ro. 5:12-14 para un mayor análisis).

3. Adán fue condenado a la muerte. ¿Qué quiere decir *la muerte*? ¿Qué quiere decir *morir*? (Vea el *Estudio a fondo 3*, Gn. 2:17 para un análisis.)

ESTUDIO A FONDO 1

(3:19) ***Jesucristo — Juicio:*** Matthew Henry proporciona una excelente descripción de cómo la muerte de Jesucristo dio respuesta al juicio pronunciado sobre el pecado de nuestros primeros padres, Adán y Eva (*Comentario de Matthew Henry*, vol. 1, pp. 33-34.) Matthew Henry pregunta:

1. ¿El pecado trajo tribulaciones al mundo? Las Escrituras declaran:
    - Que la muerte de Cristo fue "la aflicción de su alma" (Is. 53:11).
    - Que el dolor de la muerte que lo retuvo fue un dolor (*odinai*) como las penalidades (*odinai*) de una mujer (Hch. 2:24). Note que las dos palabras hebreas son las mismas.
2. ¿Trajo el pecado sujeción al mundo? Cristo fue hecho "bajo la ley," sujeto a la ley, con el propósito mismo de morir por las transgresiones de la ley (Gá. 4:4-5).
3. ¿Trajo el pecado la maldición sobre el mundo y el hombre? Cristo fue hecho maldición por nosotros (Gá. 3:13).
4. ¿Trajo el pecado espinos a la tierra? Cristo soportó una corona de espinas por nosotros (Mr. 15:17).
5. ¿Trajo el pecado sudor al mundo? Cristo sudó lágrimas de sangre por nosotros (Lc. 22:44; cp. He. 12:4).
6. ¿Trajo el pecado dolor al mundo? Cristo fue el hombre de los dolores. Su muerte implicó tanta agonía que el dolor de su alma casi lo mata (Mt. 26:38; Mr. 14:34).
7. ¿ Trajo el pecado la muerte al mundo? Él fue obediente hasta la muerte, incluso la muerte de cruz (Fil. 2:8).

1 Adán nombra a la mujer, Eva: Él cree en	**K. La primera provisión de Dios para el hombre: Dios provee vida y vestiduras (justicia) para el hombre, 3:20-21** 20 Y llamó Adán el nombre	de su mujer, Eva, por cuanto ella era madre de todos los vivientes. 21 Y Jehová Dios hizo al hombre y a su mujer túnicas de pieles, y los vistió.	la provisión de Dios de nacimiento y vida 2 Dios provee vestiduras para el hombre y la mujer, vestiduras a través del sacrificio

DIVISIÓN II

ADÁN, EL PRIMER HOMBRE (PARTE 1): EL PRINCIPIO DE LA HUMANIDAD Y DE LA SIMIENTE PIADOSA: LO QUE LE SUCEDIÓ AL HOMBRE Y A LA TIERRA, 2:4—3:24

K. La primera provisión de Dios para el hombre: Dios provee vida y vestiduras (justicia) para el hombre, 3:20-21

(3:20-21) ***Introducción:*** El primer juicio se acaba de pronunciar sobre el hombre y la mujer. Tanto el hombre como su mundo han sido juzgados para sufrir bajo la corrupción de la imperfección. El hombre, trágicamente, lucharía por la supervivencia en un mundo hostil y maligno, un mundo que finalmente le arrebatará su vida. El hombre es condenado al destino más terrible que se pueda imaginar, la maldición de la muerte y la separación eterna de Dios, a menos que Dios pueda salvarlo. Este es el tema de este gran pasaje: "La primera provisión de Dios para el hombre: Dios provee vida y vestiduras (Justicia) para el hombre".

1. Adán nombra a la mujer, Eva: Él cree en la provisión de Dios de nacimiento y vida (v. 20).
2. Dios provee vestiduras para el hombre y la mujer, vestiduras a través del sacrificio (v. 21).

[1] (3:20) ***Eva — Vida — Fe — Creencia — Salvación:*** Adán nombra a la mujer, Eva: Él cree en la provisión de Dios de nacimiento y vida. Esta es la primera vez que aparece el nombre de *Eva* en las Escrituras. En ocasiones pasamos por alto este elemento, de tal manera que con frecuencia nos referimos a *Eva* cuando hablamos de la creación y de la caída del hombre y la mujer al pecado. Pero las Escrituras nunca se refieren a la mujer como *Eva* en estos relatos. A ella se le ha llamado "hembra" (Gn. 1:27); "ayuda idónea" o "ayuda apropiada" (Gn. 2:18); "varona" (Gn. 2:24-25; 3:8, 17, 20-21); y por lo general "mujer" (Gn. 2:22-23; 3:1-2, 4, 6, 12-13, 15-16). Pero ahora Adán nombra a su esposa, y el nombre que él le da es muy significativo. El nombre de *Eva* (*chavvah*) significa vivir, dar vida o la madre de todos los vivientes. Diferentes comentaristas le dan a la palabra hebrea diferentes matices de significado, como respirar, propagar la vida y darle vida a la simiente *("El comentario del púlpito",* vol. 1, p. 72). Pero el significado fundamental del nombre es *vida*. "Eva" significa dar vida, hacer brotar la vida, propagar la vida. Note la última parte del versículo. Esta es exactamente la razón por la que Adán nombró a su esposa Eva: Ella era la madre de todos los vivientes.

Según se ha planteado, esto es muy significativo. Cuando Adán nombró *Eva* a su esposa, él estaba actuando por fe. Recuerde: Eva no tenía hijos; no había nacido ningún hijo todavía. Adán ni siquiera conocía las implicaciones del embarazo ni del parto, todavía no, porque todavía no había ocurrido ningún embarazo ni ningún nacimiento. Al nombrar a su esposa *Eva*, Adán estaba demostrando que él aceptaba y creía en la Palabra de Dios, la promesa de Dios. ¿Qué Palabra, qué promesa?

1. Primero, estaba la promesa hecha por Dios en los versículos 15 y 16, la promesa de que Eva *daría la simiente y daría a luz hijos.*
   => Note la promesa hecha en el versículo 15 donde Dios está juzgando a Satanás. Dios dice que habrá enemistad, hostilidad, entre la simiente del diablo (los seguidores) y la simiente de la mujer (los creyentes). Dios plantea claramente que la mujer dará a luz la simiente o hijos.
   => Note la promesa hecha en el versículo 16 donde Dios está juzgando a la mujer. Dios plantea claramente que ella quedará embarazada y "dará a luz los hijos".
2. Segundo, estaba la promesa hecha por Dios en la última parte del versículo 15, la promesa de que Eva daría a luz una simiente, un hijo en particular, que heriría a la serpiente o Satanás en la cabeza. Al hablar de la serpiente o Satanás, Dios dijo claramente,

> **"Y pondré enemistad entre ti y la mujer, y entre tu simiente y la simiente suya; ésta te herirá en la cabeza, y tú le herirás en el calcañar" (Gn. 3:15).**

Sucede lo siguiente: Adán creyó en la Palabra de Dios; él creyó en estas dos promesas de Dios. Recuerde, según se ha señalado, Adán y Eva no tenían hijos, todavía no. No tenían experiencia en tener hijos; no tenían forma alguna de saber que podían siquiera tener hijos, no después de haber pecado. La única manera en que Adán podía saber que su esposa iba a tener hijos era que Dios se lo dijera. Y eso hizo Dios; esto se dice claramente en los dos pasajes abordados anteriormente (vv. 15-16). Adán creyó en Dios, creyó en la Palabra y en las promesas de Dios. Por ende, él nombró a su querida esposa Eva, lo que significa *vida*. Su esposa daría a luz hijos y más importante aún, ella daría a luz a *la Simiente prometida* o el Salvador que los salvaría a ellos y a sus hijos.

Observe esto también: La fe, la fe verdadera, siempre implica arrepentimiento. Una persona que cree verdaderamente en Dios siempre se arrepiente. Siempre se aleja del pecado y se vuelve a Dios, completa y plenamente. Esto quiere decir que Adán se arrepintió de su pecado, se arrepintió verdaderamente.

Pensamiento 1. Adán constituye un ejemplo dinámico para nosotros, un ejemplo dinámico de la fe. Él no sabía nada, absolutamente nada, sobre el proceso del nacimiento. Él:

- Nunca antes había *visto* a una mujer embarazada.
- Nunca había *tocado* a un bebé.
- Nunca había *oído* llorar a un bebé.

Todo con cuanto Adán contaba era la pura Palabra y promesa de Dios, que Dios le daría vida al mundo, la vida de todos los seres humanos y la vida de una persona en particular, el Salvador.

A nosotros nos hacen la misma promesa. Ya tenemos vida en la tierra como seres humanos, pero de la misma manera que Adán y Eva fueron condenados a morir, estamos condenados nosotros a morir. Sin embargo, no tenemos que morir. Podemos tener la vida del Salvador. Podemos ser salvados del juicio de la muerte tal como lo fueron Adán y Eva. Podemos vivir para siempre por medio de la cruz de *la Simiente prometida*, el Señor Jesucristo. ¿Cómo? Haciendo lo que hizo Adán: Creyendo y aceptando la Palabra y promesa de Dios. Contamos con lo mismo que contaba Adán, la Palabra de Dios y la promesa de la vida. Todo cuanto tenemos que hacer es creer, creer verdaderamente y dedicar nuestra vida a la Palabra y la promesa de Dios acerca de Jesucristo.

> **"En él estaba la vida, y la vida era la luz de los hombres" (Jn. 1:4).**
>
> **"Porque de tal manera amó Dios al mundo, que ha dado a su Hijo unigénito, para que todo aquel que en él cree, no se pierda, mas tenga vida eterna" (Jn. 3:16).**
>
> **"De cierto, de cierto os digo: El que oye mi palabra, y cree al que me envió, tiene vida eterna; y no vendrá a condenación, mas ha pasado de muerte a vida" (Jn. 5:24).**
>
> **"El ladrón no viene sino para hurtar y matar y destruir; yo he venido para que tengan vida, y para que la tengan en abundancia" (Jn. 10:10).**
>
> **"Le dijo Jesús: Yo soy la resurrección y la vida; el que cree en mí, aunque esté muerto, vivirá" (Jn. 11:25).**
>
> **"Pero éstas se han escrito para que creáis que Jesús es el Cristo, el Hijo de Dios, y para que creyendo, tengáis vida en su nombre" (Jn. 20:31).**
>
> **"pero que ahora ha sido manifestada por la aparición de nuestro Salvador Jesucristo, el cual quitó la muerte y sacó a luz la vida y la inmortalidad por el evangelio" (2 Ti. 1:10).**
>
> **"Y éste es el testimonio: que Dios nos ha dado vida eterna; y esta vida está en su Hijo. El que tiene al Hijo, tiene la vida; el que no tiene al Hijo de Dios no tiene la vida" (1 Jn. 5:11-12).**

[2] (3:21) ***Sacrificio — Necesidades básicas — Necesidades — Justicia:*** Dios provee vestiduras para el hombre y la mujer, vestiduras a través del sacrificio. Note que el propio Dios hace las vestiduras para Adán y Eva, y que Él mismo los viste. Este versículo, como cualquier otro, demuestra el amor y cuidado enormes de Dios para con el hombre y la mujer. Note exactamente lo que hizo Dios:

1. El propio Dios suplió al hombre y a la mujer en sus necesidades de primer orden para la vida. El mundo se había corrompido por el pecado. Ahora estaba sufriendo el desorden y la confusión de la naturaleza, con un clima riguroso y peligroso. El hombre y la mujer pronto serían expulsados del Huerto del Edén y echados al mundo. Las únicas vestiduras que tenían estaban hechas de hojas de higuera y las hojas de higuera nunca durarían ni los protegerían del clima severo. Necesitaban una de las necesidades más básicas de la vida, las vestiduras. Pero no tenían idea de cómo suplir su necesidad; no tenían idea de cómo garantizar vestiduras más fuertes que duraran y los protegieran más. Habían vivido en un mundo perfecto donde no había clima riguroso ni tampoco necesidad de vestiduras fuertes.

Pero observe lo siguiente: Dios lo sabía. Dios sabía cómo el pecado había corrompido la tierra, cuán frío se tornaba el clima en ocasiones y cuán violenta la naturaleza y el clima en ocasiones reaccionaban. Dios sabía que las hojas de higuera nunca durarían ni les proveerían la protección que Adán y Eva necesitaban; por lo tanto, Dios proveyó para sus necesidades. El propio Dios hizo vestiduras para el hombre y la mujer, y el propio Dios les puso las vestiduras sobre sus hombros. Imagínese este acto tierno, poniéndoles las pieles realmente sobre sus hombros. Dios le demostró al hombre y a la mujer cómo hacer vestiduras y cómo vestirse.

Es necesario hacer una pregunta en este momento: ¿Por qué Dios hizo eso? Hay al menos dos razones:

=> Dios quería demostrar su gran amor y cuidado por el hombre y la mujer. Dios nos ama y cuida de nosotros; por eso, Dios siempre nos tiende una mano para demostrarnos su amor y cuidado.

=> Dios quería enseñarles al hombre y a la mujer que Él se ocuparía de sus necesidades. Dios siempre suplirá nuestras necesidades si nosotros confiamos en Él y lo obedecemos. Adán y Eva necesitaban aprender esta gran lección al disponerse a iniciar su viaje juntos en el mundo cruel y violento del pecado y el mal.

Esta es la misma lección que necesitamos aprender. Dios suplirá nuestras necesidades, nuestras necesidades básicas, siempre, de la misma manera que Él suplió las de Adán y Eva. Pero Él nos puede ayudar solo si se lo permitimos, solo si confiamos en Él y lo obedecemos, solo si hacemos lo que Él dice:

> **"pero si tu ojo es maligno, todo tu cuerpo estará en tinieblas. Así que, si la luz que en ti hay es tinieblas, ¿cuántas no serán las mismas tinieblas?" (Mt. 6:23; cp. 6:25-33).**
>
> **"Mi Dios, pues, suplirá todo lo que os falta conforme a sus riquezas en gloria en Cristo Jesús" (Fil. 4:19).**
>
> **"echando toda vuestra ansiedad sobre él, porque él tiene cuidado de vosotros" (1 P. 5:7).**
>
> **"Mas a Jehová vuestro Dios serviréis, y él bendecirá tu pan y tus aguas; y yo quitaré toda enfermedad de en medio de ti" (Éx. 23:25).**
>
> **"¡Cuán grande es tu bondad, que has guardado para los que te temen, que has mostrado a los que esperan en ti, delante de los hijos de los hombres!" (Sal. 31:19).**
>
> **"Ten misericordia de mí, oh Dios, ten misericordia de mí; porque en ti ha confiado mi alma, y en la som-**

bra de tus alas me ampararé hasta que pasen los quebrantos" (Sal. 57:1).

"Porque fuiste fortaleza al pobre, fortaleza al menesteroso en su aflicción, refugio contra el turbión, sombra contra el calor; porque el ímpetu de los violentos es como turbión contra el muro" (Is. 25:4).

"No temas, porque yo estoy contigo; no desmayes, porque yo soy tu Dios que te esfuerzo; siempre te ayudaré, siempre te sustentaré con la diestra de mi justicia" (Is. 41:10).

2. Dios le enseñó al hombre y a la mujer que el pecado provoca las cosas más terribles que se puedan imaginar, incluso la muerte. Note lo que Dios usó para vestir al hombre y la mujer: Las pieles de animales. Imagínese a Adán y a Eva parados allí mientras mataban a los animales. Nunca antes habían visto la sangre ni la agonía, el dolor y el sufrimiento de la muerte. Deben haber estado allí impactados, estupefactos del horror y la devastación del pecado. Cuando se mataron los animales, Adán y Eva aprendieron los resultados terribles del pecado.

a. Adán y Eva aprendieron que el reino animal se lanzó en un completo desorden y confusión. Aprendieron que el pecado le había provocado un sufrimiento y dolor terribles al mundo animal de la tierra.

b. Adán y Eva aprendieron que todo el mundo, toda la vida y la naturaleza, incluso la propia vida de ellos, se lanzó en una completa confusión y desorden. El pecado conlleva a la corrupción y a la muerte.

c. Adán y Eva aprendieron lo que significaba la muerte. Un temor increíble debe haber sobrecogido el corazón de cada uno de ellos. Dios los había advertido, si pecaban, morirían. Ahora, Adán y Eva sabían exactamente lo que significaba la muerte. Cada muerte que presenciaran en el futuro les recordaría para siempre:
- Que ellos, también, pronto morirían.
- Que ellos debían confiar en Dios para tener vida después de la muerte.

d. Adán y Eva aprendieron lo que significaba la misericordia y cuánto dependían de la misericordia de Dios. Dios los había advertido: Si pecaban, morirían. Pero note: La muerte se les demoró. Les permitieron vivir en la tierra durante algunos años y demostrar su confianza en Dios y que merecían vivir con Dios para toda la eternidad.

"Y muchos de los que duermen en el polvo de la tierra serán despertados, unos para vida eterna, y otros para vergüenza y confusión perpetua" (Dn. 12:2).

"E irán éstos al castigo eterno, y los justos a la vida eterna" (Mt. 25:46).

"Trabajad, no por la comida que perece, sino por la comida que a vida eterna permanece, la cual el Hijo del Hombre os dará; porque a éste señaló Dios el Padre" (Jn. 6:27).

"Todos los que antes de mí vinieron, ladrones son y salteadores; pero no los oyeron las ovejas" (Jn. 10:28).

"vida eterna a los que, perseverando en bien hacer, buscan gloria y honra e inmortalidad" (Ro. 2:7).

"Mas ahora que habéis sido libertados del pecado y hechos siervos de Dios, tenéis por vuestro fruto la santificación, y como fin, la vida eterna. Porque la paga del pecado es muerte, mas la dádiva de Dios es vida eterna en Cristo Jesús Señor nuestro" (Ro. 6:22-23).

"Porque el ocuparse de la carne es muerte, pero el ocuparse del Espíritu es vida y paz" (Ro. 8:6).

"atesorando para sí buen fundamento para lo por venir, que echen mano de la vida eterna" (1 Ti. 6:19).

"en la esperanza de la vida eterna, la cual Dios, que no miente, prometió desde antes del principio de los siglos" (Tit. 1:2).

"Y esta es la promesa que él nos hizo, la vida eterna" (1 Jn. 2:25).

"conservaos en el amor de Dios, esperando la misericordia de nuestro Señor Jesucristo para vida eterna" (Jud. 21).

3. Dios suplió la necesidad del hombre y de la mujer para encubrir su vergüenza. Cuando Adán y Eva pecaron, de inmediato se vieron afectados emocional y espiritualmente: De inmediato sintieron culpabilidad y vergüenza.

Antes de pecar, eran perfectos: No tenían sentimiento de culpabilidad, vergüenza, pecado, mal, error, ni desnudez. No tenían sentimiento negativo alguno de ningún tipo. Según se analizó en el pasaje anterior, es muy probable que Adán y Eva hubieran estado vestidos con la luz resplandeciente de la gloria y la perfección (vea las notas, Gn. 1:26; 3:7). Pero el pecado cambió todo esto: El pecado corrompió al hombre y a la mujer, los despojó de la gloria y la perfección. Se volvieron conscientes del pecado, de que habían obrado mal y de que eran culpables de una mal obrar. Sintieron culpabilidad y vergüenza; se volvieron conscientes de su desnudez. Recuerde: Habían echado a correr hacia los arbustos y se habían hecho delantales de hojas de higueras.

Sucede lo siguiente: Después de su confesión y arrepentimiento, después de haberse reconciliados con Dios, Dios vistió a Adán y a Eva. El propio Dios cubrió su vergüenza con vestiduras. Esto les enseñó dos cosas a Adán y a Eva:

=> Solo Dios podía cubrir sus sentimientos de vergüenza y culpabilidad.

=> Solo Dios podía hacerlos sentirse bien de corazón, en su alma y espíritu interior.

Pensamiento 1. Por supuesto, esto apunta a la justicia de Jesucristo, la justicia que debe vestir a cada persona que desea ser acepto ante Dios. La única manera en que una persona puede tener cubiertas su culpabilidad y vergüenza es estar vestidos con la justicia de Cristo. La justicia de Jesucristo solamente:
- Puede cubrir la culpabilidad y vergüenza del pecado.
- Puede vestir a una persona con la justicia que Dios acepta.

"Al que no conoció pecado, por nosotros lo hizo pecado, para que nosotros fuésemos hechos justicia de Dios en él" (2 Co. 5:21).

"y vestíos del nuevo hombre, creado según Dios en la justicia y santidad de la verdad" (Ef. 4:24; cp Ro. 13:14; Col. 3:10; Is. 61:10).

"a quien Dios puso como propiciación por medio de la fe en su sangre, para manifestar su justicia, a causa de haber pasado por alto, en su paciencia, los pecados pasados" (Ro. 3:25).

4. Dios les enseñó al hombre y a la mujer que el sacrificio de la vida era necesario para vestir su vergüenza. Nuevamente, note cómo Dios vistió a Adán y a Eva: Matando a varios animales, tomando la vida y derramando la sangre de otros. Tuvo que sacrificarse la vida de los animales a fin de vestir la vergüenza y culpabilidad que el hombre y la mujer sentían. Adán y Eva iban a asimilar esta realidad mientras presenciaran la matanza. Recuerde: Habían sido perfectos en inteligencia y el pecado no había tenido tiempo todavía de afectarles demasiado la mente. Adán y Eva ciertamente podían ver y razonar lo que estaba sucediendo: Se estaba tomando una vida a fin de vestirlos. Se estaba sustituyendo una vida a fin de cubrir la vergüenza y culpabilidad que sentían, a fin de reconciliarlos con Dios.

Observe otro elemento también. Las Escrituras no dicen esto, pero el sentido común y la lógica ciertamente apuntan a esto: Dios amaba a Adán y a Eva de la misma manera que nos ama a nosotros. Después de todo, serían los padres de toda la raza humana. Dios tiene que haberles enseñado la necesidad del sacrificio a fin de ser salvos:

- Tiene que haberles enseñado lo que Él estaba haciendo al sacrificar los animales, que Él estaba vistiendo su sentimiento de vergüenza y culpabilidad.
- Tiene que haberles enseñado que el sacrificio del Salvador venidero era necesario para salvarlos.
- Tiene que haberles enseñado que la herida de la serpiente (Satanás) por la simiente de la mujer se refería al Salvador y al sacrificio que Él haría por el hombre y la mujer.
- Tiene que haberles enseñado que la herida de la serpiente (Satanás) en la cabeza se llevaría a cabo con la muerte del Salvador.
- Tiene que haberles enseñado que el propio Salvador daría su vida como su sustituto, que Él moriría por sus pecados (como su rescate y propiciación).
- Tiene que haberles enseñado que fue por la sangre del sacrificio que fueron reconciliados con Dios.

Algunas personas pueden argumentar que Dios no les reveló todo esto a Adán y a Eva, que las Escrituras no dicen nada al respecto, que tal revelación exhaustiva pasa por alto la revelación progresiva. Con toda honestidad, tales argumentos pueden ser ciertos. Pero observe los siguientes elementos:

Primero, a Adán y a Eva los habían creado perfectos, lo que significa perfectos en capacidad de razonar, aprender, asimilar y pensar las cosas. *Acababan de caer* en pecado, por tanto el pecado no podía haber afectado tanto su capacidad de razonamiento, todavía no. Tomaría tiempo. Cierto, la mente de cada uno de ellos se volvería cada vez más depravada al cometer pecado tras pecado. Pero no había pasado ese tiempo para Adán y Eva. Algunas personas pueden argumentar que la mente y su capacidad de razonamiento estaban tan totalmente corrompidas por el pecado que Adán y Eva no podían darse cuenta de lo que Dios estaba haciendo. Esto es muy improbable. Esto provocaría que la mente de cada uno de ellos y capacidad de razonamiento serían mucho menores que las nuestras hoy. La capacidad de razonamiento de la mente humana es fenomenal a pesar del pecado y la depravación. Este elemento se demuestra cada día en el mundo moderno a través de la tecnología, la ciencia y la medicina. Sucede lo siguiente: Adán y Eva, aunque se les quitara todo excepto su capacidad de razonamiento, ciertamente podrían asimilar algo de lo que Dios estaba haciendo. Se iban a dar cuenta de que a los animales los estaban matando y sacrificando a fin de que Dios cubriera su vergüenza y su culpabilidad. Iban a razonar *al menos* este elemento.

Segundo, Dios amaba a Adán y Eva. ¿Por qué Él no iba a explicarles lo que Él estaba haciendo con ellos?

Tercero, Adán y Eva eran los padres de toda la raza humana. No existía nadie más. Lo que Dios quisiera que la raza humana supiera, Dios tenía que enseñárselo a Adán y a Eva para que a su vez ellos se lo enseñaran a sus hijos. Una de las lecciones que Dios quería que el hombre aprendiera era la siguiente: Cómo se debían a acercar a Él, a Dios. Se debían acercar a Él por medio del sacrificio, el sacrificio de una vida por una vida, la de un sustituto. ¿Por qué Dios no querría hacerles saber la verdad más básica de todas, la necesidad más básica de todas las necesidades que tiene el hombre, a Adán y a Eva?

La realidad es, que Dios sí lo hizo. Las Escrituras nos muestran que Dios les dijo a Adán y a Eva que se debían acercar a Él por medio del sacrificio. Ellos les enseñaron a sus hijos cómo acercarse a Dios. Esto se ve en el sacrificio de su hijo Abel y en el hecho de que Dios aceptó su sacrificio.

"Y Abel trajo también de los primogénitos de sus ovejas, de lo más gordo de ellas. Y miró Jehová con agrado a Abel y a su ofrenda" (Gn. 4:4).

Cuarto, Adán y Eva iniciaron la vida en un mundo perfecto y conocieron la comunión perfecta con Dios. En un mundo perfecto Dios hablaría todo lo que fuera necesario con su pueblo. Incluso después del primer pecado, el amor de Dios ciertamente haría que el hombre echara a andar por el camino correcto. Dios ciertamente le diría al hombre en detalles cómo el hombre debía adorar y acercarse a Dios y que Dios iba a proveer un Salvador para el hombre.

Esto es lo que enseña este versículo, Génesis 3:21. Dios les enseñó a Adán y a Eva que debían acercarse a Él por medio del sacrificio, del derramamiento de sangre. Luego Adán y Eva se lo enseñaron a sus hijos. No todos los hijos hicieron caso y aprendieron (Caín), como todas las personas no hacen caso ni aprenden hoy día. No obstante, solo hay un camino para acercarse a Dios, solo un camino que Dios acepta:

=> El camino del sacrificio.
=> El camino de su Hijo y el sacrificio de la vida de su preciado Hijo por nuestra vida.

Pensamiento 1. Jesucristo murió por nuestros pecados, murió en nuestro lugar, por nosotros, como nuestro sustituto. Jesucristo asumió sobre sí nuestros pecados y soportó la pena y el castigo de nuestros pecados, soportó el juicio por nosotros. Jesucristo sacrificó su vida por nosotros. Por eso, podemos pararnos delante de Dios *sin pecado, perfectamente justos*, todo porque Cristo ha eliminado de nosotros nuestros pecados. Somos aceptos ante Dios porque nos considera impecables y nos *considera impecables* porque Jesucristo tomó nuestros pecados y soportó por nosotros el castigo.

Pero observe: Esto sucede solamente cuando confiamos, confiamos verdaderamente, en Jesucristo como nuestro Salvador, solo cuando confiamos tanto en Cristo que encomendamos nuestra vida a Él en un compromiso total. Es entonces que Dios considera a Cristo como nuestro sustituto, es entonces y solo entonces que Dios considera nuestros pecados como perdonados, como que Cristo los ha soportado y ha pagado por ellos.

"porque esto es mi sangre del nuevo pacto, que por muchos es derramada para remisión de los pecados" (Mt. 26:28).

"Porque Cristo, cuando aún éramos débiles, a su tiempo murió por los impíos" (Ro. 5:6).

"Pues mucho más, estando ya justificados en su sangre, por él seremos salvos de la ira" (Ro. 5:9).

"Porque primeramente os he enseñado lo que asimismo recibí: Que Cristo murió por nuestros pecados, conforme a las Escrituras" (1 Co. 15:3).

"El siguiente día vio Juan a Jesús que venía a él, y dijo: He aquí el Cordero de Dios, que quita el pecado del mundo" (Jn. 1:29).

"el cual se dio a sí mismo por nuestros pecados para librarnos del presente siglo malo, conforme a la voluntad de nuestro Dios y Padre" (Gá. 1:4).

"en quien tenemos redención por su sangre, el perdón de pecados según las riquezas de su gracia" (Ef. 1:7).

"quien se dio a sí mismo por nosotros para redimirnos de toda iniquidad y purificar para sí un pueblo propio, celoso de buenas obras" (Tit. 2:14).

"¿cuánto más la sangre de Cristo, el cual mediante el Espíritu eterno se ofreció a sí mismo sin mancha a Dios, limpiará vuestras conciencias de obras muertas para que sirváis al Dios vivo?" (He. 9:14).

"Y casi todo es purificado, según la ley, con sangre; y sin derramamiento de sangre no se hace remisión" (He. 9:22).

"sabiendo que fuisteis rescatados de vuestra vana manera de vivir, la cual recibisteis de vuestros padres, no con cosas corruptibles, como oro o plata, sino con la sangre preciosa de Cristo, como de un cordero sin mancha y sin contaminación" (1 P. 1:18-19).

"En esto hemos conocido el amor, en que él puso su vida por nosotros; también nosotros debemos poner nuestras vidas por los hermanos" (1 Jn. 3:16).

1 **El problema de Dios: El hombre había pecado; sabía no solo el bien, sino el mal**[EF1] 2 **La decisión de Dios: Al hombre no se le debe permitir vivir para siempre como pecador**	**L. El primer acto de liberación o salvación: Se salva al hombre de vivir para siempre como pecador en un mundo caído, 3:22-24** 22 Y dijo Jehová Dios: He aquí el hombre es como uno de nosotros, sabiendo el bien y el mal; ahora, pues, que no alargue su mano, y tome también del árbol de la vida, y coma, y viva para siempre.	23 Y lo sacó Jehová del huerto del Edén, para que labrase la tierra de que fue tomado. 24 Echó, pues, fuera al hombre, y puso al oriente del huerto de Edén querubines, y una espada encendida que se revolvía por todos lados, para guardar el camino del árbol de la vida.	**en un mundo caído** 3 **La liberación o salvación de Dios** a. Dios liberó al hombre echándolo del Huerto del Edén b. Dios liberó al hombre apostando seres angélicos, querubines, para guardar la entrada al árbol de la vida[EF2, 3]

DIVISIÓN II

ADÁN, EL PRIMER HOMBRE (PARTE 1): EL PRINCIPIO DE LA HUMANIDAD Y DE LA SIMIENTE PIADOSA: LO QUE LE SUCEDIÓ AL HOMBRE Y A LA TIERRA, 2:4—3:24

L. El primer acto de liberación o salvación: Se salva al hombre de vivir para siempre como pecador en un mundo caído, 3:22-24

(3:22-24) ***Introducción:*** Dios creó al hombre para bendecirlo más de lo que se pueda imaginar (vea el bosquejo y notas, Gn. 2:15-17 para un análisis). Pero el hombre se alejó de Dios y lo rechazó. ¿Qué debía hacer Dios? ¿Debía dejar que se frustrara su propósito con el hombre? Eso era imposible, absolutamente imposible, porque Él es Dios y los propósitos de Dios nunca se pueden frustrar. Por lo tanto, Dios hizo exactamente lo que le había dicho al hombre que Él haría si el hombre se rebelaba contra Él:

=> Dios juzgó al hombre (vea los resúmenes y notas, Gn. 3:14-19 para un análisis).

=> Pero Dios también volvió a darle curso a sus propósitos. Dios obró una vía para que el hombre recibiera vida y vestiduras, las vestiduras de la justicia (vea el bosquejo y las notas, Gn. 3:20-21).

Ya esto lo hemos visto y estudiado. Pero ahora, Dios tiene aún un problema más de qué ocuparse. Aún queda una cosa más por hacer. Dios debe liberar y salvar al hombre de vivir para siempre como pecador en un mundo caído. Este es el análisis de este gran pasaje: "El primer acto de liberación o salvación: Se salva al hombre de vivir para siempre como pecador en un mundo caído".

1. El problema de Dios: El hombre había pecado; sabía no solo el bien, sino el mal (v. 22).
2. La decisión de Dios: Al hombre no se le debe permitir vivir para siempre como pecador en un mundo caído (v. 22).
3. La liberación o salvación de Dios (vv. 23-24).

[1] (3:22) ***Hombre — Pecado — Mal:*** El problema de Dios era el siguiente: El hombre había pecado; el hombre sabía no solo el bien, sino el mal. A causa del mal, sobre el hombre y su mundo caerían consecuencias catastróficas. Cómo salvar al hombre y a su mundo de estas consecuencias catastróficas, cómo llevar a cabo aún su propósito eterno con el hombre y el mundo, era el problema que arrostraba Dios. Ahora bien, ¿qué quieren decir las Escrituras cuando dicen que el hombre sabe el mal? Quiere decir al menos dos cosas.

1. Saber el mal quiere decir que el hombre se ha *corrompido él mismo personalmente*. Cuando Dios creó al hombre, el hombre era perfecto, sin defectos de ningún tipo. Además, al hombre se le dio un entorno perfecto: Al hombre se le colocó en un mundo perfecto e incluso había más, a él se le dio el *Huerto del Edén*, el paraíso más hermoso y abundante que se pudiera imaginar. El hombre tenía toda la plenitud de la vida e iba a vivir para siempre. Él se encontraba en utopía, lo poseía todo, toda la provisión, seguridad, gozo y felicidad, que pudiera querer. Y encima de eso, se le dio autoridad y dominio sobre todo el mundo (vea el *Estudio a fondo 3*, Gn. 1:28 para un análisis). Pero incluso había más, en el Edén el hombre contaba con la presencia misma de Dios. El hombre hablaba y fraternizaba con Dios frente a frente. El Huerto del Edén era la ilustración misma del cielo en la tierra, de lo que serán los nuevos cielos y tierra. Cuando Dios creó al hombre, Él le dio todo al hombre *con perfección.* El hombre era perfecto y su entorno era perfecto. Pero el hombre pecó. El hombre:

- Se alejó de Dios.
- Se rehusó a seguir a Dios.
- Rechazó a Dios.
- Desobedeció el mandamiento de Dios (la Palabra).
- Se rebeló contra Dios.

Esto es lo que Dios quiere decir con mal. El mal consiste en:

- Alejarse de Dios.
- Rehusarse a seguir a Dios.
- Rechazar a Dios.
- Desobedecer el mandamiento de Dios (la Palabra).
- Rebelarse contra Dios.

Eso es lo que había hecho Adán, se había alejado de Dios y había tomado el fruto prohibido. Ahora Adán sabía el mal.

=> Adán se había alejado de Dios; había decidido estar alienado de Dios, había decidido andar por la vida por su cuenta.
=> Adán se había rehusado a obedecer el camino perfecto de Dios; él había decidido seguir su propio camino en la vida, hacer lo que le pareciera.
=> Adán había rechazado la vida de Dios que es vida eterna; había decidido no vivir más con Dios.
=> Adán había desobedecido el mandamiento de Dios (la Palabra); él había decidido no ser impecable y perfecto.
=> Adán se había rebelado contra Dios; él había decidido no vivir en la presencia y mundo perfectos de Dios.

Adán era culpable delante de Dios y fue condenado. Ahora Adán sabía el mal; Adán había actuado contra Dios. Él había cometido un mal terrible contra Dios.

Antes de que Adán pecara, él no sabía nada acerca del mal, nada en lo absoluto. Pero después que pecó, él supo el mal. Adán se corrompió personalmente.

2. Saber el mal quiere decir que el hombre ha *experimentado el mal personalmente*. Observe lo que dicen las Escrituras:

> **"Y dijo Jehová Dios: He aquí el hombre es como uno de nosotros, *sabiendo* el bien y el mal" (v. 22).**

Se dice que el hombre sabe el mal de la misma manera que Dios sabe el mal. Pero hay una diferencia vasta entre el conocimiento del mal por parte de Dios y el del hombre.

a. Dios sabe el mal porque Él ve el mal como yace esparcido delante de Él. Dios no sabe el mal por experiencia. Dios no piensa mal ni hace mal. Dios sabe el mal solo en el sentido de que Él lo ve como ocurre, como otros lo cometen. Pero cuán terrible es esto. Piense nada más en el dolor que desgarra el corazón de Dios cuando se hace mal, cuando se le rechaza, desobedece y se le hace oposición. Todo pensamiento y acto maligno desgarra el corazón de Dios y le provoca un dolor horrible para nosotros imposible de conocer.

¿Cuánto mal Dios conoce? Todo pensamiento y acto maligno de la tierra. Dios ve incluso todas las ramificaciones, cada recodo, todo pensamiento y acto maligno. Dios ve y sabe:

- La primera manifestación de un pensamiento maligno que pasa por nuestra mente.
- El abrigo del pensamiento maligno.
- El despertar inicial del deseo o lujuria maligna.
- La decisión de hacer el mal.
- El acto real del mal.

Nada se esconde de Dios. Dios lo ve y lo sabe todo, cada pensamiento y acto maligno de la tierra. Así es como Dios conoce el mal, no por experiencia, sino al ver el mal esparcido ante Él. Dios ve como ocurre el mal, como otros piensan en el mal y hacen mal. Peor con el hombre no sucede así.

b. El hombre sabe el mal por experiencia personal. El hombre piensa en el mal y hace el mal. El hombre abriga pensamientos malignos y el hombre comete malignos. El hombre se ha lanzado al mal y ha aprendido lo que es el mal por experiencia.

Este fue el gran problema que Dios arrostraba. El hombre había pecado y ahora era imperfecto y corrupto. Dios había creado al hombre para bendecirlo más de lo imaginable, pero el hombre se había vuelto en contra de Dios y lo había rechazado. ¿Qué debía hacer Dios? ¿Debía dejar que se frustrara su propósito con el hombre? No podía hacer eso, porque Él era Dios y los propósitos de Dios nunca se pueden frustrar. Por ende, Dios cumplió su Palabra: Él juzgó al hombre y luego proveyó el camino de salvación y liberación para el hombre (vea la nota, Gn. 3:21, fundamentalmente el pt. 3-4. Cp. la nota, Gn. 3:15.)

Ya esto lo hemos visto y estudiado. Pero ahora, Dios aún tiene otro problema que manejar. Aún queda algo más por hacer. Dios debe salvar y liberar al hombre de vivir para siempre como pecador en un mundo caído.

> **"Como está escrito: No hay justo, ni aun uno; no hay quien entienda. No hay quien busque a Dios. Todos se desviaron, a una se hicieron inútiles; no hay quien haga lo bueno, no hay ni siquiera uno. Sepulcro abierto es su garganta; con su lengua engañan. Veneno de áspides hay debajo de sus labios; su boca está llena de maldición y de amargura. Sus pies se apresuran para derramar sangre; quebranto y desventura hay en sus caminos; y no conocieron camino de paz. No hay temor de Dios delante de sus ojos" (Ro. 3:10-18).**
>
> **"por cuanto todos pecaron, y están destituidos de la gloria de Dios" (Ro. 3:23).**
>
> **"Si decimos que no tenemos pecado, nos engañamos a nosotros mismos, y la verdad no está en nosotros" (1 Jn. 1:8).**
>
> **"Cada uno se había vuelto atrás; todos se habían corrompido; no hay quien haga lo bueno, no hay ni aun uno" (Sal. 53:3).**
>
> **"¿Quién podrá decir: Yo he limpiado mi corazón, limpio estoy de mi pecado?" (Pr. 20:9).**
>
> **"Si bien todos nosotros somos como suciedad, y todas nuestras justicias como trapo de inmundicia; y caímos todos nosotros como la hoja, y nuestras maldades nos llevaron como viento" (Is. 64:6).**

ESTUDIO A FONDO 1

(3:22) ***Dios — Trinidad:*** Esta nota se analiza en el *Estudio a fondo 3* (Gn. 3:24) para que al lector no se le olvide el bosquejo y su análisis.

[2] (3:22) ***Hombre — Dios — Misericordia — Mundo, caído:*** La decisión de Dios fue la siguiente: Al hombre no se le debe permitir vivir para siempre como pecador en un

mundo caído. Recuerde: Todo el mundo se corrompió cuando Adán pecó (vea la nota 1, Gn. 3:17 para un análisis). Pero Adán aún se encontraba en el paraíso, aún en el Huerto del Edén, aún en el hogar perfecto que Dios había creado fundamentalmente para el hombre. Note las Escrituras. Dios sabía esto: Si Él dejaba a Adán en el huerto, Adán aún podía comer del fruto del árbol de la vida y vivir para siempre (vea la nota 4, *árbol de vida,* Gn. 2:9 para un análisis). Pero esto sería lo más trágico que les podía haber sucedido tanto a Adán como a Dios. Adán era pecaminoso y corrupto. Dios sencillamente no podía permitir que Adán comiera del árbol de vida, no después de haber pecado: Dios no podía permitir que el hombre pecador y el mal se mantuvieran para siempre.

=> Dios no podía permitir que el hombre viviera para siempre como *un ser pecaminoso y corrupto*; un ser que nunca volvería a conocer la plenitud de la presencia, el amor, la gracia, la provisión, el cuidado, la seguridad, el gozo y la paz de Dios. Un ser que viviría bajo la maldición de ser juzgado, condenado, castigado para siempre y por toda la eternidad. Un ser que nunca tendría la oportunidad de ser salvo.

=> Dios no podía permitirse a sí mismo que fuera maldecido, rechazado, desobedecido y con frecuencia negado, no para siempre y por toda la eternidad, no por cualquier hombre que decidiera reaccionar de ese modo contra Dios.

Dios no tenía opción. Para salvar al hombre, él tomó una decisión conmovedora. Dios actuó por misericordia, tanto por Adán como por sí mismo: Al hombre no se le puede permitir vivir para siempre como pecador en un mundo caído y corrupto. Lo que Dios hace exactamente se ve en la próxima nota.

> **"Y vio Jehová que la maldad de los hombres era mucha en la tierra, y que todo designio de los pensamientos del corazón de ellos era de continuo solamente el mal" (Gn. 6:5. Observe la manera en que este versículo e historia muestra cuán sabia fue la decisión de Dios; cp. Ro. 3:10-18 que incluye arriba en la nota 1, pt. 2).**

3 (3:23-24) ***Liberación — Salvación:*** La liberación o salvación de Dios tenía dos aspectos.

1. Dios liberó al hombre echándolo del Huerto del Edén. Note la referencia doble a Dios sacando a Adán o echándolo del huerto. La segunda referencia plantea que Dios *echó fuera* del huerto a Adán (vv. 23-24).

Recuerde, el Huerto del Edén era un paraíso en la tierra, una ilustración de como serán los nuevos cielos y tierra cuando Dios los recree. En el huerto, el hombre lo tenía todo, provisión, seguridad, gozo y satisfacción, todo con perfección. El hombre hablaba frente a frente con Dios; andaba y fraternizaba con Dios. El hombre adoraba, obraba y servía a Dios con perfección. Es muy probable que esta sea la razón por la que Dios tuvo que echar a Adán del huerto. Adán no quería abandonar la presencia de Dios, tampoco la perfección del paraíso de Dios. Adán sabía que se estaba:

- Separando de Dios.
- Alienando de Dios.
- Retirando de la presencia de Dios.
- Excluyendo del paraíso.

> **"pero vuestras iniquidades han hecho división entre vosotros y vuestro Dios, y vuestros pecados han hecho ocultar de vosotros su rostro para no oír" (Is. 59:2; cp. Ef. 4:18).**

Adán sabía que su pecado se había interpuesto entre él y Dios, y que él debía soportar el juicio de su pecado. Adán lo sabía, pero él había experimentado el paraíso. Por consiguiente, hizo lo que cualquiera de nosotros haría: Luchó para quedarse, para no salir al mundo. Pero Dios sabía lo que hacía. Dios amaba a Adán; por consiguiente, Dios no podía permitir que Adán viviera para siempre como un ser humano pecador. Aunque tuviera que sacar a Adán a la fuerza del huerto, Él lo haría. Y eso hizo Dios. Dios sacó a Adán a la fuerza, lo echó, del huerto. Dios desterró a Adán al menos por dos razones:

a. Dios tenía que comenzar todo de nuevo con Adán: *Ponerlo a prueba y con nuevas condiciones*. Adán había fallado en su primera prueba, en el primer mandamiento y condición, establecido por Dios. Dios le había dicho a Adán que viviría para siempre a menos que comiera del fruto prohibido. Si comía del fruto prohibido, desobedecía su único mandamiento y condición, moriría. Adán comió; por lo tanto, tenía que morir. La Palabra de Dios tenía que cumplirse, porque Él es Dios. Pero como Dios, sus propósitos también se han de cumplir, siempre. Sus propósitos nunca se pueden frustrar. Por ende, Dios tuvo que obrar las cosas a bien, tuvo que obrarlas de modo que sus propósitos con el hombre pudieran cumplirse. ¿Pero cómo? ¿Cómo Dios podía salvar y liberar al hombre?

Había una forma: Darle al hombre otra oportunidad. Dios tenía que colocar al hombre en un entorno diferente y ponerlo a prueba por otro período de tiempo y ponerle nuevas condiciones. Eso fue lo que hizo Dios. Dios echó al hombre del Huerto del Edén, lo obligó a salir al mundo, a un nuevo entorno y Dios puso al hombre a prueba con nuevas condiciones.

=> Las nuevas condiciones se centraban en *la Simiente prometida de la mujer*, el Salvador del mundo, que Dios le había prometido a Adán. Ahora era necesario que Adán confiara en *la Simiente prometida*, que se centrara en el Salvador para la salvación. Si Adán deseaba salvarse y que lo restauraran a la perfección, si deseaba ser acepto por Dios y que se le diera el derecho de vivir en la presencia de Dios para siempre, Adán tenía que confiar en *la Simiente prometida*, confiar tanto en Él que dedicaría su vida totalmente al Salvador.

=> La nueva condición se centraba en la creencia en *la Simiente prometida* y la dedicación a *la Simiente prometida*, el Salvador del mundo. La creencia y dedicación eran las nuevas condiciones del período de prueba. La decisión le correspondía, nuevamente, a Adán. Como mismo fue puesto a prueba, se le dio a tomar una decisión, en el Huerto del Edén (el paraíso), una vez más fue puesto a prueba, se le dio a tomar una decisión, al entrar a un nuevo mundo.

Esta es la primera razón por la que Dios echó al hombre del huerto: Para darle otra oportunidad, otro período de prueba, con nuevas condiciones. (Vea el *Estudio a fondo 1, pacto,* Gn. 2:15-17.)

b. Dios tuvo que liberar y salvar a Adán de una forma que Adán pudiera ser liberado del pecado, pudiera ser hecho justo y perfecto para siempre. Solo había una forma de hacer eso: Poner a Adán en el mundo y enseñarlo a confiar y centrarse en *la Simiente prometida de la mujer*, el Salvador del mundo, la simiente y Salvador que Dios ya le había prometido a Adán y al mundo. (Vea la nota 6, Gn. 3:15 para un mayor análisis.)

¿Cómo confiar en el Salvador liberaría a Adán del pecado y lo haría justo o perfecto ante Dios? Las Escrituras nos lo dicen en unos cuantos capítulos después de este, en Génesis 15:6. Compare también Gálatas 3:6.

"Y creyó a Jehová, y le fue contado por justicia" (Gn. 15:6).

"Así Abraham creyó a Dios, y le fue contado por justicia" (Gá. 3:6).

Cuando Adán salió al mundo y creyó, creyó realmente al punto de dedicar su vida al Salvador, el plan de Dios era tomar la creencia de Adán y considerarla como justicia. Adán no era justo. Adán ya había pecado. Pero Dios planeó tomar la fe de Adán y considerarla como justicia. Dios amaba a Adán tanto como nos ama a nosotros. Si amamos y honramos al Salvador, *al propio Hijo de Dios*, lo suficiente como para creer y dedicar nuestra vida a Él, entonces Dios hará algo por nosotros. Si honráramos, amáramos y confiáramos en su Hijo, el único Hijo que Dios tiene, entonces Dios tomará nuestra fe y la considerará como justicia. Esta era la única manera en que Adán podía ser liberado del pecado, hecho justo y perfecto para siempre.

Esta fue la segunda razón por la que Dios echó al hombre del huerto: Para posibilitar que Adán fuera liberado del pecado y fuera restaurado a la perfección. Dios quería a Adán justo y perfecto para siempre por medio de la fe en *la Simiente prometida*, el Salvador que vendría.

Pensamiento 1. Adán y todos los otros creyentes del Antiguo Testamento miraron al futuro con la mira en *la Simiente prometida*, el Salvador del mundo, mientras nosotros miramos al pasado con la mira puesta en Él. Ellos creyeron en el Salvador que vendría; nosotros creemos en el Salvador que ha venido. Ellos creyeron en el Salvador prometido; nosotros creemos en las promesas del Salvador.

Pensamiento 2. El gran amor de Dios por el hombre se ve en lo que Dios hizo por Adán.

=> Por justicia, Dios podía haber puesto a Adán en la tumba justo en ese momento y en ese lugar, pero por amor Dios le dio a Adán otra oportunidad y lo puso a prueba nuevamente con nuevas reglas.

=> Por justicia, Dios podía haber echado a Adán al infierno, pero por amor Él solo lo echó del huerto y al mundo.

=> Por justicia, Dios podía haber dejado vivir a Adán para siempre como pecador en este mundo caído, pero por amor Dios proveyó un Salvador que podía salvar y restaurar a Adán a la perfección.

2. Dios liberó al hombre apostando seres angélicos, llamados querubines, para que guardaran la entrada al árbol de la vida (vea el *Estudio a fondo 2, querubines,* Gn. 3:24 para un análisis). Cabía la posibilidad de que Adán y Eva pudieran tratar de volver a entrar al huerto algún día en el futuro. No había obedecido a Dios anteriormente y ahora, por su naturaleza pecadora, iban a estar fallando y desobedeciendo a Dios una y otra vez. Hasta podían tratar de entrar nuevamente al huerto y hacer lo que habían hecho antes: Comer del fruto prohibido, que en este caso era del árbol de la vida. Por eso, Dios tuvo que mantener al hombre alejado del huerto mientras el hombre estuviera en la tierra. Eso hizo Dios apostando seres angélicos para mantener al hombre fuera del huerto. Adán nunca intentaría, ni siquiera se atrevería, entrar al huerto con aquellos seres magníficos y poderosos custodiándolo.

Había otra razón por la que Dios apostó los seres angélicos alrededor del huerto. Dios tuvo que enseñarle al hombre una lección muy necesaria: La salvación del hombre, su liberación del pecado y su perfección, ya no se podía hallar en el huerto del Edén. El hombre nunca podría volver a encontrar su provisión, seguridad, gozo y felicidad, su utopía, su cielo, acá en la tierra. Él solo podía hallar salvación y perfección en *la Simiente prometida*, el Salvador del mundo.

Esta fue la segunda razón por la que Dios apostó los querubines angélicos para guardar el huerto. Adán tenía que saber esto y lo tenía que saber de una vez por todas. Su utopía nunca más estaría en la tierra. Su esperanza debía estar puesta en el amor de Dios y solo en el amor de Dios, un amor tan grande:

- Que Dios enviaría *la Simiente prometida*, el Salvador, al mundo (vea la nota 5, Gn. 3:15 para un análisis).
- Que Dios proveería las vestiduras de justicia para el hombre (vea la nota, Gn. 3:21 para un análisis).

"Porque de tal manera amó Dios al mundo, que ha

dado a su Hijo unigénito, para que todo aquel que en él cree, no se pierda, mas tenga vida eterna" (Jn. 3:16).

"El ladrón no viene sino para hurtar y matar y destruir; yo he venido para que tengan vida, y para que la tengan en abundancia" (Jn. 10:10).

"De cierto, de cierto os digo: El que oye mi palabra, y cree al que me envió, tiene vida eterna; y no vendrá a condenación, mas ha pasado de muerte a vida" (Jn. 5:24).

"Mas Dios muestra su amor para con nosotros, en que siendo aún pecadores, Cristo murió por nosotros" (Ro. 5:8).

"Al que no conoció pecado, por nosotros lo hizo pecado, para que nosotros fuésemos hechos justicia de Dios en él" (2 Co. 5:21).

"Pero cuando vino el cumplimiento del tiempo, Dios envió a su Hijo, nacido de mujer y nacido bajo la ley, para que redimiese a los que estaban bajo la ley, a fin de que recibiésemos la adopción de hijos" (Gá. 4:4-5).

"Pero Dios, que es rico en misericordia, por su gran amor con que nos amó, aun estando nosotros muertos en pecados, nos dio vida juntamente con Cristo (por gracia sois salvos)" (Ef. 2:4-5).

"Mirad cuál amor nos ha dado el Padre, para que seamos llamados hijos de Dios; por esto el mundo no nos conoce, porque no le conoció a él" (1 Jn. 3:1).

ESTUDIO A FONDO 2

(3:24) ***Querubines:*** Se dice que los querubines son seres vivientes (Ez. 1:5, 13-14, 19; Ap. 4:6-9). Lo que son exactamente, seres angélicos o alguna otra forma de existencia, se desconoce. Se mencionan unas sesenta y cinco veces en las Escrituras. Los "seres vivientes" y los serafines parecen ser el mismo ser que los querubines. Tienen muchas características o rasgos semejantes. En nuestro estudio más adelante los trataremos como lo mismo. Sin embargo, esto no es cierto: Los querubines, los seres vivientes y los serafines, podrían se razas diferentes o clases de personas en el mundo espiritual o en la dimensión espiritual de la existencia. Observe lo siguiente:

=> La mayoría de las referencias a lo querubines tienen que ver con el arca del pacto. A ambos extremos del arca se levantan dos seres angélicos llamados querubines. Se encuentran en el centro y cubren el propiciatorio. Se suponía que la presencia misma de Dios se sentara en la tapa o cubierta del arca entre la gloria de los dos querubines.

=> Hay unas cuantas referencias importantes a los *querubines* y a los *seres vivientes* en las Escrituras que los describen en detalles: Is. 6:1-3, 6; Ez. 1:4-28; 10:1-22; Ap. 4:6-9; 5:6, 11-14.

La Biblia dice lo siguiente acerca de *los querubines, los serafines y los seres vivientes*: (Vea la nota, Ap. 4:6-9 para un mayor análisis.)

1. Ellos tienen "semejanza de hombre", aún así difieren grandemente del hombre. Tienen cuatro caras y cuatro o seis alas y muchos otros rasgos distintivos (cp. Ez. 1:5-25; Ap. 4:6-9).
2. Su función es variada.

a. Están en la presencia inmediata de Dios y su gloria. Ellos rodean su trono (Ez. 1:25-28; Ap. 4:6).
b. Ellos, al menos algunos de ellos, pasan todo su tiempo alabando a Dios, no descansan nunca, ni durante el día ni en la noche. Su alabanza es poderosa en su descripción de Dios.

"Y los cuatro seres vivientes tenían cada uno seis alas, y alrededor y por dentro estaban llenos de ojos; y no cesaban día y noche de decir: Santo, santo, santo es el Señor Dios Todopoderoso, el que era, el que es, y el que ha de venir" (Ap. 4:8).

"Y siempre que aquellos seres vivientes dan gloria y honra y acción de gracias al que está sentado en el trono, al que vive por los siglos de los siglos" (Ap. 4:9).

c. Siempre están relacionados con la presencia más santa de Dios, su presencia representada en el Lugar santísimo dentro del tabernáculo y en el arca del pacto (Éx. 25:18; 26:1, 31; 36:8, 35; Sal. 80:1, 99).
d. Al parecer son mediadores de la presencia de Dios en el mundo. Tienen algo que ver con la obra del Espíritu de Dios (Ez. 1:20, 24; Sal. 18:10).
e. Están relacionados con Dios en la misericordia (Éx. 25:22; 37:9).
f. Están relacionados con el juicio de Dios sobre el hombre (Gn. 3:24).

ESTUDIO A FONDO 3

(3:24) ***Trinidad — Dios:*** Note lo que dice Dios: "el hombre es como uno de nosotros" (v. 22). Note también la expresión: "como [semejante a] uno de nosotros". Es necesario hacer varias preguntas acerca de quién es "*nosotros*".

=> Primero, ¿quién está con Dios, el hombre está a punto de ser *como* quién?

=> Segundo, ¿Dios podría estar hablando con ángeles? De ser así, esto pondría a los ángeles al mismo nivel del propio Dios. Ese proceso de nivelación que pone a Dios al mismo nivel o que lo agrupa en una clase con los ángeles es muy improbable. No hay ser al mismo nivel de Dios, al mismo nivel no y tampoco en la misma clase de Dios. Por eso, es muy improbable que Dios esté hablando con ángeles.

=> Tercero, ¿podría ser una conversación entre las personas de la deidad, es decir, la Trinidad? Sabemos por la experiencia de Cristo que sí se dan conversaciones entre la Trinidad, que ellos analizan cada problema importante entre ellos. Eso sucedió ciertamente con Cristo, y es la experiencia normal entre las personas. (Vea la nota 1, Gn. 1:26.)

Si no es una conversación entre las personas de la deidad, entonces surge una interrogante. ¿En qué momento de la historia Dios va a comenzar a enseñarle al hombre acerca de sí mismo (es decir, la Trinidad, su personalidad)? Para darle respuesta a la pregunta, esto es todo cuanto se sabe:

1. Jesucristo es la revelación definitiva de Dios. Cuando Él estuvo en la tierra, Él reveló que hay una relación con Él mismo como *Dios el Hijo* y *Dios el Padre* (cp. Jn. 8:18, 59; 10:27-39; 12:44-50; 17:1-26). Y cuando Él envió al Consolador, que es el Espíritu Santo, al mundo (Jn. 7:37-39), esto reveló que hay una relación existente entre *Dios el Hijo* y *Dios el Espíritu Santo* y *Dios el Padre*. De ese modo, Jesucristo reveló que tres personas diferentes forman la deidad:

- Que cada uno existe análogamente como uno en naturaleza, perfección y propósito.

Es a través de Cristo que el hombre comprende la verdad de la Trinidad. La pregunta es, entonces: ¿Cuándo fue que Dios comenzó a enseñar que *Él era Uno*, pero que *Él existía en tres personas*? Cristo es la revelación definitiva, pero hubo un período de tiempo a partir de Cristo y se remonta a cuando Dios comenzó a enseñar al hombre acerca de su personalidad. No quiere decir que el hombre pudiera asimilar con una comprensión total lo que Dios estaba revelando. El hombre no podía, porque para asimilar todos los elementos y verdades, la comprensión viene por pasos, de un modo progresivo. Por eso, la revelación de la persona y naturaleza de Dios va a venir de un modo progresivo. Pero su persona, al igual que su naturaleza, se tiene que mencionar en algún momento. Tiene que haber una primera vez en que Él revele su persona, luego una segunda vez, luego una tercera y así sucesivamente. ¿En qué momento se mencionó o reveló su persona?

2. Se conoce un segundo elemento. La Biblia ya ha usado el plural cuando se hace referencia a Dios: dijo Dios: Hagamos al hombre a nuestra imagen, conforme a nuestra semejanza (Gn. 1:26). Y después en este pasaje actual, se usa de nuevo el plural: "el hombre es como [semejante a] uno de *nosotros*" (Gn. 3:22). ¿Cuándo se usó por primera vez el plural con Dios?

¿Fue cuando Moisés registró estas palabras? ¿O Moisés estaba usando algunas notas escritas por Adán o por algún sucesor? ¿O estaba registrando la tradición oral? ¿O estaba recibiendo revelación directa del Espíritu de Dios?

Nadie lo puede saber, no con seguridad. Pero como ya se ha planteado, la revelación, la enseñanza de la personalidad de Dios, tuvo que comenzar en algún momento de la historia. Y, como con todos los elementos y verdades, tuvo que venir de un modo progresivo. Por eso, parecería más razonable decir que estas palabras son un análisis entre la deidad en lugar de una conversación entre Dios y los ángeles o entre Dios y algún otro ser. Resulta sencillamente más razonable decir que la *enseñanza y revelación progresiva* de la persona de Dios comenzó desde el principio de la creación con estos análisis, con el uso del plural en estos dos pasajes. Si fueron registrados por primera vez por Moisés o alguien antes de Moisés (Adán o un sucesor) no es tan importante. Lo que necesitamos comprender en primer lugar es que Dios está analizando la creación del hombre y su expulsión del Huerto del Edén con las otras dos personas de la deidad.

	CAPÍTULO 4 **III. ADÁN, EL PRIMER HOMBRE (PARTE 2): EL NACIMIENTO, DESARROLLO Y CORRUPCIÓN DE LA SIMIENTE IMPÍA Y DE LA PIADOSA (DESCENDENCIA), 4:1—6:8** **A. Los primeros hijos, Caín y Abel: La adoración falsa contra la verdadera, el principio de la falsa adoración, 4:1-7**	4 Y Abel trajo también de los primogénitos de sus ovejas, de lo más gordo de ellas. Y miró Jehová con agrado a Abel y a su ofrenda; 5 pero no miró con agrado a Caín y a la ofrenda suya. Y se ensañó Caín en gran manera, y decayó su semblante.	ofrendó frutos de la tierra, la obra de sus propias manos, a Dios b. La verdadera adoración de Abel: Se acercó y ofrendó un sacrificio, una vida sustituta, a Dios **4 Escena 4: La respuesta de Dios** a. Aceptó a Abel y su ofrenda b. Rechazó a Caín y su ofrenda **5 Escena 5: La reacción de Caín, se ensañó y decayó su semblante**
1 Escena 1: El nacimiento de los hijos a. Nacimiento de Caín b. Nacimiento de Abel **2 Escena 2: El oficio de Abel (pastor de ovejas) y Caín (labrador)** **3 Escena 3: La adoración personal de Caín y Abel** a. La falsa adoración de Caín: Se acercó y	1 Conoció Adán a su mujer Eva, la cual concibió y dio a luz a Caín, y dijo: Por voluntad de Jehová he adquirido varón. 2 Después dio a luz a su hermano Abel. Y Abel fue pastor de ovejas, y Caín fue labrador de la tierra. 3 Y aconteció andando el tiempo, que Caín trajo del fruto de la tierra una ofrenda a Jehová.	6 Entonces Jehová dijo a Caín: ¿Por qué te has ensañado, y por qué ha decaído tu semblante? 7 Si bien hicieres, ¿no serás enaltecido? y si no hicieres bien, el pecado está a la puerta; con todo esto, a ti será su deseo, y tú te enseñorearás de él.	**6 Escena 6: La amonestación de Dios** a. Si hace bien, es acepto b. Si no hace bien, el pecado está a la puerta c. El pecado lo desea d. Usted debe enseñorearse de él

DIVISIÓN III

ADÁN, EL PRIMER HOMBRE (PARTE 2): EL NACIMIENTO, DESARROLLO Y CORRUPCIÓN DE LA SIMIENTE IMPÍA Y DE LA PIADOSA (DESCENDENCIA), 4:1—6:8

A. Los primeros hijos, Caín y Abel: La adoración falsa contra la verdadera, el principio de la falsa adoración, 4:1-7

(4:1—6:8) ***Perspectiva general de la división:*** Simiente, piadosa — Simiente, impía: El libro de Génesis está bien escrito y bien organizado. Está escrito de una manera lógica, ordenada y se le hace un resumen excelente.

=> El capítulo uno no cuenta de la creación del universo, incluso la creación del hombre.

=> El capítulo dos nos da más detalles acerca del hombre y su mundo.

=> El capítulo tres nos cuenta lo que le sucedió al hombre y a la tierra. El capítulo tres revela cómo el hombre trajo el pecado al mundo y cómo él y su mundo tuvieron que ser juzgados y condenados a la corrupción. Pero el capítulo tres también revela la gran promesa de Dios de un Salvador y de una simiente piadosa de personas que sobrevivirían y servirían a Dios durante los siglos venideros.

Ahora bien, el capítulo cuatro y cinco muestran cómo la simiente (la descendencia) de la mujer se divide en *una descendencia impía y una piadosa de personas*. Una parte de la simiente de la mujer serán personas piadosas y una parte serán personas impías. El capítulo cuatro y cinco analiza los hijos de Adán y de Eva, el primer hombre y la primera mujer en la tierra. Su simiente, sus hijos y descendencia, están a la cabeza de *la descendencia impía y de la piadosa* de la raza humana.

=> Caín y su descendencia representan *la descendencia impía* de la civilización y la sociedad.

=> Abel, a quien Caín matará, luego Set y su descendencia representan *la descendencia piadosa* de la civilización y la sociedad. Es Abel quien adora a Dios como Dios mandó, es Set y su simiente quienes "invocan el nombre de Jehová" (Gn. 4:26).

Dios les hizo una promesa maravillosa a Adán y a Eva después que ellos habían pecado. Él prometió una simiente, descendencia, hijos, a través de la cual nacería *una descendencia piadosa de personas* y Él prometió que *un Salvador* vendría a través de esa descendencia (Gn. 3:15). El capítulo cuatro y cinco nos muestran el cumplimiento del principio de la promesa de Dios. El capítulo cuatro y cinco nos proporcionan "el nacimiento, desarrollo y corrupción de la simiente impía y de la piadosa (descendencia) de la raza humana". Lo que se debe recordar es lo siguiente: A partir de este momento, la historia, toda la historia, constituye una lucha por preservar *la descendencia o simiente piadosa* de la raza humana.

A. Los primeros hijos, Caín y Abel: La adoración falsa contra la verdadera, el principio de la falsa adoración, 4:1-7
B. El primer asesinato, Caín mata a Abel: La verdad indiscutible del juicio, el pecado no se puede esconder, 4:8-15
C. La primera civilización y sociedad (parte 1): El desarrollo de la primera simiente o descendencia impía, 4:16-24
D. La primera civilización y sociedad (parte 2): La continuación de la simiente o descendencia piadosa, 4:25-26
E. La primera civilización y sociedad (parte 3): El linaje de la simiente o descendencia piadosa: Sucesos significativos, 5:1-32
F. La primera civilización y sociedad (parte 4): La corrupción de la descendencia piadosa. Al mezclarse con la descendencia impía, 6:1-8

James Montgomery Boice, el excelente expositor presbiteriano, proporciona una descripción gráfica de cómo los capítulos cuatro y cinco abordan *las descendencias impía y piadosa* de la humanidad.

> *"Los capítulos cuatro y cinco de Génesis resumen dos culturas desde los primeros años de la historia de la tierra: La cultura de los impíos y la cultura de los piadosos... Los dos capítulos conjuntamente proporcionan un retrato de lo que Francis Schaeffer ha denominado 'las dos humanidades'.*
>
> *"O, como estamos lidiando con culturas al igual que con individuos, ¡'las dos ciudades'! esta es la distinción inventado por San Agustín como el fundamento para esta obra monumental y muy influyente sobre la filosofía de la historia, titulada La ciudad de Dios. Según Agustín, la historia de la raza humana es la historia de dos grupos de personas, cada uno con un origen, desarrollo, característica y destino distintos. Él escribió que estas son 'dos ciudades... formadas por dos amores: La terrenal por el amor a sí mismo, despreciando incluso a Dios; la celestial por el amor de Dios; despreciando incluso al yo'. En la obra de Agustín 'ciudad' quiere decir 'sociedad'. La sociedad terrenal tiene como su máxima expresión las culturas de la ciudad de Babilonia y, en lo que para Agustín eran tiempos más modernos, Roma. La otra es la iglesia, compuesta por los elegidos de Dios. La primera está destinada a desaparecer. La última es bendecida por Dios y permanecerá para siempre.*
>
> *"Los capítulos cuatro y cinco de Génesis analizan estas dos humanidades, como ya hemos dicho. Pero hasta donde llega Génesis, el origen de las ciudades [civilizaciones, sociedades] se encuentra en el capítulo anterior en las palabras de Dios a la serpiente tras la tentación y caída de Adán y Eva. Dios maldijo a la serpiente, luego dio esta palabra de sentencia y profecía: 'pondré enemistad entre ti y la mujer, y entre tu simiente y la simiente suya; ésta te herirá en la cabeza, y tú le herirás en el calcañal'. Acá tenemos tres grupos antagónicos: 1) la serpiente y la mujer, 2) los descendientes de la serpiente y los descendientes de la mujer, y 3) el propio Satanás y el descendiente supremo de la mujer, Jesucristo. Ellos están en conflicto. Pero la victoria de la simiente piadosa será garantizada por la victoria suprema del descendiente específico de Eva, Jesús" (Génesis, un comentario expositivo*, vol. 1, p. 215).

(4:1-7) ***Introducción:*** Este es un pasaje significativo de las Escrituras. La lección central tiene que ver con la adoración verdadera y falsa, el acercamiento verdadero y falso a Dios. La lección se centra en los dos primeros hijos nacidos en la tierra, Caín y Abel. Observe cómo las Escrituras solo abordan las escenas generales de la vida de cada uno de ellos. En un planteamiento o descripción breve, se abordan períodos completos de la vida de Caín y Abel. Nuestra mente busca sedienta más información, pero el Espíritu Santo nos ha dado solo este breve registro. Pero observe cuánta información se proporciona cuando observamos detenidamente cada planteamiento, descripción y en algunos casos, las palabras.

He aquí "Los primeros hijos, Caín y Abel: La adoración falsa contra la verdadera, el principio de la falsa adoración".

1. Escena 1: El nacimiento de los hijos. (vv. 1-2).
2. Escena 2: El oficio de Abel (pastor de ovejas) y Caín (labrador) (v. 2).
3. Escena 3: La adoración personal de Caín y Abel (vv. 3-4).
4. Escena 4: La respuesta de Dios (vv. 4-5).
5. Escena 5: La reacción de Caín, se ensañó y decayó su semblante (v. 5).
6. Escena 6: La amonestación de Dios (vv. 6-7).

1 (4:1-2) ***Caín — Abel — Padres — Fe — Sin vida — Vanidad:*** La escena uno es el nacimiento de los hijos.

1. Estaba el nacimiento de Caín. Adán tuvo relaciones sexuales con su esposa, Eva, y ella quedó embarazada. Recuerde, nunca antes había habido embarazo ni nacimiento en la tierra. Adán y Eva habían sido creados por el poder directo de la Palabra y el aliento de Dios. Pero ya no. A partir de ese momento, la raza humana se reproduciría por medio del proceso de concepción, embarazo y nacimiento.

Imagínese nada más la experiencia de Adán y Eva durante los nueve meses, su sorpresa y gozo:

- Cuando Eva comenzó a engordar y le comenzó a crecer la barriga.
- Cuando Eva comenzó a sentir el movimiento dentro de ella y Adán comenzó a sentir las *pataditas* del hijo que crecía.

En la actualidad, el gozo de las madres y padres que esperan un hijo es maravilloso, pero el gozo de Adán y Eva debe haber sido un gozo inimaginable. ¡Imagínese nada más ser el padre del primer hijo que haya nacido en la tierra!

Pero, el gozo de Adán y Eva no se resumía solo al embarazo y nacimiento del primer hijo. Estaba la esperanza de *la Simiente prometida*, el Salvador del mundo. Recuerde:

=> Dios había prometido que enviaría el Salvador a través de la simiente de la mujer. (Vea la nota 5, Gn. 3:15 para un análisis.)

=> Adán y Eva creían en la promesa de Dios. Su creencia era tan ferviente que Adán nombró a la mujer *Eva*, que significa dar vida o la madre de todos los vivientes. (Vea la nota, Gn. 3:20 para un análisis.)

Adán y Eva esperaban, de no ser que ansiaban, que este hijo sería su Salvador, quien los restauraría a la perfección y posibilitaría que volvieran a entrar al Huerto del Edén, su paraíso. ¿Por qué decimos esto? Por el nombre *Caín* (*ganah,* forma verbal). La palabra hebrea significa adquirir, conseguir o poseer. Cuando nació el hijo, Eva declaró que su hijo se llamaría Caín porque ella había adquirido o conseguido un hombre *del Señor*. Ella pensó que el Señor le había dado *la Simiente prometida*, el hijo que liberaría a la raza humana. Por eso quería que su hijo se llamara *Caín* porque el Señor *le había prometido* su hijo, y *ahora se lo había dado*. (Nota: James Montgomery Boice tiene un análisis excelente de este punto. *Génesis, un comentario expositivo*, vol. 1, p. 199s)

Pensamiento 1. Hay tres grandes lecciones para los padres en este punto:

1) Todo padre debe sentir tanto gozo y esperanza por sus hijos como Adán y Eva por su primer hijo. Pero observe: El hijo puede convertir el gozo y la esperanza en pesar y tragedia como le sucedería pronto al gozo y la esperanza de Adán y Eva. Por lo general, una cosa influye en que el hijo sea para gozo o para pesar: cómo el padre críe al hijo.

"Instruye al niño en su camino, y aun cuando fuere viejo no se apartará de él" (Pr. 22:6).

2) Todo padre necesita, lo necesita imperiosamente, creer en *la Simiente prometida* del mundo, el Salvador, nuestro Señor Jesucristo.

"Porque de tal manera amó Dios al mundo, que ha dado a su Hijo unigénito, para que todo aquel que en él cree, no se pierda, mas tenga vida eterna" (Jn. 3:16).

"Le dijo Jesús: Yo soy la resurrección y la vida; el que cree en mí, aunque esté muerto, vivirá" (Jn. 11:25).

"Entonces Jesús les dijo otra vez: Paz a vosotros. Como me envió el Padre, así también yo os envío" (Jn. 20:21).

"Todo aquel que cree que Jesús es el Cristo, es nacido de Dios; y todo aquel que ama al que engendró, ama también al que ha sido engendrado por él" (1 Jn. 5:1).

"que si confesares con tu boca que Jesús es el Señor, y creyeres en tu corazón que Dios le levantó de los muertos, serás salvo. Porque con el corazón se cree para justicia, pero con la boca se confiesa para salvación" (Ro. 10:9-10).

3) Todo padre necesita, lo necesita desesperadamente, creer en la Palabra de Dios y en las promesas de Dios.

"Y ahora, hermanos, os encomiendo a Dios, y a la palabra de su gracia, que tiene poder para sobreedificaros y daros herencia con todos los santificados" (Hch. 20:32).

"Toda la Escritura es inspirada por Dios, y útil para enseñar, para redargüir, para corregir, para instruir en justicia" (2 Ti. 3:16).

"desead, como niños recién nacidos, la leche espiritual no adulterada, para que por ella crezcáis para salvación, si es que habéis gustado la benignidad del Señor" (1 P. 2:2-3).

2. Estaba el nacimiento de Abel (*hebhel*). La palabra hebrea significa vanidad, aliento, temporal, sin sentido o vacío. ¿Por qué Eva nombraría a su segundo hijo Abel, un nombre que significaba vacío o sin sentido?

=> ¿Ya se había enterado que Caín no era la Simiente prometida o el Salvador? ¿Se había desilusionado por eso? ¿Ella estaba descorazonada y abatida porque presentía que el Salvador prometido no vendría pronto? Algunos comentaristas creen esto.

=> ¿Experimentaba Eva el vacío y el sin sentido de la propia vida? Lo más probable es que ella y Adán tuvieran que trabajar y trabajar duro para cultivar suficiente tierra para proveer alimento y sobrevivir en un entorno cruel y caído. Algunos comentaristas creen esto.

Note esto: Las Escrituras no dicen por qué Eva estaba experimentando la vanidad, el vacío, el sin sentido y la brevedad, de la vida. Pero al nombrar al chico Abel, Eva estaba diciendo que la existencia humana consiste en ocasiones en vanidad sobre vanidad: La vida a veces es vacía, sin sentido, siempre es temporal, tan corta y tan breve como el propio aliento.

Pensamiento 1. Con mucha frecuencia el hombre experimenta la vanidad de la vida, la vida en todo su vacío, brevedad y falta de sentido.

"Y mis días fueron más veloces que la lanzadera del tejedor, y fenecieron sin esperanza" (Job 7:6).

"Mis días han sido más ligeros que un correo; huyeron, y no vieron el bien" (Job 9:25).

"He aquí, diste a mis días término corto, y mi edad es como nada delante de ti; ciertamente es completa vanidad todo hombre que vive" (Sal. 39:5).

"Mas el hombre no permanecerá en honra; es semejante a las bestias que perecen" (Sal. 49:12).

"Porque cuando muera no llevará nada, ni descenderá tras él su gloria" (Sal. 49:17).

"Se acordó de que eran carne, soplo que va y no vuelve" (Sal. 78:39).

"Porque él conoce nuestra condición; se acuerda de que somos polvo" (Sal. 103:14).

"Vanidad de vanidades, dijo el Predicador; vanidad de vanidades, todo es vanidad" (Ec. 1:2).

"Dije yo en mi corazón: Ven ahora, te probaré con

alegría, y gozarás de bienes. Mas he aquí esto también era vanidad" (Ec. 2:1).

"El que ama el dinero, no se saciará de dinero; y el que ama el mucho tener, no sacará fruto. También esto es vanidad" (Ec. 5:10).

"Todo el trabajo del hombre es para su boca, y con todo eso su deseo no se sacia" (Ec. 6:7).

"cuando no sabéis lo que será mañana. Porque ¿qué es vuestra vida? Ciertamente es neblina que se aparece por un poco de tiempo, y luego se desvanece" (Stg. 4:14).

"Porque: Toda carne es como hierba, y toda la gloria del hombre como flor de la hierba. La hierba se seca, y la flor se cae" (1 P. 1:24).

2 (4:2) ***Caín — Abel — Oficio:*** La escena dos es el oficio de Abel y Caín. Abel era pastor de ovejas y Caín labrador. Observe varios elementos:

Primero, sus profesiones suplían las necesidades básicas del hombre: La necesidad de vestirse y comer. Sus profesiones escogidas eran honorables y contribuían a satisfacer las necesidades de la familia y de la sociedad.

Segundo, habían aprendido la profesión de su padre. Recuerde, el propio Dios había enseñado a Adán cómo vestir a su familia con las pieles de los animales (Gn. 3:21) y Dios había enseñado a Adán a labrar la tierra (Gn. 3:17-19, 23). En su condición de padre, al parecer le había enseñado a sus hijos a trabajar con diligencia.

Pensamiento 1. A continuación se pueden ver dos grandes lecciones en la profesión y trabajo de los dos hijos.

1) Nuestra profesión, de hecho, todas las profesiones, siempre deberán ser para el bien y mejoramiento del hombre, para suplir cada una de las necesidades básicas de la vida del hombre. Nunca debiéramos dedicarnos a una profesión que dañe, destruya, deshaga o lacere al hombre o a la sociedad.
2) Los padres siempre deberían enseñar a sus hijos a trabajar y a trabajar con diligencia. Y siempre deberán enseñar a sus hijos a escoger una profesión honorable, a nunca trabajar en nada que dañe o destruya la vida. (Compare las industrias que participan en el alcohol, las drogas, la inmoralidad y el delito.) Todo hijo, cada persona, siempre deberá hacer el aporte que pueda a la vida y a la sociedad. Cada uno de nosotros le debe esto a la vida y a la sociedad, solo por el privilegio de vivir en un universo tan hermoso y maravilloso. Toda la inmundicia y delito de nuestras ciudades y sociedades se debe:
   - A las profesiones deshonrosas y destructoras que algunos de nosotros ha escogido.
   - Al hecho de que permitimos que algunas industrias legales contaminen y destruyan nuestro entorno y la calidad de nuestra vida.
   - Al hecho de que no trabajamos con la diligencia suficiente para hacer todo cuanto podemos por la vida y la sociedad.

3 (4:3-4) ***Adoración — Ofrendas — Caín — Abel:*** La escena tres es la adoración de Caín y de Abel. Nota: Las Escrituras señalan que Caín y Abel se acercaron a Dios en un momento específico y en un lugar específico para la adoración.

=> El momento específico se indica con las palabras "andando [con el transcurso] el tiempo" (v. 3). El equivalente hebreo significa *al final de los días*. ¿Qué días? Las Escrituras no lo dicen. Podría referirse a los días de cosecha, un momento muy especial en el que Adán y sus hijos quisieran apartar un día muy especial de adoración y ofrenda a Dios.

Sin embargo, es muy probable que se refiera al fin de la semana, el séptimo día de reposo. Recuerde: Dios ya había bendecido el séptimo día y lo había santificado como un día de reposo y adoración. (Vea la nota, Gn. 2:3 para un mayor análisis.)

Pero observe lo siguiente: También se podría referir a la primera vez que Caín y Abel adoraron por sí solos, apartados de sus padres. Puede que se refiera al día en que los dos hijos se despegaron de las faldas de su madre, por así decirlo y se volvieron hombres independientes y comenzaron a acercarse y a adorar a Dios por su cuenta. Puede que esta sea la primera vez que los dos hijos se acercaron a Dios independientes de sus padres.

=> Se indica el lugar específico por el hecho de que Caín y Abel "trajeron" su ofrenda a *un lugar específico* para la adoración. ¿Dónde estaba ese lugar? Una vez más, las Escrituras no lo dicen y conjeturar acerca del mismo es solo eso, una conjetura.

Sin embargo, era de esperar que Adán estableciera un lugar de adoración. El alma de Adán era exactamente como nuestra alma, excepto que un poco más, inquieta, insatisfecha y sedienta de fraternidad con Dios. Adán sabía lo que era la fraternidad perfecta con Dios. En su condición caída, tendría mucha sed de Dios. Buscaría cada vez más una restauración a la fraternidad perfecta que una vez tuvo. Si conocer a Dios de un modo personal, si tener fraternidad y comunión con Él, es la culminación de las experiencias, entonces Adán debe haber buscado a Dios con una diligencia inigualable. Haber conocido a Dios en la perfección y haber experimentado una fraternidad perfecta con Dios debe haber provocado un deseo insaciable de Dios en el corazón de Adán.

Por consiguiente, Adán debe haber establecido un lugar muy especial y un altar muy especial donde él y su querida familia buscaran a Dios y fielmente adoraran a Dios. ¿Entonces dónde estaba el lugar donde Adán y su familia adoraban? Nuevamente, las Escrituras no lo dicen. Pero observe lo siguiente: Solo sería lógico y racional que Adán adorara a Dios en la entrada al Huerto del Edén, el lugar mismo donde él había conocido frente a frente la fraternidad con Dios. Muchos comentaristas sostienen esta posición, creyendo que Dios realmente le dijo a Adán que construyera un altar y que lo adorara en la entrada del huerto donde los querubines estaban apostados. Note que al parecer Dios todavía habla con Adán y su familia frente a frente, probablemente de entre los querubines (Gn. 4:6-7, 9-15). Esto más el hecho de que los hijos trajeron sus ofrendas a un lugar específico para la adoración le da un peso significativo a que el lugar de adoración sea la entrada al huerto. La entrada del huerto ciertamente sería el lugar más apreciado y significativo para el corazón de Adán. Y observe otros dos elementos:

=> Adán habría tenido mucho cuidado en cómo *se acercaba a Dios*. Él querría agradar a Dios al máximo cuando se acercara a Dios, siempre con la esperanza de ser restaurado a la fraternidad perfecta que había conocido. Por eso, cuando Adán entrara al lugar de adoración, se acercaría a Dios exactamente como Dios le había dicho: Por medio del sacrificio. (Vea la nota, Gn. 3:21.)

=> Adán también habría tenido mucho cuidado en enseñar a su familia cómo acercarse a Dios y cómo adorar a Dios. De hecho, Adán habría pasado mucho tiempo con Dios y habría compartido sus experiencias personales con Dios, acerca de cuán maravilloso es tener fraternidad y comunión frente a frente con Dios.

Ahora bien, en cuanto al tema principal de estos versículos y de esta escena particular (vv. 3-4): La adoración personal de Caín y Abel.

1. Primero, está la falsa adoración de Caín: Se acercó a Dios y ofreció frutos de la tierra, las obras de sus propias manos, a Dios. Caín era labrador, así que tomó lo que tenía, frutos de la tierra y trajo sus frutos a Dios como ofrenda. Podemos imaginarnos que los frutos de la tierra eran las primicias de la cosecha de Caín y los mejores frutos que tenía.

2. Segundo, estaba la verdadera adoración de Abel: Él se acercó a Dios y ofreció un sacrificio, una vida sustituta, a Dios. Abel se acercó a Dios tomando la primicia, la mejor, de su rebaño y sacrificando al animal y ofrendándolo a Dios.

4 (4:4-5) ***Adoración — Ofrendas — Caín — Abel:*** La escena cuatro: La respuesta de Dios a la adoración de Caín y Abel. El Señor miró a Abel con favor y aceptó su ofrenda, pero no miró con igual favor a Caín. Él no aceptó la ofrenda de Caín. Observe varios elementos significativos:

1. Dios no aceptó ni rechazó solamente las ofrendas. Él aceptó y rechazó también al hombre.
=> Dios aceptó tanto a Abel como a su ofrenda (v. 4b).
=> Dios rechazó tanto a Caín como a su ofrenda (v. 5).

Esto es de vital importancia: Era la ofrenda la que hacía al hombre acepto o inacepto ante Dios. Las Escrituras son muy claras al respecto. En esto consiste este pasaje, su lección principal, la adoración de Dios, el acercamiento verdadero y falso a Dios.

2. ¿Qué fue lo que hizo aceptable la ofrenda de Abel? El Nuevo Testamento nos dice:

> **"Por *la fe* Abel ofreció a Dios más excelente *sacrificio* que Caín, por lo cual alcanzó testimonio de que era *justo,* dando Dios testimonio de sus ofrendas; y muerto, aún habla por ella" (He. 11:4).**

¿Cuál fue el sacrificio de Abel? El sacrificio de un animal: Su vida, su sangre. ¿Por qué Abel sacrificó un animal? Porque su padre, Adán, le había enseñado a acercarse a Dios por medio del sacrificio de un animal. Cuando Adán pecó, Dios mató un animal y vistió a Adán con su piel. Con este acto, Dios enseñó a Adán:

- Que el pecado causa la muerte.
- Que un sustituto inocente tuvo que morir expiatoriamente a fin de vestir la vergüenza y culpabilidad del hombre.
- Que a partir de ese momento el hombre podía acercarse a Dios solo si su vergüenza y culpabilidad se ocultara a través de la muerte expiatoria de un sustituto inocente.

Claro está, esto apuntaba a Cristo, el Salvador y *la Simiente prometida* del mundo (vea la nota 5, Gn. 3:15; nota 3:21 para un mayor análisis). Según se señaló anteriormente, Adán enseñaría a su familia cómo acercarse y adorar a Dios. Esto es lo que está haciendo Abel, acercándose a Dios tal como le había enseñado su padre. Abel no tenía otra manera, en lo absoluto, de saber que una cosa como matar a un animal y ofrendarlo a Dios sería acepto ante Dios. Adán le habría enseñado esta forma de acercarse a Dios.

Ahora bien, observe el versículo del Nuevo Testamento nuevamente: "Por la *fe* Abel ofreció a Dios más excelente *sacrificio* que Caín, por lo cual alcanzó testimonio de que era *justo*" (He. 11:4).

=> Abel tuvo *fe,* él creyó, que Dios los aceptaría por medio del sacrificio de una vida inocente.
=> Dios aceptó el acercamiento y la adoración de Abel: Fue considerado *justo* porque él creyó y se acercó a Dios por miedo del sacrificio de una vida inocente.

Pensamiento 1. Recuerde: El sacrificio apuntaba a Cristo, su sacrificio en la cruz por los pecados de los hombres. Abel podía no haber conocido toda la revelación de Cristo, pero él creyó que Dios aceptaría el sacrificio de una vida inocente como sustituto por él. Él creyó, al igual que su padre Adán creyó, que Dios aceptaría el sacrificio:

- Como si llevara los pecados por él.
- Como si sufriera el juicio de sus pecados por él, el juicio de la muerte.

> **"Porque la paga del pecado es muerte, mas la dádiva de Dios es vida eterna en Cristo Jesús Señor nuestro" (Ro. 6:23).**
>
> **"quien llevó él mismo nuestros pecados en su cuerpo sobre el madero, para que nosotros, estando muertos a los pecados, vivamos a la justicia; y por cuya herida fuisteis sanados" (1 P. 2:24).**
>
> **"Porque también Cristo padeció una sola vez por los pecados, el justo por los injustos, para llevarnos a Dios, siendo a la verdad muerto en la carne, pero vivificado en espíritu" (1 P. 3:18).**

3. ¿Qué fue lo que hizo inaceptable la ofrenda de Caín? Note lo que hizo Caín; note dos elementos acerca de su ofrenda:

=> Caín ofrendó solo los frutos a Dios, solo lo que su propia mente y sus manos habían producido.
=> Caín no ofrendó lo que ofrendó Abel: Un sacrificio animal, un sustituto de la vida, a Dios. Caín no se acercó a Dios a través del sacrificio de una vida inocente.

¿Por qué? ¿Por qué Caín no se acercaría a Dios por medio del sacrificio de una vida inocente? La respuesta se encuentra una vez más en el Nuevo Testamento.

a. Caín no hizo lo que hizo Abel: Tratar de ser acepto ante Dios, buscar la justicia de Dios, por medio de la ofrenda expiatoria de una vida inocente.

"Por *la fe* Abel ofreció a Dios *más excelente sacrificio* que Caín, por lo cual alcanzó testimonio de que era *justo,* dando Dios testimonio de sus ofrendas; y muerto, aún habla por ella" (He. 11:4).

"No como Caín, que era del maligno y mató a su hermano. ¿Y por qué causa le mató? Porque sus obras eran malas, y las de su hermano justas" (1 Jn. 3:12).

b. Caín quería usar un camino y acercamiento diferentes a Dios. Por alguna razón, él le trajo el fruto de sus propias manos a Dios. Él quería que Dios lo aceptara por su trabajo duro y porque él adoraba y daba ofrendas a Dios. ¿Por qué Caín se acercó a Dios de esta manera?

=> ¿Caín estaba rechazando el sacrificio *sangriento* de los animales como un acercamiento a Dios? Las Escrituras lo dicen definitivamente. Él sencillamente no creyó, no como Abel, que la ofrenda expiatoria de una vida inocente era el camino para acercarse a Dios (He. 11:4). Si lo hubiera hecho, le habría ofrendado un sacrificio a Dios.

=> ¿Caín pensó que darle a Dios lo mejor de su propia mente, trabajo y frutos era una manera mucho mejor de acercarse a Dios? Es decir, ¿estaba tratando Caín de establecer un camino y acercamiento diferentes a Dios? Esto es exactamente lo que dicen las Escrituras. Las Escrituras dicen que Caín era un falso maestro que trataba de establecer un falso camino a Dios. De hecho, las Escrituras les llaman a todos los caminos y acercamientos falsos a Dios "el camino de Caín" (Jud. 11, cp. Jud. 4).

Observe lo que dicen las Escrituras:

"Porque algunos hombres han entrado encubiertamente, los que desde antes habían sido destinados para esta condenación, hombres impíos, que convierten en libertinaje la gracia de nuestro Dios, y niegan a Dios el único soberano, y a nuestro Señor Jesucristo... ¡Ay de ellos! porque han seguido el camino de Caín" (Jud. 4, 11).

Sucede lo siguiente: La adoración de Caín era falsa. Caín estaba buscando la aceptación de Dios:

- Por medio de su propio camino.
- Por medio de su propio acercamiento.
- Por medio de sus propias obras.
- Por medio de su propia mente e ideas.
- Por medio de otro acercamiento que no fuera el del sacrificio de una vida inocente.

Esta es la razón por la que Dios rechazó la ofrenda de Caín. Caín, al igual que Adán, Eva, Abel y todos nosotros, necesitaban un Salvador.

=> Caín necesitaba la vida inocente (justa) que pudiera soportar los pecados por él y se parara delante de Dios como su justicia.

=> Caín también necesitaba el sacrificio de una vida inocente (justa) que pudiera pararse delante de Dios como su sustituto en la muerte.

=> Caín necesitaba la fe; necesitaba creer en Dios, que Dios lo aceptaría si se acercaba a Dios exactamente como Dios había mandado: Por medio del sacrificio de la vida inocente. (Vea la nota, Gn. 3:21 para un mayor análisis.)

Pensamiento 1. Nadie puede ganarse ni merecer la salvación. Nadie puede acercarse a Dios por medio de sus propias obras, energía, esfuerzos, frutos, caminos, religión, ceremonia, ni ritual. La razón es bien evidente: Nadie es perfecto: "todos pecaron, y están destituidos de la gloria de Dios" (Ro. 3:23). Tenemos un problema con el pecado y la muerte del que primero hay que ocuparse antes de poder ser aceptos ante Dios. Dios se ha ocupado de esto en el sacrificio de su Hijo por nuestros pecados. Jesucristo tomó sobre sí nuestros pecados y murió por ellos. Esto es lo que simbolizaba el sacrificio de la vida inocente en el Antiguo Testamento. Abel creyó en Dios, creyó que la muerte (la sangre) del animal expiatorio cubría sus pecados. Por eso, Dios lo aceptó, lo acepto porque sus pecados fueron eliminados, por la sangre del animal.

"Mas Dios muestra su amor para con nosotros, en que siendo aún pecadores, Cristo murió por nosotros. Pues mucho más, estando ya justificados en su sangre, por él seremos salvos de la ira" (Ro. 5:8-9).

"Y casi todo es purificado, según la ley, con sangre; y sin derramamiento de sangre no se hace remisión" (He. 9:22).

"sabiendo que fuisteis rescatados de vuestra vana manera de vivir, la cual recibisteis de vuestros padres, no con cosas corruptibles, como oro o plata, sino con la sangre preciosa de Cristo, como de un cordero sin mancha y sin contaminación" (1 P. 1:18-19).

Pensamiento 2. Dios no acepta a ninguna persona apartada de Jesucristo, *la Simiente prometida* y el Salvador del mundo. Antes de que Cristo viniera, las personas que creían verdaderamente en el Salvador prometido se acercaban a Dios por medio del sacrificio de una vida inocente (un sacrificio animal). Pero desde que Cristo vino, nosotros los que creemos en Él, que creemos verdaderamente, sabemos que Él, Él mismo, es el gran Cordero de Dios que se ha sacrificado por nuestros pecados.

Sucede lo siguiente: Dios nunca ha aceptado a ninguna persona, ni del Antiguo Testamento ni del Nuevo Testamento, antes de Cristo ni después de Cristo, aparte del derramamiento de sangre. La sangre de la vida inocente, el animal que ilustraba la venida del Salvador y su muerte, se tuvo que derramar para los creyentes del Antiguo Testamento. La sangre del propio Cristo se tuvo que derramar por todas las personas a través de todas las generaciones de la historia humana.

"Porque Cristo, cuando aún éramos débiles, a su tiempo murió por los impíos" (Ro. 5:6).

"El siguiente día vio Juan a Jesús que venía a él, y dijo: He aquí el Cordero de Dios, que quita el pecado del mundo" (Jn. 1:29).

"Limpiaos, pues, de la vieja levadura, para que seáis nueva masa, sin levadura como sois; porque nuestra pascua, que es Cristo, ya fue sacrificada por nosotros" (1 Co. 5:7).

"Porque primeramente os he enseñado lo que asimismo recibí: Que Cristo murió por nuestros pecados, conforme a las Escrituras" (1 Co. 15:3).

"el cual se dio a sí mismo por nuestros pecados para librarnos del presente siglo malo, conforme a la voluntad de nuestro Dios y Padre" (Gá. 1:4).

"Y andad en amor, como también Cristo nos amó, y se entregó a sí mismo por nosotros, ofrenda y sacrificio a Dios en olor fragante" (Ef. 5:2).

"¿cuánto más la sangre de Cristo, el cual mediante el Espíritu eterno se ofreció a sí mismo sin mancha a Dios, limpiará vuestras conciencias de obras muertas para que sirváis al Dios vivo?" (He. 9:14).

Pensamiento 3. Observe lo siguiente: Hasta ahora ha habido dos pasajes en Génesis que lidian con el sacrificio de algún animal. Estos dos pasajes son sucesos significativos en los inicios de la vida de la historia del hombre según se han registrado en Génesis (Gn. 3:21; 4:2-5). En ambos casos se sacrificó un animal.

=> En el primer caso, la vida del animal se tomó para vestir a Adán y a Eva, simbolizando así su necesidad de ser cubiertos por Dios en justicia a través del sacrificio de otro.

=> En el segundo caso, la vida animal se tomó como un acto de adoración.

La explicación más clara en cuanto a por qué Abel ofrendó un sacrificio animal y fue aprobado por Dios es que Dios si instituyó la salvación por medio del sacrificio animal con Adán y Eva. Adán y Eva tenían que haber enseñado a sus hijos a acercarse a Dios por medio del sacrificio animal. Pero solo Abel se acercó a Dios adecuadamente. Caín, como tantos a través de la historia, se rebeló y no lo hizo.

Pensamiento 4. Algunas personas ven el sacrificio de animales del Antiguo Testamento como feo, repulsivo y horrible. Ellos denominan un acercamiento como ese a Dios una "religión sangrienta". Rechazan *la sangre de Jesucristo*, su muerte, su cruz, como el propósito principal de su vida. Se alejan del sacrificio de su muerte a las enseñanzas de su vida. Alegan seguir sus enseñanzas, acercarse a Dios imitando el patrón de su conducta, bondad, rituales, ceremonias y religión según sus enseñanzas. Hacen exactamente lo que hizo Caín, le ofrendan a Dios lo mejor que son capaces de producir con sus propias manos y trabajos.

El hombre se siente un poquito más humano, un poquito más civil, negando "la sangre de Cristo" por los pecados del mundo. Rechazar lo que en ocasiones se denomina una "religión sangrienta" hace que una persona se sienta más aceptable en una supuesta *sociedad civilizada.* Es necesario tener en cuenta dos cosas:

1) A la cruz se le debe ver como repulsiva. La cruz es un símbolo de pecado y vergüenza. Colgado de la cruz, el *propio Hijo* de Dios soportó nuestros pecados y los pecados de todo el mundo (1 Jn. 2:1-2). El pecado y la vergüenza siempre son repulsivos y el hecho de que el Hijo de Dios estuvo colgado allí *convirtiéndose en pecado por nosotros* resulta abominable. Nada podría ser más desagradable que lo que sucedió realmente.
2) A la cruz se le debe ver como gloriosa. La cruz es un símbolo de vida y de pecados perdonados (1 P. 2:20). Por medio de la cruz Dios gloriosamente reconcilia al hombre consigo mismo y uno con el otro (vea el bosquejo y notas, Ef. 2:13-18). Hay tanto que proviene de la obra gloriosa de la cruz que Pablo sencillamente exclamó: "Pero lejos esté de mí gloriarme, sino en la cruz de nuestro Señor Jesucristo" (Gá. 6:14).

5 (4:5) ***Caín — Ensañamiento:*** La escena cinco es la reacción de Caín. Él se ensañó, se ensañó mucho y decayó su semblante. El hebreo es descriptivo al ilustrar la reacción de Caín: Él ardía del ensañamiento, un ensañamiento feroz, su rostro y su semblante decayeron y se abatió. Caín estaba furioso, lleno de ira y de rencor, y su rostro lo demostraba. Él anduvo de un lado a otro abatido, muy decepcionado.

Caín se ensañó porque Dios no aceptó ni bendijo su adoración. Él se ensañó porque él no pudo acercarse y adorar a Dios como él querría, porque le dijeron que no era acepto ante Dios si no adoraba a Dios por medio del sacrificio de una vida inocente. Él debió haberse ensañado consigo mismo, por su propia incredulidad e hipocresía. Caín fue quien se equivocó; él fue quien desobedeció a Dios y se acercó a Dios con sus propias fuerzas, con las obras de sus propias manos. Tan pronto sintió que decayó su semblante, debía haberse tumbado de rodillas, haber implorado perdón y haberse arrepentido de su incredulidad e hipocresía.

Caín también se ensañó con su hermano, se llenó de envidia y de celos contra su hermano. ¿Por qué? Porque Dios había aceptado y bendecido la adoración de Abel. A Caín le molestó y despreció a Abel. Caín estaba furioso porque Abel estaba lleno de seguridad y confianza, porque Abel había hecho exactamente lo que Dios había dicho y Dios había bendecido a Abel abundantemente. Nuevamente, Caín debía haber estado ensañado consigo mismo, debía haber estado arrepentido, y debía haberle implorado perdón a Dios, pero en su lugar se rehusó y lo rechazó.

"Deja la ira, y desecha el enojo; no te excites en manera alguna a hacer lo malo" (Sal. 37:8).

"El que fácilmente se enoja hará locuras; y el hombre perverso será aborrecido" (Pr. 14:17).

"Mejor es el que tarda en airarse que el fuerte; y el que se enseñorea de su espíritu, que el que toma una ciudad" (Pr. 16:32).

"No te entremetas con el iracundo, ni te acompañes con el hombre de enojos" (Pr. 22:24).

"No te apresures en tu espíritu a enojarte; porque el enojo reposa en el seno de los necios" (Ec. 7:9).

"Pero yo os digo que cualquiera que se enoje contra su hermano, será culpable de juicio; y cualquiera que diga: Necio, a su hermano, será culpable ante el concilio; y cualquiera que le diga: Fatuo, quedará expuesto al infierno de fuego" (Mt. 5:22).

"Pero ahora dejad también vosotros todas estas cosas: *ira, enojo, malicia,* blasfemia, palabras deshonestas de vuestra boca" (Col. 3:8).

6 (4:6-7) ***Amonestación:*** La escena seis es la amonestación de Dios. Esta es una escena sorprendente, una escena del amor y compasión de Dios. A pesar del pecado terrible de Caín de la falsa adoración, de la incredulidad y apostasía, Dios estaba dispuesto a perdonar a Caín. De hecho, Dios quería que Caín se arrepintiera y se acercara a Dios por medio del sacrificio. Dios no estaba dispuesto a que Caín pereciera, no sin que Dios primero le tendiera una mano y tratara de salvar a Caín. Dios hace que Caín entienda en su corazón cuatro elementos.

1. Si haces el bien, serás acepto. Note que Dios le hace varias preguntas a Caín:

=> ¿Por qué te has ensañado?

=> ¿Por qué ha decaído tu semblante?

Observe que Dios responde las preguntas Él mismo haciéndole otra pregunta a Caín:

=> ¿Si haces el bien, no serás enaltecido?

Dios usó las preguntas para motivar a Caín a preguntar acerca de la adoración correcta e incorrecta, acerca del acercamiento correcto e incorrecto a Dios, acerca de la ofrenda correcta e incorrecta para garantizar la aprobación de Dios. Dios anhelaba que Caín se arrepintiera y trajera el sacrificio apropiado, que se acercara a Dios de la manera correcta: Por medio del sacrificio de una vida inocente.

2. Si no haces el bien, entonces el pecado está a la puerta. Hacer el bien significa acercarse a Dios adecuadamente, como debiera hacerlo cualquier persona. El acercamiento de Abel por medio del sacrificio animal fue hacer el bien; por eso, su adoración y acercamiento a Dios fueron aceptados. El acercamiento de Caín no fue *hacer bien*; por eso, su ofrenda no fue aceptada.

Caín no hizo bien. Caín no se acercó ni adoró a Dios como debía. Nota: Dios denomina esto pecado. No acercarse a Dios ni adorarlo como Él manda es pecado. La ilustración del pecado descrita en hebreo es gráfica: El pecado es como una bestia salvaje que yace en la puerta de la casa de alguien, lista para saltarle encima y devorarla.

Pero note: Este es un pecado particular, el pecado de la falsa adoración, de un acercamiento falso a Dios. Es este pecado específico el que es tan fiero y feroz.

Observe esto también: Esta es la primera vez que se menciona la palabra pecado (*chattath*) en la Biblia. Significa fallar el tiro al igual que un arquero falla el tiro. Caín había fallado el tiro en su acercamiento a Dios. Caín se había acercado y había adorado a Dios, pero su acercamiento y adoración no habían acertado en Dios.

3. El pecado lo desea. La falsa adoración pecaminosa, el pecado de ofrendarle a Dios su propia bondad y obras, rituales y ceremonias, el pecado de la bondad y la justicia personal, quiere esclavizarlo y devorarlo, quiere poseerlo a usted. Este pecado en particular, el pecado de la falsa adoración y de un acercamiento falso a Dios, lo llevará cada vez más al pecado.

4. Usted debe acercarse y adorar a Dios como Él manda. Usted debe *acercarse* a Dios por medio del sacrificio y *confiar* en Dios en que su presencia y poder triunfen sobre el pecado.

"No os ha sobrevenido ninguna tentación que no sea humana; pero fiel es Dios, que no os dejará ser tentados más de lo que podéis resistir, sino que dará también juntamente con la tentación la salida, para que podáis soportar" (1 Co. 10:13).

"Y a Aquel que es poderoso para hacer todas las cosas mucho más abundantemente de lo que pedimos o entendemos, según el poder que actúa en nosotros" (Ef. 3:20).

Observe el silencio de Caín. No se menciona respuesta alguna. Al parecer, él nunca le respondió a Dios. Él decidió continuar en su pecado de la falsa adoración, de acercarse a Dios como él quería. Él siguió rechazando el sacrificio como el único acercamiento a Dios.

"Jesús le dijo: Yo soy el camino, y la verdad, y la vida; nadie viene al Padre, sino por mí" (Jn. 14:6).

"Jesús le dijo: ¿Tanto tiempo hace que estoy con vosotros, y no me has conocido, Felipe? El que me ha visto a mí, ha visto al Padre; ¿cómo, pues, dices tú: Muéstranos el Padre?" (Jn. 14:9).

"Porque hay un solo Dios, y un solo mediador entre Dios y los hombres, Jesucristo hombre" (1 Ti. 2:5).

"Porque todo lo que es nacido de Dios vence al mundo; y ésta es la victoria que ha vencido al mundo, nuestra fe. ¿Quién es el que vence al mundo, sino el que cree que Jesús es el Hijo de Dios?" (1 Jn. 5:4-5).

	B. El primer asesinato, Caín mata a Abel: La verdad indiscutible del juicio, el pecado no se puede esconder, 4:8-15	boca para recibir de tu mano la sangre de tu hermano. 12 Cuando labres la tierra, no te volverá a dar su fuerza; errante y extranjero serás en la tierra.	maldición del pecado en su alma b. El asesino experimenta dificultad en su trabajo c. El asesino siempre es un alma inquieta y desarraigada, un vagabundo en la tierra
1 Está el engaño y el asesinato: Caín atrajo a Abel al campo, lo atacó y lo asesinó	8 Y dijo Caín a su hermano Abel: Salgamos al campo. Y aconteció que estando ellos en el campo, Caín se levantó contra su hermano Abel, y lo mató.	13 Y dijo Caín a Jehová: Grande es mi castigo para ser soportado.	**4 Está la reacción y queja contra el juicio de Dios** a. La queja por ser alienado
2 Está la confrontación con Dios a. Dios cuestionó a Caín b. Caín negó su responsabilidad por su hermano c. Dios reveló una verdad innegable: El pecado no se puede esconder, Dios siempre escucha el grito de justicia	9 Y Jehová dijo a Caín: ¿Dónde está Abel tu hermano? Y él respondió: No sé. ¿Soy yo acaso guarda de mi hermano? 10 Y él le dijo: ¿Qué has hecho? La voz de la sangre de tu hermano clama a mí desde la tierra.	14 He aquí me echas hoy de la tierra, y de tu presencia me esconderé, y seré errante y extranjero en la tierra; y sucederá que cualquiera que me hallare, me matará.	1) De la prosperidad de la tierra 2) De Dios 3) De la sociedad b. La queja contra la justicia y la venganza
3 Está el juicio de Dios a. El asesino lleva la	11 Ahora, pues, maldito seas tú de la tierra, que abrió su	15 Y le respondió Jehová: Ciertamente cualquiera que matare a Caín, siete veces será castigado. Entonces Jehová puso señal en Caín, para que no lo matase cualquiera que le hallara.	**5 Está la gran misericordia de Dios** a. Dios amonesta contra la venganza b. Dios le da seguridad a Caín, le da una señal

DIVISIÓN III

ADÁN, EL PRIMER HOMBRE (PARTE 2): EL NACIMIENTO, DESARROLLO Y CORRUPCIÓN DE LA SIMIENTE IMPÍA Y DE LA PIADOSA (DESCENDENCIA), 4:1—6:8

B. El primer asesinato, Caín mata a Abel: La verdad indiscutible del juicio, el pecado no se puede esconder, 4:8-15

(4:8-15) ***Introducción:*** Este es el primer asesinato en la tierra. Caín comete un pecado horrible: Asesina a su propio hermano, lo asesina deliberadamente. Esto es asesinato premeditado, asesinato en primer grado. Pero el asesinato no es la única lección de este pasaje. Este pasaje aborda la verdad indiscutible del juicio, el juicio tanto del pecador mientras vive en la tierra como el juicio venidero. La gran lección de este pasaje es: "El primer asesinato, Caín mata a Abel: La verdad indiscutible del juicio, el pecado no se puede esconder".

1. Está el engaño y el asesinato: Caín atrajo a Abel al campo, lo atacó y lo asesinó (v. 8).
2. Está la confrontación con Dios (vv. 9-10).
3. Está el juicio de Dios (vv. 11-12).
4. Está la reacción y queja contra el juicio de Dios (vv. 13-14).
5. Está la gran misericordia de Dios (v. 15).

[1] (4:8) ***Caín — Asesinato — Simiente, impía:*** Está el engaño y el asesinato: Caín atrajo a Abel al campo, lo atacó y lo asesinó. Note varios elementos significativos.

1. Caín se había ensañado, se había ensañado mucho con su hermano y con Dios (v. 8). Se había ensañado porque Dios lo había rechazado a él y a su adoración, pero Dios había aceptado a Abel y a su adoración.

2. Dios le había advertido a Caín que el pecado estaba a la puerta (v. 7). El pecado era como una bestia salvaje, lista para saltarle encima y consumirlo. Y eso hizo el pecado. Caín permitió que su amargura y hostilidad contra su hermano y contra Dios lo degenerara y lo consumiera. Caín tramó matar a su hermano.

3. A Caín ahora se le ve engañando a Abel. En esto consiste este versículo: Caín convenció a su hermano de que fuera a cierto campo, lejos de donde las personas pudieran verlos u oírlos. Caín fingió amistad y disfrazó sus verdaderos sentimientos de hostilidad. Abel no tenía idea de lo que tramaba su hermano. Caín engañó, engañó deliberada y voluntariamente, a su hermano para poder llevar a cabo su conspiración de asesinato.

4. Note con qué frecuencia se dice que Abel es el "hermano" de Caín en todo este pasaje (seis veces). Esto muestra gráficamente cuán terrible fue el pecado de Caín: Fue a su *propio hermano*, el propio hermano que provenía del mismo vientre de su madre, a quien él tramó matar y a quien él finalmente asesinó.

5. Ahora la simiente impía estaba plantada en la tierra. Caín era el primer hombre:

- Que dejaba que el pecado lo consumiera (Stg. 4:1-3).
- Que se convertía en un seguidor permanente de

"esa serpiente antigua llamada el diablo" (Ap. 12:9; Jn. 8:44).

- Que lanzaba la simiente permanente de la serpiente, los incrédulos e impíos, en la tierra (1 Jn. 3:12. Vea la nota, Gn. 4:16-24. Vea también la nota, pt. 2, Gn. 3:15.)

Pensamiento 1. Note los pecados de Caín:

=> ensañamiento
=> engaño
=> asesinato
=> ignorar y rechazar la amonestación y la Palabra de Dios
=> decidir obedecer el camino del pecado y de Satanás

Observe cuidadosamente cada uno de estos pecados y piense en cuántos de nosotros permitimos que se apoderen de nuestra vida. Cuántos de nosotros...

- nos ensañamos
- ignoramos y rechazamos la amonestación y Palabra de Dios
- engañamos a otros
- decidimos seguir el camino del pecado y de Satanás

Cuando se trata de asesinato, siempre debemos recordar las palabras de Cristo: Cuando permitimos que el ensañamiento se arraigue en nuestro corazón, somos tan culpables como el asesino, en peligro de juicio del fuego del infierno (Mt. 5:22).

Debemos prestarle atención a la amonestación de Dios y a su Palabra, no sea que permitamos que el pecado crezca en nuestro corazón y nos consuma el pecado. No debemos andar en el camino de Caín; no debemos formar parte de la simiente impía, un seguidor de "esa serpiente antigua llamada el diablo" (Ap. 12:9).

"Porque la paga del pecado es muerte, mas la dádiva de Dios es vida eterna en Cristo Jesús Señor nuestro" (Ro. 6:23).

"Porque el ocuparse de la carne es muerte, pero el ocuparse del Espíritu es vida y paz" (Ro. 8:6).

"Entonces la concupiscencia, después que ha concebido, da a luz el pecado; y el pecado, siendo consumado, da a luz la muerte" (Stg. 1:15).

"Pero los cobardes e incrédulos, los abominables y homicidas, los fornicarios y hechiceros, los idólatras y todos los mentirosos tendrán su parte en el lago que arde con fuego y azufre, que es la muerte segunda" (Ap. 21:8).

"Como la justicia conduce a la vida, así el que sigue el mal lo hace para su muerte" (Pr. 11:19).

"El alma que pecare, esa morirá" (Ez. 18:20).

Pensamiento 2. Este fue el primer asesinato en la tierra. La lección que debemos aprender está clara: El ensañamiento sostenido en el corazón es igual al asesinato a los ojos de Dios.

"Pero yo os digo que cualquiera que se enoje contra su hermano, será culpable de juicio; y cualquiera que diga: Necio, a su hermano, será culpable ante el concilio; y cualquiera que le diga: Fatuo, quedará expuesto al infierno de fuego" (Mt. 5:22).

"No matarás" (Éx. 20:13).

"Porque: No adulterarás, *no matarás,* no hurtarás, no dirás falso testimonio, no codiciarás, y cualquier otro mandamiento, en esta sentencia se resume: Amarás a tu prójimo como a ti mismo" (Ro. 13:9).

"Así que, ninguno de vosotros padezca como *homicida,* o ladrón, o malhechor, o por entremeterse en lo ajeno" (1 P. 4:15).

"No como Caín, que era del maligno y mató a su hermano. ¿Y por qué causa le mató? Porque sus obras eran malas, y las de su hermano justas" (1 Jn. 3:12).

[2] (4:9-10) ***Caín — Hermandad — Corazón — Asesinato:*** Está la confrontación con Dios. ¿Dónde ocurrió esta confrontación? Las Escrituras no lo dicen. Quizá sucedió el sábado cuando la familia se reunió para la adoración y faltaba la presencia de Abel. Recuerde: Al parecer Dios hablaba frente a frente con la familia de Adán al principio de la historia humana, probablemente y de entre los querubines. (Vea la nota, Gn. 4:3-4 para un mayor análisis.) Esto, más el hecho de que Caín le temía a la represalia, demostraría que otros estaban presentes durante la confrontación (cp. los vv. 14-15) y que fueron informados del asesinato secreto (vea la nota, Gn. 4:3-4 para un análisis). Sea cual fuere el caso, Dios confrontó a Caín y ocurrieron tres cosas significativas:

1. Dios cuestionó a Caín: "¿Dónde está Abel tu hermano?" Dios no estaba pidiendo información. Dios sabía exactamente donde estaba Abel. Dios ve y sabe todas las cosas. Dios quería que Caín *pensara* en su pecado, sobre aquello terrible que había hecho, para que implorara misericordia. Caín fue como tantos de nosotros después de haber cometido un pecado terrible: Tratamos de ocultar nuestro pecado y de olvidarlo. Pero eso no es lo que se debe hacer y Caín falló en lo que todo pecador debe hacer: Hacerle frente a su pecado e implorarle a Dios perdón y misericordia. Caín necesitaba cambiar su modo de proceder antes de que fuera demasiado tarde. Pronto se condenaría eternamente a menos que se arrepintiera y le implorara perdón y misericordia a Dios.
2. Caín negó su responsabilidad por su hermano.

—¿Caín, dónde está tu hermano? —preguntó Dios.

—No sé. ¿soy yo acaso guarda de mi hermano? —respondió Caín.

Caín se rehusó, se rehusó absolutamente, asumir la responsabilidad de su pecado. Note cómo el pecado se multiplica cuando nos rehusamos a arrepentirnos y a enfrentar nuestro pecado. Caín cometió pecado tras pecado, edificó pecado sobre pecado al igual que tantos de nosotros cuando nos alejamos de Dios.

a. Caín siguió rebelándose contra Dios y le mintió a Dios. Caín se rehusó a enfrentar su pecado y negó saber donde estaba su hermano Abel. Pero él lo sabía, sabía que había hecho un mal terrible. Caín solo deseaba vivir como él quería, no como Dios mandaba.

b. Caín *negó su responsabilidad* por su hermano. Caín descendió a las profundidades del egoísmo y la injusticia. "¿Soy yo acaso guarda de mi hermano?" ¿Soy yo responsable de mi hermano?

=> ¿De cuidarlo y protegerlo?
=> ¿De amarlo y velar por él?
=> ¿De saber donde él está?
=> ¿De conocer su condición, bienestar, y circunstancias?

Pensamiento 1. ¡Qué lección para nosotros! ¡Qué cruel ha sido el hombre para con su hermano a través de la historia humana! ¡Con qué frecuencia hemos ignorado a nuestros hermanos y hermanas, nuestros seres humanos hermanos, cuando se han encontrado en una necesidad imperiosa! Las condiciones, bienestar y circunstancias de la mayoría de los hermanos y hermanas de todo el mundo son difíciles: Llenas de pesar, dolor y sufrimiento. Imagínese todos los seres humanos que sufren en el mundo...

• huérfanos	• enfermos	• solitarios
• viudas y viudos	• hambrientos	• sufridos
• prisioneros	• pobres	• sedientos
• desconsolados	• divorciados	• moribundos
• que sufren recaídas	• que se sienten vacíos	

La gran tragedia es la siguiente: Negamos que conocemos dónde están. Negamos nuestra responsabilidad por ellos. Pero, de la misma manera que mintió Caín, estamos mintiendo nosotros. Nuestras comunidades y vecindarios, todo nuestro mundo, están llenos de personas que sufren y lo sabemos. La voz de Dios aún resuena como trueno: "¿Dónde está tu hermano? ¡Tú eres el responsable! ¡Tú eres su hermano, tú eres su guarda!"

c. Caín cegó su corazón y su mente cada vez contra Dios. Él se metió en su cabeza un pensamiento muy tonto: Que él podía ocultar su pecado de Dios.

"El que encubre sus pecados no prosperará; mas el que los confiesa y se aparta alcanzará misericordia" (Pr. 28:13).

"¡Ay de los que se esconden de Jehová, encubriendo el consejo, y sus obras están en tinieblas, y dicen: ¿Quién nos ve, y quién nos conoce?!" (Is. 29:15).

"¡Ay de los hijos que se apartan, dice Jehová, para tomar consejo, y no de mí; para cobijarse con cubierta, y no de mi espíritu, añadiendo pecado a pecado!" (Is. 30:1).

d. Caín endureció su pecado contra Dios y se rehusó a arrepentirse.

"Bienaventurado el hombre que siempre teme a Dios; mas el que endurece su corazón caerá en el mal" (Pr. 28:14).

"El hombre que reprendido endurece la cerviz, de repente será quebrantado, y no habrá para él medicina" (Pr. 29:1).

"Pero por tu dureza y por tu corazón no arrepentido, atesoras para ti mismo ira para el día de la ira y de la revelación del justo juicio de Dios" (Ro. 2:5).

"antes exhortaos los unos a los otros cada día, entre tanto que se dice: Hoy; para que ninguno de vosotros se endurezca por el engaño del pecado" (He. 3:13).

3. Dios reveló una verdad innegable: el pecado no se puede esconder; Dios escuchó y siempre escuchará el grito de justicia. Dios preguntó: "¿Qué has hecho? La voz de la sangre de tu hermano clama a mí desde la tierra" (v. 10).

Se ilustra lo siguiente: se había cometido un pecado terrible—una injusticia terrible—contra Abel. Abel quería lo que todos nosotros queremos cuando se nos ha maltratado: la corrección del maltrato. Abel que ría que se hiciera justicia. Lo habían asesinado; se había derramado su sangre sobre la tierra. Por consiguiente, su sangre clamaba porque se hiciera justicia contra el pecado cometido contra él. Nota: Dios no solo vio el pecado de Caín, Dios oyó el grito de justicia de Abel.

Pensamiento 1. Observe este elemento: Las Escrituras dicen que Abel era un profeta y que su voz se oye aún hoy día. Sucede lo siguiente: Su sangre aún clama por justicia contra todo aquel que hace mal contra sus hermanos en la tierra. La sangre de Abel clama contra todas las injusticias que se hacen contra las personas, para que se corrijan y se rectifiquen todas las injusticias. Su sangre clama por una venganza piadosa.

"Por la fe Abel ofreció a Dios más excelente sacrificio que Caín, por lo cual alcanzó testimonio de que era justo, dando Dios testimonio de sus ofrendas; y *muerto, aún habla por ella*" (He. 11:4).

"para que se demande de esta generación la sangre de todos los profetas que se ha derramado desde la fundación del mundo, desde la sangre de Abel hasta la sangre de Zacarías, que murió entre el altar y el templo; sí, os digo que *será demandada* de esta generación" (Lc. 11:50-51).

Pero note: La sangre de Cristo proclama un mensaje mucho más grandioso que la sangre de Abel. La sangre de Cristo proclama redención, incluso el perdón de los pecados, no la venganza.

"a Jesús el Mediador del nuevo pacto, y a la sangre rociada que habla mejor que la de Abel" (He. 12:24).

"en quien tenemos redención por su sangre, el perdón de pecados según las riquezas de su gracia" (Ef. 1:7).

[3] (4:11-12) ***Juicio — Caín:*** Está el juicio de Dios. El juicio sobre el asesino, Caín, tenía tres aspectos. Caín:

- Llevaría la maldición de Dios en su alma.
- Experimentaría constantemente dificultad en su trabajo.
- Siempre sería un alma inquieta, un vagabundo en la tierra.

1. El asesino, Caín, fue condenado a llevar la maldición de Dios en su alma. El alma del asesino se afectaría, se perturbaría y sufriría profundamente, por el resto de su vida. Su alma llevaría la maldición de Dios, llevaría:

• El desagrado	• La indignación
• La insatisfacción	• La ira
• La decepción	

El alma del asesino sentiría siempre perturbación y preocupación, siempre sentiría el ser maldecida. El horror del asesinato nunca se desaparecería de la escena del asesino. Siempre llevaría la maldición de Dios, la maldición de un alma perturbada y preocupada, el desagrado, la indignación y la ira de Dios.

Pensamiento 1. Las Escrituras enseñan dos cosas acerca de la maldición de Dios sobre el pecado.

1) El pecado ha puesto a todas las personas bajo la maldición de Dios, la maldición de un alma inquieta y preocupada y de la ira e indignación de Dios.

"como está escrito: Dios les dio espíritu de estupor, ojos con que no vean y oídos con que no oigan, hasta el día de hoy" (Ro. 1:18).

"Porque todos los que dependen de las obras de la ley están bajo maldición, pues escrito está: Maldito todo aquel que no permaneciere en todas las cosas escritas en el libro de la ley, para hacerlas" (Gá. 3:10).

"He aquí yo pongo hoy delante de vosotros la bendición y la maldición: la bendición, si oyereis los mandamientos de Jehová vuestro Dios, que yo os prescribo hoy, y la maldición, si no oyereis los mandamientos de Jehová vuestro Dios, y os apartareis del camino que yo os ordeno hoy, para ir en pos de dioses ajenos que no habéis conocido" (Dt. 11:26-28).

"Maldito el que hiriere a su prójimo *ocultamente*. Y dirá todo el pueblo: Amén. Maldito el que recibiere soborno para quitar la vida al inocente. Y dirá todo el pueblo: Amén. Maldito el que no confirmare las palabras de esta ley para hacerlas. Y dirá todo el pueblo: Amén" (Dt. 27:24-26).

"Pero acontecerá, si no oyeres la voz de Jehová tu Dios, para procurar cumplir todos sus mandamientos y sus estatutos que yo te intimo hoy, que vendrán sobre ti todas estas maldiciones, y te alcanzarán. Maldito serás tú en la ciudad, y maldito en el campo. Maldita tu canasta, y tu artesa de amasar. Maldito el fruto de tu vientre, el fruto de tu tierra, la cría de tus vacas, y los rebaños de tus ovejas. Maldito serás en tu entrar, y maldito en tu salir" (Dt. 28:15-19).

2) Jesucristo nos libera de la maldición e ira de Dios.

"Venid a mí todos los que estáis trabajados y cargados, y yo os haré descansar" (Mt. 11:28).

"Cristo nos redimió de la maldición de la ley, hecho por nosotros maldición (porque está escrito: Maldito todo el que es colgado en un madero)" (Gá. 3:13).

"Así que, por cuanto los hijos participaron de carne y sangre, él también participó de lo mismo, para destruir por medio de la muerte al que tenía el imperio de la muerte, esto es, al diablo, y librar a todos los que por el temor de la muerte estaban durante toda la vida sujetos a servidumbre" (He. 2:14-15).

2. El asesino, Caín, experimentaría dificultad en su trabajo. Había derramado sangre en la tierra, había profanado la tierra de la manera más horrible que se pudiera imaginar. Por consiguiente, debía enfrentar problema tras problema al garantizar su alimento y al suplir las otras necesidades de su vida. No importa donde se estableciera en la tierra, la tierra le iba a causar problemas. La tierra no produciría cultivos abundantes, no fácilmente, no sin gran dificultad, esfuerzo y trabajo excesivo. El asesino experimentaría gran dificultad en su vida y en su trabajo, al garantizar las necesidades de la vida: Experimentaría más que otras personas:

- La presión
- El esfuerzo
- La tensión
- El agotamiento
- El vacío
- El sudor
- La preocupación
- El trabajo arduo
- La inquietud

Pensamiento 1. El camino del asesino es muy difícil. No importa dónde esté en la tierra, aunque trabaje y tenga la garantía de una organización mafiosa, la tierra le provoca grandes dificultades al asesino. Nunca llega a librarse de la inquietud y la dificultad. Está maldito a experimentar la presión laboriosa, el esfuerzo, la tensión, el sudor, la preocupación, el trabajo duro, el agotamiento, la inquietud, el vacío en su vida y en su trabajo, al satisfacer la mayoría de las necesidades básicas de la vida.

Pero observe lo siguiente: El camino de cualquier pecador es duro, no importa cuál sea el pecado. Todos los pecados producen resultados terribles y terminan en la muerte, la muerte eterna, a menos que el pecador se arrepienta y se vuelva a Dios.

"Todos sus días, el impío es atormentado de dolor, y el número de sus años está escondido para el violento" (Job 15:20).

"Fueron afligidos los insensatos, a causa del camino de su rebelión y a causa de sus maldades" (Sal. 107:17).

"El buen entendimiento da gracia; mas el camino de los transgresores es duro" (Pr. 13:15).

"tribulación y angustia sobre todo ser humano que hace lo malo, el judío primeramente y también el griego" (Ro. 2:9).

"Quebranto y desventura hay en sus caminos; y no conocieron camino de paz" (Ro. 3:16-17).

3. El asesino, Caín, fue condenado a ser un alma inquieta y desarraigada, un vagabundo todos los días de su vida. Al igual que todos los asesinos, Caín fue condenado:

- A no ser aceptado por la mayoría de las personas.
- A conocer el reproche y la deshonra de las personas.
- A temer que se le hallara, no importa dónde se estableciera.
- A estar siempre vigilante.
- A ser inquieto, a no tener paz ni seguridad.
- A ser desarraigado, con frecuencia a vagabundear y equivocarse.
- A temer a la represalia.
- A temer a la justicia.

Pensamiento 1. El pecador, la persona que continúa en el pecado, quien nunca se vuelve a Dios, es un alma inquieta y desarraigada, un vagabundo en la tierra. Está alienada y apartada de Dios y nunca cumple su propósito de estar en la tierra. Nunca experimenta el reposo y la paz seguros de Dios. Nunca experimenta el cuidado, la provisión, la protección y el amor de Dios. No tiene qué añorar excepto la justicia de Dios. El pecador es un alma inquieta y desarraigada, un vagabundo en la tierra.

"Por la mañana dirás: ¡Quién diera que fuese la

tarde! y a la tarde dirás: ¡Quién diera que fuese la mañana! por el miedo de tu corazón con que estarás amedrentado, y por lo que verán tus ojos" (Dt. 28:67).

"Porque todos sus días no son sino dolores, y sus trabajos molestias; aun de noche su corazón no reposa. Esto también es vanidad" (Ec. 2:23).

"Se pasmó mi corazón, el horror me ha intimidado; la noche de mi deseo se me volvió en espanto" (Is. 21:4).

"No hay paz para los malos, dijo Jehová" (Is. 48:22).

"Pero los impíos son como el mar en tempestad, que no puede estarse quieto, y sus aguas arrojan cieno y lodo" (Is. 57:20).

"No conocieron camino de paz, ni hay justicia en sus caminos; sus veredas son torcidas; cualquiera que por ellas fuere, no conocerá paz" (Is. 59:8).

"Padecemos persecución sobre nosotros; nos fatigamos, y no hay para nosotros reposo" (Lm. 5:5).

"Destrucción viene; y buscarán la paz, y no la habrá" (Ez. 7:25).

4 (4:13-14) ***Juicio, reacción contra — Justicia:*** Está la reacción y queja contra el juicio. Note la reacción de Caín al juicio de Dios:

"Y dijo Caín a Jehová: Grande es mi castigo para ser soportado" (v. 13).

Esta no es una respuesta de un alma arrepentida; es la queja contra Dios de un corazón endurecido. No hay nada en las palabras de Caín que demuestre arrepentimiento, que se esté confesando y le esté pidiendo a Dios que perdone su pecado. Él está reaccionando contra el juicio de Dios, se está quejando de que el juicio:

- Es demasiado grande.
- Es demasiado severo.
- Es injusto.
- Es abusivo.
- Es demasiado para que él o cualquier persona lo soporte.
- Va más allá, se excede, del pecado que él había cometido

Note que Caín reafirma los tres aspectos del juicio de Dios contra él. Está enfatizando cuán grande es el castigo que Dios ha pronunciado sobre él:

"Grande es mi castigo para ser soportado. Mira nada más el castigo que has pronunciado sobre mí. Me has alienado...

- "Me has apartado de la prosperidad de la tierra, me has maldecido a luchar con gran dificultad para satisfacer las necesidades básicas de la vida.
- "Me has apartado de ti, de tu presencia, cuidado, y bendiciones en mi andar por la vida.
- "Me has apartado de la sociedad, de algunas vez poder ser acepto ante ellos y de poder tener reposo y tener un lugar de reposo permanente".

Observe también que Caín teme a otros hombres, que puedan querer justicia y no misericordia. Según se ha planteado, Caín no se lamenta de su pecado; él está reaccionando y quejándose del juicio de Dios. Él está acusando a Dios de ser injusto y demasiado severo.

Pensamiento 1. Note cuán típico resulta esto de la mayoría de las personas. La mayoría de las personas se quejan contra el juicio de Dios. Hacen exactamente lo que hizo Caín, tratan de quitarle peso a su pecado o de justificarlo.

1) La mayoría de las personas creen que serán aceptos ante Dios, a fin de cuentas.

"¿Por qué se lamenta el hombre viviente? Laméntese el hombre en su pecado. Escudriñemos nuestros caminos, y busquemos, y volvámonos a Jehová" (Lm. 3:39-40).

"Y entonces les declararé: Nunca os conocí; apartaos de mí, hacedores de maldad" (Mt. 7:23).

"Y no temáis a los que matan el cuerpo, mas el alma no pueden matar; temed más bien a aquel que puede destruir el alma y el cuerpo en el infierno" (Mt. 10:28).

"¡Serpientes, generación de víboras! ¿Cómo escaparéis de la condenación del infierno?" (Mt. 23:33).

"El que cree en el Hijo tiene vida eterna; pero el que rehúsa creer en el Hijo no verá la vida, sino que la ira de Dios está sobre él" (Jn. 3:36).

"No os maravilléis de esto; porque vendrá hora cuando todos los que están en los sepulcros oirán su voz; y los que hicieron lo bueno, saldrán a resurrección de vida; mas los que hicieron lo malo, a resurrección de condenación" (Jn. 5:28-29).

"en llama de fuego, para dar retribución a los que no conocieron a Dios, ni obedecen al evangelio de nuestro Señor Jesucristo; los cuales sufrirán pena de eterna perdición, excluidos de la presencia del Señor y de la gloria de su poder" (2 Ts. 1:8-9).

"Porque si la palabra dicha por medio de los ángeles fue firme, y toda transgresión y desobediencia recibió justa retribución, ¿cómo escaparemos nosotros, si descuidamos una salvación tan grande? La cual, habiendo sido anunciada primeramente por el Señor, nos fue confirmada por los que oyeron" (He. 2:2-3).

"sabe el Señor librar de tentación a los piadosos, y reservar a los injustos para ser castigados en el día del juicio" (2 P. 2:9).

"Pero los cobardes e incrédulos, los abominables y homicidas, los fornicarios y hechiceros, los idólatras y todos los mentirosos tendrán su parte en el lago que arde con fuego y azufre, que es la muerte segunda" (Ap. 21:8).

2) Pocas personas creen que Dios las vaya a juzgar alguna vez, no severamente. La idea de que son pecadores tan grandes que Dios los rechazaría les resulta aborrecible. Se rebelan contra tales predicaciones y enseñanzas.

3) Algunas personas incluso niegan que Dios vaya a juzgar al mundo. Dicen que un Dios bondadoso y adorable nunca condenaría a una persona para siempre, aunque la persona fuera Hitler o Stalin que asesinaron a millones de personas.

5 (4:15) ***Dios, misericordia de:*** Está la gran misericordia de Dios. Observe que el nombre usado para referirse a Dios en todo este pasaje es JEHOVÁ (Yahvéh o Jehová). Este es el nombre usado cuando es necesario enfatizar la redención,

fidelidad, gracia y misericordia de Dios. Es el pacto de gracia que Dios quiere edificar con toda persona en la tierra. Dios es misericordioso, y Él quería que Caín implorara su misericordia y perdón. Pero como hemos visto, Caín se rehusó. Así y todo quería hacer su voluntad y vivir su vida como él quería. Hasta se quejó del juicio de Dios por su pecado mortífero. Pero note lo que hizo Dios: Aún así, Él actuó con misericordia. Aún así, le tendió la mano a Caín.

Primero, Dios decretó que no se ejecutaría venganza sobre Caín. Si alguien se atrevía, entonces el vengador sería castigado siete veces. Da la idea de una maldición divina siete veces peor que la que sufría Caín; de un juicio final y completo, quizás sin tener nunca la oportunidad de arrepentimiento.

Segundo, Dios puso una señal sobre Caín para darle seguridad y protección. ¿Era una señal visible para evitar que lo vengadores mataran a Caín o sencillamente la seguridad de Dios de que nadie se atrevería a ir en contra de la amenaza de Dios de castigarlo siete veces? Los comentaristas se encuentran divididos y las Escrituras no son claras. Sin embargo, raras veces las amonestaciones de Dios evitan que los hombres hagan lo que quieren, incluso la amonestación de la maldición eterna. Por esta razón, es probable que la marca fuera una señal visible que le recordara a las personas el día de Caín:

- Que Dios definitivamente haría lo que dijo: Nadie ejecutaría venganza sobre Caín. El propio Dios manejaría el juicio de Caín, el asesino.

Pensamiento 1. Dios es un Dios de misericordia y gracia. Mientras una persona viva en la tierra, hay esperanza para ella. Dios tendrá misericordia y perdonará sus pecados, pero la persona debe arrepentirse. La persona debe implorar la misericordia de Dios y alejarse de su pecado.

"Pero Dios, que es rico en misericordia, por su gran amor con que nos amó, aun estando nosotros muertos en pecados, nos dio vida juntamente con Cristo (por gracia sois salvos)" (Ef. 2:4-5).

"Porque por gracia sois salvos por medio de la fe; y esto no de vosotros, pues es don de Dios; no por obras, para que nadie se gloríe" (Ef. 2:8-9).

"nos salvó, no por obras de justicia que nosotros hubiéramos hecho, sino por su misericordia, por el lavamiento de la regeneración y por la renovación en el Espíritu Santo" (Tit. 3:5).

"Por la misericordia de Jehová no hemos sido consumidos, porque nunca decayeron sus misericordias" (Lm. 3:22).

"Rasgad vuestro corazón, y no vuestros vestidos, y convertíos a Jehová vuestro Dios; porque misericordioso es y clemente, tardo para la ira y grande en misericordia, y que se duele del castigo" (Jl. 2:13).

"¿Qué Dios como tú, que perdona la maldad, y olvida el pecado del remanente de su heredad? No retuvo para siempre su enojo, porque se deleita en misericordia" (Mi. 7:18).

Pensamiento 2. Toda venganza se ha de dejar en manos de Dios. Las Escrituras son claras al respecto.

"No os venguéis vosotros mismos, amados míos, sino dejad lugar a la ira de Dios; porque escrito está: Mía es la venganza, yo pagaré, dice el Señor" (Ro. 12:19).

"y a vosotros que sois atribulados, daros reposo con nosotros, cuando se manifieste el Señor Jesús desde el cielo con los ángeles de su poder, en llama de fuego, para dar retribución a los que no conocieron a Dios, ni obedecen al evangelio de nuestro Señor Jesucristo" (2 Ts. 1:7-8).

"Pues conocemos al que dijo: Mía es la venganza, yo daré el pago, dice el Señor. Y otra vez: El Señor juzgará a su pueblo" (He. 10:30).

"Jehová, Dios de las venganzas, Dios de las venganzas, muéstrate" (Sal. 94:1).

	C. La primera civilización y sociedad (parte 1): El desarrollo de la primera simiente o descendencia impía, 4:16-24	fue Ada, y el nombre de la otra, Zila. 20 Y Ada dio a luz a Jabal, el cual fue padre de los que habitan en tiendas y crían ganados.	**raba el culto de la belleza y el sexo** **6 Una sociedad de personas famosas, ricas y dotadas**
1 Una sociedad que era secular e impía: Caín abandonó la presencia de Dios **2 Una sociedad que era desarraigada e inquieta: Caín habitó en tierra de Nod**	16 Salió, pues, Caín de delante de Jehová, y habitó en tierra de Nod, al oriente de Edén.	21 Y el nombre de su hermano fue Jubal, el cual fue padre de todos los que tocan arpa y flauta. 22 Y Zila también dio a luz a Tubal-caín, artífice de toda obra de bronce y de hierro; y la hermana de Tubal-caín fue Naama.	a. Rancheros y dueños de tiendas b. Músicos e inventores de instrumentos musicales c. Fabricantes y artesanos
3 Una sociedad de contratistas y moradores de ciudad que se honraban a sí mismos y se gloriaban en sí mismos	17 Y conoció Caín a su mujer, la cual concibió y dio a luz a Enoc; y edificó una ciudad, y llamó el nombre de la ciudad del nombre de su hijo, Enoc.		d. Adoradores de la belleza
4 Una sociedad que continuaba creciendo en su herencia secular e impía	18 Y a Enoc le nació Irad, e Irad engendró a Mehujael, y Mehujael engendró a Metusael, y Metusael engendró a Lamec.	23 Y dijo Lamec a sus mujeres: Ada y Zila, oíd mi voz; Mujeres de Lamec, escuchad mi dicho: Que un varón mataré por mi herida, Y un joven por mi golpe. 24 Si siete veces será vengado Caín, Lamec en verdad setenta veces siete lo será.	**7 Una sociedad que buscaba venganza, que asesinaba, se vanagloriaba de sí misma, se sentía autosuficiente y estaba sumida en la anarquía**
5 Una sociedad que ado-	19 Y Lamec tomó para sí dos mujeres; el nombre de la una		

DIVISIÓN III

ADÁN, EL PRIMER HOMBRE (PARTE 2): EL NACIMIENTO, DESARROLLO Y CORRUPCIÓN DE LA SIMIENTE IMPÍA Y DE LA PIADOSA (DESCENDENCIA), 4:1—6:8

C. La primera civilización y sociedad (parte 1): El desarrollo de la primera simiente o descendencia impía, 4:16-24

(4:16-24) ***Introducción:*** Recuerde, los capítulos 4:1—6:8 abordan la simiente (descendencia) impía y piadosa de los principio de la historia. Ya hemos estudiado cómo comenzaron la simiente impía y la simiente piadosa:

A. Los primeros hijos, Caín y Abel: La adoración falsa contra la verdadera, el principio de la falsa adoración, 4:1-7
B. El primer asesinato, Caín mata a Abel: La verdad indiscutible del juicio, el pecado no se puede esconder, 4:8-15

Ahora bien, las Escrituras nos muestran cómo la descendencia impía se dividió y se desarrolló en una civilización y sociedad impía. Esta es: "La primera civilización y sociedad (parte 1): El desarrollo de la primera simiente o descendencia impía".

1. Una sociedad que era secular e impía: Caín abandonó la presencia de Dios (v. 16).
2. Una sociedad que era desarraigada e inquieta: Caín habitó en tierra de Nod (v. 16).
3. Una sociedad de contratistas y moradores de ciudad que se honraban a sí mismos y se gloriaban en sí mismos (v. 17).
4. Una sociedad que continuaba creciendo en su herencia secular e impía (v. 18).
5. Una sociedad que adoraba el culto de la belleza y el sexo (v. 19).
6. Una sociedad de personas famosas, ricas y dotadas (vv. 20-22).
7. Una sociedad que buscaba venganza, que asesinaba, se vanagloriaba de sí misma, se sentía autosuficiente y estaba sumida en la anarquía (vv. 23-24).

[1] (4:16) ***Civilización — Sociedad — Caín — Secularismo:*** La simiente o descendencia impía desarrolló una sociedad secular e impía. Note las Escrituras: "Salió, pues, Caín de delante de Jehová" (v. 16).

Recuerde: Dios había confrontado a Caín por su pecado de asesinar a su hermano, Abel. Dios había pronunciado el juicio, pero al mismo tiempo Dios le había tendido la mano a Caín en misericordia, anhelando que él le implorara misericordia y se arrepintiera (vea el bosquejo y las notas, Gn. 4:8-15 para un análisis). ¿Cuál fue la respuesta de Caín? Fue la siguiente:

"Salió, pues, Caín de delante de Jehová" (v. 16).

Con terquedad y endurecimiento de corazón, Caín se alejó de la presencia de Dios. Pero esto no se refiere solamente a *salir* de la presencia de Dios. El contexto mismo de este pasaje demuestra que Caín estaba rechazando al propio Dios y a todo aquel que estaba de parte de Dios. Caín dejaba, abandonaba y se alejaba tanto como podía:

- De la presencia de Dios.
- De sus padres piadosos, Adán y Eva, lacerando aún más el corazón de cada uno de ellos.
- De la comunidad y vecindario de los piadosos (Adán y Eva ya tenían otros hijos en ese momento, cp. Gn. 5:4).
- Del lugar y altar donde se adoraba a Dios.
- De la tierra donde las personas llevaban una vida piadosa.

Caín decidió alejarse tanto de Dios como de su familia piadosa. Él partió y se fue a otro país a fin de vivir como él quería, a fin de estar lejos de Dios y hacer su voluntad. Él decidió, lo decidió deliberadamente, llevar una vida secular e impía y desarrollar una sociedad secular e impía. Caín se separó él mismo de Dios, se alienó de Dios.

Caín consiguió exactamente lo que él quería. Este pasaje muestra claramente que él dio a luz una civilización y sociedad secular e impía. Caín es el padre de las civilizaciones y sociedades seculares e impías del mundo. Caín fue:

- El primero de la simiente o civilizaciones impías de Adán.
- La primera simiente, el primer ser humano, que decidió deliberadamente alejarse de Dios *de un modo permanente*.
- La primera simiente que decidió llevar una vida secular e impía.
- La primera simiente impía plantada en la tierra.

De un modo sencillo, Caín fue la primera persona que permitió que el pecado gobernara y reinara en su vida, la primera persona que se convirtió en seguidor permanente de "esa serpiente antigua llamada el diablo" (Ap. 12:9; Jn. 8:44). Caín fue la primera persona que lanzó la simiente permanente de la serpiente en la tierra (1 Jn. 3:12. Vea la nota, pt. 2, Gn. 3:15 para un mayor análisis). Él comenzó la primera sociedad secular e impía en la tierra. Caín es el padre de todas las civilizaciones y sociedades seculares e impías a través de la historia.

> **"a mí me han desechado, para que no reine sobre ellos" (1 S. 8:7).**
>
> **"Pero mi pueblo no oyó mi voz, e Israel no me quiso a mí. Los dejé, por tanto, a la dureza de su corazón; caminaron en sus propios consejos" (Sal. 81:11-12).**
>
> **"Por cuanto llamé, y no quisisteis oír, extendí mi mano, y no hubo quien atendiese, sino que desechasteis todo consejo mío y mi reprensión no quisisteis" (Pr. 1:24-25).**
>
> **"La mano de nuestro Dios es para bien sobre todos los que le buscan; mas su poder y su furor contra todos los que le abandonan" (Esd. 8:22).**
>
> **"Tú me dejaste, dice Jehová; te volviste atrás; por tanto, yo extenderé sobre ti mi mano y te destruiré; estoy cansado de arrepentirme" (Jer. 15:6).**
>
> **"Porque las cosas invisibles de él, su eterno poder y deidad, se hacen claramente visibles desde la creación del mundo, siendo entendidas por medio de las cosas hechas, de modo que no tienen excusa. Pues habiendo conocido a Dios, no le glorificaron como a Dios, ni le dieron gracias, sino que se envanecieron en sus razonamientos, y su necio corazón fue entenebrecido. Profesando ser sabios, se hicieron necios,... ya que cambiaron la verdad de Dios por la mentira, honrando y dando culto a las criaturas antes que al Creador, el cual es bendito por los siglos. Amén" (Ro. 1:20-22, 25).**

[2] (4:16) ***Inquietud — Desarraigo — Civilización — Sociedad — Caín:*** La simiente o descendencia impía era una sociedad inquieta y desarraigada. Caín "habitó en tierra de Nod" (v. 16). La "tierra de Nod" (*erets nodh*) realmente significa la tierra de peregrinación, inquietud, desarraigo, movimiento, temblor, sacudida. La idea es la de estar inquieto y desarraigado, de vagabundear y moverse todo como si la propia tierra se estuviera sacudiendo y revolcando a la persona por todo el lugar. Recuerde: Caín fue el primero en abandonar la familia de Adán y la comunidad piadosa y aventurarse en esta tierra. Al parecer, a la tierra se le denominó después "la tierra de Nod" por Caín y su espíritu inquieto y desarraigado. Dios había condenado a Caín a poseer un espíritu inquieto y desarraigado por su conducta impía.

> ***Pensamiento 1.*** La persona o sociedad que se aleja de Dios siempre estará inquieta y desarraigada. Nadie ni ninguna sociedad experimentará la verdadera paz hasta que se vuelva a Dios. La razón es la siguiente: Una persona o sociedad que lleva solo una vida secular, que solo vive en función de este mundo, solo cuenta con lo que ofrece este mundo, y no hay escape de este mundo. Parte de lo que ofrece este mundo secular es:
>
> - Inquietud y desarraigo.
> - Brevedad y carencia de vida.
> - Padecimiento y enfermedad.
> - Accidente y sufrimiento.
> - Dolor y pesar.
> - Corrupción y muerte.
>
> El mundo secular puede ofrecer cierta comodidad, placer, dinero, posición, reconocimiento, honra y seguridad. Pero ninguna de ellas es permanente; ninguna de ellas trasciende esta tierra. Cuando nos golpea una de las tragedias terribles de la vida y tarde o temprano la tragedia nos golpea a cada uno de nosotros, ya eso es todo. Nos quedamos solamente con lo que el mundo secular nos puede dar. Y la ayuda del mundo secular es limitada y termina rápidamente. Toda la ayuda de la tierra termina y cuando termina, nos quedamos sin esperanzas y ayuda más allá de esta tierra. Nos quedamos sin Dios, todo eso porque nosotros como individuos y sociedades decidimos llevar una vida secular e impía.
>
> El alma lo sabe, lo sabe muy profundamente. Esta es la razón por la que el alma está siempre inquieta y desarraigada, nunca en paz y nunca establecida, cuando busca solo la vida secular de este mundo. Las cosas de este mundo nunca podrán satisfacer el alma del hombre. El alma fue hecha para Dios; por eso, el alma nunca puede descansar ni tampoco arraigarse hasta que descanse y se arraigue en Dios.

"Por la mañana dirás: ¡Quién diera que fuese la tarde! y a la tarde dirás: ¡Quién diera que fuese la mañana! por el miedo de tu corazón con que estarás amedrentado, y por lo que verán tus ojos" (Dt. 28:67).

"Porque ¿qué tiene el hombre de todo su trabajo, y de la fatiga de su corazón, con que se afana debajo del sol? Porque todos sus días no son sino dolores, y sus trabajos molestias; aun de noche su corazón no reposa. Esto también es vanidad" (Ec. 2:22-23).

"No hay paz para los malos, dijo Jehová" (Is. 48:22).

"Pero los impíos son como el mar en tempestad, que no puede estarse quieto, y sus aguas arrojan cieno y lodo" (Is. 57:20).

"No conocieron camino de paz, ni hay justicia en sus caminos; sus veredas son torcidas; cualquiera que por ellas fuere, no conocerá paz" (Is. 59:8).

"Padecemos persecución sobre nosotros; nos fatigamos, y no hay para nosotros reposo" (Lm. 5:5).

"Destrucción viene; y buscarán la paz, y no la habrá" (Ez. 7:25).

3 (4:17) ***Edificación — Construcción — Ciudad — Caín:*** La simiente o descendencia impía eran contratistas y moradores de ciudades que se honraban a sí mismos y se gloriaban en sí mismos. Observe varios elementos:

1. Caín tenía una esposa. ¿Quién era ella? ¿Su hermana o media hermana o un pariente lejano? Las Escrituras son claras: Adán y Eva tenían otros hijos. De hecho Adán vivió 930 años (Gn. 5:4-5). Debe haber muchos hijos y por supuesto, los hijos de cada generación habrían dado a luz muchos otros hijos. La población potencial durante la vida de Adán es asombrosa. James Montgomery Boice, el excelente expositor presbiteriano, señala lo siguiente: Si solo una mitad de los hijos de Adán vivió, y si solo la mitad de los vivos se casó, y si solo la mitad de los casados tuvo hijos, entonces, incluso a los tres índices medios, aún así la población ascendería a más de un millón hasta la muerte de Adán (*Génesis, un comentario expositivo*, vol. 1, p. 211s). (Vea el *Estudio a fondo 2* para un recuadro sobre la simiente o descendencia piadosa de Adán, Gn. 5:27-32.)

No había peligro de deformidad ni de genes dañinos debido al matrimonio endogámico por dos razones:

=> Esa fue la manera en que Dios planificó y quiso que creciera la raza humana.

=> Ese fue el principio mismo de la raza humana. Es decir, Adán y su familia inmediata estaban a la cabeza de la cadena de la vida humana. La cadena de la vida humana, al igual que la corriente de un río, no se contaminó en la cabeza ni en el manantial. Se contaminó al fluir corriente abajo o al tomar cierto curso la cadena. El gran erudito luterano H. C. Leupold lo plantea muy bien:

"La esposa de Caín debe haber sido su hermana que lo siguió al exilio; porque Adán tenía hijo e hijas según 5:4...el matrimonio con una hermana en este etapa temprana del desarrollo de la raza humana [no se puede] considerar erróneo ni antinatural. Si según el propósito divino la raza humana se ha de desarrollar a partir de una pareja, entonces el matrimonio de los hermanos y las hermanas así como de otros parientes cercanos constituirá una necesidad por un tiempo. Puede que más adelante las naciones vieran como idóneo clasificar tales uniones como incestuosas y tratar de evitar que la raza humana siguiera volviendo sus gajos al tallo que los originó... Pero en la historia más temprana de la humanidad no se aborrecía la unión de los parientes cercanos. La esposa de Abraham era su media hermana (20:12); compare también 24:4 y 28:2" (*Génesis*, vol. 1, p. 215s).

2. Caín y su esposa tuvieron un hijo y lo nombraron Enoc (*chanoch*). El nombre quiere decir principiante, dedicado o iniciado. Al parecer, Caín tenía esperanza de que su hijo le proporcionara un nuevo comienzo, un nuevo inicio, en la vida. Pero observe: El nuevo comienzo no era con Dios, sino apartado de Dios. Caín tenía esperanzas y obraba por un nuevo comienzo en el mundo secular. Él quería comenzar desde cero en el mundo, no con Dios.

3. Caín se convirtió en contratista y comenzó a construir una ciudad. Claro está, esta ciudad no era como las ciudades modernas de la actualidad. Probablemente fueran unas cuantas casas rodeadas por una muralla. Al parecer, al pasar meses y años, algunas otras familias habían dejado a Dios y la descendencia piadosa y se habían sumado a Caín y a su familia en la tierra de Nod.

Pensamiento 1. Note cómo Caín está tratando de asentarse, de echar raíces, una residencia fija, justo aquí en la tierra. Debía haber estado buscando el cielo a fin de establecer la inquietud y desarraigo de su alma. No tiene nada de malo construir una casa en la tierra donde vivir, pero lo primero que debemos buscar es una casa en el cielo. Solo cuando busquemos el cielo hallaremos el verdadero reposo y un lugar permanente donde reposar.

"Mas si desde allí buscares a Jehová tu Dios, lo hallarás, si lo buscares de todo tu corazón y de toda tu alma" (Dt. 4:29).

"Jehová dará poder a su pueblo; Jehová bendecirá a su pueblo con paz" (Sal. 29:11).

"Apártate del mal, y haz el bien; busca la paz, y síguela" (Sal. 34:14).

"Buscad a Jehová y su poder; buscad siempre su rostro" (Sal. 105:4).

"Tú guardarás en completa paz a aquel cuyo pensamiento en ti persevera; porque en ti ha confiado" (Is. 26:3).

"a los cuales él dijo: Este es el reposo; dad reposo al cansado; y este es el refrigerio; mas no quisieron oír" (Is. 28:12).

"¡Oh, si hubieras atendido a mis mandamientos! Fuera entonces tu paz como un río, y tu justicia como las ondas del mar" (Is. 48:18).

"Mas buscad primeramente el reino de Dios y su justicia, y todas estas cosas os serán añadidas" (Mt. 6:33).

"Llevad mi yugo sobre vosotros, y aprended de mí, que soy manso y humilde de corazón; y hallaréis descanso para vuestras almas" (Mt. 11:29).

4. Caín se gloriaba en su ciudad y en su hijo. Dio a la

ciudad el nombre de su hijo, Enoc. Quería que el nombre de su hijo perdurara para siempre. Él estaba decidido a glorificar el nombre y las obras de su familia. Ahora vivía solo en función de la honra de este mundo, no en función de la honra de Dios.

> **"Su íntimo pensamiento es que sus casas serán eternas, y sus habitaciones para generación y generación; dan sus nombres a sus tierras. Mas el hombre no permanecerá en honra; es semejante a las bestias que perecen" (Sal. 49:11-12).**
>
> **"Porque cuando muera no llevará nada, ni descenderá tras él su gloria" (Sal. 49:17).**
>
> **"Por eso ensanchó su interior el Seol, y sin medida extendió su boca; y allá descenderá la gloria de ellos, y su multitud, y su fausto, y el que en él se regocijaba" (Is. 5:14).**
>
> **"Conforme a su grandeza, así pecaron contra mí; también yo cambiaré su honra en afrenta" (Os. 4:7).**
>
> **"¿Cómo podéis vosotros creer, pues recibís gloria los unos de los otros, y no buscáis la gloria que viene del Dios único?" (Jn. 5:44).**
>
> **"Porque: Toda carne es como hierba, y toda la gloria del hombre como flor de la hierba. La hierba se seca, y la flor se cae" (1 P. 1:24).**

[4] (4:18) ***Herencia — Padres, impíos — Sociedad:*** La simiente o descendencia impía continuó creciendo en su herencia secular. No se dice nada de las generaciones mencionadas aquí excepto del ultimo nombre, Lamec. Sin embargo, se pueden señalar varios elementos:

1. La simiente y sociedad impías continuaron creciendo y desarrollándose en la tierra. El secularismo y la impiedad se diversificaban cada vez más, asentándose con mayor fuerza con cada generación que pasaba.

2. Los padres les dieron a sus hijos nombres significativos. El gran *Comentario del púlpito* proporciona el significado de varios nombres diferentes a continuación:

=> *Irad* significaba habitante de la ciudad, ciudadano, el adorno de una ciudad. Quizás, era un líder que le trajo honra a su ciudad natal.

=> *Mehujael* significaba amado de Dios, el purificado o formado de Dios. Note que el nombre de Mehujael termina en "el", que es el nombre de Dios, Elohim.

=> *Metusael* significaba hombre de Dios. Note que su nombre termina con "el", el nombre de Dios también.

=> *Lamec* significaba juventud fuerte, hombre de oración o juventud.

3. Los nombres dados a los hijos sugieren que la simiente impía era religiosa, pero su religión era solamente:

- Una religión mundana.
- Una religión secular.
- Una religión humanística, hecha por el hombre.

En las palabra de James Montgomery Óbice:

"Es la clase de religión que Caín escogió a partir de su sacrificio estéticamente agradable. Hoy día es todo muy común, una religión de liturgias, palabras y música hermosas pero sin la promesa del perdón del pecado por parte de Dios por medio de la sangre derramada de Jesucristo" (*Génesis, un comentario expositivo*, vol. 1, p. 212).

Fue la misma falsa adoración y religión que Caín había escogido y practicado que lo llevó a su caída trágica (vea el bosquejo y las notas, Gn. 4:1-7).

> **"que tendrán apariencia de piedad, pero negarán la eficacia de ella; a éstos evita" (2 Ti. 3:5).**

Matthew Henry dice:

> *"Ellos asumirán la forma de la Piedad... pero no se someterán al poder de la misma, para eliminar su pecado. Observen lo siguiente:*
>
> *"Los hombres pueden ser muy malos y perversos... pueden ser amantes de sí mismos... aún así tienen forma de piedad.*
>
> *"Una forma de piedad es muy diferente del poder de la misma; los hombres pueden tener la una y estar completamente destituidos de la otra...*
>
> *"De tales buenos cristianos se deben alejar ellos"* (*Comentario de Matthew Henry*, vol. 5, p. 844).

[5] (4:19) ***Belleza — Inmoralidad — Bigamia — Poligamia:*** La simiente o descendencia impía adoraba el culto de la belleza y el sexo. "Lamec tomó para sí [se casó con]... dos mujeres" (v. 19). Fue el primer bígamo en la tierra, el primero en practicar la poligamia. Le tomaron siete generaciones a los impíos para echar por tierra la institución ordenada por Dios acerca del matrimonio, un hombre para una mujer. La simiente impía ignoró y se rebeló contra Dios y contra su mandamiento de pureza de vida y matrimonio (Gn. 2:24; Mt. 19:4-6, cp. Mal. 2:14-15). En Lamec se inició la pasión de la sociedad de perseguir el culto de la belleza y el sexo. Esto se sugiere en los nombres de las dos esposas de Lamec.

=> *Ada* significa ornamento, adornado, atractivo, belleza, placer.

=> *Zila* significa la sombría o la sombra, probablemente se refiera al color y sombra hermosos de su cabello o piel.

Lamec se sintió atraído por la belleza y el placer de la carne, tanto que le dio rienda suelta a su pasión. Él quería tener la presencia y el cuerpo de dos mujeres atractivas a la vez. Él le pidió a las dos que se casaran con él y ambas estuvieron de acuerdo en convertirse en la esposa de un hombre. Él y sus dos esposas fueron consumidos por la carne: Se entregaron completamente al culto de la belleza y la inmoralidad. Ninguno controló su pasión ni negó sus impulsos inmorales. Se centraron en el cuerpo:

- La belleza y atractivo de la carne.
- La pasión y estímulo de la carne.
- El placer y disfrute sexual de la carne.

Pensamiento 1. El culto que adora la belleza y el sexo ha existido en el mundo desde el inicio de la historia humana, pero hoy día, es particularmente fuerte. La belleza y el sexo se adoran de tal forma que se han convertido en el tema dominante de los anuncios de publicidad en todo el mundo industrializado. La belleza y el sexo se usan para vender de todo desde un jabón hasta autos. Se adora tanto el culto y es tan aceptable, que la mayoría de las personas pasan más tiempo pensando en la belleza y en el sexo que en la fraternidad y la oración con Dios, muchísimo más tiempo. De hecho, el culto de la belleza y el sexo ha atrapado a tantas vidas que la mayoría de las personas cualquier día dado:

- Pasan más tiempo frente a un espejo que con Dios.
- Gastan más dinero en ropas, maquillaje (cosméticos) y artículos de belleza que lo que se gastan en función de Dios.
- Pasan más tiempo mirando ropas y vistiéndose que con Dios.
- Pasan más tiempo mirando escenas sexuales en la televisión y pensando, leyendo y hablando de sexo del que pasan con Dios.
- Pasan más tiempo deseando, queriendo y teniendo sexo del que pasan con Dios.

Una persona, fundamentalmente el creyente, debe ser tan atractiva como pueda, pero no con las ropas y los cosméticos que exponen y llaman la atención a la carne. *Esta es la clave*: Cualquier cosa que exponga o llame la atención a nuestro cuerpo, cualquier cosa que provoque pensamientos en otros a centrarse en nuestro cuerpo, es errónea. Nuestro objetivo debe ser centrar la atención en Cristo. Cristo debe ser tan dominante en nuestra vida que las personas lo vean a Él en nosotros, que vean un valor, una dulzura, un amor, un cuidado, una mansedumbre, una tranquilidad, una fuerza interior de espíritu, tanto que las personas se sientan atraídas a Él, no a nuestro cuerpo, ropas o maquillaje.

=> Esto es lo que debemos practicar y según lo que debemos vivir todos.

=> Esto es lo que le debemos enseñar a nuestros hijos.

=> Esto es lo que debe controlar los medios de difusión que permitamos en el hogar: televisión, películas y revistas.

=> Esto es lo que debe dominar nuestra vida: Cristo y nuestro testimonio de Cristo.

"Asimismo que las mujeres se atavíen de ropa decorosa, con pudor y modestia; no con peinado ostentoso, ni oro, ni perlas, ni vestidos costosos, sino con buenas obras, como corresponde a mujeres que profesan piedad" (1 Ti. 2:9-10).

"Vuestro atavío no sea el externo de peinados ostentosos, de adornos de oro o de vestidos lujosos, sino el interno, el del corazón, en el incorruptible ornato de un espíritu afable y apacible, que es de grande estima delante de Dios. Porque así también se ataviaban en otro tiempo aquellas santas mujeres que esperaban en Dios, estando sujetas a sus maridos" (1 P. 3:3-5).

"ni tampoco presentéis vuestros miembros al pecado como instrumentos de iniquidad, sino presentaos vosotros mismos a Dios como vivos de entre los muertos, y vuestros miembros a Dios como instrumentos de justicia" (Ro. 6:13).

"Mas el hombre no permanecerá en honra; es semejante a las bestias que perecen. Este su camino es locura; con todo, sus descendientes se complacen en el dicho de ellos. Como a rebaños que son conducidos al Seol, la muerte los pastoreará, y los rectos se enseñorearán de ellos por la mañana; se consumirá su buen parecer, y el Seol será su morada" (Sal. 49:12-14).

"Como zarcillo de oro en el hocico de un cerdo es la mujer hermosa y apartada de razón" (Pr. 11:22).

"Engañosa es la gracia, y vana la hermosura; la mujer que teme a Jehová, ésa será alabada" (Pr. 31:30).

"Asimismo dice Jehová: Por cuanto las hijas de Sion se ensoberbecen, y andan con cuello erguido y con ojos desvergonzados; cuando andan van danzando, y haciendo son con los pies; por tanto, el Señor raerá la cabeza de las hijas de Sion, y Jehová descubrirá sus vergüenzas. Aquel día quitará el Señor el atavío del calzado, las redecillas, las lunetas, los collares, los pendientes y los brazaletes, las cofias, los atavíos de las piernas, los partidores del pelo, los pomitos de olor y los zarcillos, los anillos, y los joyeles de las narices, las ropas de gala, los mantoncillos, los velos, las bolsas, los espejos, el lino fino, las gasas y los tocados. Y en lugar de los perfumes aromáticos vendrá hediondez; y cuerda en lugar de cinturón, y cabeza rapada en lugar de la compostura del cabello; en lugar de ropa de gala ceñimiento de cilicio, y quemadura en vez de hermosura" (Is. 3:16-24).

[6] (4:20-22) ***Impía, la — Sociedad — Cultura — Música — Construcción de tiendas — Rancho — Nómadas — Obrero del metal:*** La simiente o descendencia impías eran una sociedad de personas famosas, ricas y dotadas culturalmente. Esto se ve en los hijos de Lamec.

1. Estaba *Jabal*, el hijo nacido de Ada la esposa de Lamec. Las Escrituras dicen que era un ganadero que criaba ganado (*miqueh*). Al parecer, el equivalente hebreo incluye más que solo ganado. Incluiría también otros animales también, como por ejemplo camellos y burros (H. C. Leupold, *Génesis*, vol. 1, p. 220).

Jabal fue también el descubridor de la tienda de campaña nómada. Su necesidad de mover constantemente las manadas de un pasto a otro exigía que se ideara alguna vivienda móvil para su propia familia y las familias de sus obreros contratados.

Observe que Jabal no solo era rico, sino que se volvió famoso. Se le conoció como el "padre" de los constructores de tiendas y los rancheros nómadas. Fue el primero en desarrollar los ranchos para animales de cría y la idea de vivir en tiendas de campaña móviles al mover a los animales de un pasto a otro.

2. Estaba *Jubal*, el segundo hijo de Ada la esposa de Lamec. Jubal fue un músico que inventó el arpa (instrumento de cuerda) y la flauta (órgano) para la música. Note que inventó los primeros instrumentos musicales de la tierra: Jubal es el "padre" de todos los instrumentos de cuerda y de viento. Fue el primero en desarrollar las *artes cultivadas* de la sociedad.

3. Estaba *Tubal-Caín*, que era hijo de Lamec por parte de su otra esposa, Zila. Tubal-Caín era obrero del metal: Trabajaba tanto con bronce como con hierro. Fue la primera persona que se conozca que tomara el bronce y el hierro y fabricara y moldeara todo tipo de cosas útiles. Es muy probable que haya hecho utensilios, joyería, artículos decorativos, herramientas y armas.

4. Estaba *Naama*, la hermana de Tubal-Caín. ¿Por qué

se menciona una mujer en la genealogía de Lamec cuando los nombres de mujeres raras veces aparecían, si es que aparecían alguna vez, en los orígenes de las familias? El nombre *Naama* significa bella, atractiva, agradable. Al parecer, la belleza de Naama era tan sorprendente que llamaba la atención de todos, tanto que fue bien conocida a través de los siglos por su belleza.

Pensamiento 1. Note un elemento significativo acerca de la simiente o descendencia impía de la sociedad: No hay nada en lo absoluto, ni siquiera una palabra, que se mencione en este pasaje en que se aborda la descendencia impía de la civilización y la sociedad. Lo único que se analiza son las cosas del mundo:

- El trabajo y el empleo del mundo.
- Las riquezas y posesiones del mundo.
- La cultura y los intereses artísticos del mundo.
- Las herramientas, artículos decorativos y armas del mundo.
- La fascinación y la lujuria del mundo por la belleza y el sexo (el culto de la belleza y el sexo).

Todas estas cosas, trabajo, posesiones, cultura, arte, herramientas o tecnología, belleza y sexo, son importantes, incluso necesarias para la sociedad para sobrevivir y progresar. Pero, ¿y qué hay de Dios? Dios está totalmente ausente de *la descendencia impía* de la sociedad. Y la tragedia terrible es que Dios, el único Dios vivo y verdadero, aún se encuentra ausente de la descendencia impía de la civilización y la sociedad. *La simiente y descendencia impía* continúan para siempre construyendo una sociedad de personas que tratan de ser famosas, ricas, poderosas y dotadas culturalmente. Pero construyen un pueblo sin Dios, un pueblo sin esperanza en esta vida ni en la venidera.

"El hombre que se aparta del camino de la sabiduría vendrá a parar en la compañía de los muertos" (Pr. 21:16).

"Porque seréis como encina a la que se le cae la hoja, y como huerto al que le faltan las aguas" (Is. 1:30).

"Así dijo Jehová: ¿Qué maldad hallaron en mí vuestros padres, que se alejaron de mí, y se fueron tras la vanidad y se hicieron vanos?" (Jer. 2:5).

"Pero yo dije: Ciertamente éstos son pobres, han enloquecido, pues no conocen el camino de Jehová, el juicio de su Dios" (Jer. 5:4).

"En aquel tiempo estabais sin Cristo, alejados de la ciudadanía de Israel y ajenos a los pactos de la promesa, sin esperanza y sin Dios en el mundo" (Ef. 2:12).

"Pero por cuanto eres tibio, y no frío ni caliente, te vomitaré de mi boca. Porque tú dices: Yo soy rico, y me he enriquecido, y de ninguna cosa tengo necesidad; y no sabes que tú eres un desventurado, miserable, pobre, ciego y desnudo" (Ap. 3:16-17).

7 (4:23-24) ***Asesinato — Autosuficiencia — Vanagloria:*** La simiente o descendencia impía desarrolló una sociedad que buscaba venganza, que asesinaba, se vanagloriaba de sí misma, se sentía autosuficiente y estaba sumida en la anarquía.

Es necesario tener en cuenta varios elementos.

1. Esta es la primera poesía, que sepamos, que se haya mencionado en la tierra. Observe que es una canción de venganza y de guerra, una canción que se ha titulado "El cántico de espada de Lamec" (H. C. Leupold, *Génesis*, vol. 1, p. 222).
2. El hebreo se puede traducir como futuro o pretérito:
   - Como algo que Lamec haría si fuera atacado por un hombre.
   - Como algo que Lamec ya había hecho porque fue atacado.

Los comentaristas no han llegado a un acuerdo acerca de cómo se debe traducir, aunque al parecer la mayoría lo entienden como un suceso que ya había ocurrido en realidad.

3. La ilustración es la de Lamec empuñando un arma (quizá similar a una espada) que su hijo Tubal-Caín había inventado. Sucedió una de las dos cosas:
   => Lamec ondea su espada al aire como lo haría un guerrero, gloriándose de que podría matar a cualquier hombre, viejo o joven, que lo atacara. O...
   => Lamec tomó la espada y realmente mató a un hombre joven por haberlo herido.
4. En lo que debemos fijarnos es en la ilustración de la sociedad que Lamec nos describe. Lamec y sus antepasados impíos habían desarrollado una sociedad:
   - Que se gloriaba en su propia fuerza.
   - Que se enorgullecía en sus propias armas homicidas y de guerra.
   - Que buscaba venganza.
   - Que declaraba su propia autosuficiencia.
   - Que negaba y se rebelaba contra cualquier necesidad de Dios.
   - Que se había vuelto anárquica y no tenía justicias y moralidad verdaderas.

Note cuán jactancioso e independiente se había vuelto Lamec. En el fervor y emoción del momento, con el poder del arma que él sostenía en sus manos, él recordó la maldición de Dios sobre su antepasado, Caín. Él recordó que Dios había prometido vengar a Caín siete veces contra cualquiera que hiciera daño a Caín. Lamec gritó, si Dios podía hacer eso, entonces él, Lamec, con un arma tan poderosa, podía vengarse a sí mismo setenta veces siete.

Lamec había llegado al punto más alto (el punto culminante) de la gloria en sí mismo, el orgullo, la vanagloria y la autosuficiencia: se estaba declarando a sí mismo más fuerte y más poderoso que Dios.

Pensamiento 1. Qué comentario más triste acerca de una sociedad y civilización. Aún así, se ha pronunciado el mismo comentario acerca de toda civilización y sociedad a través de los siglos. La historia solo ha tenido una declaración: Una declaración de venganza, asesinato, vanagloria, autosuficiencia y anarquía humanas.

=> Con relación a la venganza, Dios dice lo siguiente:

"No te vengarás, ni guardarás rencor a los hijos de tu pueblo, sino amarás a tu prójimo como a ti mismo. Yo Jehová" (Lv. 19:18).

"No digas: Yo me vengaré; espera a Jehová, y él te salvará" (Pr. 20:22).

"No digas: Como me hizo, así le haré; daré el pago al hombre según su obra" (Pr. 24:29).

"Pero yo os digo: No resistáis al que es malo; antes, a cualquiera que te hiera en la mejilla derecha, vuélvele también la otra" (Mt. 5:39).

"No paguéis a nadie mal por mal; procurad lo bueno delante de todos los hombres" (Ro. 12:17).

"no devolviendo mal por mal, ni maldición por maldición, sino por el contrario, bendiciendo, sabiendo que fuisteis llamados para que heredaseis bendición" (1 P. 3:9).

=> Con relación al asesinato, Dios dice lo siguiente:

"No matarás" (Éx. 20:13).

"Le dijo: ¿Cuáles? Y Jesús dijo: No matarás. No adulterarás. No hurtarás. No dirás falso testimonio" (Mt. 19:18).

"Porque: No adulterarás, *no matarás,* no hurtarás, no dirás falso testimonio, no codiciarás, y cualquier otro mandamiento, en esta sentencia se resume: Amarás a tu prójimo como a ti mismo" (Ro. 13:9).

"Así que, ninguno de vosotros padezca como *homicida,* o ladrón, o malhechor, o por entremeterse en lo ajeno" (1 P. 4:15).

"Todo aquel que aborrece a su hermano es homicida; y sabéis que ningún homicida tiene vida eterna permanente en él" (1 Jn. 3:15).

=> Con relación a la vanagloria, Dios dice lo siguiente:

"Porque el malo se jacta del deseo de su alma, bendice al codicioso, y desprecia a Jehová" (Sal. 10:3).

"Los que confían en sus bienes, y de la muchedumbre de sus riquezas se jactan, Ninguno de ellos podrá en manera alguna redimir al hermano, ni dar a Dios su rescate" (Sal. 49:6-7).

"No seas sabio en tu propia opinión; teme a Jehová, y apártate del mal" (Pr. 3:7).

"Como nubes y vientos sin lluvia, así es el hombre que se jacta de falsa liberalidad" (Pr. 25:14).

"Pero ahora os jactáis en vuestras soberbias. Toda jactancia semejante es mala" (Stg. 4:16).

=> Con relación a la autosuficiencia, Dios dice lo siguiente:

"El que confía en su propio corazón es necio; mas el que camina en sabiduría será librado" (Pr. 28:26).

"Oye, pues, ahora esto, mujer voluptuosa, tú que estás sentada confiadamente, tú que dices en tu corazón: Yo soy, y fuera de mí no hay más; no quedaré viuda, ni conoceré orfandad" (Is. 47:8).

"Negaron a Jehová, y dijeron: El no es, y no vendrá mal sobre nosotros, ni veremos espada ni hambre" (Jer. 5:12).

"La soberbia de tu corazón te ha engañado, tú que moras en las hendiduras de las peñas, en tu altísima morada; que dices en tu corazón: ¿Quién me derribará a tierra?" (Abd. 3).

"Habéis arado impiedad, y segasteis iniquidad; comeréis fruto de mentira, porque confiaste en tu camino y en la multitud de tus valientes" (Os. 10:13).

"Así que, el que piensa estar firme, mire que no caiga" (1 Co. 10:12).

=> Con relación a la anarquía, Dios dice lo siguiente:

"por cuanto todos pecaron, y están destituidos de la gloria de Dios" (Ro. 3:23).

"No reine, pues, el pecado en vuestro cuerpo mortal, de modo que lo obedezcáis en sus concupiscencias" (Ro. 6:12).

"Todo aquel que comete pecado, infringe también la ley; pues el pecado es infracción de la ley" (1 Jn. 3:4).

"Toda injusticia es pecado; pero hay pecado no de muerte" (1 Jn. 5:17).

"Y vio Jehová que la maldad de los hombres era mucha en la tierra, y que todo designio de los pensamientos del corazón de ellos era de continuo solamente el mal" (Gn. 6:5).

"Cada uno se había vuelto atrás; todos se habían corrompido; no hay quien haga lo bueno, no hay ni aun uno" (Sal. 53:3).

"Lavaos y limpiaos; quitad la iniquidad de vuestras obras de delante de mis ojos; dejad de hacer lo malo" (Is. 1:16).

"Deje el impío su camino, y el hombre inicuo sus pensamientos, y vuélvase a Jehová, el cual tendrá de él misericordia, y al Dios nuestro, el cual será amplio en perdonar" (Is. 55:7).

Bosquejo	Título / Texto	Texto	Bosquejo
1 **La descendencia piadosa fue puesta en su lugar y nombrada por Dios: A través de Set** a. Adán y Eva tienen un hijo	**D. La primera civilización y sociedad (parte 2): La continuación de la simiente o descendencia piadosa, 4:25-26** 25 Y conoció de nuevo Adán a su mujer, la cual dio a luz un hijo, y llamó su nombre Set: Porque Dios (dijo ella) me ha sustituido otro hijo en lugar de	Abel, a quien mató Caín. 26 Y a Set también le nació un hijo, y llamó su nombre Enós. Entonces los hombres comenzaron a invocar el nombre de Jehová.	b. Eva nombra al hijo Set: Reconoce que Dios le dio el hijo 2 **La descendencia piadosa reconoció la debilidad y mortalidad del hombre** 3 **La descendencia piadosa confesó e invocó a Dios con un espíritu renovado**

DIVISIÓN III

ADÁN, EL PRIMER HOMBRE (PARTE 2): EL NACIMIENTO, DESARROLLO Y CORRUPCIÓN DE LA SIMIENTE IMPÍA Y DE LA PIADOSA (DESCENDENCIA), 4:1—6:8

D. La primera civilización y sociedad (parte 2): La continuación de la simiente o descendencia piadosa, 4:25-26

(4:25-26) ***Introducción:*** Se nos acaba de ilustrar la simiente o descendencia impía de Adán. Las Escrituras nos acaban de demostrar cómo se inició la simiente impía de la humanidad y cómo creció en los inicios de la historia humana, cómo fundaron las civilizaciones y sociedades impías del mundo. Desde el principio mismo había una descendencia o ramificación impía de personas en la tierra, una descendencia impía que aún existe y existirá hasta que Jesucristo regrese a la tierra y termine la historia humana que se conoce hoy.

Ahora en el pasaje actual, las Escrituras nos muestran cómo la descendencia piadosa continuó en la tierra. Adán, el primer hombre en la tierra, dio inicio a la descendencia piadosa. Su hijo Abel llevaba una vida piadosa, pero fue muerto por Caín, al parecer antes de que pudiera tener hijos. Por consiguiente, Dios le tuvo que dar otro hijo a Adán y Eva, otro hijo a través del cual continuara la simiente o descendencia piadosa. Este es el tema del pasaje actual. Este pasaje nos muestra cómo Dios le dio otro hijo a Adán y a Eva:

- El hijo que le daría continuidad a la descendencia piadosa.
- El hijo cuya descendencia piadosa daría a luz al Salvador, la Simiente única que salvaría al hombre de la muerte y del juicio eterno.

Este pasaje, conjuntamente con el próximo (capítulo cinco), describe el nacimiento y crecimiento de la simiente o descendencia piadosa en la tierra. Este estudio en particular es "La primera civilización y sociedad (parte 2): La continuación de la simiente o descendencia piadosa, de la civilización y sociedad piadosa en la tierra".

1. La descendencia piadosa fue puesta en su lugar y nombrada por Dios: A través de Set (v. 25).
2. La descendencia piadosa reconoció la debilidad y mortalidad del hombre (v. 26).
3. La descendencia piadosa confesó e invocó a Dios con un espíritu renovado (v. 26).

[1] (4:25) ***Set — Simiente, piadosa:*** La descendencia piadosa fue puesta en su lugar y nombrada por Dios. Eva había sufrido la pérdida de sus dos hijos: Abel había sido asesinado y Caín había abandonado a Dios y a la familia para llevar una vida de pecado e impiedad.

1. Adán y Eva querían desesperadamente otro hijo para darle continuidad a la descendencia piadosa, la descendencia piadosa a través de la cual se cumpliría la promesa de Dios de un Salvador. ¿Quiere esto decir que Adán y Eva no tenían otros hijos que fueran piadosos, que no había otras personas en la tierra que llevaran una vida piadosa? Esto es muy improbable. Lo que probablemente signifique es lo que siempre ha significado a través de la historia: La simiente específica, la persona que sería nombrada y puesta en su lugar por Dios para encabezar la descendencia piadosa, no había nacido aún. Dios aún no había escogido el hijo de Adán y Eva que daría continuidad a la descendencia piadosa que trascendería por los siglos de la historia humana.

Imagínese nada más a Adán y a Eva orando fervientemente, todos los días de su vida, por un hijo que llevaría una vida piadosa y a través del cual Dios podría enviar al Salvador del mundo.

Cuando llegó el hijo, tanto Adán como Eva sabían que Dios había respondido a su oración. Sabían que su hijo sería:

- La simiente y descendencia piadosa a través de la cual continuaría la ramificación de la piedad en la tierra.
- La simiente y descendencia piadosa a través de la cual vendría el Salvador del mundo.

Esta es la razón por la que Eva nombró al bebito *Set.* El chico lo había dado definitivamente Dios. El nombre de *Set* (*Sheth*) significa puesto, establecido, colocado, nombrado. Da la idea de que Set fue puesto en su lugar y nombrado por Dios para encabezar la simiente o descendencia piadosa en la tierra. Algunos comentaristas plantean que Set también significa sustituto, que Dios realmente estaba sustituyendo a Abel el asesinado por Set (H. C. Leupold. *Génesis*, vol. 1, p. 226) (Herbert Lockyer. *All the Men of the Bible* [Todos los hombres de la Biblia]. Grand Rapids, MI: Zondervan Publishing House, 1958, p. 297).

Sucede lo siguiente: El propio nombre de *Set* demuestra con cuánta fuerza Eva reconoció la mano de Dios en el nacimiento de Set. Dios participó activamente, su soberanía y poder estaban obrando de forma activa, en el nacimiento del bebé.

=> Dios era fiel a su Palabra y promesa.

=> Dios realmente puso en su lugar y nombró a Set para darle continuidad a la simiente o descendencia piadosa en la tierra.

=> Dios realmente sustituyó a Abel por Set, realmente envió un sustituto para darle continuidad a la simiente o descendencia piadosa en la tierra.

2. Observe otro elemento más: Había una diferencia entre la actitud de Eva hacia el nacimiento de Caín y hacia el nacimiento de Set. Cuando Caín nació, Eva dijo:

> **"Por voluntad de Jehová he adquirido varón" (Gn. 4:1).**

Se hace énfasis en *"He"*. *"He adquirido"*... Eva reconoció la mano de Dios en el nacimiento de su hijo, pero al parecer se sintió un tanto *autosuficiente*, como si ella y Adán tuvieran mucho que ver con el cumplimiento de la promesa de Dios de una simiente piadosa y un Salvador. Pero los caminos impíos de Caín le enseñaron a Eva una gran lección: Ella no podía proporcionar la simiente piadosa y el Salvador por sus propias fuerzas; de hecho, ella no podía ni siquiera traer a la tierra la piedad con sus propias fuerzas. Note cómo no había autosuficiencia, no había *"he"*, en el planteamiento de Eva en el nacimiento de Set, ni rastro de autosuficiencia. Confiando en Dios totalmente, ella declara:

> **"Dios (dijo ella) me ha sustituido otro hijo en lugar de Abel, a quien mató Caín" (v. 25).**

Eva había aprendido una de las lecciones más grandes de la historia humana: La dependencia *total* de Dios. Ningún hombre ni ninguna mujer, ni siquiera una combinación de hombres y mujeres:

- Tiene el poder para ocupar el lugar de Dios y cumplir las promesas de Dios para esta tierra.
- Tiene el poder para restaurar la *vida, el conocimiento y la fraternidad perfectos* con Dios que Adán y Eva habían experimentado.
- Tiene el poder para proveer una simiente o descendencia piadosa para la tierra, fundamentalmente la simiente que sería el Salvador del mundo (Gn. 3:15).
- Tiene el poder para proveer la simiente y el Salvador que heriría en la cabeza y aplastaría el poder de la serpiente, que podría librar al hombre eternamente del poder de "esa serpiente antigua llamada el diablo" (Ap. 12:9; cp. Gn. 3:15).

Solo Dios puede hacer estas cosas. Las promesas de Dios son sencillamente eso: Promesas, dádivas gratuitas de Dios que las da Dios y solo Dios. El hombre no desempeña papel alguno en salvarse a sí mismo. Adán y Eva no podían ganarse, merecer, ni obrar por su salvación. Dios y solo Dios podía salvarlos. El Salvador prometido, su salvación, sería una dádiva gratuita, sería enviado al mundo solo por Dios y por su gracia solamente. Al parecer, esta fue la gran lección que Adán y Eva habían aprendido entre el nacimiento de Caín y el nacimiento de Set: confianza y dependencia de Dios.

Pensamiento 1. La confianza y dependencia total en Dios es la gran lección que toda persona debe aprender. Nadie jamás conocerá las promesas de Dios, no las conocerá personalmente, a menos que se entregue totalmente a Dios. Una persona debe confiar totalmente en Dios si quiere ser restaurado a la vida perfecta que Adán y Eva tenían originalmente con Dios. Si una persona quiere vivir para siempre, vencer al pecado, la muerte y el infierno, debe confiar en Dios. Debe depender de Dios para su salvación. Nadie puede salvarse a sí mismo. Una persona no tiene el poder para salvarse a sí misma de los accidentes, las enfermedades, los padecimientos, mucho menos del pecado y la muerte. Cualquier persona sincera e inteligente lo sabe. Por consiguiente, si una persona ha de ser salva, debe depender totalmente de Dios para su salvación. Esta era la gran lección que Adán y Eva habían aprendido. Solo podían hacer lo que hacemos nosotros: Mirar a su alrededor y darse cuenta de todo el pecado, el mal, la corrupción, los accidentes, las enfermedades, los padecimientos y la muerte en la tierra. Entre el nacimiento de Caín y el de Set, se dieron cuenta de todo y aprendieron la gran lección de la vida: Solo Dios podía proporcionar salvación, solo Dios podía traer al mundo al Salvador.

> **"Porque de tal manera amó Dios al mundo, que ha dado a su Hijo unigénito, para que todo aquel que en él cree, no se pierda, mas tenga vida eterna. Porque no envió Dios a su Hijo al mundo para condenar al mundo, sino para que el mundo sea salvo por él" (Jn. 3:16-17).**
>
> **"De cierto, de cierto os digo: El que oye mi palabra, y cree al que me envió, tiene vida eterna; y no vendrá a condenación, mas ha pasado de muerte a vida" (Jn. 5:24).**
>
> **"siendo justificados *gratuitamente* por su gracia, mediante la redención que es en Cristo Jesús" (Ro. 3:24).**
>
> **"Porque la paga del pecado es muerte, mas la dádiva de Dios es vida eterna en Cristo Jesús Señor nuestro" (Ro. 6:23).**
>
> **"Porque por gracia sois salvos por medio de la fe; y esto no de vosotros, pues es don de Dios; no por obras, para que nadie se gloríe" (Ef. 2:8-9).**
>
> **"nos salvó, no por obras de justicia que nosotros hubiéramos hecho, sino por su misericordia, por el lavamiento de la regeneración y por la renovación en el Espíritu Santo" (Tit. 3:5).**
>
> **"Pero la salvación de los justos es de Jehová, y él es su fortaleza en el tiempo de la angustia" (Sal. 37:39).**

[2] (4:26) ***Enós — Hombre, naturaleza — Debilidad — Mortalidad — Descomposición:*** La descendencia piadosa reconoció la debilidad y mortalidad del hombre. Set tuvo un hijo y lo nombró *Enós* que significa frágil, mortal, débil, enfermizo. Significa "un hombre mortal y en descomposición" (*"Comentario del púlpito"*, vol. 1, p. 90). ¿Por qué Set nombraría a su hijo Enós?

=> Quizás había cierta apariencia enfermiza o de fragilidad en Enós que hizo a Set entender la mortalidad y debilidad de la vida humana.

=> Quizás ya a Set lo había sobrecogido la fragilidad y mortalidad de la vida humana y lo expresó nombrando a su hijo Enós.

Sea cual fuere el caso, Set estaba muy consciente de la debilidad de la naturaleza humana, de que el hombre era mortal, estaba sujeto a la corrupción y a la muerte. A Set lo sobrecogió el hecho de que el hombre...

- envejecía
- se deterioraba
- se descomponía
- era débil
- era corruptible
- tenía padecimientos
- sufría accidentes
- sufría enfermaba
- era frágil

Set estaba consciente de que el hombre sufría todo esto y mucho más y que finalmente el hombre moría. Estos pensamientos inundaron su mente cuando él estaba considerando qué nombre darle a su hijo, al parecer de tal manera que nombró a su hijo Enós, el hombre frágil y mortal.

Pensamiento 1. Observe lo siguiente acerca del criterio de Set del hombre y de la naturaleza humana. Su criterio no quiere decir que Set estaba desalentado y deprimido por la naturaleza del hombre, que se regodeaba en la autocompasión, quejándose por:

- Los dolores, heridas y debilidades del cuerpo humano.
- Las enfermedades y accidentes sufridos.
- Las condiciones y circunstancias horribles de la vida.
- El estado terrible del mundo.

El criterio de Set de la naturaleza humana de la vida era correcto: Sencillamente se enfrentaba a la realidad de la vida. La vida, la naturaleza humana, el propio hombre, su cuerpo, es débil y frágil, está sujeto a todo tipo de padecimientos y enfermedades, accidentes y dolores. El cuerpo del hombre envejece y se deteriora, se descompone y muere. Hacerle frente a este hecho no es degradar ni minimizar al hombre ni su capacidad. Es enfrentar la realidad de la vida humana. Enfrentar la realidad de la fragilidad y mortalidad humana:

- Nos hace cuidar más nuestro cuerpo.
- Nos motiva a obrar más rápidamente para conseguir más mientras aún quede tiempo.
- Nos mueve a hacer todo cuanto podemos por vencer las debilidades y fragilidades de la vida por medio de la medicina y la tecnología.

Entonces, por encima de todo, hacerle frente a la realidad de la fragilidad y mortalidad humana nos hace buscar de Dios. Nos hace confiar en Dios, pedirle que nos cuide, nos salve y nos dé vida, vida abundante y eterna, ahora y para siempre.

"Acuérdate que como a barro me diste forma; ¿Y en polvo me has de volver?" (Job 10:9).

"Digo: ¿Qué es el hombre, para que tengas de él memoria, y el hijo del hombre, para que lo visites?" (Sal. 8:4).

"Mas el hombre no permanecerá en honra; es semejante a las bestias que perecen" (Sal. 49:12).

"Se acordó de que eran carne, soplo que va y no vuelve" (Sal. 78:39).

"¿Qué hombre vivirá y no verá muerte? ¿Librará su vida del poder del Seol?" (Sal. 89:48).

"Porque él conoce nuestra condición; se acuerda de que somos polvo. El hombre, como la hierba son sus días; florece como la flor del campo" (Sal. 103:14-15).

"Todo va a un mismo lugar; todo es hecho del polvo, y todo volverá al mismo polvo" (Ec. 3:20).

"Yo, yo soy vuestro consolador. ¿Quién eres tú para que tengas temor del hombre, que es mortal, y del hijo de hombre, que es como heno?" (Is. 51:12).

"Si bien todos nosotros somos como suciedad, y todas nuestras justicias como trapo de inmundicia; y caímos todos nosotros como la hoja, y nuestras maldades nos llevaron como viento" (Is. 64:6).

"Porque: Toda carne es como hierba, y toda la gloria del hombre como flor de la hierba. La hierba se seca, y la flor se cae" (1 P. 1:24).

"Pero tenemos este tesoro en vasos de barro, para que la excelencia del poder sea de Dios, y no de nosotros" (2 Co. 4:7).

"Porque asimismo los que estamos en este tabernáculo gemimos con angustia; porque no quisiéramos ser desnudados, sino revestidos, para que lo mortal sea absorbido por la vida" (2 Co. 5:4).

Pensamiento 2. Note la diferencia enorme entre los piadosos según se ha descrito anteriormente y los impíos de esta tierra, entre los piadosos como Set y los humanistas como Caín y su descendencia.

1) Tanto los piadosos como los humanistas ven la fragilidad y mortalidad de la vida.
2) Ambos dicen que el hombre debe trabajar diligentemente y hacer todo cuanto pueda para vencer la debilidad y mortalidad de la vida, hacer todo cuanto pueda por medio del desarrollo de la medicina y la tecnología. Es decir, todo hombre, los piadosos como los impíos, quiere ser saludable, estar cómodo, sentirse seguro y vivir el mayor tiempo que pueda en la tierra.

Pero aparte de estos dos puntos, los piadosos y los humanistas impíos difieren. Los humanistas dicen que el hombre vive solo en esta tierra y solo esta vida, que esta vida es todo cuanto hay para el hombre. Dicen que no existe Dios ni el Salvador para el hombre, después de esta vida no. El hombre es perfectamente suficiente para cuidar de sí mismo. Pero observe: Este criterio del hombre resulta sumamente trágico.

1) El humanismo o secularismo despoja al hombre de la ayuda que puede existir más allá de sí mismo y de otros seres humanos. Y en lo profundo de su corazón, toda persona inteligente y honrada sabe esto: que es frágil y mortal. Él envejecerá y se deteriorará, tendrá accidentes y enfermedades, se enfermará y morirá. No importa la ayuda que cualquiera proporcione en tales situaciones, la ayuda del hombre es muy limitada. El hombre, con toda su ciencia y tecnología, solo puede *demorar la muerte*; no puede detenerla.
2) El humanismo o secularismo degrada al hombre,

minimiza la valía del hombre. Hace al hombre solo un animal, solo una bestia en la tierra, solo una criatura temporal que muere y regresa al polvo y sigue siendo polvo. El humanismo despoja al hombre de su valía eterna.

3) El humanismo o secularismo conlleva a la anarquía y la injusticia. Si el hombre no es más que un animal sin vida futura de ninguna clase, entonces aprovecharse de una persona o matarla tiene poco sentido.
   => No hay responsabilidad eterna, no hay temor del juicio eterno, de tener que enfrentarse cara a cara con Dios.
   => No hay imagen de Dios en el hombre que deba valorar, no hay vida eterna que haga la vida del hombre de valor eterno.
   => No hay Dios que cuide del bienestar del hombre, que supla las necesidades del hombre ni que provea para las necesidades básicas de la vida del hombre.

Por eso cada hombre anda por su cuenta, es libre de hacer y tomar lo que sea necesario para cuidar de sí mismo. La lista podría ser interminable, pero con esto basta para demostrar de la forma tan radical que difieren los humanistas impíos de los piadosos de la tierra. El humanismo es inútil e inadecuado:

- Más allá del hombre.
- Más allá de este mundo.
- Más allá de la ciencia, la medicina y la tecnología.

De un modo trágico, cada uno de estos elementos (el hombre, el mundo, la ciencia, la medicina y la tecnología) tiene sus limitaciones y con frecuencia fracasan. Fracasan mientras el hombre, la gran multitud de la humanidad, continúa su andar por la tierra sin la ayuda de Dios. Fracasan mientras Dios busca a cada persona viva en la tierra, mientras Dios espera que el hombre despierte y enfrente la realidad de que Dios es, que Dios existe. Dios anhela que el hombre abandone sus caminos impíos y se vuelva a Él. Dios quiere que el hombre se arrepienta y que lo invoque, que haga exactamente lo que hacen Set y su descendencia en el próximo punto: Confesarse e invocar el nombre de Dios para su salvación y ayuda, tanto en esta tierra como eternamente.

"Mirad, hermanos, que no haya en ninguno de vosotros corazón malo de incredulidad para apartarse del Dios vivo" (He. 3:12).

"Pero sin fe es imposible agradar a Dios; porque es necesario que el que se acerca a Dios crea que le hay, y que es galardonador de los que le buscan" (He. 11:6).

"para que busquen a Dios, si en alguna manera, palpando, puedan hallarle, aunque ciertamente no está lejos de cada uno de nosotros" (Hch.17:27).

"De cierto, de cierto te digo, que lo que sabemos hablamos, y lo que hemos visto, testificamos; y no recibís nuestro testimonio" (Jn. 3:11).

"El que en él cree, no es condenado; pero el que no cree, ya ha sido condenado, porque no ha creído en el nombre del unigénito Hijo de Dios" (Jn. 3:18).

"El que cree en el Hijo tiene vida eterna; pero el que rehúsa creer en el Hijo no verá la vida, sino que la ira de Dios está sobre él" (Jn. 3:36).

"Por eso os dije que moriréis en vuestros pecados; porque si no creéis que yo soy, en vuestros pecados moriréis" (Jn. 8:24).

"Acercaos a Dios, y él se acercará a vosotros. Pecadores, limpiad las manos; y vosotros los de doble ánimo, purificad vuestros corazones" (Stg. 4:8).

[3] (4:26) ***Renacimiento — Simiente, piadosa — Presenciar:*** La descendencia piadosa confesó e invocó a Dios con un espíritu renovado. Según se ha analizado anteriormente, Adán y Eva habían experimentado el andar y fraternizar frente a frente con Dios. Adán había experimentado la gloria de un cuerpo perfecto, un entorno perfecto y una fraternidad y comunión perfectas con Dios. Adán sabía lo que era tener a Dios cuidándole; lo sabía perfectamente. Cuando cayó, por toda su vida, debe haber buscado a Dios, anhelando la presencia y fraternidad de Dios. Adán habría hecho lo que tantas personas piadosas hacen hoy día: Habría pasado mucho tiempo todos los días en la presencia de Dios, orando, adorándolo, alabándolo y honrándolo.

Observe también otro elemento: Adán iba a hacer lo que haría cualquier persona que haya experimentado la fraternidad dulce y grande de Dios: Enseñaría a sus hijos a entregarle su corazón y su vida a Dios y a adorarlo. Puede que todos los hijos no respondan; puede que algunos incluso reaccionen y se alejen de Dios tal como hizo Caín. Pero Adán debe haberles enseñado la verdad a sus hijos.

A la luz de la dedicación y adoración de Adán hacia Dios, ¿qué quieren decir las Escrituras cuando dice: "entonces los hombres comenzaron a invocar el nombre de Jehová" (v. 26)? Quiere decir que Adán y la descendencia piadosa, aquellos que seguían a Dios verdaderamente, volvieron a dedicar la vida de cada uno de ellos a Dios con más fervor que antes. Comenzaron a buscar y a invocar el nombre de Jehová más que nunca. Con un fervor y dedicación renovados, ellos:

- Adoraron a Dios más que nunca, tanto en público como en privado.
- Confesaron a Dios con más valentía que nunca.
- Sirvieron a Dios con más diligencia que nunca.
- Llevaron y proclamaron el nombre de Jehová más que nunca.

¿Qué provocaría un renacimiento como ese entre Adán la simiente piadosa? Tres experiencias:

=> Una mayor sensación de la fragilidad y mortalidad de la vida humana. Adán había vivido 235 años y Set 105 años cuando nació Enós. Recuerde: Ambos deben haber presenciado el sufrimiento y la muerte una y otra vez. La tierra estaba bien poblada en ese momento. (Vea la nota 3, Gn. 4:17 para un mayor análisis.) Experimentar la fragilidad y mortalidad de la vida mueve a la persona piadosa a volver a dedicar su vida a Dios.

=> El nacimiento de Set y luego el nacimiento del hijo de Set habría provocado un renacimiento entre Adán y la simiente piadosa. Ver a la descendencia piadosa realmente nombrada y puesta en su lugar por Dios, verla seguir adelante durante tres generaciones, bastaba para motivar a Adán y luego a Set y luego a Enós a volver a dedicar la vida de cada uno de ellos a Dios y a guiar a toda la descendencia piadosa a adorar y servir a Dios con un fervor renovado.

=> La mundanalidad de la simiente impía de Caín y su rechazo de Dios deben haber motivado a las personas piadosas a un compromiso renovado a adorar y a proclamar a Dios. Siempre sucede eso con aquellos que verdaderamente llevan una vida piadosa y dan un testimonio fuerte de Dios. El pecado y el mal, ver a los perdidos lacerándose, sufriendo y maldiciéndose ellos mismos, siempre motiva a los piadosos a la adorar y testificar más que nunca.

Adán y la simiente piadosa fueron testigos de las tres experiencias. Las experimentaron de primera mano, y cualquiera de ellas por sí sola bastaba para motivar a una dedicación renovada a Dios. Pero Adán y la simiente piadosa presenciaron las tres experiencias. Imagínese la experiencia:

=> Desde que Caín había abandonado a Dios y a la familia Adán siempre había recordado la impiedad de Caín y su simiente.

=> Cuando Set nació, Adán experimentó la misericordia y el poder del propio Dios cuando Dios nombró y puso en su lugar a la simiente y descendencia piadosa.

=> Luego cuando Set tuvo un hijo, el momento exigía el volver a dedicar la vida de una forma dramática. Adán sabía sin lugar a dudas que Dios estaba cumpliendo su promesa gloriosa de darle al mundo la simiente piadosa. Y él sabía que a través de esa simiente se enviaría al Salvador al mundo, al Salvador que restauraría al hombre a la perfección, al mundo perfecto que Adán hubo conocido originalmente.

Pensamiento 1. La gran necesidad de la iglesia y de los creyentes en la actualidad es la de un renacimiento, la de confesar e invocar el nombre de Dios con un fervor renovado.

"Este había sido instruido en el camino del Señor; y siendo de espíritu fervoroso, hablaba y enseñaba diligentemente lo concerniente al Señor, aunque solamente conocía el bautismo de Juan" (Hch. 18:25).

"Así que, hermanos, os ruego por las misericordias de Dios, que presentéis vuestros cuerpos en sacrificio vivo, santo, agradable a Dios, que es vuestro culto racional. No os conforméis a este siglo, sino transformaos por medio de la renovación de vuestro entendimiento, para que comprobéis cuál sea la buena voluntad de Dios, agradable y perfecta" (Ro. 12:1-2).

"Por tanto, no desmayamos; antes aunque este nuestro hombre exterior se va desgastando, el interior no obstante se renueva de día en día" (2 Co. 4:16).

"Por lo cual te aconsejo que avives el fuego del don de Dios que está en ti por la imposición de mis manos" (2 Ti. 1:6).

"Dame, hijo mío, tu corazón, y miren tus ojos por mis caminos" (Pr. 23:26).

"Venid, adoremos y postrémonos; arrodillémonos delante de Jehová nuestro Hacedor" (Sal. 95:6).

"Bienaventurados los que guardan sus testimonios, y con todo el corazón le buscan" (Sal. 119:2).

"pero los que esperan a Jehová tendrán nuevas fuerzas; levantarán alas como las águilas; correrán, y no se cansarán; caminarán, y no se fatigarán" (Is. 40:31).

"y me buscaréis y me hallaréis, porque me buscaréis de todo vuestro corazón" (Jer. 29:13).

"Por eso pues, ahora, dice Jehová, convertíos a mí con todo vuestro corazón, con ayuno y lloro y lamento" (Jl. 2:12).

CAPÍTULO 5

E. La primera civilización y sociedad (parte 3): El linaje de la simiente o descendencia piadosa, sucesos significativos,[EF1] 5:1-32

1 **Suceso 1: Dios creó al hombre**
   a. Creó al hombre a su propia semejanza
   b. Creó al hombre, varón y hembra
   c. Los bendijo
   d. Los llamó Adán, que significa "hombre"

1 Este es el libro de las generaciones de Adán. El día en que creó Dios al hombre, a semejanza de Dios lo hizo.
2 Varón y hembra los creó; y los bendijo, y llamó el nombre de ellos Adán, el día en que fueron creados.

2 **Suceso 2: Adán tuvo un hijo, nació a su semejanza, conforme a su imagen**

3 **Suceso 3: Dios fue fiel a su Palabra, a su promesa**

3 Y vivió Adán ciento treinta años, y engendró un hijo a su semejanza, conforme a su imagen, y llamó su nombre Set.
4 Y fueron los días de Adán después que engendró a Set, ochocientos años, y engendró hijos e hijas.

4 **Suceso 4: El hombre murió**

5 Y fueron todos los días que vivió Adán novecientos treinta años; y murió.

5 **Suceso 5: Los padres piadosos les enseñaron a sus hijos de Dios, a obedecerlo, a adorarlo y a vivir para Él**

6 Vivió Set ciento cinco años, y engendró a Enós.
7 Y vivió Set, después que engendró a Enós, ochocientos siete años, y engendró hijos e hijas.
8 Y fueron todos los días de Set novecientos doce años; y murió.
9 Vivió Enós noventa años, y engendró a Cainán.
10 Y vivió Enós, después que engendró a Cainán, ochocientos quince años, y engendró hijos e hijas.
11 Y fueron todos los días de Enós novecientos cinco años; y murió.
12 Vivió Cainán setenta años, y engendró a Mahalaleel.
13 Y vivió Cainán, después que engendró a Mahalaleel, ochocientos cuarenta años, y engendró hijos e hijas.
14 Y fueron todos los días de Cainán novecientos diez años; y murió.
15 Vivió Mahalaleel sesenta y cinco años, y engendró a Jared.
16 Y vivió Mahalaleel, después que engendró a Jared, ochocientos treinta años, y engendró hijos e hijas.
17 Y fueron todos los días de Mahalaleel ochocientos noventa y cinco años; y murió.
18 Vivió Jared ciento sesenta y dos años, y engendró a Enoc.
19 Y vivió Jared, después que engendró a Enoc, ochocientos años, y engendró hijos e hijas.
20 Y fueron todos los días de Jared novecientos sesenta y dos años; y murió.

6 **Suceso 6: Un hombre piadoso, Enoc, dedicó su vida totalmente a Dios**
   a. Él caminó con Dios

21 Vivió Enoc sesenta y cinco años, y engendró a Matusalén.
22 Y caminó Enoc con Dios, después que engendró a Matusalén, trescientos años, y engendró hijos e hijas.
23 Y fueron todos los días de Enoc trescientos sesenta y cinco años.

   b. Fue trasladado, fue llevado a la presencia de Dios sin morir

24 Caminó, pues, Enoc con Dios, y desapareció, porque le llevó Dios.

7 **Suceso 7: Un hombre, Matusalén, vivió más que el resto, vivió más como testimonio de la gracia de Dios y del juicio venidero**

25 Vivió Matusalén ciento ochenta y siete años, y engendró a Lamec.
26 Y vivió Matusalén, después que engendró a Lamec, setecientos ochenta y dos años, y engendró hijos e hijas.
27 Fueron, pues, todos los días de Matusalén novecientos sesenta y nueve años; y murió.

8 **Suceso 8: Los hombres piadosos creían en el reposo y el consuelo venideros prometidos por Dios[EF2]**
   a. Lamec está exhausto con la lucha y el trabajo duro de la vida
   b. Lamec nombra a su hijo Noé: Cree en la comodidad y reposos venideros

28 Vivió Lamec ciento ochenta y dos años, y engendró un hijo;
29 y llamó su nombre Noé, diciendo: Este nos aliviará de nuestras obras y del trabajo de nuestras manos, a causa de la tierra que Jehová maldijo.
30 Y vivió Lamec, después que engendró a Noé, quinientos noventa y cinco años, y engendró hijos e hijas.
31 Y fueron todos los días de Lamec setecientos setenta y siete años; y murió.
32 Y siendo Noé de quinientos años, engendró a Sem, a Cam y a Jafet.

DIVISIÓN III

ADÁN, EL PRIMER HOMBRE (PARTE 2): EL NACIMIENTO, DESARROLLO Y CORRUPCIÓN DE LA SIMIENTE IMPÍA Y DE LA PIADOSA (DESCENDENCIA), 4:1—6:8

E. La primera civilización y sociedad (parte 3): El linaje de la simiente o descendencia piadosa, sucesos significativos, 5:1-32

(5:1-32) ***Introducción — Genealogía:*** Esta es la primera genealogía piadosa que aparece en la Biblia, los primeros orígenes de la herencia piadosa de la tierra. ¿Cómo lo sabemos? Nos lo demuestran varios elementos.

=> El primer hombre en la tierra, Adán, que fue un hombre piadoso, aparece en esta genealogía; pero el segundo hombre, Caín, no aparece. ¿Por qué? Porque Caín era un hombre impío.

=> El hijo de Adán que aparece es Set (v. 3), y el hijo de Set que aparece es Enós (v. 6). Estos hijos fueron la descendencia piadosa de Adán, la simiente que Dios había nombrado y puesto en su lugar y a través de la cual Dios había prometido enviar al Salvador.

=> El autor de Génesis está muy consciente de la Simiente prometida por Dios. Ya él mencionado la simiente (Gn. 3:15) y él sabe de la promesa de Dios a Abraham, que Abraham daría la simiente a través de la cual vendría el Salvador. El escritor sabe que esta descendencia de personas piadosas finalmente llegaría hasta Abraham y que Dios entonces reafirmaría su promesa de la simiente piadosa y el Salvador a Abraham. El autor escribirá acerca de la promesa de Dios a Abraham dentro de unos cuantos capítulos.

Lo que el autor está haciendo en esta genealogía es lo siguiente: Está enumerando la genealogía de la simiente o descendencia piadosa. Está demostrando cómo Dios nombró y puso en su lugar a la descendencia piadosa de personas a través de la cual podría cumplir su promesa:

- Que la simiente de la mujer siempre tendría una descendencia piadosa de personas.
- Que la simiente de la mujer, la descendencia o linaje piadosos, finalmente daría a luz un descendiente que sería el Salvador del mundo. (Vea la nota, Gn. 3:15 para un mayor análisis.)

Es necesario tener en cuenta varios elementos acerca de la genealogía piadosa antes de estudiarla realmente.

Primero, esta es la genealogía de Adán, de la descendencia piadosa que descendió de Adán. No enumera toda la descendencia piadosa de Adán. La genealogía toma a cada generación y enumera solo un descendiente, el único descendiente que formó la descendencia a través de la cual vendría *la Simiente prometida*, el Salvador del mundo.

Segundo, muchas personas de la descendencia piadosa eran contemporáneas. Recibían la influencia piadosa de cada una, al menos aquellas que vivían cerca una de la otra.

Tercero, esta no es una lista de todas las personas piadosas de la tierra. Es una lista solamente de la descendencia piadosa a través de la cual vendría *la Simiente prometida*, el Salvador. Había otras personas piadosas en la tierra, al menos hasta la época de Noé. Se dice que cada una de las personas de la descendencia mencionadas en la genealogía piadosa ha tenido otros hijos e hijas (vv. 4, 7, 10, 13, 16, 19, 22, 26, 30).

Cuarto, observe exactamente lo que se dice: "Éste es el libro [*sepher*] de las generaciones [descendencia, progenie] de Adán" (v. 1). El equivalente hebreo de "libro" (*sepher*) significa documento de cualquier tamaño desde una fe de divorcio de una página hasta un libro extenso. ¿Qué documento es este entonces?

=> ¿El autor se refiere a algún documento o libro que se había escrito desde las épocas más tempranas, a los inicios del hombre en la tierra? ¿Un documento o libro que el autor está usando para recopilar información sobre la genealogía e historia primitiva del hombre en la tierra? O...

=> ¿El autor está haciendo referencia a la genealogía de la que está por escribir?

No lo podemos decir, con seguridad; pero este último es improbable, porque esta es la única genealogía del Antiguo Testamento que comienza de esta manera. Es decir, añadiéndole la palabra "libro". De hecho, hay otra genealogía que comienza de esta manera y se encuentra en el Nuevo Testamento: "Libro de la genealogía de Jesucristo" (Mt. 1:1).

Note donde estas dos genealogías únicas están ubicadas en la Biblia: En el primer libro del Antiguo Testamento y en el primer libro del Nuevo Testamento. Sin dudas, Mateo tenía algún libro o documento que enumeraba la genealogía de Jesucristo y estaba copiando la genealogía e incluyéndola en su propio escrito, El Evangelio según San Mateo. Por eso, él está diciendo eso y acreditando el hecho. Es muy probable que esto sea exactamente lo que estaba haciendo el autor de Génesis: Ser honrado y darle crédito a otro documento. Al parecer, también tenía un libro o documento que enumeraba la genealogía de la simiente piadosa que vivió antes del diluvio. El gran *Comentario del púlpito* dice lo siguiente:

> *"Si... el compilador original de este documento antiguo era Noé... nadie sería un mejor candidato ni estaría mejor calificado que él para preservar algún recuerdo de la última raza de la que él y su familia eran los únicos sobrevivientes, proporciona [da pruebas adicionales] de la inteligencia y la cultura de la [época]"* (Génesis, Éxodo. *"Comentario del púlpito"*, vol. 1, p. 93.)

Ahora bien, a nuestro estudio de la genealogía. Esta es "La primera civilización y sociedad (parte 3): El linaje de la simiente o descendencia piadosa. Sucesos significativos". (Nota: Por la extensión de este estudio, puede que una persona desee dividirlo en dos o tres mensajes o lecciones. De ser así, Enoc constituye un buen lugar para hacer la división por la extensión de este estudio. Vea la nota 6, Gn. 5:21-24.)

1. Suceso 1: Dios creó al hombre (vv. 1-2).
2. Suceso 2: Adán tuvo un hijo, nació a su semejanza, conforme a su imagen (v. 3).
3. Suceso 3: Dios fue fiel a su Palabra, a su promesa (vv. 3-5).

4. Suceso 4: El hombre murió (v. 5).
5. Suceso 5: Los padres piadosos les enseñaron a sus hijos de Dios, a obedecerlo, a adorarlo y a vivir para Él (vv. 6-20).
6. Suceso 6: Un hombre piadoso, Enoc, dedicó su vida totalmente a Dios (vv. 21-24).
7 Suceso 7: Un hombre, Matusalén, vivió más que el resto, vivió más como testimonio de la gracia de Dios y del juicio venidero (vv. 25-26).
8. Suceso 8: Los hombres piadosos creían en el reposo y el consuelo venideros prometidos por Dios (vv. 27-32).

ESTUDIO A FONDO 1

(5:1-32) ***Genealogía, recuadro de:*** Para no distraer al lector de este estudio, el recuadro se ha colocado como *Estudio a fondo 2*, Gn. 5:27-32.

[1] (5:1-2) ***Creación — Hombre:*** El primer suceso significativo, Dios creó al hombre. El hombre no apareció por casualidad; él no evolucionó por medio de algún accidente insólito de la naturaleza; no provino de un proceso evolutivo fortuito. Había un plan y un propósito detrás de la aparición del hombre en la tierra, el plan y propósito de Dios. El hombre es la creación culminante de Dios. El hombre es la criatura que Dios planificó y deseó eternamente, mucho antes de que se fundara la tierra. Dios y solo Dios creó al hombre. Note cuatro elementos acerca de la creación del hombre por parte de Dios. (Vea el bosquejo y las notas, Gn. 1:26-31; 2:7 para un mayor análisis.)

1. Dios hizo al hombre a semejanza de Dios; Él creó al hombre con la más alta dignidad y naturaleza posibles. Esto quiere decir que el hombre fue creado justamente igual a Dios:
    - En perfección.
    - En santidad.
    - En amor.
    - En espíritu.

    (Vea el *Estudio a fondo 2*, Gn. 1:26 para un mayor análisis.)
2. Dios los creó varón y hembra, Él los creó:
    - Para amarse, consolarse y ayudarse uno al otro.
    - Para darle continuidad a la raza humana. Dios nombró a Adán y a Eva para que fueran la cabeza de la raza humana, para que fueran el primer hombre y la primera mujer en la tierra. (Vea el bosquejo y las notas, Gn. 2:18-25 para un mayor análisis.)
    - Para trabajar y sojuzgar la tierra. (Vea las notas, Gn. 1:28; 2:19-20 para un mayor análisis.)
3. Dios bendijo al hombre y a la mujer, les dio su bendición gloriosa. (Vea la nota 3, Gn. 1:28 para un análisis.)
4. Dios llamó al varón y a la hembra "Adán". La palabra "Adán" significa *hombre tierra, tierra roja*. Dios le dio este nombre al varón y a la hembra para que tuvieran un recordatorio constante:
    - De que ellos habían provenido de los orígenes más humildes, del polvo así como de su mano piadosa.
    - De que Él es Dios, la única Inteligencia y Poder viva y verdadera, que sola podía tomar el polvo y crear vida.

Nota: El hecho de que el propio Dios nombró a Adán y a Eva no se proporcionó en el relato anterior de la creación del hombre. Esto es información nueva. Dios creó al hombre, varón y hembra, a su propia semejanza y los bendijo con toda bendición imaginable. El hombre fue creado perfecto: El hombre tenía todo lo necesario para vivir tanto en la perfección como en la eternidad. Este es el primer suceso significativo a tener en cuenta en la genealogía piadosa.

[2] (5:3) ***Depravación — Hombre, naturaleza — Adán — Set:*** El segundo suceso significativo, Adán tuvo un hijo nacido a su propia semejanza, conforme a su imagen. Hay un contraste intencionado entre los planteamientos:

- De que "Dios creó a Adán a su semejanza" (Gn. 5:1).
- De que "Adán engendró un hijo a su semejanza" (Gn. 5:3).

Sucede lo siguiente: Set era un ser igual a Adán, a imagen de Adán y no a la imagen perfecta de Dios, al menos no a la imagen perfecta que el hombre tenía cuando Dios creó a Adán inicialmente. Después que Dios creó a Adán, Adán pecó; él cayó. Adán experimentó lo que era estar "escondido" (Gn. 3:8-10) y "marginado" (Gn. 3:23-24) de Dios. Él moriría (Gn. 2:17; 3:19; 5:5; vea el *Estudio a fondo 1*, He. 9:27). Él había corrompido la naturaleza perfecta que Dios le había dado originalmente. Planteado sencillamente:

- Adán experimentó la transformación de una naturaleza humana perfecta e inocente a una naturaleza humana caída.

Sea lo que sea que esté implícito en una *naturaleza humana caída*, Set nació "a semejanza de su padre, conforme a la imagen de su padre". Set también poseía una naturaleza humana caída. Él también era corruptible y estaba condenado a morir. (Vea las notas, Gn. 2:16-17; *Estudio a fondo 3*, Mt. 1:16; la nota, Ro. 5:12-21.)

Ahora bien, ¿qué está implícito en una naturaleza humana caída? En comparación con la imagen de Dios, la naturaleza que Dios le dio primero a Adán, hay al menos cinco cosas implícitas en una naturaleza humana caída. (Vea el *Estudio a fondo 2*, Gn. 1:26 para un mayor análisis.)

1. Una naturaleza humana perfecta sería absolutamente perfecta, sin defecto alguno. Pero una naturaleza humana caída es todo lo contrario. La naturaleza humana caída está llena de defectos. Una naturaleza humana caída:
    - Tiene un cuerpo y mente imperfectos.
    - Está sujeta a padecimientos, enfermedades y accidentes.
    - Tiene una capacidad limitada para aprender.
    - Experimenta dolor y sufrimiento.
    - Siente alienación, soledad y vacío.
    - Derrama lágrimas de tristeza, pesar y pena.
    - Es pecaminosa, corruptible y muere.
2. Una naturaleza humana perfecta sería santa: Impecable, justa, pura y piadosa. Pero una naturaleza humana

caída es todo lo contrario. Una naturaleza humana caída es impura y perversa. Una naturaleza humana caída es...

- pecaminosa
- inmoral
- injusta
- impía
- impura

3. Una naturaleza humana perfecta sería amor: Siempre devota, leal, cariñosa, adorable, misericordiosa y compasiva. Pero una naturaleza humana caída es todo lo contrario. Una naturaleza humana caída es...

- con frecuencia egoísta
- con frecuencia no devota y desleal
- con frecuencia desamorado y descortés
- con frecuencia cruel y carente de compasión

4. Una naturaleza humana perfecta tendría el espíritu de inmortalidad, el poder de vivir para siempre. Pero una naturaleza humana caída es exactamente todo lo contrario: Tiene el espíritu de la muerte. Una naturaleza humana caída muere; regresa al polvo de la tierra. (Vea el *Estudio a fondo 3*, Gn. 2:17; *Estudio a fondo 1*, He. 9:27.)

5. Una naturaleza humana perfecta tendría una unión perfecta con Dios: adoraría, fraternizaría y serviría a Dios con una consciencia inquebrantable de su presencia. Pero una naturaleza humana caída sería exactamente lo contrario. Está alienada y separada de Dios. Obedece su propia voluntad y deseos y hace lo que le place. Crea dioses propios y adora y obedece a los dioses creados por su propia mente e imaginación. Una naturaleza humana caída necesita desesperadamente reconciliarse con Dios. (Cp. Hch. 17:29; Ro. 1:21-23; Gá. 4:8.)

Sucede lo siguiente: Cuando Adán y Eva pecaron, experimentaron la transformación de una naturaleza humana inocente y perfecta a una naturaleza humana caída. Por consiguiente, cuando tuvieron hijos, los hijos nacieron *a su semejanza, conforme a su imagen*. Los hijos nacieron con la misma naturaleza humana caída.

Pensamiento 1. Arthur Pink plantea bien el problema de la depravación humana:

"Por el pecado Adán perdió la imagen de Dios y se volvió corrupto en su naturaleza y un padre caído no podía hacer más que engendrar un hijo caído. ¡Set fue engendrado a semejanza de un padre pecador! Como Noé era el descendiente directo de Set y es el padre de todos nosotros, y como él era capaz de transmitirnos solo lo que él había recibido, él mismo, de Set, aquí tenemos la doctrina de la depravación universal. Todo hombre que vive en el mundo hoy día es, por medio de Noé y sus tres hijos, un descendiente de Set, de ahí que... acá se tome al principio [de las Escrituras] para rastrear la corriente hasta el manantial y mostrar cómo todos son, por naturaleza, la progenie caída de un padre caído, que a todos nos han engendrado a imagen y semejanza de un padre pecador y corrupto" (*Gleanings in Genesis)* [Fragmentos en Génesis], p. 74).

"Por tanto, como el pecado entró en el mundo por un hombre, y por el pecado la muerte, así la muerte pasó a todos los hombres, por cuanto todos pecaron" (Ro. 5:12).

"Porque por cuanto la muerte entró por un hombre" (1 Co. 15:21).

"Tu primer padre pecó, y tus enseñadores prevaricaron contra mí" (Is. 43:27).

"Porque la paga del pecado es muerte, mas la dádiva de Dios es vida eterna en Cristo Jesús Señor nuestro" (Ro. 6:23).

3 (5:3-5) ***Dios, fidelidad de — Promesas, cumplidas:*** El tercer suceso significativo, Dios fue fiel a su Palabra, a su promesa. Dios le había prometido al mundo una simiente piadosa y un Salvador, que siempre habría un pueblo piadoso en la tierra y a través de este pueblo, la simiente piadosa, Él enviaría una simiente muy especial, el Salvador del mundo.

Observe las Escrituras (v. 3):

"Y vivió Adán ciento treinta años, y engendró un hijo a su semejanza, conforme a su imagen, y llamó su nombre Set"

Dios cumplió su promesa: Dios le dio a Adán un hijo, Set, quien se convertiría en el primer hijo de la descendencia piadosa (vea la nota 1, Gn. 4:25 para un mayor análisis). Por encima de todo, esto es lo que enseña la genealogía piadosa: La fidelidad de Dios. Note cómo Dios fielmente hace que un hijo piadoso nazca detrás del otro, cómo Dios da continuidad a la descendencia piadosa de generación en generación (vv. 3-32). Cada padre piadoso tenía otro hijo, tanto hijos como hijas (vv. 4, 7, 10, 13, 16, 19, 22, 26, 30). Pero solo un hijo podía ser la descendencia piadosa a través de la cual vendría el Salvador. ¿Cómo sería elegido ese hijo? ¿Por Dios o por el hombre?

=> Como los padres eran hombres piadosos, ¿podrían determinar quién debía estar en la descendencia piadosa? Piensen en todas las tentaciones del mundo, en toda la creciente anarquía y perversidad, en cuán imperfecto es realmente el hombre, incluso los piadosos. ¿Cómo podría cualquier ser humano posiblemente elegir cuál hijo daría continuidad la descendencia piadosa?

=> Si los padres hubieran elegido la descendencia piadosa, la habrían corrompido y la habrían maldecido. A pesar de su piedad en la obediencia a Dios y al formar parte de la descendencia piadosa, aún eran imperfectos, aún estaban llenos de defectos. Si hubieran elegido la descendencia piadosa, la habrían maldecido y el Salvador no podría haber venido nunca.

=> Dios había prometido la simiente piadosa y el Salvador; por eso, solo Dios sabía cómo Él quería que se desarrollara la descendencia piadosa. Solo Dios podía hacer la elección. Era su promesa, su Palabra, su propósito, enviar al Salvador al mundo por medio de la simiente piadosa de la mujer. Y Dios fue fiel, fiel a la máxima potencia. En esto consiste toda esta genealogía: La fidelidad de Dios al cumplir su promesa para enviar al Salvador al mundo. Los primeros antepasados del Salvador aparecen aquí:

Adán, Set, y todos los otros hombres que fueron elegidos como primicia de la simiente piadosa.

Pensamiento 1. Dios es fiel a la máxima potencia. Él hará por nosotros lo que hizo por Adán y por la descendencia piadosa: Demostrar que es fiel. Dios nos mantendrá a salvo y seguros. Él nos librará del mal y nos proporcionará una entrada abundante al reino eterno de nuestro Señor y Salvador, Jesucristo. Todo cuanto tenemos que hacer es arrepentirnos y volver nuestra vida completamente hacia Él: Obedecerlo y dar todo cuanto somos y tenemos a Él y a su gran causa de las misiones mundiales.

"Fiel es Dios, por el cual fuisteis llamados a la comunión con su Hijo Jesucristo nuestro Señor" (1 Co. 1:9).

"estando persuadido de esto, que el que comenzó en vosotros la buena obra, la perfeccionará hasta el día de Jesucristo" (Fil. 1:6).

"Por lo cual asimismo padezco esto; pero no me avergüenzo, porque yo sé a quién he creído, y estoy seguro que es poderoso para guardar mi depósito para aquel día" (2 Ti. 1:12).

"que sois guardados por el poder de Dios mediante la fe, para alcanzar la salvación que está preparada para ser manifestada en el tiempo postrero" (1 P. 1:5).

"Y a aquel que es poderoso para guardaros sin caída, y presentaros sin mancha delante de su gloria con gran alegría, al único y sabio Dios, nuestro Salvador, sea gloria y majestad, imperio y potencia, ahora y por todos los siglos. Amén" (Jud. 24-25).

"Por cuanto has guardado la palabra de mi paciencia, yo también te guardaré de la hora de la prueba que ha de venir sobre el mundo entero, para probar a los que moran sobre la tierra" (Ap. 3:10).

"He aquí, yo estoy contigo, y te guardaré por dondequiera que fueres, y volveré a traerte a esta tierra; porque no te dejaré hasta que haya hecho lo que te he dicho" (Gn. 28:15).

"Conoce, pues, que Jehová tu Dios es Dios, Dios fiel, que guarda el pacto y la misericordia a los que le aman y guardan sus mandamientos, hasta mil generaciones" (Dt. 7:9).

"Amad a Jehová, todos vosotros sus santos; a los fieles guarda Jehová, y paga abundantemente al que procede con soberbia" (Sal. 31:23).

"Porque Jehová ama la rectitud, y no desampara a sus santos. Para siempre serán guardados; mas la descendencia de los impíos será destruida" (Sal. 37:28).

"Las misericordias de Jehová cantaré perpetuamente; de generación en generación haré notoria tu fidelidad con mi boca" (Sal. 89:1).

"Jehová cumplirá su propósito en mí; tu misericordia, oh Jehová, es para siempre; no desampares la obra de tus manos" (Sal. 138:8).

4 (5:5) ***La muerte —Adán:*** El cuarto suceso significativo, el hombre murió.

Recuerde: Adán había sido creado perfecto. El propósito de Dios era que el hombre viviera para siempre sin tener que morir jamás. Pero Dios había advertido a Adán: Moriría si comía del fruto prohibido, es decir, si:

- Decidía alejarse de Dios.
- Decidía andar su propio camino en la vida.
- Desobedecía a Dios.
- Se rebelaba contra Dios.

Trágicamente, esto fue exactamente lo que hizo Adán. Se alejó de Dios y se rebeló contra Dios. Desobedeció a Dios y tomó su propia ruta. Adán hizo su voluntad: Comió del fruto prohibido. Desde ese momento de pecado, Adán se volvió mortal, sujeto a la corrupción, al envejecimiento, al deterioro y a la descomposición. Adán comenzó a padecer la simiente de la corrupción, el proceso de la muerte, día a día y paso a paso y finalmente se movía cada vez más hacia ese día inevitable de la muerte. Su cuerpo estaba condenado a morir y a regresar al polvo.

Este es el informe de las Escrituras; esta es una de las lecciones de la genealogía piadosa. Nota: El reinado de la muerte sobre el hombre se ve ocho veces en este capítulo solamente (vv. 5, 8, 11, 14, 17, 20, 27, 31).

Pensamiento 1. Gloriosamente, el amor y poder de Dios se ve en este elemento: Nadie tiene que morir. Nadie tiene que probar ni experimentar jamás la muerte. Jesucristo ha probado y experimentado la muerte por nosotros. Jesucristo ha muerto por nosotros. Ya Él pagó la pena y el juicio del pecado por nosotros. Si dedicamos nuestra vida a Él, la dedicamos totalmente, nunca moriremos. Cuando llegue el momento en que tengamos que abandonar este mundo, más rápido que en un abrir y cerrar de ojos (11/100 de un segundo), Dios nos trasladará ante su presencia. Ahora estamos en este mundo; y en el próximo momento estaremos ante la presencia gloriosa de Dios. Nunca perderemos la consciencia de estar vivos; nunca conoceremos lo que es la experiencia de la muerte.

"Porque de tal manera amó Dios al mundo, que ha dado a su Hijo unigénito, para que todo aquel que en él cree, *no se pierda,* mas tenga vida eterna" (Jn. 3:16).

"El que cree en el Hijo tiene vida eterna; pero el que rehúsa creer en el Hijo no verá la vida, sino que la ira de Dios está sobre él" (Jn. 3:36).

"De cierto, de cierto os digo: El que oye mi palabra, y cree al que me envió, tiene vida eterna; y no vendrá a condenación, mas ha pasado de muerte a vida" (Jn. 5:24).

"Porque la paga del pecado es muerte, mas la dádiva de Dios es vida eterna en Cristo Jesús Señor nuestro" (Ro. 6:23).

"Porque el que siembra para su carne, de la carne segará corrupción; mas el que siembra para el Espíritu, del Espíritu segará vida eterna" (Gá. 6:8).

"Y el Señor me librará de toda obra mala, y me preservará para su reino celestial. A él sea gloria por los siglos de los siglos. Amén" (2 Ti. 4:18).

5 (5:6-20) ***Padres — Enseñanza — Hijos — Familia:*** El quinto suceso significativo, los padres piadosos les enseñaron a sus hijos de Dios, a obedecerlo, a adorarlo, y a vivir para Él.

Tres elementos significativos en esta genealogía piadosa saltan a la vista:

=> Todas las personas enumeradas aquí eran creyentes; obedecían a Dios y adoraban y vivían para Él. Estas personas creían en Dios y creyeron en la Palabra de Dios, su promesa de enviar la simiente piadosa, el Salvador, al mundo.

=> Todas las personas enumeradas aquí abarcaban muchas generaciones de personas, pero todas pertenecían a una familia. Esta descendencia de creyentes, estos seguidores piadosos de Dios, pertenecían a la misma familia y su línea piadosa nunca se rompió durante años. Estos padres piadosos les enseñaron a sus hijos de Dios, a obedecer, a adorar, y vivir para Él.

=> Algunos de los hijos hicieron caso al testimonio de sus padres, pero no todos. Caín tuvo los mismos padres piadosos, Adán y Eva, que Set; pero Caín rechazó a sus padres y se rebeló contra Dios. Al parecer, muchos de los hijos, cuando se hicieron adultos, rechazaron a Dios y siguieron el camino de Caín y de la impiedad. Sabemos esto por la gran población de la tierra en esta época. (Vea la nota, Gn. 4:17 para un mayor análisis.) El rechazo de Dios por parte de los hijos debe haber desgarrado el corazón de sus padres, de la misma manera que desgarra el corazón de los padres de hoy. No obstante, los padres no se desalentaron, no comenzaron a cuestionar ni a culpar a Dios. Siguieron siendo fieles y siguieron enseñándoles a sus hijos y nietos la Palabra y las promesas de Dios.

Pensamiento 1. Se pueden extraer dos grandes lecciones de los padres piadosos de la antigüedad.

1) En cuanto a Dios debemos enseñar a nuestros hijos:
   - A obedecerlo, a adorarlo y a vivir para Él.
   - A creer en su Palabra y en sus promesas, específicamente en la promesa de la simiente piadosa que se ha cumplido en Cristo, el Salvador del mundo.

"Ahora bien, a Abraham fueron hechas las promesas, y a su simiente. No dice: Y a las simientes, como si hablase de muchos, sino como de uno: Y a tu simiente, la cual es Cristo" (Gá. 3:16).

"Y si vosotros sois de Cristo, ciertamente linaje de Abraham sois, y herederos según la promesa" (Gá. 3:29).

"Porque de tal manera amó Dios al mundo, que ha dado a su Hijo unigénito, para que todo aquel que en él cree, no se pierda, mas tenga vida eterna" (Jn. 3:16).

"De cierto, de cierto os digo: El que oye mi palabra, y cree al que me envió, tiene vida eterna; y no vendrá a condenación, mas ha pasado de muerte a vida" (Jn. 5:24).

"Por tanto, es por fe, para que sea por gracia, a fin de que la promesa sea firme para *toda su descendencia;* no solamente para la que es de la ley, sino también para la que es de la fe de Abraham, el cual es padre de todos nosotros" (Ro. 4:16).

2) No debemos desalentarnos ni culpar a Dios cuando algunos de nuestros hijos se rebelan contra Dios o lo rechazan. Debemos seguir siendo fieles y seguir enseñándoles la verdad de Cristo y de su Palabra, no importa lo que puedan hacer algunos hijos. De hecho, debemos enseñarles la verdad con más fervor que nunca, sin retroceder nunca. Y debemos orar fervientemente; debemos interceder en oración, sin parar. Debemos tomarnos más tiempo que nunca en la oración intercesora, quedándonos a solas ante Dios e implorándole por nuestros hijos y seres queridos. Dios promete oír la oración, la oración intercesora, la oración que viene ante Él valientemente y lucha con Él por ayuda.

=> Debemos enseñar a nuestros hijos, enseñarlos con diligencia.

"Por tanto, guárdate, y guarda tu alma con diligencia, para que no te olvides de las cosas que tus ojos han visto, ni se aparten de tu corazón todos los días de tu vida; antes bien, las enseñarás a tus hijos, y a los hijos de tus hijos" (Dt. 4:9).

"y las repetirás a tus hijos, y hablarás de ellas estando en tu casa, y andando por el camino, y al acostarte, y cuando te levantes" (Dt. 6:7).

"y los hijos de ellos que no supieron, oigan, y aprendan a temer a Jehová vuestro Dios todos los días que viviereis sobre la tierra adonde vais, pasando el Jordán, para tomar posesión de ella" (Dt. 31:13).

"Instruye al niño en su camino, y aun cuando fuere viejo no se apartará de él" (Pr. 22:6).

"¿A quién se enseñará ciencia, o a quién se hará entender doctrina? ¿A los destetados? ¿a los arrancados de los pechos?" (Is. 28:9).

"Cuando hubieron comido, Jesús dijo a Simón Pedro: Simón, hijo de Jonás, ¿me amas más que éstos? Le respondió: Sí, Señor; tú sabes que te amo. El le dijo: Apacienta mis corderos" (Jn. 21:15).

"que enseñen a las mujeres jóvenes a amar a sus maridos y a sus hijos" (Tit. 2:4).

=> Debemos orar por nuestros hijos, interceder y luchar en oración por ellos.

"Pedid, y se os dará; buscad, y hallaréis; llamad, y se os abrirá" (Mt. 7:7).

"Y todo lo que pidiereis en oración, creyendo, lo recibiréis" (Mt. 21:22).

"También les refirió Jesús una parábola sobre la necesidad de orar siempre, y no desmayar" (Lc. 18:1).

"Si permanecéis en mí, y mis palabras permanecen en vosotros, pedid todo lo que queréis, y os será hecho" (Jn. 15:7).

"Hasta ahora nada habéis pedido en mi nombre; pedid, y recibiréis, para que vuestro gozo sea cumplido" (Jn. 16:24).

"Me invocará, y yo le responderé; con él estaré yo en la angustia; lo libraré y le glorificaré" (Sal. 91:15).

"Y antes que clamen, responderé yo; mientras aún hablan, yo habré oído" (Is. 65:24).

6 (5:21-24) ***Enoc — Andar, espiritual — Dedicación — Buscar, a Dios:*** El sexto suceso significativo, un hombre

piadoso, Enoc, dedicó su vida totalmente a Dios. Incluso el nombre Enoc (Chanokh) significa dedicado. También significa iniciador y maestro. Al parecer, Enoc hizo tres cosas significativas:

=> Él *dedicó y comprometió totalmente* su vida a Dios, nuevamente, *totalmente*.

=> Él inició o comenzó una *especie más profunda de andar y vida* con Dios, una *especie más profunda* de comunión y fraternidad con Dios.

=> Él les enseñó a los hombres la vida y andar de la dedicación total a Dios, de una comunión y fraternidad inquebrantable con Dios.

Enoc era una persona muy inusual, una persona que entregó y rindió su vida completamente a Dios, que lo entregó todo por seguir a Dios. Al parecer él llevó una vida de *autocontrol, y abnegación* total. Pero él no era perfecto, porque él no era más que un simple hombre. Él era como son todos los otros hombres, pecaminoso y mortal. No obstante, Enoc entregó su vida tan completamente a Dios, que tenía una relación sumamente especial con Dios.

De un modo interesante, se dice más acerca de Enoc en el Nuevo Testamento que en el Antiguo Testamento. Hay cinco pasajes de las Escrituras que tratan de él. Dos de estos están en otras genealogías que solo mencionan su nombre sin comentario alguno (1 Cr. 1:3; Lc. 3:37). Pero los otros tres pasajes nos dicen mucho acerca de Enoc.

> **"Vivió Enoc sesenta y cinco años, y engendró a Matusalén. Y caminó Enoc con Dios, después que engendró a Matusalén, trescientos años, y engendró hijos e hijas. Y fueron todos los días de Enoc trescientos sesenta y cinco años. Caminó, pues, Enoc con Dios, y desapareció, porque le llevó Dios" (Gn. 5:21-24).**
>
> **"Por la fe Enoc fue traspuesto para no ver muerte, y no fue hallado, porque lo traspuso Dios; y antes que fuese traspuesto, tuvo testimonio de haber agradado a Dios. Pero sin fe es imposible agradar a Dios; porque es necesario que el que se acerca a Dios crea que le hay, y que es galardonador de los que le buscan" (He. 11:5-6).**
>
> **"De éstos también profetizó Enoc, séptimo desde Adán, diciendo: He aquí, vino el Señor con sus santas decenas de millares, para hacer juicio contra todos, y dejar convictos a todos los impíos de todas sus obras impías que han hecho impíamente, y de todas las cosas duras que los pecadores impíos han hablado contra él" (Jud. 14-15).**

El pasaje de Génesis nos proporciona un resumen de la vida de Enoc. Se dicen dos cosas significativas de él. (El siguiente estudio acerca de la vida de Enoc se proporciona en un resumen más amplio por la importancia que las Escrituras dan a su vida.)

I. ENOC CAMINÓ CON DIOS (vv. 21-24a)

Las Escrituras declaran dos veces que "Enoc caminó con Dios" (vv. 22, 24). Caminar significa movimiento hacia delante, progreso estable. Enoc no caminó un poquito y luego se detuvo o se volvió a un lado, en una recaída. Él no estaba fluctuando de arriba a abajo. Enoc fue genuino de principio a fin; él fue firme y perseverante. Caminó con Dios consecuentemente, creciendo y creciendo cada vez más. ¿Qué significa "caminar con Dios"? La vida de Enoc nos lo muestra.

1. "Caminar con Dios" significa que Enoc tuvo una experiencia de conversión. Enoc nació de padres pecadores en un mundo pecaminoso igual que todas las otras personas. Según todos los indicios Enoc había llevado una vida pecaminosa y perversa, andaba con la multitud impía de su época. Pero algo sucedió en su vida que lo cambió, que lo hizo confesarse y arrepentirse de su pecado, algo tan acusador que lo hizo volverse nuevamente a Dios. Algo sucedió que lo motivó a comenzar a llevar una vida de autocontrol y abnegación. ¿Qué fue?

Las Escrituras dicen lo siguiente: "caminó Enoc con Dios, *después* que engendró a Matusalén" (v. 22). Note la palabra "*después*". Al parecer las Escrituras están diciendo que fue después del nacimiento de su hijo que Enoc comenzó a caminar con Dios. Al parecer, el nacimiento de su primer hijo impactó a Enoc, lo impactó con una sensación profunda e intensa de responsabilidad por el niño. Enoc se sintió acusado:

- De su vida pecaminosa e impía.
- De su deber de proveer una hogar piadoso para su hijo y cualquier otro hijo que pudiera venir.
- De su deber de guiar a su hijo a la confianza y obediencia a Dios y a creer en la Palabra y promesa de Dios de enviar al Salvador al mundo.

¿Qué hizo Enoc cuando Dios lo acusó de estas cosas? Hizo exactamente lo que debe hacer todo padre pecador e impío: Comenzó a "caminar con Dios" (vv. 22). Enoc se arrepintió, cambió su vida y se volvió nuevamente a Dios. Él se alejó del pecado para vivir para Dios. Comenzó a llevar una vida de abnegación y autocontrol. El próximo punto lo demuestra claramente.

> **"y dijo: De cierto os digo, que si no os volvéis y os hacéis como niños, no entraréis en el reino de los cielos" (Mt. 18:3).**
>
> **"Os digo: No; antes si no os arrepentís, todos pereceréis igualmente" (Lc. 13:3).**
>
> **"Pedro les dijo: Arrepentíos, y bautícese cada uno de vosotros en el nombre de Jesucristo para perdón de los pecados; y recibiréis el don del Espíritu Santo" (Hch. 2:38).**
>
> **"Así que, arrepentíos y convertíos, para que sean borrados vuestros pecados; para que vengan de la presencia del Señor tiempos de refrigerio" (Hch. 3:19).**
>
> **"Arrepiéntete, pues, de esta tu maldad, y ruega a Dios, si quizá te sea perdonado el pensamiento de tu corazón" (Hch. 8:22).**
>
> **"Pero Dios, habiendo pasado por alto los tiempos de esta ignorancia, ahora manda a todos los hombres en todo lugar, que se arrepientan" (Hch. 17:30).**
>
> **"si se humillare mi pueblo, sobre el cual mi nombre es invocado, y oraren, y buscaren mi rostro, y se convirtieren de sus malos caminos; entonces yo oiré desde los cielos, y perdonaré sus pecados, y sanaré su tierra" (2 Cr. 7:14).**
>
> **"Deje el impío su camino, y el hombre inicuo sus pensamientos, y vuélvase a Jehová, el cual tendrá de él**

misericordia, y al Dios nuestro, el cual será amplio en perdonar" (Is. 55:7).

"Echad de vosotros todas vuestras transgresiones con que habéis pecado, y haceos un corazón nuevo y un espíritu nuevo. ¿Por qué moriréis, casa de Israel?" (Ez. 18:31

2. "Caminar con Dios" significa creer en Dios y ser diligente en buscar las promesas de Dios. El pasaje de la epístola a los *hebreos* lo demuestra:

"Por la fe Enoc fue traspuesto para no ver muerte, y no fue hallado, porque lo traspuso Dios; y antes que fuese traspuesto, tuvo testimonio de haber agradado a Dios. Pero sin fe es imposible agradar a Dios; porque es necesario que el que se acerca a Dios crea que le hay, y que es galardonador de los que le buscan" (He. 11:5-6).

Note lo que Enoc creía y lo que debemos creer nosotros:

=> Enoc creía que Dios es, que Él existe verdaderamente, que Él es el Único Dios vivo y verdadero, el verdadero Creador y Sustentador del universo, el Señor y Amo de la vida. Enoc sabía lo que debemos saber nosotros: Si Dios es, si Dios existe verdaderamente, entonces le debemos nuestra vida a Él. Debemos caminar con Dios, obedecerlo, adorarlo, fraternizar con Él, y servirlo, con todo nuestro corazón.

=> Enoc creyó que Dios recompensa a aquellos que lo buscan con diligencia. Esto se refiere a las grandes recompensas o promesas del Salvador. Enoc creyó en las promesas de Dios, que Dios le proporcionaría una descendencia piadosa de personas al mundo a través de esa línea piadosa, Él enviaría el Salvador al mundo. Enoc creyó en la promesa del Salvador, el Salvador que liberaría a los piadosos de toda la corrupción del pecado, la muerte y el juicio venidero. ¿Cómo sabemos que Enoc creyó todo esto acerca del Salvador? Por la referencia en Judas 14-15 que se analizará en el punto cinco más adelante.

3. "Caminar con Dios" significa desarrollar una comunión y fraternidad inquebrantable con Dios. La frase significa *andar* con Dios, *vivir* con Dios, tener una fraternidad y comunión muy íntimas con Dios (H. C. Leupold. *Génesis*, vol. 1, p. 241). Enoc hizo lo que debemos hacer nosotros: Buscó la forma de tener una fraternidad y comunión inquebrantables con Dios.

=> Enoc trató de mantener su mente y sus pensamientos centrados en Dios y en las cosas que son verdaderas y beneficiosas.

"Por lo demás, hermanos, todo lo que es verdadero, todo lo honesto, todo lo justo, todo lo puro, todo lo amable, todo lo que es de buen nombre; si hay virtud alguna, si algo digno de alabanza, en esto pensad" (Fil. 4:8).

=> Enoc trató de echar fuera toda imaginación y de llevar todo pensamiento cautivo a Dios.

"derribando argumentos y toda altivez que se levanta contra el conocimiento de Dios, y llevando cautivo *todo pensamiento* a la obediencia a Cristo" (2 Co. 10:5).

=> Enoc trató de mantener su mente centrada en Dios.

"Tú guardarás en completa paz a aquel cuyo pensamiento en ti persevera; porque en ti ha confiado" (Is. 26:3).

=> Enoc trató de orar siempre, de andar y vivir en un espíritu de oración, todo el día.

"También les refirió Jesús una parábola sobre la necesidad de orar siempre, y no desmayar" (Lc. 18:1).

"*orando en todo tiempo* con toda oración y súplica en el Espíritu, y velando en ello con toda perseverancia y súplica por todos los santos" (Ef. 6:18).

"Perseverad en la oración, velando en ella con acción de gracias" (Col. 4:2).

"Orad sin cesar" (1 Ts. 5:17).

4. "Caminar con Dios" significa llevar una vida santa y piadosa, una vida de separación, una vida que es completamente diferente de la vida pecaminosa de otros. Esto no quiere decir una vida monástica, una vida que se retraiga del mundo. Quiere decir que Enoc comenzó a llevar una vida de autocontrol. . .

- Que Enoc dejó de hacer las cosas que eran pecaminosas, perversas, malignas, e impías.
- Que Enoc comenzó a hacer cosas que eran puras, justas, buenas, y piadosas.

Sabemos esto a partir del hecho de que Enoc "caminó con Dios" (vv. 22, 24). Él caminó exactamente como Dios y vivió exactamente como Dios. Él llevó una vida santa y piadosa. Pero también sabemos que Enoc llevó una vida santa y piadosa a partir de Judas. Judas nos dice que Enoc le hizo y frente y predicó en contra de la impiedad de su época (Jud. 14-15). Esto se ve en el próximo punto.

5. "Caminar con Dios" quiere decir dar un testimonio fidedigno de Dios. Nuevamente, el pasaje de Judas nos muestra este elemento acerca de Enoc:

"De éstos también profetizó Enoc, séptimo desde Adán, diciendo: He aquí, vino el Señor con sus santas decenas de millares, para hacer juicio contra todos, y dejar convictos a todos los impíos de todas sus obras impías que han hecho impíamente, y de todas las cosas duras que los pecadores impíos han hablado contra él" (Jud. 14-15).

Enoc era un predicador, un predicador de justicia. Observe cuál era su mensaje:

a. Primero, el Señor venía con sus santas decenas de millares, con todos los creyentes que han muerto hasta ese momento en la historia. El Señor viene a juzgar al mundo, a ejecutar juicio sobre "todos", sobre todas las personas que han vivido en el mundo.

Esta es una referencia clara a la segunda venida de Jesucristo con el juicio y esta la primera referencia a su segunda venida en las Escrituras. ¿Cómo Enoc sabía de la segunda venida de Dios en juicio? ¿Dios reveló el hecho en una revelación especial como haría con los profetas futuros? ¿O Dios le reveló la verdad a Adán anteriormente y luego Adán le enseñó la verdad a sus hijos y a sus nietos? Nosotros no lo sabemos. Pero debemos recordar que Enoc sabía y creía en la promesa de Dios respecto al Salvador venidero. Él sabía que Dios iba a enviar al Salvador a liberar a los piadosos de la corrupción del pecado, de la muerte y del juicio venidero. Y aquí en Judas, él de alguna manera sabía que el Salvador también vendría en juicio.

b. Segundo, Enoc predicó en contra de la vida impía que las personas estaban llevando. Era un testimonio fuerte y fidedigno. Note con qué frecuencia él usa la palabra impío: Cuatro veces. Él declara que el Señor viene a condenar:
   - *A todos* los impíos
   - Por *todas* sus obras impías.
   - Lo que han hecho *impíamente.*
   - Porque eran *pecadores impíos.*

Recuerde: La mayor parte de la audiencia de Enoc eran primos suyos, no demasiadas generaciones distantes de él. Esto demuestra cuán fuerte y contundente era Enoc como predicador. Nos hace preguntarnos: ¿Cuántas personas trataron de convencerlo de que atenuara su mensaje, la verdad del juicio y se concentrara en el amor y cuidado de Dios?

Note otro elemento en la referencia de Judas. Esta era una época impía, una época en la que pocas personas seguían a Dios y llevaban una vida justa. Esto se verá claramente en el próximo bosquejo y pasaje de las Escrituras (Gn. 6:1-8).

Pensamiento 1. ¿Era la época de Enoc más impía que la nuestra? La persona inteligente y honrada tiene que confesar que no lo era mucho más impía, de ser más impía. Piensen nada más como pulula hoy día la impiedad, el destrozo horrible del mal en el mundo…

- el engaño
- el robo
- la matanza
- el asesinato
- la anarquía
- las drogas
- el alcohol
- la inmoralidad
- la avaricia
- los asaltos
- las heridas
- la ira
- el odio
- el demonismo
- la brujería
- el materialismo
- el secularismo
- la negación o cuestionamiento de Dios

Pensamiento 2. ¿Cuántos de nosotros predicamos con la contundencia y fuerza con que lo hizo Enoc? Siempre se deben enseñar y predicar el amor y la misericordia de Dios, claro está. Pero también se deben enseñar y predicar siempre la segunda venida y el juicio venidero de Dios. ¿Cuántas personas se pierden porque no les hemos advertido del juicio venidero?

"Entonces aparecerá la señal del Hijo del Hombre en el cielo; y entonces lamentarán todas las tribus de la tierra, y verán al Hijo del Hombre viniendo sobre las nubes del cielo, con poder y gran gloria" (Mt. 24:30).

"a quien anunciamos, *amonestando* a todo hombre, y enseñando a todo hombre en toda sabiduría, a fin de presentar perfecto en Cristo Jesús a todo hombre" (Col. 1:28).

"También os rogamos, hermanos, *que amonestéis* a los ociosos, que alentéis a los de poco ánimo, que sostengáis a los débiles, que seáis pacientes para con todos" (1 Ts. 5:14).

"y a vosotros que sois atribulados, daros reposo con nosotros, cuando se manifieste el Señor Jesús desde el cielo con los ángeles de su poder, en llama de fuego, para dar retribución a los que no conocieron a Dios, ni obedecen al evangelio de nuestro Señor Jesucristo; los cuales sufrirán pena de eterna perdición, excluidos de la presencia del Señor y de la gloria de su poder" (2 Ts. 1:7-9).

"que prediques la palabra; que instes a tiempo y fuera de tiempo; redarguye, reprende, exhorta con toda paciencia y doctrina" (2 Ti. 4:2).

"Esto habla, y exhorta y reprende con toda autoridad. Nadie te menosprecie" (Tit. 2:15).

"Y de la manera que está establecido para los hombres que mueran una sola vez, y después de esto el juicio" (He. 9:27).

"sabe el Señor librar de tentación a los piadosos, y reservar a los injustos para ser castigados en el día del juicio" (2 P. 2:9).

"He aquí que viene con las nubes, y todo ojo le verá, y los que le traspasaron; y todos los linajes de la tierra harán lamentación por él. Sí, amén" (Ap. 1:7).

"Clama a voz en cuello, no te detengas; alza tu voz como trompeta, y anuncia a mi pueblo su rebelión, y a la casa de Jacob su pecado" (Is. 58:1).

"Cuando yo dijere al impío: De cierto morirás; y tú no le amonestares ni le hablares, para que el impío sea apercibido de su mal camino a fin de que viva, el impío morirá por su maldad, pero su sangre demandaré de tu mano" (Ez. 3:18).

"Y si tú avisares al impío de su camino para que se aparte de él, y él no se apartare de su camino, él morirá por su pecado, pero tú libraste tu vida" (Ez. 33:9).

Pensamiento 3. Note lo que las Escrituras tienen que decir acerca del andar del creyente.

1) Noé caminó con Dios.

"Noé, varón justo, era perfecto en sus generaciones; con Dios caminó Noé" (Gn. 6:9).

2) A Abraham se le exigió que caminara delante de Dios.

"Era Abram de edad de noventa y nueve años, cuando le apareció Jehová y le dijo: Yo soy el Dios Todopoderoso; anda delante de mí y sé perfecto" (Gn. 17:1).

3) A todos nosotros se nos exige que caminemos con Dios.

"Oh hombre, él te ha declarado lo que es bueno, y qué pide Jehová de ti: solamente hacer justicia, y amar misericordia, y humillarte ante tu Dios" (Mi. 6:8).

4) Nosotros debemos caminar delante de Dios.

"Andaré delante de Jehová en la tierra de los vivientes" (Sal. 116:9).

5) Debemos caminar detrás de Dios.

"En pos de Jehová vuestro Dios andaréis; a él temeréis, guardaréis sus mandamientos y escucharéis su voz, a él serviréis, y a él seguiréis" (Dt. 13:4).

6) Debemos seguir a Dios y caminar en amor.

"Sed, pues, imitadores de Dios como hijos amados. Y andad en amor, como también Cristo nos amó, y se entregó a sí mismo por nosotros, ofrenda y sacrificio a Dios en olor fragante" (Ef. 5:1-2).

7) Debemos caminar en Cristo.

"Por tanto, de la manera que habéis recibido al Señor Jesucristo, andad en él" (Col. 2:6).

8) Debemos caminar por fe, no por vista.

"(porque por fe andamos, no por vista)" (2 Co. 5:7).

9) Debemos caminar en luz.

"pero si andamos en luz, como él está en luz, tenemos comunión unos con otros, y la sangre de Jesucristo su Hijo nos limpia de todo pecado" (1 Jn. 1:7).

10) Debemos caminar en la verdad.

"Porque tu misericordia está delante de mis ojos, y ando en tu verdad" (Sal. 26:3).

"Enséñame, oh Jehová, tu camino, y guíame por senda de rectitud a causa de mis enemigos" (Sal. 27:11, cp. 2 Jn. 4; 3 Jn. 3).

11) Debemos caminar en la novedad de la vida.

"Porque somos sepultados juntamente con él para muerte por el bautismo, a fin de que como Cristo resucitó de los muertos por la gloria del Padre, así también nosotros andemos en vida nueva" (Ro. 6:4).

12) Debemos caminar en el Espíritu.

"Digo, pues: Andad en el Espíritu, y no satisfagáis los deseos de la carne" (Gá. 5:16).

13) Debemos caminar dignos de nuestro llamado y vocación.

"Yo pues, preso en el Señor, os ruego que andéis como es digno de la vocación con que fuisteis llamados" (Ef. 4:1).

14) Debemos caminar con cuidado.

"Mirad, pues, con diligencia cómo andéis, no como necios sino como sabios" (Ef. 5:15).

15) Debemos orar por que Dios no permita que tropecemos y caigamos para que podamos caminar delante de Él.

"Porque has librado mi alma de la muerte, y mis pies de caída, para que ande delante de Dios en la luz de los que viven" (Sal. 56:13).

16) Debemos caminar como caminó Cristo.

"El que dice que permanece en él, debe andar como él anduvo" (1 Jn. 2:6).

17) Caminaremos con Cristo en el cielo y nos vestiremos de blanco (pureza, perfección).

"Pero tienes unas pocas personas en Sardis que no han manchado sus vestiduras; y andarán conmigo en vestiduras blancas, porque son dignas" (Ap. 3:4).

Pensamiento 4. Observe que Enoc tenía una familia numerosa de hijos y de hijas (v. 22). Una persona puede "caminar con Dios, tener una fraternidad y comunión íntimas con Dios, ser un ministro fuerte y aún así estar casado.

II. ENOC FUE TRASLADADO, LLEVADO, A LA PRESENCIA DE DIOS SIN MORIR (v. 24)

Note lo que las Escrituras dicen: "y desapareció" (*enennu*). Sencillamente quieren decir que Enoc fue trasladado, transferido de la tierra al cielo, a estar con Dios. Enoc fue transferido a la presencia de Dios sin morir jamás. El Nuevo Testamento nos lo dice por lo claro:

"Por la fe Enoc fue traspuesto para no ver muerte, y no fue hallado, porque lo traspuso Dios; y antes que fuese traspuesto, tuvo testimonio de haber agradado a Dios" (He. 11:5).

B. H. Carroll tiene una descripción excelente de la experiencia de Enoc, de lo que significa la palabra "trasladado":

"Dios lo trasladó. Esta es una palabra antigua del latín, un verbo irregular, y sencillamente quiere decir transferido o cruzado. Dios lo cruzó. ¿De dónde a dónde lo cruzó? Le cruzó la muerte. La muerte es el río que divide este mundo del mundo venidero, y he aquí a un hombre que nunca jamás atravesó ese río. Cuando llegó allí Dios lo cruzó. Dios lo transfirió; lo trasladó; Dios lo cargó, lo cruzó, y lo puso en la otra orilla" (Citado por Arthur W. Pink. *Gleanings in Genesis* [Fragmentos en Génesis], p. 79).

Ahora bien, ¿por qué Dios trasladó a Enoc para que no experimentara la muerte? ¿Por qué Dios no le permitió morir como a otros hombres? Hay al menos cuatro razones:

1. Dios trasladó a Enoc porque Enoc caminó tan íntimamente con Dios, porque Enoc llevó una vida de rendición total, de control y abnegación completos. Note lo que dicen las Escrituras:

"Caminó, pues, Enoc con Dios, y desapareció, porque le llevó Dios" (v. 24).

El "caminar con Dios" de Enoc está estrechamente relacionado con el hecho de que Dios lo llevara directamente al cielo. Es decir, la razón misma por la que Dios llevó a Enoc directamente al cielo era porque Enoc caminó con Dios con mucha intimidad. Al parecer Enoc había adquirido una consciencia inquebrantable de la presencia de Dios, una fraternidad y comunión inquebrantables con Dios.

=> El "caminar con Dios" de Enoc se había vuelto tan íntimo e intenso.

=> Y Enoc anhelaba tanto la fraternidad cara a cara con Dios... que Dios ya no podía dejarlo en la tierra ni un minuto más.

Pensamiento 1. "él no vivió como el resto, así que él no murió como el resto" (*Comentario de Matthew Henry*, vol. 1, p. 49).

2. Dios trasladó a Enoc para demostrar y simbolizar su poder para ejecutar juicio. La generación de Enoc fue piadosa, y predicó un mensaje fuerte y agresivo a su generación impía (Jud. 14-15). Pero a pesar de su impiedad, Dios amó al pueblo. Él quería que fueran salvos. Al darle una demostración viva de su poder:

- Él demostró que Él existe realmente.
- Él demostró su poder para juzgar a los impíos. Si Él podía trasladar a una persona, tenía poder para condenar y juzgar a una persona.
- Él movió a algunos a arrepentimiento y a seguir a Dios.

Los impíos no podían dejar que la advertencia les pasara inadvertida.

3. Dios trasladó a Enoc para demostrar y simbolizar la promesa de vida eterna. Enoc creyó en la promesa de Dios de la simiente piadosa, que Dios iba a enviar el Salvador al mundo. Él creyó que el Salvador iba a salvar al hombre del pecado, la muerte, y el juicio, y que iba a restaurar al hombre a la perfección y la vida eterna que Adán hubo experimentado. El traslado de Enoc demostró que la vida eterna es una realidad. El hombre puede vivir para siempre con Dios.

Observe lo siguiente: El traslado de Enoc también simboliza la resurrección de los creyentes al regreso de Cristo. El traslado de Enoc es una ilustración de lo que Dios va a hacer por el creyente: Resucitarlo y llevarlo al cielo.

"Porque de tal manera amó Dios al mundo, que ha dado a su Hijo unigénito, para que todo aquel que en él cree, no se pierda, mas tenga vida eterna" (Jn. 3:16).

"Y el que siega recibe salario, y recoge fruto para vida eterna, para que el que siembra goce juntamente con el que siega" (Jn. 4:36).

"De cierto, de cierto os digo: El que oye mi palabra, y cree al que me envió, tiene vida eterna; y no vendrá a condenación, mas ha pasado de muerte a vida" (Jn. 5:24).

"Pero éstas se han escrito para que creáis que Jesús es el Cristo, el Hijo de Dios, y para que creyendo, tengáis vida en su nombre" (Jn. 20:31).

"Porque el que siembra para su carne, de la carne segará corrupción; mas el que siembra para el Espíritu, del Espíritu segará vida eterna" (Gá. 6:8).

"Estas cosas os he escrito a vosotros que creéis en el nombre del Hijo de Dios, para que sepáis que tenéis vida eterna, y para que creáis en el nombre del Hijo de Dios" (1 Jn. 5:13).

4. Dios trasladó a Enoc para que fuera un estímulo para otros creyentes, tanto en su época impía como en la nuestra. Dios demostró su promesa y poder para dar vida eterna. Enoc debiera motivarnos a perseverar, a creer en Dios con mayor fuerza que nunca y a mantenernos firmes.

"Así que, hermanos míos amados, estad firmes y constantes, creciendo en la obra del Señor siempre, sabiendo que vuestro trabajo en el Señor no es en vano" (1 Co. 15:58).

"No nos cansemos, pues, de hacer bien; porque a su tiempo segaremos, si no desmayamos" (Gá. 6:9).

"estáis firmes en un mismo espíritu, combatiendo unánimes por la fe del evangelio" (Fil. 1:27).

"Por tanto, nosotros también, teniendo en derredor nuestro tan grande nube de testigos, despojémonos de todo peso y del pecado que nos asedia, y corramos con paciencia la carrera que tenemos por delante" (He. 12:1).

"Pero de ninguna cosa hago caso, ni estimo preciosa mi vida para mí mismo, con tal que acabe mi carrera con gozo, y el ministerio que recibí del Señor Jesús, para dar testimonio del evangelio de la gracia de Dios" (Hch. 20:24).

7 (5:25-26) ***Matusalén:*** El séptimo suceso significativo, un hombre, Matusalén, vivió más que el resto, vivió más como testimonio de la gracia de Dios y del juicio venidero. El nombre *Matusalén* significa hombre del arma o jabalina o de la lanza (H. C. Leupold, Derek Kidner, Victor Hamilton). O puede significar:

- "Cuando se vaya vendrá".
- "Cuando se muera, vendrá" (Donald Grey Barnhouse. *Génesis*, p. 45).
- "[cuando] él muera [habrá] un enviado" (Matthew Henry. *Comentario de Matthew Henry*, vol. 1, p. 50).
- "Cuando él muera habrá [un]... envío de aguas" (John Gill. *Gill's Commentary*, vol. 1. Grand Rapids, MI: Baker Book House, 1980, p. 35).

Exactamente cuál de los significados es el correcto no se puede saber con certeza absoluta. Pero al buscar en las Escrituras y al repasar la vida de Enoc y los sucesos de su época, tiene mucho más sentido pensar que el nombre de Matusalén significa "cuando se muera vendrá".

=> La conversión aparente de Enoc tuvo lugar cuando nació Matusalén (v. 22). Al parecer, su vida cambió y cambió radicalmente. ¿Por qué? ¿Podría ser que Dios le dio una revelación especial del juicio venidero a menos que él y sus conciudadanos se arrepintieran?

=> El nombre de Matusalén puede significar y realmente dicen algunos eruditos que significa: "cuando él muera, vendrá" (cp. Arthur Pink. *Gleanings in Genesis* [Fragmentos en Génesis], p. 76).

=> Enoc fue un hombre sumamente piadoso, la clase de hombre a quien Dios escogería para revelarle el juicio venidero. Si Dios iba a escoger a una persona a quien Él le pudiera revelar el juicio venidero de la destrucción del mundo, sería alguien que "caminara con Dios", alguien que caminara con Dios siempre con tanta intimidad. Este era Enoc, el propio padre que nombró a Matusalén.

=> Enoc predicó fuerte y agresivamente contra la impiedad de su época. La mayoría de las personas piadosas, por supuesto, habrían dado testimonio contra el pecado del hombre y sobre el gran perdón y amor de Dios. Pero a partir de los indicios de las Escrituras, Enoc fue mucho más fuerte y más agresivo en su predicación contra la vida impía de las personas. ¿Por qué? ¿Dios podría haberle dado una revelación especial del juicio venidero a menos que las personas se arrepintieran de su pecado?

Cuando se consideran estos elementos, el mayor número de ellos apuntan a que el significado del nombre de Matusalén sea "cuando él muera, vendrá".

Al parecer, Dios le dio a Enoc una revelación del juicio venidero en la tierra, el juicio venidero que se asomaba en el horizonte, delante de las personas. Por ende, sucedió una de las dos cosas:

=> Dios le dijo a Enoc que nombrara al hijo Matusalén, o...

=> Enoc actuó por su cuenta y declaró el hecho en el nombre de su hijo.

Sea cual fuere el caso, el propio nombre de Matusalén era un testimonio a las personas de su época y de su tiempo: "Cuando él muera, el juicio de Dios, vendrá a la tierra". Y así fue. Matusalén murió en el año 1656, el año mismo en que el diluvio vino a la tierra. (Vea el *Estudio a fondo 2*, Gn. 5:27-32 para un recuadro.) Esto también apunta al significado del nombre de Matusalén. Él vivió más tiempo que cualquier persona en la tierra (969 años) y dio testimonio más tiempo que nadie:

=> El testimonio de la gracia maravillosa de Dios al bendecir a la descendencia piadosa y a las personas en la tierra.

=> El testimonio del juicio venidero de Dios a menos que las personas se arrepintieran de su impiedad.

Pensamiento 1. Enoc no fue el único profeta a quien Dios le ha revelado el hecho del juicio sobre el pecado. Dios le ha revelado el juicio venidero a los profetas del Nuevo Testamento también. Si nosotros, las generaciones desde que Cristo vino, no os arrepentimos, viene el juicio de Dios sobre el mundo una segunda vez.

=> Jesucristo declaró que el juicio se acerca.

"Cuando el Hijo del Hombre venga en su gloria, y todos los santos ángeles con él, entonces se sentará en su trono de gloria, y serán reunidas delante de él todas las naciones; y apartará los unos de los otros, como aparta el pastor las ovejas de los cabritos" (Mt. 25:31-32).

=> El autor de la epístola a los hebreos declaró que el juicio se acerca.

"Y de la manera que está establecido para los hombres que mueran una sola vez, y después de esto el juicio" (He. 9:27).

=> Pedro declaró que el juicio se acerca.

"sabe el Señor librar de tentación a los piadosos, y reservar a los injustos para ser castigados en el día del juicio" (2 P. 2:9).

"Pero el día del Señor vendrá como ladrón en la noche; en el cual los cielos pasarán con grande estruendo, y los elementos ardiendo serán deshechos, y la tierra y las obras que en ella hay serán quemadas. Puesto que todas estas cosas han de ser deshechas, ¡cómo no debéis vosotros andar en santa y piadosa manera de vivir, esperando y apresurándoos para la venida del día de Dios, en el cual los cielos, encendiéndose, serán deshechos, y los elementos, siendo quemados, se fundirán! Pero nosotros esperamos, según sus promesas, cielos nuevos y tierra nueva, en los cuales mora la justicia" (2 P. 3:10-13).

=> Judas declaró el mismo mensaje que Enoc.

"De éstos también profetizó Enoc, séptimo desde Adán, diciendo: He aquí, vino el Señor con sus santas decenas de millares, para hacer juicio contra todos, y dejar convictos a todos los impíos de todas sus obras impías que han hecho impíamente, y de todas las cosas duras que los pecadores impíos han hablado contra él" (Jud. 14-15).

8 (5:27-32) ***Noé — Reposo — Consuelo:*** El octavo suceso significativo, los hombres piadosos creían en el reposo y el consuelo venideros prometidos por Dios. Esto se ve en el nombre que Lamec le dio a su hijo, Noé. Noé significa *consuelo* o reposo. Note lo que Lamec dijo cuando nació Noé.

"y llamó su nombre Noé, diciendo: Este nos aliviará de nuestras obras y del trabajo de nuestras manos, a causa de la tierra que Jehová maldijo" (v. 29).

Al parecer, por alguna razón Lamec estaba sumamente agotado. Él estaba cansado y exhausto de tener que luchar para ganarse la vida día a día. La presión, tensión y el arduo esfuerzo desgastaba mucho su mente, tanto que sus pensamientos se remontaron a la maldición de Dios sobre la tierra. Al pensar en la maldición, también pensó en el Salvador, *la Simiente prometida*, que Dios había prometido y la perfección gloriosa que Él le traería al hombre y a la tierra, la perfección que Adán había experimentado originalmente. Probablemente esta sea la razón por la que Lamec nombró a su hijo Noé, que significa consuelo y reposo. Lamec expresaba su fe en la promesa gloriosa de Dios de enviar al Salvador, *la Simiente prometida*, para restaurar al hombre y a la tierra a la perfección, al consuelo y reposo perfectos.

Noé le trajo consuelo a la raza humana al menos de cuatro formas.

1. Noé preservó la raza humana durante el diluvio.
2. Noé preservó la descendencia piadosa durante el diluvio.
3. Noé preservó la esperanza del Salvador prometido. Él hizo esto preservando la descendencia piadosa, porque los piadosos son los únicos que creen y buscan al Salvador (Tit. 2:12).
4. Noé preservó la esperanza de la liberación de la tierra que Dios había maldecido. Nuevamente, él lo hizo preservando la descendencia piadosa; es por su causa que Dios liberará a la tierra de la maldición (Ap. 21:1-5).

Pensamiento 1. Qué ejemplo tan dinámico el de la fe de Lamec: Creer en las promesas de Dios a pesar del agotamiento diario, del agotamiento de tener que enfrentar la lucha del esfuerzo difícil y el trabajo hora tras hora para ganarse la vida. No importa el esfuerzo arduo ni el agotamiento, no importan las circunstancias al tener que ganarse la vida día tras día, debemos aprender a confiar en las promesas de Dios.

"Mas buscad primeramente el reino de Dios y su justicia, y todas estas cosas os serán añadidas" (Mt. 6:33).

"echando toda vuestra ansiedad sobre él, porque él tiene cuidado de vosotros" (1 P. 5:7).

"Aderezas mesa delante de mí en presencia de mis angustiadores; unges mi cabeza con aceite; mi copa está rebosando" (Sal. 23:5).

"¡Cuán grande es tu bondad, que has guardado para los que te temen, que has mostrado a los que esperan en ti, delante de los hijos de los hombres!" (Sal. 31:19).

"Porque fuiste fortaleza al pobre, fortaleza al menesteroso en su aflicción, refugio contra el turbión, sombra contra el calor; porque el ímpetu de los violentos es como turbión contra el muro" (Is. 25:4).

ESTUDIO A FONDO 2

(5:27-32) ***Genealogía — Cristo:*** Note que muchas de las personas de la descendencia piadosa vivían al mismo tiempo. Por ejemplo, Lamec, el padre de Noé, conoció a Adán.

=> Lamec nació en el año 874.

=> Adán no murió hasta el año 930.

Pero observe también: Cuando el diluvio ocurrió (1656), toda la descendencia piadosa había muerto excepto Noé.

LA DESCENDENCIA O SIMIENTE Y GENEALOGÍA PIADOSAS

	Nació en el año	Murió en el año	Total de años de vida
Adán	1	930	930
Set	130	1042	912
Enós	235	1140	905
Cainán	325	1235	910
Mahalaleel	395	1290	895
Jared	460	1422	962
Enoc	622	987	365
Matusalén	687	1656	969
Lamec	874	1651	777
Noé	1056	2006	950
El gran diluvio		1656	

	CAPÍTULO 6 **F. La primera civilización y sociedad (parte 4): La corrupción de la descendencia piadosa al mezclarse con la descendencia impía, 6:1-8**	4 Había gigantes en la tierra en aquellos días, y también después que se llegaron los hijos de Dios a las hijas de los hombres, y les engendraron hijos. Estos fueron los valientes que desde la antigüedad fueron varones de renombre.	**3 Elemento 3: El hombre se volvió anárquico e inmoral al desarrollar la primera sociedad de la tierra**
1 Elemento 1: Los piadosos ignoraron a Dios y se volvieron mundanos e inmorales a. La raza humana comenzó a multiplicarse b. La mente de los piadosos se cebaba en el sexo c. Los piadosos ignoraron y se rebelaron contra Dios	1 Aconteció que cuando comenzaron los hombres a multiplicarse sobre la faz de la tierra, y les nacieron hijas, 2 que viendo los hijos de Dios que las hijas de los hombres eran hermosas, tomaron para sí mujeres, escogiendo entre todas.	5 Y vio Jehová que la maldad de los hombres era mucha en la tierra, y que todo designio de los pensamientos del corazón de ellos era de continuo solamente el mal. 6 Y se arrepintió Jehová de haber hecho hombre en la tierra, y le dolió en su corazón. 7 Y dijo Jehová: Raeré de sobre la faz de la tierra a los hombres que he creado, desde el hombre hasta la bestia, y hasta el reptil y las aves del cielo; pues me arrepiento de haberlos hecho.	**4 Elemento 4: Dios vio la maldad del hombre** a. La maldad era mucha b. Todo pensamiento o imaginación eran malignos **5 Elemento 5: Dios se entristeció por el hombre y condenó al hombre** a. Dios se arrepintió de haber creado al hombre b. Dios juzgó y condenó al hombre a ser destruido, a borrarlo de la faz de la tierra, tanto al hombre como a los animales terrestres
2 Elemento 2: Dios se molestó y advirtió al hombre a. Dios retiraría su Espíritu b. La gracia de Dios era limitada: Se acercaba el juicio	3 Y dijo Jehová: No contenderá mi espíritu con el hombre para siempre, porque ciertamente él es carne; mas serán sus días ciento veinte años.	8 Pero Noé halló gracia ante los ojos de Jehová.	**6 Elemento 6: Dios recordó su gracia y salvó a Noé**

DIVISIÓN III

ADÁN, EL PRIMER HOMBRE (PARTE 2): EL NACIMIENTO, DESARROLLO Y CORRUPCIÓN DE LA SIMIENTE IMPÍA Y DE LA PIADOSA (DESCENDENCIA), 4:1—6:8

F. La primera civilización y sociedad (parte 4): La corrupción de la descendencia piadosa al mezclarse con la descendencia impía, 6:1-8

(6:1-8) ***Introducción:*** Recuerde, en el capítulo cuatro vimos el nacimiento, crecimiento y corrupción de la descendencia impía en la tierra (Gn. 4:1-24). después vimos la descendencia de Adán que dio continuidad a la descendencia piadosa en la tierra (Gn. 4:25—5:32). En la primera civilización y sociedad se estaban desarrollando dos corrientes de personas en la tierra:

- La corriente (línea) piadosa que adoraba y servía a Dios.
- La corriente (línea) impía que descuidó y negó a Dios y que llevó vidas injustas.

La civilización y sociedad se estaba desarrollando en dos corrientes, dos líneas de personas, los piadosos y los impíos. Los piadosos andaban con Dios; los impíos andaban según la carne y las cosas de este mundo. (Vea el bosquejo y las notas, Gn. 4:1-24; Gn. 5:1-32 para un mayor análisis.)

Ahora bien, este pasaje aborda la corrupción de la descendencia piadosa. Los creyentes, aquellos que obedecían a Dios, se casaron con incrédulos, aquellos que descuidaban y negaban a Dios y llevaban una vida injusta. El resultado fue el que siempre se ha obtenido a través de la historia: Los impíos vencieron a los piadosos, haciéndolos llevar una vida de pecado y maldad. Pronto veremos que la descendencia piadosa se corrompió. Se corrompió tanto que Dios tuvo que destruir a toda la raza humana.

Esta es "La primera civilización y sociedad (parte 4): La corrupción de la descendencia piadosa, al mezclarse con la descendencia impía de la tierra".

1. Elemento 1: Los piadosos ignoraron a Dios y se volvieron mundanos e inmorales (vv. 1-2).
2. Elemento 2: Dios se molestó y advirtió al hombre (v. 3).
3. Elemento 3: El hombre se volvió anárquico e inmoral al desarrollar la primera sociedad de la tierra (v. 4).
4. Elemento 4: Dios vio la maldad del hombre (v. 5).
5. Elemento 5: Dios se entristeció por el hombre y condenó al hombre (vv. 6-7).

6. Elemento 6: Dios recordó su gracia y salvó a Noé (v. 8).

ESTUDIO A FONDO 1

(6:1-8) ***Hijos de Dios:*** Hay al menos dos interpretaciones principales de este pasaje. Es necesario analizar las dos posiciones antes de estudiar el pasaje. Las interpretaciones se centran en el término "hijos de Dios". ¿Quiénes son?

1. Algunos intérpretes dicen que los "hijos de Dios" son ángeles (por ejemplo, Donald Gray Barnhouse, James Montgomery Boice y Arthur W. Pink). Se proporcionan por lo general cinco razones principales:

a. El término "hijos de Dios" definitivamente se refiere a ángeles en Job (Job 1:6; 2:1; 38:7).

b. Nacieron gigantes (*nephilim*) como resultado de la unión entre los hijos de Dios y las mujeres (v. 4). Con frecuencia esta posición plantea que esta unión fue el fundamento histórico de la mitología antigua que habla de seres mitad humanos y mitad divinos en la tierra, que los mitos se adornarían, pero serían motivados por recuerdos vagos de personas gigantescas antes del diluvio. (Compare Homero y otros escritores antiguos.)

c. Los ángeles les pueden aparecer a los hombres en forma corporal, por ejemplo, cuando los ángeles se le aparecieron a Lot (Gn. 19:1-5).

d. Tres pasajes en el Nuevo Testamento, según los intérpretes de esta posición, al parecer se refieren a este pasaje de Génesis (1 P. 3:18-20; 2 P. 2:4; Jud. 6-7).

e. Los autores judíos definitivamente plantean que esto es una referencia a los ángeles (Filón, Josefo y el autor del libro apócrifo de Primero Enoc).

2. Otros intérpretes plantean que "los hijos de Dios" se refieren a los creyentes, los verdaderos seguidores de Dios, la descendencia piadosa o los descendientes de Set. (Por ejemplo, Matthew Henry, H. C. Leupold, Keil y Delitzsch, *Comentario del púlpito*, Crisóstomo, Agustín, Calvino y Lutero.) Por lo general se dan diez razones.

a. Los "hijos de Dios" deben ser creyentes, porque es la única manera de comprender la secuencia de pensamiento de los primeros capítulos de Génesis. Los primeros capítulos abordan la descendencia piadosa de Adán y Set y la descendencia impía de Caín, dos corrientes de la raza humana que se mueven en direcciones opuestas, una piadosa y otra impía.

b. El término "hijos de Dios" definitivamente se refiere a los creyentes de todas las Escrituras.

=> En Deuteronomio 32:5 a Israel se le llama "sus hijos" (hebreo, hijos de Dios).

=> En el Salmo 73:15 a los piadosos se les denomina "la generación de los hijos de Dios" (hebreo, hijos de Dios).

=> En el Salmo 80:17 a Israel se le llama el hijo de hombre que para ti afirmaste.

=> En Oseas 1:10 a Israel se le denomina los "hijos del Dios viviente" (hebreo, *bene el chay*).

H. C. Leupold expone sus razones con toda la fuerza posible:

"¿Pero quiénes son estos 'hijos de Dios'? Sin lugar a dudas, los setitas, las personas que se acaban de describir en el capítulo cinco que entre ellos había hombres que caminaban con Dios, como Enoc (v. 22), hombres que tenían su mira puesta en un consuelo más alto en medio de los sufrimientos de la vida, como Lamec (v. 29), hombres que adoraban públicamente a Dios y confesaban su nombre (4:26). Tales hombres merecen ser llamados los 'hijos de Dios' (bene elohim), un título aplicado a los verdaderos seguidores de Dios en todos los pasajes del Antiguo Testamento. Cuando el salmista se refiere a eso (Sal. 73:15) como 'la generación de tus hijos', él usa la misma palabra 'hijos', describiéndolos como pertenecientes a Dios. Deuteronomio 32:5 usa la misma palabra 'hijos' al referirse a Israel. Oseas 1:10 es, de ser algo, un pasaje aún más fuerte, diciéndole específicamente a Israel, 'Sois hijos del Dios viviente' (He. bene el chay). Sal. 80:17 también entra aquí" (*Génesis*, vol. 1, pp. 250-251).

c. Las palabras y el contexto de este pasaje nos dicen que los "hijos de Dios" eran hombres. Cuando los "hijos de Dios" cometieron este pecado terrible...

- dijo Dios: "No contenderá mi espíritu con el *hombre* para siempre" (v. 3).
- "vio Jehová que la maldad de los *hombres* era mucha" (v. 5).
- "se arrepintió Jehová de haber hecho *hombre*" (v. 6).
- "dijo Jehová: Raeré de sobre la faz de la tierra a los *hombres*" (v. 7).

Cada versículo tiene que ver con el hombre; ningún versículo, ni siquiera una referencia, usa la palabra ángel. Todo el contexto lidia con el hombre, el hombre piadoso, cómo se corrompió, tanto que Dios se iba a ver obligado a raer al hombre de faz de la tierra a menos que se arrepintiera.

d. Nuevamente, observe el contexto: Si los hombres pecadores eran ángeles que se casaban con mujeres humanas, ¿por qué se están juzgando a los hombres de la descendencia piadosa? No hay registro en Génesis hasta ahora de que la descendencia piadosa de Set se hubiera corrompido burdamente. ¿Por qué entonces se está condenando y juzgando a los hombres si los pecadores de este pasaje eran ángeles y mujeres impías? ¿No deberían ser los ángeles y las mujeres impías a quienes se juzgara? Satanás, el líder de los ángeles caídos, fue juzgado antes (Gn. 3:14). Si los "hijos de Dios" son ángeles, ¿por qué no son los ángeles a quienes se juzga aquí? Queda claro: Los "hijos de Dios" se refiere a los piadosos de la tierra. Los piadosos comenzaron a contraer matrimonios endogámicos con la descendencia impía y comenzaron a corromperse con la manera de proceder mundano de los impíos.

e. El propio Jesucristo nos interpretó este pasaje. Note exactamente lo que dijo:

"Mas como en los días de Noé, así será la venida del Hijo del Hombre. Porque como en los días antes del diluvio estaban comiendo y bebiendo, casándose y dando en casamiento, hasta el día en que Noé entró en el arca" (Mt. 24:37-38).

"Como fue en los días de Noé, así también será en los días del Hijo del Hombre. Comían, bebían, se casaban y se daban en casamiento, hasta el día en que entró Noé en el arca, y vino el diluvio y los destruyó a todos" (Lc. 17:26-27).

¿A quién se refiere "ellos"? A las personas, todas las personas, tanto las piadosas como a las impías, de la tierra durante la época de Noé. Cristo se refiere a personas, no a ángeles. Cristo nos está diciendo exactamente lo que le sucedió a la civilización y sociedad de esa época. Los hombres y las mujeres, tanto los piadosos como los impíos, se estaban casando y volviéndose a casar y llevando una vida mundana e impía.

f. Jesucristo dijo que los ángeles no se casan.

"Porque en la resurrección ni se casarán ni se darán en casamiento, sino serán como los ángeles de Dios en el cielo" (Mt. 22:30).

Note el planteamiento de Génesis: Los "hijos de Dios... tomaron para sí mujeres" (v. 2). H. C. Leupold señala que esto definitivamente se refiere a relaciones sexuales y adúlteras, pero también se refiere al matrimonio, porque esta es la manera estándar del hebreo de expresar matrimonio (*Génesis*, vol. 1, p. 253).

g. Las Escrituras nos dicen que el matrimonio endogámico entre los piadosos y los impíos estaba prohibido estrictamente entre los piadosos a inicios de la historia, mucho antes de que se registrara la ley.

=> La ley de Moisés, que se escribiría después del diluvio, prohibiría el matrimonio endogámico.

"Y no emparentarás con ellas; no darás tu hija a su hijo, ni tomarás a su hija para tu hijo. Porque desviará a tu hijo de en pos de mí, y servirán a dioses ajenos; y el furor de Jehová se encenderá sobre vosotros, y te destruirá pronto" (Dt. 7:3-4).

=> Pero mucho antes de que se adoptara la ley contra el matrimonio endogámico de forma nacional, Isaac y Rebeca estaban muy preocupados porque Jacob se casara con una persona impía. Esto definitivamente le proporciona de un modo contundente un respaldo bíblico a la ley existente entre la descendencia piadosa de los creyentes, la ley existente desde los inicios mismos de la historia.

"Y dijo Rebeca a Isaac: Fastidio tengo de mi vida, a causa de las hijas de Het. Si Jacob toma mujer de las hijas de Het, como éstas, de las hijas de esta tierra, ¿para qué quiero la vida?" (Gn. 27:46).

"Entonces Isaac llamó a Jacob, y lo bendijo, y le mandó diciendo: No tomes mujer de las hijas de Canaán" (Gn. 28:1).

h. No hay pasaje alguno que demuestre:
- Que los ángeles son seres sexuales.
- Que los ángeles hayan tenido relaciones sexuales con los hombres o las mujeres.
- Que los ángeles son seres físicos con cuerpos humanos, tampoco que sean seres físicos y espirituales. De hecho, las Escrituras declaran todo lo contrario, que los ángeles son seres espirituales (He. 1:14; cp. Mt. 8:16; 10:1; Mr. 1:27; 3:11; Hch. 5:16; 8:7).

i. Los pasajes del Nuevo Testamento que en ocasiones se dice que hacen referencia a este pasaje no se refieren a este pasaje de Génesis, en lo absoluto. Los pasajes del Nuevo Testamento se refieren a la caída original de los ángeles, al momento en que siguieron a Satanás en su rebelión contra Dios (vea el bosquejo y *Estudio a fondo 1*, 1 P. 3:19-20; la nota, 2 P. 2:3-9, fundamentalmente el v. 4; Jud. 5-7).

j. La idea de que los ángeles se casaban y tenían relaciones sexuales con las mujeres terrenales...

"Es... monstruoso... y mítico" ("*Comentario del púlpito*", vol. 1, p. 102).

"Desafía las normalidades de la experiencia" (Derek Kidner. *Génesis*. "Comentarios de Tyndale sobre el Antiguo Testamento". Downers Grove, IL: InterVarsity Press, 1979, p. 84).

"Introduce el elemento mitológico así como el politeísmo en las Escrituras y hace de la Biblia un registro de anécdotas extrañas y fantásticas y contradice a las [Escrituras]" (H. C. Leupold. *Génesis*, vol. 1, pp. 252-253).

[1] (6:1-2) ***Simiente, piadosa — Inmoralidad — Mundanalidad:*** El primer elemento, los piadosos ignoraron a Dios y se volvieron mundanos e inmorales. Se sugieren tres cosas en estos dos versículos:

1. La raza humana comenzó a multiplicarse en la tierra. Esto, por supuesto, se refiere tanto a las familias piadosas como a las impías de la tierra. Pero note: Cuando los impíos se incrementan, igualmente se incrementan el pecado y el

mal. Cada vez nacían más hijos en las familias impías, familias que hacían énfasis en lo externo y lo mundano más que en lo interno y lo espiritual.

Esto significaba algo terrible, porque los impíos siempre superaban en número a los piadosos. Siempre hay más personas que siguen su propio camino en la vida que aquellos que siguen a Dios. Por consiguiente, el pecado y el mal se estaban incrementando a una tasa mucho más rápida que la justicia y la piedad. Finalmente, los piadosos se iban a contaminar y a corromper a menos que se guardaran ellos mismos y se aferraran mucho a Dios. Esto se verá en el próximo punto (punto dos). Por ahora, lo que se debe tener en cuenta es lo siguiente: Cuando los impíos se incrementan, igualmente se incrementa el pecado y el mal. Mientras más se incrementen los pecadores en la tierra, más estará el pecado en la tierra. Esto fue exactamente lo que estaba sucediendo en las primeras etapas de la historia del hombre. La población se incrementaba tan rápidamente y lo mismo sucedía con el pecado y el mal. El pecado y el mal se incrementaban a un paso mucho más rápido que la justicia y la piedad.

Pensamiento 1. Mientras más se congregan y se unen, más crece el pecado. Esto se ve claramente:

- Cuando las personas se aglomeran en centros de grandes poblaciones e ignoran a Dios.
- Cuando las personas se reúnen para fiestas y se olvidan de Dios, usan ropas que exponen su cuerpo y bailan con movimientos seductores, y beben para relajar sus inhibiciones. Observe cuánta más propensión tienen las personas a pecar cuando se encuentran en un grupo de personas mundanas que cuando están solas. Se atreven mucho más a pecar dentro de un grupo. Resulta mucho más fácil pecar si otra persona lo está haciendo, no importa lo que sea: Inmoralidad sexual, robo, asalto, asesinato.

"Cuando los impíos son muchos, mucha es la transgresión; mas los justos verán la ruina de ellos" (Pr. 29:16).

2. Los piadosos se volvieron mundanos e inmorales y la mente de cada uno de ellos se cebaba en el sexo (v. 2). No controlaron ni negaron sus impulsos inmorales sexuales. Esta es la ilustración que se describe en el versículo dos. Los hombres piadosos comenzaron a mirar a las mujeres del mundo, a aquellas que no seguían a Dios. Observe lo que comenzaron a notar: Que las mujeres eran hermosas, bellas y proporcionadas en cuerpo. Centraron sus pensamientos en el bello rostro y en el cuerpo curvilíneo de las mujeres y las desearon. Se fijaron en lo externo, en la apariencia física y se olvidaron de lo interno, de la belleza espiritual. No controlaron sus ojos ni sus pensamientos. El resultado fue trágico: Se mezclaron con los impíos e hicieron todo lo que implica mezclarse: Noviar, fiestar, juguetear, tocar, acariciar, besar, manosear y contrajeron sexo ilícito. Miraron, vieron y la mente de cada uno de ellos se cebó en lo mundano, en lo inmoral y participaron de la inmoralidad sexual. Ignoraron completamente a Dios e hicieron su propia voluntad, satisfaciendo los deseos de su carne. Se rehusaron a controlar y negar sus deseos carnales.

=> El versículo seis nos dice cuán esclavizado quedó el hombre de la pasión de la lujuria.

"Y vio Jehová que la maldad de los hombres era mucha en la tierra, y que *todo designio* de los pensamientos del corazón de ellos era de continuo solamente el mal" (Gn. 5:6).

=> Compárense estos versículos.

"Porque del corazón salen los malos pensamientos, los homicidios, *los adulterios, las fornicaciones,* los hurtos, los falsos testimonios, las blasfemias" (Mt. 15:19).

"Pues habiendo conocido a Dios, no le glorificaron como a Dios, ni le dieron gracias, sino que se envanecieron en sus razonamientos, y su necio corazón fue entenebrecido" (Ro. 1:21).

"entre los cuales también todos nosotros vivimos en otro tiempo en los deseos de nuestra carne, haciendo la voluntad de la carne y de los pensamientos, y éramos por naturaleza hijos de ira, lo mismo que los demás" (Ef. 2:3).

"Todas las cosas son puras para los puros, mas para los corrompidos e incrédulos nada les es puro; pues hasta su mente y su conciencia están corrompidas" (Tit. 1:15).

"Abominación son a Jehová los pensamientos del malo; mas las expresiones de los limpios son limpias" (Pr. 15:26).

"Porque cual es su pensamiento en su corazón, tal es él. Come y bebe, te dirá; mas su corazón no está contigo" (Pr. 23:7).

3. Los piadosos ignoraron y se rebelaron contra Dios. Se casaron con los impíos. Se casaron "escogiendo entre todas". Jesucristo nos dice que se casaban y se volvían a casar una y otra vez.

"Mas como en los días de Noé, así será la venida del Hijo del Hombre. Porque como en los días antes del diluvio estaban comiendo y bebiendo, casándose y dando en casamiento, hasta el día en que Noé entró en el arca" (Mt. 24:37-38).

"Como fue en los días de Noé, así también será en los días del Hijo del Hombre. Comían, bebían, se casaban y se daban en casamiento, hasta el día en que entró Noé en el arca, y vino el diluvio y los destruyó a todos" (Lc. 17:26-27).

La lujuria campaba por su respeto y note: Esto era lujuria entre la descendencia piadosa *de creyentes*. La ilustración es que los creyentes se estaban alejando de Dios y estaban comenzando a vivir como el mundo. Estaban bebiendo y llevando una vida inmoral e impura, casándose, divorciándose, volviéndose a casar de nuevo, volviéndose a casar con quienquiera que desearan. La voluntad de Dios y su exigencia de pureza y piedad, de una descendencia distinta de creyentes piadosos, se había olvidado totalmente. La raza humana estaba perdiendo su línea piadosa de creyentes: Prácticamente todo el mundo estaba llevando una vida impía e inmoral, haciendo su voluntad, viviendo como querían. Prácticamente nadie seguía a Dios; casi nadie llevaba una vida apartada y piadosa. La descendencia piadosa de creyentes, la simiente piadosa de Set, estaba corrupta, casi exterminada y completamente borrada de la tierra. Como veremos en la nota 6, solo había un puñado de personas piadosas aún en la tierra, solo Noé y su familia inmediata.

El gran comentarista bíblico del siglo XVIII John Gill habla del relato de varios escritores árabes en este pasaje. La ilustración es gráfica:

> *"Inmediatamente después de la muerte de Adán la familia de Set se separó de la familia de Caín; Set tomó sus hijos y sus esposas a una montaña alta (Hermón), sobre la cima de la misma Adán fue enterrado, y Caín y todos sus hijos vivían en el valle que yacía debajo, donde Abel fue asesinado; y ellos en la montaña recibieron un nombre por la santidad y la pureza... a ellos, a sus esposas y a sus hijos, se les conocía por el nombre común de los hijos de Dios... a estos les ordenó, Set y los patriarcas que lo sucedieron, que bajo ningún concepto descendieran, de la montaña y se sumaran a los cainitas; pero a pesar de eso en los días de Jared algunos descendieron... y tras esos, otros, y en este momento se generalizó; y al quedar prendados de la belleza de las hijas de Caín y su prosperidad, hicieron lo siguiente: y tomaron para sí mujeres, escogiendo entre todas... contrajeron matrimonios endogámicos con ellas, a lo que los cainitas pudieran no tenerle ningún tipo de aversión; tomaron para sí mujeres como les plugo, lo que era agradable a la carne, sin tener en cuenta su carácter moral y civil, y sin el consejo y consentimiento de sus padres, y sin consultar a Dios y su voluntad en el asunto... tomaron para sí mujeres como les plugo, y como quisieron y cometieron fornicación, a lo que los cainitas eran adictos; porque pasaban su tiempo cantando y bailando, y en inmundicia, por medio de la cual la posteridad de Set o los hijos de Dios se sintieron atraídos a descender y sumárseles, y cometer fornicación con ellos*" (John Gill. *Gill's Commentary*, vol. 1, p. 37).
>
> *"El nombre de este patriarca [Jared] significa descender; y, según los escritores árabes, él recibió su nombre de la posteridad de Set, al descender de la montaña santa en su época; porque al oír un ruido en la montaña, cerca de cien hombres descendían a los hijos de Caín lo que se opone a la prohibición... de Jared, y se mezclaron con las hijas de Caín, que provocaron la apostasía; cuando Jared se encontraba cerca de la muerte él llamó a Enoc, Matusalén, Lamec, Noé, y sus hijos, y les dijo, ustedes saben lo que algunos han hecho, que han descendido de la montaña, y han tenido conversación [conducta inmoral] con las hijas de Caín, y se han profanado a sí mismos; cuiden ustedes de su pureza, y no desciendan de la montaña santa; después de lo cual los bendijo y habiendo nombrado a Enoc su sucesor, murió"* (John Gill. *Gill's Commentary*, vol. 1, p. 34).

Pensamiento 1. El creyente, el verdadero creyente piadoso, debe llevar una vida de separación y santidad. Esto no quiere decir que debemos retirarnos del mundo y llevar una vida monástica. Nosotros estamos *en el mundo*, pero nosotros no debemos ser *del mundo*. Vivimos entre los incrédulos del mundo, pero no debemos participar en su conducta impía...

- beber
- parrandear
- hacer chistes subidos de tono
- engañar y mentir
- ser avariciosos y codiciosos
- divorciarse y volverse a casar
- cometer actos inmorales
- ser injustos

Los creyentes debemos estar separados del mundo y de su conducta impía, separados en el sentido de estar dedicados a Dios y a su justicia.

> **"No os unáis en yugo desigual con los incrédulos; porque ¿qué compañerismo tiene la justicia con la injusticia? ¿Y qué comunión la luz con las tinieblas?" (2 Co. 6:14).**
>
> **"Por lo cual, salid de en medio de ellos, y apartaos, dice el Señor, y no toquéis lo inmundo; y yo os recibiré, y seré para vosotros por Padre, y vosotros me seréis hijos e hijas, dice el Señor Todopoderoso" (2 Co. 6:17-18).**
>
> **"Así que, hermanos, os ruego por las misericordias de Dios, que presentéis vuestros cuerpos en sacrificio vivo, santo, agradable a Dios, que es vuestro culto racional. No os conforméis a este siglo, sino transformaos por medio de la renovación de vuestro entendimiento, para que comprobéis cuál sea la buena voluntad de Dios, agradable y perfecta" (Ro. 12:1-2).**
>
> **"Y no participéis en las obras infructuosas de las tinieblas, sino más bien reprendedlas" (Ef. 5:11).**
>
> **"Si fuerais del mundo, el mundo amaría lo suyo; pero porque no sois del mundo, antes yo os elegí del mundo, por eso el mundo os aborrece" (Jn. 15:19).**
>
> **"Pero os ordenamos, hermanos, en el nombre de nuestro Señor Jesucristo, que os apartéis de todo hermano que ande desordenadamente, y no según la enseñanza que recibisteis de nosotros" (2 Ts. 3:6).**

[2] (6:3) ***Acusación — Espíritu Santo — Pecado:*** El segundo elemento, Dios se molestó y advirtió al hombre. Recuerde, había mucha predicación por aquellos días:

=> Adán vivió 930 años. Sin duda alguna él proclamó la verdad de Dios: La perfección de la creación original, su propio pecado y caída, el Salvador prometido, la necesidad absoluta de obediencia y sacrificio al acercarse a Dios. Adán enseñó, predicó y advirtió a sus hijos, a sus nietos y a su descendencia durante 930 años.

=> Enoc también predicó y advirtió al mundo de sus obras impías y del juicio venidero de Dios sobre toda la impiedad (Jud. 14, 15).

=> El propio nombre de Matusalén era un recordatorio del juicio venidero. Es muy probable que él también fuera predicador (vea la nota, Gn. 5:25-26).

=> Noé era un predicador de la justicia, advirtiendo a las personas hasta el propio final (2 P. 2:5).

Estos son sencillamente los predicadores de los que conocemos; probablemente hubiera otros. Pero a fin de cuentas, el testimonio y advertencia de los predicadores fue en vano, para la mayoría de la humanidad. La mayoría de las personas se rehusaron a prestarle atención a la advertencia de Dios a través de los predicadores. Las personas continuaban con su proceder pecaminoso e impío. El resultado: Dios se molestó, se molestó mucho y advirtió al hombre. Dios le dio al hombre dos advertencias.

1. Dios retiraría su Espíritu: Su Espíritu no siempre contendería con el hombre, no para siempre. Los predicadores estaban advirtiendo a las personas y el Espíritu de Dios estaba haciendo exactamente lo que hace con las personas hoy día: Acusarlas de pecado y del juicio venidero. Pero las personas se resistían y apagaban las acusaciones del Espíritu. No estaban haciéndole caso a la voz de Dios que luchaba en el corazón de cada una de ellas. Querían vivir como querían, hacer lo que les pareciera.

Note el planteamiento de que el hombre es "carne" o *mortal* y *corrupto* (v. 3). Esto quiere decir que el hombre ya no era sencillamente un pecador, sino que:

- Se había entregado a la carne completa y plenamente.
- Se había abandonado, había quedado esclavizado por la carne.
- Había descendido al nivel de vivir solo para la carne.
- Había comenzado a vivir solamente para las cosas de la carne y del mundo.

El resultado: El hombre estaba a punto de llegar a una situación irreversible, de llegar al punto en que estaría tan esclavizado por el pecado y la carne que nunca se arrepentiría y nunca se volvería nuevamente a Dios.

Por consiguiente, Dios no tuvo opción. Dios tuvo que darle al hombre una advertencia final: Si el hombre no se arrepentía, Dios retiraría su Espíritu. El Espíritu de Dios ya no contendería ni lucharía más con el alma del hombre. Dios retiraría su Espíritu y dejaría que el juicio cayera sobre la impiedad y la injusticia de los hombres.

Pensamiento 1. H. C. Leupold expone lo siguiente como la razón por la que Dios estaba amenazando con retirar su Espíritu del hombre.

"A los hombres... ya no les importaba tener el hogar como [los] centros de la instrucción piadosa donde predominaba la verdad divina, la que se enseñaban el padre y la madre... en cambio [ellos] escogieron a cualquier mujer, según los motivara la fantasía del momento, para tener su descendencia. En ese momento Dios determina que Él no dejará que su Espíritu haga más su obra de reprobación y contención (yadhon), porque el hombre ha degenerado. El hombre sencillamente ya no es pecador, como había sido desde la caída; la raza también prácticamente como un todo ha descendido al nivel de ser 'carne' (basar), una descendencia sencilla, ordinaria, débil y pecadora, abandonada a una vida de pecado. El hombre ha perdido el derecho a toda esperanza de esfuerzos ulteriores por parte de la gracia de Dios" (*Génesis*, vol. 1, p. 255).

"Y no contristéis al Espíritu Santo de Dios, con el cual fuisteis sellados para el día de la redención" (Ef. 4:30).

"No apaguéis al Espíritu" (1.Ts. 5:19).

"¿Cuánto mayor castigo pensáis que merecerá el que pisoteare al Hijo de Dios, y tuviere por inmunda la sangre del pacto en la cual fue santificado, e hiciere afrenta al Espíritu de gracia?" (He. 10:29).

"No me eches de delante de ti, y no quites de mí tu santo Espíritu" (Sal. 51:11).

"Mas ellos fueron rebeldes, e hicieron enojar su santo espíritu; por lo cual se les volvió enemigo, y él mismo peleó contra ellos" (Is. 63:10).

"El Espíritu de Jehová se apartó de Saúl, y le atormentaba un espíritu malo de parte de Jehová" (1 S. 16:14).

"Pero no quisieron escuchar, antes volvieron la espalda, y taparon sus oídos para no oír" (Zac. 7:11).

2. La gracia de Dios era limitada: Se acercaba el juicio. Dios le dio al hombre ciento veinte años para arrepentirse. Dios advirtió al hombre, al parecer a través de Noé: Su gracia fluiría en la tierra durante 120 años más, luego el juicio caería a menos que hombre se arrepintiera. Dios le daría al hombre una última oportunidad.

"sabiendo primero esto, que en los postreros días vendrán burladores, andando según sus propias concupiscencias, y diciendo: ¿Dónde está la promesa de su advenimiento? Porque desde el día en que los padres durmieron, todas las cosas permanecen así como desde el principio de la creación... Mas, oh amados, no ignoréis esto: que para con el Señor un día es como mil años, y mil años como un día. El Señor no retarda su promesa, según algunos la tienen por tardanza, sino que es paciente para con nosotros, no queriendo que ninguno perezca, sino que todos procedan al arrepentimiento" (2 P. 3:3-4, 8-9).

"los que en otro tiempo desobedecieron, cuando una vez esperaba *la paciencia de Dios* en los días de Noé, mientras se preparaba el arca, en la cual pocas personas, es decir, ocho, fueron salvadas por agua" (1 P. 3:20).

"Por amor de mi nombre diferiré mi ira, y para alabanza mía la reprimiré para no destruirte" (Is. 48:9).

[3] (6:4) ***Anarquía — Pecado — Robo — Ladrones — Agresores — Civilización — Sociedad:*** El tercer elemento, el hombre se volvió anárquico e inmoral al desarrollar la primera sociedad de la tierra. La palabra *gigantes* significa "los que caen, los apostatas de la religión verdadera"; "caer sobre los hombres con violencia"; "fuerte y robusto en cuerpo, y líderes de otros" (William Wilson. *Wilson's Old Testament Word Studies* [Estudios lexicológicos de Wilson de las palabras del Antiguo Testamento], p. 185). H. C. Leupold plantea que la palabra "gigantes" probablemente esté basada en la raíz hebrea *naphal*, que significa caer sobre y atacar. La palabra, por lo tanto, se refiere a los fuertes de la tierra como los líderes y los poderosos, y a los atacantes, los ladrones, y los bandidos de la tierra (H. C. Leupold. *Génesis*, vol. 1, p. 258). De un modo sencillo:

- La tierra se había convertido en un lugar donde el sexo, la inmoralidad y la carne eran el punto de concentración (vea la nota, Gn. 6:1-2 para un mayor análisis).
- La tierra se había convertido en un lugar donde el poderoso y el fuerte imperaban y dominaban.
- La tierra se había vuelto anárquica, llena de agreso-

res, ladrones y bandidos. La tierra estaba llena de violencia.

- La tierra se había convertido en un lugar donde los poderosos y los inmorales e incluso los anárquicos eran los famosos de la tierra, las personas que eran bien conocidas e idolatradas. Los poderosos, los fuertes y los inmorales eran los héroes de la época, las personas más admiradas y estimadas.

Pensamiento 1. Piensen en cuán semejante es nuestra sociedad a la primera sociedad de la tierra.

=> Piensen en el culto a la belleza y al sexo, el énfasis en el sexo y en la carne de hoy día, cómo el sexo y la carne dominan los medios de difusión, los anuncios publicitarios y los propios pensamientos de las personas.

=> Piensen en cómo los fuertes, los poderosos, los injustos y los inmorales reinan hoy día; cómo el dinero, las riquezas, la posición y el poder controlan la vida de las personas de todo el mundo.

=> Piensen en cuán anárquicas se han vuelto tantas sociedades, llenas de agresores, ladrones y bandidos. Piensen en cuán anárquicas y descontroladas se vuelven las personas incluso cuando algún desastre natural ha abatido un área y los residentes de la localidad sufren. Vivimos en una época de anarquía y violencia.

=> Piensen en cómo los poderosos y los inmorales e incluso los anárquicos se han vuelto los famosos de la tierra, los ídolos de la sociedad. La persona puede ser la persona más inmoral que se pueda imaginar, ha tenido varios esposos o esposas, es un bebedor empedernido, un adúltero y consume drogas, pero si ocupa una posición de poder, tiene dinero, actúa en películas o es un deportista de renombre, a la persona se le edifica en los medios de difusión, se le hace famosa y muchos los idolatran.

=> Piensen en cuántas estrellas de cine, atletas y líderes del mundo llevan una vida inmoral e injusta; aún así son los gigantes, los famosos y los ídolos de la tierra. Incluso algunos creyentes, creyentes carnales, les tienen la más alta estima.

Pensamiento 2. La anarquía e inmoralidad del hombre se explica en detalles en las Escrituras, se explican claramente. Esta es la verdadera condición de la sociedad y la civilización. Piensen nada más en los noticieros que pasan por nuestras pantallas y los titulares que dominan la primera plana de nuestros periódicos diariamente. Lo siguiente es la acusación de Dios contra el hombre, contra los anárquicos e inmorales de la sociedad que el hombre ha desarrollado:

"Como está escrito: No hay justo, ni aun uno; no hay quien entienda. No hay quien busque a Dios. Todos se desviaron, a una se hicieron inútiles; no hay quien haga lo bueno, no hay ni siquiera uno. Sepulcro abierto es su garganta; con su lengua engañan. Veneno de áspides hay debajo de sus labios; su boca está llena de maldición y de amargura. Sus pies se apresuran para derramar sangre; quebranto y desventura hay en sus caminos; y no conocieron camino de paz. No hay temor de Dios delante de sus ojos" (Ro. 3:10-18; cp. Ro. 1:18-32).

"Y manifiestas son las obras de la carne, que son: adulterio, fornicación, inmundicia, lascivia, idolatría, hechicerías, enemistades, pleitos, celos, iras, contiendas, disensiones, herejías, envidias, homicidios, borracheras, orgías, y cosas semejantes a estas; acerca de las cuales os amonesto, como ya os lo he dicho antes, que los que practican tales cosas no heredarán el reino de Dios" (Gá. 5:19-21).

"También debes saber esto: que en los postreros días vendrán tiempos peligrosos. Porque habrá hombres amadores de sí mismos, avaros, vanagloriosos, soberbios, blasfemos, desobedientes a los padres, ingratos, impíos, sin afecto natural, implacables, calumniadores, intemperantes, crueles, aborrecedores de lo bueno, traidores, impetuosos, infatuados, amadores de los deleites más que de Dios, que tendrán apariencia de piedad, pero negarán la eficacia de ella; a éstos evita" (2 Ti. 3:1-5).

[4] (6:5) ***Depravación — Pecado — Maldad — Hombre — Corazón — Pensamientos — Imaginaciones:*** El cuarto elemento, Dios vio la maldad del hombre en la tierra.

1. Dios vio que la maldad del hombre era grande en la tierra. Grande quiere decir que la maldad del hombre *se multiplicaba*. El hombre cometía cada vez más pecados, cada vez más actos de maldad. La sociedad no estaba mejorando, no se estaba volviendo cada vez más justa y piadosa. La sociedad se volvía cada vez más anárquica y llena de delitos. La anarquía y el delito, la inmoralidad y la corrupción se incrementaban cada vez más cada año, no disminuían. La maldad del hombre había azotado la tierra, había azotado todo lugar donde estaba el hombre. (¡Cuán parecido a la actualidad!)

Pero *maldad grande* no significa solamente que el pecado se multiplicó, también significa que el pecado se volvió más *extremo y terrible*. El pecado se volvió...

- más malo y vil
- más inmoral y perverso
- más destructor y aterrador
- más maligno y diabólico
- más carnal
- más lujurioso y sensual
- más obsceno y flagrante
- más inmundo y sucio
- más grosero y atroz

Desde la caída de Adán al pecado, el hombre se había vuelto excesivamente pecador y cada vez más atrevido en su pecado. El hombre ya estaba cometiendo una *maldad grande* en la tierra, y Dios vio la gran maldad del hombre. Pero Dios vio algo más también en el hombre.

2. Dios vio que todo pensamiento e imaginación del hombre era maligno, maligno de continuo, todo el tiempo era maligno. En otras palabras, Dios vio que el hombre se había depravado, se había depravado totalmente.

¿Qué quieren decir las Escrituras con esto? ¿Quiere esto decir que el hombre nunca hace nada que sea bueno? ¡No! Porque nosotros sabemos que el hombre hace muchas cosas que son buenas. Con frecuencia el hombre muestra misericordia y compasión y con frecuencia obra para edificar el bien de la sociedad. Depravación total quiere decir al menos tres cosas.

=> El hombre tiene una naturaleza pecadora; por ende, él falla y peca. El hombre no puede evitar pecar y hacer cosas perversas. No importa cuánto el hombre trate de no fallar y pecar, aún así se verá fallando y pecando con bastante frecuencia.

=> El hombre carece de perfección; por lo tanto, el hombre falla en todo lo que hace. El hombre no puede hacer nada perfectamente, no con perfección absoluta.

=> El hombre tiene una naturaleza corrupta; por ende, él contamina, ensucia, agria, arruina y daña todo lo que hace o toca.

El excelente expositor James Montgomery Boice plantea lo siguiente:

"Cuando decimos que los hombres y las mujeres están 'totalmente depravados' (un buen término teológico para 'de continuo solamente el mal'), no queremos decir que ellos nunca hagan nada que podamos denominar como bueno o que ellos nunca tengan aspiraciones en la dirección del bien real. Más bien queremos decir que incluso su mejor esfuerzo siempre se arruina por su naturaleza esencialmente pecaminosa" (*Génesis, un comentario expositivo*, vol. 1, p. 252).

Ahora bien, al grano. Ante los ojos de Dios, el corazón del hombre contenía al mal, y note: Contenía *solamente el mal*; es decir, estaba corrupto y contaminado y carecía de perfección. Cualquier cosa carente de perfección es maligna: Se opone a Dios y a su perfección.

Además, las propias imaginaciones y pensamientos del hombre era de continuo el mal. La mente del hombre estaba inundada de pensamientos e imaginaciones que eran:

- Egocéntricas y egoístas
- Exaltadoras y orgullosas
- Codiciosas y llenas de avaricia
- Condenadoras y sentenciosas
- Negativas y agresivas
- Sospechosas e incrédulas
- Amargas y odiosas
- Rencorosas y vengativas
- Violentas y destructoras
- Sexuales e inmorales
- Lujuriosas y sensuales
- Carnales y obscenas

La lista podría ser interminable, abordando el interminable flujo de pensamientos e imaginaciones malignas que pasan por la mente del hombre cada día de su vida. La mente nunca reposa, nunca deja de pensar, es muy probable que miles de pensamientos pasen por la mente en un período de veinticuatro horas. ¿Cuántos de los miles de pensamientos son negativos y malignos en un día? ¿Cuántos carecen de perfección? ¿Decenas? ¿Cientos? Solo Dios sabe. Pero esto sí lo sabemos: Nuestra mente recibe el bombardeo de pensamientos negativos y malignos cada día de nuestra vida. Constantemente nos atacan y no podemos detenerlos. Esto no quiere decir que nunca tengamos buenos pensamientos. Los tenemos y lo sabemos. Pero también sabemos, si pensamos en eso y somos francos, que los pensamientos malignos y negativos con frecuencia inundan nuestra mente. Esto fue lo que vio Dios: Él vio los pensamientos y las imaginaciones del hombre, vio que eran de continuo el mal.

Observe también otro elemento: El corazón de un hombre controla el tipo de pensamientos que tiene. Si su corazón está centrado en buenas cosas, tendrá más pensamientos buenos que pensamientos malos y negativos. Nunca estará completamente libre de los pensamientos negativos, porque tiene una naturaleza pecadora. Pero, según se ha planteado, tendrá más pensamientos buenos que pensamientos malignos. Lo que un hombre tiene que hacer es asegurarse de que su corazón sea bueno, que siga a Dios y se centre en Dios y en las cosas de Dios. Pero este era el problema de la primera civilización y sociedad de la tierra: Las personas rechazaron a Dios. Ignoraron, descuidaron, negaron y se rebelaron contra Dios. El corazón de cada una de ellas, sus propios pensamientos e imaginaciones, estaban puestos en cosas de la carne y del mundo. Querían satisfacer sus deseos carnales y querían conseguir todas las posesiones y posiciones de este mundo que pudieran. Nuevamente, esto es lo Dios vio: Él vio los pensamientos e imaginaciones de los hombres, que los entregaban al mal, de continuo los entregaban a la codicia o a los deseos carnales.

"Porque son vida a los que las hallan, y medicina a todo su cuerpo" (Pr. 4:22).

"Pero lo que sale de la boca, del corazón sale; y esto contamina al hombre. Porque del corazón salen los malos pensamientos, los homicidios, los adulterios, las fornicaciones, los hurtos, los falsos testimonios, las blasfemias. Estas cosas son las que contaminan al hombre; pero el comer con las manos sin lavar no contamina al hombre" (Mt. 15:18-20).

"El hombre bueno, del buen tesoro de su corazón saca lo bueno; y el hombre malo, del mal tesoro de su corazón saca lo malo; porque de la abundancia del corazón habla la boca" (Lc. 6:45).

Pensamiento 1. La condición del corazón humano es trágica. Jesucristo tuvo que mucho que decir sobre la naturaleza maligna del hombre. Note cuán contundentes y reveladores son sus planteamientos. (Este pensamiento se ha tomado de un mensaje presentado por Roger R. Nicole según James Montgomery Boice.)

=> El hombre es como la sal que ha perdido su sabor (Mt. 5:13).

=> El hombre es como un árbol corrupto que da frutos corruptos (Mt. 7:17).

=> El hombre es maligno (Lc. 11:13).

=> El hombre es una "generación mala y adúltera", una generación perversa (Mt. 12:39, 45).

=> El hombre tiene un corazón del que salen los malos pensamientos, los adulterios, las fornicaciones, los homicidios, los hurtos, las avaricias, las maldades, el engaño, la lascivia, la envidia, la maledicencia, la soberbia, la insensatez, un sinnúmero de maldades (Mr. 7:21-23).

=> El hombre tiene un corazón duro, tan duro que Dios

ha tenido que otorgarle algunos mandamientos permisivos al lidiar con el hombre (Mt. 19:8).

=> El hombre no es bueno; de hecho, no hay ninguno bueno excepto Dios (Mr. 10:18).

=> El hombre, hasta el más ético, religioso, y de clase alta, se puede comparar con siervos perversos (Mt. 21:33-41).

=> El hombre como mucho es hipócrita, hasta el más religioso y ético de los hombres (Mt. 23:2-39).

=> El hombre es depravado y transmite su depravación de generación en generación: "Lo que es nacido de la carne, carne es" (Jn. 3:6).

=> El hombre no está dispuesto a responderle a Cristo y a su oferta de vida eterna: "no queréis venir a mí para que tengáis vida" (Jn. 5:40).

=> El hombre no tiene el amor de Dios en él (Jn. 5:42).

=> El hombre rechaza al Hijo de Dios, Jesucristo y se rehúsa a recibirlo (Jn. 5:43).

=> El hombre no cree en las Sagradas Escrituras, la propia Palabra de Dios al hombre (Jn. 5:47).

=> Las obras del hombre en el mundo son malas (Jn. 7:7).

=> Ningún hombre cumple la ley (Jn. 7:19).

=> El hombre morirá en sus pecados (Jn. 8:21).

=> El hombre es de abajo, no de arriba (Jn. 8:23).

=> El padre del hombre no es Dios, sino el diablo, que es homicida y mentiroso (Jn. 8:38, 44).

=> El hombre no es de Dios, no es de la naturaleza de Dios (Jn. 8:47).

=> El hombre no es de las ovejas del Hijo de Dios, no es seguidor de Cristo (Jn. 10:26).

=> El hombre odia a Cristo y odia a su Padre (Jn. 15:23-25).

=> El hombre es ciego y es guía de ciego (Mt. 15:14).

=> El hombre ya está condenado porque no cree en el Hijo de Dios (Jn. 3:18).

=> El hombre ama las tinieblas porque sus obras son malas (Jn. 3:19).

=> El hombre puede ser liberado de las tinieblas solo si sigue a Cristo (Jn. 8:12).

=> El hombre no puede ver ni entrar al reino de Dios a menos que vuelva a nacer (Jn. 3:3, 5).

=> El hombre es tan pecador que debe orar diariamente para que Dios perdone sus pecados (Mt. 6:12).

=> El hombre está tan enfermo por el pecado que debe confesar su condición para que el médico (Dios) pueda sanarlo (Mt. 9:12).

=> El hombre está muy trabajado y cargado (Mt. 11:28).

(Roger R. Nicole según James Montgomery Boice. *Génesis, un comentario expositivo*, vol. 1, pp. 253-254).

5 (6:6-7) ***Juicio — Dios — Hombre:*** El quinto elemento, Dios se entristece por el hombre y condena al hombre. Es necesario tener en cuenta dos elementos significativos.

1. Dios se arrepiente de haber hecho al hombre. El equivalente hebreo de "le dolió" o "se arrepintió" (*yinnahem*) significa suspirar, quejarse, lamentarse o entristecerse por el sufrimiento de otros o de uno mismo (*"Comentario del púlpito"*, vol. 1, p. 104). En este caso, Dios se entristeció por el hombre, se arrepintió de haber hecho al hombre. ¿Cómo Dios podría arrepentirse de haber hecho al hombre?

=> Porque el hombre estaba trayendo pecado al universo, multiplicando el sufrimiento, el dolor, la destrucción, la devastación, la herida y la muerte que el pecado le provoca al hombre y al universo.

=> Porque la maldad del hombre desgarraba el corazón de Dios y lo entristecía como un hijo desobediente desgarra y entristece el corazón de su padre. El corazón de Dios estaba desgarrado por el sufrimiento y el dolor que el hombre le estaba provocando por su maldad.

=> Porque el hombre estaba despertando la santidad e ira de Dios contra el pecado. Dios es amor y su amor trata de salvar al hombre. Pero Dios es también santo y su santidad tiene que actuar de la misma manera que actúa su amor. La santidad de Dios tiene que acertar un golpe contra las injusticias e inmoralidades, contra toda la maldad, a fin de proteger el nombre de Dios. Dios tiene que proteger su nombre, que Él es verdaderamente Dios, el Justo y Adorable, el Señor soberano del universo que es perfecto en amor y justicia. Al ser perfecto, Dios tiene que corregir todas las injusticias y males de la tierra. Por consiguiente, Él tenía que juzgar y condenar al hombre por su maldad. Esto entristeció a Dios en lo más hondo de su corazón, tanto que deseó no haber hecho al hombre.

=> Porque el hombre se estaba condenando a sí mismo, marginándose y separándose de Dios para siempre, condenándose a sí mismo a pasar la eternidad en el infierno apartado de Dios. Este no es el propósito con el que Dios había hecho al hombre, por eso Dios se arrepintió de haber hecho al hombre.

En las palabras de Matthew Henry:

"He aquí... el resentimiento de Dios por la maldad del hombre. Él no lo vio como si fuera un espectador indiferente, sino como un espectador dañado y afrentado por la misma; la vio como ve un padre tierno la locura y testarudez de un hijo rebelde y desobediente, que no solo lo aíra, sino que lo entristece, y que lo hace desear no haber tenido hijos" (*Comentario de Matthew Henry*, vol. 1, p. 53).

Pensamiento 1. Matthew Henry también señala estos elementos.

=> Dios recibe *presión* por los pecados del hombre

"Pues he aquí, yo os apretaré en vuestro lugar, como se aprieta el carro lleno de gavillas" (Am. 2:13).

=> Dios se *cansa* por los pecados del hombre.

"No compraste para mí caña aromática por dinero, ni me saciaste con la grosura de tus sacrificios, sino pusiste sobre mí la carga de tus pecados, me fatigaste con tus maldades" (Is. 43:24).

=> Dios se desgarra por los pecados del hombre.

"Y los que de vosotros escaparen se acordarán de

mí entre las naciones en las cuales serán cautivos; porque yo me quebranté a causa de su corazón fornicario que se apartó de mí, y a causa de sus ojos que fornicaron tras sus ídolos; y se avergonzarán de sí mismos, a causa de los males que hicieron en todas sus abominaciones" (Ez. 6:9).

=> Dios se entristece por los pecados del hombre.

"Cuarenta años estuve disgustado con la nación, y dije: Pueblo es que divaga de corazón, y no han conocido mis caminos" (Sal. 95:10).

=> A Dios le duelen en lo más hondo de su corazón los pecados del hombre.

"Y se arrepintió Jehová de haber hecho hombre en la tierra, y le dolió en su corazón" (Gn. 6:6).

(*Comentario de Matthew Henry*, vol. 1, p. 53).

2. Dios juzgó y condenó al hombre a ser destruido, borrado de la faz de la tierra, tanto al hombre como a los animales terrestres. El equivalente hebreo de raer es descriptivo: Significa:

- Borrar como borra un escritor las palabras que quiere eliminar.
- Limpiar como se limpia el polvo de los muebles.

Dios determinó borrar al hombre, limpiarlo de la faz de la tierra. Pero recuerde por qué:

a. La gran maldad del hombre se había multiplicado y se había vuelto terrible, tanto que el hombre y su maldad ya era insoportable (Gn. 6:5).

b. El hombre era criatura de Dios, la criatura más noble y dignificada que se haya creado, pero el hombre abusó del amor y propósito de Dios al crearlo. El hombre se rebeló contra Dios: Rechazó el amor y propósito de Dios en la creación. El hombre decidió rechazar, ignorar, descuidar y negar a Dios, su Creador. siempre debemos recordar el asunto de la creación, las verdades manifiestas:

=> Cuando se crea algo, debe cumplir su propósito o de lo contrario se echa a un lado como algo inútil y destruido.

=> Si el hombre no le sirve a Dios, cumple el propósito de Dios al crearlo, entonces Dios no tiene opción: Dios tiene que destruir al hombre, porque el hombre es inútil para el propósito de Dios.

=> El hombre no puede esperar que Dios los justifique cuando el hombre descuida, ignora, niega y rechaza a Dios. Ser una criatura de Dios no exime la maldad y rebelión de la criatura.

=> Si la criatura (el hombre) rechaza el amor y gracia de Dios, entonces debe enfrentar la justicia de Dios.

Observe que todas las criaturas terrestres iban a ser destruidas también con el hombre. ¿Por qué? Porque la tierra y los animales fueron creados para el hombre: Existían por el hombre. Por lo tanto, cuando el hombre fuera destruido, también serían destruidas. No fueron destruidas voluntariamente, sino por culpa del hombre, por su maldad. (¡Cuán semejante a la actualidad! Cuántos animales y especies de animales mueren por la contaminación y deporte del hombre, todo por la avaricia y el orgullo.)

"Lejos de ti el hacer tal, que hagas morir al justo con el impío, y que sea el justo tratado como el impío; nunca tal hagas. El Juez de toda la tierra, ¿no ha de hacer lo que es justo?" (Gn. 18:25).

"Yo Jehová, que escudriño la mente, que pruebo el corazón, para dar a cada uno según su camino, según el fruto de sus obras" (Jer. 17:10).

"Delante de Jehová que vino; porque vino a juzgar la tierra. Juzgará al mundo con justicia, y a los pueblos con su verdad" (Sal. 96:13).

"Y dije yo en mi corazón: Al justo y al impío juzgará Dios; porque allí hay un tiempo para todo lo que se quiere y para todo lo que se hace" (Ec. 3:17).

"Porque el Hijo del Hombre vendrá en la gloria de su Padre con sus ángeles, y entonces pagará a cada uno conforme a sus obras" (Mt. 16:27).

"Y de la manera que está establecido para los hombres que mueran una sola vez, y después de esto el juicio" (He. 9:27).

"sabe el Señor librar de tentación a los piadosos, y reservar a los injustos para ser castigados en el día del juicio" (2 P. 2:9).

"De éstos también profetizó Enoc, séptimo desde Adán, diciendo: He aquí, vino el Señor con sus santas decenas de millares, para hacer juicio contra todos, y dejar convictos a todos los impíos de todas sus obras impías que han hecho impíamente, y de todas las cosas duras que los pecadores impíos han hablado contra él" (Jud. 14-15).

"Y vi a los muertos, grandes y pequeños, de pie ante Dios; y los libros fueron abiertos, y otro libro fue abierto, el cual es el libro de la vida; y fueron juzgados los muertos por las cosas que estaban escritas en los libros, según sus obras" (Ap. 20:12).

6 (6:8) ***Gracia — Salvación — Simiente, piadosa:*** El sexto elemento, Dios recordó su gracia; Él preservó a Noé. Dios no podía olvidar ni violar su promesa. Dios había acabado de pronunciar su juicio sobre la maldad terrible de los hombres: El hombre sería borrado de la faz de la tierra. Pero Dios había prometido desde el principio, se lo había prometido a Adán y a Eva, *una simiente piadosa de creyentes* a través de la cual vendría un Salvador y liberaría al hombre del pecado y la muerte de esta tierra. El Salvador restauraría al hombre a su mundo original de perfección y a la comunión cara a cara con Dios. Si Dios iba a destruir la tierra, ¿quién daría continuidad a la descendencia piadosa de creyentes para que pudiera nacer el Salvador? ¿A quién salvaría Dios de la destrucción del mundo a fin de darle continuidad a la descendencia piadosa?

Había un hombre que permanecería fiel a Dios hasta el día de su muerte. Ese hombre era Noé. "Noé halló gracia ante los ojos de Jehová" (v. 8). ¿Qué quiere decir esto? Quiere decir que Noé creyó en la promesa de Dios con respecto a la simiente piadosa, al Salvador venidero. Noé creyó que Dios iba a preservar un pueblo piadoso e iba a enviar al Salvador a través de ese pueblo. Por lo tanto, Dios derramó su gracia y su favor sobre Noé. Dios tuvo misericordia de Noé y escogió a Noé para ser la persona que se salvaría del juicio venidero. *La fe* de Noé *en la promesa de Dios, su fe en el Salvador venidero, lo salvó*. Noé fue salvo "por gracia por medio de la fe" en el Salvador venidero (Ef. 2:8-9). "Noé halló gracia ante los ojos de Jehová" porque él creyó en Dios, creyó en la promesa de Dios de salvación a través de *la Simiente prometida*, el Salvador venidero.

Nota: Esta es la primera vez que se menciona *gracia* o *favor* en la Biblia.

Pensamiento 1. Toda persona es salva al igual que lo fue Noé: Por gracia de Dios por medio de la fe en *la Simiente prometida*, el Salvador, el Señor Jesucristo.

"Porque por gracia sois salvos por medio de la fe; y esto no de vosotros, pues es don de Dios; no por obras, para que nadie se gloríe" (Ef. 2:8-9).

"Porque de tal manera amó Dios al mundo, que ha dado a su Hijo unigénito, para que todo aquel que en él cree, no se pierda, mas tenga vida eterna" (Jn. 3:16).

"Antes creemos que por la gracia del Señor Jesús seremos salvos, de igual modo que ellos" (Hch. 15:11).

"siendo justificados gratuitamente por su gracia, mediante la redención que es en Cristo Jesús" (Ro. 3:24).

"Porque la gracia de Dios se ha manifestado para salvación a todos los hombres" (Tit. 2:11).

"nos salvó, no por obras de justicia que nosotros hubiéramos hecho, sino por su misericordia, por el lavamiento de la regeneración y por la renovación en el Espíritu Santo, el cual derramó en nosotros abundantemente por Jesucristo nuestro Salvador, para que justificados por su gracia, viniésemos a ser herederos conforme a la esperanza de la vida eterna" (Tit. 3:5-7).

1 **El carácter de Noé** a. Noé era justo o recto	**IV. NOÉ: EL HOMBRE ESCOGIDO PARA PRESERVAR A LA HUMANIDAD Y A LA SIMIENTE PIADOSA DURANTE LA DESTRUCCIÓN DEL MUNDO (EL DILUVIO), 6:9—9:29** **A. Noé y el resto de la humanidad: Un gran contraste de carácter. Por qué Dios destruyó la tierra, 6:9-12** 9 Estas son las generaciones de Noé: Noé, varón justo, era	perfecto en sus generaciones; con Dios caminó Noé. 10 Y engendró Noé tres hijos: a Sem, a Cam y a Jafet. 11 Y se corrompió la tierra delante de Dios, y estaba la tierra llena de violencia. 12 Y miró Dios la tierra, y he aquí que estaba corrompida; porque toda carne había corrompido su camino sobre la tierra.	b. Noé era perfecto o intachable c. Noé caminó con Dios d. Noé engendró una familia piadosa 2 **El carácter de la humanidad** a. El hombre era corrupto b. El hombre había llenado la tierra de violencia c. Dios miró al hombre d. El hombre había corrompido su camino sobre la tierra

DIVISIÓN IV

NOÉ: EL HOMBRE ESCOGIDO PARA PRESERVAR A LA HUMANIDAD Y A LA SIMIENTE PIADOSA DURANTE LA DESTRUCCIÓN DEL MUNDO (EL DILUVIO), 6:9—9:29

A. Noé y el resto de la humanidad: Un gran contraste de carácter. Por qué Dios destruyó la tierra, 6:9-12

(6:9—9:29) ***Perspectiva general de la división: Noé — Simiente, piadosa:*** Este pasaje da inicio a una nueva sección de Génesis. Aborda la generación de Noé: Este es el registro, la historia, el relato de Noé.

Recuerde cuán perverso se había vuelto el hombre. El hombre había hecho de la tierra una letrina de inmoralidad y una sociedad de anarquía y violencia (cp. Gn. 6:1-2, 4-5, 11). El hombre estaba viviendo para satisfacer los deseos y lujurias de su carne, estaba viviendo en función del culto a la belleza y el sexo, estaba viviendo en función del dinero, las posesiones, la posición, el poder, el reconocimiento y la honra. Él hombre se había olvidado de Dios totalmente y vivía solo para satisfacerse a sí mismo. El hombre no estaba cumpliendo su propósito de estar en la tierra. De hecho, el hombre estaba obrando en contra del propio propósito con el que Dios lo había creado. El hombre estaba destruyendo tanto a la tierra como a sí mismo. Se estaba oponiendo a Dios y a todo lo que representaba Dios y había planeado para la tierra. Dios no tenía opción; Dios tenía que destruir al hombre, borrar al hombre de la faz de la tierra.

¿Pero y la promesa de Dios? Dios había prometido que siempre habría una descendencia piadosa de personas en la tierra, una descendencia piadosa a través de la cual Él podría enviar al Salvador al mundo. ¿Cómo Dios podía destruir al hombre y a la tierra y aún así cumplir su promesa? Solo había una manera: Dios tenía que escoger a un hombre y a su familia y salvarlos de la destrucción de la tierra. En esto consiste esta sección de las Escrituras: Esta es la historia de Noé. Noé y su familia fueron las personas escogidas por Dios para sobrevivir la destrucción de la tierra, las personas escogidas para preservar a la humanidad y a la descendencia piadosa de creyentes de la destrucción del mundo.

Esta sección de las Escrituras es el registro del gran diluvio que cubrió la tierra, el relato del juicio de Dios sobre el hombre, todo por su gran maldad, su maldad terrible y burda. Pero también es la historia de un hombre valiente, quizás el hombre más valiente que haya existido. Esta es la historia de un hombre que se mantuvo a la altura del resto del mundo, que se mantuvo fiel a Dios cuando todo el mundo, toda la humanidad, se volvió contra Dios. Imagínese hacerle frente solo al mundo entero. Ese fue Noé. Noé se mantuvo fiel a Dios cuando todo el mundo abandonó y negó a Dios y siguió su camino en la vida, rechazando el camino de Dios.

Una vez más, esta es la generación, la historia y relato, de "Noé: El hombre escogido para preservar a la humanidad y a la simiente piadosa durante la destrucción del mundo (El diluvio)" (Gn. 6:9—9:29).

A. Noé y el resto de la humanidad: Un gran contraste de carácter. Por qué Dios destruyó la tierra, Génesis 6:9-12
B. Noé y el arca: La gran exigencia de fe de Dios. En lo que Noé tuvo que creer, Génesis 6:13-22
C. Noé y la última semana: La gran invitación de Dios y la gran obediencia de Noé, Génesis 7:1-9
D. Noé y el diluvio: El gran juicio de Dios sobre la tierra, Génesis 7:10-24
E. Noé y Dios: La gran preservación de la vida (la salvación) de Dios, Génesis 8:1-14
F. Noé y el gran día: Dios envió a Noé al mundo a comenzar una nueva vida, Génesis 8:15-22
G. Noé y el nuevo comienzo (parte 1): Dios estableció un nuevo orden mundial para el hombre, Génesis 9:1-7
H. Noé y el nuevo comienzo (parte 2): Dios estableció un nuevo pacto con el hombre. El pacto noémico o con Noé, Génesis 9:8-17

I. Noé y la raza humana: El futuro de la raza humana predicho, 9:18-29.

(6:9-12) ***Introducción:*** Observe el gran contraste entre Noé y el resto de la tierra.

=> Noé era justo y perfecto y caminó con Dios.

=> El resto de la tierra era corrupta y violenta, tanto que la tierra estaba "llena de violencia" (v. 11). Todas las personas, no la mayoría, sino todas, habían corrompido su camino sobre la tierra (v. 12).

Esta es la razón por la que Dios destruyó la tierra y por la que Noé y su familia solamente fueron salvos. Este es el mensaje de este pasaje descriptivo: "Noé y el resto de la humanidad: Un gran contraste de carácter. Por qué Dios destruyó la tierra".

1. El carácter de Noé (vv. 9-10).
   a. Noé era justo o recto.
   b. Noé era perfecto o intachable.
   c. Noé caminó con Dios.
   d. Noé engendró una familia piadosa.
2. El carácter de la humanidad (vv. 11-12).
   a. El hombre era corrupto.
   b. El hombre había llenado la tierra de violencia.
   c. Dios miró al hombre.
   d. El hombre había corrompido su camino sobre la tierra.

1 (6:9-10) ***Noé — Justo — Recto — Perfecto — Caminar, espiritual — Familia:*** El carácter de Noé era muy distintivo: Noé era un hombre distinguido y noble. Noé sobresalía de entre las personas de su época, no ante los ojos de ellas, sino ante los ojos de Dios. Las personas de la época de Noé, sin duda alguna, lo despreciaban y lo perseguían. La vida y predicación de Noé los molestaba de la misma manera que la vida y predicación de cualquier persona piadosa le molesta a los impíos que la rodean (cp. 2 P. 2:5). Los impíos no llevaban una vida justa ni pura; por consiguiente, ellos no querían estar cerca de Noé ni de su predicación. La justicia y pureza de la vida de Noé y de sus palabras les remordían la conciencia y acusaban el corazón de cada uno de ellos. Les recordó que eran perversos, que llevaban una vida inmoral y anárquica. Ante sus ojos, Noé era un fanático, quizás al borde de la locura. En un entorno tan impío, las personas se burlaban de él y lo convertían en objeto de chistes. Algunas personas hasta intentaban detenerlo y de hacerle callar, algunos por medio de una persuasión cortés, otros por medio de amenazas. Pero las Escrituras son claras: Noé soportó toda la persecución; él siguió siendo fiel y leal a Dios, con valentía. Las Escrituras proporcionan cuatro rasgos fuertes del carácter de Noé.

1. Noé era *justo o recto* (*tsaddiq*). El equivalente hebreo significa dos cosas.

   a. Ser *justo o recto* significa ser justificado ante Dios, ser considerado recto por Dios. ¿Cómo una persona es justificada o considerada recta por Dios? Las Escrituras siempre son claras al respecto: Creyendo realmente en el Salvador prometido, el Señor Jesucristo. Noé creyó en la promesa de Dios: Él creyó que Dios enviaría *la Simiente prometida*, el Salvador, al mundo para salvar a aquellos que verdaderamente siguen a Dios.

   Nota: Esta es la primera vez que se usa la palabra "justo" o "recto" en la Biblia. Otros antes que Noé fueron justos o rectos, pero esta es la primera vez que las Escrituras usan la palabra. Recuerde también que la palabra *gracia* se usó por primera vez al referirse a Noé. Noé es la persona con quien se usan por primera vez las dos palabras, *gracia* y *justo*:

=> "Noé halló gracia ante los ojos de Jehová" (v. 8).

=> "Noé era varón justo [o recto]" (v. 9).

   Según se ha planteado anteriormente, la fe de Noé en la promesa de Dios, su fe en el Salvador venidero, lo salvó. Noé fue salvo "por gracia por medio de la fe" en el Salvador venidero (Ef. 2:8-9). "Noé halló gracia ante los ojos de Jehová" porque él creyó en Dios, creyó en la promesa de Dios de salvación por medio del Salvador venidero. Noé creyó en Dios, creyó en la promesa de Dios; por consiguiente:

• Dios tomó la creencia de Noé y la consideró como justicia, la consideró como su justificación.
• Dios tomó la fe de Noé y la consideró como su aceptación y aprobación ante Dios.

"Por la fe Noé, cuando fue advertido por Dios acerca de cosas que aún no se veían, con temor preparó el arca en que su casa se salvase; y por esa fe condenó al mundo, y fue hecho heredero de la justicia que viene por la fe" (He. 11:7).

"Y creyó a Jehová, y le fue contado por justicia" (Gn. 15:6).

"Justificados, pues, por la fe, tenemos paz para con Dios por medio de nuestro Señor Jesucristo" (Ro. 5:1).

"Así Abraham creyó a Dios, y le fue contado por justicia" (Gá. 3:6).

"Porque por gracia sois salvos por medio de la fe; y esto no de vosotros, pues es don de Dios; no por obras, para que nadie se gloríe" (Ef. 2:8-9).

   b. Ser *justo o recto* también significa llevar una vida recta y tratar a os otros de una manera imparcial y justa. Significa ser recto, honrado y virtuoso; estar a bien con respecto a la ley ("*Comentario del púlpito*", vol. 1, pp. 107-108). Ser *justo o recto* significa obedecer la ley de Dios, hacer lo que Dios dice, cumplir los mandamientos de Dios, llevar una vida recta, pura, limpia y moral. Ser justo e imparcial con otros; no timar, robar, mentir, ni engañar a otros. Noé llevó una vida justa y recta, ante Dios y ante el hombre.

Pensamiento 1. No basta alegar que somos salvados, justificados y aceptados por Dios. No basta con creer que Dios nos acepta, que nunca nos rechazaría ni condenaría, no a fin de cuentas. Demasiados de nosotros creemos esto, y estamos equivocados. ¿Por qué? ¿Por qué podemos decir esto? Porque no debemos solamente profesar a Dios, también debemos llevar una vida que sea *justa* y *recta* ante Dios y el hombre. Debemos llevar a la práctica lo que profesamos. Si profesamos seguir a Dios y no cumplimos sus mandamientos, mentimos. No somos justos ni rectos. Tenemos una profesión falsa; somos hipócritas.

"Porque os digo que si vuestra justicia no fuere mayor que la de los escribas y fariseos, no entraréis en el reino de los cielos" (Mt. 5:20).

"Velad debidamente, y no pequéis; porque algunos no conocen a Dios; para vergüenza vuestra lo digo" (1 Co. 15:34).

"Y esto pido en oración, que vuestro amor abunde aun más y más en ciencia y en todo conocimiento, para que aprobéis lo mejor, a fin de que seáis sinceros e irreprensibles para el día de Cristo, llenos de *frutos de justicia* que son por medio de Jesucristo, para gloria y alabanza de Dios" (Fil. 1:9-11).

"Por tanto, oh rey, acepta mi consejo: tus pecados redime con justicia, y tus iniquidades haciendo misericordias para con los oprimidos, pues tal vez será eso una prolongación de tu tranquilidad" (Dn. 4:27).

"Sembrad para vosotros en justicia, segad para vosotros en misericordia; haced para vosotros barbecho; porque es el tiempo de buscar a Jehová, hasta que venga y os enseñe justicia" (Os. 10:12).

2. Noé era perfecto o intachable entre su generación de personas (v. 9). El equivalente hebreo de "perfecto" o "intachable" (*tamim*) no significa perfección sin pecado. Significa estar sin mancha, intachable ante otros; ser moral, una persona de pureza e integridad, de honestidad; ser íntegro, completo y sensato en todas las áreas de la vida, una persona con una imagen de sí misma pura y fuerte.

=> Noé era un creyente completo, un creyente íntegro y sensato. Él era sencillamente lo que debía ser en cada área de la vida. Él no carecía de nada en ninguna área de la vida. Él todo cuanto Dios quería en una persona.

=> Noé era sin mancha, intachable ante otros. Cuando las otras personas miraban a Noé, veían una persona moral y pura y un hombre de integridad, honestidad y veracidad. El mundo veía una persona que practicaba lo que profesaba.

Pensamiento 1. ¡Imagínese ser todo cuanto Dios quiere que sea una persona! ¿Lo es usted? ¿Lo soy yo? ¿Somos creyentes maduros y completos, completos y maduros en cada una de las áreas de la vida? ¿Somos intachables ante los ojos de Dios y del mundo? ¿Personas de moralidad e integridad? O, ¿tenemos manchas?

"para que seáis irreprensibles y sencillos, hijos de Dios sin mancha en medio de una generación maligna y perversa, en medio de la cual resplandecéis como luminares en el mundo" (Fil. 2:15).

"en su cuerpo de carne, por medio de la muerte, para presentaros santos y sin mancha e irreprensibles delante de él; si en verdad permanecéis fundados y firmes en la fe, y sin moveros de la esperanza del evangelio que habéis oído, el cual se predica en toda la creación que está debajo del cielo; del cual yo Pablo fui hecho ministro" (Col. 1:22-23).

"Y el Señor os haga crecer y abundar en amor unos para con otros y para con todos, como también lo hacemos nosotros para con vosotros, para que sean afirmados vuestros corazones, irreprensibles en santidad delante de Dios nuestro Padre, en la venida de nuestro Señor Jesucristo con todos sus santos" (1 Ts. 3:12-13).

"Y el mismo Dios de paz os santifique por completo; y todo vuestro ser, espíritu, alma y cuerpo, sea guardado irreprensible para la venida de nuestro Señor Jesucristo" (1 Ts. 5:23).

"Por lo cual, oh amados, estando en espera de estas cosas, procurad con diligencia ser hallados por él sin mancha e irreprensibles, en paz" (2 P. 3:14).

3. Noé "caminó con Dios" (v. 9). Esta es la segunda vez que se dice que una persona caminó con Dios. Enoc fue el primero; Noé es el segundo (vea la nota, Gn. 5:21-24 para un análisis).

4. Noé engendró una familia piadosa (v. 10). ¿Por qué se repite acá que Noé engendró tres hijos (cp. Gn. 5:32)? Para hacer énfasis en que la vida piadosa de Noé repercutió en su familia. Sucede lo siguiente:

=> Noé era piadoso (v. 9).

=> Noé tenía tres hijos a quienes crió en los caminos de Dios (v. 10).

Esto se ve claramente a continuación: Dios salvó a toda la familia de Noé (Gn. 6:18; 7:1, 7, 14; 8:16, 18). Al parecer toda la familia era creyente. Toda la familia fue escogida por Dios para preservar la raza humana.

Note lo siguiente: Cuando Noé nació, seis de sus abuelos y bisabuelos aún estaban vivos, y todos eran hombres piadosos. (Vea el *Estudio a fondo 2, recuadro,* Gn. 5:27-32 para un mayor análisis.)

• Henos	• Mahalaleel	• Matusalén
• Cainán	• Jared	• Lamec, padre de Noé

La influencia, predicación, y enseñanza piadosas estos hombres surtirían un gran efecto en Noé. Él tuvo una gran herencia en los caminos del Señor. Era natural que Noé criara a sus hijos en la confianza y obediencia a Dios.

Recuerde también, Noé era "pregonero de justicia" (2 P. 2:5). Su familia lo oyó predicar una y otra vez: Lo vieron y lo oyeron proclamar la justicia y el juicio de Dios a los impíos de su época. Como cualquier ministro genuino, Noé le enseñó la verdad de Dios a su familia así como a las personas de la tierra.

Pensamiento 1. Noé pone un ejemplo dinámico para nosotros en la crianza de nuestros hijos. Debemos criarlos para que conozcan a Dios y sigan a Dios con todo su corazón.

"Por tanto, guárdate, y guarda tu alma con diligencia, para que no te olvides de las cosas que tus ojos han visto, ni se aparten de tu corazón todos los días de tu vida; antes bien, las enseñarás a tus hijos, y a los hijos de tus hijos" (Dt. 4:9).

"Y estas palabras que yo te mando hoy, estarán so-

bre tu corazón; y las repetirás a tus hijos, y hablarás de ellas estando en tu casa, y andando por el camino, y al acostarte, y cuando te levantes" (Dt. 6:6-7).

"Instruye al niño en su camino, y aun cuando fuere viejo no se apartará de él" (Pr. 22:6).

"¿A quién se enseñará ciencia, o a quién se hará entender doctrina? ¿A los destetados? ¿a los arrancados de los pechos?" (Is. 28:9).

"Y vosotros, padres, no provoquéis a ira a vuestros hijos, sino criadlos en disciplina y amonestación del Señor" (Ef. 6:4).

"que gobierne bien su casa, que tenga a sus hijos en sujeción con toda honestidad" (1 Ti. 3:4).

"que enseñen a las mujeres jóvenes a amar a sus maridos y a sus hijos" (Tit. 2:4).

2 (6:11-12) ***Tierra — Hombre — Pecado — Violencia — Corrupción:*** El carácter de la humanidad era terrible y trágico. La ilustración es la de toda la tierra estando allí "delante de Dios" (v. 11), y Dios mira a la tierra y ve una escena terrible: Toda la tierra está corrupta y llena de violencia. Toda la carne, toda la humanidad, había corrompido su camino delante de Dios. Nadie llevaba una vida santa y piadosa. Note que la palabra "tierra" significa *humanidad*. El hombre se había vuelto tan terrenal, había profanado tanto la tierra, que se podía hacer referencia a él como la tierra:

=> "La tierra... estaba corrompida" (v. 11).
=> "La tierra estaba llena de violencia" (v. 11).
=> "miró Dios la tierra" (v. 12).
=> "[la tierra] estaba corrompida" (v. 12).

Recuerde: El hombre había recibido la tierra como un regalo de Dios, pero ahora el hombre había abusado y profanado su herencia.

¡Qué acusación contra el hombre! Ser tan terrenal, tan poco divino, que abusaba y profanaba su herencia. ¡Imagínese! Él había profanado tanto la tierra que a él mismo se le podía llamar *la tierra*. La maldad del hombre se había esparcido tanto que ahora azotaba toda la tierra. Dondequiera que estaba el hombre, la tierra era profanada y corrompida. Se dicen cuatro cosas acerca del carácter de la humanidad durante este período de la historia primitiva.

1. La humanidad estaba corrompida delante de Dios. Esto se refiere a lo que se abordó anteriormente: La humanidad se volvió mundana e inmoral y cebaba su mente en el culto de la belleza y el sexo (vea la nota 1, Gn. 6:1-2 para un análisis).

2. La humanidad llenó la tierra de violencia, con ataques y matanzas insensatos. Se volvieron anárquicos e inmorales (vea la nota, Gn. 6:4 para un análisis).

3. Dios miró a la humanidad. Dios vio toda la corrupción y violencia del hombre. Nada estaba oculto ante sus ojos. Él sabía que el hombre se había excedido y ahora era necesario juzgarlo y raerlo de la faz de la tierra (vea la nota 4, pt. 1, Gn. 6:5; 6:6-7 para un análisis).

4. Toda la humanidad había corrompido su camino sobre la tierra (v. 12). Cuando Dios creó al hombre, Él puso delante del hombre *el camino de la piedad y de la vida*, vida abundante y eterna. Pero observe lo que sucedió: La humanidad corrompió su camino. Abandonaron el camino de Dios y siguieron su propio camino en la vida. Escogieron el camino de la corrupción, el camino:

- Del dolor y el sufrimiento al nacimiento.
- De los defectos e imperfecciones del nacimiento.
- De tropezar y caer al mal.
- Del accidente y la herida.
- Del padecimiento y la enfermedad.
- Del egoísmo y la avaricia.
- De la posición y la honra terrenal que siempre es tan temporal.
- Del envejecimiento y la muerte.

La lista podría ser interminable. Pero note lo siguiente: No había unas cuantas personas que corrompieron su camino sobre la tierra, no eran unas cuantas comunidades y ciudades de personas. Toda la tierra, toda la humanidad, corrompió su camino. Todas las personas llevaban una vida inmoral y anárquica. Todo el mundo era egoísta y avaricioso, querían cada vez más de las posesiones y estímulos carnales de este mundo. Todo el mundo se había alejado de Dios y perseguían sus propios deseos y placeres.

Pensamiento 1. El pecado es universal. Todos somos culpables delante de Dios. Todos hemos abandonado el camino de Dios y hemos seguido nuestro propio camino en la vida.

"Salva, oh Jehová, porque se acabaron los piadosos; porque han desaparecido los fieles de entre los hijos de los hombres" (Sal.12:1).

"Cada uno se había vuelto atrás; todos se habían corrompido; no hay quien haga lo bueno, no hay ni aun uno" (Sal. 53:3).

"¿Quién podrá decir: Yo he limpiado mi corazón, limpio estoy de mi pecado?" (Pr. 20:9).

"Todos nosotros nos descarriamos como ovejas, cada cual se apartó por su camino; mas Jehová cargó en él el pecado de todos nosotros" (Is. 53:6).

"Si bien todos nosotros somos como suciedad, y todas nuestras justicias como trapo de inmundicia; y caímos todos nosotros como la hoja, y nuestras maldades nos llevaron como viento" (Is. 64:6).

"por cuanto todos pecaron, y están destituidos de la gloria de Dios" (Ro. 3:23).

"También debes saber esto: que en los postreros días vendrán tiempos peligrosos. Porque habrá hombres amadores de sí mismos, avaros, vanagloriosos, soberbios, blasfemos, desobedientes a los padres, ingratos, impíos, sin afecto natural, implacables, calumniadores, intemperantes, crueles, aborrecedores de lo bueno, traidores, impetuosos, infatuados, amadores de los deleites más que de Dios, que tendrán apariencia de piedad, pero negarán la eficacia de ella; a éstos evita" (2 Ti. 3:1-5).

	B. Noé y el arca: La gran exigencia de fe de Dios. En lo que Noé tuvo que creer, 6:13-22	diluvio de aguas sobre la tierra, para destruir toda carne en que haya espíritu de vida debajo del cielo; todo lo que hay en la tierra morirá.	**destrucción de Dios, un diluvio de aguas**
1 **Creencia 1: La Palabra de Dios, Dios iba a destruir al hombre y a la tierra** a. Destruir a todas las personas y a la propia tierra b. La razón: El hombre había llenado la tierra de violencia	13 Dijo, pues, Dios a Noé: He decidido el fin de todo ser, porque la tierra está llena de violencia a causa de ellos; y he aquí que yo los destruiré con la tierra.	18 Mas estableceré mi pacto contigo, y entrarás en el arca tú, tus hijos, tu mujer, y las mujeres de tus hijos contigo.	4 **Creencia 4: La promesa de Dios de la salvación personal** a. Eternamente por medio de un pacto b. Inmediatamente por medio del arca
		19 Y de todo lo que vive, de toda carne, dos de cada especie meterás en el arca, para que tengan vida contigo; macho y hembra serán.	5 **Creencia 5: El cometido de Dios, la tarea formidable de salvar a dos de cada animal vivo de la tierra** a. Traerlos al arca b. Asegurarse que uno era macho y el otro era hembra
2 **Creencia 2: El mandato de Dios, construir un arca en medio de la nada**[EF1] a. Su material: Ciprés b. Sus aposentos independientes c. Su impermeabilidad d. Su enorme tamaño y forma de cajón e. Su ventana: Servía como ventilación y sistema de iluminación f. Su puerta g. Su altura: Tenía tres pisos o cubiertas	14 Hazte un arca de madera de gofer; harás aposentos en el arca, y la calafatearás con brea por dentro y por fuera. 15 Y de esta manera la harás: de trescientos codos la longitud del arca, de cincuenta codos su anchura, y de treinta codos su altura. 16 Una ventana harás al arca, y la acabarás a un codo de elevación por la parte de arriba; y pondrás la puerta del arca a su lado; y le harás piso bajo, segundo y tercero.	20 De las aves según su especie, y de las bestias según su especie, de todo reptil de la tierra según su especie, dos de cada especie entrarán contigo, para que tengan vida. 21 Y toma contigo de todo alimento que se come, y almacénalo, y servirá de sustento para ti y para ellos.	c. Almacenar comida suficiente para alimentar a todos los animales y a su propia familia
3 **Creencia 3: El medio de**	17 Y he aquí que yo traigo un	22 Y lo hizo así Noé; hizo conforme a todo lo que Dios le mandó.	6 **Creencia 6: El modo de salvación de Dios, una salvación que exige obediencia**

DIVISIÓN IV

NOÉ: EL HOMBRE ESCOGIDO PARA PRESERVAR A LA HUMANIDAD Y A LA SIMIENTE PIADOSA DURANTE LA DESTRUCCIÓN DEL MUNDO (EL DILUVIO), 6:9—9:29

B. Noé y el arca: La gran exigencia de fe de Dios. En lo que Noé tuvo que creer, 6:13-22

(6:13-22) ***Introducción:*** Noé vivió en tiempos conflictivos, probablemente los tiempos más conflictivos de la historia humana. El hombre se había vuelto corrupto y perverso: No había una persona piadosa en la tierra. ¡Imagínese! Solo Noé y su familia aún creían y seguían a Dios.

La Biblia dice que Noé tenía *gran fe*, tan grande que aparece en el *Gran salón de la fama de la Biblia* (cp. He. 11:7). Exactamente en lo que Noé creía se analiza en este pasaje de las Escrituras (Gn. 6:13-22). Las cosas que Dios le pidió a Noé que creyera son increíbles, aún así Noé lo hizo: Noé creyó en Dios. Creyó en lo que dijo Dios, aceptó la Palabra de Dios e hizo lo que Dios le ordenó. Este es el tema de este gran pasaje de las Escrituras: “Noé y el arca: La gran exigencia de fe de Dios. En lo que Noé tuvo que creer”.

(Recuerde: Al parecer Noé tenía 480 años de edad cuando Dios vino donde él y le dijo que construyera el arca (vea la nota, Gn. 7:5-9; cp. 6:13; 5:32, cp. 7:6).

1. Creencia 1: La Palabra de Dios, Dios iba a destruir al hombre y a la tierra (v. 13).
2. Creencia 2: El mandato de Dios, construir un arca en medio de la nada (vv. 14-16).
3. Creencia 3: El medio de destrucción de Dios, un diluvio de aguas (v. 17).
4. Creencia 4: La promesa de Dios de la salvación personal (v. 18).
5. Creencia 5: El cometido de Dios, la tarea formidable de salvar a dos de cada animal vivo de la tierra (vv. 19-21).
6. Creencia 6: El modo de salvación de Dios, una salvación que exige obediencia (v. 22).

[1] (6:13) ***Juicio — Creencia — La Palabra de Dios:*** Primero, Noé tuvo que creer en la Palabra de Dios, que Dios iba

a destruir al hombre y a la tierra. Dios dijo dos cosas acerca del juicio venidero:

1. Dios reveló que Él iba a ponerle fin a todas las personas. Él iba a destruir a toda la humanidad, a las personas y a la tierra. Imagínese a Dios hablando con Noé y revelándole la noticia del juicio. En oración, postrado ante Dios, Noé debe haberse sentido aterrorizado. La idea de que no hubiera vida y de que no hubiera tierra, la destrucción total, sería un pensamiento aterrador. Note el final del versículo donde Dios vuelve a hacer énfasis en que vendría el juicio: Noé debió escuchar y prestarle mucha atención a aquello. Noé debió prepararse y hacer exactamente lo que dijo Dios, porque Dios, sin lugar a dudas, iba a destruir a la humanidad y a la tierra.

2. Dios reveló por qué Él iba a destruir al hombre: Porque el hombre había llenado la tierra de violencia (v. 13). Por violencia se entienden todas las formas del pecado y la corrupción que violan a Dios y al hombre. La primera sociedad y civilización de la tierra estaban corrompidas y llenas de violencia (Gn. 6:1-7, 11-12). No la mayoría de las personas, sino que todas las personas, habían abandonado a Dios y habían corrompido su camino sobre la tierra. La impiedad campaba por su respeto: Las personas participaban en todas las formas de mala conducta inmoral y sexual. Llevaban una vida egoísta, codiciando y buscando cada vez más de este mundo y sus posesiones y placeres. La anarquía y la violencia estaban azotando la tierra: El robo, el hurto, los asaltos y los asesinatos ocurrían diariamente con cada comunidad.

> **"Y miró Dios la tierra, y he aquí que estaba corrompida; porque toda carne había corrompido su camino sobre la tierra" (v. 12).**

El hombre no cuidaba de la tierra ni de sí mismo. No se estaba ofreciendo a sí mismo ni a la tierra como sacrificio a Dios, no seguía a Dios ni lo alababa ni lo adoraba. El hombre no estaba cumpliendo su propósito de estar en la tierra. Por el contrario, se estaba corrompiendo a sí mismo y a la tierra, estaba haciendo todo lo contrario de lo que Dios había planeado.

Dios no tenía opción: Él había prometido que *una descendencia piadosa de creyentes* siempre estaría en la tierra, *una descendencia piadosa* a través de la cual Él podría enviar al Salvador al mundo. Por lo tanto, el hombre había que raerlo de la tierra y se tenía que producir un nuevo comienzo. ¿Pero cómo? ¿Cómo Dios podía raer a la humanidad de la tierra y aún cumplir su promesa de salvar al hombre? Había solo una forma: Eligiendo a un hombre y a su familia y salvándolos de la destrucción de la tierra. Ese hombre era Noé.

Recuerde lo que ya hemos aprendido de Noé en el pasaje anterior de las Escrituras:

=> Noé era un hombre piadoso, un hombre que caminaba con Dios (v. 9).

=> Noé y su familia eran las únicas personas piadosas que quedaban en la tierra.

¡Imagínese ser las únicas personas piadosas de la tierra! Estar solo a la hora de confesar a Dios, al adorarlo y dar testimonio de Dios. Imagínese no conocer otra persona piadosa en la tierra, ni una sola persona que adorara y viviera para Dios. Noé era un hombre de fe, un gran hombre de fe. Lo primero en lo que Noé tuvo que creer fue en lo siguiente: El juicio se acercaba. Dios iba a destruir al hombre y a la tierra.

> **"Y de la manera que está establecido para los hombres que mueran una sola vez, y después de esto el juicio" (He. 9:27).**
>
> **"sabe el Señor librar de tentación a los piadosos, y reservar a los injustos para ser castigados en el día del juicio" (2 P. 2:9).**
>
> **"Delante de Jehová que vino; porque vino a juzgar la tierra. Juzgará al mundo con justicia, y a los pueblos con su verdad" (Sal. 96:13).**

Pensamiento 1. Había una razón por la que Dios no podía esperar más, por la que Dios tenía que destruir la tierra: Solo quedaba una familia piadosa. Existía la posibilidad de que su familia pudiera recibir la influencia del mundo y de sus caminos y se alejaran de Dios o que los mundanos de la tierra rechazaran y mataran a Noé y a su familia por su testimonio de Dios contra la vida impía de cada uno de ellos. En consecuencia Dios tenía que destruir la tierra y salvar a la familia. Dios necesitaba a Noé y a su familia para darle continuidad a la descendencia piadosa y cumplir su promesa de enviar al Salvador al mundo.

> **"El Señor no retarda su promesa, según algunos la tienen por tardanza, sino que es paciente para con nosotros, no queriendo que ninguno perezca, sino que todos procedan al arrepentimiento" (2 P. 3:9).**

[2] (6:14-16) ***Arca, el — Fe:*** Segundo, Noé tuvo que creer en el mandato de Dios de construir un arca en medio de la nada. Visualicen a un hombre construyendo un bote del tamaño de un campo y medio de fútbol, cerca de 137,16 metros de largo, en las afueras de alguna ciudad en medio de la nada. No había puerto marítimo cerca en ninguna parte, no había rampa alguna por la que el bote pudiera deslizarse al agua, no había forma concebible de poner el bote en el agua. Imagínese lo que los vecinos y la comunidad pensarían y dirían del hombre: "Extraño, excéntrico, raro, fanático", por no decir más.

Así era Noé. El llamado de Dios para Noé fue uno de los llamados más difíciles que se le haya hecho a una persona. Dios tenía una gran misión para Noé, pero Noé tendría que confiar en Dios completa y plenamente.

=> Noé tendría que creer en la Palabra de Dios de una manera explícita, aceptar exactamente lo que decía Dios.

=> Noé tendría que obedecer la Palabra de Dios, hacer cada una de las cosas que le decía Dios.

De un modo sencillo, Noé tendría que confiar completamente en Dios y en su Palabra. Si Noé hacía lo que decía Dios, el mundo lo creería extraño, lo ridiculizaría y se burlaría de él. El mundo no comprendería su conducta, por qué era tan fanático de Dios y estaba tan en contra de los placeres y cosas del mundo. Noé tendría pocos amigos, de tener alguno, en todo el mundo, excepto su propia familia. E incluso es muy probable que algunos miembros de su propia familia no lo comprendieran. Piense nada más en las acusaciones y el ridículo que Noé sufrió cuando estaba construyendo el bote y predicando acerca del juicio venidero y de la justicia de Dios (2 P. 2:5).

¿Noé estaba dispuesto a pagar el precio? ¿Estaba dispuesto a entregarle su vida totalmente a Dios, a obedecer y seguir la Palabra de Dios explícitamente? ¿Estaba dispuesto a hacer todo lo que Dios decía? ¿Estaba dispuesto a llevar a cabo cada uno de los mandatos?

He aquí lo que Dios le dijo a Noé que hiciera, y recuerde, aquí estamos hablando del mundo antiguo. No había fábricas modernas de construcción naval ni puertos marítimos principales en el mundo antiguo. Dios le dijo a Noé que construyera un arca, una estructura inmensa. Las especificaciones eran exactas y detalladas.

1. El material sería *madera de gofer*. ¿Qué tipo de madera era ésta? No estamos seguros, pero la mayoría de los eruditos bíblicos creen que probablemente fuera ciprés, un árbol de hoja perenne que es muy adaptable para la construcción naval y es duradero cuando absorbe el agua. Incluso algunas formas de ciprés crecen en pantanos.

2. El arca tendría varios aposentos independientes, es decir, camarotes o áreas, ubicadas a los extremos (v. 14). Por supuesto, los mismos proporcionarían áreas por separadas para los animales y el alimento y habitaciones para que vivieran Noé y su familia.

3. El arca debía impermeabilizarse sellando las tablas, por dentro y fuera, con brea. Esto debe ser algún tipo de alquitrán o asfalto.

4. El arca sería de enorme tamaño. La medida exacta de un codo o pie en aquella época se desconoce. Pero aunque tomemos la medida más pequeña de 45,72 centímetros para un codo, el tamaño del arca sería igual a un trasatlántico moderno:

=> 137,16 metros de largo (el largo de un campo y medio de fútbol)

=> 22,86 metros de ancho

=> 13,72 metros de alto

Observe que las dimensiones son en forma de cajón: El arca era una estructura inmensa en forma de cajón construida solo para que flotara, no para maniobrarlo, en el agua.

5. El arca tendría una abertura (*tsohar*, claraboya) para ventilación y luz. La abertura estaría a 45,72 centímetros del techo; es decir, la abertura rodearía el arca completa. (Este es el significado del hebreo según H. C. Leupold, *Génesis*, vol. 1, pp. 271-272.) El arca también tenía una o más escotillas o ventanas en forma de portillas (Gn. 8:6). Note la forma apropiada en que Dios proveyó luz y ventilación en el arca, una claraboya y ventanas. Por supuesto, habrían sido aberturas con particiones de madera que podrían levantarse y apuntalarse o que se podrían abrir con alguna clase de bisagra.

6. El arca tendría solo una puerta.

7. El arca tendría tres cubiertas, tendría tres pisos de altura.

Estas eran las instrucciones de Dios para Noé: Debía construir un arca enorme, una estructura en forma de caja en medio de la tierra, en un lugar donde no había puerto marítimo. Nuevamente, ¿ Estaba Noé dispuesto a pagar el precio? ¿Estaba dispuesto a creer en la Palabra de Dios, las instrucciones de Dios? Imagínese a Noé postrado sobre su rostro delante de Dios recibiendo estas instrucciones. Se sorprendería con un mandato tan increíble como ese, acosado por toda clase de preguntas, sorprendido de recibir instrucciones tan increíbles de Dios. Dios, claro está, sabía todo sobre el impacto emocional de Noé, sobre las preguntas que rondaban la mente de Noé. Y Dios sabía cómo suplir la necesidad de Noé y cómo responderle las preguntas. Lo que Dios le tenía que decir a Noé se verá en las notas que quedan en este pasaje. Pero por ahora, lo que se debe tener en cuenta es la gran fe que se le estaba exigiendo a Noé, que a Noé se le estaba exigiendo:

- Que creyera lo increíble.
- Que hiciera lo increíble.
- Que aceptara la Palabra de Dios.
- Que obedeciera a Dios defendiendo a Dios y a su Palabra, haciéndole frente al ridículo y la burla del mundo.

Pensamiento 1. Se pueden aprender varias lecciones a partir del mandato de Dios de construir el arca.

1) Debemos creer en Dios, aceptar su Palabra, no importa cuán increíble pueda parecer. Puede que estemos como Noé, haciéndonos preguntas y sin comprender, pero debemos *confiar y obedecer* a Dios y su Palabra, todas las instrucciones que nos dé.

2) El equivalente hebreo de "brea" (*kopher*) es el mismo equivalente de *expiación*. Significa *cubrir*. Se ilustra lo siguiente:

   => La brea sellaba el arca y lo aseguraba de la destrucción y el juicio que caería sobre la tierra. En este sentido la brea es un tipo o ilustración de Cristo. La sangre de Cristo sella al creyente contra la destrucción y juicio que toda persona tiene que enfrentar en el futuro. Cristo soportó el juicio del pecado por nosotros; Él ha pagado la expiación, el sacrificio, por nuestros pecados.

"Porque la vida de la carne en la sangre está, y yo os la he dado para hacer expiación sobre el altar por vuestras almas; y la misma sangre hará expiación de la persona" (Lv. 17:11).

"Y no solo esto, sino que también nos gloriamos en Dios por el Señor nuestro Jesucristo, por quien hemos recibido ahora la reconciliación" (Ro. 5:11).

3) La única puerta del arca ilustra lo siguiente: solo hay un camino para llegar a Dios, solo una puerta que te guía a la seguridad y la garantía de la salvación de Dios. Ese camino y esa puerta es Jesucristo, el propio Hijo de Dios.

"Yo soy la puerta; el que por mí entrare, será salvo; y entrará, y saldrá, y hallará pastos" (Jn. 10:9).

"Jesús le dijo: Yo soy el camino, y la verdad, y la vida; nadie viene al Padre, sino por mí" (Jn. 14:6).

"Y en ningún otro hay salvación; porque no hay otro nombre bajo el cielo, dado a los hombres, en que podamos ser salvos" (Hch. 4:12).

"por quien también tenemos entrada por la fe a

esta gracia en la cual estamos firmes, y nos gloriamos en la esperanza de la gloria de Dios" (Ro. 5:2).

ESTUDIO A FONDO 1

(6:14-16) ***Arca, el:*** El arca era una estructura en forma de cajón de enorme tamaño. Era enorme, construido solo para flotar, no para maniobrarlo en el agua.

James Montgomery Boice dice lo siguiente sobre el arca:

"Para comenzar, se pueden decir varias cosas acerca de estas medidas. Primero, si este era el tamaño del arca, era de grandes proporciones, mayor que el tamaño de cualquier navío antiguo. De hecho, no fue hasta 1858 que se construyó un navío de mayores dimensiones: el Gran Oriental (692 por 83 por 30 pies). Segundo, se puede demostrar por medio de pruebas simuladas en agua que una estructura en forma de cajón de las dimensiones del arca es extremadamente estable, de veras, casi imposible de volcarse. Por lo tanto, cualquiera que sea nuestro juicio sobre la capacidad de transporte del arca, hay una suposición obvia a favor del diseño al provenir de Dios. ¿Cómo Noé o cualquiera otra persona en aquella época sabría cómo construir una nave como esa en condiciones de navegar excepto por revelación?

"¿Y los 'millones y millones' de especies? Hay cierta dificultad al determinar lo que se quiere decir con la palabra bíblica 'especie', como por ejemplo en 'De las aves según su especie, y de las bestias según su especie, de todo reptil de la tierra según su especie, dos de cada especie entrarán contigo, para que tengan vida' (v. 20). Si esto se corresponde con nuestra clasificación moderna de 'familia', el número máximo de familias representadas en el arca sería cerca de setecientas. Supongamos que la palabra se corresponde realmente con nuestra palabra 'especie'. En ese caso, el número sería mucho mayor pero no mayor que la capacidad del arca.

"Tim LaHaye y John Morris en su libro, El arca en Ararat, citan la siguiente tabla del número de especies animales expuestas por Ernst Mayr, uno de los taxonomistas de puntera de Norteamérica.

• Mamíferos	3.700
• Aves	8.600
• Reptiles	6.300
• Anfibios	2.500
• Peces	20.600
• Tunicados y más	1.325
• Equinodermos	6.000
• Artrópodos	838.000
• Moluscos	107.250
• Gusanos, etc.	39.340
• Celenterados y más	5.380
• Esponjas	4.800
• Protozoos	28.400
Total de animales	1 072 300

"Es una cifra grande, claro está, pero no todas estas especies tenían que estar en el arca. Obviamente los peces no. Ni los tunicados, los equinodermos, los moluscos, los celenterados, las esponjas, los protozoos, la mayoría de los artrópodos y la mayoría de los gusanos. Una sustracción sencilla reduce la gran cifra previa a aproximadamente 35.000 o 70.000 animales individuales, un macho y una hembra. Además, aunque por lo general pensamos en animales grandes cuando pensamos en el arca (elefantes, hipopótamos, jirafas), la mayoría de los animales terrestres son en realidad bien pequeños. El tamaño promedio es menor que el tamaño de un barco. Como doscientas cuarenta ovejas caben cómodamente en un vagón de trenes de dos pisos de tamaño promedio y como el volumen del arca habría sido igual a 569 vagones de este tipo, los cálculos demuestran que los animales a salvar habrían cabido en aproximadamente el 50 por ciento de la capacidad de transporte del arca, dejando espacio para las personas, el alimento, el agua y cualquier otra provisión que se pudiera necesitar.

"Como señalan LaHaye y Morris, 'tales cálculos sencillos ciertamente no son imposibles para las capacidades de los burlones. Lo que sí parece ser imposible para ellos es la disposición de tratar de ver si la historia bíblica es verosímil' " (Tim F. LaHaye y John D. Morris, *El arca en Ararat*. Nashville y Nueva York: Thomas Nelson, 1976, p. 237. James Montgomery Boice. *Génesis, un comentario expositivo*, vol. 1, pp. 262-263.)

[3] (6:17) ***Juicio — Diluvio, mundo:*** Tercero, Noé tuvo que creer en el medio de destrucción de Dios, que Dios iba a traer un diluvio de aguas en la tierra. Recuerde: Noé probablemente estuviera postrado, tendido delante de Dios. Estaría en un estado de choque cuando Dios le dijera que construyera un arca inmensa en medio de la nada. En ese momento su corazón se aterrorizaría. Dios declaró que Él iba a destruir a todo ser viviente en la tierra, al hombre y al animal. Observe que se hace énfasis en tres cosas acerca del juicio venidero:

1. El propio Dios iba a lanzar y ejecutar el juicio. Note el énfasis en el hebreo: "*Que yo* traigo un diluvio de aguas sobre la tierra" (v. 17). Fue el propio Dios, Elohim, el Dios poderoso, el Señor soberano del universo, quien iba a hacer que las aguas se abalanzaran y destruyeran al hombre.

2. El diluvio y el juicio definitivamente venían, venían sin duda alguna. Nuevamente, esto se ve en el énfasis de Dios: "*Que yo*" lo haré. No es cuestión:

- De preguntarse si el juicio viene.
- De cuestionar si el juicio viene.
- De que quizás el juicio venga.

El juicio de todo lo viviente *se* acerca. "*Que yo*", el propio Dios, va a ejecutar el juicio.

3. Toda la carne, cada alma viviente, de la tierra será destruida y morirá. Génesis 7:22 dice que esto se refiere a las personas y los animales de lo *seco*, no a los peces y los animales acuáticos. El agua, claro está, no destruye a estos

animales, aunque algunas criaturas acuáticas habrían sido destruidas por la presión del agua saliendo a chorros desde las cavernas subterráneas cuando la corteza de la tierra se abriera. (Vea la nota, Gn. 7:10-12 para un mayor análisis.)

Pensamiento 1. Todos debemos enfrentar el juicio de Dios y dar cuentas de cómo hemos vivido en la tierra. El juicio es seguro: El juicio se acerca y no hay forma de librarse de él. ¿Cómo podemos estar tan seguros de esto? Porque es el propio Dios quien ha hablado y declarado que el juicio se acerca. Debemos escuchar y prestarle atención a la declaración de su Palabra.

"Porque el Hijo del Hombre vendrá en la gloria de su Padre con sus ángeles, y entonces pagará a cada uno conforme a sus obras" (Mt. 16:27).

"Cuando el Hijo del Hombre venga en su gloria, y todos los santos ángeles con él, entonces se sentará en su trono de gloria, y serán reunidas delante de él todas las naciones; y apartará los unos de los otros, como aparta el pastor las ovejas de los cabritos. Y pondrá las ovejas a su derecha, y los cabritos a su izquierda. Entonces el Rey dirá a los de su derecha: Venid, benditos de mi Padre, heredad el reino preparado para vosotros desde la fundación del mundo... Entonces dirá también a los de la izquierda: Apartaos de mí, malditos, al fuego eterno preparado para el diablo y sus ángeles... E irán éstos al castigo eterno, y los justos a la vida eterna" (Mt. 25:31-34, 41, 46).

"y a vosotros que sois atribulados, daros reposo con nosotros, cuando se manifieste el Señor Jesús desde el cielo con los ángeles de su poder, en llama de fuego, para dar retribución a los que no conocieron a Dios, ni obedecen al evangelio de nuestro Señor Jesucristo; los cuales sufrirán pena de eterna perdición, excluidos de la presencia del Señor y de la gloria de su poder" (2 Ts. 1:7-9).

"Y de la manera que está establecido para los hombres que mueran una sola vez, y después de esto el juicio" (He. 9:27).

"sabe el Señor librar de tentación a los piadosos, y reservar a los injustos para ser castigados en el día del juicio" (2 P. 2:9).

"pero los cielos y la tierra que existen ahora, están reservados por la misma palabra, guardados para el fuego en el día del juicio y de la perdición de los hombres impíos. Mas, oh amados, no ignoréis esto: que para con el Señor un día es como mil años, y mil años como un día. El Señor no retarda su promesa, según algunos la tienen por tardanza, sino que es paciente para con nosotros, no queriendo que ninguno perezca, sino que todos procedan al arrepentimiento. Pero el día del Señor vendrá como ladrón en la noche; en el cual los cielos pasarán con grande estruendo, y los elementos ardiendo serán deshechos, y la tierra y las obras que en ella hay serán quemadas" (2 P. 3:7-10).

"De éstos también profetizó Enoc, séptimo desde Adán, diciendo: He aquí, vino el Señor con sus santas decenas de millares, para hacer juicio contra todos, y dejar convictos a todos los impíos de todas sus obras impías que han hecho impíamente, y de todas las cosas duras que los pecadores impíos han hablado contra él" (Jud. 14-15).

"Y vi un gran trono blanco y al que estaba sentado en él, de delante del cual huyeron la tierra y el cielo, y ningún lugar se encontró para ellos. Y vi a los muertos, grandes y pequeños, de pie ante Dios; y los libros fueron abiertos, y otro libro fue abierto, el cual es el libro de la vida; y fueron juzgados los muertos por las cosas que estaban escritas en los libros, según sus obras. Y el mar entregó los muertos que había en él; y la muerte y el Hades entregaron los muertos que había en ellos; y fueron juzgados cada uno según sus obras. Y la muerte y el Hades fueron lanzados al lago de fuego. Esta es la muerte segunda. Y el que no se halló inscrito en el libro de la vida fue lanzado al lago de fuego" (Ap. 20:11-15).

"Delante de Jehová que vino; porque vino a juzgar la tierra. Juzgará al mundo con justicia, y a los pueblos con su verdad" (Sal. 96:13).

"Yo Jehová, que escudriño la mente, que pruebo el corazón, para dar a cada uno según su camino, según el fruto de sus obras" (Jer. 17:10).

"Y dije yo en mi corazón: Al justo y al impío juzgará Dios" (Ec. 3:17).

4 (6:18) ***Salvación — Promesa — Fe — Consuelo:*** Cuarto, Noé tuvo que creer en la promesa de Dios de la salvación personal, que Dios iba a salvarlo a él y a su familia. Noé se sobrecogería de miedo y se aterraría. Imagínese sus emociones: Le acababan de decir que toda la tierra sería destruida, toda la vida, la humana y la animal; y ocurriría pronto, durante su vida. Su hogar, su comunidad, su ciudad, su mundo, toda la tierra, sus vecinos, sus amigos, sus parientes, todos serían destruidos. No quedaría nada en lo absoluto en la tierra. La tierra con toda la vida sería destruida. Las imágenes que pasaban por la mente de Noé deben haber sido aterrorizantes. (Nota: Es muy probable que las imágenes de un juicio tan aterrorizante sean lo que hicieron que Noé fuera un predicador tan audaz de la justicia y el juicio. Él vio que el juicio se acercaba. Él creyó en Dios y en su Palabra.)

Dios conocía los pensamientos y emociones de Noé; por eso, Dios sabía que a Noé le hacia falta que lo consolaran y le dieran seguridad. Noé necesitaba la promesa de Dios, de que Dios lo salvaría a él y a su familia. Pero recuerde: Noé tuvo que creer en la promesa de Dios.

Ahora bien, observe que Dios le prometió y estableció su pacto con Noé. Dios le dijo a Noé que ahora era responsabilidad de él, personalmente, de darle continuidad al pacto. ¿Qué pacto? Solo había un pacto en existencia que se ajustaba al contexto del juicio venidero de destruir la tierra: el pacto de *la Simiente prometida*, el Salvador del mundo, que Dios había prometido enviar para salvar al mundo. (Vea la nota 5, Gn. 3:15 para un mayor análisis. Vea también Gn. 9:11 donde Dios amplía su pacto con Noé.)

Noé sabía esto: *La Simiente prometida*, el Salvador, vendría a restaurar a los creyentes al paraíso perfecto que Adán había conocido. Recuerde: Adán aún estaba vivo cuando el padre de Noé, Lamec, nació. De hecho, Lamec tenía 56 años de edad cuando murió Adán (vea el *Estudio a fondo 2*, Gn. 5:27-32). Según se ha señalado anteriormente, Adán debió haberles transmitido su experiencia gloriosa con Dios en el Huerto del Edén a su descendencia. Cualquiera de nosotros habría hecho lo mismo con todo aquel que estuviera dispuesto a escuchar. La descendencia piadosa de creyentes, claramente, habría escuchado a Adán. Adán también habría enseñado, al punto del adoctrinamiento, la gran promesa y el gran pacto de Dios. El pacto adámico era la promesa de recibir salvación eterna, de ver destruido al tentador, a esa serpiente antigua, el diablo (cp. Ap. 12:9). El pacto era la promesa de que el mal sería destruido completamente y que la justicia se restauraría completamente a la tierra, se restauraría perfectamente. Por consiguiente, Noé sabía que Dios lo estaba escogiendo para darle continuidad a la descendencia piadosa por medio de la cual vendría *la Simiente prometida* y el Salvador.

Noé podía descansar en la promesa gloriosa de Dios: Dios lo salvaría del diluvio y eternamente a través de la simiente y el Salvador venidero del mundo. *La Simiente prometida* y el Salvador vendría de sus propios lomos. Dios estaba estableciendo su pacto, el pacto de *la Simiente prometida*, con Noé. Pero nuevamente, Noé tuvo que creer y confiar en la promesa de Dios.

> **"Pues de aquí a poco no existirá el malo; observarás su lugar, y no estará allí" (Sal. 37:39).**
>
> **"He aquí Dios es salvación mía; me aseguraré y no temeré; porque mi fortaleza y mi canción es JAH Jehová, quien ha sido salvación para mí" (Is. 12:2).**
>
> **"Y se dirá en aquel día: He aquí, éste es nuestro Dios, le hemos esperado, y nos salvará; éste es Jehová a quien hemos esperado, nos gozaremos y nos alegraremos en su salvación" (Is. 25:9).**
>
> **"Jehová está en medio de ti, poderoso, él salvará; se gozará sobre ti con alegría, callará de amor, se regocijará sobre ti con cánticos" (Sof. 3:17).**
>
> **"Porque de tal manera amó Dios al mundo, que ha dado a su Hijo unigénito, para que todo aquel que en él cree, no se pierda, mas tenga vida eterna" (Jn. 3:16).**
>
> **"Y todo aquel que invocare el nombre del Señor, será salvo" (Hch. 2:21).**
>
> **"Porque la paga del pecado es muerte, mas la dádiva de Dios es vida eterna en Cristo Jesús Señor nuestro" (Ro. 6:23).**
>
> **"que si confesares con tu boca que Jesús es el Señor, y creyeres en tu corazón que Dios le levantó de los muertos, serás salvo. Porque con el corazón se cree para justicia, pero con la boca se confiesa para salvación" (Ro. 10:9-10).**
>
> **"porque todo aquel que invocare el nombre del Señor, será salvo" (Ro. 10:13).**

Nota: Dios le dice a Noé quién ha de entrar en el arca. Dios es muy específico. Él explica en detalle exactamente quien sería salvo: Solo Noé y su familia inmediata.

Observe también, esta es la primera vez que se usa la palabra *pacto* en las Escrituras. Sin embargo, este no es el primer pacto que Dios estableció con el hombre (vea el *Estudio a fondo 1*, Gn. 2:15-17 para el primer pacto; nota 5, Gn. 3:15 para un mayor análisis).

[5] (6:19-21) ***Fe — Cometido:*** Quinto, Noé tuvo que creer en el cometido de Dios, la tarea formidable de salvar a dos de cada animal vivo de la tierra. Imagínese la carga y la presión, la sensación del peso de la responsabilidad, que debe haber pasado por la mente de Noé y se debe haber asentado en su corazón cuando Dios comenzó a darle a Noé esta imponente tarea:

=> Capturar a dos de cada ser viviente en la tierra.
=> Llevarlos a todos al arca.
=> Asegurarse de que uno es macho y el otro es hembra.
=> Guardar suficiente comida y agua para alimentarlos a todos, suficiente comida que durara todo un año (vea el *Estudio a fondo 1*, Gn. 8:6-14).
=> Mantenerlos con vida dentro del arca.

La propia idea de salvar a dos de cada especie de animales debe haber abrumado a Noé. Dios le estaba encargando que salvara a las criaturas del mundo. La tarea era una carga imponente sobre los hombros de un hombre. Dios sabía esto, pero note la ayuda que Dios prometió. Los animales vendrían donde Noé para que los salvara (v. 20). ¿Qué quiere decir esto? ¿Los animales presintieron la tormenta y el desastre venideros, como suelen presentirlos los animales? ¿O Dios actuó sobre los animales e hizo que se acercaran al arca?

Las Escrituras no lo dicen, pero ambos métodos de reunión de los animales probablemente sean ciertos. Noé sin duda alguna necesitaría la ayuda de Dios para completar una tarea tan imponente.

> ***Pensamiento 1.*** El gran cometido de Noé es una ilustración del gran cometido que se nos ha dado. Dios le ha dado a cada creyente la orden de ayudar y salvar a la humanidad del juicio venidero. Debemos dar el paso al frente y proclamar a Cristo, el Salvador del mundo. Debemos hacer todo cuanto podamos para proclamarles al Salvador a todas las personas de todas partes.
>
> > **"Por tanto, id, y haced discípulos a todas las naciones, bautizándolos en el nombre del Padre, y del Hijo, y del Espíritu Santo; enseñándoles que guarden todas las cosas que os he mandado; y he aquí yo estoy con vosotros todos los días, hasta el fin del mundo. Amén" (Mt. 28:19-20).**
> >
> > **"Y les dijo: Id por todo el mundo y predicad el evangelio a toda criatura" (Mr. 16:15).**
> >
> > **"pero recibiréis poder, cuando haya venido sobre vosotros el Espíritu Santo, y me seréis testigos en Jerusalén, en toda Judea, en Samaria, y hasta lo último de la tierra" (Hch. 1:8).**

[6] (6:22) ***Obediencia:*** Sexto, Noé tuvo que creer en el modo de salvación, en que él tenía que obedecer a Dios para ser salvo. Este es un versículo fenomenal: Noé creyó en Dios y en todo lo que dijo Dios. Noé creyó en esto:

=> Dios iba a destruir toda la tierra.
=> Dios le había hablado personalmente, le había hablado e instruido que construyera y entrara al arca de la seguridad (vv. 14-16).
=> Dios iba a salvarlo a él y a su familia.

¿Cómo sabemos que Noé creyó en esto? Porque Noé obedeció a Dios y construyó el arca. Noé hizo todo lo que Dios le ordenó hacer, *todo*. Noé sabía que la única manera en la que podría ser salvo era obedeciendo a Dios, hacer exactamente lo que Dios había hecho. Si él rechazaba a Dios y desobedecía la Palabra de Dios, sabía que perecería conjuntamente con todos aquellos que negaban y rechazaban a Dios. Por eso Noé creyó en Dios: Noé aceptó todo lo que dijo Dios e hizo exactamente lo que Dios ordenó.

Pensamiento 1. La grandeza de la creencia de Noé se puede ver en lo siguiente: Muchas personas ni siquiera creen que el gran diluvio ocurrió, que Noé haya construido un arca. A pesar de toda la evidencia increíble que apunta al diluvio y al arca de Noé, aún así deciden andar en su negación de Dios y de su Santa Palabra.

La gran fe de Noé se ve en lo siguiente: Noé no tenía evidencia alguna. No tenía nada más que la pura Palabra de Dios, aún así él actuó según la Palabra de Dios. Noé creyó en todo lo que Dios dijo e hizo todo lo que Dios ordenó. ¡Qué gran ejemplo a seguir para nosotros!

"No todo el que me dice: Señor, Señor, entrará en el reino de los cielos, sino el que hace la voluntad de mi Padre que está en los cielos" (Mt. 7:21).

"Si guardareis mis mandamientos, permaneceréis en mi amor; así como yo he guardado los mandamientos de mi Padre, y permanezco en su amor" (Jn. 15:10).

"Nadie os engañe con palabras vanas, porque por estas cosas viene la ira de Dios sobre los hijos de desobediencia" (Ef. 5:6).

"y a vosotros que sois atribulados, daros reposo con nosotros, cuando se manifieste el Señor Jesús desde el cielo con los ángeles de su poder, en llama de fuego, para dar retribución a los que no conocieron a Dios, ni obedecen al evangelio de nuestro Señor Jesucristo" (2 Ts. 1:7-8).

"y habiendo sido perfeccionado, vino a ser autor de eterna salvación para todos los que le obedecen" (He. 5:9).

"Bienaventurados los que lavan sus ropas, para tener derecho al árbol de la vida, y para entrar por las puertas en la ciudad" (Ap. 22:14).

"¡Quién diera que tuviesen tal corazón, que me temiesen y guardasen todos los días todos mis mandamientos, para que a ellos y a sus hijos les fuese bien para siempre!" (Dt. 5:29).

"Nunca se apartará de tu boca este libro de la ley, sino que de día y de noche meditarás en él, para que guardes y hagas conforme a todo lo que en él está escrito; porque entonces harás prosperar tu camino, y todo te saldrá bien" (Jos. 1:8).

EL ARCA

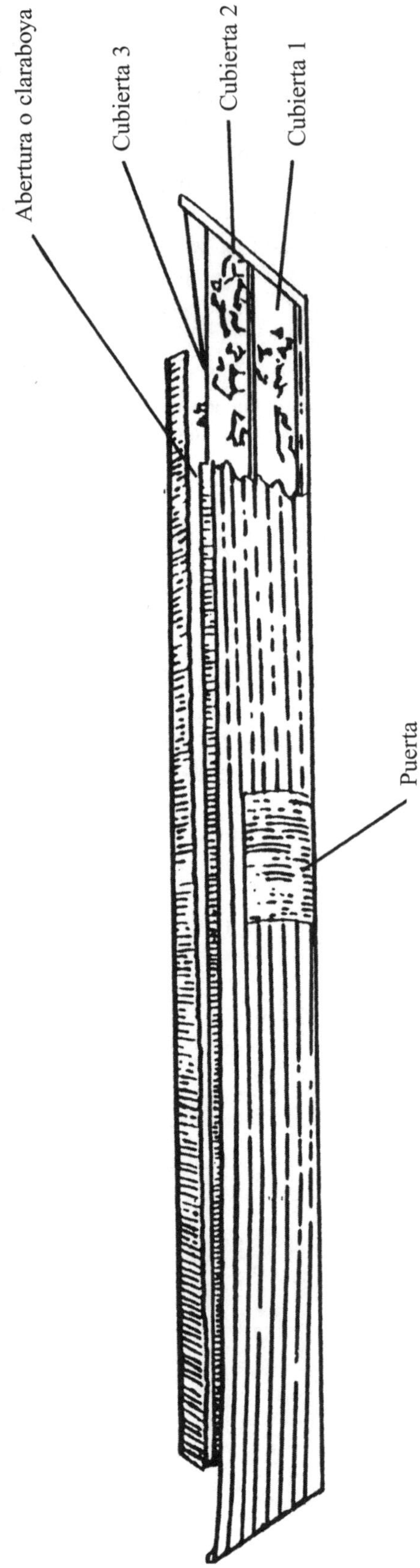

Tamaño estimado:

Largo:	300 codos o 137,16 metros
Anchura:	50 codos o 22,86 metros
Altura:	30 codos o 13,72 metros

	CAPÍTULO 7 **C. Noé y la última semana: La gran invitación de Dios y la gran obediencia de Noé, 7:1-9**	días, yo haré llover sobre la tierra cuarenta días y cuarenta noches; y raeré de sobre la faz de la tierra a todo ser viviente que hice.	inminente, estaba cerca 1) La gracia de Dios: Siete día más para arrepentirse 2) El juicio: Un diluvio de aguas 3) La destrucción: Toda la vida raída
1 La gran invitación de Dios: Entrar al arca **2 Las grandes razones para la invitación de Dios** a. Porque Noé era justo delante de Dios b. Porque se tenía que salvar la vida animal de tierra 1) Siete de los animales limpios para la adoración y el alimento 2) Dos de todos los animales para preservar la vida c. Porque el juicio era	1 Dijo luego Jehová a Noé: Entra tú y toda tu casa en el arca; porque a ti he visto justo delante de mí en esta generación. 2 De todo animal limpio tomarás siete parejas, macho y su hembra; mas de los animales que no son limpios, una pareja, el macho y su hembra. 3 También de las aves de los cielos, siete parejas, macho y hembra, para conservar viva la especie sobre la faz de la tierra. 4 Porque pasados aún siete	5 E hizo Noé conforme a todo lo que le mandó Jehová. 6 Era Noé de seiscientos años cuando el diluvio de las aguas vino sobre la tierra. 7 Y por causa de las aguas del diluvio entró Noé al arca, y con él sus hijos, su mujer, y las mujeres de sus hijos. 8 De los animales limpios, y de los animales que no eran limpios, y de las aves, y de todo lo que se arrastra sobre la tierra, 9 de dos en dos entraron con Noé en el arca; macho y hembra, como mandó Dios a Noé.	**3 La gran obediencia de Noé** a. Noé hizo todo cuanto Dios le ordenó b. Noé entró al arca y tomó solo a aquellos que Dios ordenó c. Noé siguió las instrucciones de Dios de salvar a los animales: De la misma manera que Dios le había ordenado

DIVISIÓN IV

NOÉ: EL HOMBRE ESCOGIDO PARA PRESERVAR A LA HUMANIDAD Y A LA SIMIENTE PIADOSA DURANTE LA DESTRUCCIÓN DEL MUNDO (EL DILUVIO), 6:9—9:29

C. Noé y la última semana: La gran invitación de Dios y la gran obediencia de Noé, 7:1-9

(7:1-9) **Introducción:** Hay una gran brecha de tiempo entre el capítulo seis y el siete, probablemente una brecha de 120 años. El capítulo seis terminó con Dios diciéndole a Noé que construyera el arca. El capítulo siete comienza con Dios diciéndole a Noé que entrara al arca (vea la nota, Gn. 7:5-9. Cp. Gn. 6:3, cp. 6:13-14; 7:1). ¡Imagínese! Noé llevaba 120 años construyendo el arca. Durante 120 años Noé había estado predicando el juicio venidero de Dios mientras construía esta estructura monstruosa en forma de cajón. Otra vez, imagínese los vecinos, la comunidad y el público en general. Piensen en su curiosidad y cuán extraño creían a Noé, a este hombre que estaba construyendo esta estructura en forma de cajón en medio de lo seco, todo porque creía que Dios iba a juzgar los pecados del hombre enviando un diluvio de aguas sobre la tierra. En ocasiones la incredulidad y los chistes, el ridículo, la burla y la persecución debieron haber sido casi insoportables. Pero Noé era fiel y leal al Señor y al gran llamado que Dios le había dado, fiel hasta el fin.

Noé predicó y terminó el arca a pesar de todas las pruebas y maltratos de las personas. Hizo esto en medio de una sociedad impía, una sociedad que se había alejado completamente de Dios. No había una persona, ni una sola persona, que siguiera a Dios y viviera como Dios decía que viviera. Noé y su familia solamente seguían a Dios y obedecían su Palabra. Ahora bien, Dios le reapareció a Noé y le dio instrucciones adicionales.

Nota: Estos son los últimos siete días, los sucesos de la última semana, exactamente antes de que comenzara la lluvia. Este es el gran tema de este pasaje: "Noé y la última semana: La gran invitación de Dios a Noé y la gran obediencia de Noé".

1. La gran invitación de Dios: Entrar al arca (v. 1).
2. Las grandes razones para la invitación de Dios (vv. 1-4).
3. La gran obediencia de Noé (vv. 5-9).

[1] (7:1) ***Arca — Invitación — Entra — Justificación — Justicia — Padres:*** Estaba la gran invitación de Dios. Dios le habló a Noé y le dijo "entra al arca". Estas palabras deben haber provocado consuelo y terror en Noé. De consuelo porque Noé sabía que ahora sería reivindicado y liberado de todo rastro de este mundo malo y del maltrato de los impíos. De terror porque él sabía que la tierra y todo lo viviente sobre ella sería destruido. Imagínese nada más los pensamientos que pasarían por la mente de Noé: Todos los amigos, los parientes, los vecinos y las personas de la tierra serían destruidos, raídos de la faz de la tierra. Todos los animales, las casas, los edificios, los árboles, los arbustos, toda la tierra y todo lo que había en ella sería destruido.

=> ¿Cómo se vería la tierra?

=> ¿Qué se sentiría ser la única familia viva de la tierra que sobreviviría, solo una de ocho almas?
=> ¿Cómo sería vivir cerrado en el arca por tanto tiempo?
=> ¿Sería como enfrentar una tormenta tan feroz que inundaría toda la tierra?

Las emociones y pensamientos que Noé estaba experimentando sobrecogerían el cuerpo de cualquier persona que estuviera a punto de atravesar una experiencia como la que Noé experimentaría. Pero Noé tenía a Dios y su presencia consoladora y Dios sabe cómo consolar y llevar a sus seguidores en experiencias espantosas y aterradoras, incluso la experiencia de la propia muerte. Note cómo Dios consoló y le dio seguridad a Noé.

1. Dijo Dios: "Entra al arca". La palabra hebrea es *ven, entra*. Estas son palabras tiernas, como las palabras de un padre que llama a sus hijos para que entren en la casa cuando ve que se acerca una tormenta o la noche (*Comentario de Matthew Henry*, vol. 1, p. 58). Dios le estaba asegurando a Noé:

- Que Él estaba dentro del arca así como fuera del arca.
- Que Él estaría con Noé sin importar a dónde fuera Noé.
- Que Él cuidaría de Noé dentro del arca así como fuera del arca.

Pensamiento 1. Se pueden ver varias ilustraciones de esta gran invitación de Dios a Noé:

1) Está la gran ilustración de Cristo, de la seguridad y de la garantía del juicio que el hombre puede encontrar en Cristo. Noé halló seguridad y garantía del juicio al entrar al arca. Podemos encontrar seguridad y garantía del juicio venidero al entrar en Cristo, es decir:
   - Al poner nuestra vida en sus manos.
   - Al acercarnos a Cristo y seguirlo a la seguridad de la presencia de Dios.
   - Al acercarnos a la seguridad y la garantía de la presencia de Dios por medio de Cristo.
   - Al acercarnos a Dios por medio de Cristo.
2) Está la ilustración de las grandes "*invitaciones a entrar*" de la Palabra de Dios. Dios invita a las personas una y otra vez a "*entrar*".

"Dijo luego Jehová a Noé: Entra tú y toda tu casa en el arca; porque a ti he visto justo delante de mí en esta generación" (Gn. 7:1).

"Venid luego, dice Jehová, y estemos a cuenta: si vuestros pecados fueren como la grana, como la nieve serán emblanquecidos; si fueren rojos como el carmesí, vendrán a ser como blanca lana" (Is. 1:18).

"A todos los sedientos: Venid a las aguas; y los que no tienen dinero, venid, comprad y comed. Venid, comprad sin dinero y sin precio, vino y leche" (Is. 55:1).

"Venid a mí todos los que estáis trabajados y cargados, y yo os haré descansar" (Mt. 11:28).

"Volvió a enviar otros siervos, diciendo: Decid a los convidados: He aquí, he preparado mi comida; mis toros y animales engordados han sido muertos, y todo está dispuesto; venid a las bodas" (Mt. 22:4).

"Y a la hora de la cena envió a su siervo a decir a los convidados: Venid, que ya todo está preparado" (Lc. 14:17).

"Y el Espíritu y la Esposa dicen: Ven. Y el que oye, diga: Ven. Y el que tiene sed, venga; y el que quiera, tome del agua de la vida gratuitamente" (Ap. 22:17).

2. Dios le dijo a Noé que toda su familia entraría al arca. Esto ayudaría a consolar el corazón de Noé, porque aquellos a quienes más quería, su familia inmediata, serían salvos conjuntamente con Él. ¿Quiere decir esto que los hijos de Noé y la esposa de cada uno de ellos eran seguidores de Dios? Probablemente, porque Noé era un hombre piadoso y como hombre piadoso, su deber era guiar e instruir a sus hijos en seguir a Dios. Año tras año de vida y enseñanza de un padre piadoso como Noé provocaría un efecto en los tres chicos y finalmente en la esposa de cada uno de ellos. El echo mismo de que Dios los escogiera para ser salvos y el hecho de que entraron al arca apunta a su condición de verdaderos creyentes, verdaderos seguidores del único Dios vivo y verdadero. Resulta dudoso que entraran al arca si no hubieran creído.

Pensamiento 1. El ejemplo piadoso de Noé ante sus hijos nos demuestra la importancia crítica de los padres piadosos. Recuerde: No había otras personas piadosas en la tierra, ni una sola persona seguía a Dios. Solo estaban Noé, la esposa de Noé y sus tres hijos. Imagínese lo que significaba ser la única persona joven que seguía a Dios, la única persona joven que vivía justa y piadosamente, que obedecía a sus padres, que se oponía a la multitud y no maldecía, bebía, engañaba, ni se excedía sexualmente. Estos eran los hijos de Noé. Al parecer seguían a Dios y se mantenían firmes junto a su padre en cuanto a vivir y predicar la justicia a su generación impía. Qué lección para los padres del mundo: Llevar una vida piadosa ante sus hijos y enseñar a sus hijos a seguir a Dios, seguirlo por encima de todas las cosas.

"y las repetirás a tus hijos, y hablarás de ellas estando en tu casa, y andando por el camino, y al acostarte, y cuando te levantes" (Dt. 6:7).

"Instruye al niño en su camino, y aun cuando fuere viejo no se apartará de él" (Pr. 22:6).

"¿A quién se enseñará ciencia, o a quién se hará entender doctrina? ¿A los destetados? ¿a los arrancados de los pechos?" (Is. 28:9).

"Y vosotros, padres, no provoquéis a ira a vuestros hijos, sino criadlos en disciplina y amonestación del Señor" (Ef. 6:4).

Pensamiento 2. La justicia es un elemento esencial para que una persona entre a la presencia de Dios. Dios no invita a ninguna persona injusta a, no le permite a ninguna persona injusta, entrar ni vivir en la seguridad de su presencia. Una persona debe acercarse a Dios por medio de la justicia de Jesucristo, debe *ponerse,* vestirse con, la justicia de Jesucristo, ser acepta ante Dios. Una persona debe volverse justa en Jesucristo para ser invitado a entrar al arca de la seguridad de Dios del juicio venidero.

"Al que no conoció pecado, por nosotros lo hizo pecado, para que nosotros fuésemos hechos justicia de Dios en él" (2 Co. 5:21).

"Mas por él estáis vosotros en Cristo Jesús, el cual nos ha sido hecho por Dios sabiduría, justificación, santificación y redención" (1 Co. 1:30).

"y que de todo aquello de que por la ley de Moisés no pudisteis ser justificados, en él es justificado todo aquel que cree" (Hch. 13:39).

"Justificados, pues, por la fe, tenemos paz para con Dios por medio de nuestro Señor Jesucristo" (Ro. 5:1).

[2] (7:1-4) ***Invitación — Justicia — Juicio:*** Estaban las grandes razones para la invitación de Dios entrar al arca de la seguridad y la garantía.

1. Dios invitó a Noé a entrar al arca porque Noé era justo delante de Dios (v. 1). Noé creyó en Dios, creyó en lo que dijo Dios e hizo lo que dijo Dios. Creer y obedecer a Dios siempre agrada a Dios. Le agrada a Él tal como nos agrada a nosotros cuando las personas nos creen y siguen nuestro consejo. Noé agradó a Dios. Por lo tanto, Dios quiso salvar a Noé. Dios quiso proteger a Noé y Dios quiso usar a Noé en su gran propósito con la tierra. Esta es la razón por la que Noé fue salvo y fue usado por Dios para darle continuidad a la raza humana: Noé era justo delante de Dios. Noé sencillamente creyó en Dios e hizo lo que dijo Dios. (Vea la nota, pt. 1, Gn. 6:9-10 para un mayor análisis.)

2. Noé salvaría la vida animal de la tierra (vv. 2-3). Observe que se salvarían a siete de todos los animales limpios y dos de los animales no limpios. Originalmente, unos 120 años antes, cuando Dios le habló a Noé por primera vez acerca del diluvio venidero, Dios dijo que Noé salvaría a dos de cada animal. ¿Por qué el cambio para siete animales ahora? Porque ya era hora de explicar los detalles. Cuando Dios habló con Noé 120 años antes, solo se necesitaban instrucciones generales acerca de los animales. Ahora, al entrar al arca, los detalles eran necesarios: Se necesitarían algunos animales limpios para el sacrificio y la adoración. Por lo tanto, se necesitaban más naturalmente. También, los animales limpios proporcionarían alimento para Noé y para su familia (cp. Gn. 9:3).

Note el propósito claramente planteado de los dos de cada especie de animales, el macho y la hembra: Reproducir progenie y mantener viva su especie en la tierra (v. 3b).

3. Noé y su familia fueron invitados a entrar al arca porque el juicio era inminente (v. 4).

a. Dios le dio al hombre una oportunidad final para arrepentirse, un último acto de gracia. Dios le dio a Noé siete días para hacer los preparativos finales y continuar predicándoles a los perdidos de su generación. Imagínese nada más el fervor de su predicación al proclamar que el juicio de Dios ocurriría dentro de siete días. Imagínese la escena cuando él hizo lo que todo verdadero predicador haría: Predicar día tras día y hacer la cuenta regresiva de los días uno por uno: Siete, seis, cinco, cuatro, tres, dos, uno, solo un día más y luego, el fin, este es el día del juicio culminante.

"Por la fe Noé, cuando fue advertido por Dios acerca de cosas que aún no se veían, con temor preparó el arca en que su casa se salvase; y por esa fe condenó al mundo, y fue hecho heredero de la justicia que viene por la fe" (He. 11:7).

Dios le dio a la tierra una última semana, toda una semana de gracia, incluso les dijo cuándo ocurriría el juicio, aún así las personas no creyeron. Aún así rechazaron a Dios y se rehusaron a arrepentirse. Las personas sencillamente no creyeron que Dios las fuera a juzgar ni a destruir la tierra y comenzar todo de nuevo.

b. Dios explicó en detalle el juicio que caería en la tierra: Habría un diluvio de lluvia nunca antes visto. Un diluvio de lluvia caería en la tierra durante cuarenta días y cuarenta noches.

Pensamiento 1. A lo largo de toda la historia Dios ha usado el número cuarenta para simbolizar un gran período de pruebas que termina en gran victoria y triunfo sobre el mal. (Esto lo señala tanto el "*Comentario del púlpito*", *Génesis*, vol. 1, p. 114; como H. C. Leupold. *Genesis*, vol. 1, p. 291.)

=> Israel peregrinó por el desierto cuarenta años antes de entrar en la Tierra Prometida (Nm. 14:33).

=> Los espías que fueron enviados a explorar Canaán antes de que Israel entrara en la tierra se quedaron y exploraron el territorio cuarenta días (Nm. 13:25).

=> Moisés estuvo en el monte recibiendo la ley de Dios cuarenta días y noches (Éx. 24:18).

=> Elías ayunó cuarenta días y noches (1 R. 19:8).

=> A Nínive se le dio cuarenta días para que se arrepintiera (Jon. 3:4).

=> Jesucristo ayunó cuarenta días antes de enfrentarse al ataque de las tentaciones de Satanás (Mt. 4:2).

=> Jesucristo estuvo en la tierra cuarenta días después de su resurrección y ascensión al cielo (Hch. 1:3).

c. El propio Dios pronunció la destrucción terrible del juicio: Él iba a destruir a todo ser viviente que había creado. En hebreo Dios dijo literalmente que Él iba a *limpiar o borrar* todo ser viviente de la faz de la tierra.

Pensamiento 1. Nos maravillamos de la incredulidad de las personas de la época de Noé. Pero no eran diferentes de las personas de nuestra época. Miren la incredulidad de nuestro mundo. Pocos creen; la mayoría no cree. De hecho, muchas personas hasta niegan que el gran diluvio haya ocurrido. Muchas personas no creen que Dios haya destruido la tierra. Pero están equivocadas. Dios sí la destruyó. Y la gran tragedia es la siguiente: Dios se va a ver obligado a destruir la tierra de nuevo. Las personas aún rechazan a Dios, hasta lo maldicen y lo niegan. Imagínese nada más las veces que en el día se maldice el nombre de Dios. Piensen en las personas que niegan y rechazan a Dios. Piensen nada más cuántas pocas personas conocemos que realmente creen y siguen a Dios, que realmente viven para Él. Esta es la razón por la que Dios declara que el juicio una vez más caerá sobre la tierra. De hecho, Dios declara que tanto la tierra como los cielos, todo el universo, pronto será juzgado y destruido. Pero esta vez, será decisivo. Dios va a detener la historia humana que existe hoy: Pecaminosa, maligna e imperfecta. Dios declara que Él va a rehacer la tierra y los cielos, los va recrear en perfección. Él declara que va a poblarlos de seres angélicos y de aquellas personas que han creído en Él y lo han seguido a través de los siglos. Observe con qué claridad Dios declara esto:

> **"sabiendo primero esto, que en los postreros días vendrán burladores, andando según sus propias concupiscencias, y diciendo: ¿Dónde está la promesa de su advenimiento? Porque desde el día en que los padres durmieron, todas las cosas permanecen así como desde el principio de la creación. Estos ignoran voluntariamente, que en el tiempo antiguo fueron hechos por la palabra de Dios los cielos, y también la tierra, que proviene del agua y por el agua subsiste, por lo cual el mundo de entonces pereció anegado en agua; pero los cielos y la tierra que existen ahora, están reservados por la misma palabra, guardados para el fuego en el día del juicio y de la perdición de los hombres impíos. Mas, oh amados, no ignoréis esto: que para con el Señor un día es como mil años, y mil años como un día. El Señor no retarda su promesa, según algunos la tienen por tardanza, sino que es paciente para con nosotros, no queriendo que ninguno perezca, sino que todos procedan al arrepentimiento. Pero el día del Señor vendrá como ladrón en la noche; en el cual los cielos pasarán con grande estruendo, y los elementos ardiendo serán deshechos, y la tierra y las obras que en ella hay serán quemadas. Puesto que todas estas cosas han de ser deshechas, ¡cómo no debéis vosotros andar en santa y piadosa manera de vivir, esperando y apresurándoos para la venida del día de Dios, en el cual los cielos, encendiéndose, serán deshechos, y los elementos, siendo quemados, se fundirán! Pero nosotros esperamos, según sus promesas, cielos nuevos y tierra nueva, en los cuales mora la justicia" (2 P. 3:3-13).**
>
> **"Vi un cielo nuevo y una tierra nueva; porque el primer cielo y la primera tierra pasaron, y el mar ya no existía más. Y yo Juan vi la santa ciudad, la nueva Jerusalén, descender del cielo, de Dios, dispuesta como una esposa ataviada para su marido. Y oí una gran voz del cielo que decía: He aquí el tabernáculo de Dios con los hombres, y él morará con ellos; y ellos serán su pueblo, y Dios mismo estará con ellos como su Dios. Enjugará Dios toda lágrima de los ojos de ellos; y ya no habrá muerte, ni habrá más llanto, ni clamor, ni dolor; porque las primeras cosas pasaron. Y el que estaba sentado en el trono dijo: He aquí, yo hago nuevas todas las cosas. Y me dijo: Escribe; *porque estas palabras son fieles y verdaderas.* Y me dijo: Hecho está. Yo soy el Alfa y la Omega, el principio y el fin. Al que tuviere sed, yo le daré gratuitamente de la fuente del agua de la vida. El que venciere heredará todas las cosas, y yo seré su Dios, y él será mi hijo. Pero los cobardes e incrédulos, los abominables y homicidas, los fornicarios y hechiceros, los idólatras y todos los mentirosos tendrán su parte en el lago que arde con fuego y azufre, que es la muerte segunda" (Ap. 21:1-8).**
>
> **"Porque de cierto os digo que hasta que pasen el cielo y la tierra, ni una jota ni una tilde pasará de la ley, hasta que todo se haya cumplido" (Mt. 5:18).**
>
> **"El cielo y la tierra pasarán, pero mis palabras no pasarán" (Mt. 24:35).**
>
> **"Desde el principio tú fundaste la tierra, y los cielos son obra de tus manos. Ellos perecerán, mas tú permanecerás; y todos ellos como una vestidura se envejecerán; como un vestido los mudarás, y serán mudados; pero tú eres el mismo, y tus años no se acabarán" (Sal. 102:25-27).**
>
> **"Y todo el ejército de los cielos se disolverá, y se enrollarán los cielos como un libro; y caerá todo su ejército, como se cae la hoja de la parra, y como se cae la de la higuera" (Is. 34:4).**
>
> **"Alzad a los cielos vuestros ojos, y mirad abajo a la tierra; porque los cielos serán deshechos como humo, y la tierra se envejecerá como ropa de vestir, y de la misma manera perecerán sus moradores; pero mi salvación será para siempre, mi justicia no perecerá" (Is. 51:6).**
>
> **"Porque he aquí que yo crearé nuevos cielos y nueva tierra; y de lo primero no habrá memoria, ni más vendrá al pensamiento" (Is. 65:17).**
>
> **"Porque como los cielos nuevos y la nueva tierra que yo hago permanecerán delante de mí, dice Jehová, así permanecerá vuestra descendencia y vuestro nombre" (Is. 66:22).**

[3] (7:5-9) ***Obediencia:*** Estaba la gran obediencia de Noé. El énfasis de estos versículos es la obediencia explícita de Noé: Noé hizo exactamente lo que Dios le dijo que hiciera.

Nota: Aún no había comenzado a llover. Noé aún estaba actuando por fe. Todo cuanto Noé tenía era cuanto tenemos nosotros: La Palabra de Dios y la advertencia del juicio venidero. No tenía nada más que la Palabra de Dios. Él había construido el arca contando solo con la Palabra de Dios, y ahora, entraba al arca contando nada más que con la Palabra de Dios. Ni una gota de lluvia había caído todavía. No había sucedido nada todavía que demostrara que el juicio estaba por caer sobre la tierra. Solo Dios le había hablado a Noé y Noé había actuado contando con la Palabra de Dios solamente. Se plantean tres elementos claramente en estos versículos:

1. Noé tenía 600 años de edad cuando entró al arca y el diluvio de aguas comenzó (vv. 5-6). Compare Génesis 6:3, 13 y observe que Noé pasó 120 años construyendo el arca. Esto quiere decir que Noé tenía 480 años de edad cuando Dios le dijo por primera vez que construyera el arca y se preparara para el juicio venidero. Piensen nada más en la gran fe y obediencia de Noé: Lo que Noé hizo fue lo más extraño e increíble que se pueda imaginar. Construyó una estructura enorme en forma de cajón en medio de la nada y mientras lo hacía, predicó la justicia y el juicio venidero de Dios. El arca tenía aproximadamente el tamaño de un campo y medio de fútbol. Noé hizo esto, trabajó en la construcción del arca y en la predicación, durante 120 años, todo en obediencia a la Palabra de Dios. Todo con cuanto contaba era la Palabra y la advertencia de Dios. Nuevamente, piensen nada más en la gran fe y obediencia de Noé: Ciento veinte años haciendo la cosa más extraña e increíble, todo basado únicamente en la Palabra de Dios.

2. Noé entró al arca y llevó con él solo a aquellos

quienes Dios había dicho que entrarían (v. 7). Solo a Noé y a su familia, lo que incluía a su esposa y a sus tres hijos con la esposa de cada uno de ellos, se les permitió entrar al arca, solo ocho personas en total. Piensen en lo difícil que fue esto: Aislarse él y su familia del resto de la humanidad, creyendo, sin duda, sabiendo en su corazón, que él y su familia serían los únicos sobrevivientes del holocausto venidero, los únicos sobrevivientes en toda la tierra.

=> Imagínese nada más las emociones, el efecto causado en ellos, si usted supiera que solo ocho personas sobrevivieron a un holocausto mundial y usted fuera uno de los sobrevivientes.

La aprehensión, el temor, la sensación de soledad y de lo desconocido debe haber sido casi insoportable. Pero Noé actuó y lo hizo confiando únicamente en la Palabra de Dios. Dios le había dicho que entrara al arca con su familia y él obedeció. Noé hizo exactamente lo que Dios le dijo que hiciera. Note para qué: Para librarse del diluvio de aguas, del juicio venidero (v. 7b).

3. Noé siguió las instrucciones de Dios para salvar a los animales (vv. 8-9). Él tomó dos, un macho y una hembra, de todos los animales (v. 9). Note que se reafirma la gran obediencia de Noé: Noé hizo exactamente lo que Dios le ordenó. No desobedeció en nada. Noé obedeció a Dios completa y plenamente. Noé obedeció la Palabra de Dios, hizo exactamente lo que Dios le dijo que hiciera. Como dicen las Escrituras: "[Dios] guardó a Noé, pregonero de justicia, con otras siete personas, trayendo el diluvio sobre el mundo de los impíos" (2 P. 2:5).

"Ahora, pues, si diereis oído a mi voz, y guardareis mi pacto, vosotros seréis mi especial tesoro sobre todos los pueblos; porque mía es toda la tierra" (Éx. 19:5).

"¡Quién diera que tuviesen tal corazón, que me temiesen y guardasen todos los días todos mis mandamientos, para que a ellos y a sus hijos les fuese bien para siempre!" (Dt. 5:29).

"No todo el que me dice: Señor, Señor, entrará en el reino de los cielos, sino el que hace la voluntad de mi Padre que está en los cielos" (Mt. 7:21).

"Si guardareis mis mandamientos, permaneceréis en mi amor; así como yo he guardado los mandamientos de mi Padre, y permanezco en su amor" (Jn. 15:10).

"Respondiendo Pedro y los apóstoles, dijeron: Es necesario obedecer a Dios antes que a los hombres" (Hch. 5:29).

"y habiendo sido perfeccionado, vino a ser autor de eterna salvación para todos los que le obedecen" (He. 5:9).

"Bienaventurados los que lavan sus ropas, para tener derecho al árbol de la vida, y para entrar por las puertas en la ciudad" (Ap. 22:14).

Bosquejo	Texto
	D. Noé y el diluvio: El gran juicio de Dios sobre la tierra, 7:10-24
1 El gran poder de Dios en el juicio a. El poder de Dios tenía el día traumático fijado	10 Y sucedió que al séptimo día las aguas del diluvio vinieron sobre la tierra.
b. El poder de Dios quebró violentamente la corteza terrestre y liberó todas las aguas subterráneas de la tierra	11 El año seiscientos de la vida de Noé, en el mes segundo, a los diecisiete días del mes, aquel día fueron rotas todas las fuentes del grande abismo, y las cataratas de los cielos fueron abiertas,
c. El poder de Dios abrió las compuertas del cielo: Una lluvia torrencial durante 40 días y noches	12 y hubo lluvia sobre la tierra cuarenta días y cuarenta noches.
2 La gran salvación de Dios en el juicio a. Noé y su familia entraron al arca	13 En este mismo día entraron Noé, y Sem, Cam y Jafet hijos de Noé, la mujer de Noé, y las tres mujeres de sus hijos, con él en el arca;
b. Todos los animales entraron al arca 1) Todo género o especie de los animales	14 ellos, y todos los animales silvestres según sus especies, y todos los animales domesticados según sus especies, y todo reptil que se arrastra sobre la tierra según su especie, y toda ave según su especie, y todo pájaro de toda especie.
2) Los animales fueron de dos en dos donde Noé	15 Vinieron, pues, con Noé al arca, de dos en dos de toda carne en que había espíritu de vida.
3) Entraron un macho y una hembra c. El propio Dios cerró la puerta del arca	16 Y los que vinieron, macho y hembra de toda carne vinieron, como le había mandado Dios; y Jehová le cerró la puerta.

Texto	Bosquejo
17 Y fue el diluvio cuarenta días sobre la tierra; y las aguas crecieron, y alzaron el arca, y se elevó sobre la tierra.	**3 El gran cumplimiento de la Palabra de Dios en el juicio** a. Dios inundó de agua la tierra 40 días, pero alzó el arca
18 Y subieron las aguas y crecieron en gran manera sobre la tierra; y flotaba el arca sobre la superficie de las aguas.	1) Las aguas crecieron grandemente, pero el arca flotó
19 Y las aguas subieron mucho sobre la tierra; y todos los montes altos que había debajo de todos los cielos, fueron cubiertos.	2) Las aguas subieron extraordinariamente cada vez más hasta que todos los montes fueron cubiertos
20 Quince codos más alto subieron las aguas, después que fueron cubiertos los montes.	3) Las aguas subieron extraordinariamente a la altura de más de seis metros
21 Y murió toda carne que se mueve sobre la tierra, así de aves como de ganado y de bestias, y de todo reptil que se arrastra sobre la tierra, y todo hombre.	b. Dios destruyó toda la vida 1) Toda carne pereció, tanto animal como hombre
22 Todo lo que tenía aliento de espíritu de vida en sus narices, todo lo que había en la tierra, murió.	2) Toda cosa viva sobre lo seco pereció
23 Así fue destruido todo ser que vivía sobre la faz de la tierra, desde el hombre hasta la bestia, los reptiles, y las aves del cielo; y fueron raídos de la tierra, y quedó solamente Noé, y los que con él estaban en el arca.	3) Toda cosa viva sobre la tierra fue raída c. Dios salvó a Noé y a todos aquellos que estaban en el arca con él
24 Y prevalecieron las aguas sobre la tierra ciento cincuenta días.	**4 El gran momento en que el agua inundó la tierra en el juicio**

DIVISIÓN IV

NOÉ: EL HOMBRE ESCOGIDO PARA PRESERVAR A LA HUMANIDAD Y A LA SIMIENTE PIADOSA DURANTE LA DESTRUCCIÓN DEL MUNDO (EL DILUVIO), 6:9—9:29

D. Noé y el diluvio: El gran juicio de Dios sobre la tierra, 7:10-24

(7:10-24) ***Introducción:*** Este es el registro del gran diluvio que arrasó y cubrió la tierra en la época de Noé. Dios envió el diluvio en la tierra como un juicio sobre la inmoralidad, la anarquía y la violencia del hombre. Él hombre se había vuelto tan pecaminoso y malo, tan inmoral, tan anárquico, tan violento, que no quedaba una sola persona piadosa en la tierra. Nadie seguía a Dios verdaderamente excepto Noé y su querida familia.

La Biblia no es el único libro que reporta el diluvio. Constituye una sorpresa para muchas personas oír que la mayoría de las culturas tienen tradiciones acerca de un diluvio mundial que azotó la tierra. De hecho, hay cientos de tradiciones de diluvio en todo el mundo. Difieren, por supuesto.

Esto es de esperar por el paso de los años, los idiomas y las costumbres locales. No obstante, este hecho, que cientos de culturas y personas tengan estas historias, constituye una evidencia de que las historias han salido todas de una fuente original. Han provenido de una fuente que existió, no solo siglos atrás, sino milenios, ha provenido de los propios sobrevivientes del diluvio. (Tim LaHaye y John Morris han hecho una excelente investigación acerca del diluvio y las tradiciones del diluvio en su libro, *El arca en Ararat*. Nashville y Nueva York: Thomas Nelson, 1976. Vea también James Montgomery Boice, *Génesis, un comentario expositivo*, vol. 1, pp. 285-287.)

El objetivo de este pasaje trágico no es solamente registrar el gran diluvio y juicio del pasado, sino llevarnos a reflexionar acerca del juicio final y la salvación que aún ha de llegar. Este es el estudio de "Noé y el diluvio: El gran juicio de Dios sobre la tierra".

1. El gran poder de Dios en el juicio (vv. 10-12).
2. La gran salvación de Dios en el juicio (vv. 13-16).
3. El gran cumplimiento de la Palabra de Dios en el juicio (vv. 17-23).
4. El gran momento en que el agua inundó la tierra en el juicio (v. 24).

[1] (7:10-12) ***Juicio:*** Estaba el gran poder de Dios en el juicio. Observe tres elementos significativos acerca del poder de Dios para juzgar la tierra.

1. El poder de Dios tenía el día traumático fijado en la historia. El día del juicio se había predestinado. Una semana antes del diluvio, Dios le había dicho a Noé que él tenía siete días para prepararse, que a partir de siete días Él enviaría un diluvio aterrador para raer al hombre de la faz de la tierra (Gn. 7:4).

Ahora bien, el séptimo día, el aterrador diluvio de aguas comenzó a ocurrir. El suceso era tan significativo, tan importante, tan crucial, que nunca se debe olvidar. El tiempo se ha registrado para siempre. Cayó el juicio de Dios; el devastador diluvio de aguas comenzó a ocurrir:

- En el año 600 de la vida de Noé.
- El día 17 del segundo mes.

Pensamiento 1. El día de nuestro juicio, el día en que tendremos que pararnos delante de Dios en el juicio, también está fijado en la historia. El día de nuestro juicio ya está predeterminado. Nadie sabe cuál será el día: ¿Cien años a partir de ahora? ¿Cinco años? ¿Un año? ¿Mañana? ¿Hoy más tarde? Solo Dios sabe. Cristo dijo lo siguiente claramente:

"Pero de aquel día y de la hora nadie sabe, ni aun los ángeles que están en el cielo, ni el Hijo, sino el Padre. Mirad, velad y orad; porque no sabéis cuándo será el tiempo" (Mr. 13:32-33).

"Velad, pues, porque no sabéis el día ni la hora en que el Hijo del Hombre ha de venir" (Mt. 25:13).

"Velad, pues, porque no sabéis a qué hora ha de venir vuestro Señor" (Mt. 24:42).

"vendrá el señor de aquel siervo en día que éste no espera, y a la hora que no sabe, y lo castigará duramente, y pondrá su parte con los hipócritas; allí será el lloro y el crujir de dientes" (Mt. 24:50-51).

"Vosotros, pues, también, estad preparados, porque a la hora que no penséis, el Hijo del Hombre vendrá" (Lc. 12:40).

"vendrá el señor de aquel siervo en día que éste no espera, y a la hora que no sabe, y le castigará duramente, y le pondrá con los infieles" (Lc. 12:46).

2. El poder de Dios quebró violentamente la corteza terrestre y liberó todas las aguas subterráneas de la tierra. Deben haber ocurrido terremotos por toda la tierra. Observe exactamente lo que dicen las Escrituras...

- "fueron rotas todas las fuentes del grande abismo" (v. 11).

La idea es que todas las aguas de debajo de la corteza terrestre, todas las cavernas, manantiales, ríos, lagos y quizás mares de agua, *fueron rotas violentamente*. La corteza de la tierra se agrietó por la violencia de terremoto tras terremoto y las aguas se liberaron y salieron a chorros de debajo de la corteza de la tierra. Se ilustra lo siguiente: El agua subterránea de debajo de la tierra y el agua de los grandes océanos se descargaron violentamente por los repetidos terremotos y se levantaron de sus fondos, arremolinándose y disparándose en maremotos gigantescos. Habría sido el embravecimiento y levantamiento del agua lo que destruyó a todos aquellos que trataron de escapar en otros botes o barcos de la época.

=> Leupold dice: "El 'grande abismo' debe ser el agua subterránea de la que todavía queda mucha y de la que debió haber más en épocas anteriores. Al parecer es un dato establecido que 'los lanzamientos de aguas subterráneas constituyen un acompañamiento frecuente de perturbaciones sísmicas [terremotos] en las zonas aluviales de los grandes ríos... Debió haber *vastos levantamientos* por todas partes, porque estas fuentes del grande abismo 'fueron rotas' "(*Génesis*, vol. 1, pp. 295-296).

=> Leupold dice nuevamente: "Debiera tenerse en cuenta las tremendas posibilidades geológicas que yacen tras la abertura y rotura de las fuentes del grande abismo. La inmensidad de estas erupciones debe ser proporcional a la magnitud real del diluvio... El diluvio era de una fuerza y magnitud asombrosas... Tales erupciones de las fuentes subterráneas deben haber provocado un torrente de aguas en la tierra comparable al mayor de los maremotos. Tales olas a su vez deben haber sido capaces de producir efectos de una magnitud casi incalculable. Así que, entonces los efectos provocados por las aguas del grande abismo (1:2), al arremolinarse por la tierra en proceso de formación, conjuntamente con los efectos provocados por este gran diluvio, nos parecen toda una explicación adecuada para las formaciones geológicas de toda clase, como se observan en la actualidad" (*Génesis*, vol. 1, p. 296).

=> El gran *Comentario del púlpito* dice: "La tierra y otras obstrucciones fueron rotas y así se abrió un pasaje para las fuentes [o aguas subterráneas... esto denota cambios violentos en las profundidades del mar o en la acción de la tierra" ("*Comentario del púlpito*", vol. 1, p. 117).

=> Derek Kidner dice: Se produjo "un levantamiento inmenso del lecho marino" (*Génesis*. "Comentarios de Tyndale sobre el Antiguo Testamento", p. 91).

3. El poder de Dios abrió las compuertas del cielo: Una lluvia torrencial violenta cayó del cielo. Lluvias fuertes, lluvias torrenciales nunca antes ni desde entonces vistas, cayeron en la tierra. Las lluvias torrenciales continuaron, sin interrupción de ningún tipo, durante cuarenta días y cuarenta noches.

Observe lo siguiente: Al parecer la lluvia torrencial cesó después de cuarenta días, pero las aguas inundaron la tierra durante 150 días (Gn. 8:2-3). Esto resulta significativo, en particular cuando se considera el núcleo y superficie de la tierra. La ruptura de la corteza terrestre y el temblor violento de la superficie de la tierra, el arremolinamiento y levantamiento de las aguas continuó durante 150 días, incluso por encima de los picos montañosos más altos. Seguiría así por casi un año el resto de la tierra. Este tipo de movimiento de temblor violento, y la erosión del núcleo y las masas continentales de la tierra afectarían drásticamente la forma y las formaciones geológicas de la tierra. Al parecer la superficie y el núcleo interno de la tierra se cambiaron de tal forma que era como una nueva tierra. Absolutamente nada, ninguna montaña, valle, cuerpo de agua, isla, continente, masa continental, podía ser igual después de un diluvio y temblor tan violentos de la tierra.

=> Imagínese nada más la fuerza requerida para romper todas las aguas subterráneas del mundo, los temblores enormes del núcleo de la tierra requerida para liberar y disparar toda el agua subterránea de debajo de la corteza terrestre.

=> Imagínese nada más el cambio en toda la corteza terrestre cuando cayó la lluvia torrencial durante cuarenta días y noches sin cesar: Toda la erosión y desgaste de las montañas, todos los valles que se llenaron con el sedimento de terrenos más altos.

Imagínese nada más el cambio en el núcleo de la tierra y sobre su superficie de la cuando la fuerza de las aguas subterráneas las expulsó y cuando la fuerza de las lluvias torrenciales inundó la tierra. Imagínese cuán drástico debe haber sido el cambio…

- Cuando las montañas y los montes se erosionaron y literalmente se desgastaron por la arremetida de las aguas torrenciales.
- Cuando los valles y las grietas se llenaron del suelo y los escombros de las elevaciones más altas.
- Cuando los temblores movieron y dispararon montones de tierra y laderas, es muy probable que hasta montañas.

Nuevamente, nada jamás podría ser igual, no después de un temblor tan violento y una impulsión fuerte de agua disparada desde debajo de la tierra y desde arriba de la tierra. La mayor parte, de no ser toda la tierra, tanto el núcleo como la superficie, tanto las formaciones rocosas como los depósitos minerales, se cambiaron para siempre. Según se ha planteado, lo habían cambiado dos fuentes de agua:

=> Toda el agua subterránea había sido liberada y disparada por los repetidos temblores, liberadas por el poder del propio Dios.

=> Lluvias torrenciales habían caído en la tierra, las compuertas del cielo las había abierto el propio Dios.

"Si él detiene las aguas, todo se seca; si las envía, destruyen la tierra" (Job 12:15).

Pensamiento 1. Piense en el movimiento y cambio del núcleo y superficie de la tierra que debe haber ocurrido con la violencia del levantamiento y arremolinamiento del diluvio. La apariencia, el cambio geológico, de la tierra debe haber cambiado tan drásticamente que la tierra era totalmente diferente de lo que había sido, exactamente como una tierra totalmente nueva, dentro de su núcleo y en su superficie.

Pero eso no lo era todo: El versículo veinticuatro nos dice que las aguas inundaron la tierra 150 días. Las aguas, los océanos del mundo, realmente subieron, se levantaron y arremolinaron hasta los picos más altos durante 150 días. (Nota: Las réplicas de los terremotos tan inmensos que fueron necesarios para liberar las aguas subterráneas continuaron días y meses. Esto probablemente quiera decir que el núcleo de la tierra también sufrió erupciones durante 150 días. El efecto de esta violencia en la tierra, sobre las formaciones fósiles y geológicas, sería inmenso.)

Cualquier persona que haya trabajado alrededor de la presión y fuerza del agua sabe que cambia drásticamente su entorno. La presión y fuerza del gran diluvio, de la lluvia torrencial a escala mundial, la ruptura de la corteza terrestre y el lanzamiento de todas las aguas subterráneas, el juicio imponente de Dios, cambiaría drásticamente la tierra para siempre a partir de ese momento, tanto su núcleo como su superficie. Este fue el juicio imponente de Dios en la tierra en la época de Noé. (Vea la nota, Gn. 7:24 para un mayor análisis. Vea también el *Estudio a fondo 9*, punto b, Introducción a los siete días de la creación, Gn. 1:1—2:3 para un mayor análisis.)

2 (7:13-16) ***Arca, el — Salvación:*** Estaba la gran salvación de Dios incluso en medio del juicio: El arca de la seguridad. Estos versículos nos dicen quién entró al arca. Note que esta información se da tres veces: En los versículos 1-4, 7-9 y ahora en el propio día en que se desató el diluvio (vv. 13-16). ¿Por qué a esta información, quién entró al arca, las Escrituras le dan tanto énfasis?

Hay una razón primordial: Hace énfasis en la salvación de Dios, la misericordia y gracia eternas de Dios. Incluso en medio del juicio, incluso cuando caía el juicio, Dios fue misericordioso. Dios estaba salvando a algunos y he aquí una lista de quiénes eran:

=> Noé.

=> Sem, Cam, y Jafet, los tres hijos de Noé.

=> La esposa de Noé y la esposa de cada uno de sus tres hijos.

=> Los animales: Al menos dos, un macho y una hembra, de cada especie de animal.

Fue de estas personas que Dios tuvo misericordia y las salvó en el arca. Noé creyó y siguió a Dios y le enseñó a su familia a buscar de Dios, y eran estas personas, Noé y su familia, quienes eran las únicas personas en la tierra que seguían a Dios. Noé había vivido en medio de una sociedad anárquica e inmoral, pero se había mantenido firme por Dios y dio testimonio fidedigno de la justicia y el juicio de Dios. Por ende, Dios tuvo misericordia de Noé y de su familia. Dios los salvó a ellos y a dos de cada especie de animales, los salvó del juicio aterrorizante, los salvó por medio del arca de la seguridad y la garantía.

Observe también lo siguiente: El propio Jehová cerró la puerta del arca. La idea es que Dios selló la puerta para proteger a Noé de que el arca comenzara a llenarse de agua. Existe una posibilidad de que Dios lo haya estado protegiendo de la violencia de las personas que pudieran atacar el arca para tratar de entrar. Sin embargo, es de dudar que cualquier persona tuviera tiempo de hacer nada con la lluvia torrencial que comenzó a caer y con la muralla violenta de agua que se disparó de las cavernas, de los ríos, de los lagos y de los fondos oceánicos subterráneos. Cuando Dios abrió los cielos y quebró la corteza de la tierra con un temblor tras otro, las personas se aterrorizarían y tendrían muy poco tiempo, para hacer cualquier cosa antes de que las aguas inmensas los batieran a su muerte.

Sucede lo siguiente: Noé ahora estaba en el arca. Noé estaba en el arca de la seguridad y la garantía de la protección de la tormenta y el juicio venidero. El arca era la nave de refugio de Noé, el lugar nombrado por Dios para salvar a Noé y a su familia del juicio aterrorizante que estaba a punto de caer en la tierra.

Pensamiento 1. El arca era un tipo o ilustración de Jesucristo. Jesucristo es el refugio del creyente del juicio, del juicio aterrorizante del infierno y la separación eterna de Dios. Observe con qué claridad el arca simboliza lo que Cristo hace por nosotros.

EL ARCA	JESUCRISTO
El propio Dios planeó y diseñó el arca, hasta los más mínimos detalles (Gn. 6:14-16).	El propio Dios planeó y diseñó la venida de Cristo para salvar al hombre, incluso antes de la fundación de la tierra (Ef. 1:3-4; 2 Ti. 1:9-10; Tit. 1:2; 1 P. 1:2).
Había solo una puerta en el arca (Gn. 6:16).	Jesucristo es la única puerta, el único camino, para entrar a la presencia de Dios (Jn. 10:7, 9; 14:6; 1 Ti. 2:5-6; 1 Jn. 2:1).
Dios le dio la provisión de la luz dentro del arca. Una ventana, una abertura, una claraboya, que rodeaba el arca. Rodeaba el arca a 45,72 centímetros del techo (Gn. 6:16).	Dios le ha dado la provisión de la luz al mundo: Jesucristo es la luz del mundo (Is. 9:2; Jn. 1:4; 8:12; 12:35; Ef. 5:14; Ap. 21:23).
Alguna clase de brea, probablemente alguna forma de alquitrán o asfalto, cubría y sellaba el arca. El equivalente hebreo de *brea* (*kopher*) es el mismo equivalente de expiación, que quiere decir cubrir (Gn. 6:14).	La sangre de Jesucristo cubre los pecados del creyente, limpia y sella al creyente delante de Dios (Ro. 5:9; 5:11; Ef. 1:7; He. 9:14; 1 P. 1:18-19; 1 Jn. 1:7[b]; Ap. 1:5b).
El propio Dios le hizo la gran invitación a entrar en el arca (Gn. 7:1).	El propio Dios invita al hombre a entrar en el arca, la seguridad y garantía, de su Hijo, el Señor Jesucristo (Is. 1:18; Jn. 3:16-17; Mt. 11:28; 22:2-4; Ap. 22:17).
El arca era una nave de refugio, el lugar de seguridad y garantía apartado del juicio torrencial a punto de caer sobre la tierra (Gn. 6:17-18; 7:10-24).	Jesucristo es el refugio del creyente, la seguridad y garantía del creyente de protección del juicio venidero del infierno y la separación eterna de Dios (Jn. 3:16; 5:24; Ro. 5:9-10; Ro. 6:23; He. 7:25; 2 P. 2:9).
El arca salvó a Noé y a su familia de las aguas del juicio (Gn. 7:10-24).	Jesucristo salva al creyente de las aguas del juicio. Las aguas del bautismo simbolizan la obra de salvación de Cristo por el verdadero creyente. Pedro usó el arca y las aguas del diluvio para ilustrar este elemento (1 P. 3:20-21).
Dios llamó a Noé a separarse del mundo, de su maldad, del mal y la condenación, entrando al arca (Gn. 7:1).	Dios ahora llama a las personas a llevar una vida de separación del mal por medio de Cristo (Jn. 15:19; 2 Co. 5:17; 6:14-15, 17-18; 2 Ts. 3:6).

EL ARCA (CONTINUACIÓN)	JESUCRISTO (CONTINUACIÓN)
El arca era la salvación tanto de Noé como de su familia (Gn. 6:18; 7:1, 7, 13, 23).	Jesucristo es la esperanza de salvación para todas las familias (Hch. 16:30-31; cp. Hch. 16:15).
El arca estaba asegurada, la puerta estaba cerrada, por el propio Dios (Gn. 7:16b).	El propio Dios asegura al creyente a través de su Hijo, el Señor Jesucristo. El creyente tiene seguridad perfecta, Dios se ocupa de ella, a través de su Hijo el Señor Jesucristo (Jn. 10:28-29; Fil. 1:6; 2 Ti. 1:12b; 1 P. 1:3-5; Jud. 24-25).
Dios mantuvo la puerta de la misericordia, la puerta del arca, abierta justo hasta el final. Pero cuando llegó la hora del juicio cerró la puerta. Hubo un tiempo de gracia, pero hubo también un tiempo de juicio (Gn. 7:16b, cp. 2 P. 2:5).	Dios tiene sus ministros y seguidores en todo el mundo predicando el evangelio de salvación. Dios tiene la puerta de la misericordia abierta hoy, pero el fin se acerca pronto cuando la puerta se cierre y el juicio caiga (Lc. 13:24-27; Mt. 25:1-13).

3 (7:17-23) ***Juicio:*** Estaba el gran cumplimiento de la Palabra de Dios en el juicio. En esto consisten estos versículos, en demostrar que Dios quiere decir exactamente lo que dice y hará exactamente lo que dice. Cuando Él nos advierte contra el pecado y el juicio, es con toda intención. Él nos juzgará si lo rechazamos, lo maldecimos y lo negamos, si no vivimos para Él. Dios cumplió su Palabra; Él hizo exactamente lo que dijo en la época de Noé.

1. Dios inundó de agua la tierra durante cuarenta días, con las aguas turbulentas y arremolinadas de debajo de la corteza de la tierra y las lluvias torrenciales del cielo (vv. 17-20). Esto es exactamente lo que Dios había dicho que haría:

> **"Y he aquí que yo traigo un diluvio de aguas sobre la tierra" (Gn. 6:17*a*).**
>
> **"Porque pasados aún siete días, yo haré llover sobre la tierra cuarenta días y cuarenta noches" (Gn. 7:4).**

Dios cumplió su Palabra, hizo exactamente lo que había dicho: Él inundó la tierra cuarenta días y cuarenta noches (v. 17). La grandeza de este acto de Dios, del diluvio, resulta incomprensible. Es un acto de una magnitud sin paralelo, un acto enorme, un acto de inmenso poder, fuerza y poderío, un acto que solo Dios podría hacer, el Señor y Creador soberano del universo. Observe cómo se describe la magnitud y poderío de las aguas:

=> Las aguas crecieron. El hebreo dice, crecieron grandemente y se elevaron.

=> Las aguas prevalecieron, es decir, se levantaron cada vez más, se incrementaron grandemente, crecieron extraordinariamente y se elevaron por encima de la tierra.

=> 19. Las aguas prevalecieron extremadamente en la tierra. Es decir, subieron y se elevaron cada vez más y crecieron extraordinariamente sobre la tierra, crecieron de un modo tan extraordinario que "todos los montes altos" estaban cubiertos, todas las montañas que estaban debajo de todo el cielo.

=> 20. Las aguas subieron y se elevaron a una altura de más de 6,10 metros (quince codos) por encima de las montañas. El arca medía 13,72 metros de altura, así que el agua tuvo que elevarse 6,10 metros a fin de evitar que el arca se encallara en algún pico montañoso. Nuevamente, el énfasis se hace en la certeza de la Palabra y advertencia de Dios: Dios siempre habla en serio cuando dice algo y Él cumplirá su Palabra y hará exactamente lo que dice. Él advirtió al hombre del juicio si el hombre seguía pecando y rechazándolo. Él hombre siguió igual; por consiguiente, Dios no tuvo otra opción. Él tuvo que juzgar al hombre e inundar la tierra durante cuarenta días.

Observe que el arca flotaba sobre el agua. No fue destruida.

Pensamiento 1. Dios juzga al hombre por el egoísmo y corrupción del hombre, por su autosuficiencia y rechazo de Dios, su inmoralidad y pensamientos malignos, su anarquía y violencia.

> **"Aconteció que cuando comenzaron los hombres a multiplicarse sobre la faz de la tierra, y les nacieron hijas, que viendo los hijos de Dios que las hijas de los hombres eran hermosas, tomaron para sí mujeres, escogiendo entre todas. Y dijo Jehová: No contenderá mi espíritu con el hombre para siempre, porque ciertamente él es carne; mas serán sus días ciento veinte años" (Gn. 6:1-3).**
>
> **"Y vio Jehová que la maldad de los hombres era mucha en la tierra, y que todo designio de los pensamientos del corazón de ellos era de continuo solamente el mal. Y se arrepintió Jehová de haber hecho hombre en la tierra, y le dolió en su corazón. Y dijo Jehová: Raeré de sobre la faz de la tierra a los hombres que he creado, desde el hombre hasta la bestia, y hasta el reptil y las aves del cielo; pues me arrepiento de haberlos hecho" (Gn. 6:5-7).**
>
> **"Y se corrompió la tierra delante de Dios, y estaba la tierra llena de violencia. Y miró Dios la tierra, y he aquí que estaba corrompida; porque toda carne había corrompido su camino sobre la tierra. Dijo, pues, Dios a Noé: He decidido el fin de todo ser, porque la tierra está llena de violencia a causa de ellos; y he aquí que yo los destruiré con la tierra" (Gn. 6:11-13).**
>
> **"Y he aquí que yo traigo un diluvio de aguas sobre la tierra, para destruir toda carne en que haya espíritu de vida debajo del cielo; todo lo que hay en la tierra morirá" (Gn. 6:17).**

2. Dios destruyó toda la vida (vv. 21-23a). Esta es una escena trágica, aún así es un acto justo por parte de Dios. Dios no tuvo opción: Él había advertido al hombre, lo advir-

tió una y otra vez, pero el hombre se rehusó a prestarle atención a las amonestaciones de Dios.

A pesar de las amonestaciones de Dios, los hombres siguieron maldiciendo, rechazando, negando y rebelándose contra Dios. Los hombres siguieron llevando una vida inmoral y anárquica, llenando la tierra de violencia. La tragedia del mal terrible del hombre y de la justicia de Dios es tan significativa que el juicio se repite tres veces.

=> 21. Toda carne pereció, toda cosa viviente que se movía en la tierra, animal y hombre.

=> 22. Todo lo que tenía aliento de espíritu de vida en sus narices, todo lo que había en la tierra, murió.

=> 23. Todo ser vivo sobre la faz de la tierra fue "destruido" (heb.), hombre y animal.

Recuerde lo que el Señor Jesucristo dijo acerca de las personas de la época de Noé y de la época de Lot: Que la última generación en la tierra sería como la de su época. Las personas de la época de Noé llevaban una vida egoísta, indulgente y materialista. Comían, fiesteaban, bebían, se casaban y se divorciaban una y otra vez, compraban y vendían, sembraban y construían. Esto era lo que hacían, sin prestar atención a la advertencia del juicio contra el pecado.

> **"Como fue en los días de Noé, así también será en los días del Hijo del Hombre. Comían, bebían, se casaban y se daban en casamiento, hasta el día en que entró Noé en el arca, y vino el diluvio y los destruyó a todos. Asimismo como sucedió en los días de Lot: Comían, bebían, compraban, vendían, plantaban, edificaban; mas el día en que Lot salió de Sodoma, llovió del cielo fuego y azufre, y los destruyó a todos. Así será el día en que el Hijo del Hombre se manifieste" (Lc. 17:26-30).**

Las personas de la época de Noé se estaban ahogando mucho antes de que viniera el diluvio sobre la tierra, se ahogaban en...

- inmoralidad y el placer
- el divorcio y el matrimonio repetido
- la violencia y la anarquía
- la borrachera y las drogas
- las fiestas y la sensualidad
- las posesiones y el dinero
- la compra y venta
- la propiedad y la construcción

Rechazaban a Dios, incluso negaban y se rebelaban contra Él, hasta maldecían y blasfemaban contra su nombre. No querían tener nada que ver con Dios y no tenían nada que ver con Dios. Rechazaron a Dios incluso hasta el mismo día en que se desataron las aguas del diluvio. No en balde tuvieron que enfrentar el juicio de Dios. No en balde Dios desató y lanzó los mares y las cavernas, los ríos y los fondos marinos de aguas subterráneas debajo de la corteza de la tierra. No en balde Dios envió lluvias torrenciales nunca antes ni desde entonces vistas en la tierra. No en balde Dios arrasó con todos en las impulsiones arremolinadas y turbulentas de agua en la tierra. Eran personas inmorales, egocéntricas, indulgentes, anárquicas, violentas, malignas y pecaminosas. Dios había advertido a las personas y ahora estaba cumpliendo su Palabra. Él estaba haciendo exactamente lo que Él tenía que hacer: Juzgar a las personas.

> **"¿No sabéis que los injustos no heredarán el reino de Dios? No erréis; ni los fornicarios, ni los idólatras, ni los adúlteros, ni los afeminados, ni los que se echan con varones, ni los ladrones, ni los avaros, ni los borrachos, ni los maldicientes, ni los estafadores, heredarán el reino de Dios" (1 Co. 6:9-10; cp. Gn.6:1-2, 5 11-13).**
>
> **"Y manifiestas son las obras de la carne, que son: adulterio, fornicación, inmundicia, lascivia, idolatría, hechicerías, enemistades, pleitos, celos, iras, contiendas, disensiones, herejías, envidias, homicidios, borracheras, orgías, y cosas semejantes a estas; acerca de las cuales os amonesto, como ya os lo he dicho antes, que los que practican tales cosas no heredarán el reino de Dios" (Gá. 5:19-21).**
>
> **"Pero los cobardes e incrédulos, los abominables y homicidas, los fornicarios y hechiceros, los idólatras y todos los mentirosos tendrán su parte en el lago que arde con fuego y azufre, que es la muerte segunda" (Ap. 21:8).**

3. Dios salvó a Noé y a todos los que estaban en el arca con él (v. 23b). Esto, también, era el cumplimiento de la Palabra de Dios. Dios había prometido salvar a Noé.

> **"Mas estableceré mi pacto contigo, y entrarás en el arca tú, tus hijos, tu mujer, y las mujeres de tus hijos contigo. Y de todo lo que vive, de toda carne, dos de cada especie meterás en el arca, para que tengan vida contigo; macho y hembra serán" (Gn. 6:18-19).**
>
> **"Dijo luego Jehová a Noé: Entra tú y toda tu casa en el arca; porque a ti he visto justo delante de mí en esta generación. De todo animal limpio tomarás siete parejas, macho y su hembra; mas de los animales que no son limpios, una pareja, el macho y su hembra" (Gn. 7:1-2).**

Imagínese la escena: Noé está dentro del arca mientras afuera miles de personas están siendo arrasadas por las inundaciones y arremetidas del las aguas, gritando de terror y espanto, pero sus voces no se podían oír por el rugir de la arremetida de las aguas. No había nadie que las salvara, ya no. Era demasiado tarde para aquellas personas. Pero allí estaba Noé y su familia en el arca, salva y segura, salvada del juicio aterrorizante, pero justo de Dios.

Noé está llevando a la práctica un ejemplo de misericordia de Dios. Él y solo él había creído y seguido a Dios. Él y solo él había obedecido y basado su vida en la Palabra de Dios y la advertencia de Dios. Por ende, Dios salvó a Noé y a su familia, los salvó del juicio aterrorizante.

Pensamiento 1. Dios Salvará a cualquier persona que cree en Él y lo sigue, cualquier persona que lo obedezca plenamente y base su vida en su Palabra y sus advertencias.

> **"Porque de tal manera amó Dios al mundo, que ha dado a su Hijo unigénito, para que todo aquel que en él cree, no se pierda, mas tenga vida eterna" (Jn. 3:16).**
>
> **"De cierto, de cierto os digo: El que oye mi palabra, y cree al que me envió, tiene vida eterna; y no vendrá a condenación, mas ha pasado de muerte a vida" (Jn. 5:24).**

"Y todo aquel que invocare el nombre del Señor, será salvo" (Hch. 2:21).

"porque todo aquel que invocare el nombre del Señor, será salvo" (Ro. 10:13).

"Porque la gracia de Dios se ha manifestado para salvación a todos los hombres, enseñándonos que, renunciando a la impiedad y a los deseos mundanos, vivamos en este siglo sobria, justa y piadosamente, aguardando la esperanza bienaventurada y la manifestación gloriosa de nuestro gran Dios y Salvador Jesucristo" (Tit. 2:11-13).

"sabiendo primero esto, que en los postreros días vendrán burladores, andando según sus propias concupiscencias, y diciendo: ¿Dónde está la promesa de su advenimiento? Porque desde el día en que los padres durmieron, todas las cosas permanecen así como desde el principio de la creación. Éstos ignoran voluntariamente, que en el tiempo antiguo fueron hechos por la palabra de Dios los cielos, y también la tierra, que proviene del agua y por el agua subsiste, por lo cual el mundo de entonces pereció anegado en agua; pero los cielos y la tierra que existen ahora, están reservados por la misma palabra, guardados para el fuego en el día del juicio y de la perdición de los hombres impíos. Mas, oh amados, no ignoréis esto: que para con el Señor un día es como mil años, y mil años como un día. El Señor no retarda su promesa, según algunos la tienen por tardanza, sino que es paciente para con nosotros, no queriendo que ninguno perezca, sino que todos procedan al arrepentimiento. Pero el día del Señor vendrá como ladrón en la noche; en el cual los cielos pasarán con grande estruendo, y los elementos ardiendo serán deshechos, y la tierra y las obras que en ella hay serán quemadas. Puesto que todas estas cosas han de ser deshechas, ¡cómo no debéis vosotros andar en santa y piadosa manera de vivir, esperando y apresurándoos para la venida del día de Dios, en el cual los cielos, encendiéndose, serán deshechos, y los elementos, siendo quemados, se fundirán! Pero nosotros esperamos, según sus promesas, cielos nuevos y tierra nueva, en los cuales mora la justicia" (2 P. 3:3-13)

"He aquí Dios es salvación mía; me aseguraré y no temeré; porque mi fortaleza y mi canción es JAH Jehová, quien ha sido salvación para mí" (Is. 12:2).

4 (7:24) ***Diluvio, el — Juicio:*** Estaba el gran momento en que las aguas inundaron la tierra en el juicio, 150 días. Esto quiere decir que las aguas se mantuvieron en su altura o pico (elevación) máxima durante150 días. (Vea la nota, pt. 4, Gn. 8:1-5 para un mayor análisis.) Imagínese esto nada más:

=> *Todas* las altas montañas debajo del cielo estaban cubiertas. Esto es un superlativo hebreo, es decir, las Escrituras están declarando que toda la tierra estaba inundada, no solo una parte de la tierra. El diluvio era una inundación universal. Nuevamente, la palabra *todas* es un superlativo hebreo (H. C. Leupold, *Genesis*, vol. 1, pp. 301-302).

=> El agua subió 6,10 metros por encima de las montañas.

=> El agua inundó la tierra hasta su pico máximo durante 150 días.

Sucede lo siguiente: Solo Dios podía hacer algo así. No importa cuánta evidencia científica se recopile del diluvio y la evidencia científica es grande, el diluvio fue provocado por Dios. Todos los detalles explicables e inexplicables del diluvio fueron provocados y obrados por Dios. Por ejemplo:

=> Una teoría dice que antes del diluvio una bóveda de nubes y niebla siempre colgaba sobre la tierra. Las nubes y la niebla filtraban los rayos del sol y demoraban el proceso de envejecimiento y descomposición que conocemos hoy día y en las condiciones de hoy día. Los que sostienen esa posición dicen que esa es la razón por la que las personas vivían tanto tiempo y por qué el jugo de uva o el vino no fermentaba hasta después del diluvio (cp. Gn. 9:20).

=> Otra teoría plantea que Dios inclinó la tierra sobre su eje a los 23,5 grados actuales. Esto provocó temblores y erupciones violentas de la corteza terrestre y los océanos. También se dice que responde al cambio en las estaciones y el clima después del diluvio.

Nuevamente, sea cual fuere lo que haya sucedido, Dios estaba detrás de todo eso. Él fue la Persona que provocó y obró lo que podemos explicar y lo que no podemos explicar. El diluvio fue el juicio de Dios sobre el mundo inmoral, anárquico y violento. (Vea las notas, Gn. 6:1-8; pt. 2, 3, 7:10-12 para un mayor análisis.)

Pensamiento 1. El diluvio ocurrió hace muchísimo tiempo atrás para nosotros, tanto para los científicos como para los teólogos, para poder discernir los detalles. Donde no podemos discernir los detalles, Dios espera que creamos en su Palabra. Debemos seguir investigando los detalles y descubrir las realidades, sí; pero lo más importante, debemos creer en Dios y creer en su Palabra mientras buscamos las respuestas a nuestras preguntas. Como todos sabemos, a pesar de nuestra gran inteligencia e inventiva, somos mucho más ignorantes de la historia pasada y del universo de lo que somos conocedores.

CAPÍTULO 8

E. Noé y Dios: La gran preservación de la vida (la salvación) de Dios, 8:1-14

1 Escena 1: Dios se acordó e intervino en nombre de Noé y los animales

a. Dios hizo pasar un viento sobre la tierra

b. Dios detuvo las aguas subterráneas

c. Dios detuvo la lluvia torrencial

d. Dios hizo que las aguas comenzaran a retirarse

e. Dios reposó el arca sobre los montes de Ararat

f. Dios descubrió las cimas de los montes para Noé y su familia

2 Escena 2: La gran paciencia y fe de Noé[EF1]

a. Noé, con fe, esperó pacientemente cuarenta días
   1) Noé abrió la escotilla
   2) Envió un cuervo que permaneció fuera y voló de un lado a otro

b. Noé, con fe, esperó pacientemente siete días más

1 Y se acordó Dios de Noé, y de todos los animales, y de todas las bestias que estaban con él en el arca; e hizo pasar Dios un viento sobre la tierra, y disminuyeron las aguas.

2 Y se cerraron las fuentes del abismo y las cataratas de los cielos; y la lluvia de los cielos fue detenida.

3 Y las aguas decrecían gradualmente de sobre la tierra; y se retiraron las aguas al cabo de ciento cincuenta días.

4 Y reposó el arca en el mes séptimo, a los diecisiete días del mes, sobre los montes de Ararat.

5 Y las aguas fueron decreciendo hasta el mes décimo; en el décimo, al primero del mes, se descubrieron las cimas de los montes.

6 Sucedió que al cabo de cuarenta días abrió Noé la ventana del arca que había hecho,

7 y envió un cuervo, el cual salió, y estuvo yendo y volviendo hasta que las aguas se secaron sobre la tierra.

8 Envió también de sí una paloma, para ver si las aguas se habían retirado de sobre la faz de la tierra.

9 Y no halló la paloma donde sentar la planta de su pie, y volvió a él al arca, porque las aguas estaban aún sobre la faz de toda la tierra. Entonces él extendió su mano, y tomándola, la hizo entrar consigo en el arca.

10 Esperó aún otros siete días, y volvió a enviar la paloma fuera del arca.

11 Y la paloma volvió a él a la hora de la tarde; y he aquí que traía una hoja de olivo en el pico; y entendió Noé que las aguas se habían retirado de sobre la tierra.

12 Y esperó aún otros siete días, y envió la paloma, la cual no volvió ya más a él.

13 Y sucedió que en el año seiscientos uno de Noé, en el mes primero, el día primero del mes, las aguas se secaron sobre la tierra; y quitó Noé la cubierta del arca, y miró, y he aquí que la faz de la tierra estaba seca.

14 Y en el mes segundo, a los veintisiete días del mes, se secó la tierra.

   1) Él envió una paloma
   2) La paloma no encontró donde posarse y regresó donde Noé al arca
   3) Noé tiernamente extendió su mano e hizo entrar la paloma con él al arca

c. Noé, con fe, esperó pacientemente siete días más
   1) Envió la paloma nuevamente
   2) La paloma no regresó hasta el atardecer, y regresó con una hoja fresca de olivo
   3) Noé sabía que las aguas se habían retirado

d. Noé, con fe, esperó pacientemente siete días más: Envió la paloma y no regresó

e. Noé, con fe, esperó pacientemente veintinueve días más, hasta el primer mes del año, el día primero
   1) Noé retiró la cubierta del arca
   2) Noé vio que la tierra se estaba secando

f. Noé, con fe, esperó pacientemente 57 días más, esperó hasta que la tierra estuviera completamente seca (mes segundo, día 27)

DIVISIÓN IV

NOÉ: EL HOMBRE ESCOGIDO PARA PRESERVAR A LA HUMANIDAD Y A LA SIMIENTE PIADOSA DURANTE LA DESTRUCCIÓN DEL MUNDO (EL DILUVIO), 6:9—9:29

E. Noé y Dios: La gran preservación de la vida (la salvación) de Dios, 8:1-14

(8:1-14) ***Introducción:*** Imagínese los sentimientos y emociones de Noé y de su familia, la inquietud que se debe haber apoderado de la mente y el corazón de cada uno de ellos. ¿Sería hasta posible imaginarse lo que experimentaron?

=> Imagínese estar atrapado en la lluvia torrencial más fuerte que haya azotado a la tierra, una lluvia tan fuerte que no se podía ver su propia frente a su rostro. Imagínese un aguacero torrencial de esa magnitud cayendo durante cuarenta días y cuarenta noches en la tierra.

=> Imagínese estar atrapado en medio repetidos terremotos, terremotos tan violentos que todas las aguas subterráneas se liberaron y salieron disparadas de las cavernas, de los ríos, de los lagos y de los manantiales que yacen debajo de la corteza de la tierra.

Los cuarenta días de erupción de la tierra y lluvia torrencial deben haber sido un período aterrorizante, un período tan aterrorizante que el pequeño grupo de sobrevivientes con frecuencia se hincaban de rodillas, individualmente y en colectivo. El corazón de cada uno de ellos debe haber invocado de continuo la misericordia de Dios al cumplir con sus deberes diarios para sobrevivir y para cuidar a los animales. Después de la tormenta y erupciones violentas de la tierra durante cuarenta días, al parecer todo se aplacó en cierto grado, aunque el agua aún se levantó, se arremolinó y se embraveció durante un total de 150 días (Gn. 7:24).

Noé y su familia tenían mucho trabajo que hacer. Imagíneselos cuidando, alimentando y limpiando a los animales y a ellos mismos. Pero tengan esto claro: Estaban cerrados en una estructura en forma de cajón, de tres pisos de altura y 137,16 metros de largo, la longitud de un campo y medio de fútbol. Tuvieron que ocuparse de los animales y de ellos mismos durante 150 días, flotando en la estructura del arca. Ellos se sentirían...

- encerrados
- inquietos
- enclaustrados
- confinados
- casi presos

Alguna que otra vez, en ocasiones, los nervios se les pondrían de punta y sus palabras serían ásperas. El ánimo de cada uno de ellos se alteraría y se herirían los sentimientos. El pequeño grupo de sobrevivientes eran creyentes, pero eran seres humanos, seres humanos pecadores que habían sido salvados solamente por la misericordia y la gracia de Dios. Por lo tanto, eran exactamente como nosotros, estaban sujetos a los sentimientos y emociones humanas. También debió haber momentos en que se preguntaron: "¿Cuánto tiempo más durará el diluvio? ¿Cuánto tiempo más estaremos encerrados? ¿Qué tiempo falta para que Dios nos libere y nos deje pasear por la tierra de nuevo? Y, ¿cómo será: No queda nadie, ni hombre, ni mujer, ni hijo, ni animal, solo nosotros, nuestra familia, los ocho de nosotros?" Imagínese los pensamientos que pasaron por la mente de cada uno de ellos y las conversaciones entre ellos al sentarse un rato juntos después de todo un largo y duro día de trabajo. Imagínese las preguntas, la aprehensión, la ansiedad, el temor y quizá hasta el temblor. Solo quedaban cuatro hombres y cuatro mujeres en la tierra. ¿Podemos imaginarnos sus sentimientos, emociones y conversaciones? ¿Es posible?

Ahora bien, note el gran mensaje de este pasaje, porque Dios salvó a esta familia valiente. Dios salvó estas ocho almas que habían sido tan valientes al seguir y adorar a Dios en medio de una sociedad inmoral y anárquica. Este es el pasaje que aborda a "Noé y Dios: La gran preservación de Dios y salvación de la vida".

1. Escena 1: Dios se acordó e intervino en nombre de Noé y los animales (vv. 1-5).
2. Escena 2: La gran paciencia y fe de Noé (vv. 6-14).

[1] (8:1-5) ***Diluvio, el — Dios, misericordia — Arca, el — Ararat, Monte de:*** Estaba la primera escena: Dios se acordó e intervino en nombre de Noé y de los animales. Dios nunca se olvidó de Noé. Dios es *Elohim*, el Dios Todopoderoso, el Señor y Majestad del universo quien creó y sostiene todas las cosas. Por consiguiente, Dios tiene inteligencia y memoria perfectas. Él nunca olvida. Cuando las Escrituras dicen que Dios se acordó de Noé y de los animales, quiere decir que Dios cuidó de su creación, cuidó de las personas y de los animales que Él había creado. Dios se acordó y pensó en ellos; Él los amó y *ahora estaba listo para intervenir en nombre de ellos*. Su mente había llegado al punto en que su amor y cuidado serían demostrados: Era hora de tomar medidas, era hora de hacer algo por ellos. Dios no iba a dejarlos en ese aprieto. Dios se acordó de ellos; ahora los liberaría y los salvaría.

Nuevamente, Dios nunca se olvidó de Noé. Él nunca olvida nada. Pero habían pasado 150 días desde que Dios había hablado con Noé; 150 días desde que Dios le había dado instrucciones. Era casi como si Dios se hubiera olvidado de Noé, porque 150 días es mucho tiempo. Imagínese estar encerrados en una estructura en forma de cajón, el arca, una casa, en cualquier lugar, durante 150 días. ¿Se sintió Noé abandonado, como si Dios lo hubiera olvidado? Noé era el líder del pequeño grupo de sobrevivientes, las únicas ocho personas que había sobre la tierra. ¿Estaba Noé sintiéndose presionado, cuestionado por ellos, sintiendo la responsabilidad, sintiéndose completamente solo, preguntándose por qué Dios no se había reunido con él y le había dado alguna orientación? Cualquiera de estas cosas o todas son posibles y es muy probable que sí tuvieran esos sentimientos y pensamientos en varias ocasiones durante los 150 días. Pero ahora, Dios se acordó de Noé: Era hora de actuar:

- Para demostrar preocupación y tener misericordia.
- Para preservar y salvar la vida, tanto la vida del hombre como la de los animales.

Por consiguiente, Dios se acordó de Noé y de los animales: Él tuvo misericordia y compasión por ellos. ¿Cómo? Dios hizo seis cosas significativas por Noé:

1. Dios hizo pasar un viento sobre la tierra. El viento es "aire en movimiento" (Funk y Wagnalls Standard Desk Dictionary. Lippincott y Crowell, Publishers, 1980, vol. 2, p. 327). Este viento específicamente, como con todo lo demás del diluvio, era un viento muy especial provocado por Dios para ayudar a las aguas a retirarse de la tierra.

=> ¿Fue un viento caliente y sofocante para ayudar a incrementar la evaporación del agua más rápido de lo normal?

=> ¿Fue un viento fuerte para ayudar a mover algunas aguas a sus canales y lechos adecuados?

=> ¿Fue un viento para ayudar a secar la tierra?

=> ¿Fue un viento para ayudar a dispersar y disolver las grandes nubes que flotaban sobre la tierra?

No se nos dice. Todo cuanto dicen las Escrituras es que el viento era obra de Dios, un viento especial creado por el propio Dios para ayudar a retirar las aguas.

2. Dios detuvo el flujo torrencial del agua subterránea en la tierra. Él cerró las cavernas, los ríos y los lagos que

estaban debajo de la corteza terrestre. Dios estaba demostrándole su misericordia al hombre deteniendo el flujo de agua subterránea en la tierra.

3. Dios detuvo la lluvia torrencial (v. 2). La palabra hebrea *yikkale* es enfática: Significa que se detuvo la lluvia torrencial; finalizó. Dejó de caer lluvia sobre la tierra. En su misericordia, Dios impidió que el agua siguiera tomando más fuerza en la tierra.

4. Dios hizo que las aguas comenzaran a retirarse. Observe cuándo: Después de 150 días (v. 3). Las aguas se mantuvieron en su máxima elevación 150 días. Génesis 7:24 deja esto claro. Ahora después de 150 días las aguas comenzaban a retirarse (H. C. Leupold, *Génesis*, vol. 1, pp. 306, 310-311). El comentarista Víctor Hamilton proporciona una traducción clara del versículo tres:

> *"Las aguas abandonaron la tierra: Comenzaron a retirarse después de ciento cincuenta días"* (v. 3) (*El libro de Génesis*. Grand Rapids, MI: Eerdmans, 1990, vol. 1, p. 299).

5. Dios reposó el arca en algún pico de los montes de Ararat (v. 4). ¿Qué pico? ¿En qué pico específicamente se asentó el arca? Las Escrituras no lo dicen; se usa el plural: *Los montes de Ararat*. Esta es una cordillera montañosa encontrada:

- En el país actual de Armenia o la zona oriental de Turquía.
- En el antiguo reino asirio de *Urartu*.

El pico más alto en la cordillera es el propio Monte Ararat que se eleva unos 5,18 metros de altura. Observe que se da la fecha exacta en que el arca reposó sobre el pico montañoso: El día 17 del mes séptimo.

6. Al fin, Dios descubrió las cimas de los montes para Noé y para su familia (v. 5). El hebreo señala que las aguas disminuían rápidamente, milagrosamente (H. C. Leupold, *Génesis*, vol. 1, p. 312). Dios, en su misericordia para con el hombre, estaba obrando. Él estaba haciendo que el agua se retirara para que Noé y su familia pudieran salvarse y repoblar la tierra. Era el primer día del mes décimo, dos meses y medio después de que el arca había reposado sobre algún pico montañoso. Imagínese su alegría cuando sintieron el arca reposarse sobre tierra seca e imagínese ahora su alegría al poder mirar por la escotilla o ventana en forma de trampa. Lo que ven hace que el corazón les brinque de alegría, porque ven los picos de las montañas que los rodean. Saben como nunca antes que Dios es misericordioso, que Él está retirando las aguas y salvándolos. Este pequeño grupo de creyentes debe haber hecho exactamente lo que cualquier creyente habría hecho: Alabar a Dios y regocijarse en Él por su gran salvación.

Pensamiento 1. Note que se da el dato de tiempo exacto en que los pasajeros del arca llegaron a un lugar seguro. A los creyentes cristianos se les dice que "cuando vino el cumplimiento del tiempo, Dios envió a su Hijo... para que los redimiese..." (Gá. 4:4-5). Hubo y hay una preparación, un tiempo establecido, para que el pueblo de Dios sea llevado a un lugar seguro. (Vea la nota, Gn. 8:6-14.) Como demuestran los puntos de esta nota, Dios se acuerda de su pueblo. Dios se acuerda de todo lo vivo. Lo que Él exige es fe y paciencia en Él mientras nos lleva a través de las pruebas de esta vida y la partida venidera de esta tierra.

> **"echando toda vuestra ansiedad sobre él, porque él tiene cuidado de vosotros" (1 P. 5:7).**
>
> **"No se turbe vuestro corazón; creéis en Dios, creed también en mí. En la casa de mi Padre muchas moradas hay; si así no fuera, yo os lo hubiera dicho; voy, pues, a preparar lugar para vosotros" (Jn. 14:1-2).**
>
> **"Pero cuando vino el cumplimiento del tiempo, Dios envió a su Hijo, nacido de mujer y nacido bajo la ley, para que redimiese a los que estaban bajo la ley, a fin de que recibiésemos la adopción de hijos. Y por cuanto sois hijos, Dios envió a vuestros corazones el Espíritu de su Hijo, el cual clama: ¡Abba, Padre!" (Gá. 4:4-6).**
>
> **"Pues no habéis recibido el espíritu de esclavitud para estar otra vez en temor, sino que habéis recibido el espíritu de adopción, por el cual clamamos: ¡Abba, Padre! El Espíritu mismo da testimonio a nuestro espíritu, de que somos hijos de Dios. Y si hijos, también herederos; herederos de Dios y coherederos con Cristo, si es que padecemos juntamente con él, para que juntamente con él seamos glorificados" (Ro. 8:15-17).**

Pensamiento 2. Dios libera a su pueblo durante las pruebas de esta vida. Puede que en ocasiones el viaje sea largo y difícil, incluso como fue el de Noé. Pero aún así Dios nos libera de todos los sufrimientos de la vida, si tan solo confiamos en Él como confió Noé. Esta es la razón por la que las Escrituras nos dicen que nos gocemos y nos regocijemos en las pruebas de la vida: Dios nos libera y nos salva.

> **"Regocijaos en el Señor *siempre*. Otra vez digo: ¡Regocijaos!" (Fil. 4:4).**
>
> **"Amados, no os sorprendáis del fuego de prueba que os ha sobrevenido, como si alguna cosa extraña os aconteciese, sino gozaos por cuanto sois participantes de los padecimientos de Cristo, para que también en la revelación de su gloria os gocéis con gran alegría" (1 P. 4:12-13).**
>
> **"Hermanos míos, tened por sumo gozo cuando os halléis en diversas pruebas" (Stg. 1:2).**
>
> **"Aunque la higuera no florezca, ni en las vides haya frutos, aunque falte el producto del olivo, y los labrados no den mantenimiento, y las ovejas sean quitadas de la majada, y no haya vacas en los corrales; con todo, yo me alegraré en Jehová, y me gozaré en el Dios de mi salvación" (Hab. 3:17-18).**
>
> **"Y ellos salieron de la presencia del concilio, gozosos de haber sido tenidos por dignos de padecer afrenta por causa del Nombre" (Hch. 5:41).**
>
> **"Después de haberles azotado mucho, los echaron en la cárcel, mandando al carcelero que los guardase con seguridad... Pero a medianoche, orando Pablo y Silas, cantaban himnos a Dios; y los presos los oían" (Hch. 16:23, 25).**
>
> **"como entristecidos, mas siempre gozosos; como pobres, mas enriqueciendo a muchos; como no teniendo nada, mas poseyéndolo todo" (2 Co. 6:10).**
>
> **"Porque de los presos también os compadecisteis, y el despojo de vuestros bienes sufristeis con gozo, sa-**

biendo que tenéis en vosotros una mejor y perdurable herencia en los cielos" (He. 10:34).

Pensamiento 3. Dios puede controlar la naturaleza, la lluvia, los vientos y las tormentas de la tierra. Él puede controlar todas las pruebas que nos impone la naturaleza o el hombre cuando es su voluntad hacerlo, cuando cumple sus propósitos.

=> Piense en esto: ¿Cuántas tormentas, cuántos actos devastadores de la naturaleza y de hombres malignos, no habrían ocurrido nunca si hubiéramos orado como debíamos, hubiéramos orado mucho y fielmente?

=> Hágase esta pregunta: Si buscamos verdaderamente a Dios y caminamos con Dios como lo hizo Noé (cp. Gn. 6:9), ¿intervendría Dios en nombre de la tierra y de la humanidad más a menudo? ¿Nos salvaría Él con mayor frecuencia de las tormentas devastadoras y los males de la vida?

"no tenéis lo que deseáis, porque no pedís" (Stg. 4:2).

"Pedid, y se os dará; buscad, y hallaréis; llamad, y se os abrirá" (Mt. 7:7).

"Y todo lo que pidiereis en oración, creyendo, lo recibiréis" (Mt. 21:22).

"Si permanecéis en mí, y mis palabras permanecen en vosotros, pedid todo lo que queréis, y os será hecho" (Jn. 15:7).

"Y a Aquel que es poderoso para hacer todas las cosas mucho más abundantemente de lo que pedimos o entendemos, según el poder que actúa en nosotros" (Ef. 3:20).

"Tú oyes la oración; a ti vendrá toda carne" (Sal. 65:2).

"si se humillare mi pueblo, sobre el cual mi nombre es invocado, y oraren, y buscaren mi rostro, y se convirtieren de sus malos caminos; entonces yo oiré desde los cielos, y perdonaré sus pecados, y sanaré su tierra" (2 Cr. 7:14).

"Cuando pases por las aguas, yo estaré contigo; y si por los ríos, no te anegarán. Cuando pases por el fuego, no te quemarás, ni la llama arderá en ti" (Is. 43:2).

"Y antes que clamen, responderé yo; mientras aún hablan, yo habré oído" (Is. 65:24).

"Clama a mí, y yo te responderé, y te enseñaré cosas grandes y ocultas que tú no conoces" (Jer. 33:3)

[2] (8:6-14) ***Paciencia — Fe — Confianza — Noé — Salvación — Liberación:*** Estaba la segunda escena: La gran fe y paciencia de Noé delante de Dios. Su fe y paciencia se ven claramente en los seis sucesos a que hacen referencia los puntos del bosquejo. Échele una ojeada nuevamente a las Escrituras y observe estos seis sucesos (vv. 6-14).

1. Observe la gran fe y paciencia de Noé.
   a. Noé, con fe, esperó pacientemente cuarenta días después de ver las cimas de los montes para enviar al cuervo a buscar tierra seca (v. 6).
   b. Noé, con fe, esperó pacientemente siete días más para enviar una paloma en busca de tierra seca. El marco de tiempo de siete días no se da realmente en el versículo 8, pero note el versículo 10. El hebreo dice que Noé esperó *"otros* siete días" y *"volvió"* a enviar la paloma. Esto vuelve a apuntar a un período de espera de siete días para enviar cada una de las aves (v. 8).
   c. Noé, con fe, esperó pacientemente siete días más para enviar la paloma de nuevo (v. 10).
   d. Noé, con fe, esperó pacientemente siete días más para enviar de nuevo la paloma (v. 12).
   e. Noé, con fe, esperó pacientemente veintinueve días más para retirar la cubierta del arca (v. 13).
   f. Noé, con fe, esperó pacientemente cincuenta y siete días más hasta que la tierra estuviera completamente seca (v. 14).

La gran fe y paciencia de Noé en Dios es incuestionable. Esto es en lo que consiste el énfasis de estos nueve versículos. Noé estaba confiando en Dios y estaba esperando pacientemente a que Dios secara la tierra para que él y su familia pudieran salir del arca y comenzar su nueva vida en la tierra.

¡Imagínese cuán difícil fue para ellos mantenerse esperando y esperando! Llevaban dentro del arca casi un año, ni siquiera podían salir a la cubierta. Se iban a sentir encerrados y confinados, enjaulados y enclaustrados, casi presos. Y ahora, el agua se estaba retirando: Podían ver cómo disminuía el nivel del agua y dejaba ver cada vez más las montañas y la tierra todos los días. ¡Cuán emocionados deben haber estado! Los deseos de abrir la puerta y poner los pies en tierra seca debieron haberlos desesperado. ¡Aún así cuánto miedo habrán sentido, porque no tenían idea de lo que les aguardaba! El juicio de Dios había caído y destruido toda la vida en la tierra, tanto al hombre como a la bestia, a toda la vida excepto las pocas personas y animales que estaban en el arca. ¿Cómo sería la vida con nadie más en la tierra? ¿Qué debían esperar, qué tipo de relación con Dios, a partir de ahora? ¿Qué Dios esperaría ahora de ellos? Hasta donde sabemos, Dios no le había dado ningún mensaje nuevo ni revelación a Noé desde que Él había cerrado a Noé en el arca. El corazón de cada uno de ellos habría estado lleno de emoción y deseos de salir del arca, cierto; pero también sentirían el ataque a sus pensamientos y emociones de la aprehensión, el desasosiego, la ansiedad y el temor.

Pero en todo momento, con toda la angustia mental y el desasosiego emocional, Noé confió en Dios y esperó en Dios pacientemente.

Pensamiento 1. ¡Qué ejemplo tan dinámico para nosotros, un ejemplo dinámico de fe en Dios y de paciencia con Dios! No importa lo que nos confronte, la aprehensión, la inquietud y el temor no podrían asemejarse a lo que sufrió Noé. Aún así, en todo momento Noé confió y esperó pacientemente en Dios. Que Dios nos conceda la misma fe y la paciencia que Noé demostró.

"Con vuestra paciencia ganaréis vuestras almas" (Lc. 21:19).

"gozosos en la esperanza; sufridos en la tribulación; constantes en la oración" (Ro.12:12).

"porque os es necesaria la paciencia, para que ha-

biendo hecho la voluntad de Dios, obtengáis la promesa" (He. 10:36).

"sabiendo que la prueba de vuestra fe produce paciencia. Mas tenga la paciencia su obra completa, para que seáis perfectos y cabales, sin que os falte cosa alguna. Y si alguno de vosotros tiene falta de sabiduría, pídala a Dios, el cual da a todos abundantemente y sin reproche, y le será dada" (Stg. 1:3-5).

"Por tanto, hermanos, tened paciencia hasta la venida del Señor. Mirad cómo el labrador espera el precioso fruto de la tierra, aguardando con paciencia hasta que reciba la lluvia temprana y la tardía. Tened también vosotros paciencia, y afirmad vuestros corazones; porque la venida del Señor se acerca" (Stg. 5:7-8).

"¡Cuán grande es tu bondad, que has guardado para los que te temen, que has mostrado a los que esperan en ti, delante de los hijos de los hombres!" (Sal. 31:19).

"Jehová redime el alma de sus siervos, y no serán condenados cuantos en él confían" (Sal. 34:22).

"Encomienda a Jehová tu camino, y confía en él; y él hará" (Sal. 37:5).

"Fíate de Jehová de todo tu corazón, y no te apoyes en tu propia prudencia" (Pr. 3:5).

"Tú guardarás en completa paz a aquel cuyo pensamiento en ti persevera; porque en ti ha confiado. Confiad en Jehová perpetuamente, porque en Jehová el Señor está la fortaleza de los siglos" (Is. 26:3-4).

"¿Quién hay entre vosotros que teme a Jehová, y oye la voz de su siervo? El que anda en tinieblas y carece de luz, confíe en el nombre de Jehová, y apóyese en su Dios" (Is. 50:10).

Pensamiento 2. Observe cómo Noé no se impacientó ni se adelantó a Dios. Él no precipitó la voluntad de Dios. Era la voluntad de Dios que él abandonara el arca, ¿pero cuándo? Lo que Noé necesitaba era fe y paciencia en Dios:

- Fe en que Dios le mostraría claramente cuándo abandonar el arca.
- La paciencia para buscar de Dios y esperar hasta que Dios se lo mostrara.

Noé hizo eso y eso debemos hacer nosotros. Debemos tener fe y paciencia en que Dios nos mostrará claramente su voluntad y nos mostrará cuándo actuar.

2. Note que Noé esperó siete días cada vez que envió las aves en busca de tierra seca (vv. 7, 8, 10, 12). Esto definitivamente apunta al sábado, al hecho de que Noé enviara las aves el día ya santificado por Dios, el día de adoración. Noé envió las aves con *esperanza, gran esperanza en Dios*. No se podía escoger mejor día para enviarlas que el día de adoración. Haber escogido el día sábado, el día de oración y adoración, sencillamente era natural. Nosotros, todo creyente genuino que hubiera experimentado lo que experimentó Noé, habría hecho lo mismo: Habría enviado las aves con esperanza, oración y adoración el día tan especial que Dios había apartado para la adoración de Dios. (Vea la nota, Gn. 2:3 para un mayor análisis.)

Pensamiento 1. La importancia que Noé puso en el día de adoración debiera hablarnos a nosotros. Con qué frecuencia nos descuidamos del día de adoración, el día mismo que el propio Dios apartó para nos concentráramos en Él, para reposar y buscar de Él.

"Y bendijo Dios al día séptimo, y lo santificó, porque en él reposó de toda la obra que había hecho en la creación" (Gn. 2:3).

"Acuérdate del día de reposo para santificarlo" (Éx. 20:8).

"Seis días trabajarás, mas en el séptimo día descansarás; aun en la arada y en la siega, descansarás" (Éx. 34:21).

"Bienaventurado el hombre que hace esto, y el hijo de hombre que lo abraza; que guarda el día de reposo para no profanarlo, y que guarda su mano de hacer todo mal" (Is. 56:2).

"Si retrajeres del día de reposo tu pie, de hacer tu voluntad en mi día santo, y lo llamares delicia, santo, glorioso de Jehová; y lo venerares, no andando en tus propios caminos, ni buscando tu voluntad, ni hablando tus propias palabras, entonces te deleitarás en Jehová; y yo te haré subir sobre las alturas de la tierra, y te daré a comer la heredad de Jacob tu padre; porque la boca de Jehová lo ha hablado" (Is. 58:13-14).

"El primer día de la semana, reunidos los discípulos para partir el pan, Pablo les enseñaba, habiendo de salir al día siguiente; y alargó el discurso hasta la medianoche" (Hch. 20:7).

"Cada primer día de la semana cada uno de vosotros ponga aparte algo, según haya prosperado, guardándolo, para que cuando yo llegue no se recojan entonces ofrendas" (1 Co. 16:2).

3. Observe varios pequeños detalles acerca de los seis sucesos de este pasaje.

a. Probablemente Noé enviara un cuervo porque era un carroñero y podía encontrar comida flotando o tirada en algún lugar con más facilidad que la mayoría de las otras aves. Note que el cuervo no regresó al interior del arca, sino que se mantuvo yendo y viniendo, probablemente reposando sobre el techo del arca. Probablemente Noé y los pasajeros escucharan el graznido del ave cuando se posaba en el arca.

b. La paloma es un ave que se mantiene más cerca de la tierra que la mayoría de las otras aves. Probablemente esta sea la razón por la que Noé enviara una paloma en busca de tierra seca. Si el ave se quedaba fuera, Noé sabría que el agua se había retirado lo suficiente como para descubrir alguna tierra baja.

c. Note la ternura de Noé y la paloma. Cuando la paloma regresó, Noé sacó su mano por la escotilla y la paloma voló al interior y se posó en su mano (v. 9). Un hombre que es tierno con los animales, por lo general, es un hombre tierno.

d. Note que la paloma no regresó hasta las horas del atardecer en su segundo viaje. Cuando se acababa el medio día y comenzaban las primeras horas de la noche, ¡cuán expectantes y esperanzados deben haber estado los pasajeros!

¡Creyeron que la paloma no iba a regresar! El agua se había retirado lo suficiente como para que la tierra comenzara a secarse y la paloma pudiera permanecer fuera del arca. ¡Ya no faltaría mucho! ¡Pronto podrían desembarcar y establecerse en la tierra!

¡Qué alegría y expectación debe haber inundado el corazón de cada uno de ellos cuando el ave regresó con la evidencia: Una hoja verde de olivo arrancada de un árbol! (El hebreo dice que la hoja era una hoja fresca o nueva.) Los sobrevivientes ya sabían sin duda alguna que Dios los había salvado. Había paz entre Dios y los sobrevivientes de fe. Los que verdaderamente creyeron y siguieron a Dios habían sido salvados del juicio sobre un mundo malo.

Pensamiento 1. James Montgomery Boice señala que su experiencia fue tan conmovedora que la ilustración de una paloma con una rama de olivo es la señal de la paz incluso en la actualidad (*Génesis, un comentario expositivo*, vol. 1, p. 298).

e. Cuando la paloma no regresó en su tercer viaje, los sobrevivientes supieron sin duda alguna que el agua se había retirado y la tierra se secaría muy rápido.

f. Veintinueve días después Noé retiró una parte del techo del arca, miró y vio que el agua se había retirado completamente. La tierra se estaba secando.

g. Pasaron 57 días para que la tierra se secara completamente (vea el *Estudio a fondo 1*, Gn. 8:6-14 para un recuadro acerca de "El tiempo del diluvio").

ESTUDIO A FONDO 1

(8:6-14) ***Diluvio, El:*** El siguiente recuadro está basado en los siguientes datos. El calendario de la época de Noé parece estar compuesto de 12 meses de 30 días cada uno.

=> Se dice que pasaron 150 días para que las aguas permanecieran en su pico (Gn. 7:24).

=> Se dice que pasaron 150 días, probablemente un período de cinco meses (30 días cada uno), entre el principio del diluvio hasta el momento en que el arca reposó sobre el Monte Ararat (Gn. 8:4).

Al parecer ambas referencias apuntan a un período de cinco meses de treinta días cada uno. El siguiente recuadro está basado en doce meses de treinta días cada uno. Esto quiere decir que Noé y los otros sobrevikvientes estuvieron en el arca durante:

- Un año y 10 días según el año calendario de la época de Noé.
- Un año y cinco días según el año solar de la actualidad.

EL TIEMPO DEL DILUVIO

	Mes	Días	Total de días	Pasaje bíblico
Comienza el diluvio. Se liberan la lluvia y las aguas subterráneas.	2	17		7:11
El diluvio continúa durante 40 días.			40	7:12
El diluvio prevalece por un total de 150 días.			150	7:24
El arca se establece sobre el Monte Ararat el mismo día que las aguas comienzan a retirarse (150 días después de que comenzara el diluvio).	7	17	150	8:4
Las cimas de los montes se ven 73 días después.	10	1	223	8:5
Cuervo enviado después de 40 días.			263	8:6-7
Paloma enviada después de 7 días.			270	8:8 compare 8:10
Paloma enviada después de 7 días más y regresó con una rama de un árbol.			277	8:10
Paloma enviada después de 7 días más y no regresó.			284	8:12
La superficie de la tierra se ve secándose 29 días más tarde.	1	1	313	8:13
La superficie de la tierra está seca 57 días más tarde.	2	27	370	8:14

	F. Noé y el gran día: Dios envió a Noé al mundo a comenzar una nueva vida, 8:15-22	20 Y edificó Noé un altar a Jehová, y tomó de todo animal limpio y de toda ave limpia, y ofreció holocausto en el altar.	**3 Escena 3: El primer acto de Noé, estableció un lugar de adoración** a. Noé construyó un altar b. Noé ofreció un sacrificio, un holocausto, a Dios[EF1]
1 Escena 1: Las instrucciones tan esperadas de Dios	15 Entonces habló Dios a Noé, diciendo:		
a. Primero, salir del arca y tomar a su familia	16 Sal del arca tú, y tu mujer, y tus hijos, y las mujeres de tus hijos contigo.	21 Y percibió Jehová olor grato; y dijo Jehová en su corazón: No volveré más a maldecir la tierra por causa del hombre; porque el intento del corazón del hombre es malo desde su juventud; ni volveré más a destruir todo ser viviente, como he hecho.	**4 Escena 4: El gran placer de Dios con el sacrificio de Noé y las grandes promesas de Dios a Noé y a la raza humana** a. Nunca más maldecir la tierra con un diluvio universal b. Nunca más destruir toda la vida con un diluvio universal c. Garantizar los horarios y las estaciones de la tierra
b. Segundo, sacar a todos los animales para que pudieran reproducirse y llenar la tierra	17 Todos los animales que están contigo de toda carne, de aves y de bestias y de todo reptil que se arrastra sobre la tierra, sacarás contigo; y vayan por la tierra, y fructifiquen y multiplíquense sobre la tierra.		
2 Escena 2: La obediencia estricta de Noé a. Sacó a su familia del arca	18 Entonces salió Noé, y sus hijos, su mujer, y las mujeres de sus hijos con él.	22 Mientras la tierra permanezca, no cesarán la sementera y la siega, el frío y el calor, el verano y el invierno, y el día y la noche.	
b. Luego sacó a los animales del arca, cada uno según su especie o género	19 Todos los animales, y todo reptil y toda ave, todo lo que se mueve sobre la tierra según sus especies, salieron del arca.		

DIVISIÓN IV

NOÉ: EL HOMBRE ESCOGIDO PARA PRESERVAR A LA HUMANIDAD Y A LA SIMIENTE PIADOSA DURANTE LA DESTRUCCIÓN DEL MUNDO (EL DILUVIO), 6:9—9:29

F. Noé y el gran día: Dios envió a Noé al mundo a comenzar una nueva vida, 8:15-22

(8:15-22) ***Introducción:*** Recuerde los sentimientos y emociones de Noé y de su familia. Ellos y los animales llevaban un año y diez días en el arca. Imagínese nada más lo que hubieron experimentado cuando Dios juzgó la tierra por su anarquía, inmoralidad y violencia:

=> El levantamiento convulsivo de la tierra cuando las aguas subterráneas se liberaron de sus cavernas subterráneas.

=> Las lluvias torrenciales durante 40 días y 40 noches consecutivos.

=> Toda la tierra cubierta de agua.

=> El ahogamiento de toda persona y animal vivos, todos excepto los pocos sobrevivientes que había en el arca.

Habían experimentado la realidad viva del juicio de Dios, que Dios hace exactamente lo que dice cuando advierte a los hombres contra el pecado: Contra la anarquía, la inmoralidad y la violencia. Según se ha planteado, habían estado dentro del arca que estuvo flotando a la deriva un año y diez días, conscientes del juicio y poder imponentes de Dios. El pequeño grupo de sobrevivientes iba a experimentar cierta aprehensión, inquietud, sobrecogimiento y temor delante de Dios, porque habían presenciado el juicio imponente de Dios. Además, al llevar dentro del arca 370 días, se iban a sentir confinados, encerrados, enjaulados, enclaustrados y casi prisioneros. Los deseos de salir y tocar tierra seca deben haberse apoderado de ellos en ocasiones.

Imagínese nada más la emoción que les sobrevino a los sobrevivientes:

- Cuando sintieron al arca golpear el Monte Ararat y reposarse sobre él (Gn. 8:5).
- Cuando miraron hacia fuera y vieron las cimas de los montes por primera vez después de alrededor de 200 días (Gn. 8:5).
- Cuando se envió al cuervo en busca de tierra seca y no regresó (Gn. 8:6-7).
- Cuando se envió la paloma y trajo una hoja de olivo y luego se envió de nuevo y no regresó (Gn. 8:10, 12).
- Cuando retiraron parte del techo del arca, salieron y miraron al suelo y vieron que se estaba secando (Gn. 8:13).
- Cuando esperaron 57 días más a que la tierra se secara completamente (Gn. 8:14).

El corazón de cada uno de ellos debe haberse llenado de

emoción cuando experimentaron estos sucesos. Sabían que el día en que podrían salir y pisar tierra seca se acercaba. Sabían que pronto podrían abandonar el arca y establecerse una vez más en la tierra. Este es el tema de este gran pasaje: "Noé y el gran día: Dios envió a Noé al mundo a comenzar una nueva vida".

1. Escena 1: Las instrucciones tan esperadas de Dios (vv. 15-17).
2. Escena 2: La obediencia estricta de Noé (vv. 18-19).
3. Escena 3: El primer acto de Noé, estableció un lugar de adoración (v. 20).
4. Escena 4: El gran placer de Dios con el sacrificio de Noé y las grandes promesas de Dios a Noé y a la raza humana (vv. 21-22).

[1] (8:15-17) ***Dios, fidelidad de:*** Estaba la primera escena: La fidelidad y mandato tan esperados de Dios. Dios le habló a Noé. Dios no le había dado ninguna instrucción a Noé desde el día que le dijo a Noé que entrara al arca (Gn. 7:1s). Eso había sido más de un año atrás. Dios había prometido salvar a Noé durante el juicio imponente que vendría sobre la tierra (Gn. 6:17-18). Dios era fiel. Su fidelidad se había demostrado por medio del diluvio de aguas que había inundado la tierra; Él había salvado a Noé durante el juicio. Ahora bien, la fidelidad de Dios se demostraría en las nuevas instrucciones que estaba por darle. La salvación de Noé estaba por completarse.

Note las instrucciones de Dios.

1. Sal del arca tú y tu familia (v. 16). Este era el paso final de liberación del juicio de Dios. Noé ahora saldría del arca y pisaría la tierra. Imagínese la aprehensión y el temor, los pensamientos y las interrogantes acerca de lo que había fuera. La tierra se había devastado y destruido completamente con el diluvio de agua. Pero note el énfasis y la fuerza de las instrucciones de Dios: "Sal del arca, sal ahora, inmediatamente. No temas al punto de vacilar o demorarte. Ha llegado tu día de liberación y salvación. Sal ahora".

2. Segundo, Dios dice: "Saca a todos los animales, para que se reproduzcan y se multipliquen en la tierra" (v. 17).

Noé y los sobrevivientes del juicio imponente de Dios debían edificar una nueva vida en la tierra. Dios había sido fiel a su Palabra y a su promesa. Él había juzgado la anarquía, la inmoralidad y la violencia de los hombres; pero en su misericordia, Él había salvado a aquellos que había prometido salvar, aquellos que creyeron y lo siguieron verdaderamente.

Pensamiento 1. Dios no abandonó a Noé ni a su familia. Puede que haya habido momentos durante los largos días del juicio imponente en que ellos sintieran temor de o que les podría suceder. Pero Dios fue fiel: Llegó el día en que Él completó su tan esperada salvación y liberación. ¡Qué lección para nosotros! Nunca debiéramos desesperarnos, nunca debiéramos permitir que una prueba o tentación nos venza. Dios siempre nos liberará si tan solo confiamos y esperamos pacientemente en Dios. Nuestra redención, nuestra salvación gloriosa, se acerca. Dios es fiel. Él va a completar nuestra salvación y liberación de este mundo pecaminoso y del juicio aterrorizante que está por venir. Dios va a completar nuestra redención.

"estando persuadido de esto, que el que comenzó en vosotros la buena obra, la perfeccionará hasta el día de Jesucristo" (Fil. 1:6).

"Y vosotros, hermanos, no os canséis de hacer bien" (2 Ts. 3:13).

"Por lo cual asimismo padezco esto; pero no me avergüenzo, porque yo sé a quién he creído, y estoy seguro que es poderoso para guardar mi depósito para aquel día" (2 Ti. 1:12).

"Bendito el Dios y Padre de nuestro Señor Jesucristo, que según su grande misericordia nos hizo renacer para una esperanza viva, por la resurrección de Jesucristo de los muertos, para una herencia incorruptible, incontaminada e inmarcesible, reservada en los cielos para vosotros, que sois guardados por el poder de Dios mediante la fe, para alcanzar la salvación que está preparada para ser manifestada en el tiempo postrero" (1 P. 1:3-5).

"Y a aquel que es poderoso para guardaros sin caída, y presentaros sin mancha delante de su gloria con gran alegría" (Jud. 24).

"He aquí, no se adormecerá ni dormirá El que guarda a Israel" (Sal. 121:4).

Pensamiento 2. Había pasado casi ya un año desde que Dios se había reunido y había hablado con Noé. Puede que haya habido momentos en los que sintió que Dios estaba demasiado distante, fuera de su alcance o no lo suficientemente preocupado. Momentos en los que sintió que Dios se había olvidado de todo respecto a él. Pero observe: Dios no había olvidado. Él sabía todo respecto a Noé y los sobrevivientes y Él lo sabe todo respecto a nosotros. Dios no está distante en alguna parte del espacio exterior, despreocupado de nosotros. Dios sabe de cada prueba y tentación a que nos enfrentamos y Él cuida de nosotros. Dios promete cuidar de nosotros si tan solo confiamos en Él y vivimos para Él.

"Bienaventurados los que tienen hambre y sed de justicia, porque ellos serán saciados" (Mt. 5:6).

"Mas buscad primeramente el reino de Dios y su justicia, y todas estas cosas os serán añadidas" (Mt. 6:33).

"echando toda vuestra ansiedad sobre él, porque él tiene cuidado de vosotros" (1 P. 5:7).

"Fíate de Jehová de todo tu corazón, y no te apoyes en tu propia prudencia. Reconócelo en todos tus caminos, y él enderezará tus veredas" (Pr. 3:5-6).

"El temor del hombre pondrá lazo; mas el que confía en Jehová será exaltado" (Pr. 29:25).

"¡Cuán grande es tu bondad, que has guardado para los que te temen, que has mostrado a los que esperan en ti, delante de los hijos de los hombres!" (Sal. 31:19).

"Muchos dolores habrá para el impío; mas al que espera en Jehová, le rodea la misericordia" (Sal. 32:10).

"Jehová redime el alma de sus siervos, y no serán condenados cuantos en él confían" (Sal. 34:22).

"Confía en Jehová, y haz el bien; y habitarás en la tierra, y te apacentarás de la verdad" (Sal. 37:3).

"Encomienda a Jehová tu camino, y confía en él; y él hará" (Sal. 37:5).

"Mejor es confiar en Jehová que confiar en el hombre" (Sal.118:8).

"Tú guardarás en completa paz a aquel cuyo pensamiento en ti persevera; porque en ti ha confiado. Confiad en Jehová perpetuamente, porque en Jehová el Señor está la fortaleza de los siglos" (Is. 26:3-4).

2 (8:18-19) ***Obediencia:*** Estaba la segunda escena: La obediencia estricta de Noé a Dios. Noé salió del arca tal como Dios le había mandado. El sentir de un momento como ese nunca se podría describir, no de un modo adecuado, no plenamente. Pero imagínese la escena de la mejor manera posible. La tierra había sido devastada por un diluvio enorme, un diluvio tan grande que había cubierto hasta los picos montañosos más altos. La vegetación de la tierra, los bosques, los árboles, los arbustos, las frutas y el césped de la tierra, la mayoría había sido desarraigada y destruida. Solo permanecieron las semillas, semillas que habían quedado esparcidas por toda la tierra cuando las aguas se habían retirado a los lagos, los ríos, las cavernas y los fondos marinos de la tierra.

La tierra ya no estaba llena del verdor exuberante de los bosques y los colores bellos de los arbustos y las flores. La tierra ya no estaba llena de árboles frutales, de arbustos, ni de vegetales. La tierra que Noé pisó en su mayoría era terreno árido, con escombros por toda su superficie. Los árboles y la vegetación sacados de raíz yacían por todas partes. Y recuerde: Todas las personas y los animales también se habían ahogado. Probablemente hubiera huesos regados por uno y otro lado entre los escombros. La mayoría de los cuerpos, si no todos, se habrían descompuesto o se los habrían comido las criaturas marinas durante el año del diluvio. Solo habría huesos entre los escombros. Recuerde también que la mayoría de los huesos se habrían enterrado por las convulsiones que habían ocurrido en la corteza subterránea de la tierra y de la erosión provocada por el fluir de los torrentes de aguas y su asentamiento en los lechos de la tierra.

Sucede lo siguiente: Cuando Noé salió del arca a la tierra, puso sus pies en una tierra devastada. Él se enfrentó a:

- La realidad del pecado, a lo terrible que es, a lo espantoso que es el resultado del pecado.
- La realidad del juicio de Dios, a lo terrible que es, a lo espantosa que es la ira de Dios.
- La realidad del amor y salvación de Dios, de cómo Dios salvará a una persona que verdaderamente cree en Él y lo sigue. Noé sabía esto, porque Él había creído y había seguido a Dios, Y allí estaba recién salvado del juicio aterrorizante de Dios.

Cuando Noé salió del arca a la tierra, sentiría que se apoderaría de él…

- Una reverencia y respeto renovados hacia Dios y un temor y sobrecogimiento renovados hacia Dios.
- Un compromiso y determinación renovados a obedecer y servir a Dios como nunca antes.

Observe con qué claridad se ve esto en las Escrituras: "Noé salió" del arca. El resultado es que él *salió inmediatamente*; él *inmediatamente obedeció a Dios*. Noé no estaba saliendo del arca porque no pudiera aceptar más los sentimientos de confinación y enclaustramiento, porque no podía soportar más los deseos de estar libre del encerramiento del arca. Noé salió solo porque Dios le había dicho que saliera del arca y solo porque Dios le había mandado *en ese mismo momento* a abandonar el arca. Noé sabía que Dios estaba confiando en él.

=> Noé sabía que el gran propósito de Dios con la tierra y con la raza humana descansaba sobre sus hombros, sobre su obediencia estricta a Dios.

Esta es la razón por la que Noé obedeció a Dios, lo obedeció en el sentido más estricto. Esta es la razón por la que Noé esperó tan pacientemente por las instrucciones de Dios antes de abandonar el arca, esperó a pesar de todos sus sentimientos de confinamiento. Esta es la razón por la que Noé hizo exactamente lo que dijo Dios a pesar de cualesquiera que fueran los temores que estaba experimentando. Noé no tenía idea de lo que le esperaba fuera del arca a él y a su pequeña familia cuando se enfrentaran a cada día solos en la tierra. Pero Dios había hablado y había dado sus instrucciones; por ende, Noé obedeció de inmediato. Él abandonó el arca y se lanzó a comenzar una nueva vida, darle inicio a toda la raza humana y a la civilización de nuevo.

Pensamiento 1. Cuando Dios nos habla y nos muestra su voluntad, debemos obedecer inmediatamente. Debemos hacer exactamente lo que dice Dios, aunque no sepamos lo que nos espera. Debemos hacer la voluntad de Dios a pesar de los problemas y lo desconocido que pueda ocurrirnos.

"Y lo hizo así Noé; hizo conforme a todo lo que Dios le mandó" (Gn. 6:22).

"Ahora, pues, si diereis oído a mi voz, y guardareis mi pacto, vosotros seréis mi especial tesoro sobre todos los pueblos; porque mía es toda la tierra" (Éx. 19:5).

"Jehová tu Dios te manda hoy que cumplas estos estatutos y decretos; cuida, pues, de ponerlos por obra con todo tu corazón y con toda tu alma" (Dt. 26:16).

"Nunca se apartará de tu boca este libro de la ley, sino que de día y de noche meditarás en él, para que guardes y hagas conforme a todo lo que en él está escrito; porque entonces harás prosperar tu camino, y todo te saldrá bien" (Jos. 1:8).

"Y Samuel dijo: ¿Se complace Jehová tanto en los holocaustos y víctimas, como en que se obedezca a las palabras de Jehová? Ciertamente el obedecer es mejor que los sacrificios, y el prestar atención que la grosura de los carneros" (1 S. 15:22).

"No todo el que me dice: Señor, Señor, entrará en el reino de los cielos, sino el que hace la voluntad de mi Padre que está en los cielos" (Mt. 7:21).

"Respondiendo Pedro y los apóstoles, dijeron: Es necesario obedecer a Dios antes que a los hombres" (Hch. 5:29).

"Y aunque era Hijo, por lo que padeció aprendió la obediencia" (He. 5:8).

3 (8:20) ***Adoración — Altar — Holocausto:*** Estaba la tercera escena: El primer acto de Noé fue establecer un lugar de adoración. Note lo que plantean las Escrituras.

=> La primera preocupación de Noé no fue construir una

casa. Esta habría sido la primera preocupación de muchas personas que hubieran atravesado una lluvia torrencial como la que atravesaron Noé y los sobrevivientes. Habrían querido un refugio por si acaso el tiempo volvía a empeorar.

=> La primera preocupación de Noé no fue celebrarlo con una fiesta. Esto sería lo primero que muchas personas habrían hecho tras haber estado cerrado en un pequeño edificio durante 370 días. El corazón de cada uno de ellos estaría tan lleno de gozo por su liberación que querrían compartir su gozo y su liberación con amigos en una fiesta de celebración.

=> La primera preocupación de Noé no fue hacer planes de supervivencia en un mundo devastado y árido. Esto habría sido lo primero que habrían querido hacer muchos sobrevivientes al llegar a una tierra devastada.

Pero Noé no. La primera preocupación de Noé no fue para sí mismo ni para su familia, sino para Dios.

1. Lo primero que hizo Noé fue establecer un lugar de adoración: Noé construyó un altar, estableció un lugar donde él y su familia pudieran adorar a Dios mientras se establecían y se ajustaban a su nueva vida.

Nota: Esta es la primera vez que se menciona la palabra *altar* en la Biblia. Pero esta no fue la primera vez que se hizo una ofrenda. Se hacían ofrendas a Dios desde el principio mismo de la historia humana:

=> El primer sacrificio de un animal lo hizo el propio Dios, lo hizo a fin de vestir al primer hombre y a la primera mujer de la tierra, Adán y Eva. (Vea la nota, Gn. 3:21 para un mayor análisis.)

=> El segundo sacrificio y ofrenda lo ofrecieron Caín y Abel, los primeros dos hijos de Adán y Eva, ofrendaron en adoración a Dios. (Vea las notas, Gn. 4:3-4; 4:4-5 para un mayor análisis.)

Recuerde: El padre de Noé, Lamec, tenía 56 años de edad cuando murió Adán. Adán sin lugar a dudas le habría enseñado a sus hijos y a sus nietos la voluntad de Dios con respecto a los altares, el sacrificio y la adoración, cómo se debían acercar a Dios y cómo el hombre debía volverse acepto ante Dios. (Vea el *Estudio a fondo 2*, Gn. 5:27-32 para un recuadro acerca de la genealogía de la simiente o descendencia piadosa del hombre primitivo.) La simiente o línea piadosa de creyentes siempre ha tenido sus lugares establecidos para adorar a Dios y siempre han adorado a Dios. Creer lo contrario es una tontería. En el Antiguo Testamento, la descendencia piadosa de creyentes adoraba a Dios fundamentalmente en altares y se acercaba a Dios por medio del sacrificio o la sangre derramada de animales. En el Nuevo Testamento, la descendencia piadosa de creyentes adoraba a Dios fundamentalmente en la iglesia y se acercaba a Dios por medio del sacrificio o la sangre derramada de Cristo.

Cualquier persona, no importa de qué generación, que conozca y ame verdaderamente a Dios de un modo personal, adora a Dios. Dios es lo primero y lo más importante en su vida. Eso sucedió con Noé. Esto es lo que Noé está haciendo: Está estableciendo el lugar para la adoración, construyendo un altar, donde él y su familia puedan adorar a Dios mientras se establecen y se ajustan a su nueva vida. La tierra está devastada y árida. Más que nunca, necesitaban su altar, su centro de adoración, donde pudieran encontrarse con Dios y adorarlo sistemáticamente.

Pensamiento 1. ¡Qué ejemplo tan dinámico para nosotros!

=> Cuánto necesitamos la iglesia, reunirnos con Dios allí, ser fieles en nuestra adoración de Él en la iglesia.

"no dejando de congregarnos, como algunos tienen por costumbre, sino exhortándonos; y tanto más, cuanto veis que aquel día se acerca" (He. 10:25).

=> Cuánto necesitamos habitaciones para la oración y la adoración, lugares que sean especiales para nosotros, lugares donde podamos reunirnos con Dios y adorar a Dios diariamente. La mayoría de los creyentes verdaderos tienen lugares especiales para la oración y la adoración, lugares que son muy preciados para ellos. Necesitamos usarlos cada vez más, buscar a Dios y orar. Debemos adorar a Dios cada vez más en nuestras habitaciones de oración.

"Mas tú, cuando ores, entra en tu aposento, y cerrada la puerta, ora a tu Padre que está en secreto; y tu Padre que ve en lo secreto te recompensará en público" (Mt. 6:6).

"Y saliendo, se fue, como solía, al monte de los Olivos; y sus discípulos también le siguieron. Cuando llegó a aquel lugar, les dijo: Orad que no entréis en tentación. Y él se apartó de ellos a distancia como de un tiro de piedra; y puesto de rodillas oró" (Lc. 22:39-41).

"Al día siguiente, mientras ellos iban por el camino y se acercaban a la ciudad, Pedro subió a la azotea para orar, cerca de la hora sexta" (Hch. 10:9).

"Y se fueron Moisés y Aarón de delante de la congregación a la puerta del tabernáculo de reunión, y se postraron sobre sus rostros; y la gloria de Jehová apareció sobre ellos" (Nm. 20:6).

"Cuando Daniel supo que el edicto había sido firmado, entró en su casa, y abiertas las ventanas de su cámara que daban hacia Jerusalén, se arrodillaba tres veces al día, y oraba y daba gracias delante de su Dios, como lo solía hacer antes" (Dn. 6:10).

"Entonces Cornelio dijo: Hace cuatro días que a esta hora yo estaba en ayunas; y a la hora novena, mientras oraba en mi casa, vi que se puso delante de mí un varón con vestido resplandeciente" (Hch. 10:30).

2. Cuando Noé terminó de construir el altar, adoró a Dios. Noé le ofreció sacrificio, un holocausto, a Dios. Era natural que la mente y el corazón de Noé estuvieran puestos en Dios. Noé amaba a Dios, porque Dios lo había salvado. Dios lo había guardado del juicio terrible que había caído sobre la tierra. Noé conocía a Dios de un modo personal e íntimo y su corazón sobreabundaba para con Dios en alabanza y acción de gracia por la gran liberación de Dios. Noé anhelaría la presencia de Dios:

- Anhelaría acercarse y adorar a Dios.
- Anhelaría alabar a Dios por sí mismo y por su liberación.

- Anhelaría pedirle a Dios un perdón constante, perdón por sus debilidades, fracasos y pecados, los que iban a ocurrir por su naturaleza humana.
- Anhelar hacer un compromiso renovado, volver a dedicar su vida a Dios.
- Anhelar pedirle a Dios su constante guía, provisión y protección.

Esto es exactamente lo que significa el holocausto en las Escrituras. Era una ofrenda que una persona ofrecía cuando quería:

- Agradecer y alabar a Dios.
- Hacer un compromiso renovado.
- Pedir algo a Dios.

Note cuán grande fue el sacrificio que hizo Noé: Él no ofreció y sacrificó un animal solamente. Noé sacrificó uno de cada animal limpio del arca, uno de cada género o especie animal. Sacrificó docenas de animales. ¿Por qué? Las Escrituras no lo dicen, pero probablemente fuera debido al temor, a la reverencia y al respeto a Dios que inundó la mente y el corazón de Noé. Acababa de experimentar la demostración más aterradora del poder y juicio imponentes de Dios. Noé querría lo que cualquiera de nosotros querría en circunstancias similares: Demostrarle a Dios nuestro total respeto y confianza en Él y en su poder imponente.

¿Qué tiempo tomó ofrecer uno de cada género animal? ¿Cuántas horas? ¿Días? Las Escrituras no lo dicen, pero probablemente Noé le haya dado tanto a Dios como cualquier persona le haya dado. Había solamente siete de cada animal limpio sobre la tierra, aún así Noé ofreció uno de cada género.

Pensamiento 1. Observe tres lecciones significativas para nosotros.

1) Dios nos ha salvado, a todos los creyentes verdaderos. Él nos ha liberado del juicio terrible que ha de caer sobre los impíos y malignos de esta tierra. Nuestra salvación es lo primero por lo que debemos dar gracias a Dios.

"Pero no os regocijéis de que los espíritus se os sujetan, sino regocijaos de que vuestros nombres están escritos en los cielos" (Lc. 10:20).

"sino que está bajo tutores y curadores hasta el tiempo señalado por el padre. Así también nosotros, cuando éramos niños, estábamos en esclavitud bajo los rudimentos del mundo. Pero cuando vino el cumplimiento del tiempo, Dios envió a su Hijo, nacido de mujer y nacido bajo la ley, para que redimiese a los que estaban bajo la ley, a fin de que recibiésemos la adopción de hijos. Y por cuanto sois hijos, Dios envió a vuestros corazones el Espíritu de su Hijo, el cual clama: *¡Abba, Padre!*" (Gá. 4:2-6).

"Pues no habéis recibido el espíritu de esclavitud para estar otra vez en temor, sino que habéis recibido el espíritu de adopción, por el cual clamamos: *¡Abba, Padre!*" (Ro. 8:15).

2) Debemos hacer de la adoración de Dios el centro de nuestra vida. Debemos buscar y adorar a Dios primeramente y siempre.

"Dad a Jehová la honra debida a su nombre; traed ofrenda, y venid delante de él; postraos delante de Jehová en la hermosura de la santidad" (1 Cr. 16:29).

"Jehová, la habitación de tu casa he amado, y el lugar de la morada de tu gloria" (Sal. 26:8).

"Una cosa he demandado a Jehová, ésta buscaré; que esté yo en la casa de Jehová todos los días de mi vida, para contemplar la hermosura de Jehová, y para inquirir en su templo" (Sal. 27:4).

"Bienaventurados los que habitan en tu casa; perpetuamente te alabarán" (Sal. 84:4).

"Porque mejor es un día en tus atrios que mil fuera de ellos. Escogería antes estar a la puerta de la casa de mi Dios, que habitar en las moradas de maldad" (Sal. 84:10).

"Venid, adoremos y postrémonos; arrodillémonos delante de Jehová nuestro Hacedor" (Sal. 95:6).

"Adorad a Jehová en la hermosura de la santidad; temed delante de él, toda la tierra" (Sal. 96:9).

"Yo me alegré con los que me decían: A la casa de Jehová iremos" (Sal. 122:1).

"Entonces Jesús le dijo: Vete, Satanás, porque escrito está: Al Señor tu Dios adorarás, y a él solo servirás" (Mt. 4:10).

"y estaban siempre en el templo, alabando y bendiciendo a Dios. Amén." (Lc. 24:53).

"no dejando de congregarnos, como algunos tienen por costumbre, sino exhortándonos; y tanto más, cuanto veis que aquel día se acerca" (He. 10:25).

"diciendo a gran voz: Temed a Dios, y dadle gloria, porque la hora de su juicio ha llegado; y adorad a aquel que hizo el cielo y la tierra, el mar y las fuentes de las aguas" (Ap. 14:7).

3) Noé hizo un gran sacrificio, al dar uno de cada género animal. Debemos seguir su ejemplo: Debemos hacer un gran sacrificio a Dios, dar todo cuanto somos y tenemos a Él.

"Y decía a todos: Si alguno quiere venir en pos de mí, niéguese a sí mismo, tome su cruz cada día, y sígame" (Lc. 9:23).

"Así que, hermanos, os ruego por las misericordias de Dios, que presentéis vuestros cuerpos en sacrificio vivo, santo, agradable a Dios, que es vuestro culto racional. No os conforméis a este siglo, sino transformaos por medio de la renovación de vuestro entendimiento, para que comprobéis cuál sea la buena voluntad de Dios, agradable y perfecta" (Ro. 12:1-2).

"Entonces Pedro comenzó a decirle: He aquí, nosotros lo hemos dejado todo, y te hemos seguido" (Mr. 10:28).

"Así, pues, cualquiera de vosotros que no renuncia a todo lo que posee, no puede ser mi discípulo" (Lc. 14:33).

"No os hagáis tesoros en la tierra, donde la polilla y el orín corrompen, y donde ladrones minan y hurtan; sino haceos tesoros en el cielo, donde ni la polilla ni el orín corrompen, y donde ladrones no minan ni hurtan. Porque donde esté vuestro tesoro, allí estará también vuestro corazón" (Mt 6:19-21).

ESTUDIO A FONDO 1

(8:20) ***Altar — Adoración — Holocausto:*** A lo largo de todo el Antiguo Testamento con frecuencia leemos de una persona que construye un altar y ofrece un sacrificio, es decir, *un holocausto a Dios*. ¿Qué quiere decir esto? ¿Qué estaba haciendo la persona? De la manera más sencilla, estaba haciendo lo que hacemos cuando nos acercamos a Dios: Se estaba acercando o adorando a Dios o de lo contrario buscaba algo de Dios. El hombre se acerca a Dios con al menos cinco razones o propósitos:

=> Adorar a Dios.

=> Agradecer y alabar a Dios.

=> Pedir perdón por los pecados.

=> Volver a comprometerse o volver a dedicar su vida a Dios.

=> Hacerle una petición a Dios, es decir, pedir algo a Dios.

Deben tenerse en cuenta estos elementos en particular acerca del holocausto.

1. Se usaban cuatro animales en los sacrificios animales. Los ricos sacrificaban los animales más grandes y los pobres las aves pequeñas.

=> Un becerro (Lv. 1:5)

=> Una oveja o una cabra (Lv. 1:10)

=> Una cabra macho (Lv. 1:10)

=> Tórtola o palomino (Lv. 1:14)

2. El holocausto era una ofrenda de su propia voluntad. La persona se acercaba a Dios por su propia voluntad; sencillamente quería venir donde Dios. Dios no la obligaba a venir donde Él; Dios nunca fuerza a ninguna persona a entrar en su presencia. La persona se acerca a Dios porque ella decide venir delante de Dios.

> **"Si su ofrenda fuere holocausto vacuno, macho sin defecto lo ofrecerá; *de su voluntad lo ofrecerá* a la puerta del tabernáculo de reunión delante de Jehová" (Lv. 1:3).**
>
> **"para que sea aceptado, *ofreceréis* macho sin defecto de entre el ganado vacuno, de entre los corderos, o de entre las cabras" (Lv. 22:19).**

3. El animal ofrecido y sacrificado siempre debía ser un animal limpio, un animal que no tuviera mancha, enfermedad, herida, ni defecto de ningún tipo.

> **"para que sea aceptado, ofreceréis macho sin defecto de entre el ganado vacuno, de entre los corderos, o de entre las cabras. Ninguna cosa en que haya defecto ofreceréis, porque no será acepto por vosotros. Asimismo, cuando alguno ofreciere sacrificio en ofrenda de paz a Jehová para cumplir un voto, o como ofrenda voluntaria, sea de vacas o de ovejas, para que sea aceptado será sin defecto. Ciego, perniquebrado, mutilado, verrugoso, sarnoso o roñoso, no ofreceréis éstos a Jehová, ni de ellos pondréis ofrenda encendida sobre el altar de Jehová" (Lv. 22:19-22).**

4. El animal se sacrificaba, su vida se entregaba y su sangre se derramaba, como sustitución o rescate por los pecados de la persona. La ilustración era la siguiente:

a. La persona ponía su mano sobre la cabeza del animal. Esto simbolizaba que con fe, creyendo verdaderamente, la persona se identificaba con el sacrificio del animal:

• Simbolizando que sus pecados se estaban transfiriendo al animal.

• Simbolizando que estaba siendo liberada de la pena del pecado.

• Simbolizando que por medio del sacrificio, el animal cargaba con sus pecados, cargaba con la pena, el juicio y el castigo por sus pecados.

Se ilustraba al animal como si muriera por la persona, como la sustitución o rescate de la persona (redención). El animal simbolizaba la *propiciación*, el encubrimiento y sacrificio de los pecados de la persona. (Vea la nota, 1 Jn. 2:1-2 para un mayor análisis.)

> **"Y pondrá su mano sobre la cabeza del holocausto, y será aceptado para expiación suya" (Lv. 1:4).**
>
> **"Y dijo Moisés a Aarón: Acércate al altar, y haz tu expiación y tu holocausto, y haz la reconciliación por ti y por el pueblo; haz también la ofrenda del pueblo, y haz la reconciliación por ellos, como ha mandado Jehová" (Lv. 9:7).**
>
> **"y hará subir el sacerdote el holocausto y la ofrenda sobre el altar. Así hará el sacerdote expiación por él, y será limpio" (Lv. 14:20).**

b. Esto, claro está, apuntaba a Jesucristo, quien sería sacrificado por nuestros pecados en la cruz. Jesucristo murió por nosotros, soportó la pena, el juicio, y el castigo por nuestros pecados. Jesucristo murió como nuestro sustituto delante de Dios, como la propiciación, el encubrimiento y sacrificio, por nuestros pecados.

> **"El siguiente día vio Juan a Jesús que venía a él, y dijo: He aquí el Cordero de Dios, que quita el pecado del mundo" (Jn. 1:29).**
>
> **"Mas Dios muestra su amor para con nosotros, en que siendo aún pecadores, Cristo murió por nosotros" (Ro. 5:8).**
>
> **"Limpiaos, pues, de la vieja levadura, para que seáis nueva masa, sin levadura como sois; porque nuestra pascua, que es Cristo, ya fue sacrificada por nosotros" (1 Co. 5:7).**
>
> **"Al que no conoció pecado, por nosotros lo hizo pecado, para que nosotros fuésemos hechos justicia de Dios en él" (2 Co. 5:21).**
>
> **"Y andad en amor, como también Cristo nos amó, y se entregó a sí mismo por nosotros, ofrenda y sacrificio a Dios en olor fragante" (Ef. 5:2).**
>
> **"quien se dio a sí mismo por nosotros para redimirnos de toda iniquidad y purificar para sí un pueblo propio, celoso de buenas obras" (Tit. 2:14).**
>
> **"y no por sangre de machos cabríos ni de becerros, sino por su propia sangre, entró una vez para siempre en el Lugar Santísimo, habiendo obtenido eterna redención. Porque si la sangre de los toros y de los machos cabríos, y las cenizas de la becerra rociadas a los inmundos, santifican para la purificación de la carne, ¿cuánto más la sangre de Cristo, el cual mediante el Espíritu eterno se ofreció a sí mismo sin mancha a Dios, limpiará vuestras con-**

ciencias de obras muertas para que sirváis al Dios vivo?" (He. 9:12-14).

"así también Cristo fue ofrecido una sola vez para llevar los pecados de muchos; y aparecerá por segunda vez, sin relación con el pecado, para salvar a los que le esperan" (He. 9:28).

"sabiendo que fuisteis rescatados de vuestra vana manera de vivir, la cual recibisteis de vuestros padres, no con cosas corruptibles, como oro o plata, sino con la sangre preciosa de Cristo, como de un cordero sin mancha y sin contaminación" (1 P. 1:18-19).

"quien llevó él mismo nuestros pecados en su cuerpo sobre el madero, para que nosotros, estando muertos a los pecados, vivamos a la justicia; y por cuya herida fuisteis sanados" (1 P. 2:24).

"pero si andamos en luz, como él está en luz, tenemos comunión unos con otros, y la sangre de Jesucristo su Hijo nos limpia de todo pecado" (1 Jn. 1:7).

"y cantaban un nuevo cántico, diciendo: Digno eres de tomar el libro y de abrir sus sellos; porque tú fuiste inmolado, y con tu sangre nos has redimido para Dios, de todo linaje y lengua y pueblo y nación" (Ap. 5:9).

5. El animal luego se quemaba sobre el altar. El fuego del holocausto simbolizaba la santidad y la ira de Dios:

- Que estaba juzgando y consumiendo el pecado que llevaba el animal.
- Que estaba purificando lo impuro.

El fuego apuntaba a Jesucristo soportando la ira de la santidad de Dios. Jesucristo soportó el rechazo de la santidad de Dios contra el pecado, soportó la ira de Dios contra el pecado por nosotros.

"Mas Dios muestra su amor para con nosotros, en que siendo aún pecadores, Cristo murió por nosotros. Pues mucho más, estando ya justificados en su sangre, por él seremos salvos de la ira" (Ro. 5:8-9).

"Yendo un poco adelante, se postró sobre su rostro, orando y diciendo: Padre mío, si es posible, pase de mí esta copa; pero no sea como yo quiero, sino como tú" (Mt. 26:39. Vea *Estudio a fondo 4, copa,* Mt. 26:39 para un mayor análisis).

6. El olor que salía de la carne quemada era un aroma agradable y satisfactorio. Esto simbolizaba que el sacrificio agradaba y satisfacía a Dios. El sacrificio satisfacía la santidad de Dios y hacía a la persona acepta ante Dios. La persona, claro está, tenía que ser sincera al acercarse a Dios, creyendo con todo su corazón que Dios aceptaba el sacrificio como una sustitución por sus pecados.

"y lavará con agua los intestinos y las piernas, y el sacerdote hará arder todo sobre el altar; holocausto es, ofrenda encendida de olor grato para Jehová" (Lv. 1:9).

Esto apunta a la muerte de Jesucristo agradándole a Dios. Dios está satisfecho, perfectamente satisfecho, con la sangre de Jesucristo derramada por el hombre. Dios acepta la muerte de Jesucristo como el pago y juicio del hombre por el pecado. Ahora Dios nos acepta cuando venimos a Él por medio de la muerte de Cristo, nos acepta porque nos acercamos a Él por medio:

- Del pago perfecto por el pecado.
- Del pago hecho por el Hijo perfecto de Dios.
- De la muerte del Señor Jesucristo.

"Y andad en amor, como también Cristo nos amó, y se entregó a sí mismo por nosotros, ofrenda y sacrificio a Dios en olor fragante" (Ef. 5:2).

"Por eso me ama el Padre, porque yo pongo mi vida, para volverla a tomar. Nadie me la quita, sino que yo de mí mismo la pongo. Tengo poder para ponerla, y tengo poder para volverla a tomar. Este mandamiento recibí de mi Padre" (Jn. 10:17-18).

"quien llevó él mismo nuestros pecados en su cuerpo sobre el madero, para que nosotros, estando muertos a los pecados, vivamos a la justicia; y por cuya herida fuisteis sanados" (1 P. 2:24).

[4] (8:21-22) ***Pacto:*** Era la cuarta escena: El gran placer de Dios con el sacrificio de Noé y las grandes promesas de Dios a Noé y a la raza humana. Dios vio a Noé cuando salió del arca a la tierra, vio su temor y aprehensión. Dios vio el horror de Noé cuando miró a su alrededor a la tierra árida y devastada, cubierta de escombros esparcidos por todas partes. Dios vio las preguntas que cruzaban la mente de Noé, preguntándose si Dios lanzaría el juicio y el diluvio nuevamente, porque él y su familia aún eran de la raza de Adán, aún eran pecadores y con certeza pecarían en el futuro. Según se ha planteado, Dios vio el temor y la aprensión, las preguntas y el cuestionamiento de la mente y el corazón de Noé. Pero Dios también vio la adoración de Noé:

- Dios vio el temor de Noé hacia Dios, la reverencia y el respeto que inundó el corazón de Noé delante de Dios.
- Dios vio la sensación de Noé de ser una criatura pecaminosa, de carecer de la gloria de Dios.
- Dios vio el compromiso y la decisión de Noé de volver a dedicar su vida a Él.
- Dios vio el gran sacrificio de Noé, el sacrificio de las docenas de animales, todas por fe, su confianza en que Dios aceptaría el sacrificio de los animales en nombre suyo propio y de su familia.

Dios quedaría complacido con Noé, quedaría complacido con su fe y sinceridad de corazón, quedaría complacido con la gran ofrenda y sacrificio que estaba haciendo. Observe cómo las Escrituras describen la respuesta de Dios: El Señor olía el aroma agradable y relajante del gran sacrificio de Noé. Es decir, Dios estaba complacido, grandemente complacido, su santidad e ira contra el hombre pecador se habían calmado, propiciado y satisfecho, con la ofrenda expiatoria hecha por Noé. Pero Note lo siguiente: No fue el sacrificio del animal lo que agradó y calmó a Dios. Siempre debemos recordar esto cuando lidiamos con un sacrificio animal del Antiguo Testamento. Lo que agradó a Dios fue lo que simbolizaba o a lo que apuntaba el sacrificio: El sacrificio de Jesucristo en la cruz. Dios vio más allá del sacrificio animal a la muerte de su Hijo, el Señor Jesucristo, por los pecados del mundo. Jesucristo, la ofrenda y sacrificio de su vida, es la propiciación (la satisfacción y encubrimiento) por nuestros pecados. El sacrificio animal solo apuntaba a Jesucristo.

"Hijitos míos, estas cosas os escribo para que no pequéis; y si alguno hubiere pecado, abogado tenemos para con el Padre, a Jesucristo el justo. Y él es la propiciación por nuestros pecados; y no solamente por los nuestros, sino también por los de todo el mundo" (1 Jn. 2:1-2).

"por cuanto todos pecaron, y están destituidos de la gloria de Dios, siendo justificados gratuitamente por su gracia, mediante la redención que es en Cristo Jesús, a quien Dios puso como propiciación por medio de la fe en su sangre, para manifestar su justicia, a causa de haber pasado por alto, en su paciencia, los pecados pasados, con la mira de manifestar en este tiempo su justicia, a fin de que él sea el justo, y el que justifica al que es de la fe de Jesús" (Ro. 3:23-26).

Sucede lo siguiente: Dios estaba tan complacido con la gran ofrenda de Noé que Él planeó consigo mismo hacer tres grandes cosas por Noé y por la raza humana. Observe que Dios *no estaba hablando* ni dándole estas promesas a Noé, en este momento no. Más bien, Dios estaba *pensando* estas cosas dentro de su propio corazón. La gran ofrenda de Noé, la ofrenda de tantos sacrificios en un momento por un hombre, el sacrificio de uno de cada género de animal limpio, motivó a Dios a hacer tres grandes cosas por el hombre. (Pero recuerde: Dios estaba poniendo su mira más allá del gran sacrificio de Noé en el símbolo del sacrificio, el del gran sacrificio de su Hijo, el Señor Jesucristo. Era la muerte futura de Cristo la que estaba habilitando haciendo posible que Dios hiciera estas tres grandes promesas a Noé y a la humanidad.)

1. Dios prometió nunca más maldecir la tierra con un diluvio a pesar del pecado y depravación del hombre (v. 21). Así es como debiera decir este versículo: Aunque el hombre sea pecador, a pesar de su depravación, Dios nunca más maldecirá la tierra con un diluvio mundial. ¿Por qué? Por la gran ofrenda hecha por Noé que simbolizaba el gran sacrificio de su Hijo, el Señor Jesucristo.

Derek Kidner lo plantea muy bien:

"La resolución de Jehová de no renovar el juicio está basada en el sacrificio aceptado [de Cristo]... La propiciación real, en la mente de Dios, fue el sacrificio de Jesús" (Génesis. "Comentarios de Tyndale sobre el Antiguo Testamento", p. 93).

"y por medio de él reconciliar consigo todas las cosas, así las que están en la tierra como las que están en los cielos, haciendo la paz mediante la sangre de su cruz. Y a vosotros también, que erais en otro tiempo extraños y enemigos en vuestra mente, haciendo malas obras, ahora os ha reconciliado en su cuerpo de carne, por medio de la muerte, para presentaros santos y sin mancha e irreprensibles delante de él" (Col. 1:20-22).

Observe que se vuelve a plantear el pecado y depravación terribles del hombre (v. 21b; cp. Gn. 6:5). Observe también que la tierra había sido maldecida después del pecado de Adán (cp. Gn. 3:17) y nuevamente durante el diluvio. Pero Dios ya ha prometido que nunca más enviará un diluvio universal sobre la tierra como juicio sobre el pecado. La tierra nunca más se destruirá, no hasta el tiempo final en que se reconstruirá como una tierra perfecta (cp. 2 P. 3:3-13; Ro. 8:19-22).

2. Dios planeó nunca más destruir la vida sobre la tierra con un diluvio universal, ni al hombre ni al animal (v. 21). Nota: Esto se refiere solamente a un diluvio mundial, no a los desastres y juicios locales sobre países, ciudades o personas (cp. Sodoma y Gomorra, los terremotos locales, las inundaciones y otros desastres).

3. Dios planeó garantizar los horarios y las estaciones de la tierra hasta el fin del mundo (v. 22). Esto probablemente apunte a la confusión ambiental durante los días del diluvio. El medio ambiente, los horarios y las estaciones, deben haberse trastocado convulsivamente. Pero con esta promesa de Dios, no caería más sobre la tierra una devastación universal de los horarios y estaciones, no como un juicio de Dios, no hasta el fin del mundo.

Nota: Esta promesa se garantiza mientras la tierra permanezca. Habrá un fin de la tierra. Las Escrituras declaran que Dios va a destruir y rehacer todo el universo. Dios va a crear unos nuevos cielos y una nueva tierra, unos cielos y tierra perfectos y repoblará el universo con aquellos que creen en Él y lo siguen (cp. 2 P. 3:3-13; Ap. 21:1s).

Pensamiento 1. Noé creyó en Dios, que Él lo aceptaría a él y a su familia por medio del sacrificio de los animales. Debemos creer en Dios, que Él nos aceptará por medio del sacrificio de Cristo en la cruz. Es el aroma del sacrificio de Cristo, su muerte solamente, lo que le agrada a Dios y lo que nos hace aceptos delante de Él.

"El siguiente día vio Juan a Jesús que venía a él, y dijo: He aquí el Cordero de Dios, que quita el pecado del mundo" (Jn. 1:29).

"Porque Cristo, cuando aún éramos débiles, a su tiempo murió por los impíos" (Ro. 5:6).

"Porque primeramente os he enseñado lo que asimismo recibí: Que Cristo murió por nuestros pecados, conforme a las Escrituras" (1 Co. 15:3).

"el cual se dio a sí mismo por nuestros pecados para librarnos del presente siglo malo, conforme a la voluntad de nuestro Dios y Padre" (Gá. 1:4).

"Y andad en amor, como también Cristo nos amó, y se entregó a sí mismo por nosotros, ofrenda y sacrificio a Dios en olor fragante" (Ef. 5:2).

"y por medio de él reconciliar consigo todas las cosas, así las que están en la tierra como las que están en los cielos, haciendo la paz mediante la sangre de su cruz. Y a vosotros también, que erais en otro tiempo extraños y enemigos en vuestra mente, haciendo malas obras, ahora os ha reconciliado en su cuerpo de carne, por medio de la muerte, para presentaros santos y sin mancha e irreprensibles delante de él" (Col. 1:20-22).

"sabiendo que fuisteis rescatados de vuestra vana manera de vivir, la cual recibisteis de vuestros padres, no con cosas corruptibles, como oro o plata, sino con la sangre preciosa de Cristo, como de un cordero sin mancha y sin contaminación" (1 P. 1:18-19).

"En esto hemos conocido el amor, en que él puso su vida por nosotros; también nosotros debemos poner nuestras vidas por los hermanos" (1 Jn. 3:16).

"y de Jesucristo el testigo fiel, el primogénito de los muertos, y el soberano de los reyes de la tierra. Al que nos amó, y nos lavó de nuestros pecados con su sangre" (Ap. 1:5).

	CAPÍTULO 9 **G. Noé y el nuevo comienzo (parte 1): Dios estableció un nuevo orden mundial para el hombre, 9:1-7**	4 Pero carne con su vida, que es su sangre, no comeréis.	c. Una excepción: No puede comer de un animal con su vida, su sangre todavía en él
1 La bendición de Dios sobre el hombre **2 La misión del hombre: Repoblar la tierra** **3 La supremacía del hombre** a. Sobre la tierra: Ya no existe en un sentido absoluto b. Sobre los animales: Ganada ahora por medio del temor, no del afecto	1 Bendijo Dios a Noé y a sus hijos, y les dijo: Fructificad y multiplicaos, y llenad la tierra. 2 El temor y el miedo de vosotros estarán sobre todo animal de la tierra, y sobre toda ave de los cielos, en todo lo que se mueva sobre la tierra, y en todos los peces del mar; en vuestra mano son entregados.	5 Porque ciertamente demandaré la sangre de vuestras vidas; de mano de todo animal la demandaré, y de mano del hombre; de mano del varón su hermano demandaré la vida del hombre. 6 El que derramare sangre de hombre, por el hombre su sangre será derramada; porque a imagen de Dios es hecho el hombre. 7 Mas vosotros fructificad y multiplicaos; procread abundantemente en la tierra, y multiplicaos en ella.	**5 El establecimiento del gobierno para el hombre** **6 La protección de la vida para el hombre** a. La ley que rige a los animales que matan personas: Ser ejecutados b. La ley que rige a los asesinos 1) El castigo de Dios 2) La ejecución por los hombres c. La razón 1) El valor del hombre: Hecho a imagen de Dios
4 La provisión de alimento para el hombre a. Puede comer de todos los animales vivos b. Puede comer de toda la vegetación	3 Todo lo que se mueve y vive, os será para mantenimiento: así como las legumbres y plantas verdes, os lo he dado todo.		2) El propósito del hombre: Repoblar la tierra a fin de cumplir el propósito de Dios

DIVISIÓN IV

NOÉ: EL HOMBRE ESCOGIDO PARA PRESERVAR A LA HUMANIDAD Y A LA SIMIENTE PIADOSA DURANTE LA DESTRUCCIÓN DEL MUNDO (EL DILUVIO), 6:9—9:29

G. Noé y el nuevo comienzo (parte 1): Dios estableció un nuevo orden mundial para el hombre, 9:1-7

(9:1-7) ***Introducción:*** Recuerde el estado emocional de Noé, cuando Dios comenzó a hablarle a él y a sus hijos.

=> Noé había presenciado el juicio aterrorizante de Dios sobre toda la tierra: La erupción volcánica de las aguas subterráneas y las lluvias torrenciales de una tormenta mundial que duraron cuarenta días y noches.

=> Noé había estado encerrado en el arca durante 370 días sabiendo que él y su familia, solo ocho personas, eran los únicos sobrevivientes que quedaban en la tierra.

=> Noé se había parado en algún pico en las montañas de Ararat y lo que vio fue horripilante: La total devastación de la tierra; una tierra árida con escombros esparcidos por toda su superficie; aquí y allá huesos que no se habían enterrado con la erosión de las aguas en retirada; y luego, es muy probable, que haya visto agua todavía corriendo en torrentes y retirándose de los valles que se divisaban abajo.

=> Noé había quedado tan sobrecogido con el poder y juicio de Dios, tan afectado con la reverencia y temor por Dios, que de inmediato se volvió a Dios en adoración. Lo primero que hizo después de desembarcar fue edificar un altar y ofrecer un sacrificio a Dios. Pero él no sacrificó un animal: Noé sacrificó docenas de animales, uno de cada género o especie animal. Noé estaba tan agradecido de Dios por salvarlo y tan temeroso del poder imponente y juicio aterrorizante de Dios, tan agradecido y tan temeroso, que levantó su corazón a Dios una y otra vez. Noé hizo sencillamente lo que con frecuencia han hecho los creyentes genuinos: Noé recomprometió su vida a Dios, y le imploró a Dios que perdonara sus pecados y que aceptara la alabanza de su corazón por una liberación y salvación tan grandes. Sin embargo, había una diferencia entre la adoración de Noé y todos nosotros que lo hemos sucedido: Noé fue movido a adorar a Dios porque había sido testigo ocular del poder imponente y el juicio aterrorizante de Dios. Se sintió azotado por un temor y reverencia intensos por Dios sin igual en la historia humana.

Este era el estado emocional de Noé, su estado anímico. Él y su familia, solo ocho almas, eran los únicos sobrevivientes en la tierra. Y la tierra era árida y estaba totalmente devastada. Él no tenía idea de lo que le esperaba; el futuro era incierto. Noé se sintió como nos habríamos sentido cualquiera de nosotros: Inseguro, inquieto, indeciso, vacilante, preguntándose, cuestionándose qué hacer.

Según se ha planteado, lo que Noé hizo fue volverse a Dios. Él se entregó completamente a Dios y ofreció el sacrificio más grande que se le haya hecho a Dios. Noé quería que Dios supiera que él confiaba totalmente en Él, que él confiaba de un modo explícito en que Dios lo instruyera y lo guiara en su nuevo comienzo en la tierra.

Eso hizo Dios. Dios conocía las necesidades de Noé, conocía su estado anímico, su temor e incertidumbre; pero Dios también conocía la dependencia y confianza de Noé en Dios. Por eso, Dios se encontró con Noé, lo instruyó y guió a Noé. Este es el gran tema de este pasaje: "Noé y el nuevo comienzo (parte 1): Dios estableció un nuevo orden mundial para el hombre".

1. La bendición de Dios sobre el hombre (v. 1).
2. La misión del hombre: Repoblar la tierra (v. 1).
3. La supremacía del hombre (v. 2).
4. La provisión de alimento para el hombre (vv. 3-4).
5. El establecimiento del gobierno para el hombre (v. 5).
6. La protección de la vida para el hombre (vv. 5-7).

[1] (9:1) ***Bendición:*** El nuevo orden mundial estableció la bendición de Dios sobre el hombre. Recuerde, Noé y su pequeña familia, solo ocho personas, eran las únicas personas que quedaban en la tierra. Eran los representantes de toda la raza humana. Noé era un segundo Adán, el cabeza de la raza humana tal como había sido Adán el cabeza de la creación. De se modo, lo que estableciera Dios con Noé se aplicaba a toda la raza humana. Note lo primero que hizo Dios:

"Bendijo Dios a Noé y a sus hijos" (v. 1).

Al bendecir a Noé, Dios le estaba dando la misma bendición a todas las personas que nacerían en el futuro, a toda la descendencia de la raza humana. *Bendecir* significa:

- Otorgar un regalo a una persona.
- Conferirle algo a una persona: Algún beneficio, placer, deleite o felicidad (William Wilson. *Wilson's Old Testament Word Studies* [Estudios lexicológicos de Wilson de las palabras del Antiguo Testamento], p. 42).
- Hacer extensivas la buena voluntad y las buenas intenciones a una persona (*Comentario de Matthew Henry*, vol. 1, p. 69).
- Actuar por amor hacia una persona; conceder misericordia y gracia, abundantemente.

Esto quiere decir algo muy maravilloso: Dios estaba derramando de modo abundante, sobre Noé y la raza humana:

- Su misericordia y gracia.
- Su buena voluntad e intenciones.
- Su placer y gozo.
- Sus grandes dones.

Somos bendecidos enormemente con la misericordia y gracia de Dios, con su buena voluntad y grandes regalos. ¿Cuáles son los regalos? El primer regalo es sencillamente éste: La gran bendición de Dios. Él estableció su bendición sobre nosotros, sobre toda la raza humana, cuando Él bendijo a Noé y a sus hijos. Las bendiciones específicas se explican en detalles en las próximas cuatro notas.

Pensamiento 1. El gran problema es el siguiente: Demasiados de nosotros no recibimos la gran misericordia y gracia de Dios. Demasiados de nosotros caminamos por la vida sin Dios, ignorando, descuidando, incluso negándolo, nunca permitiéndole a Dios que tenga misericordia y que nos confiera su gracia sobre nosotros. Nunca le permitimos a Dios que nos bendiga, nos busque y cuide de nosotros. La gran necesidad del hombre en la actualidad es recibir la misericordia y gracia de Dios, las bendiciones de Dios, que ha derramado en la tierra a través de su Hijo, el Señor Jesucristo.

"Mas buscad primeramente el reino de Dios y su justicia, y todas estas cosas os serán añadidas" (Mt. 6:33).

"Pero Dios, que es rico en misericordia, por su gran amor con que nos amó, aun estando nosotros muertos en pecados, nos dio vida juntamente con Cristo (por gracia sois salvos),... Porque por gracia sois salvos por medio de la fe; y esto no de vosotros, pues es don de Dios; no por obras, para que nadie se gloríe" (Ef. 2:4-5, 8-9).

"nos salvó, no por obras de justicia que nosotros hubiéramos hecho, sino por su misericordia, por el lavamiento de la regeneración y por la renovación en el Espíritu Santo, el cual derramó en nosotros abundantemente por Jesucristo nuestro Salvador, para que justificados por su gracia, viniésemos a ser herederos conforme a la esperanza de la vida eterna" (Tit. 3:5-7).

"echando toda vuestra ansiedad sobre él, porque él tiene cuidado de vosotros" (1 P. 5:7).

"Bendito el Señor; cada día nos colma de beneficios el Dios de nuestra salvación" (Sal. 68:19).

"No temas, porque yo estoy contigo; no desmayes, porque yo soy tu Dios que te esfuerzo; siempre te ayudaré, siempre te sustentaré con la diestra de mi justicia" (Is. 41:10).

[2] (9:1) ***Hombre, propósito — Misión, del hombre:*** El nuevo orden mundial estableció la misión del hombre.

"Fructificad y multiplicaos, y llenad la tierra" (v. 1).

La raza humana se había diezmado, se había borrado completamente excepto por ocho personas: Noé y su pequeña familia (1 P. 3:20). La tierra tenía que repoblarse. Sin personas, el gran propósito de Dios para el universo y el hombre nunca podría cumplirse. Por eso, Dios le dio al hombre la gran misión de repoblar la tierra. Noé y sus hijos y todas las generaciones subsiguientes debían reproducirse y llenar la tierra de seres humanos. Esta era la misma misión que Dios le había dado a Adán y a Eva. Existen cinco grandes razones de por qué Dios volvió a establecer la misión de la reproducción del hombre.

1. La reproducción establece el lazo y la unión más íntimos posibles entre un esposo y una esposa, una relación de amor, cuidado, confianza y lealtad. Dios quería que Noé y su esposa, sus tres hijos y la esposa de cada uno de ellos caminaran, obraran y adoraran mano con mano en su andar por la vida juntos. La relación establecida y edificada por el esposo y la esposa serviría como el fundamento para todas las otras relaciones

de la tierra y en las sociedades y naciones de la tierra. Todos los grupos, ya sean sociedades o naciones, caminarían y obrarían juntos con amor, cuidado, confianza y lealtad.

2. La reproducción establece la familia. La reproducción instituye la regla y el principio de un hombre y una mujer para cada uno. No habría separación ni divorcio, ni familias separadas, ni hijos sin un padre o una madre, cuando Dios creó al hombre y a la mujer y estableció el nuevo orden mundial con Noé y sus hijos.

3. La reproducción edifica un amor, confianza y lealtad mucho más fuertes en el hombre y la mujer. El amor, la confianza y la lealtad se debilitan y destruyen cuando se tienen relaciones íntimas con otras personas. Cuando el amor, la confianza y la lealtad se debilitan dentro del lazo más fuerte conocido por el hombre, el de la familia, se debilitan en todas las otras relaciones de la vida: En el trabajo, en el juego y con el país de la persona.

4. La reproducción enseña al hombre que todas las personas son de una misma sangre, provienen de una misma fuente. Por ende, todas las personas, todas las razas y naciones, deben vivir en paz y unidad, obrando juntos para sojuzgar la tierra. No debía haber prejuicios, discriminación, violencia, avaricia, egoísmo, ni guerra en la tierra, originalmente no, no cuando Dios creó al hombre. Y en el nuevo orden mundial, es aún el deseo de Dios que los hombres vivan con amor y paz, sin prejuicio, discriminación, violencia, avaricia, egoísmo, ni guerra.

5. La reproducción enseña que el hombre es tan importante como la mujer y la mujer como el hombre, que todas las generaciones subsiguientes de hombres y mujeres deberían tenerse en tan alta estima como se tuvo al primer hombre y a la primera mujer. No debe haber maltrato ni esclavitud de mujeres ni hombres en la creación de Dios. Ambos deben participar en la misión de Dios para la tierra.

> **"Él, respondiendo, les dijo: ¿No habéis leído que el que los hizo al principio, varón y hembra los hizo, y dijo: Por esto el hombre dejará padre y madre, y se unirá a su mujer, y los dos serán una sola carne? Así que no son ya más dos, sino una sola carne; por tanto, lo que Dios juntó, no lo separe el hombre" (Mt. 19:4-6).**

Pensamiento 1. Donald Grey Barnhouse plantea algo muy interesante. Él dice que la misión del hombre de fructificar "no se refiere, solamente, a la reproducción de las especies, sino a la fructificación en cada buena obra delante de Dios (Col. 1:10). El hombre no está aquí en la tierra para vivir según su capricho, sino para vivir de acuerdo con el plan de Dios" (*Génesis*, p. 61).

> **"para que andéis como es digno del Señor, agradándole en todo, llevando fruto en toda buena obra, y creciendo en el conocimiento de Dios" (Col. 1:10).**

3 (9:2) ***Hombre, propósito — Supremacía — Ciencia — Animales:*** El nuevo orden mundial estableció la supremacía del hombre en la tierra. Note dos elementos significativos.

1. La supremacía del hombre sobre la tierra, la gran misión del hombre de sojuzgar la tierra, ya no existe, no en un sentido perfecto y absoluto. Note que este pasaje no menciona que el hombre debe sojuzgar la tierra. El nuevo orden mundial de Dios no dice nada de que el hombre gane la supremacía sobre la tierra. Pero esto no sucedió con Adán. Cuando Dios creó a Adán y a Eva, Él les dijo que sojuzgaran la tierra (Gn. 1:28). Esto significaba que el hombre:

- Gobernaría y dominaría la tierra.
- Protegería y cuidaría de la tierra.
- Investigaría, examinaría y descubriría los recursos de la tierra.
- Desarrollaría y usaría los recursos de la tierra.
- Administraría y supervisaría la tierra con toda su provisión y recursos.

Pero cuando Adán pecó, la capacidad del hombre de sojuzgar la tierra se estropeó y debilitó, en gran manera. El pecado corrompió al hombre, debilitó su capacidad para sojuzgar y administrar la tierra. Desde la caída del hombre al pecado, la tierra y el hombre se encuentran en un ataque de violencia y sufrimiento:

- La naturaleza se descontrola con un desastre natural tras otro: Huracanes, tifones, ciclones, tornados, inundaciones, erupciones volcánicas, terremotos, descargas eléctricas peligrosas, tormentas violentas, plagas de langostas, hambrunas y así sucesivamente. La naturaleza se descontrola constantemente.
- El hombre se descontrola con un acto violento tras otro: malos tratos infantiles, malos tratos a las esposas, malos tratos a los esposos, malos tratos a los padres, violaciones, asaltos, mutilaciones, homicidios, guerras, robo, engaño, hurto, mentiras, asesinatos, actos terroristas, incendios premeditados y así sucesivamente.
- La tierra está llena de enfermedades, pestilencias y accidentes, todos provocan sufrimiento y destruyen la vida y secciones enormes de la tierra y sus recursos.

Sucede lo siguiente: La tierra, es decir, su naturaleza, dista mucho de estar bajo el control del hombre. Solió estarlo cuando Dios creó al hombre, pero ya no, no desde la rebelión del hombre contra Dios, no desde la terrible caída del hombre al pecado. El pecado ha estropeado y debilitado el gobierno y soberanía del hombre sobre la tierra.

¿Quiere esto decir que el hombre no debería tratar de sojuzgar la tierra? ¡No! Porque la capacidad y la mente del hombre no se han destruido totalmente, solo se han corrompido y debilitado. El hombre aún tiene la capacidad de explorar, inventar y desarrollar la ciencia y la tecnología para resolver los problemas. El hombre:

- Puede desarrollar tecnología para controlar algunos elementos de la tierra.
- Puede desarrollar leyes para controlar la conducta del hombre.
- Puede desarrollar asesoramientos y entrenamientos para ayudar a la producción y al desarrollo personal.

Pero el hombre nunca podrá sojuzgar totalmente la tierra ni a sí mismo; nunca podrá crear un entorno y naturaleza perfectos que estén completamente libres de destrucción, corrupción, devastación, envejecimiento, tragedia, descomposición, deterioro y muerte.

¿No hay esperanza entonces de que se pueda lograr una tierra perfecta? ¡Sí! Pero no la podrá lograr el hombre. El gobierno y soberanía del hombre sobre la tierra se han perdido a consecuencia del pecado. Las Escrituras declaran que la tierra y el mal de la naturaleza del hombre serán vencidos y superados, pero por Dios, no por el hombre. Dios ha prometido restaurar la soberanía del hombre sobre la tierra, de hecho, sobre todo el universo. ¿Cómo? Por medio de Jesucristo. Jesucristo ha garantizado el derecho de gobernar y reinar sobre la tierra. Él va a regresar a la tierra, va a establecer su gobierno y va a restaurar al hombre a su posición original de dominio y soberanía, conjuntamente con Él.

Esta es la razón por la que el nuevo orden mundial de Dios no dice nada del hombre sojuzgando la tierra: El hombre no puede, perfectamente no, no en un sentido absoluto. El hombre ya no gobierna supremamente sobre la tierra, no desde que pecó y se rebeló contra Dios. Solo Dios puede ganar la supremacía sobre la tierra desde el pecado. Solo Dios puede vencer el pecado y la corrupción de la tierra y restaurarle la perfección a la tierra. Solo Dios puede volver a conseguirle y restaurarle la supremacía de una tierra perfecta al hombre. Y esto es lo que Él está haciendo a través de su Hijo, el Señor Jesucristo. La misión de sojuzgar la tierra ahora está en las manos del Hijo de Dios, no en las manos del hombre. Pero el hombre debe obrar para sojuzgar y controlar todo cuanto pueda, bajo Cristo y para la gloria de Cristo. (Vea la nota, He. 2:6-8 para un mayor análisis.)

"Y dijo el Señor: ¿Quién es el mayordomo fiel y prudente al cual su señor pondrá sobre su casa, para que a tiempo les dé su ración? Bienaventurado aquel siervo al cual, cuando su señor venga, le halle haciendo así. En verdad os digo que le pondrá sobre todos sus bienes" (Lc. 12:42-44).

"El Espíritu mismo da testimonio a nuestro espíritu, de que somos hijos de Dios. Y si hijos, también herederos; herederos de Dios y coherederos con Cristo, si es que padecemos juntamente con él, para que juntamente con él seamos glorificados" (Ro. 8:16-17).

"Porque la creación fue sujetada a vanidad, no por su propia voluntad, sino por causa del que la sujetó en esperanza; porque también la creación misma será libertada de la esclavitud de corrupción, a la libertad gloriosa de los hijos de Dios. Porque sabemos que toda la creación gime a una, y a una está con dolores de parto hasta ahora; y no sólo ella, sino que también nosotros mismos, que tenemos las primicias del Espíritu, nosotros también gemimos dentro de nosotros mismos, esperando la adopción, la redención de nuestro cuerpo" (Ro. 8:20-23).

"¿O no sabéis que los santos han de juzgar al mundo? Y si el mundo ha de ser juzgado por vosotros, ¿sois indignos de juzgar cosas muy pequeñas? ¿O no sabéis que hemos de juzgar a los ángeles? ¿Cuánto más las cosas de esta vida?" (1 Co. 6:2-3).

"Si sufrimos, también reinaremos con él; si le negáremos, él también nos negará" (2 Ti. 2:12).

"pero alguien testificó en cierto lugar, diciendo: ¿Qué es el hombre, para que te acuerdes de él, o el hijo del hombre, para que le visites? Le hiciste un poco menor que los ángeles, le coronaste de gloria y de honra, y le pusiste sobre las obras de tus manos; Todo lo sujetaste bajo sus pies. Porque en cuanto le sujetó todas las cosas, nada dejó que no sea sujeto a él; pero todavía no vemos que todas las cosas le sean sujetas. Pero vemos a aquel que fue hecho un poco menor que los ángeles, a Jesús, coronado de gloria y de honra, a causa del padecimiento de la muerte, para que por la gracia de Dios gustase la muerte por todos" (He. 2:6-9).

"Pero el día del Señor vendrá como ladrón en la noche; en el cual los cielos pasarán con grande estruendo, y los elementos ardiendo serán deshechos, y la tierra y las obras que en ella hay serán quemadas. Puesto que todas estas cosas han de ser deshechas, ¡cómo no debéis vosotros andar en santa y piadosa manera de vivir, esperando y apresurándoos para la venida del día de Dios, en el cual los cielos, encendiéndose, serán deshechos, y los elementos, siendo quemados, se fundirán! Pero nosotros esperamos, según sus promesas, cielos nuevos y tierra nueva, en los cuales mora la justicia" (2 P. 3:10-13).

"y nos has hecho para nuestro Dios reyes y sacerdotes, y reinaremos sobre la tierra" (Ap. 5:10).

"Vi un cielo nuevo y una tierra nueva; porque el primer cielo y la primera tierra pasaron, y el mar ya no existía más... Enjugará Dios toda lágrima de los ojos de ellos; y ya no habrá muerte, ni habrá más llanto, ni clamor, ni dolor; porque las primeras cosas pasaron" (Ap. 21:1, 4).

"Y no habrá más maldición; y el trono de Dios y del Cordero estará en ella, y sus siervos le servirán, y verán su rostro, y su nombre estará en sus frentes. No habrá allí más noche; y no tienen necesidad de luz de lámpara, ni de luz del sol, porque Dios el Señor los iluminará; y reinarán por los siglos de los siglos" (Ap. 22:3-5).

2. La supremacía del hombre sobre los animales todavía existe en el nuevo orden mundial. Pero la caída del hombre al pecado ha alterado radicalmente la relación entre el animal y el hombre. Cuando Dios creó a Adán y a Eva, Él les dio dominio sobre los animales. Dominio significa gobernar, dominar, controlar, administrar, proteger y cuidar. Originalmente, cuando Dios creó a los animales y al hombre, al parecer no había salvajismo entre los animales. Ni el hombre ni los animales se comían a otros animales (Gn. 1:30, cp. 9:3). El hombre y el animal vivían juntos en paz y armonía y, al parecer, con cierto afecto uno por el otro, al menos entre el orden superior de animales. Pero el hombre era el gobernador, la fuerza dominante, el líder entre todas las criaturas de la tierra.

Pero observe lo que ha sucedido desde la caída y corrupción del hombre y del mundo. Los animales viven en un mundo de salvajismo, teniendo que luchar por el alimento y luchando por la supervivencia contra otros animales. Y no solo esto, sino que según se ha planteado, la relación entre los animales y el hombre se ha corrompido trágicamente por la caída del hombre. Probablemente al hombre ya lo habría devorado y exterminado el mundo animal de no ser por una cosa: En el nuevo orden mundial Dios puso un *temor instintivo* del hombre en los animales. Existe u instinto natural en los animales a retroceder y alejarse del hombre. El hombre caído sí tiene dominio y supremacía sobre el mundo animal en el nuevo orden mundial, pero está basado en nuevos términos: Temor y terror, no armonía y afecto. Ahora el hombre gobierna el mundo animal por medio del temor, no por medio del afecto.

Matthew Henry lo explica bien:

"El caballo y el buey se someten pacientemente a la brida y el yugo, y la oveja es mansa tanto delante del esquilador como delante del carnicero; porque el temor y el terror del hombre están sobre ellos... Aquellas criaturas que de alguna manera son dañinas para nosotros están restringidas... aunque de vez en cuando el hombre puede salir herido por ellos, no se combinan juntos para levantarse en una rebelión contra el hombre...¿Qué es lo que mantiene a los lobos fuera de nuestros pueblos, y a los leones fuera de nuestras calles, y los confina a la selva, sino este temor y terror?" (*Comentario de Matthew Henry*, vol. 1, p. 69).

Pensamiento 1. Se acerca un nuevo día en que la armonía y el afecto originales entre los animales y el hombre será restaurado. Dios promete una nueva era y un nuevo día, una nueva tierra y un nuevo mundo, en que la perfección y la paz reinarán en la tierra. El cordero se echará con el león. Se acercan una tierra renovada, unos nuevos cielos y una nueva tierra.

"Morará el lobo con el cordero, y el leopardo con el cabrito se acostará; el becerro y el león y la bestia doméstica andarán juntos, y un niño los pastoreará. La vaca y la osa pacerán, sus crías se echarán juntas; y el león como el buey comerá paja. Y el niño de pecho jugará sobre la cueva del áspid, y el recién destetado extenderá su mano sobre la caverna de la víbora. No harán mal ni dañarán en todo mi santo monte; porque la tierra será llena del conocimiento de Jehová, como las aguas cubren el mar" (Is. 11:6-9).

"El lobo y el cordero serán apacentados juntos, y el león comerá paja como el buey; y el polvo será el alimento de la serpiente. No afligirán, ni harán mal en todo mi santo monte, dijo Jehová" (Is. 65:25).

"En aquel tiempo haré para ti pacto con las bestias del campo, con las aves del cielo y con las serpientes de la tierra; y quitaré de la tierra arco y espada y guerra, y te haré dormir segura" (Os. 2:18).

[4] (9:3-4) ***Alimento — Vegetación — Animales, comer:*** El nuevo orden mundial estableció la provisión de alimento para el hombre.

1. Al hombre se le dio el derecho de comer la carne de los animales vivos. Cuando el hombre cayó en pecado y la tierra sufrió la devastación del diluvio, el medio ambiente y la vegetación de la tierra al parecer sufrieron terriblemente.

=> Al parecer la capacidad del medio ambiente para proveer la mejor atmósfera y nutrientes para la fortaleza y vida del hombre se debilitó. El hombre ya no viviría tanto como había vivido antes del diluvio. El pecado y el diluvio alteraron drásticamente el entorno, el suministro de alimento, la fuerza, y el período de vida del hombre. La tierra ya no podía tener el medio ambiente ni producir los nutrientes, la calidad de alimento, que una vez tuvo.

=> La capacidad de la tierra para producir una sobreabundancia de alimento también estaría limitada. La tierra ya nos sería perfecta: Habría un límite en lo que la tierra produciría y suministraría ahora. Además de sus capacidades de suministros limitadas, la tierra ahora sufriría desastres naturales que destruirían la vegetación y los suministros de alimento, desastres naturales como inundaciones, tormentas, hambrunas, olas de calor, sequías y un sinnúmero de otros trastornos en la naturaleza.

Esta sea probablemente la razón por la que Dios engrandeció el suministro de alimento del hombre, en el nuevo orden mundial, para incluir los animales. El hombre había sido exclusivamente vegetariano cuando fue creado (vea la nota, Gn. 1:29-30 para un mayor análisis). Pero ahora, quizás por la razón anterior y quizás por otras razones, Dios le permite al hombre comer la carne de todos los animales que viven y se mueven, animales como el pez, las aves, el ganado y los cerdos.

Nota: Más adelante en la historia, se haría una distinción entre los animales limpios y no limpios con propósitos religiosos y ceremoniosos, fundamentalmente entre los judíos. Pero según el nuevo orden mundial, con el propósito del alimento, al hombre se le dio el derecho de usar el animal que quisiera para alimentarse.

"Porque todo lo que Dios creó es bueno, y nada es de desecharse, si se toma con acción de gracias" (1 Ti. 4:4).

2. Al hombre se le dio el derecho de continuar comiendo la vegetación que deseara (v. 3). (Vea la nota, Gn. 1:29-30 para un mayor análisis.)

3. Dios ha puesto una excepción en cuanto a comerse los animales: El hombre no debe comer un animal con su vida, su sangre, todavía en él. Los animales vivos no se deben comer, ni los animales muertos con su sangre todavía en ellos. Hay varias buenas razones para esta restricción.

=> Evita enfermedades.

=> Evita el salvajismo, la crueldad con los animales.

=> Enseña una relación entre la vida y la sangre.

=> Le recuerda al hombre la sangre de la expiación, la sangre del sacrificio, que es necesaria para que el hombre sea aceptado por Dios. Esta fue definitivamente una de las razones por las que Dios dio esta instrucción. Esto se ve claramente en la referencia a la vida del animal estando en su sangre.

"Porque la vida de la carne en la sangre está, y yo os la he dado para hacer expiación sobre el altar por vuestras almas; y la misma sangre hará expiación de la persona" (Lv. 17:11; cp. Lv. 17:14).

Pensamiento 1. Cada vez que comemos carne, debemos pensar en la sangre que se derramó para proveernos vida, es decir, la nutrición para que podamos vivir y no morir de hambre. Este pensamiento, por supuesto, apunta a Jesucristo, que murió por nosotros, derramó su sangre, para que pudiéramos *vivir para siempre*.

"porque esto es mi sangre del nuevo pacto, que por muchos es derramada para remisión de los pecados" (Mt. 26:28).

"Pues mucho más, estando ya justificados en su sangre, por él seremos salvos de la ira" (Ro. 5:9).

"en quien tenemos redención por su sangre, el perdón de pecados según las riquezas de su gracia" (Ef. 1:7)

"y no por sangre de machos cabríos ni de becerros, sino por su propia sangre, entró una vez para siempre en el Lugar Santísimo, habiendo obtenido eterna redención. Porque si la sangre de los toros y de los machos cabríos, y las cenizas de la becerra rociadas a los inmundos, santifican para la purificación de la carne, ¿cuánto más la sangre de Cristo, el cual mediante el Espíritu eterno se ofreció a sí mismo sin mancha a Dios, limpiará vuestras conciencias de obras muertas para que sirváis al Dios vivo?" (He. 9:12-14).

"sabiendo que fuisteis rescatados de vuestra vana manera de vivir, la cual recibisteis de vuestros padres, no con cosas corruptibles, como oro o plata, sino con la sangre preciosa de Cristo, como de un cordero sin mancha y sin contaminación" (1 P. 1:18-19).

"pero si andamos en luz, como él está en luz, tenemos comunión unos con otros, y la sangre de Jesucristo su Hijo nos limpia de todo pecado" (1 Jn. 1:7).

"y de Jesucristo el testigo fiel, el primogénito de los muertos, y el soberano de los reyes de la tierra. Al que nos amó, y nos lavó de nuestros pecados con su sangre" (Ap. 1:5).

5 (9:5) ***Gobierno — Ley — Sistema judicial:*** El nuevo orden mundial estableció el gobierno para el hombre. Observe lo que Dios está haciendo en estos versículos: Él está estableciendo la ley que protegerá la vida del hombre. Él está estableciendo la pena de muerte como la ley más básica del nuevo orden mundial. La vida es la posesión más grande que tiene un hombre. Si su vida, la posesión más grande que tiene, ha de protegerse, entonces todas sus posesiones han de protegerse, porque son de menor valor. Cuando Dios dice que la posesión más grande del hombre ha de protegerse, su vida, Dios está incluyendo automáticamente las posesiones menores del hombre como la propiedad, la justicia y la libertad. Las mayores incluyen a las menores: La vida del hombre incluye su libertad y la justicia que se le debe. Su vida incluye todo cuanto es y tiene. La ley de la protección incluye al hombre *completo*: Su vida, y todo cuanto está incluido en su vida. Esta es la razón por la que Dios explica en detalle la ley que rige el asesinato, quitarle la vida a un hombre. Si la vida de un hombre se ha de proteger, entonces todo cuanto implica la vida de un hombre se ha de proteger. Los hombres han de desarrollar y establecer leyes para proteger todas las posesiones y la libertad y la justicia de una persona.

Sucede lo siguiente: Dios está estableciendo el gobierno, poniendo la semilla para el gobierno, en este pasaje. Se esperaba que Noé y sus hijos y las generaciones sucesoras de personas, sin lugar a dudas, tomaran esta ley muy básica y edificaran la sociedad y el gobierno según ella.

Note que tanto la ley como el gobierno fueron establecidos por Dios: La ley y el gobierno son instituciones divinas. Por ende, tanto la ley como el gobierno han de obedecerse.

=> Leupold dice lo siguiente:

"Con esta palabra [pasaje] se instituye el gobierno, esta institución básica para el bienestar del hombre. Porque si el hombre recibe poder sobre la vida de otros hombres en ciertas circunstancias [ejecutar la pena de muerte sobre los asesinos], entonces... se incluye naturalmente el poder sobre cosas menores, como el poder sobre la propiedad al grado de poder exigir varios tipos de trabajos y servicios según surja la necesidad. El gobierno, entonces, al estar basado en esta palabra, no es por contrato humano, ni por entrega de ciertos poderes, ni por abuso de clericalismo. Es una institución divina" (*Génesis*, vol. 1, p. 333).

=> James Montgomery Boice dice:

"El gobierno está... establecido divinamente. Es decir, la autoridad del estado proviene de Dios y se debe obedecer, salvo en aquellas áreas donde en ocasiones se opone por sí mismo a autoridades mayores que es el de Dios" (*Génesis, Un comentario expositivo*, vol. 1, p. 307).

=> Las Escrituras dicen:

"Sométase toda persona a las autoridades superiores; porque no hay autoridad sino de parte de Dios, y las que hay, por Dios han sido establecidas. De modo que quien se opone a la autoridad, a lo establecido por Dios resiste; y los que resisten, acarrean condenación para sí mismos. Porque los magistrados no están para infundir temor al que hace el bien, sino al malo. ¿Quieres, pues, no temer la autoridad? Haz lo bueno, y tendrás alabanza de ella; porque es servidor de Dios para tu bien. Pero si haces lo malo, teme; porque no en vano lleva la espada, pues es servidor de Dios, vengador para castigar al que hace lo malo. Por lo cual es necesario estarle sujetos, no solamente por razón del castigo, sino también por causa de la conciencia" (Ro. 13:1-5).

=> James Montgomery Boice dice nuevamente:

"Existen dos errores que las personas tienden a cometer con respecto al gobierno humano.

=> *"Uno es la ignorancia al estado. Es una denegación a reconocer su autoridad, expresada en un desprecio de líderes públicos y una ostentación de leyes perfectamente válidas. Con esto es con lo que Pablo está lidiando fundamentalmente en Romanos.*

=> *"El otro error es considerar al estado más de lo que debemos, creyendo que el gobierno resolverá nuestros problemas. Este es el error característico de la democracia norteamericana, particularmente en la actualidad".*

(*Génesis, un comentario expositivo*, vol. 1, p. 307. Esta cita se separa en párrafos para mejor claridad.)

6 (9:5-7) ***Gobierno — Asesinato — Vida, protección de:*** El nuevo orden mundial estableció la protección de la vida para el hombre. Este mundo es un mundo maligno y pecador; por eso, las pasiones de los hombres deben estar controladas. En la sociedad, la ley controla y mantiene en jaque a las pasiones. Dios sabe esto; por eso, Dios estableció la ley protegiendo la vida del hombre. Dios instituyó la pena de muerte para el nuevo orden mundial. Observe tres elementos significativos.

1. La ley que rige a los animales. Los animales son importantes para la tierra y para el hombre, para el medio ambiente y para la naturaleza, pero fueron creados *para el hombre.* El hombre es la cumbre de la creación de Dios, el ser primordial que ha de llevar a cabo el propósito de Dios con el universo.

Por ende, si un animal ataca y mata a una persona, se ha de matar al animal. Se ha de ejercer justicia sobre el animal. No se deben permitir ataques salvajes de animales sobre las personas.

2. La ley que rige a los asesinos. Los asesinos deliberados han de enfrentar dos juicios. Note exactamente los que las Escrituras dicen acerca de la pena capital.

a. El propio Dios castigará a los asesinos (v. 5c).

El hebreo dice:

"de la mano del hermano de cada hombre demandaré la vida del hombre" (The Interlinear Bible [La Biblia interlineal], vol. 1, Traducido por Jay P. Green, Sr. Grand Rapids, MI: Baker Book House, p. 20).

Matthew Henry dice:

"El Dios justo ciertamente [ejercer la justicia] por la sangre, aunque el hombre no pueda o no lo haga. En un momento o en otro, en este mundo o en el próximo, descubrirá asesinatos ocultos, que están ocultos a los ojos del hombre y castigará asesinatos confesados y justificados, que sean demasiado grandes para la mano del hombre" (*Comentario de Matthew Henry*, vol. 1, p. 70).

b. Los hombres han de ejercer justicia sobre los asesinos. Los asesinos deliberados han de ser castigados por los jueces y los jurados de los hombres (v. 6).

"El que derramare sangre de hombre, por el hombre su sangre será derramada" (v. 6).

Nuevamente, Matthew Henry tiene un comentario excelente:

"Por el hombre se derramará su sangre, es decir, por el magistrado o quienquiera que haya sido nombrado o se le haya permitido ser el vengador de la sangre. Están aquellos que son ministros de Dios con este propósito, ser una protección para el inocente, siendo un terror para los maliciosos y los hacedores de maldad, y no deben llevar la espada en vano, Ro. xiii. 4 [13:4]... Los asesinos deliberados siempre deben ser castigados con la muerte. Es un pecado que el Señor no perdonaría en un patriarca (2 R. xxiv. 3, 4 [24:3-4]), y que por ende un patriarca no perdonaría en un súbdito" (*Comentario de Matthew Henry*, vol. 1, p. 70).

3. Existen dos grandes razones por las que el asesinato se debe castigar.

a. El valor del hombre: El hombre tiene la mayor valía; está hecho a la imagen misma de Dios. Esto quiere decir algo muy significativo:

=> Una persona debe llevar la imagen de Dios en la tierra. Debe dejar que Dios viva en ella, en su cuerpo, dejar que Dios viva y se mueva y tenga su ser dentro de ella. La persona ha de pensar, hablar y comportarse, dejar a Dios pensar, hablar y comportarse dentro de ella, como lo haría Dios si Dios caminara dentro de su cuerpo. La persona debe vivir según la imagen de Dios en la tierra.

=> Ahora bien, matar a una persona es retirar la imagen de Dios de la tierra. Es como retirar a Dios de la tierra. Imaginarse un mundo sin Dios, sin su presencia, amor, cuidado, preocupación, conocimiento y fuerza. Matar a una persona retira a la persona de la tierra. Todo cuanto es, todo cuanto fue y cuanto podía aportar a la tierra y la sociedad, todo su amor, cuidado, preocupación, conocimiento, fuerza y aportes se retiran de la tierra. Cuando una persona es asesinada, una parte de la propia imagen de Dios se retira de la tierra. En un sentido, cuando una persona es asesinada y retirada de la tierra, queda menos de la imagen de Dios en la tierra. Todo lo que la persona podría haber contribuido a la sociedad y a la tierra se pierde para siempre.

El asesinato es una ofensa grave a Dios, la más grave. El hombre es creado a la propia imagen de Dios. Por eso, si el hombre es asesinado, se debe ejercer justicia. Se ha de matar al asesino. La pena de muerte se ha de promulgar.

b. El propósito del hombre también exige que un asesino sea castigado. El propósito básico del hombre en la tierra es repoblar la tierra, continuar produciendo personas que confraternicen con Dios, que adoren y sirvan a Dios. Esto no quiere decir que el hombre deba súper poblar la tierra, solo que la ha de mantener poblada. Si el salvajismo de los hombres eliminara la raza humana, no quedarían seres humanos que fraternizaran con Dios, que adoraran y sirvieran a Dios. Por eso, el propósito primordial del hombre es darle continuidad a la raza humana, continuar produciendo y guiando a las personas a Dios. Note que el asesino actúa contra el gran propósito del hombre: El asesino destruye la vida humana, elimina la fraternidad, adoración y servicio de una persona para con Dios en la tierra. Esta es la razón por la que el asesino debe ser ejecutado: No se le debe permitir quitar otras vidas, destruir el propósito de Dios con el hombre, el de fraternizar con Dios y producir otros seguidores de Dios.

"El que derramare sangre de hombre, por el hombre su sangre será derramada; porque a imagen de Dios es hecho el hombre" (Gn. 9:6).

"No matarás" (Éx. 20:13).

"El que hiriere a alguno, haciéndole así morir, él morirá" (Éx. 21:12).

"Asimismo el hombre que hiere de muerte a cualquiera persona, que sufra la muerte" (Lv. 24:17).

"Si con instrumento de hierro lo hiriere y muriere, homicida es; el homicida morirá... Y no tomaréis precio por la vida del homicida, porque está condenado a muerte; indefectiblemente morirá" (Nm. 35:16, 31).

"Porque: No adulterarás, no matarás, no hurtarás, no dirás falso testimonio, no codiciarás, y cualquier otro mandamiento, en esta sentencia se resume: Amarás a tu prójimo como a ti mismo" (Ro. 13:9).

"Así que, ninguno de vosotros padezca como homicida, o ladrón, o malhechor, o por entremeterse en lo ajeno" (1 P. 4:15).

"Todo aquel que aborrece a su hermano es homicida; y sabéis que ningún homicida tiene vida eterna permanente en él" (1 Jn. 3:15).

Pensamiento 1. La cuestión de determinar la vida y la muerte se le da al hombre solamente en calidad oficial o gubernamental. Un hombre no tiene el derecho personal de quitarle la vida otro hombre. Dios dejó esto claro en los Diez Mandamientos: "No matarás" (Éx. 20:13). Pero Dios sí le dio a Noé el derecho oficial o gubernamental de ejercer justicia.

	H. Noé y el nuevo comienzo (parte 2): Dios estableció un nuevo pacto con el hombre. El pacto noémico o con Noé, 9:8-17	blezco entre mí y vosotros y todo ser viviente que está con vosotros, por siglos perpetuos:	a. Es una señal dada a todas las generaciones
1 El autor del pacto	8 Y habló Dios a Noé y a sus hijos con él, diciendo:	13 Mi arco he puesto en las nubes, el cual será por señal del pacto entre mí y la tierra.	b. Es una señal puesta por el propio Dios 1) Puesta en las nubes 2) Puesta como señal
2 Los receptores del pacto a. Noé y sus hijos	9 He aquí que yo establezco mi pacto con vosotros, y con vuestros descendientes después de vosotros;	14 Y sucederá que cuando haga venir nubes sobre la tierra, se dejará ver entonces mi arco en las nubes.	c. Es una señal para provocar el recuerdo
b. Noé y su simiente o descendencia, v. 9 c. Todo ser viviente en la tierra	10 y con todo ser viviente que está con vosotros; aves, animales y toda bestia de la tierra que está con vosotros, desde todos los que salieron del arca hasta todo animal de la tierra.	15 Y me acordaré del pacto mío, que hay entre mí y vosotros y todo ser viviente de toda carne; y no habrá más diluvio de aguas para destruir toda carne.	1) El recuerdo del pacto de Dios 2) El recuerdo del diluvio y su juicio
3 El pacto en sí a. Es el pacto personal de Dios ya existente: "Mi pacto" b. Es la promesa de nunca más destruir la tierra con un diluvio universal c. Es un nuevo orden mundial	11 Estableceré mi pacto con vosotros, y no exterminaré ya más toda carne con aguas de diluvio, ni habrá más diluvio para destruir la tierra.	16 Estará el arco en las nubes, y lo veré, y me acordaré del pacto perpetuo entre Dios y todo ser viviente, con toda carne que hay sobre la tierra. 17 Dijo, pues, Dios a Noé: Esta es la señal del pacto que he establecido entre mí y toda carne que está sobre la tierra.	d. Es una señal para provocar el recuerdo de que el pacto es eterno **5 La garantía del pacto: Dios y su Palabra**
4 La señal del pacto: El arco iris	12 Y dijo Dios: Esta es la señal del pacto que yo esta-		

DIVISIÓN IV

NOÉ: EL HOMBRE ESCOGIDO PARA PRESERVAR A LA HUMANIDAD Y A LA SIMIENTE PIADOSA DURANTE LA DESTRUCCIÓN DEL MUNDO (EL DILUVIO), 6:9—9:29

H. Noé y el nuevo comienzo (parte 2): Dios estableció un nuevo pacto con el hombre. El pacto noémico o con Noé, 9:8-17

(9:8-17) ***Introducción:*** El diluvio fue la más horrible de las tragedias. Todo lo vivo de la tierra fue borrado excepto una pequeña familia, ocho personas y un arca cargada de animales. El trauma de presenciar una escena como esa debe haber sido una de las experiencias más aterrorizantes posibles.

=> Imagínese el trauma de vivir durante una lluvia torrencial que duró 40 días y 40 noches, sin cesar, una lluvia tan fuerte y pesada que una persona no podía ver su propia mano delante de su cara.

=> Imagínese el trauma de experimentar la liberación de todas las aguas subterráneas con resultado de una erupción volcánica tras otra, todas las aguas subterráneas que estaban bajo la corteza terrestre liberándose y saliendo disparadas hacia arriba e inundando la tierra en torrentes (Gn. 7:11).

=> Imagínese el trauma en la medida en que Noé y su querida familia se fueron dando cuenta gradualmente de la situación: Su familia era la única familia sobreviviente de la tierra. Todos los otros habían perecido porque habían maldecido a Dios, lo habían rechazado, se habían rebelado contra Él y se habían rehusado a seguirlo y obedecerlo.

=> Imagínese el trauma de vivir dentro de un arca todo un año, de tener todo un año para pensar en la justicia, el pecado, la muerte y el juicio de Dios.

=> Imagínese el trauma de saber que usted es un pecador y que Dios juzga el pecado, juzga el pecado sin duda alguna. Noé sabía esto. ¿Cómo podía saber él entonces que Dios no se levantaría y lo juzgaría a él y a su familia cuando pecaran en el futuro, los juzgaría tal como había hecho con todos los otros pecadores? El trauma de pensamientos agresivos como esos deben haber azotado a lo sobrevivientes con terror.

Abandonados por sí solos, Noé y los sobrevivientes se habrían aterrorizado. Habrían vivido en un temor y terror constantes. Pero no fueron abandonados por sí solos: Dios estaba con ellos. Dios amaba a Noé y a su familia, los amaba porque habían confiado en Él y eran verdaderos seguidores de Dios.

=> Dios cuidó de ellos, de sus necesidades. Dios conocía de su aprehensión y temor, conocía de la inquietud, incertidumbre, e inseguridad que con frecuencia atacaba el corazón de cada uno de ellos.

=> Dios sabía que Noé y su familia necesitaban una cosa por encima de todo: Garantía, la garantía de que la tragedia aterrorizante del diluvio nunca más ocurriría. Necesitaban saber, sin lugar a dudas, que ellos y su simiente sobrevivirían y llenarían la tierra. Esta garantía es exactamente lo que da Dios. Este es el gran tema de este pasaje: "Noé y el nuevo comienzo (parte 2): Dios estableció un nuevo pacto con el hombre".

1. El autor del pacto (v. 8).
2. Los receptores del pacto (vv. 9-10).
3. El pacto en sí (v. 11).
4. La señal del pacto: El arco iris (vv. 12-16).
5. La garantía del pacto: Dios y su Palabra (v. 17).

1 (9:8) ***Pacto:*** Note el autor del pacto. El autor es Dios y solo Dios. Por lo general, un pacto es un acuerdo entre dos partes. Cada parte acuerda hacer algo; así se establece un pacto de conducta entre ellos. Pero en este caso no, no en el pacto noémico o con Noé. En este pacto, el pacto noémico o con Noé, la promesa de Dios se cumplirá sin importar lo que haga Noé y el resto de la humanidad. Esto es lo que se podría denominar…

- Un pacto unilateral
- Un pacto incondicional
- Un pacto de promesa
- Un pacto de gracia

Ni Noé ni ninguna otra persona tiene que hacer nada a fin de recibir esta promesa de Dios. El pacto noémico o con Noé es un pacto incondicional, un pacto de promesa, un pacto de gracia, un pacto que está establecido por Dios no importa cómo el hombre se comporte. Dios y solo Dios estableció el pacto noémico o con Noé. Observe con qué claridad se acentúa esto:

=> "He aquí que yo establezco mi pacto" (v. 9).
=> "Estableceré mi pacto" (v. 11).
=> "El pacto que yo establezco" (v. 12).
=> "Me acordaré del pacto mío" (v. 15).
=> "El pacto, que he establecido" (v. 17).

(Vea el *Estudio a fondo 1, pacto,* Gn. 2:15-17 para un mayor análisis.)

Nuevamente, este pacto, el pacto noémico o con Noé, es establecido por Dios y solo por Dios. Ningún hombre tenía nada que ver con establecer este pacto o promesa de Dios.

2 (9:9-10) ***Pacto, noémico:*** Observe los receptores del pacto. Dios le dio esta promesa, este pacto:

- A Noé y a sus hijos.
- A su simiente o descendencia. (Recuerde, la palabra *simiente* es el término bíblico para descendiente y se refiere a toda la descendencia de Noé. Esto quiere decir que el pacto noémico o con Noé se le dio a toda la raza humana, porque Noé era el cabeza de la raza humana, el padre de todos los que aún estaban por nacer en la tierra. Toda la simiente, toda la raza humana, se remonta a Noé. Pero recuerde también este elemento importantísimo: Cuando se usa la palabra *simiente* con relación a las promesas o pactos de Dios, es singular y se refiere primordialmente al Salvador prometido o Mesías del mundo, el propio Señor Jesucristo. Las propias Escrituras nos lo dicen [cp. Gá. 3:16].)
- A todos los animales.

Esto es algo maravilloso: Quiere decir que el pacto noémico o con Noé se le da a todo ser vivo de la tierra, tanto al hombre como al animal. Quiere decir que nosotros los que vivimos en la actualidad, somos los receptores del pacto noémico o con Noé. Estas grandes promesas de Dios nos las dan a nosotros y a todos nuestros hijos, incluso aquellos que están por nacer. Estas grandes promesas se les dan a los animales de la tierra. ¿Cuáles son las promesas? ¿Cuál es el pacto noémico o con Noé establecido por Dios con nosotros y la tierra? Este es el análisis del próximo punto.

3 (9:11) ***Pacto, noémico — Diluvio, el gran — Promesas:*** Note el pacto en sí. El pacto tenía al menos dos partes, quizás tres.

1. El pacto era el propio pacto personal de Dios, un pacto que ya existía, que Dios ya había establecido con el hombre. Esto se ve en tres elementos.

a. Dios llamó al pacto "Mi pacto". Las palabras "mi pacto" apuntan a un pacto que ya existía, que ya se había establecido ("*Comentario del púlpito*", vol. 1, p. 143).

b. Note la palabra *establecido* (*qum*). El equivalente hebreo puede significar *cumplir, llevar a cabo, continuar* o *mantener* (Víctor Hamilton. *El libro de Génesis*, p. 316). Dios podría estar diciendo que Él estaba cumpliendo o llevando a cabo su propio pacto personal, el pacto ya establecido con el hombre.

Ahora bien, ¿a qué pacto se refería Dios? Existía un solo pacto importante anterior a Noé: el pacto de *la simiente prometida* que primero se le había dado a Adán.

Recuerde la experiencia aterrorizante por la que Noé había atravesado y su gran necesidad de garantía, su gran necesidad de sentirse a salvo y seguro. Ahora Dios le estaba dando a Noé una gran garantía, afirmándole que él era considerado piadoso y acepto ante Dios. Además, Dios le estaba recordando a Noé la promesa anterior que había hecho, que Noé sería un descendiente directo de *la simiente prometida*, que él y su simiente serían la descendencia piadosa a través de la cual vendría el Salvador del mundo. (Vea la nota, Gn. 6:18 para un mayor análisis.)

c. Hay un tercer elemento que apunta a *la simiente*

prometida como parte del pacto de Dios con Noé. Allí, Noé era el único padre vivo de la tierra. Todos los otros padres habían sido destruidos en el diluvio. Noé era el padre, el cabeza, de toda la raza humana, el padre de todas las generaciones sucesoras. Es casi imposible, si no es totalmente imposible, pensar que Dios no abordaría su gran promesa con Noé, la promesa o pacto de *la simiente prometida*, del Salvador que vendría al mundo. Dios ama al hombre demasiado, amó demasiado a Noé, como para no darle al único hombre sobreviviente de la tierra la gran garantía de la salvación, la gran esperanza del Salvador venidero. Dios le había dado la garantía de *la simiente prometida* a Adán después que Adán hubo experimentado su caída en el pecado. ¿Por qué no darle ahora la misma garantía a Noé después de su experiencia aterrorizante?

La evidencia del versículo apunta fuertemente a que Dios hizo exactamente eso. Cuando Dios dijo: "Estableceré [cumpliré, continuaré y llevaré a cabo], *mi pacto* con vosotros", es muy probable que estuviera hablando del pacto de *la simiente prometida*. Cuando Noé oyó estas palabras, su corazón se debe haber inundado de gran paz y seguridad, porque él sabía:

- Que era acepto ante Dios.
- Que Dios estaba protegiéndolo y cuidando de él de una manera muy especial.
- Que Dios lo había escogido con un gran propósito, el de darle continuidad a *la simiente prometida*, la descendencia a través de la cual vendría el Salvador del mundo.

2. El pacto también fue la promesa de nunca más destruir la tierra con un diluvio universal. El gran *Comentario del púlpito* dice que esto no es más que una ampliación del pacto de *la simiente prometida* (el pacto adámico). El pacto con Noé garantiza la continuación de la tierra y del hombre de modo que Dios pueda cumplir su pacto de *la simiente prometida* ("*Comentario del púlpito*", vol. 1, p. 143). La promesa de la simiente exigía una tierra segura para la supervivencia y continuación de la raza humana. Las personas tenían que sobrevivir en la tierra para que Dios cumpliera su pacto con Adán y con Eva, la promesa de enviar al Salvador al mundo.

Observe que esta parte del pacto con Noé dice dos cosas:

=> No exterminaré ya más *toda carne*, toda la vida, con aguas de diluvio.

=> Ni habrá más diluvio para destruir *la tierra*.

Noé no podía pedir mayor confirmación, mayor seguridad y garantía que esta. Como se ha visto en la introducción, Noé necesitaba una gran garantía, porque el diluvio había sido una experiencia aterrorizante para él y para su familia (vea la nota de la Introducción, Gn. 9:8-17). Dios sabía que ellos necesitaban una garantía para sentirse salvos y seguros al adentrarse al nuevo mundo. Noé necesitaba sentirse perfectamente salvo y seguro:

- A fin de funcionar como un ser humano normal, emocionalmente estable y asentado.
- A fin de cumplir la voluntad y el propósito de Dios con el hombre y la tierra.
- A fin de continuar la vida al máximo.

Dios sabía que Noé necesitaba este tipo de garantía, este tipo de seguridad emocional. Esta es la razón misma por la que Dios estableció este gran pacto con Noé:

=> Un pacto que prometió nunca más destruir la tierra con un diluvio universal.

=> Un pacto que se cumpliría y continuaría el propio pacto personal de Dios con el hombre, la gran promesa de *la Simiente prometida,* el Salvador del mundo.

Pensamiento 1. Recuerde, este pacto se le dio a toda la raza humana, a todos nosotros. Podemos tener la misma garantía, la misma seguridad y garantía emocional que experimentó Noé.

1) Podemos tener garantía, sentirnos salvos y seguros, que la tierra nunca más será juzgada ni destruida por un diluvio universal, tampoco por ningún otro desastre mundial. Los desastres naturales ocurrirán de manera local: Las personas y las propiedades serán destruidas aquí y allá por inundaciones, tornados, huracanes, terremotos, hambrunas y otros desastres naturales. Pero un diluvio universal, un desastre natural mundial, nunca volverá a raer a toda alma viva de la tierra, no hasta el tiempo del fin, el juicio final de la tierra. Las personas estarán en la tierra mientras la tierra permanezca.
2) Podemos tener garantía, sentirnos salvos y seguros, de que *la Simiente prometida* ha venido. Jesucristo es el Salvador del mundo. Jesucristo hará por nosotros lo que Él hizo por Noé: Nos salvará ahora y eternamente, nos salvará del pecado y la muerte. Pero, de la misma manera que un hombre que se está ahogando tiene que llamar y pedirle a alguien que lo salve, nosotros tenemos que llamar y pedirle al Señor. Tenemos que pedirle al Señor que nos salve. Tenemos que tomar la mano del Salvador y seguirlo a fin de ser salvos. *La Simiente prometida*, el Señor Jesucristo, no nos salva automáticamente. Nosotros decidimos si somos o no salvos; decidimos si lo dejamos o no salvarnos. Podemos tener garantía, sentirnos salvos y seguros, si se lo pedimos y dejamos que no salve.

"Venid a mí todos los que estáis trabajados y cargados, y yo os haré descansar" (Mt. 11:28).

"Porque no envió Dios a su Hijo al mundo para condenar al mundo, sino para que el mundo sea salvo por él. El que en él cree, no es condenado; pero el que no cree, ya ha sido condenado, porque no ha creído en el nombre del unigénito Hijo de Dios" (Jn. 3:17-18).

"Pero éstas se han escrito para que creáis que Jesús es el Cristo, el Hijo de Dios, y para que creyendo, tengáis vida en su nombre" (Jn. 20:31).

"Y todo aquel que invocare el nombre del Señor, será salvo" (Hch. 2:21).

"porque todo aquel que invocare el nombre del Señor, será salvo" (Ro. 10:13).

"Alabad a Jehová, invocad su nombre, dad a conocer en los pueblos sus obras" (1 Cr. 16:8)

"Y todo aquel que invocare el nombre de Jehová será salvo; porque en el monte de Sion y en Jerusalén habrá salvación, como ha dicho Jehová, y entre el remanente al cual él habrá llamado" (Jl. 2:32).

3) Podemos tener garantía, sentirnos salvos y seguros, contra el día terrible del juicio venidero, el juicio del tiempo del fin. Podemos saber que tenemos vida eterna, que nunca moriremos, pero que viviremos con Dios para siempre y por toda la eternidad.

"Porque de tal manera amó Dios al mundo, que ha dado a su Hijo unigénito, para que todo aquel que en él cree, no se pierda, mas tenga vida eterna" (Jn. 3:16).

"Porque no envió Dios a su Hijo al mundo para condenar al mundo, sino para que el mundo sea salvo por él" (Jn. 3:17).

"El que cree en el Hijo tiene vida eterna; pero el que rehúsa creer en el Hijo no verá la vida, sino que la ira de Dios está sobre él" (Jn 3:36).

"De cierto, de cierto os digo: El que oye mi palabra, y cree al que me envió, tiene vida eterna; y no vendrá a condenación, mas ha pasado de muerte a vida" (Jn. 5:24).

"El que ama su vida, la perderá; y el que aborrece su vida en este mundo, para vida eterna la guardará" (Jn. 12:25).

"Y este es el testimonio: que Dios nos ha dado vida eterna; y esta vida está en su Hijo. El que tiene al Hijo, tiene la vida; el que no tiene al Hijo de Dios no tiene la vida" (1 Jn. 5:11-12).

"Estas cosas os he escrito a vosotros que creéis en el nombre del Hijo de Dios, para que sepáis que tenéis vida eterna, y para que creáis en el nombre del Hijo de Dios" (1 Jn. 5:13).

3. El pacto también podría incluir los puntos abordados en el nuevo orden mundial establecido por Dios en el bosquejo anterior (vea el bosquejo y las notas, Gn. 9:1-7). Muchos comentaristas sí incluyen las provisiones abordadas en el pacto noémico o con Noé.

=> La regulación de las estaciones (Gn. 8:22, cp. Gn. 9:11).

=> La misión del hombre: Repoblar la tierra (Gn. 9:1, 7).

=> La supremacía del hombre: gobernar sobre la tierra (Gn. 9:2).

=> La provisión de alimento para el hombre (Gn. 9:3-4).

=> El establecimiento del gobierno humano y de la pena capital (vv. 5-7).

En resumen, note que el pacto de Dios aborda solamente un diluvio universal, no un diluvio local acá y allá en la tierra. Ha habido y aún habrá inundaciones locales que destruyen vidas y propiedades mientras vivamos en un mundo corruptible donde la naturaleza en ocasiones se descontrola.

Observe también que el pacto noémico o con Noé representa una evidencia contundente contra todas las teorías de las inundaciones locales. Las teorías de las inundaciones locales sostienen que *El gran diluvio* fue una inundación local que cubrió solamente la comunidad local de Noé o algún área más grande, pero limitada. Pero note lo siguiente: El pacto explicado en detalles en el versículo once lidia con un diluvio universal o de lo contrario carece de sentido. ¿Cómo el pacto podría ser una promesa que nunca más habría una inundación local que destruyera la tierra? Ha habido muchas inundaciones locales y muchas vidas y propiedades destruidas por inundaciones locales a través de la historia. Según se ha planteado, el pacto en sí proporciona una evidencia contundente, de que *El gran diluvio* fue exactamente eso, un gran diluvio, un diluvio universal que destruyó toda la tierra.

4 (9:12-16) ***Pacto, noémico — Arco iris — Promesas:*** Observe la señal del pacto, el arco.

1. El arco es una señal dada a todas las generaciones. No era sencillamente una señal dada a Noé y a su familia; era una señal dada a todos nosotros, a todas las generaciones de personas.

2. El arco es una señal puesta en las nubes por el propio Dios, puesta allí con el propósito de ser una señal de su gran pacto con Noé y la humanidad.

a. Note que el arco está puesto en las nubes por el propio Dios. El propio Dios creó las leyes de la naturaleza que hicieron que se formara el arco. Imagínese una tormenta eléctrica, del tipo que por lo general aparece a finales de la tarde en la mayoría de los territorios. Imagínese su rugir atronador y los relámpagos cegadores, la aprehensión, en ocasiones el temor, que azota a la mayoría de los corazones por sus relámpagos y vientos peligrosos. El arco aparece después de la tormenta cuando los rayos del sol irrumpen entre las nubes y la mayoría de los colores se reflejan en las nubes, colores que forman un arco a través del cielo.

El arco es una señal, una promesa, puesta en las nubes por el propio Dios. Las leyes de la naturaleza que hacen que se forme el arco fueron establecidas y puestas en movimiento por Dios.

Pero, ¿cuándo apareció el arco por primera vez? ¿Después del diluvio o antes del diluvio? ¿El *gran diluvio* provocó cambios violentos en la atmósfera y en las formaciones de nubes de la tierra?

=> De ser así, entonces el arco es muy probable que haya aparecido por primera vez en la época de Noé.

=> De no ser así, entonces es muy probable que el arco ya existiera y Dios sencillamente apuntó hacia él y lo convirtió en una señal. Dios sencillamente estaría atribuyéndole un significado nuevo, una nueva importancia, ante los ojos del hombre.

b. Note que el arco es una señal que Dios nunca

más volverá a destruir la tierra con un diluvio universal, una señal dada a todas las generaciones (v. 12). El hecho de que Dios le diera una señal para respaldar su pacto demuestra cuán aterrorizado estaba Noé. Nuevamente, imagínese nada más haber presenciado la destrucción de toda la tierra por una lluvia torrencial y la erupción volcánica de todas las aguas subterráneas de la tierra. Imagínese sus pensamientos de Dios, del pecado y del juicio, como usted pediría a gritos misericordia, al estar flotando a la deriva de un lado a otro sobre las aguas en un bote en forma de barcaza durante todo un año. Imagínese luego estar en la tierra solo, sin nadie más que su propia familia pequeña de ocho personas. Todos sus amigos y vecinos, todos los otros seres humanos y todos los animales, ahogados y muertos. Solo usted y su familia sobrevivieron. El terror, el temor, la aprehensión, el asombro y el cuestionamiento llenarían su alma y su ser. Así estaba Noé. Esa era la razón por la que él necesitaba una garantía de Dios. Noé estaba como habríamos estado nosotros, literalmente aterrorizados. Él necesitaba confirmación una y otra vez por parte de Dios de que no sufriría el juicio de Dios, nunca más, no como lo había experimentado.

Esto es lo que Dios estaba haciendo con el arco: Dándole a Noé una doble garantía de seguridad y confirmación. Dios le había dado la garantía de su pacto de promesa; ahora Dios, en su misericordia, le daba a Noé una doble garantía, una señal de que ni él ni su simiente (descendencia) experimentaría nuevamente el juicio de Dios en un diluvio universal. En esto consiste el arco: Es una señal de garantía, de seguridad y confirmación, de que nunca más Dios juzgará a la tierra con un diluvio universal. Nunca más todos los hombres serán raídos de la faz de la tierra por un desastre natural como el diluvio grande y aterrorizante. El arco es la señal de Dios, su garantía, de que la tierra como un todo nunca más será destruida, no hasta el tiempo final. Entre ahora y el fin del mundo, grandes masas de personas continuarán en la tierra y aún tendrán tiempo para arrepentirse y volverse a *la simiente prometida* de Dios, el Salvador del mundo. Esto es lo que significa el arco: La misericordia de Dios sobre el hombre y la tierra, la misericordia de Dios sobre la tierra corruptible y todas las generaciones de hombres pecadores.

3. El arco es una señal para provocar el recuerdo del pacto y del diluvio y su juicio por Dios. Observe que Dios dice que Él siempre recuerda su pacto cuando el arco aparece en el cielo. Dios nunca olvida su pacto, pero cuando el arco aparece, Él recuerda fundamentalmente el juicio aterrorizante del diluvio y el gran pacto que Él ha hecho con el hombre.

Sucede lo siguiente: Nosotros también debemos recordar, pero con frecuencia no lo hacemos. Con mucha frecuencia, cuando el arco aparece, admiramos y señalamos su belleza y rápidamente nos volvemos a lo que estemos haciendo. Sin embargo, este no es el propósito con el que Dios dio el arco. Dios dio el arco:

- Para que recordemos y pensemos en el juicio terrible que cayó en la tierra.
- Para que recordemos su gran pacto, que nunca más Él juzgaría la tierra con un diluvio universal.
- Para que recordemos la gran misericordia de Dios para con el hombre pecaminoso, que Él nos salvará si nos arrepentimos y nos volvemos a *la simiente prometida* y el Salvador, el Señor Jesucristo.

4. El arco es una señal para provocar el recuerdo de que el pacto es eterno (v. 16). Dios siempre recordará esto:

=> Mientras la tierra permanezca, todos los seres vivientes están a salvo de tener que enfrentar un juicio mundial de Dios. La vida en la tierra nunca será borrada, completamente no, no plenamente, no por medio de un diluvio ni por ningún otro desastre natural. La especie animal y humana continuarán viviendo en la tierra hasta que Dios esté listo para ponerle fin a la historia humana y traer a todos los hombres al juicio final.

Sucede lo siguiente: Dios recuerda su pacto, que es eterno. El arco es una señal que Él recuerda.

Pensamiento 1. Nosotros también debemos recordar el juicio aterrorizante de Dios, en particular este elemento: Podemos librarnos del juicio final de Dios siempre que estemos vivos y nos volvamos a *la Simiente prometida*, el Salvador del mundo, el Señor Jesucristo.

"Deje el impío su camino, y el hombre inicuo sus pensamientos, y vuélvase a Jehová, el cual tendrá de él misericordia, y al Dios nuestro, el cual será amplio en perdonar" (Is. 55:7).

"Mas el impío, si se apartare de todos sus pecados que hizo, y guardare todos mis estatutos e hiciere según el derecho y la justicia, de cierto vivirá; no morirá" (Ez. 18:21).

"Por eso pues, ahora, dice Jehová, convertíos a mí con todo vuestro corazón, con ayuno y lloro y lamento" (Jl. 2:12).

"y diciendo: Arrepentíos, porque el reino de los cielos se ha acercado" (Mt. 3:2).

"Y él fue por toda la región contigua al Jordán, predicando el bautismo del arrepentimiento para perdón de pecados" (Lc. 3:3).

"Pedro les dijo: Arrepentíos, y bautícese cada uno de vosotros en el nombre de Jesucristo para perdón de los pecados; y recibiréis el don del Espíritu Santo" (Hch. 2:38).

"Así que, arrepentíos y convertíos, para que sean borrados vuestros pecados; para que vengan de la presencia del Señor tiempos de refrigerio" (Hch. 3:19).

"Arrepiéntete, pues, de esta tu maldad, y ruega a Dios, si quizá te sea perdonado el pensamiento de tu corazón" (Hch. 8:22).

5 (9:17) ***Garantía — Palabra de Dios:*** Observe la garantía del pacto: Dios y su Palabra. Este es el propósito de este versículo: Darle a Noé y a nosotros la garantía absoluta, la seguridad y confirmación perfectas, de que su pacto es cierto. Note las palabras: "dijo Dios". El pacto está garantizado:

- Por el propio Dios.
- Por la Palabra de Dios.

No hay mayor garantía que respalde un pacto. La promesa de Dios de que Él establecería (cumpliría, continuaría y llevaría a cabo) su pacto en la tierra está garantizado.

=> Dios ya ha enviado a *la simiente prometida* y Salvador a la tierra, el Señor Jesucristo.

=> Dios no ha juzgado ni destruido la tierra con un diluvio universal, no desde la época de Noé y no lo hará.

De hecho, sobre la tierra no caerá juicio universal que destruya toda la vida, no hasta el fin y juicio final del universo. Ese día se acerca, pero hasta entonces, cualquier persona que viva en la tierra tiene la oportunidad de arrepentirse y volverse a *la Simiente prometida* y Salvador del mundo, el Señor Jesucristo.

Este gran pacto, el pacto noémico o con Noé, está garantizado. Se mantendrá firme hasta el fin del mundo. Tanto Dios como su Palabra nos dan esta garantía.

"Porque de cierto os digo que hasta que pasen el cielo y la tierra, ni una jota ni una tilde pasará de la ley, hasta que todo se haya cumplido" (Mt. 5:18).

"El cielo y la tierra pasarán, pero mis palabras no pasarán" (Mt. 24:35).

"Para siempre, oh Jehová, permanece tu palabra en los cielos" (Sal. 119:89).

"Sécase la hierba, marchítase la flor; mas la palabra del Dios nuestro permanece para siempre" (Is. 40:8).

"Mas la palabra del Señor permanece para siempre. Y esta es la palabra que por el evangelio os ha sido anunciada" (1 P. 1:25).

	I. Noé y la raza humana: El futuro de la raza humana predicho, 9:18-29	ron la desnudez de su padre, teniendo vueltos sus rostros, y así no vieron la desnudez de su padre.	4) Se ve claramente por medio del marcado contraste de la conducta de sus hermanos: Su honra y respeto por su padre
1 Se dan las ramificaciones de la raza humana a. Tres ramificaciones: Sem, Cam (el padre de Canaán) y Jafet	18 Y los hijos de Noé que salieron del arca fueron Sem, Cam y Jafet; y Cam es el padre de Canaán.	24 Y despertó Noé de su embriaguez, y supo lo que le había hecho su hijo más joven,	**3 Se predijo el futuro de la raza humana**
b. Estas tres ramificaciones produjeron las razas que poblaron la tierra	19 Estos tres son los hijos de Noé, y de ellos fue llena toda la tierra.	25 y dijo: Maldito sea Canaán; Siervo de siervos será a sus hermanos.	a. Canaán: El padre de un pueblo esclavizado
2 Continúa el pecado y el fracaso de la raza humana a. Los pecados de Noé: Embriaguez,[EF1] sensualidad y desobediencia a Dios	20 Después comenzó Noé a labrar la tierra, y plantó una viña; 21 y bebió del vino, y se embriagó, y estaba descubierto en medio de su tienda.	26 Dijo más: Bendito por Jehová mi Dios sea Sem, Y sea Canaán su siervo. 27 Engrandezca Dios a Jafet, Y habite en las tiendas de Sem, Y sea Canaán su siervo.	b. Sem: El padre de un pueblo cuyo Dios a de ser bendecido c. Jafet: El padre de las naciones más grandes, disfrutará las tiendas, las bendiciones, de Sem
b. Los pecados de Cam 1) Deshonró a su padre 2) Desdeñó a su padre 3) Se alejó de la fe de su padre	22 Y Cam, padre de Canaán, vio la desnudez de su padre, y lo dijo a sus dos hermanos que estaban afuera. 23 Entonces Sem y Jafet tomaron la ropa, y la pusieron sobre sus propios hombros, y andando hacia atrás, cubrie-	28 Y vivió Noé después del diluvio trescientos cincuenta años. 29 Y fueron todos los días de Noé novecientos cincuenta años; y murió.	**4 Se demostró la muerte de la raza humana**

DIVISIÓN IV

NOÉ: EL HOMBRE ESCOGIDO PARA PRESERVAR A LA HUMANIDAD Y A LA SIMIENTE PIADOSA DURANTE LA DESTRUCCIÓN DEL MUNDO (EL DILUVIO), 6:9—9:29

I. Noé y la raza humana: El futuro de la raza humana predicho, 9:18-29

(9:18-29) ***Introducción:*** Este suceso de las Escrituras ocurrió después del *gran diluvio*, probablemente varias décadas después. Sabemos esto porque Canaán, el hijo de Cam, ya había nacido. Cuando Noé y sus tres hijos desembarcaron del arca, los hijos no tenían descendencia. Canaán era el cuarto hijo de Cam (Gn. 10:6) y ya tenía la edad suficiente para decidir llevar una vida impía. Probablemente era adulto, porque resulta improbable que a un niño se le maldiga por una conducta irresponsable (a un niño por lo general se le corrige y se le enseña, no se le maldice) (v. 25). Todo esto apunta a que esta profecía de la raza humana ocurra durante los años posteriores de la vida de Noé.

Noé era el cabeza de la raza humana. Él había producido las ramificaciones de que producirían todas las razas de la tierra. Este es el tema cautivador de este pasaje: "Noé y la raza humana: El futuro de la raza humana predicho".

1. Se dan las ramificaciones de la raza humana (vv. 18-19).
2. Continúa el pecado y el fracaso de la raza humana (vv. 20-23).
3. Se predijo el futuro de la raza humana (vv. 24-27).
4. Se demostró la muerte de la raza humana (vv. 28-29).

[1] (9:18-19) ***Raza, humana — Humanidad — Historia:*** Se dan las ramificaciones de la raza humana. Noé tenía tres hijos:

=> Sem
=> Cam
=> Jafet

Estos tres hijos están a la cabeza de las tres ramificaciones principales de la raza humana. Todas las razas y las personas de la tierra se pueden remontar a una de estas tres ramificaciones. Las razas de la tierra se pueden analizar hasta estas tres ramificaciones y se puede hallar el principio mismo de:

- Sus antecedentes raciales
- Sus raíces
- Su herencia
- Su ascendencia
- Su historia

Observe con qué claridad se plantea esto: Las tres ramificaciones produjeron razas que *poblaron y se esparcieron* por toda la tierra (v. 19). Sem, Cam y Jafet dieron surgimiento a todas las personas que vivimos hoy día, a todas las razas y las personas de la tierra. Después del *gran diluvio*, la tierra fue repoblada por estos tres hijos de Noé, los hijos que formaron las tres grandes ramificaciones de la raza humana.

Pensamiento 1. Esto quiere decir que la raza humana, todas las personas y todas las naciones, provenimos de una sola fuente. Todas las razas están atadas y unidas por un ancestro común. La unidad de la raza humana es una realidad; la hermandad universal del hombre es una realidad viva. No debe haber prejuicio, discriminación, ni clases entre nosotros. Todos somos hermanos y hermanas, unidos por un mismo ancestro. Por lo tanto, debemos amarnos unos a otros, debemos practicar el amor fraternal.

"Y el segundo es semejante: Amarás a tu prójimo como a ti mismo" (Mt. 22:39).

"Este es mi mandamiento: Que os améis unos a otros, como yo os he amado" (Jn. 15:12).

"El amor sea sin fingimiento. Aborreced lo malo, seguid lo bueno" (Ro. 12:9).

"amaos unos a otros entrañablemente, de corazón puro" (1 P. 1:22).

2 (9:20-23) ***Noé — Cam - Pecado — Embriaguez — Inmodestia — Sensualidad — Burla — Ridículo — Eva, pecados de — Honra — Respeto:*** Continúa el pecado y el fracaso de la raza humana. Esto se ve en el pecado de Noé y en el pecado del hijo menor, Cam.

1. Primero, estaba el pecado de Noé (vv. 20-21). Después del diluvio, una de las primeras cosas que Noé y sus hijos tuvieron que hacer fue sembrar alimento para sus familias. Así se volvieron agricultores. En cierto momento a través de los años, Noé plantó una viña. Ahora bien, observe con qué sencillez y simpleza se habla del pecado de Noé: Bebió demasiado vino:

- Y se embriagó o se emborrachó.
- Y se descubrió, se quedó desnudo, en su tienda.

Esta es la primera vez que se mencionan específicamente el vino y la embriaguez en las Escrituras. ¿Fue esta la primera vez que el vino se había fermentado y embriagaba o el vino existía antes y las Escrituras no lo han mencionado hasta ahora? ¿Sabía Noé lo que estaba haciendo, embriagándose o algún vino de uva que se había fermentado lo agarró fuera de guardia?

=> ¿Recuerda a las personas impías antes del diluvio, que llevaban una vida perversa e inmoral? Es muy improbable que el vino y la embriaguez no fueran parte de su pecado y vergüenza y de ser así, Noé habría sabido del peligro del vino fermentado.

=> Las Escrituras realmente dicen que Noé bebió "del vino", no solo "vino", sino "del vino". Al usar el artículo definido ("el") las Escrituras señalan que Noé sabía lo que estaba haciendo. Él sabía lo que era el vino fermentado, sabía que embriagaba a las personas.

=> La manera sencilla en la que se cuenta la historia apunta fuertemente al pecado y la culpabilidad de Noé. En esto consiste la historia: En demostrar que Noé pecó, que su hijo vio su pecado y se burló de él en lugar de ayudarlo. Por consiguiente, Noé pronunció una maldición sobre el hijo.

Hay pocas dudas, de haber alguna, de que Noé fuera culpable de pecado, culpable de pecado voluntario y deliberado. Él sabía exactamente lo que hacía, que el vino ("del vino") lo embriagaría. Hay varios elementos del pecado de Noé que nos saltan a la vista.

a. Noé pecó y falló a pesar de haber sido un hombre piadoso. Antes del diluvio, Noé era un hombre justo que había llevado una vida justa y sin mancha delante de las personas de su generación. Noé había caminado con Dios (Gn. 6:9). El Nuevo Testamento dice que Noé era "pregonero de justicia" (2 P. 2:5). Pero ahora, después del diluvio, Noé cometió un pecado grave y trágico.

Pensamiento 1. Nadie está exento de pecado, ni un solo siervo de Dios. Cualquiera puede caer en pecado, en algún pecado trágico y grave. No importa quién sea la persona, no importa cuán piadosa haya sido y cuán alta sea la posición que ocupe, aún así es una criatura pecadora, depravada y aún puede caer y cometer algún pecado grave. Noé, el gran hombre de Dios, pecó y nosotros también podemos. (Nota: No estamos hablando de pecar en general, sino de algún pecado trágico y grave. Todos pecamos, porque todos carecemos de la gloria de Dios, estamos totalmente depravados. Pero ninguno de nosotros tiene que caer y cometer un pecado grave, el tipo de pecado que provoca daño a la vida de otras personas y al nombre de Cristo.

"Cada uno se había vuelto atrás; todos se habían corrompido; no hay quien haga lo bueno, no hay ni aun uno" (Sal 53:3).

"¿Quién podrá decir: Yo he limpiado mi corazón, limpio estoy de mi pecado?" (Pr. 20:9).

"Todos nosotros nos descarriamos como ovejas, cada cual se apartó por su camino; mas Jehová cargó en él el pecado de todos nosotros" (Is. 53:6).

"Si bien todos nosotros somos como suciedad, y todas nuestras justicias como trapo de inmundicia; y caímos todos nosotros como la hoja, y nuestras maldades nos llevaron como viento" (Is. 64:6).

"por cuanto todos pecaron, y están destituidos de la gloria de Dios" (Ro. 3:23).

"Si decimos que no tenemos pecado, nos engañamos a nosotros mismos, y la verdad no está en nosotros" (1 Jn. 1:8).

b. El pecado de Noé trajo como resultado algunas consecuencias severas y terribles.

=> El hijo menor de Noé, Cam, pecó y recibió una maldición divina (vv. 24-25).

=> No se escribe nada más de Noé, excepto su muerte. Es como si en la vida de Noé ya no hubiera más bien después de su pecado.

Pensamiento 1. Las consecuencias del pecado son terribles, siempre son terribles. Las Escrituras declaran esto:

"Como la justicia conduce a la vida, así el que sigue el mal lo hace para su muerte" (Pr. 11:19).

"pero vuestras iniquidades han hecho división entre vosotros y vuestro Dios, y vuestros pecados han hecho ocultar de vosotros su rostro para no oír" (Is. 59:2).

"Si bien todos nosotros somos como suciedad, y todas nuestras justicias como trapo de inmundicia; y caímos todos nosotros como la hoja, y nuestras maldades nos llevaron como viento" (Is. 64:6).

"Por tanto, así ha dicho Jehová: He aquí yo traigo sobre ellos mal del que no podrán salir; y clamarán a mí, y no los oiré" (Jer. 11:11).

"He aquí que todas las almas son mías; como el alma del padre, así el alma del hijo es mía; el alma que pecare, esa morirá" (Ez. 18:4).

"Por tanto, como el pecado entró en el mundo por un hombre, y por el pecado la muerte, así la muerte pasó a todos los hombres, por cuanto todos pecaron" (Ro. 5:12).

"Porque la paga del pecado es muerte, mas la dádiva de Dios es vida eterna en Cristo Jesús Señor nuestro" (Ro. 6:23).

"¿cómo escaparemos nosotros, si descuidamos una salvación tan grande? La cual, habiendo sido anunciada primeramente por el Señor, nos fue confirmada por los que oyeron" (He. 2:3).

c. Noé falló en su vejez después de haber caminado con Dios durante años. El diluvio ocurrió cuando Noé tenía 600 años de edad; así, él había caminado con Dios durante la mayor parte de su vida. Al parecer este pecado ocurrió en los últimos cien o doscientos años de su vida, porque él vivió después del diluvio 350 años.

Sucede lo siguiente: En los últimos años de su vida, Noé se descuidó y no guardó su vida espiritual como debía. Por consiguiente, él pecó y falló tarde en su vida.

Pensamiento 1. Pecar en la vejez también le ha ocurrido a otros hombres piadosos.

=> Moisés pecó en los últimos años de su vida desobedeciendo a Dios, y no se le permitió entrar a la Tierra Prometida por su desobediencia (Nm. 20:7-13).

=> David pecó en los últimos años de su vida al cometer adulterio con Betsabé y al hacer matar a su esposo (2 S. 11:1-27).

d. Al parecer Noé cayó en pecado porque descuidó su tiempo de oración y adoración con Dios y porque no logró mantenerse alerta a la tentación. Con toda franqueza, Noé se rindió ante una tentación sencilla. Noé no era un borracho, no era un bebedor habitual o de lo contrario las Escrituras nos lo hubieran dicho. La carne de Noé no anhelaba la bebida; embriagarse era algo nuevo para él. Si hubiera estado espiritualmente fuerte, viviendo ante Dios en oración y adoración, no habría cedido ante una tentación que despertó poco deseo de su carne. Noé cayó en este pecado trágico sencillamente porque su corazón y su mente no estaban centrados en Dios. Es improbable que estuviera pensando en Dios durante los días cercanos a su caída. Se descuidó de la oración y adoración diarias.

"Y leyó Esdras en el libro de la ley de Dios *cada día,* desde el primer día hasta el último; e hicieron la fiesta solemne por siete días, y el octavo día fue de solemne asamblea, según el rito" (Neh. 8:18).

"Buscad a Jehová y su poder; buscad su rostro *continuamente*" (1 Cr. 16:11).

"Así cantaré tu nombre para siempre, pagando mis votos *cada día*" (Sal. 61:8).

"Mis ojos enfermaron a causa de mi aflicción; te he llamado, oh Jehová, *cada día;* he extendido a ti mis manos" (Sal. 88:9).

"Bienaventurado el hombre que me escucha, velando a mis puertas *cada día,* aguardando a los postes de mis puertas" (Pr. 8:34).

"*Velad y orad,* para que no entréis en tentación; el espíritu a la verdad está dispuesto, pero la carne es débil" (Mt. 26:41).

"Y decía a todos: Si alguno quiere venir en pos de mí, niéguese a sí mismo, tome su cruz *cada día,* y sígame" (Lc. 9:23).

"También les refirió Jesús una parábola sobre la necesidad de orar *siempre,* y no desmayar" (Lc. 18:1).

"*orando en todo tiempo* con toda oración y súplica en el Espíritu, y velando en ello con toda perseverancia y súplica por todos los santos" (Ef. 6:18).

"Orad *sin cesar*" (1 Ts. 5:17).

"*Procura* con diligencia presentarte a Dios aprobado, como obrero que no tiene de qué avergonzarse, que usa bien la palabra de verdad" (2 Ti. 2:15).

e. El pecado de Noé fue el pecado terrible de la embriaguez (vea el *Estudio a fondo 1*, Gn. 9:21 para un análisis).

f. El pecado de Noé fue también el pecado terrible de la sensualidad, la inmodestia y la inmoralidad. El equivalente hebreo de "descubierto" lo demuestra; es una acción reflexiva: Noé "*se descubrió [yithgal] a sí mismo*". Al parecer, fue un descubrimiento deliberado. Noé estaba borracho y se desnudó dentro de su tienda. Se perdieron todas las restricciones, toda la modestia, la decencia, el respeto, la honra, la dignidad y la moralidad. Noé había bajado su guardia y se había embriagado. Él se había relajado y como por lo general sucede, el trago afecta los impulsos de la carne, su carne se activó. Sus impulsos sensuales y sexuales se estaban liberando. Noé se desnudó. ¿Por qué?

=> ¿Para mostrarse a sí mismo su propio cuerpo, quizás sintiéndose orgulloso de su masculinidad?

=> ¿Para estar acostado desnudo para atraer a su esposa en caso de que entrara a la tienda?

=> ¿Para tener sexo con su esposa o para actuar en rechazo a su esposa porque ella se había rehusado a los deseos de Noé?

Y así podríamos seguir adivinando por qué Noé se desnudó, pero las Escrituras no lo dicen. Todo cuanto dicen es que Noé sí se embriagó y se descubrió, se desnudó dentro de su tienda. Permitió que se liberaran los impulsos sensuales, inmodestos e inmorales de su carne.

Pensamiento 1. Las Escrituras nos hablan de cómo la bebida hace que se liberen los deseos inmorales y sensuales de la carne.

"Gózate y alégrate, hija de Edom, la que habitas en tierra de Uz; aun hasta ti llegará la copa; te embriagarás, y vomitarás" (Lm. 4:21).

"¡Ay del que da de beber a su prójimo! ¡Ay de ti, que le acercas tu hiel, y le embriagas para mirar su desnudez! Te has llenado de deshonra más que de honra; bebe tú también, y serás descubierto; el cáliz de la mano derecha de Jehová vendrá hasta ti, y vómito de afrenta sobre tu gloria" (Hab. 2:15-16)

"Y dieron a beber vino a su padre aquella noche, y entró la mayor, y durmió con su padre; mas él no sintió cuándo se acostó ella, ni cuándo se levantó" (Gn. 19:33).

"El séptimo día, estando el corazón del rey alegre del vino, mandó a Mehumán, Bizta, Harbona, Bigta, Abagta, Zetar y Carcas, siete eunucos que servían delante del rey Asuero, que trajesen a la reina Vasti a la presencia del rey con la corona regia, para mostrar a los pueblos y a los príncipes su belleza; porque era hermosa" (Est. 1:10-11).

g. Sin embargo, el pecado de Noé fue mucho más que embriaguez e inmoralidad. El pecado original de Noé fue la desobediencia a Dios. Noé sencillamente descuidó e ignoró a Dios. Según se ha señalado anteriormente (pt. d), Noé había fallado en su oración y adoración diarias y no logró mantenerse alerta de la tentación. Él había estado descuidando e ignorando a Dios, desobedeciendo a Dios día tras día. Por consiguiente, no fue más que un pequeño paso a una desobediencia grave, a caer y cometer algún pecado trágico de desobediencia.

Pensamiento 1. La desobediencia es un pecado muy grave para Dios.

"Mas si no oyereis la voz de Jehová, y si fuereis rebeldes a las palabras de Jehová, la mano de Jehová estará contra vosotros como estuvo contra vuestros padres" (1 S. 12:15).

"No todo el que me dice: Señor, Señor, entrará en el reino de los cielos, sino el que hace la voluntad de mi Padre que está en los cielos. Muchos me dirán en aquel día: Señor, Señor, ¿no profetizamos en tu nombre, y en tu nombre echamos fuera demonios, y en tu nombre hicimos muchos milagros? Y entonces les declararé: Nunca os conocí; apartaos de mí, hacedores de maldad" (Mt. 7:21-23).

"Nadie os engañe con palabras vanas, porque por estas cosas viene la ira de Dios sobre los hijos de desobediencia" (Ef. 5:6).

"y a vosotros que sois atribulados, daros reposo con nosotros, cuando se manifieste el Señor Jesús desde el cielo con los ángeles de su poder, en llama de fuego, para dar retribución a los que no conocieron a Dios, ni obedecen al evangelio de nuestro Señor Jesucristo" (2 Ts. 1:7-8).

"Porque si la palabra dicha por medio de los ángeles fue firme, y toda transgresión y desobediencia recibió justa retribución, ¿cómo escaparemos nosotros, si descuidamos una salvación tan grande? La cual, habiendo sido anunciada primeramente por el Señor, nos fue confirmada por los que oyeron" (He. 2:2-3).

2. Segundo, estaba el pecado de Cam (vv. 22-23). Note varias cosas.

a. ¿Cometió Cam algún pecado sexual con su padre borracho? Algunos comentaristas piensan que sí.

=> El versículo 22 dice que Cam "*vio* la desnudez de su padre". El hebreo significa mucho más que mirar a su padre; significa que lo vio con placer, gozo y satisfacción. ¿Esto implica más que solo mirar a con placer a su padre? *¿Mirar solamente* merece una maldición tan terrible como la que se pronunció sobre el hijo menor de Cam (v. 25)?

=> El versículo 24 dice que Noé se dio cuenta de "lo que le *había hecho* su hijo más joven". Esto se pudiera referir a algún acto físico o pecado sexual, pero sencillamente se podría referir a la deshonra y burla que Cam hizo de Noé (v. 22).

=> En otros pasajes *descubrir la desnudez* de alguien significa cometer algún pecado sexual (Lv. 18:6-9; 20:11, 17-21; Ez. 16:36-37). En Levítico 20:17 la palabra "ver" se usa en vez de "descubrir". La palabra "ver" significa tener relaciones sexuales (Víctor Hamilton. *El libro de Génesis*, p. 322).

"Si alguno tomare a su hermana, hija de su padre o hija de su madre, y viere su desnudez, y ella viere la suya, es cosa execrable; por tanto serán muertos a ojos de los hijos de su pueblo; descubrió la desnudez de su hermana; su pecado llevará" (Lv. 20:17).

En este pasaje la palabra "ver" tiene la misma fuerza que la palabra "conocer" tiene con frecuencia en las Escrituras. Por ejemplo: "Adán *conoció* a Eva... y ella concibió" (Gn. 4:1). Ambas palabras, "ver" y "conocer", en ocasiones significa *ver* y *conocer* en el sentido más íntimo; tener relaciones sexuales.

Estos elementos definitivamente apuntan a algún pecado sexual implicado. Pero otros comentaristas no lo creen. Y, observe lo siguiente: Las Escrituras no dicen específicamente que se cometió un pecado sexual, a menos que la palabra "vio" signifique relaciones sexuales como en Levítico 20:17 anteriormente.

Ahora bien, al menos tres pecados graves y trágicos cometió Cam (cuatro, si alguien sostiene que cometió algún pecado sexual). Estos se abordan en los siguientes puntos (b-d).

b. Cam deshonró trágicamente a su padre. Esto se ve no solo en el acto de Cam, sino en la palabra "vio". El hebreo significa contemplar, mirar con fijamente, mirar con placer, mirar con satisfacción (H. C. Leupold. *Génesis*, vol. 1, p. 346). Cam vio a su padre desnudo y deliberadamente se quedó allí mirando la desnudez de su padre. ¿Por qué? Porque recibía algún tipo de satisfacción de aquello. Se sentía complacido de ver a su padre en tal estado de embriaguez, vergüenza y deshonra. Por alguna razón, Cam sintió mala voluntad hacia su padre. En consecuencia:
   - Se rehusó a cubrir a su padre. Lo dejó allí acostado en su desnudez vergonzosa.
   - Él sintió gran satisfacción y placer al ver a su padre avergonzarse.

   De un modo sencillo, Cam deshonró a su padre. Demostró el rencor y la falta de respeto más grande por él.
c. Cam desdeñó, ridiculizó y demostró desprecio por su padre. Cam salió y les dijo a sus hermanos acerca de la embriaguez y desnudez de su padre. El equivalente de "dijo" (*wayyaggedh*) significa que él se los dijo con deleite (H. C. Leupold. *Génesis*, vol. 1, p. 346). Él en realidad se gozó y sintió satisfacción al contarles. Él fue capaz de ridiculizar y burlarse de la conducta de su padre, de demostrar desdén y desprecio con la esperanza de que sus hermanos pudieran sentirse mal también con su padre.

Pensamiento 1. Deshonrar a los padres siempre ha sido un pecado grave ante los ojos de Dios.

> **"Si alguno tuviere un hijo contumaz y rebelde, que no obedeciere a la voz de su padre ni a la voz de su madre, y habiéndole castigado, no les obedeciere;... y dirán a los ancianos de la ciudad: Este nuestro hijo es contumaz y rebelde, no obedece a nuestra voz; es glotón y borracho. Entonces todos los hombres de su ciudad lo apedrearán, y morirá; así quitarás el mal de en medio de ti, y todo Israel oirá, y temerá" (Dt. 21:18, 20-21).**
>
> **"Maldito el que deshonrare a su padre o a su madre" (Dt. 27:16).**
>
> **"El hijo sabio alegra al padre; mas el hombre necio menosprecia a su madre" (Pr. 15:20).**
>
> **"El que hiriere a su padre o a su madre, morirá" (Éx. 21:15).**
>
> **"Todo hombre que maldijere a su padre o a su madre, de cierto morirá; a su padre o a su madre maldijo; su sangre será sobre él" (Lv. 20:9).**
>
> **"Porque Dios mandó diciendo: Honra a tu padre y a tu madre; y: El que maldiga al padre o a la madre, muera irremisiblemente" (Mt. 15:4).**

Pensamiento 2. La desobediencia a los padres es un problema común en la sociedad.

> **"También debes saber esto: que en los postreros días vendrán tiempos peligrosos. Porque habrá hombres amadores de sí mismos, avaros, vanagloriosos, soberbios, blasfemos, *desobedientes a los padres,* ingratos, impíos" (2 Ti. 3:1-2).**
>
> **"Hay generación que maldice a su padre y a su madre no bendice" (Pr. 30:11).**
>
> **"Porque el hijo deshonra al padre, la hija se levanta contra la madre, la nuera contra su suegra, y los enemigos del hombre son los de su casa" (Mi. 7:6).**

Pensamiento 3. Cam desdeña y ridiculiza a su padre, Noé. Observe que Noé es:

=> Su padre
=> Un anciano
=> Un ministro de justicia

Con mucha frecuencia, los jóvenes desdeñan y ridiculizan a cada uno de estos. Dios dice lo siguiente acerca de honrar a cada uno de estos:

=> Honrar al padre

> **"Oye, hijo mío, la instrucción de tu padre, y no desprecies la dirección de tu madre" (Pr. 1:8).**
>
> **"Guarda, hijo mío, el mandamiento de tu padre, y no dejes la enseñanza de tu madre" (Pr. 6:20).**
>
> **"Oye a tu padre, a aquel que te engendró; y cuando tu madre envejeciere, no la menosprecies" (Pr. 23:22).**
>
> **"Hijos, obedeced en el Señor a vuestros padres, porque esto es justo" (Ef. 6:1).**

=> Honrar a la ancianidad

> **"Delante de las canas te levantarás, y honrarás el rostro del anciano, y de tu Dios tendrás temor. Yo Jehová" (Lv. 19:32).**
>
> **"No reprendas al anciano, sino exhórtale como a padre; a los más jóvenes, como a hermanos" (1 Ti. 5:1).**
>
> **"Igualmente, jóvenes, estad sujetos a los ancianos; y todos, sumisos unos a otros, revestíos de humildad; porque: Dios resiste a los soberbios, y da gracia a los humildes. Humillaos, pues, bajo la poderosa mano de Dios, para que él os exalte cuando fuere tiempo" (1 P. 5:5-6).**

=> Honrar a los ministros

> **"Acordaos de vuestros pastores, que os hablaron la palabra de Dios; considerad cuál haya sido el resultado de su conducta, e imitad su fe" (He. 13:7).**
>
> **"Os rogamos, hermanos, que reconozcáis a los que trabajan entre vosotros, y os presiden en el Señor, y os amonestan; y que los tengáis en mucha estima y amor por causa de su obra. Tened paz entre vosotros" (1 Ts. 5:12-13).**

d. Al parecer Cam se había alejado de la fe de su padre. Básicamente, en lo más profundo de su ser, Noé era un hombre muy piadoso, a pesar de su caída trágica y grave en este momento de su vida. Noé había sido escogido y usado por Dios de una gran manera, y era un verdadero pregonero de justicia (2 P. 2:5). Cam, si su corazón hubiera estado a bien con Dios, no podría haber demostrado una deshonra y desdén tales hacia un hombre piadoso como Noé, sin importar cuán bajo hubiera caído el hombre piadoso. De hecho, ningún creyente verdadero puede demostrar deshonra y desdén hacia ninguna persona, no importa cuán terrible como pecador pueda ser la persona. Los verdaderos creyentes sencillamente no deshonran, ridiculizan, ni desdeñan a otras personas. Esta podría ser la razón principal por la que Cam sintió tanta mala voluntad hacia su padre: Cam se sintió insatisfecho y sin realizar porque él había rechazado tanto a Dios como la predicación de su padre.

"Así que, el que desecha esto, no desecha a hombre, sino a Dios, que también nos dio su Espíritu Santo" (1 Ts. 4:8).

El pecado de Cam era un pecado trágico y grave. La gravedad se ve en dos elementos.

Primero, Sem y Jafet demostraron el mayor respeto y honra por su padre. Se controlaron y no se sumaron a la burla de su padre. Tomaron alguna pieza de ropa, entraron de espaldas a la tienda y fueron así hasta la cama de su padre y cubrieron la desnudez de su padre. Caminaron de espaldas para no ver la desnudez de su padre. Qué contraste con la conducta de Cam. Su actuación, la manera misma en que cubrieron a su padre, supone un marcado contraste con la conducta de Cam. Su respeto y honra demuestran cuán terrible era la deshonra de Cam hacia su padre.

Segundo, la maldición puesta sobre Cam muestra cuán graves fueron los pecados de Cam. Este es el análisis de los próximos versículos (vv. 24-27, nota 5).

ESTUDIO A FONDO 1

(9:21) ***Embriaguez:*** Estar borracho significa estar ebrio con bebida o drogas (Lc. 21:34; Ro. 13:13; Gá. 5:21; cp. Pr. 20:1; Is. 28:7; Ez. 23:32; 39:19). La embriaguez es una obra de la carne y con frecuencia conlleva a otros pecados de la carne: Juergas, conducta disoluta, vestidura inmodesta, exposición del cuerpo, pensamientos sexuales, inmoralidad, conducta perversa o maligna e injusta o violencia y maltrato físico, ideas de grandeza, fuerza o poder. La Biblia dice varias cosas sobre la embriaguez.

1. La embriaguez conlleva a la prostitución y le quita el corazón, la mente y el entendimiento a una persona.

"Comerán, pero no se saciarán; fornicarán, mas no se multiplicarán, porque dejaron de servir a Jehová. Fornicación, vino y mosto quitan el juicio" (Os. 4:10-11).

"No mires al vino cuando rojea, cuando resplandece su color en la copa. Se entra suavemente; mas al fin como serpiente morderá, y como áspid dará dolor. Tus ojos mirarán cosas extrañas, y tu corazón hablará perversidades" (Pr. 23:31-33).

2. La embriaguez conlleva a una conducta inmoral.

"Y dieron a beber vino a su padre aquella noche, y entró la mayor, y durmió con su padre; mas él no sintió cuándo se acostó ella, ni cuándo se levantó" (Gn. 19:33).

"El séptimo día, estando el corazón del rey alegre del vino, mandó a Mehumán, Bizta, Harbona, Bigta, Abagta, Zetar y Carcas, siete eunucos que servían delante del rey Asuero, que trajesen a la reina Vasti a la presencia del rey con la corona regia, para mostrar a los pueblos y a los príncipes su belleza; porque era hermosa" (Est. 1:10-11).

"¡Ay del que da de beber a su prójimo! ¡Ay de ti, que le acercas tu hiel, y le embriagas para mirar su desnudez!" (Hab. 2:15).

3. La embriaguez por lo general ocurre secretamente, bajo la cobertura de la oscuridad.

"Pues los que duermen, de noche duermen, y los que se embriagan, de noche se embriagan" (1 Ts. 5:7).

4. La embriaguez conlleva a mucho trabajo y pesar.

"¿Para quién será el ay? ¿Para quién el dolor? ¿Para quién las rencillas? ¿Para quién las quejas? ¿Para quién las heridas en balde? ¿Para quién lo amoratado de los ojos? Para los que se detienen mucho en el vino, para los que van buscando la mistura" (Pr. 23:29-30).

"¡Ay de los que se levantan de mañana para seguir la embriaguez; que se están hasta la noche, hasta que el vino los enciende!" (Is. 5:11).

5. La embriaguez conlleva a otras formas de mala conducta y pecado.

"No muchos días después, juntándolo todo el hijo menor, se fue lejos a una provincia apartada; y allí desperdició sus bienes viviendo perdidamente" (Lc. 15:13).

"No os embriaguéis con vino, en lo cual hay disolución; antes bien sed llenos del Espíritu" (Ef. 5:18).

6. La embriaguez conlleva a la pobreza.

"Hombre necesitado será el que ama el deleite, y el que ama el vino y los ungüentos no se enriquecerá" (Pr. 21:17).

"No estés con los bebedores de vino, ni con los comedores de carne; porque el bebedor y el comilón empobrecerán, y el sueño hará vestir vestidos rotos" (Pr. 23:20-21).

7. La embriaguez hace que los líderes se olviden de la ley, que tropiecen en el juicio, y actúen injustamente.

"No es de los reyes, oh Lemuel, no es de los reyes beber vino, ni de los príncipes la sidra; no sea que bebiendo olviden la ley, y perviertan el derecho de todos los afligidos" (Pr. 31:4-5).

"Pero también éstos erraron con el vino, y con sidra se entontecieron; el sacerdote y el profeta erraron con sidra, fueron trastornados por el vino; se aturdieron con la sidra, erraron en la visión, tropezaron en el juicio" (Is. 28:7).

"El rey Belsasar hizo un gran banquete a mil de sus príncipes, y en presencia de los mil bebía vino. Belsasar, con el gusto del vino, mandó que tra-

jesen los vasos de oro y de plata que Nabucodonosor su padre había traído del templo de Jerusalén, para que bebiesen en ellos el rey y sus grandes, sus mujeres y sus concubinas" (Dn. 5:1-2; cp. los vv. 3-31).

8. La embriaguez imposibilita atrapar las oportunidades fugaces del tiempo.

"aprovechando bien el tiempo, porque los días son malos. Por tanto, no seáis insensatos, sino entendidos de cuál sea la voluntad del Señor. No os embriaguéis con vino, en lo cual hay disolución; antes bien sed llenos del Espíritu" (Ef. 5:16-18).

9. La embriaguez no es sabia.

"El vino es escarnecedor, la sidra alborotadora, y cualquiera que por ellos yerra no es sabio" (Pr. 20:1).

10. La embriaguez no debe ser una parte de la vida del creyente.

"Andemos como de día, honestamente; no en glotonerías y borracheras, no en lujurias y lascivias, no en contiendas y envidia" (Ro. 13:13).

"No os embriaguéis con vino, en lo cual hay disolución; antes bien sed llenos del Espíritu" (Ef. 5:18).

"Porque todos vosotros sois hijos de luz e hijos del día; no somos de la noche ni de las tinieblas. Por tanto, no durmamos como los demás, sino velemos y seamos sobrios. Pues los que duermen, de noche duermen, y los que se embriagan, de noche se embriagan. Pero nosotros, que somos del día, seamos sobrios, habiéndonos vestido con la coraza de fe y de amor, y con la esperanza de salvación como yelmo" (1 Ts. 5:5-8).

11. La embriaguez es adictiva.

"No mires al vino cuando rojea, cuando resplandece su color en la copa. Se entra suavemente; mas al fin como serpiente morderá, y como áspid dará dolor. Tus ojos mirarán cosas extrañas, y tu corazón hablará perversidades. Serás como el que yace en medio del mar, o como el que está en la punta de un mastelero. Y dirás: Me hirieron, mas no me dolió; me azotaron, mas no lo sentí; cuando despertare, *aún lo volveré a buscar*" (Pr. 23:31-35).

"¡Bienaventurada tú, tierra, cuando tu rey es hijo de nobles, y tus príncipes comen a su hora, para reponer sus fuerzas y no para beber!" (Ec. 10:17).

"Venid, dicen, tomemos vino, embriaguémonos de sidra; y será el día de mañana como este, o mucho más excelente" (Is. 56:12).

12. La embriaguez excluye a una persona del reino de Dios.

"ni los ladrones, ni los avaros, ni los borrachos, ni los maldicientes, ni los estafadores, heredarán el reino de Dios" (1 Co. 6:10).

"envidias, homicidios, borracheras, orgías, y cosas semejantes a estas; acerca de las cuales os amonesto, como ya os lo he dicho antes, que los que practican tales cosas no heredarán el reino de Dios" (Gá. 5:21).

13. La embriaguez trae como resultado el juicio.

"Mirad también por vosotros mismos, que vuestros corazones no se carguen de glotonería y embriaguez y de los afanes de esta vida, y venga de repente sobre vosotros aquel día" (Lc. 21:34).

"¡Ay de la corona de soberbia de los ebrios de Efraín, y de la flor caduca de la hermosura de su gloria, que está sobre la cabeza del valle fértil de los aturdidos del vino! He aquí, Jehová tiene uno que es fuerte y poderoso; como turbión de granizo y como torbellino trastornador, como ímpetu de recias aguas que inundan, con fuerza derriba a tierra. Con los pies será pisoteada la corona de soberbia de los ebrios de Efraín" (Is. 28:1-3).

"¡Ay del que da de beber a su prójimo! ¡Ay de ti, que le acercas tu hiel, y le embriagas para mirar su desnudez! Te has llenado de deshonra más que de honra; bebe tú también, y serás descubierto; el cáliz de la mano derecha de Jehová vendrá hasta ti, y vómito de afrenta sobre tu gloria" (Hab. 2:15-16).

"Aunque sean como espinos entretejidos, y estén empapados en su embriaguez, serán consumidos como hojarasca completamente seca" (Nah. 1:10).

[3] (9:24-27) ***Canaán — Sem — Jafet — Raza, humana — Historia — Profecía:*** Se predijo el futuro de la raza humana. Cuando Noé despertó de su estupor de embriaguez, notó algo diferente, quizás la forma en que la cubierta estaba puesta sobre él. Al parecer, él les preguntó a sus hijos acerca del asunto y los hijos mayores le dijeron lo que había ocurrido. El corazón de Noé, como estaría el corazón de cualquier padre piadoso, estaba desgarrado:

- Desgarrado por lo que le había hecho a Dios.
- Desgarrado porque su pecado había conllevado a su hijo a cometer un pecado muy doloroso.

Pero más desgarrado que el corazón de Noé, estaba desgarrado el corazón de Dios, desgarrado porque su siervo había caído en pecado y había afectado tan trágicamente su testimonio y familia. Dios acusó a Noé y Noé se arrepintió. ¿Cómo sabemos esto? Porque Dios se movió sobre Noé con el *espíritu de profecía* e hizo que Noé predijera el futuro de la raza humana. Recuerde, los tres hijos de Noé estaban a la cabeza de las tres divisiones de la raza humana escogidas. Los tres hijos, las tres divisiones de la raza humana escogidas, ahora se convirtieron en el centro de las Escrituras (Gn. 9:24—11:32). Dios hace que Noé *revele* el futuro de las tres divisiones de la raza humana escogidas. Es importante saber esto: Noé no está reaccionando contra Cam en este pasaje, porque Noé es tan culpable como su hijo, si no es más culpable, por su llamado y posición de ministro de justicia. Lo que está ocurriendo se debe a Dios: Dios está usando a Noé y el terrible incidente para *predecir* el futuro de la raza humana para que sirva:

- Como una guía para demostrar la total necesidad de seguir a Dios en vez de a los caminos del mundo.
- Como una advertencia contra el pecado y la vergüenza al caminar por la vida.

1. Estaba la predicción sobre el hijo más joven de Cam,

Canaán: Se predijo que sería el padre de un pueblo esclavizado. Observe varios elementos significativos.

a. ¿Por qué se predice que el hijo de Cam, Canaán, será el padre de un pueblo maldito en lugar de ser Cam? Es decir, ¿por qué fue maldecido Canaán y no el propio Cam? Varios comentaristas han sugerido todo tipo de razones, pero la verdad parece estar en lo siguiente.

Primero, Canaán ya seguía el camino de su padre, llevaba una vida sensual negaba la fe del Dios de Noé.

Las Escrituras enseñan definitivamente que lo que un hombre siembra lo recoge (Gá. 6:7) y que los pecados de los padres se transmiten de generación en generación (Éx. 20:5). La vida demuestra esta verdad una y otra vez. Lamentablemente, un padre peca y cae. Aunque pudiera lamentar su pecado e incluso arrepentirse, su hijo aún sigue su camino pecaminoso y nunca se arrepiente.

La influencia de los padres sobre los hijos es innegable. Su influencia es grande, casi incomprensible. Por ejemplo, hoy día sabemos cuán influyentes son los padres por medio de su genética y su conducta: Todo hijo:

- Hereda los genes de sus padres.
- Imita la conducta de sus padres, a un alto grado.

Esto no quiere decir que un hijo no pueda romper con el patrón de conducta de un mal padre, puede hacerlo. Puede decidir actuar de un modo diferente, conducirse diferente, llevar una vida buena y moral. Pero la mayoría no lo hace. La mayoría continúa con el tipo de vida inmoral que llevaban sus padres.

Al parecer, Canaán siguió un camino pecaminoso en la vida, siguió los pasos de su padre, Cam. Noé vio su mal y bajo la inspiración del Espíritu de Dios, Noé *proféticamente* pronunció el curso de la vida de Canaán. Además, Noé vio que el efecto de la influencia de un padre sobre su hijo se demostraría una y otra vez a través de la historia en la simiente de Canaán.

Segundo, el propio nombre de "Canaán" significa el sumiso. Proviene del significado hebreo agacharse, someterse, doblegarse, subyugar. ¿Por qué Cam le daría a su bebé un nombre así? Cam tenía que estar pensando en la obediencia, en la sumisión que un hijo le debe a su padre. ¿Cam era un padre tiránico, quizás abusivo? El gran comentario de Keil y Delitzsch del Antiguo Testamento creen que sí:

> *"El padre, cuando le dio este nombre, pensó solamente en la sumisión a sus propias órdenes"* (Keil y Delitzsch. *Comentario sobre el Antiguo Testamento*, vol. 1, pp. 157-158).

b. ¿Por qué fue maldecido Canaán solamente y no los otros hijos de Cam? Primero, algunos comentaristas dicen lo siguiente: Que todos los hijos de Cam no serían esclavizados ni dominados por otras naciones a través de la historia. Por eso, la predicción de ser un pueblo maldito no se aplicaba a ellos; solo se aplicaba a Canaán y a su simiente o descendencia. Los otros hijos de Cam serían insignificantes en su influencia a través de la historia; por eso, no hay predicción de una bendición ni de una maldición sobre ellos. Segundo, otros comentaristas sostienen la posición adoptada por Keil y Delitzsch:

=> Que la maldición predicha sí cae primordialmente sobre Canaán y su simiente o descendencia.

=> Pero la maldición también está predicha para Cam y sus otros hijos.

¿Cómo puede ser esto, cuando las Escrituras no dicen eso específicamente? Por implicación. La prueba es la siguiente:

=> Cam y sus hijos *no están incluidos en las bendiciones* pronunciadas sobre los otros hijos.

=> Por lo tanto, deben estar incluidos *en la maldición* pronunciada sobre Canaán y su simiente.

Dios está prediciendo a través de Noé el futuro de la raza humana, de las tres ramificaciones que se esparcirán y cubrirán la tierra. Si los otros hijos de Cam no están incluidos en la maldición predicha sobre Canaán, entonces no se cubren tres cuartos de la ramificación de Cam; se omite una buena porción de la raza humana. Esto no tendría sentido cuando la profecía en sí se centra en el futuro de la raza humana como un todo. Por eso, el propio Cam y sus otros tres hijos deben estar incluidos en la predicción hecha de Canaán o de lo contrario la profecía está incompleta.

Keil y Delitzsch agregan lo siguiente: *"Y la historia confirma [esta] suposición:*

=> *"Los cananitas estaban parcialmente exterminados, y parcialmente sujetos a la forma más baja de esclavitud, por los israelitas, que pertenecieron a la familia de Sem; y aquellos que aún quedaban fueron reducidos por Salomón a la misma condición (1 R. 9:20, 21).*

=> *"Los fenicios, conjuntamente con los cartaginenses y los egipcios, que todos pertenecían a la familia de Canaán, estaban sometidos por los persas, macedonios, y romanos jaféticos.*

=> *"El remanente de las tribus camíticas compartieron el mismo destino, o todavía sufren, como los negros, por ejemplo, y otras tribus africanas, bajo el yugo de la más recia esclavitud"* (Keil y Delitzsch. *Comentario sobre el Antiguo Testamento*, vol. 1, p. 158.) (En forma de bosquejo para mayor sencillez.)

Ahora bien, tras haber dicho todo esto, note lo que dice el versículo: "*Siervo de siervos* será a sus hermanos". Este término "siervo de siervos" es muy probable que se refiera a sus otros tres hermanos. Serían esclavizados, pero él (la descendencia de Canaán) sería esclava de esclavos, los más bajos dentro de los esclavos. Sería incluso esclavizado por sus hermanos esclavizados.

c. La predicción sobre los cananitas era la siguiente: Sería "siervo de siervos" (v. 25). La frase quiere decir los más bajos de los siervos o esclavos. Los cananitas eran las personas que ocupaban Palestina o la tierra de Canaán cuando Israel salió de la esclavitud egipcia para conquistar la tierra de Palestina. Fueron conquistados primeramente por los judíos bajo el liderazgo de Josué (Jos. 9:22-27; cp. 9:1-21) y de Salomón (1 R. 9:20-21).

d. James Montgomery Boice hace un planteamiento que vale la pena citar, un planteamiento que demuestra el prejuicio arraigado del corazón humano y cuán lejos irá el hombre en su tergiversación y maltrato de las Escrituras:

"Vamos a ver en el próximo capítulo que esta maldición fue pronunciada sobre los pueblos antiguos del Cercano Oriente, la mayoría de los cuales fueron luego conquistados por los judíos bajo el liderazgo de Josué. Pero observe lo siguiente: No eran las razas negras. En una generación anterior las mentes con prejuicios usaron este texto para justificar su esclavitud de las poblaciones negras de África, pero esto no tiene fundamento bíblico y es una prueba más bien del pecado de los expositores. No hasta mediados del siglo XIX, cuando el comercio de esclavos se encontraba en su cumbre, nadie se imaginó jamás que Cam fuera el padre de las razas negras o que hubiera una maldición sobre ellos" (Génesis, un comentario expositivo, vol. 1, pp. 321-322).

2. Estaba la predicción sobre Sem: Sería el padre de un pueblo cuyo Dios sería bendecido (v. 26). Note que Dios es bendecido aquí, no Sem, no directamente. La bendición de Sem está envuelta en el propio Dios. Se quieren decir dos cosas aquí con esta bendición:

=> El conocimiento de Dios, del único Dios vivo y verdadero, de la verdadera religión, vendría a través de Sem y de su descendencia. Abraham formaría parte de esta simiente, un descendiente de Sem y a través de Abraham nacería la nación de Israel.

=> *La Simiente prometida*, el Salvador del mundo, vendría a través de la descendencia de Sem.

Por eso, el Dios de Sem sería bendecido porque Él va a escoger la línea de Sem:

- Para proclamar el único Dios vivo y verdadero al mundo.
- Para dar a luz *la Simiente prometida*, el Salvador del mundo.

Se dice otra cosa sobre Sem: Gobernaría sobre Canaán. Canaán sería el siervo de Sem. Según se ha señalado anteriormente, los judíos sí conquistaron y esclavizaron a los cananitas (pt. 1c anteriormente).

3. Estaba la predicción acerca de Jafet (v. 27). Dios prevé y predice tres cosas a través de Noé.

a. Jafet será engrandecido por Dios; es decir, se engrandecerán su territorio y prosperidad. La descendencia de Jafet serían las grandes naciones indo-europeas de la tierra. Esto se verá en el Capítulo 10. La porción más grande de tierra y riquezas las tendrían las grandes naciones gentiles de la tierra, la descendencia de Jafet.

b. Jafet vivirá en las tiendas de Sem. Esto se refiere a compartir las bendiciones espirituales de Sem:

=> La creencia en Dios, el único Dios vivo y verdadero

=> La creencia en *la Simiente prometida*, el Salvador del mundo

No todos los descendientes ni las personas de las naciones gentiles, de hecho, no son muchas cuando se comparan con toda la población, creen en Dios y en Cristo. Pero todos tienen la oportunidad de vivir en las tiendas de Sem, en las bendiciones espirituales de *la simiente prometida*, del propio Señor Jesucristo.

c. Jafet, también, gobernaría sobre Canaán. Parte de la descendencia de Jafet conquistaría y esclavizaría a parte de la descendencia de Cam.

4 (9:28-29) ***Muerte — Noé:*** Se demostró la muerte de la raza humana. Piense en el gran hombre y lo valiente que fue Noé:

=> Él fue un hombre que se enfrentó al mundo como un testimonio del único Dios vivo y verdadero, que se mantuvo cuando todo el mundo, *todo el mundo*, abandonó a Dios.

=> Él fue el hombre que obedeció a Dios y construyó un enorme bote en forma de barcaza en medio de la nada, todo el tiempo predicando que un juicio aterrorizante vendría a menos que las personas se arrepintieran y se volvieran a Dios.

=> Él fue el hombre a quien las Escrituras declaran como justo y perfecto y que caminó con Dios (Gn. 6:9).

Aún así Noé murió. A la edad de 950 años, él murió. Sucede lo siguiente: Si un hombre tan piadoso como Noé murió, entonces todos nosotros tenemos que morir. La muerte de Noé representa una demostración de cuán atrapada el pecado tiene a la raza humana. Todos moriremos. Esta es la razón por la que debemos volvernos al Dios de Noé y a *la Simiente prometida*, el Salvador del mundo. El Señor Jesucristo es nuestra única esperanza de vencer la muerte y de vivir eternamente con Dios.

"Porque de tal manera amó Dios al mundo, que ha dado a su Hijo unigénito, para que todo aquel que en él cree, *no se pierda,* mas tenga vida eterna" (Jn. 3:16).

"El que en él cree, no es condenado; pero el que no cree, ya ha sido condenado, porque no ha creído en el nombre del unigénito Hijo de Dios" (Jn. 3:18).

"El que cree en el Hijo tiene vida eterna; pero el que rehúsa creer en el Hijo no verá la vida, sino que la ira de Dios está sobre él" (Jn. 3:36).

"De cierto, de cierto os digo: El que oye mi palabra, y cree al que me envió, tiene vida eterna; y no vendrá a condenación, mas ha pasado de muerte a vida" (Jn. 5:24).

"Y de la manera que está establecido para los hombres que mueran una sola vez, y después de esto el juicio" (He. 9:27).

"Por tanto, como el pecado entró en el mundo por un hombre, y por el pecado la muerte, así la muerte pasó a todos los hombres, por cuanto todos pecaron" (Ro. 5:12).

Bosquejo	Texto
	CAPÍTULO 10 **V. LOS HIJOS DE NOÉ: LAS TRES DIVISIONES DE LA RAZA HUMANA ESCOGIDAS PARA REPOBLAR Y ESPARCIRSE POR LA TIERRA, 10:1—11:9** **A. El crecimiento de la raza humana y el nacimiento de las naciones,**[EF1] **10:1-32**
1 El origen y unidad de la raza humana: Hubo tres ramificaciones a partir de un hombre, Noé	1 Estas son las generaciones de los hijos de Noé: Sem, Cam y Jafet, a quienes nacieron hijos después del diluvio.
2 La ramificación de Jafet: Los indoeuropeos a. Los hijos de Jafet	2 Los hijos de Jafet: Gomer, Magog, Madai, Javán, Tubal, Mesec y Tiras.
b. La descendencia de Gomer	3 Los hijos de Gomer: Askenaz, Rifat y Togarma.
c. La descendencia de Javán	4 Los hijos de Javán: Elisa, Tarsis, Quitim y Dodanim. 5 De éstos se poblaron las costas, cada cual según su lengua, conforme a sus familias en sus naciones.
3 La ramificación de Cam: Los orientales, africanos y cananitas a. Los hijos de Cam	6 Los hijos de Cam: Cus, Mizraim, Fut y Canaán.
b. La descendencia de Cus	7 Y los hijos de Cus: Seba, Havila, Sabta, Raama y Sabteca. Y los hijos de Raama: Seba y Dedán.
c. El surgimiento del primer tirano mundial: Nimrod[EF2]	8 Y Cus engendró a Nimrod, quien llegó a ser el primer poderoso en la tierra. 9 Este fue vigoroso cazador delante de Jehová; por lo cual se dice: Así como Nimrod, vigoroso cazador delante de Jehová.
d. El surgimiento de los primeros imperios mundiales 1) El gran Imperio Babilónico	10 Y fue el comienzo de su reino Babel, Erec, Acad y Calne, en la tierra de Sinar.
2) El gran Imperio Asirio	11 De esta tierra salió para Asiria, y edificó Nínive, Rehobot, Cala, 12 y Resén entre Nínive y Cala, la cual es ciudad grande.
e. La descendencia de Mizraim	13 Mizraim engendró a Ludim, a Anamim, a Lehabim, a Naftuhim, 14 a Patrusim, a Casluhim, de donde salieron los filisteos, y a Caftorim.
f. La descendencia de Canaán 1) La descendencia enumerada	15 Y Canaán engendró a Sidón su primogénito, a Het, 16 al jebuseo, al amorreo, al gergeseo, 17 al heveo, al araceo, al sineo, 18 al arvadeo, al zemareo y al hamateo; y después se dispersaron las familias de los cananeos.
2) Las fronteras de los cananeos	19 Y fue el territorio de los cananeos desde Sidón, en dirección a Gerar, hasta Gaza; y en dirección de Sodoma, Gomorra, Adma y Zeboim, hasta Lasa. 20 Estos son los hijos de Cam por sus familias, por sus lenguas, en sus tierras, en sus naciones.
4 La ramificación de Sem: Los pueblos del Oriente Medio, la descendencia de "la Simiente prometida"	21 También le nacieron hijos a Sem, padre de todos los hijos de Heber, y hermano mayor de Jafet.
a. Los hijos de Sem	22 Los hijos de Sem fueron Elam, Asur, Arfaxad, Lud y Aram.
b. La descendencia de Aram	23 Y los hijos de Aram: Uz, Hul, Geter y Mas.
c. La descendencia de Arfaxad 1) Su hijo Sala 2) Su nieto Heber 3) Su bisnieto Peleg: Vivió cuando la tierra estaba dividida 4) Su bisnieto Joctán	24 Arfaxad engendró a Sala, y Sala engendró a Heber. 25 Y a Heber nacieron dos hijos: el nombre del uno fue Peleg, porque en sus días fue repartida la tierra; y el nombre de su hermano, Joctán.
d. La descendencia de Joctán	26 Y Joctán engendró a Almodad, Selef, Hazar-mavet, Jera, 27 Adoram, Uzal, Dicla, 28 Obal, Abimael, Seba, 29 Ofir, Havila y Jobab; todos estos fueron hijos de Joctán.
e. Las fronteras de los semitas	30 Y la tierra en que habitaron fue desde Mesa en dirección de Sefar, hasta la región montañosa del oriente.

f. Conclusión: Las ramificaciones de Sem, Jafet y Cam, todas las ramificaciones de la raza humana, están	31 Estos fueron los hijos de Sem por sus familias, por sus lenguas, en sus tierras, en sus naciones. 32 Estas son las familias de	los hijos de Noé por sus descendencias, en sus naciones; y de éstos se esparcieron las naciones en la tierra después del diluvio.	relacionadas. Todas provienen de un mismo origen, una misma fuente: Noé[EF3]

DIVISIÓN V

LOS HIJOS DE NOÉ: LAS TRES DIVISIONES DE LA RAZA HUMANA ESCOGIDAS PARA REPOBLAR Y ESPARCIRSE POR LA TIERRA, 10:1—11:9

A. El crecimiento de la raza humana y el nacimiento de las naciones, 10:1-32

(10:1—11:9) ***Perspectiva general de la división: Raza, Humana:*** Esto da comienzo a una sección nueva de Génesis, una sección muy interesante. Muestra como la raza humana *repobló y se esparció* por la faz de la tierra. Después del *gran diluvio*, Noé se quedó a la cabeza de la raza humana y sus hijos se quedaron a la cabeza de las tres ramificaciones que repoblarían la tierra. Este es el tema principal de esta sección tan importante de las Escrituras: "Los hijos de Noé: Las tres divisiones escogidas para repoblar y esparcirse por la tierra", Génesis 10:1—11:9.

A. El crecimiento de la raza humana y el nacimiento de las naciones, Génesis 10:1-32.
B. El esparcimiento de la raza humana por la tierra: El pecado y error trágico de las personas. La ciudad secular y la falsa adoración (La torre de Babel), Génesis 11:1-9.

(10:1-32) ***Introducción:*** El capítulo diez de Génesis es, con mucho, la primera *Tabla de las naciones* conocidas para el hombre, la primera tabla etnológica. Es el registro histórico de la raza humana; nos dice dónde se originaron las naciones y las poblaciones de la tierra. Nos proporciona las raíces de la raza humana, el nacimiento de las naciones de la tierra. Este capítulo de Génesis, esta tabla de las naciones, es único en el mundo de la literatura. Es inigualable; nada se compara ni remotamente con ella. Observe varios elementos.

1. En ocasiones se discute el número exacto de descendientes o grupos sociales proporcionado. El número oscila de sesenta y ocho a setenta y uno. Por ejemplo, la NVI dice que había 70, pero H. C. Leupold enumera 69.

2. La clasificación usada en la tabla nos dificulta saber siempre a quién se refiere.

=> En ocasiones se nombran individuos. Por ejemplo, el versículo 8 dice que "Cus engendró a Nimrod". Ambos hombres definitivamente representan personas.

=> En ocasiones no sabemos si se nombran individuos o grupos completos de personas o familias. Por ejemplo, el versículo 13 menciona a Ludim, Anamim, Lehabim, y Naftuhim. Estos eran definitivamente grupos o familias de personas, pero ¿se está nombrando al fundador de la familia o al grupo de familia?

=> En ocasiones se nombran tribus completas de personas, pero no sabemos si el antecesor de la tribu tenía el mismo nombre. Por ejemplo, el versículo 16 nombra a los jebuseos: ¿Provenían de un antecesor nombrado Jebu?

3. Algunas personas de las tres ramificaciones se asentaron en las mismas áreas del mundo. Por ejemplo, algunos miembros de la descendencia de Cam, los hijos de Cus, se asentaron en Arabia (v. 7); pero algunos de los miembros de la descendencia de Sem, Joctán y Seba, también se asentaron en Arabia (vv. 26-28).

4. A lo largo del capítulo diez se desarrolla la ramificación familiar de la misma descendencia y otros se omiten. En este capítulo hay una gran lección para las naciones y para los individuos. Moisés omitió los registros de algunos por tres razones posibles:

=> Las familias no habían logrado ni aportado lo suficiente para estar en la línea central de la vida.

=> Las familias no habían demostrado suficiente iniciativa y cuidado al preservar los registros.

=> Las familias no creyeron lo suficiente en *la promesa de la simiente*, el Salvador del mundo, como para preservar los registros de la promesa según se relacionara con su herencia.

5. La exactitud de la tabla de las naciones es indiscutible. La omisión de algunas ramificaciones muestra la honestidad del autor. Él no incluyó el desarrollo de las ramificaciones porque no las conocía: no tenía registro de ellas. Si su propósito hubiera sido ganar fama o crear algún registro grande del desarrollo de las naciones, él habría escrito una tabla completa de las naciones a fin de impresionar a los lectores.

El gran teólogo luterano H. C. Leupold dice lo siguiente:

> *"Ninguna nación de la antigüedad tienen nada que ofrecer que constituya un paralelo real de esta Tabla de las naciones. Las listas babilónicas y egipcias que parecen constituir un paralelo de la misma son sencillamente un registro de las naciones conquistadas en guerra. Por consiguiente, el espíritu que motivó la creación de tales listas es todo lo contrario del espíritu que inspira la lista bíblica"* (*Génesis*, vol. 1, p. 358).

6. La *Tabla de las naciones* tiene al menos dos grandes propósitos religiosos.

a. Demuestra que todas las naciones y todas las personas provienen de una misma fuente, de un mismo antepasado común, Noé. Esto quiere decir:
   - Que la unidad de la raza humana es una realidad: Una realidad viva, una verdad histórica.

- Que el nexo común de la *hermandad* une a la raza humana, a todas las naciones y a todas las personas.
- Que no hay lugar para el prejuicio ni la discriminación entre las razas humana de la tierra.

La raza humana está unida como hermanos y hermanas, unida por un antepasado común. Por consiguiente, debemos amarnos unos a otros; debemos vivir juntos en *amor fraternal*.

"Y el segundo es semejante: Amarás a tu prójimo como a ti mismo" (Mt. 22:39).

"Este es mi mandamiento: Que os améis unos a otros, como yo os he amado" (Jn. 15:12).

"El amor sea sin fingimiento. Aborreced lo malo, seguid lo bueno" (Ro. 12:9).

"amaos unos a otros entrañablemente, de corazón puro" (1 P. 1:22).

b. La *Tabla de las naciones* demuestra como las naciones del mundo están relacionadas con la raza escogida de Dios, la raza escogida para dar a luz al Salvador del mundo (la ramificación de Sem). Demuestra como las naciones de la tierra provinieron de la misma fuente piadosa, del mismo antepasado piadoso (Noé), quien formaba parte de la raza escogida. Esto da a entender una verdad gloriosa: Las naciones del mundo están atadas a la raza escogida; por consiguiente, serán tocadas por el Salvador del mundo. La promesa de la venida del Salvador es para las naciones de la tierra así como para la raza escogida.

"Porque de tal manera amó Dios *al mundo,* que ha dado a su Hijo unigénito, para que todo aquel que en él cree, no se pierda, mas tenga vida eterna" (Jn. 3:16).

"Y él es la propiciación por nuestros pecados; y no solamente por los nuestros, sino también por los de *todo el mundo*" (1 Jn. 2:2).

"Porque no hay diferencia entre judío y griego, pues el mismo que es Señor de todos, es rico para con todos los que le invocan; porque todo aquel que invocare el nombre del Señor, será salvo" (Ro. 10:12-13).

"Porque no me avergüenzo del evangelio, porque es poder de Dios para salvación a todo aquel que cree; al judío primeramente, y también al griego" (Ro. 1:16).

Ahora bien, al análisis del pasaje en sí. El tema de este pasaje importante, el capítulo diez, es "El crecimiento de la raza humana y el nacimiento de las naciones".

1. El origen y unidad de la raza humana: Hubo tres ramificaciones a partir de un hombre, Noé (v. 1).
2. La ramificación de Jafet: Los indoeuropeos (vv. 2-5).
3. La ramificación de Cam: Los orientales, africanos y cananitas (vv. 6-20).
4. La ramificación de Sem: Los pueblos del Oriente Medio, la descendencia de *la Simiente prometida* (vv. 21-32).

Nota: Estos autores tienen excelentes detalles acerca de la descendencia que se esparció por la tierra:

=> James Montgomery Boice. *Génesis, un comentario expositivo*, vol. 1. Grand Rapids, MI: The Zondervan Corporation, 1938.

=> Victor Hamilton. *El libro de Génesis*. Grand Rapids, MI: Eerdmans, 1990, vol. 1.

=> Keil y Delitzsch. *Comentario sobre el Antiguo Testamento*, vol. 1. Grand Rapids, MI: Eerdmans, s.f..

=> Leupold. *Génesis*, vol. 1. Grand Rapids, MI: Baker Book House, 1942.

=> *Biblia de estudio de la NVI*. Grand Rapids, MI: Zondervan Bible Publishers, 1985.

=> El *Comentario del púlpito*, vol. 1, ed. by HDM Spence y José S. Exell. Grand Rapids, MI: Eerdmans, 1950

ESTUDIO A FONDO 1

(10:1-32) ***Mapa — Mundo antiguo — Raza, humana:*** Se proporciona un mapa del mundo antiguo y de la *Tabla de las naciones* en el *Estudio a fondo 3*, Gn. 10:31-32.

1 (10:1) ***Raza, humana — Humanidad, unidad de; origen de — Noé:*** El origen y unidad de la raza humana: Hubo tres ramificaciones a partir de un hombre piadoso, Noé. (Vea la nota, Gn. 9:18-19. Vea también la Introducción, pt. 6a, Gn. 10:1-32 para un análisis.)

2 (10:2-5) ***Jafet — Raza, humana — Humanidad — indoeuropeos:*** La ramificación de Jafet: Los indoeuropeos. La descendencia de Jafet se esparció y pobló:

- El área de la India y los territorios vecinos.
- El continente europeo.

Jafet tuvo siete hijos, pero se da la descendencia de dos solamente. Para facilitar la comprensión del crecimiento de la raza humana, se hacen dos cosas:

=> Se proporciona un cuadro de cada ramificación familiar.

=> Se analiza inmediatamente a cada hijo con su descendencia. Observe que las Escrituras enumeran a los hijos y luego a la descendencia. Según se ha planteado, estamos analizando la descendencia conjuntamente con el hijo a fin de proporcionar una ilustración completa de esa ramificación de la raza humana.

1. *Jafet:* Había siete hijos o ramificaciones de Jafet (v. 2).

Jafet

Gomer Magog Madai Javán Tubal Mesec Tiras

Ahora bien, echémosle una ojeada a las Escrituras: note que el versículo 3 nombra a tres nietos por parte de Gomer y el versículo 4 enumera cuatro nietos por parte de Javán. Estos son los únicos nietos de Jafet mencionados; no se da descendencia alguna para cinco de los hijos. Recuerde lo que se señaló en la introducción a este pasaje: Esto demuestra la exactitud de esta *Tabla de las naciones*. El autor no estaba interesado en la fama ni en crear algún registro fabuloso del desarrollo de las naciones. Si ese hubiera sido su propósito, él habría inventado un árbol genealógico completo de las naciones de la tierra a fin de impresionar a los lectores (vea la Introducción, pt. 5, Gn. 10:1-32).

a. *Gomer*: Vea el punto 2 más adelante.
b. *Magog*: No se nombra descendencia para el segundo de los hijos de Jafet. *Magog* dio origen a los antiguos escíticos y tártaros que vivían arriba (al norte) del Mar Negro. Luego migraron y se asentaron en una buena parte de la Rusia moderna. El pueblo de Magog desempeñará un papel importante durante los días finales de la historia mundial (Ez., caps. 38-39. Vea el bosquejo y las notas, Ap. 20:7-10).
c. *Madai*: No se da descendencia para el tercer hijo de Jafet. Los *Madai* son el pueblo antiguo de Media que más tarde se esparció a Persia. Un poco después se trasladaron a la India (cp. 2 R. 17:6; 18:11; Is. 13:17; 21:2). Los magos (Magoi) que visitaron a Jesús cuando era un bebé provenían de Media (Mt. 2:2).
d. *Javán*: Vea el punto 3 más adelante.
e. *Tubal:* No se nombra descendencia para este hijo de Jafet. Los *Tubal* son el pueblo que se asentó en la parte oriental de Asia Menor alrededor de Turquía. Luego se trasladaron más al norte y al este asentándose en el territorio conocido ahora como los estados rusos. A los Tubal con frecuencia se les asocia en las Escrituras con los Mesec. Ambos pueblos participarán en los sucesos del tiempo final.

"Hijo de hombre, pon tu rostro contra Gog en tierra de Magog, príncipe soberano de Mesec y *Tubal*, y profetiza contra él, y di: Así ha dicho Jehová el Señor: He aquí, yo estoy contra ti, oh Gog, príncipe soberano de Mesec y Tubal" (Ez. 38:2-3; cp. el cap. 38-39).

f. *Mesec:* No se da descendencia para este hijo de Jafet. A estas personas se les llamaba *mosochi* que se asentaron en las tierras de Turquía y luego migraron al norte a los estados rusos. Fundaron la ciudad de Moscú (observe la similitud entre Moscú y mosochi). Nuevamente, Mesec y Tubal con frecuencia están relacionados en las Escrituras. Mesec también constituirá un factor principal en el cierre de la historia humana (cp. Ez. 38:2-3).

"Hijo de hombre, pon tu rostro contra Gog en tierra de Magog, príncipe soberano de *Mesec* y Tubal, y profetiza contra él, y di: Así ha dicho Jehová el Señor: He aquí, yo estoy contra ti, oh Gog, príncipe soberano de Mesec y Tubal" (Ez. 38:2-3; cp. capítulo 38-39).

g. *Tiras:* No se da descendencia para el séptimo hijo de Jafet. Estas personas fueron los antepasados de los tracios (mencionados en alguna literatura egipcia) o quizá los etruscos. Estas eran personas de Italia.

Pensamiento 1. La historia ha demostrado que la descendencia de Jafet le falló a Dios en al menos tres áreas de la vida:

1) No se mantuvieron firmes en el conocimiento de Dios, conocerlo personalmente, cuando se esparcieron por la tierra.

"Porque las cosas invisibles de él, su eterno poder y deidad, se hacen claramente visibles desde la creación del mundo, siendo entendidas por medio de las cosas hechas, de modo que no tienen excusa. Pues habiendo conocido a Dios, no le glorificaron como a Dios, ni le dieron gracias, sino que se envanecieron en sus razonamientos, y su necio corazón fue entenebrecido. Profesando ser sabios, se hicieron necios, y cambiaron la gloria del Dios incorruptible en semejanza de imagen de hombre corruptible, de aves, de cuadrúpedos y de reptiles" (Ro. 1:20-23).

2) No siguieron a Dios, andar según Él, cuando se esparcieron por la tierra.

"Yo soy el Dios Todopoderoso; anda delante de mí y sé perfecto" (Gn. 17:1).

"Andaré delante de Jehová en la tierra de los vivientes" (Sal. 116:9).

"Mirad, pues, con diligencia cómo andéis, no como necios sino como sabios" (Ef. 5:15).

"pero si andamos en luz, como él está en luz, tenemos comunión unos con otros, y la sangre de Jesucristo su Hijo nos limpia de todo pecado" (1 Jn. 1:7).

"El que dice que permanece en él, debe andar como él anduvo" (1 Jn. 2:6).

3) No le enseñaron a su descendencia (sus hijos) acerca de Dios.

"Y estas palabras que yo te mando hoy, estarán sobre tu corazón; y las repetirás a tus hijos, y hablarás de ellas estando en tu casa, y andando por el camino, y al acostarte, y cuando te levantes" (Dt. 6:6-7).

"Instruye al niño en su camino, y aun cuando fuere viejo no se apartará de él" (Pr. 22:6).

Pensamiento 2. James Montgomery Boice tiene un pensamiento excelente acerca del futuro de la descendencia de Jafet, los indoeuropeos de la tierra:

"Dios expandió el territorio de Jafet hasta comprender a toda Europa e incluso partes de Asia. Además, si la expansión de las razas procedió como creen en la actualidad los antropólogos y otros, de la parte nordeste de Rusia a través del estrecho de Bering hacia Alaska y de ahí hacia los continentes norteamericanos y sudamericanos, esta familia de las naciones finalmente poseyó la mayoría de los territorios de este mundo. ¡Pero a qué precio! Aparte de aquellos indoeuropeos que recordaban sus raíces y se deleitaban al refugiarse en la descendencia de Sem, el Mesías, este grupo de personas ha conseguido el mundo entero a cambio de la pérdida de su alma. No verán su alma salva en aquel que la creó originalmente.

"Los hijos de Jafet debieron haber dominado cuatro grandes verdades: Que hay un Dios del que sus raíces

dan fe, que todas las personas de la tierra constituyen un mismo pueblo, que la verdad es una sola, y que solo hay una salvación. Pero no hemos recordado lo siguiente. Al abandonar al verdadero Dios, hemos hecho a otros dioses a imagen 'de hombre corruptible, de aves, de cuadrúpedos y de reptiles', como dice Pablo en la epístola a los romanos (1:22). Al haber perdido nuestro conocimiento del Dios único, también hemos perdido nuestra consciencia de que los pueblos de la tierra son un mismo pueblo. Por ende, nos hemos exaltado nosotros mismos y hemos tratado de explotar a aquellos que consideramos inferiores. Hemos abandonado la creencia en una verdad para así buscar la verdad en una pluralidad de formas. Lo más trágico de todo, hemos perdido de vista la promesa de Dios de un libertador, lo que se remonta a las palabras de Dios a nuestros primeros padres en el Huerto del Edén en la ocasión de la caída.

"En su comentario Calvino se lamenta de aquellos que 'voluntariamente se olvidan de la gracia y salvación de Dios', echando 'los recuerdos del diluvio' al pasado y recordando bien poco 'por qué medios o con qué fin se les ha preservado'. Muchos de ellos están entre nosotros hoy día. Si usted es uno de ellos, aprenda de esta Tabla de las naciones. Aléjese de su rebelión contra el Dios verdadero y venga a Él en Jesús donde solo se le puede hallar" (*Génesis, un comentario expositivo*, vol. 1, p. 327).

2. *Gomer:* La descendencia de Gomer, el primer hijo de Jafet (v. 3).

Gomer

Askenaz — Rifat — Togarma

La descendencia de Gomer se identifica como los cimerios. Se esparcieron al norte y oeste del el Mar Negro, asentándose en áreas como las antiguas Galacia, Frigia, Bitinia y la región superior del Río Éufrates en Armenia. Esta descendencia finalmente se esparció al oeste entrando en Europa y se conocieron como…

- Los galos de Francia
- Los celtas de Bretaña / Bretón
- Los galicios / Galacia de España
- Los alemanes
- Los galeses
- Los irlandeses

El pueblo de Gomer se unirá a las fuerzas que se oponen a Dios en el tiempo final. Serán destruidos por el propio Dios.

> **"y di: Así ha dicho Jehová el Señor: He aquí, yo estoy contra ti, oh Gog, príncipe soberano de Mesec y Tubal. Y te quebrantaré, y pondré garfios en tus quijadas, y te sacaré a ti y a todo tu ejército, caballos y jinetes, de todo en todo equipados, gran multitud con paveses y escudos, teniendo todos ellos espadas; Persia, Cus y Fut con ellos; todos ellos con escudo y yelmo; *Gomer,* y todas sus tropas; la casa de Togarma, de los confines del norte, y todas sus tropas; muchos pueblos contigo" (Ez. 38:3-6).**

a. *Askenaz*: Un pueblo que probablemente se asentó al norte del Río Éufrates dentro del territorio de la Armenia moderna, probablemente alrededor del área de Ararat (cp. Jer. 51:27). Luego, algunos miembros de la descendencia se esparcieron a Alemania.

b. *Rifat* o *Difat*: Resulta incierto donde se asentaron estas personas, pero se mencionan en la genealogía de 1 Crónicas 1:6. Es muy probable que sean los antiguos (paphlagonians, paflagonios). Algunos comentaristas creen que finalmente se esparcieron a las regiones más distantes de Europa y que su nombre dio origen al nombre *Europa*.

c. *Togarma:* Este pueblo se asentó en la parte superior del Río Éufrates, en la frontera de Armenia y Turquía. Luego, es muy probable que hayan migrado a Alemania.

El ejército de Togarma también se une a los ejércitos de Gog en la gran batalla de los últimos días.

> **"y di: Así ha dicho Jehová el Señor: He aquí, yo estoy contra ti, oh Gog, príncipe soberano de Mesec y Tubal. Y te quebrantaré, y pondré garfios en tus quijadas, y te sacaré a ti y a todo tu ejército, caballos y jinetes, de todo en todo equipados, gran multitud con paveses y escudos, teniendo todos ellos espadas; Persia, Cus y Fut con ellos; todos ellos con escudo y yelmo; Gomer, y todas sus tropas; la casa de *Togarma,* de los confines del norte, y todas sus tropas; muchos pueblos contigo" (Ez. 38:3-6).**

3. *Javán:* La descendencia de Javán, el cuarto hijo de Jafet (vv. 4-5).

Javán

Elisa — Tarsis — Quitim — Dodanim

La descendencia de Javán son el pueblo griego del mundo. Eran los antiguos jonios que se asentaron a lo largo de la costa norte y oeste del Mar Mediterráneo. Observe lo que dice el versículo 5: Fueron estos antiguos griegos o jónicos quienes se trasladaron, exploraron y se asentaron en las varias tierras y territorios, cada cual según su lengua.

El pueblo de Grecia desarrolló una de las sociedades más grandes de la tierra. Ellos desempeñarán un papel importante cuando Dios le ponga fin a la historia humana.

> **"Y dijo: He aquí yo te enseñaré lo que ha de venir al fin de la ira; porque eso es para el tiempo del fin. En cuanto al carnero que viste, que tenía dos cuernos, éstos son los reyes de Media y de Persia. El macho cabrío es el rey de *Grecia,* y el cuerno grande que tenía entre sus ojos es el rey primero. Y en cuanto al cuerno que fue quebrado, y sucedieron cuatro en su lugar, significa que cuatro reinos se levantarán de esa nación, aunque no con la fuerza de él. Y al fin del reinado de éstos, cuando los transgresores lleguen al colmo, se levantará un rey altivo de rostro y entendido en enigmas. Y su poder se fortalecerá, mas no con fuerza propia; y**

causará grandes ruinas, y prosperará, y hará arbitrariamente, y destruirá a los fuertes y al pueblo de los santos" (Dn. 8:19-24. Vea *Estudio a fondo 1,* Ap. 13:2, para un mayor análisis).

a. *Elisa*: Estas personas fueron los pobladores de Alashia, la isla de Chipre o de Sicilia y el sur de Italia (NVI). Eran mercaderes de telas y tejidos azules y púrpuras muy finos (Ez. 27:7).
b. *Tarsis:* Estas personas vivieron en el océano. ¿Pero quiénes eran? ¿Dónde estaban ubicados? La mayoría de los comentaristas dicen que en las costas de España. Recuerde esto: Tarsis fue la ciudad portuaria a la que Jonás huyó cuando trataba de escapar del llamado de Dios.

"Vino palabra de Jehová a Jonás hijo de Amitai, diciendo: Levántate y ve a Nínive, aquella gran ciudad, y pregona contra ella; porque ha subido su maldad delante de mí. Y Jonás se levantó para huir de la presencia de Jehová a Tarsis, y descendió a Jope, y halló una nave que partía para Tarsis; y pagando su pasaje, entró en ella para irse con ellos a Tarsis, lejos de la presencia de Jehová" (Jon. 1:1-3).

c. *Quitim:* Estas personas migraron a la isla de Chipre en el Mar Mediterráneo (cp. Nm. 24:24; Jer. 2:10; Ez. 27:6).
d. *Dodanim*: Estas personas se asentaron en la isla mediterránea de Rodas (1 Cr. 1:7).

3 (10:6-20) ***Cam — Raza, humana — Humanidad:*** La ramificación de Cam: Los orientales, africanos y cananeos. La descendencia de Cam se esparció y pobló la antigua Asia o el Lejano Oriente y África, lugares tales como...

- Arabia
- Etiopía
- Egipto
- Canaán
- Las naciones orientales
- Las naciones africanas
- Irán
- Irak

James Montgomery Boice dice lo siguiente acerca de las tres divisiones de la raza humana escogidas:

"La distribución del pueblo indoeuropeo fue hacia el este a ciertas partes de Persia e India, y hacia el oeste y norte a Europa y más allá. La descendencia de Sem... tendió a quedarse en el área del Oriente Medio. Esto deja, por un proceso sencillo de eliminación, al sur (África) y al lejano oriente (todos los países orientales) como poblados por Cam y su descendencia" (Génesis, un comentario expositivo, vol. 1, p. 329).

1. *Cam:* Hubo cuatro hijos o ramificaciones de Cam. Note que se da la descendencia de tres hijos: Cus (vv. 7-12); Mizraim (vv. 13-14); y Canaán (vv. 15-20).

Cam

Cus — Mizraim — Fut — Canaán

a. *Cus:* Vea el punto 2 más adelante.
b. *Mizraim*: Vea el punto 3 más adelante.
c. *Fut* o *Put:* Esta descendencia se asentó en África ya sea en Libia o en la tierra que ahora se le llama Somalia (Ez. 27:10). Luego fueron esclavizados por los sirios (Nah. 3:9).
d. *Canaán:* Vea el punto 6 más adelante.

2. *Cus*: La descendencia de Cus, el primer hijo de Cam (v. 6).

Cus

Seba — Havila — Sabta — Raama — Sabteca — Nimrod?

Raama: Seba, Dedán

Observe el diagrama: Cus tuvo cinco hijos. Nimrod era descendiente de Cus, pero no sabemos de qué ramificación o línea provino (vv. 8-12). Esa es la razón por la que hay un signo de interrogación junto a su nombre.

El nombre *Cus* significa *Etiopía* en la Biblia; por eso, la descendencia de Cus se asentó en Etiopía que está en África. Pero nuevamente, observe la referencia a Nimrod (vv. 8-12). En algún momento de la historia la familia de Cus se dividió y un grupo se movió al este hacia Arabia y el área del Oriente Medio de Babilonia en Irak. Al parecer algunos, de no ser todos, de los cusitas finalmente migraron a las tierras del Lejano Oriente, desarrollando las naciones orientales de la tierra. Los siete hijos mencionados aquí al parecer se han ubicado en Arabia, probablemente migrando allí desde Etiopía.

Pensamiento 1. Etiopía es de especial interés para nosotros como creyentes por el eunuco etíope que fue llevado a Cristo por Felipe. El eunuco etíope fue el primer converso de Etiopía (Hch. 8:26-40).

3. El surgimiento del primer tirano, Nimrod (vv. 8-9). El Cus que engendró a Nimrod puede ser un Cus diferente del Cus del versículo 6. Por el interés y extensión de los puntos 3-4, se analizan en una nota independiente. (Vea el *Estudio a fondo 2*, pt. 1, Gn. 10:8-12.)

4. El surgimiento de los primeros imperios mundiales. (Vea el *Estudio a fondo 2*, pt. 2, Gn. 10:8-12.)

5. *Mizraim:* La descendencia de Mizraim, el segundo hijo de Cam (vv. 13-14).

Mizraim

Ludim — Anamim — Lehabim — Naftuhim — Patrusim — Casluhim — Caftorim

El nombre hebreo Mizraim significa Egipto, que estaba y está ubicada en el norte de África. Los egipcios siempre han sido uno de los pueblos más influyentes a través de la historia porque eran una de las civilizaciones más avanzadas de la historia primitiva del hombre. He aquí su comienzo, su origen, los antepasados de su raza. Provenían de Mizraim, uno de los hijos de Cam, que fue el hijo menor de Noé.

Por favor observe: La ubicación actual de la mayor parte de este pueblo se desconoce. La mejor investigación apunta a lo siguiente:

a. *Ludim* o *Lud:* Los lidios, posiblemente ubicados al oeste de Canaán en Asia Menor (cp. Is. 66:19; Jer. 46:9; Ez. 27:10; 30:5).
b. *Anamim*: Estos cananeos probablemente sean el pueblo de Cirene que se asentaron al oeste de Egipto. Recuerde, el hombre que cargó la cruz de Cristo fue Simón de Cirene (Mt. 27:32).
c. *Lehabim* o *Lubim*: Los libios que se asentaron al oeste de Egipto al norte de África (cp.2 Cr. 12:3; Jer. 46:9; Ez. 30:5; Nah. 3:9).
d. *Naftuhim*: Probablemente las personas que migraron a la parte media de Egipto y luego se conocieron como el pueblo de Menfis.
e. *Patrusim*: La descendencia del sur de Egipto, el pueblo de patros.
f. *Casluhim:* Este pueblo se desconoce, pero como se acaba de mencionar que la parte norte y sur de Egipto fue poblada por otra descendencia, es muy probable que se hayan asentado en el norte de Egipto cerca del área del delta.

   Note que se dice que los filisteos, quienes serían los enemigos a muerte de Israel, provienen del pueblo de Casluhim. Sin embargo, Amós 9:7 y Jeremías 47:4 dicen que provienen de la isla de Caftor, que es Creta. Lo que sucedió probablemente fue lo siguiente: Luego más tarde en la historia algunos de los cretenses o caftorianos navegaron hasta el norte de Egipto y el pueblo filisteo surgió de la raza egipcia de cretenses o caftorianos. Según se ha planteado, los filisteos serían los enemigos a muerte de Israel. Eran uno de los opresores más temibles de Israel durante la época de Saúl, de David y de Sansón (cp. 1 S. 17:1s).
g. *Caftorim*: El pueblo que se asentó en la isla de Creta. Recuerde, la isla sería evangelizada por Pablo, y la iglesia sería pastoreada por Tito. Mucho después Pablo le diría a Tito:

"Por esta causa te dejé en Creta, para que corrigieses lo deficiente, y establecieses ancianos en cada ciudad, así como yo te mandé" (Tit. 1:5).

6. *Canaán*: La descendencia de Canaán, el cuarto hijo de Cam (vv. 15-20).

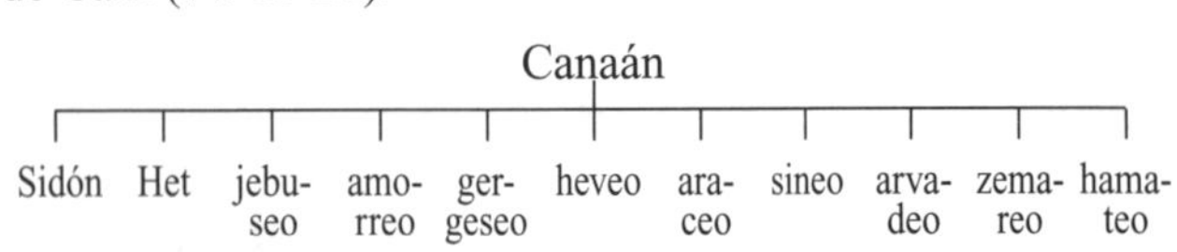

Los cananeos se asentaron en la tierra de Canaán, que más tarde se conocería como Palestina. Observe cuatro elementos significativos acerca de los cananeos.

Primero, los cananeos eran un pueblo impío e injusto, una sociedad totalmente inmoral e injusta. Las dos ciudades bien conocidas de Sodoma y Gomorra eran ciudades cananeas. Note lo que dicen las Escrituras de este pueblo antiguo:

=> Dios tuvo que juzgar a Sodoma haciendo llover fuego sobre la ciudad por su corrupción.

"Y llamaron a Lot, y le dijeron: ¿Dónde están los varones que vinieron a ti esta noche? Sácalos, para que los conozcamos... Y al rayar el alba, los ángeles daban prisa a Lot, diciendo: Levántate, toma tu mujer, y tus dos hijas que se hallan aquí, para que no perezcas en el castigo de la ciudad" (Gn. 19:5, 15).

=> La corrupción de los cananeos era una letrina de conducta degenerada.

"Habló Jehová a Moisés, diciendo: Habla a los hijos de Israel, y diles: Yo soy Jehová vuestro Dios. No haréis como hacen en la tierra de Egipto, en la cual morasteis; ni haréis como hacen en la tierra de Canaán, a la cual yo os conduzco, ni andaréis en sus estatutos... Ningún varón se llegue a parienta próxima alguna, para descubrir su desnudez. Yo Jehová. La desnudez de tu padre, o la desnudez de tu madre, no descubrirás; tu madre es, no descubrirás su desnudez. La desnudez de la mujer de tu padre no descubrirás; es la desnudez de tu padre. La desnudez de tu hermana, hija de tu padre o hija de tu madre, nacida en casa o nacida fuera, su desnudez no descubrirás. La desnudez de la hija de tu hijo, o de la hija de tu hija, su desnudez no descubrirás, porque es la desnudez tuya... Ni con ningún animal tendrás ayuntamiento amancillándote con él, ni mujer alguna se pondrá delante de animal para ayuntarse con él; es perversión.

En ninguna de estas cosas os amancillaréis; pues en todas estas cosas se han corrompido las naciones que yo echo de delante de vosotros, y la tierra fue contaminada; y yo visité su maldad sobre ella, y la tierra vomitó sus moradores. Guardad, pues, vosotros mis estatutos y mis ordenanzas, y no hagáis ninguna de estas abominaciones, ni el natural ni el extranjero que mora entre vosotros (porque *todas estas abominaciones hicieron los hombres de aquella tierra* que fueron antes de vosotros, y la tierra fue contaminada); no sea que la tierra os vomite por haberla contaminado, como vomitó a la nación que la habitó antes de vosotros. Porque cualquiera que hiciere alguna de todas estas abominaciones, las personas que las hicieren serán cortadas de entre su pueblo. Guardad, pues, mi ordenanza, no haciendo las costumbres abominables que practicaron antes de vosotros, y no os contaminéis en ellas. Yo Jehová vuestro Dios" (Lv. 18:1-3, 6-10, 23-30).

Segundo, el futuro de los cananeos lo había predicho Noé en su profecía. Serían un pueblo conquistado y esclavizado (vea la nota, Gn. 9:24-27 para un mayor análisis).

Tercero, los cananeos fue el pueblo que ocupó Palestina o la tierra de Canaán cuando Israel salió de la esclavitud egipcia a conquistar la tierra. Primeramente fueron conquistados por Israel bajo el mando de Josué (cp. Jos. 9:22-27; cp. 9:1-21) y Salomón (1 R. 9:20-21).

Cuarto, la tierra de Canaán se convertiría en "La tierra de la promesa" o "La Tierra Prometida" para los judíos.

"Y apareció Jehová a Abram, y le dijo: A tu descendencia *daré esta tierra.* Y edificó allí un altar a Jehová, quien le había aparecido" (Gn. 12:7).

"En aquel día hizo Jehová un pacto con Abram, diciendo: A tu descendencia *daré esta tierra,* desde el río de Egipto hasta el río grande, el río Eufrates" (Gn. 15:18).

"Y *te daré* a ti, y a tu descendencia después de ti, *la tierra* en que moras, toda la tierra de Canaán en heredad perpetua; y seré el Dios de ellos" (Gn. 17:8).

"Y José dijo a sus hermanos: Yo voy a morir; mas Dios ciertamente os visitará, y os hará subir de esta tierra a la tierra que juró a Abraham, a Isaac y a Jacob" (Gn. 50:24).

a. La descendencia de Canaán. Recuerde que el propio Canaán era el hijo menor de Cam, y que Cam era hijo de Noé. Noé era el abuelo piadoso de Canaán. Pero al parecer Canaán le prestó muy poca atención al testimonio de su abuelo. Según todos los indicios, él ignoró o abandonó a Dios de la misma manera que su padre, Cam, lo había hecho. (Vea la nota, pt. 2, Gn. 9:20-23 para un mayor análisis.) La descendencia de Canaán era la siguiente:

1) *Sidón*: Esta área se convertiría en una gran ciudad comercial que radicaba en el Mar Mediterráneo ubicado al norte de Canaán. Era una ciudad fenicia. Más adelante en la historia sería eclipsada por la ciudad de Tiro, la cual se fundaría a unos 32 kilómetros al sur de Sidón (1 R. 5:6; 1 Cr. 22:4; Ez. 27:8).

"Callad, moradores de la costa, mercaderes de Sidón, que pasando el mar te abastecían... Avergüénzate, Sidón, porque el mar, la fortaleza del mar habló, diciendo: Nunca estuve de parto, ni di a luz, ni crié jóvenes, ni levanté vírgenes" (Is. 23:2, 4).

2) *Het:* El antepasado del pueblo hitita. Aparecieron originalmente en Asia Menor y finalmente edificaron un gran imperio que reinó por toda el Asia occidental. Reinaron en la mayor parte de Canaán durante la época de Abram.

"Y se levantó Abraham de delante de su muerta, y habló a los hijos de Het, diciendo: Extranjero y forastero soy entre vosotros; dadme propiedad para sepultura entre vosotros, y sepultaré mi muerta de delante de mí" (Gn. 23:3-4).

3) *Jebuseo*: El pueblo que se asentó en el área de Jerusalén. Fueron los ciudadanos de Jerusalén cuando David conquistó la ciudad.

"Entonces marchó el rey con sus hombres a Jerusalén contra los jebuseos que moraban en aquella tierra; los cuales hablaron a David, diciendo: Tú no entrarás acá, pues aun los ciegos y los cojos te echarán (queriendo decir: David no puede entrar acá). Pero David tomó la fortaleza de Sion, la cual es la ciudad de David" (2 S. 5:6-7).

4) *Amorreo:* El pueblo que se asentó mayormente en las montañas de Palestina. Sin embargo, se incrementaron tanto en número y se esparcieron tan lejos por la tierra que a los cananeos en ocasiones los llamaban amorreos. Aparecieron por primera vez durante la época de Abram.

"En aquel día hizo Jehová un pacto con Abram, diciendo: A tu descendencia daré esta tierra, desde el río de Egipto hasta el río grande, el río Éufrates; la tierra de los ceneos, los cenezeos, los cadmoneos, los heteos, los ferezeos, los refaítas, los amorreos, los cananeos, los gergeseos y los jebuseos" (Gn. 15:18-21).

Observe que Josué derrotó a los amorreos.

"Y cinco reyes de los amorreos, el rey de Jerusalén, el rey de Hebrón, el rey de Jarmut, el rey de Laquis y el rey de Eglón, se juntaron y subieron, ellos con todos sus ejércitos, y acamparon cerca de Gabaón, y pelearon contra ella. Entonces los moradores de Gabaón enviaron a decir a Josué al campamento en Gilgal: No niegues ayuda a tus siervos; sube prontamente a nosotros para defendernos y ayudarnos; porque todos los *reyes de los amorreos* que habitan en las montañas se han unido contra nosotros. Y subió Josué de Gilgal, él y todo el pueblo de guerra con él, y todos los hombres valientes" (Jos. 10:5-7).

5) *Gergeseo:* La ubicación real de este pueblo se desconoce. Ellos también están en la lista de las naciones cuyo territorio le fue prometido a Abram (Gn. 15:18-21). Josué luchó contra este pueblo.

"Pasasteis el Jordán, y vinisteis a Jericó, y los moradores de Jericó pelearon contra vosotros: los amorreos, ferezeos, cananeos, heteos, *gergeseos*, heveos y jebuseos, y yo los entregué en vuestras manos" (Jos. 24:11).

6) *Heveo*: El nombre significa "aldeanos" o "pobladores de ciudades" ("*Comentario del púlpito*", vol. 1, p. 160). Vivían en Siquem (Gn. 34:2), Gabaón (Jos. 9:7) y en el Monte Hermón (Jos. 11:3).
7) *Araceo y sineo*: Este pueblo fueron los fenicios que se asentaron al norte de Trípoli, justo debajo del Líbano (1 Cr. 1:15-16).
8) *Arvadeo*: Los pobladores fenicios de la ciudad isla Arvad, la cual se encuentra cerca de la costa arriba de Palestina o Canaán. Está solamente como a 160,93 kilómetros al norte de Beirut (Ez. 27:8, 11).
9) *Zemareo*: Probablemente los pobladores de Simira o Sumra en las mismas inmediaciones que las otras ciudades fenicias anteriores.
10) *Hamateo*: Este pueblo se asentó en el territorio más septentrional de Palestina o Canaán. Fueron los fundadores de Hamat,

un gran ciudad ubicada en el Río Orantes (Nm. 13:21; 34:8; 1 R. 8:65).

b. El territorio de Canaán se explica con claridad (vv. 18b-20). Se esparcieron...
   - De Sidón en el norte,
   - A Gerar en el sur,
   - Hacia el área sur del Mar Muerto donde estaban ubicadas cuatro ciudades: Sodoma, Gomorra, Adma y Zeboim. El territorio de los cananeos sobrepasaba incluso estas ciudades hasta Lasa, que es una ciudad desconocida que al parecer estaba ubicada en alguna parte de la costa del Mar Muerto.

ESTUDIO A FONDO 2

(10:8-12) ***Nimrod — Dictadores — Tiranos — Líderes, mundo:*** El surgimiento del primer tirano o dictador mundial, Nimrod. Este pasaje constituye un intermedio en la *Tabla de las naciones*. Analiza el primer dictador mundial, el primer tirano que se dispuso a construir el primer imperio en la tierra. Las Escrituras proporcionan dos puntos significativos acerca de él.

1. Nimrod fue el primer tirano o dictador mundial en aparecer en escena en la historia humana (vv. 8-9). El nombre *Nimrod* (Marad) significa rebelarse, sublevarse. Note que la palabra "poderoso (y vigoroso)" se usa tres veces en referencia a Nimrod:

=> Llegó a ser el primer poderoso en la tierra (v. 8).

=> Fue vigoroso cazador delante de Jehová (v. 9).

=> Fue un gobernante tan poderoso que las personas crearon una frase o expresión para describirle: "Nimrod, vigoroso cazador delante de Jehová" (v. 9).

La palabra "cazador" (*gibbor tsayidh*, v. 9) significa cazar animales, pero también puede significar cazar personas a fin de esclavizarlas. La palabra "poderoso" significa guerrero o tirano, alguien que predomina y sale victorioso, dominando así a otras personas (William Wilson. *Wilson's Old Testament Word Studies* [Estudios lexicológicos de Wilson de las palabras del Antiguo Testamento], p. 275). La frase "delante de Jehová" (v. 9) significa *ante los ojos de Jehová* o "abiertamente delante de Jehová".

Sucede lo siguiente: Nimrod se rebeló y se sublevó contra las autoridades que gobernaban en su época, tanto contra el hombre como contra Dios.

a. Nimrod trató de *gobernar a las personas*, de controlar a tantas personas y tierras como pudo (cp. los vv 10-12). Trató de esclavizar a las personas, atacándolas como si fueran simples animales de caza. La ilustración consiste en que él cazaba a las personas por la fuerza, la violencia y la tiranía, que él oprimía a las personas y las esclavizaba según su voluntad y propósitos.

b. Nimrod *se rebeló contra Dios*. Esto se ve:
   - En su edificación de un imperio secular e impío.
   - Al esclavizar a las personas a fin de edificar un imperio, el Imperio de Babilonia, un imperio basado en la esclavitud (vv. 10-12).
   - En su intento de edificar una torre de religión, una religión mundial de la falsa adoración, la torre de Babel. (Vea el bosquejo y las notas, Gn. 11:1-9; 11:3-4.)

El historiador judío Josefo dice que Nimrod alejó a las personas de Dios alentándolas a poner su seguridad y felicidad en el estado o el gobierno.

"Las persuadía a no atribuírselas [su seguridad y felicidad] a Dios, como si fuera a través de sus medios [la edificación del estado o el gobierno] que ellas eran felices... También cambió gradualmente el gobierno en tiranía, sin ver ninguna otra vía de alejar a los hombres del temor de Dios, que llevarlos a una dependencia constante en su poder [el poder del estado] (Flavio Josefo, *Josephus Complete Works [Obras completas de Josefo]*, traducido por William Whiston. Grand Rapids, MI: Kregel, 1960, *Ant.* 1. 4:2).

Recuerde este elemento: Fue Nimrod quien movilizó a las personas para edificar la ciudad e imperio seculares de Babilonia y la torre de Babel, todo en un acto de rebeldía contra Dios (Gn. 11:1-9). Nimrod fue el primer dictador mundial, el primer tirano mundial, que se dispuso a edificar un imperio mundial.

Pensamiento 1. Nimrod ignoró la hermandad de la raza humana. Olvidó sus raíces y la herencia de la raza humana. Olvidó que todas las personas provienen de una misma fuente, un mismo origen, un mismo hombre: Noé. Y lo más trágico de todo, olvidó que Noé era piadoso: Nimrod ignoró al Dios de Noé. El resultado fue catastrófico: Nimrod maltrataba a las personas. Él usaba a las personas como simples animales para alimentar sus deseos de poder y placer. Él los esclavizó para que hicieran lo que a él le viniera en ganas, para edificar su imperio.

Como tantas personas hoy día que olvidan la hermandad de los hombres. Muchos abusan y oprimen a otros:

- En negocios, para edificar sus propios pequeños imperios.
- Al perseguir sus placeres.
- Al buscar dinero y riquezas.
- Al buscar posición.
- Al buscar fama.
- Al buscar poder.

"Y no angustiarás al extranjero; porque vosotros sabéis cómo es el alma del extranjero, ya que extranjeros fuisteis en la tierra de Egipto" (Éx. 23:9).

"No oprimirás al jornalero pobre y menesteroso, ya sea de tus hermanos o de los extranjeros que habitan en tu tierra dentro de tus ciudades" (Dt. 24:14).

"Por la opresión de los pobres, por el gemido de los menesterosos, ahora me levantaré, dice Jehová; pondré en salvo al que por ello suspira" (Sal. 12:5).

"No te niegues a hacer el bien a quien es de-

bido, cuando tuvieres poder para hacerlo" (Pr. 3:27).

"El que oprime al pobre afrenta a su Hacedor; mas el que tiene misericordia del pobre, lo honra" (Pr. 14:31).

"Si opresión de pobres y perversión de derecho y de justicia vieres en la provincia, no te maravilles de ello; porque sobre el alto vigila otro más alto, y uno más alto está sobre ellos" (Ec. 5:8).

"Y el segundo es semejante: Amarás a tu prójimo como a ti mismo" (Mt. 22:39).

"El amor sea sin fingimiento. Aborreced lo malo, seguid lo bueno. Amaos los unos a los otros con amor fraternal; en cuanto a honra, prefiriéndoos los unos a los otros" (Ro. 12:9-10).

"Antes sed benignos unos con otros, misericordiosos, perdonándoos unos a otros, como Dios también os perdonó a vosotros en Cristo" (Ef. 4:32).

2. Nimrod se dispuso a edificar el primer imperio mundial (vv. 10-12). Este es el comienzo de los imperios mundiales, el primer imperio en arrasar con una sección del mundo y gobernar a multitudes de personas. Pero note, este imperio de Nimrod no era para servir a las personas, no era para establecer ni garantizar:

- Servicios verdaderos para el pueblo.
- Felicidad y seguridad verdaderas para el pueblo.
- Orden y ley verdaderos para el pueblo.

El imperio de Nimrod lo que hacía era promover la sublevación y someter a las personas a los caprichos de un dictador obsesionado por el poder. Su imperio sería un imperio secular, un imperio que eliminaba a Dios, al único Dios vivo y verdadero, de la faz de la tierra. Su imperio incluía lo siguiente:

a. El gran Imperio Babilónico.

=> *Babel* o *Babilonia*: Este fue el comienzo del imperio de Nimrod (v. 10). Génesis 11:2-4 nos cuenta lo que sucedió. Después del gran diluvio, la mayoría de las personas, de no ser todas, todavía vivían en las inmediaciones de Ararat donde Noé y su pequeña familia se había asentado (Gn. 8:4s). Al parecer, Nimrod había reclutado una pequeña fuerza armada que podía vencer a otros gobernantes existentes entre ellos. Entonces Nimrod movilizó a las personas a abandonar Ararat y a trasladarse a Sinar o al área de Babilonia. Allí edificarían una ciudad que fungiría como la capital del imperio para las personas y las generaciones que de ellos nacerían. (Vea el bosquejo y las notas, Gn. 11:1-9; 11:3-4.) Observe lo siguiente: A partir de este momento Babilonia se convierte en una ciudad impía y se opone al pueblo de Dios. Las Escrituras ven a Babilonia como un imperio impío, un sistema impío, y una religión impía (cp. Jos. 7:21; Is. 13:1s; 47:1s; Dn. 4:30). Finalmente será destruida en su totalidad (vea las notas, Ap. 18:1-24).

=> *Erec*: Una ciudad ubicada aproximadamente a 160,93 kilómetros al sureste de Babilonia y al suroeste de la moderna Bagdad en Irak. El nombre antiguo de la ciudad era Uruk; el nombre moderno es Warka.

=> *Acad* o *Akkad*: Una ciudad que estaba situada en el norte de Babilonia localizada en el Río Éufrates.

=> *Calne*: La ubicación se desconoce, pero estaría ubicada en algún lugar a poca distancia de Babilonia.

b. El gran Imperio Asirio (v. 11). Nota: Este versículo debería decir: "De esta tierra [Babilonia] salió para Asiria..." (v. 11).

Nimrod emprendió viaje desde la región de Babilonia y marchó contra la tierra de Asiria, todo con el propósito de ampliar su imperio. En Asiria fundó cuatro grandes ciudades más.

=> *Nínive*: La ciudad fue edificada en el Río Tigris, la parte alta del Tigris, en la parte este. Estaba del otro lado del río frente a la ciudad actual de Mosul. Recuerde lo que le dijo Dios a Jonás acerca de Nínive:

"Levántate y ve a Nínive, aquella gran ciudad, y pregona contra ella; porque ha subido su maldad delante de mí" (Jon. 1:2).

=> *Rehobot*, *Cala* y *Resén*: Se piensa que las tres ciudades hayan sido zonas periféricas de Nínive, centros de menor población que eran edificados para manejar el exceso de la gran ciudad, Nínive o para proporcionarle una defensa en primera línea a Nínive contra los futuros conquistadores que atacaran.

4 (10:21-32) ***Sem — Raza, humana — Humanidad:*** La ramificación de Sem: La descendencia del Oriente Medio, la línea de *la Simiente prometida*. Observe tres elementos antes de analizar realmente la descendencia de Sem.

Primero, note el nombre de Heber (v. 21). Él era el bisnieto de Sem (vea el diagrama de abajo). Heber fue el padre de los hebreos. El propio nombre "hebreo" fue tomado de la palabra hebrea *Heber*. Abram y los hijos de Israel provendrían de la línea de Heber: Era su descendencia la que sería la descendencia escogida a través de la cual vendría *la Simiente prometida*, el Salvador del mundo.

Segundo, note que se dice que Sem era el hermano mayor de Jafet. Recuerden también que se dice que Cam era el hermano menor (Gn. 9:24). ¿Por qué, entonces, si Sem es el hijo mayor de Noé, se enumera la descendencia de Sem de última en la *"Tabla de las naciones"?* Por énfasis y continuidad. A partir de este punto, el objetivo de la Biblia estará centrado en la descendencia de Sem, la descendencia escogida de Israel y el Mesías o Salvador venidero del mundo. Por eso, resulta natural mencionar la línea de Sem en último lugar de modo que se pueda mostrar la relación entre Sem y el resto de la Biblia.

Recuerde la profecía de Noé acerca de Sem: Él sería el padre de un pueblo cuyo Dios, el único Dios vivo y verdadero, sería bendecido. La descendencia de Sem le extendería su mano al mundo y guiaría a todas las personas a adorar y bendecir a Dios. (Vea la nota, pt. 2, Gn. 9:24-27 para un mayor análisis.)

Tercero, los antiguos semitas se esparcieron por todo el Oriente Medio, y hasta donde sabemos, no migraron más allá del Oriente Medio. Sem es el antepasado de los árabes, los arameos o sirios y los hebreos.

1. Había cinco hijos o ramificaciones de Sem (v. 22).

Sem

Elam — Asur — Arfaxad — Lud — Aram

a. *Elam*: Se asentó al este de Mesopotamia más allá del Río Tigris. Mesopotamia es el nombre de la tierra que está entre el Río Éufrates y el Tigris. Los elamitas realmente cubrieron un área que llegó desde el Mar Rojo al Golfo Pérsico. Luego se unieron con Media y formaron el gran Imperio Persa.

   Los elamitas aparecieron por primera vez en la época de Abram. Unieron sus fuerzas con varios reinos y conquistaron Sodoma y Gomorra y en ese proceso tomaron cautivo a Lot, el sobrino de Abram. Abram persiguió a los elamitas, los derrotó y liberó a Lot (Gn. 14:1-16).
b. *Asur*: Este pueblo fueron los asirios que se asentaron al norte de Mesopotamia por toda la región alta del Río Tigris. Asiria fue uno de los reinos que estableció Nimrod. Nínive fue la gran capital que él construyó allí. (Vea el *Estudio a fondo 2*, pt. 2b, Gn. 10:8-12 para un mayor análisis.)
c. *Arfaxad:* Vea el punto 3 más adelante.
d. *Lud:* Los lidios de Asia Menor.
e. *Aram:* Vea el punto 2 más adelante.

2. *Aram:* Hubo cuatro descendientes de Aram (v. 23).

Aram

Uz — Hul — Geter — Mas

La tierra de Aram se encontraba al nordeste de Palestina. Se extendía desde el Río Jordán hasta parte de lo que se conoce hoy día como Armenia. Era la tierra conocida como Siria.

a. *Uz:* Probablemente una parte del desierto arábico. La ubicación real se desconoce. Resulta de interés el hecho de que fue la tierra natal de Job.

"Hubo en tierra de Uz un varón llamado Job; y era este hombre perfecto y recto, temeroso de Dios y apartado del mal" (Job 1:1).

b. *Hul y Geter*: No se conoce nada excepto que eran territorios arameos o sirios.
c. *Mas:* Cubría la parte sur de Armenia o era el Líbano moderno.

3. *Arfaxad*: La descendencia de Arfaxad (vv. 24-25).

Arfaxad

Sala

Heber

Peleg — Joctán

a. *Arfaxad y Sala*: No se conoce nada acerca de Arfaxad ni de su hijo Sala excepto que eran antepasados de Abram y de la descendencia escogida. (Vea el bosquejo y las notas, Gn. 11:10-26 para un análisis. Compare Gn. 46:12; Nm. 26:20; 1 Cr. 2:3; 4:21-23.)
b. *Heber*: Ya hemos visto que *Heber* es el nombre equivalente de *hebreo*. (Vea el principio de esta nota, *primer elemento*, Gn. 10:21-32.)
c. *Peleg:* El nombre de este hijo significa *división* o *dividir*. Observe el planteamiento hecho acerca de él: "en sus días fue repartida la tierra". ¿Qué quiere decir esto? Los comentaristas han sugerido las siguientes explicaciones:

=> Se refiere a las familias de la tierra haciendo una repartición de la tierra en distritos o territorios, probablemente debido a la superpoblación y a la necesidad de apartarse cada vez más unos de otros. La repartición o división la llevó a cabo Peleg o igualmente ocurrió durante su vida.

=> Se refiere a alguna erupción volcánica catastrófica que dividió la tierra en continentes e islas. Se piensa que la tierra haya sido una enorme masa continental. Se piensa que esta erupción volcánica enorme haya ocurrido durante la vida de Peleg, justo después del juicio de la torre de Babel cuando Dios esparció y separó las razas humanas sobre la tierra (Gn. 11:1-9).

=> Se refiere a cuando se esparció y se dividió la raza humana después de la torre de Babel. Fue allí que Dios confundió la lengua de cada uno de ellos y los obligó a separarse y a dividirse unos de otros. Este criterio cuenta con una base bíblica cuando se esparcieron los pueblos en la torre de Babel (Gn. 11:1-9).

d. *Joctán:* Vea el punto 4 más adelante.

4. *Joctán*: Hubo trece descendientes de Joctán (vv. 26-29). Todos fueron árabes.

Joctán

Almodad — Selef — Hazar-mavet — Jera — Adoram — Uzal — Dicla — Obal — Abimael — Seba — Ofir — Havila — Jobab

a. *Almodad*: Asentado en el sur de Arabia, posiblemente en el área de Al-murad.

b. *Selef:* El área de Yemen, probablemente alrededor de Salaf o Sulaf.
c. *Hazar-mavet*: Un área en el sur de Arabia alrededor de Hadramaut.
d. *Jera:* Desconocido, pero quizás cerca de una fortaleza conocida como Jerakh (James Montgomery Boice. *Génesis, un comentario expositivo*, vol. 1, p. 337).
e. *Adoram:* Muy probable que esté en algún lugar de Yemen.
f. *Uzal:* Probablemente el nombre de la capital antigua de Yemen.
g. *Dicla*: El nombre significa palmera datilera, así que probablemente fuera una región donde la fruta abundara. Quizás alrededor de la moderna Dakalah en Yemen.
h. *Obal y Abimael:* Desconocido excepto que está en Arabia, muy probablemente al sur de Arabia.
i. *Seba:* Probablemente los sabeos, un pueblo que se asentó al suroeste de Arabia.
j. *Ofir*: Desconocido, pero quizás en la parte sur de Arabia en el Golfo Pérsico. Los barcos de Salomón usaban el puerto de Ofir para transportar cargamentos (1 R. 9:28; 1 Cr. 29:3-4; 2 Cr. 8:17-18; 9:10; Job 22:24; 28:16; Sal. 45:9).
k. *Havila:* Asentado en la frontera de Arabia justo al norte de Yemen (Gn. 2:11-12; 25:16-18; 1 S. 15:7).
l. *Jobab*: Se cree que esté relacionado con el área de Jahaibab que está ubicada cerca de la moderna Meca (Victor Hamilton. *El libro de Génesis*, vol. 1, p. 346).

5. Las fronteras de los semitas (v. 30): Su territorio se extendía desde Mesa al norte hacia Sefar, hacia las montañas o collados de la parte este. Se desconoce dónde estaban ubicados exactamente. Todo cuanto conocemos es que la frontera se encontraba en el sur de Arabia.

6. La conclusión es la siguiente: Las ramificaciones de Sem, de Jafet, y de Cam, todas las ramificaciones de la raza humana, están relacionadas; todas provienen de una misma fuente: Noé (vv. 31-32).

Pensamiento 1. Podemos al menos sacar dos buenas lecciones de la ramificación semita de la raza humana.

1) Las razas semíticas del mundo provinieron del mismo origen que las otras razas del mundo. Todos provenimos de la misma fuente; todos tenemos las mismas raíces: Noé y sus tres hijos. En consecuencia:
   - Las razas semíticas, los árabes y los hebreos, no deben exaltarse a sí mismos por encima de otras personas. Ellos no son seres humanos superiores, ni por raza ni por religión. Ellos no son preferidos de Dios. Dios no tiene preferidos, no muestra parcialidad por ninguna raza ni persona en la tierra.

"Entonces Pedro, abriendo la boca, dijo: En verdad comprendo que Dios no hace acepción de personas, sino que en toda nación se agrada del que le teme y hace justicia" (Hch. 10:34-35).

"Y de una sangre ha hecho todo el linaje de los hombres, para que habiten sobre toda la faz de la tierra; y les ha prefijado el orden de los tiempos, y los límites de su habitación" (Hch. 17:26).

"porque no hay acepción de personas para con Dios" (Ro. 2:11).

"Porque no hay diferencia entre judío y griego, pues el mismo que es Señor de todos, es rico para con todos los que le invocan; porque todo aquel que invocare el nombre del Señor, será salvo" (Ro. 10:12-13).

   - A las razas semíticas, los árabes y los judíos, no se les debe discriminar. De la misma manera que no son seres humanos superiores, tampoco son seres humanos inferiores. Todo el odio racial de las personas contra los judíos y los árabes es un error, un verdadero error. Son iguales al resto de nosotros, de todas las razas humanas. Por ende, se les debe tratar como hermanos con un amor fraternal.

2) La línea de Sem (a través de los hebreos) se convertiría en la descendencia escogida a través de la cual Dios enviaría *la Simiente prometida*, el Salvador al mundo. Dios escogió la nación judía, Israel, para proclamar la buena nueva gloriosa de que solo hay un Dios vivo y verdadero, y que hay solo un Mesías y Salvador para el mundo, *la Simiente prometida*, el propio Señor Jesucristo. Pero Israel fracasó. En vez de transmitir las buenas nuevas, la acapararon. Se guardaron el mensaje del único Dios vivo y verdadero y de su promesa de enviarles al Salvador a ellos mismos. Se rehusaron a ser la fuerza misionera de Dios para el mundo.

Sucede lo siguiente: Nosotros, los verdaderos seguidores de Cristo, no debemos fallar como falló Israel. No debemos guardarnos el mensaje; debemos transmitirlo. Debemos seguir adelante con diligencia y proclamar las buenas nuevas gloriosas de que Dios ha enviado a *la Simiente prometida* al mundo, lo envió en la persona del Señor Jesucristo.

"Por tanto, id, y haced discípulos a todas las naciones, bautizándolos en el nombre del Padre, y del Hijo, y del Espíritu Santo; enseñándoles que guarden todas las cosas que os he mandado; y he aquí yo estoy con vosotros todos los días, hasta el fin del mundo. Amén" (Mt. 28:19-20).

"Y les dijo: Id por todo el mundo y predicad el evangelio a toda criatura" (Mr. 16:15).

"pero recibiréis poder, cuando haya venido sobre vosotros el Espíritu Santo, y me seréis testigos en Jerusalén, en toda Judea, en Samaria, y hasta lo último de la tierra" (Hch. 1:8).

"Id, y puestos en pie en el templo, anunciad al pueblo todas las palabras de esta vida" (Hch. 5:20).

"Lo que has oído de mí ante muchos testigos, esto encarga a hombres fieles que sean idóneos para enseñar también a otros" (2 Ti. 2:2).

ESTUDIO A FONDO 3

(10:31-32) ***Mapa — Mundo antiguo — Raza, humana:*** Vea el siguiente mapa.

LA TABLA DE LAS NACIONES
(LOS HIJOS DE NOÉ)

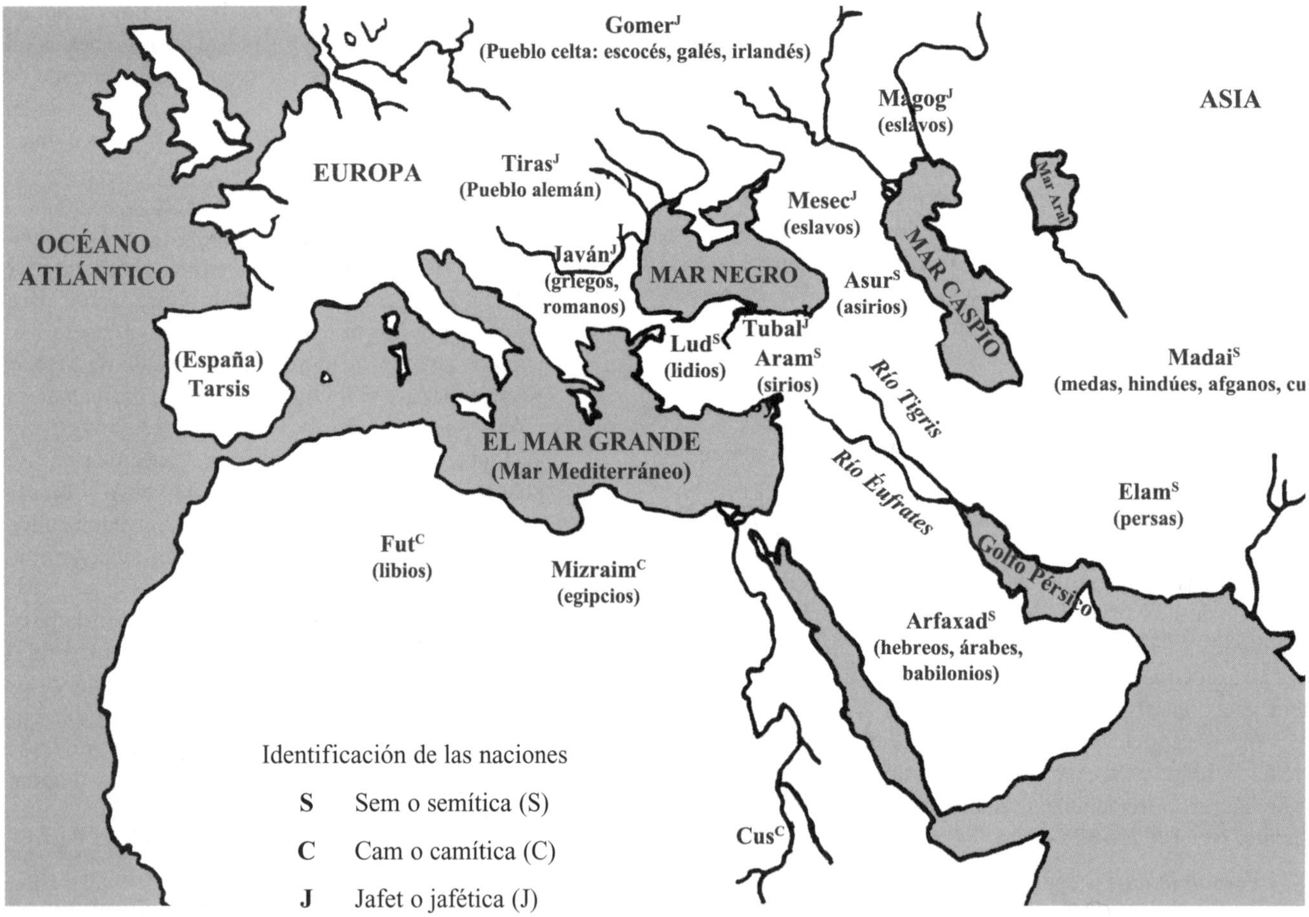

	CAPÍTULO 11 **B. El esparcimiento de la raza humana por la tierra: El pecado y error trágico de las personas, la ciudad secular y la falsa adoración (La torre de Babel), 11:1-9**	5 Y descendió Jehová para ver la ciudad y la torre que edificaban los hijos de los hombres.	**3 La intervención de Dios para refrenar el propósito impío del hombre** a. Dios vio la ciudad secular y la falsa religión
		6 Y dijo Jehová: He aquí el pueblo es uno, y todos éstos tienen un solo lenguaje; y han comenzado la obra, y nada les hará desistir ahora de lo que han pensado hacer.	1) Él vio su unidad, su propósito inquebrantable 2) Él vio su única lengua 3) Él vio su gran capacidad 4) Él vio el orgullo de su imaginación
1 Dos elementos importantes de la raza humana primitiva a. Tenían una misma lengua	1 Tenía entonces toda la tierra una sola lengua y unas mismas palabras.		
b. Se movieron o trasladaron en grupo, como toda una civilización, por alguna razón: A la tierra de Sinar	2 Y aconteció que cuando salieron de oriente, hallaron una llanura en la tierra de Sinar, y se establecieron allí.	7 Ahora, pues, descendamos, y confundamos allí su lengua, para que ninguno entienda el habla de su compañero.	b. Dios pronunció su veredicto: Refrenar los propósitos malignos del hombre confundiendo la lengua del hombre
2 El pecado y error trágico de la raza humana: Construir una ciudad secular y un centro de falsa adoración a. Su emoción y compromiso con el proyecto	3 Y se dijeron unos a otros: Vamos, hagamos ladrillo y cozámoslo con fuego. Y les sirvió el ladrillo en lugar de piedra, y el asfalto en lugar de mezcla.	8 Así los esparció Jehová desde allí sobre la faz de toda la tierra, y dejaron de edificar la ciudad.	c. Dios refrenó el propósito maligno del hombre 1) Los esparció 2) Detuvo su religión e imperio secular
b. Su propósito secular: Ganar fama c. Su propósito mundano: Obtener seguridad aparte de Dios d. Su propósito religioso: Llegar al cielo por sí mismos[EF1]	4 Y dijeron: Vamos, edifiquémonos una ciudad y una torre, cuya cúspide llegue al cielo; y hagámonos un nombre, por si fuéremos esparcidos sobre la faz de toda la tierra.	9 Por esto fue llamado el nombre de ella Babel, porque allí confundió Jehová el lenguaje de toda la tierra, y desde allí los esparció sobre la faz de toda la tierra.	**4 El eterno recordatorio del poder de Dios** a. El propio nombre de Babel o Babilonia b. Las diferentes lenguas y nacionalidades del mundo

DIVISIÓN V

LOS HIJOS DE NOÉ: LAS TRES DIVISIONES DE LA RAZA HUMANA ESCOGIDAS PARA REPOBLAR Y ESPARCIRSE POR LA TIERRA, 10:1—11:9

B. El esparcimiento de la raza humana por la tierra: El pecado y error trágico de las personas, la ciudad secular y la falsa adoración (La torre de Babel), 11:1-9

(11:1-9) ***Introducción:*** Este suceso, la construcción de la gran ciudad de Babilonia y de la torre de Babel, al parecer ocurrió durante los días de Peleg y de Nimrod. Recuerde:

=> La tierra fue repartida en los días de Peleg, la quinta generación a partir de Noé (Gn. 10:25).

=> Nimrod se dispuso a construir Babilonia, el imperio secular (Gn. 10:8-12).

Lo que sucedió probablemente fue lo siguiente: Después del *gran diluvio*, Noé y su pequeña familia se asentaron en el área de Ararat. Durante las cinco generaciones la familias crecieron y crecieron a tal punto que podían haber llegado a la cifra de 30.000 o más (Keil y Delitzsch. *Comentario sobre el Antiguo Testamento*, vol. 1, p. 176). Cualquiera que sea la cifra verdadera, la población era bastante grande para la época de Peleg.

En cuanto a lo referente a Nimrod, lo que sucedió fue probablemente lo que ha sucedido una y otra vez a lo largo de la historia, miles de veces, ya sea en pequeños grupos de personas o en imperios mundiales. Nimrod se levantó, reunió un grupo de hombres armados con él, se sublevó contra las autoridades y tomó el control del gobierno y de las personas, todo por la fuerza. Vimos esto en nuestro análisis anterior de Nimrod (vea la nota, Gn. 10:8-12).

Luego algo ocurrió: Por alguna razón, Nimrod quiso trasladar su reino y a sus personas del área de Ararat hacia el este. ¿Por qué?

=> Quizás hambruna.

=> Quizás la tierra de Sinar era extremadamente fértil en aquella época (H. C. Leupold. *Génesis*, vol. 1, p. 384).

=> Quizás solo para expandir su imperio.

Basados en la descripción de Nimrod (Gn. 10:8-12), lo más probable sea que haya sido para expandir su imperio, para gobernar sencillamente sobre más territorios. De ser así, habría dejado una pequeña sociedad de personas atrás para que reclamaran el área de Ararat para su imperio. Esto habría sido necesario para que su imperio se mantuviera en el poder a través de los siglos.

Cualquiera que haya sido la razón, dos elementos apuntan contundentemente al traslado o migración del pueblo bajo el mando de Nimrod.

=> Nimrod fundó la ciudad de Babilonia.

> **"Y fue el comienzo de su reino Babel, Erec, Acad y Calne, en la tierra de Sinar" (Gn. 10:10).**

=> El pasaje actual dice que las personas viajaron al este y se asentaron en una llanura en la tierra de Sinar (v. 2). Babilonia está en la tierra de Sinar como plantea Génesis 10:10.

Este parece ser el antecedente de lo que está sucediendo en el pasaje actual. Este es un estudio muy interesante: "El esparcimiento de la raza humana: El pecado y error trágico de las personas. La ciudad secular y la falsa adoración (La torre de Babel)".

1. Dos elementos importantes de la raza humana primitiva (vv. 1-2).
2. El pecado y error trágico de la raza humana: Construir una ciudad secular y un centro de falsa adoración (vv. 3-4).
3. La intervención de Dios para refrenar el propósito impío del hombre (vv. 5-8).
4. El eterno recordatorio del poder de Dios (v. 9).

1 (11:1-2) ***Raza, humana — Lengua:*** Dos elementos importantes de la raza humana primitiva.

1. Toda la tierra tenía una sola lengua y unas mismas palabras. "Toda la tierra" se refiere a Noé y a su descendencia, a su pequeña familia que había sobrevivido el *gran diluvio* y a las personas que habían nacido de sus familias. Como todos habían provenido de Noé, era natural que hubiera una sola lengua en la tierra. Todas las personas iban a hablar la misma lengua. Observe la distinción entre "una sola lengua" y "unas mismas palabras".

En el hebreo "unas mismas palabras" significa un mismo vocabulario, el mismo significado para las mismas cosas. Sus conceptos y pensamientos eran los mismos, se expresaban por medio de la misma palabra.

Lo que se trata de hacer entender es lo siguiente: fue su lengua común lo que les permitió a las personas...

- comunicarse
- relacionarse
- ayudarse unos a otros
- trabajar juntos
- jugar juntos
- aprender juntos

De un modo sencillo, su lengua común hizo por ellos lo que nuestra lengua hace por nosotros: les permitió vivir y trabajar juntos. Les permitió progresar como sociedad y civilización.

2. Las personas se trasladaron o migraron en grupo, como toda una civilización, al menos la mayoría de ellas, por alguna razón (vea la nota 1, Gn. 11:1-9 para un análisis).

2 (11:3-4) ***Babel, torre de — Babilonia — Ciudad, secular — Civilización, secular — Religión, falsa — Adoración, falsa:*** El pecado y error trágico de la raza humana. Tras llegar a Sinar, el área de Babilonia en Irak, el pueblo se asentó y comenzó a establecer una nueva civilización y sociedad. En cierto momento, Nimrod y sus consejeros se dieron cuenta de que necesitaban hacer algo para mantener unidas a las personas y al imperio. Por eso, exhortaron al pueblo con su visión de construir una gran ciudad y un gran centro religioso en forma de una torre gigantesca. La ciudad y el centro religioso sin dudas serían la capital del gran imperio y religión que Nimrod se dispuso a edificar por todo el mundo.

Ahora bien, observe lo siguiente: Nimrod hizo exactamente lo que todo gran líder tiene que hacer: Exhortó al pueblo a seguirlo. El problema de la exhortación de Nimrod fue que él era un tirano impío, un dictador impío. Esto se ve en los siguientes puntos:

1. El pueblo estaba emocionado, muy emocionado, con el proyecto de edificación (vv. 3-4). Ellos le dieron su apoyo incondicional. Esto se ve en su actitud hacia el proyecto:

=> "Vamos, hagamos ladrillo" (v. 3).

=> "Vamos, edifiquémonos una ciudad" (v. 4).

Note también que sugirieron cocer los ladrillos completamente, es decir, secarlos en un horno y unirlos con una sustancia a modo de argamasa. Querían usar los mejores materiales de construcción de que disponían, para hacer la ciudad y el centro religioso tan duradero como fuera posible.

Lo que se debe tener en cuenta es lo siguiente: Las personas estaban interesadas en el proyecto al cien por ciento. Su lealtad y la vida de cada una de ellas les pertenecían a Nimrod, para hacer lo que le viniera en ganas del estado y el gobierno. Los tenía en un puño; tenía al pueblo unido en la causa de unificar al pueblo y edificar un imperio mundial.

2. El pueblo tenía un propósito secular de edificar la ciudad y la torre religiosa: Su objetivo era conseguir fama, hacerse de un nombre (v. 4). Como vimos en un pasaje anterior, Nimrod quería guiar a las personas a edificar un gran imperio (vea el *Estudio a fondo 2*, Gn. 10:8-12 para un mayor análisis). Babilonia sería la capital de ese imperio.

Ahora bien, note lo siguiente: No hay nada malo en edificar una gran nación y un gran pueblo. Todo líder y todo pueblo debieran desear ser fuerte. Pero deben ser fuertes a fin de suplir las necesidades del pueblo, incluso su necesidad de adorar y servir a Dios. Deben ser fuertes a fin de edificar una sociedad fuerte y saludable, no para hacerse de un nombre. Este fue el error trágico de la raza humana: Acometieron los proyectos de edificación para conseguir...

- fama
- reconocimiento
- reputación
- honra
- gloria

Su intención era edificar un monumento a su nombre, para engrandecer su propio ego y orgullo. Ellos querían vanagloriarse de sus capacidades y poder y querían que las generaciones siguientes se vanagloriaran de ellos en la medida en que el imperio creciera a través de los siglos.

Pensamiento 1. Observe cómo las personas se estaban erigiendo ellas mismas, erigiendo al hombre, en el dios de la historia. El hombre estaba edificando un mundo secular completamente desprovisto del único Dios vivo y verdadero. El hombre se estaba rebelando contra Dios, excluyendo, ignorando y eliminando a Dios completamente de la tierra y de la historia humana.

Note otro elemento: No se dice nada acerca de Dios ni acerca del servicio al pueblo, nada en lo absoluto. Revise nuevamente los versículos 3-4; observe cuán autosuficiente e impía era la ambición del pueblo. Habían dejado fuera completamente a Dios y al ministerio. El propósito del pueblo era totalmente secular. Actuaban independientemente de Dios, eliminando totalmente a Dios de sus planes y de la vida de cada uno de ellos. Estaban edificando la ciudad y la religión seculares, un imperio impío y una religión artificial, todo como un monumento a sus nombres y a su generación.

3. El pueblo tenía un propósito mundano al edificar la ciudad y la gran torre. Su objetivo era obtener seguridad, protegerse a sí mimos, pero sin Dios. Note lo que dicen las Escrituras: Trataban de:

- Mantener a todo el mundo unido.
- Evitar que los esparcieran por toda la faz de la tierra.
- Mantener a todo el mundo en un gran imperio.

Ellos sabían lo que cualquiera de nosotros habría sabido: La población iba a crecer y las personas se iban a ir alejando cada vez más unas de otras. Al hacerlo, surgirían conflictos de interés, aumentarían las facciones y se producirían refriegas y guerras. La solución para eso era un pueblo unificado: Mantener a todo el mundo en el mismo imperio, bajo el mismo dominio, un mismo estado, un mismo gobierno. Probablemente esta sea la razón por la que Nimrod se mantuvo construyendo una ciudad tras otra y manteniendo a la población bajo control y dentro de su imperio (Gn. 10:10-11).

Ahora bien, note lo siguiente: No tiene nada de malo la seguridad y la unidad entre las personas. Estas son ambiciones nobles. De hecho, la seguridad y la unidad son necesidades imperantes para nosotros como individuos y como naciones. El error está en lo siguiente:

=> Dejar a Dios fuera de nuestra búsqueda de seguridad y unidad.

=> Negar el papel que desempeña Dios en la seguridad y la unidad.

=> Buscar la seguridad y la unidad solamente a partir de un fundamento humanista y mundano, como si el propio hombre pueda proveer seguridad y unificar a las personas.

=> Ignorar la primera necesidad y la más imperante de las necesidades del hombre: La necesidad de saber sin lugar a dudas que está seguro y unido (reconciliado) con Dios; que nunca va a morir, sino que vivirá para siempre y por toda la eternidad con Dios.

Pensamiento 1. Dios es el único Dios vivo y verdadero, quien le da al hombre el fundamento de la seguridad y de un espíritu unificado con otros. Dios es el fundamento sobre el que se debe edificar toda la seguridad y unidad; de hecho, el hombre no podrá nunca estar perfectamente seguro y unificado hasta que base su vida y su seguridad en Dios. Las naciones y los pueblos continuarán estando inseguros y divididos hasta que comiencen con Dios, hasta que comiencen con la seguridad y reconciliación que Él provee. Cuando una persona se ha reconciliado verdaderamente con Dios, ama a Dios y ama a todo el pueblo de Dios. Una vez más, Dios es el fundamento de la seguridad y la unidad, el único fundamento verdadero sobre el cual el hombre puede edificar una seguridad y unidad terrenales y nacionales.

Este fue el error trágico de la raza humana: Acometieron la edificación de un imperio apartados de Dios. Buscaron la seguridad y la unidad a partir de un fundamento mundano, no a partir de Dios.

Note también otro elemento: Las personas estaban desobedeciendo a Dios y se estaban rebelando contra Él al no esparcirse por toda la tierra ni sojuzgarla. Dios le había dicho a Adán y a Eva y luego a Noé y a sus hijos que poblaran la tierra y la sojuzgaran (Gn. 1:28; 9:1). Claro está, en la medida en que las personas se trasladaran en la tierra, Dios quería que las personas basaran su seguridad y unidad en Él. Pero, como se vio anteriormente, eso no fue lo que ellos hicieron. Trataron de edificar un imperio sin Dios.

Pensamiento 1. Matthew Henry dice lo siguiente:

"Ellos [trataron de] unificarse en un imperio glorioso... de edificar esta ciudad y torre, para que fuera la metrópolis de su reino y el centro de su unidad. Es probable que... el ambicioso Nimrod estuviera involucrado en todo esto. Él... tenía como objetivo la monarquía universal... con el pretexto de unirse buscando la seguridad común, él se las ingenia para mantenerlos a todos unidos, de modo que, teniéndolos a todos bajo control, podría tenerlos a todos bajo su poderío" (*Comentario de Matthew Henry*, vol. 1, p. 79).

4. El pueblo tenía un propósito religioso al edificar la ciudad y la gran torre: Querían alcanzar el cielo por sí mismos, por medio de sus propios esfuerzos. Observe varios elementos significativos.

a. No hay mención de Dios en los planes del pueblo; no se hace ningún tipo de mención del único Dios vivo y verdadero, del Señor y Majestad soberana del universo, del Creador y Sustentador de todas las cosas. Revise rápidamente los versículos 3-4 y note cómo se enfatiza el yo y el yo únicamente, el hombre y únicamente el hombre. El hombre iba a edificar la ciudad (imperio) y la gran torre y el hombre iba a edificarlos *por medio de sí mismo* y *para sí mismo*. Dios, el único Dios vivo y verdadero, estaba olvidado, completamente ignorado y descuidado.

b. El propósito de edificar la gran torre fue el mismo que el de la ciudad: Hacerse un nombre

(v. 4). Querían construir una religión mundial y hacer de Babilonia el centro de esa religión. Querían ser el centro religioso del mundo a través de los siglos, ser reconocidos y honrados como el centro religioso del imperio. Una vez más, note que el nombre de Dios no tiene lugar en su propósito, solo *sus nombres*. Estaban llevando a cabo una edificación para honrar sus nombres, los nombres de su imperio y su generación, no el nombre de Dios.

c. Este era definitivamente un centro religioso, una gran torre. (Vea el *Estudio a fondo 1*, Gn. 11:4 para una ilustración de la torre.) La torre era lo que se denomina en el Oriente Medio una torre-templo, un *zigurat*. Las grandes torres-templos o *zigurats* se edificaban como *escaleras al cielo*. La NVI proporciona los nombres de varios *zigurats* para ilustrar este elemento:
   => "La casa de los siete guías del cielo y la tierra" (en Borsipa).
   => "La casa de los cimientos, la plataforma del cielo y la tierra" (en Babilonia).
   => "La casa de la montaña del universo" (en Asur).

(*Biblia de estudio de la NVI,* nota sobre Gn. 11:4, p. 23.)

Sucede lo siguiente: La gran torre se estaba edificando como un símbolo de que las personas estaban construyendo una escalera al cielo, edificando una escalera para llegar a donde Dios. Las personas estaban edificando:

- Una religión artificial, para llegar a donde Dios.
- Una escalera artificial, para llegar a donde Dios.
- Un sendero artificial, para llegar a donde Dios.
- Un camino artificial, para llegar a donde Dios.

La gran torre era solo un símbolo. El pueblo sabía que nunca podrían edificar un templo literalmente que llegara al cielo. Si el pueblo hubiera sido ignorante y ellos hubieran creído que podían llegar realmente al cielo con una torre, no la habrían construido en la llanura de Babilonia que yace casi al nivel del mar. Habrían construido la torre en una montaña. Según se ha planteado, la torre sería:

- Un símbolo de su religión mundial, de la religión que ayudaría a mantener unidos al imperio y a las personas.
- Un símbolo de su nombre, de un nombre que representara a la religión, a la edificación de una escalera que llegara al cielo.
- Un símbolo de sus propias obras, del gran esfuerzo que pusieron en la edificación de una escalera de religión que llegara al cielo.

Este fue el error trágico de la raza humana: Emprendieron la construcción de una gran torre para llegar a donde Dios, una religión de obras y esfuerzo propio. Se creyeron capaces de alcanzar a Dios por sus propios medios, creyeron que eran lo suficientemente buenos y justos como para alcanzar a Dios por medio de sus propias obras y sus propios esfuerzos.

Pensamiento 1. Este es el mismo error trágico cometido por la mayoría de las personas en la actualidad. La mayoría de las personas aún tratan de alcanzar a Dios:

- Por medio de sus propias obras y esfuerzos.
- Por medio de su propia bondad y moralidad.
- Siguiendo sus propios pasos artificiales para llegar a Dios.

La mayoría de las personas aún tratan de edificar una escalera de obras y bondad para llegar a donde Dios. Pero, todas las obras y esfuerzos humanos por alcanzar a Dios están condenados a fracasar. Existen dos razones:

1) Dios es perfecto y cualquier persona que vaya a entrar al cielo y vaya a vivir con Él debe ser perfecta. Pero nadie es perfecto. Todos hemos pecado y carecemos de la gloria de Dios, de su perfección. Por ende, no importa cuántas escaleras construyamos para alcanzar a Dios, no importa cuán buenos podamos ser, no somos perfectos. Por ende, no podemos llegar al cielo y entrar a la presencia de Dios. Si alguna vez fuéramos lo suficientemente buenos para entrar al cielo, Dios tiene que rehacernos y perfeccionarnos. Pero antes de eso, Él tiene que ocuparse de nuestro pecado y de los problemas de la muerte.

Este es el evangelio glorioso. Dios tiene se ha ocupado de todo eso mediante Jesucristo nuestro Señor, se ha ocupado:

- Del problema de la muerte por medio de la *justificación* de Jesucristo.
- Del problema de la muerte por medio de *la muerte* de Jesucristo.

Dios nos perfecciona a través de Jesucristo. Cuando creemos verdaderamente en Jesucristo, Dios toma nuestra creencia y la considera como la justicia y la muerte de Jesucristo. Dios *nos considera*:

- Como *justos* en Jesucristo.
- Como *si hubiéramos muerto* en Jesucristo.

Por consiguiente, por medio de la muerte de Jesucristo se soportó el castigo por nuestros pecados. Somos justos, impecables, y perfectos delante de Dios *a través de Cristo*. Entramos al cielo y somos aceptos delante de Dios, considerados perfectos, por medio de Cristo y solo de Cristo.

"Y creyó a Jehová, y le fue contado por justicia" (Gn. 15:6).

"Porque ¿qué dice la Escritura? Creyó Abraham a Dios, y le fue contado por justicia" (Ro. 4:3).

"Mas él herido fue por nuestras rebeliones, molido por nuestros pecados; el castigo de nuestra paz fue sobre él, y por su llaga fuimos nosotros curados" (Is. 53:5).

"por cuanto todos pecaron, y están destituidos de la gloria de Dios, siendo *justificados* gratuitamente por su gracia, mediante la redención que es en Cristo Jesús" (Ro. 3:23-24).

"Mas Dios muestra su amor para con nosotros, en que siendo aún pecadores, Cristo murió *por nosotros*" (Ro. 5:8).

"el cual se dio a sí mismo *por nuestros pecados*

para librarnos del presente siglo malo, conforme a la voluntad de nuestro Dios y Padre" (Gá. 1:4).

"sabiendo que el hombre no es justificado por las obras de la ley, sino por la fe de Jesucristo, nosotros también hemos creído en Jesucristo, para ser justificados por la fe de Cristo y no por las obras de la ley, por cuanto por las obras de la ley nadie será justificado" (Gá. 2:16).

"y ser hallado en él, no teniendo mi propia justicia, que es por la ley, sino la que es por la fe de Cristo, la justicia que es de Dios por la fe" (Fil. 3:9).

"Pues mucho más, estando ya justificados en su sangre, por él seremos salvos de la ira" (Ro. 5:9).

"Porque el que ha muerto, ha sido justificado del pecado" (Ro. 6:7).

"quien llevó él mismo nuestros pecados en su cuerpo sobre el madero, para que nosotros, estando muertos a los pecados, vivamos a la justicia; y por cuya herida fuisteis sanados" (1 P. 2:24).

"Porque también Cristo padeció una sola vez por los pecados, el justo por los injustos, para llevarnos a Dios, siendo a la verdad muerto en la carne, pero vivificado en espíritu" (1 P. 3:18).

"Y sabéis que él apareció para quitar nuestros pecados, y no hay pecado en él" (1 Jn. 3:5).

2) Nadie puede entrar al cielo personalmente y entrar a la presencia de Dios, no por medio de sus propias obras y esfuerzos. Debemos saber esto, porque somos seres físicos en la dimensión y mundo materiales y Dios es un ser espiritual en la dimensión espiritual y celestial. El mundo físico no puede penetrar el mundo espiritual. Por ejemplo, ¿qué persona de las que nos rodean ha subido al cielo? ¡Nadie! Jesús hizo la misma pregunta y Él dijo "Nadie" (Jn. 3:13). Si una persona en algún momento va a entrar al cielo y va a vivir con Dios, Dios tiene que venir a la tierra y mostrarnos cómo llegar al cielo. Eso fue lo que hizo en el Señor Jesucristo. Según se ha mostrado en el punto uno anterior, alcanzamos el cielo por medio del Señor Jesucristo. Eso es exactamente lo que Cristo nos dice.

"Nadie subió al cielo, sino el que descendió del cielo; el Hijo del Hombre, que está en el cielo. Y como Moisés levantó la serpiente en el desierto, así es necesario que el Hijo del Hombre sea levantado, para que todo aquel que en él cree, no se pierda, mas tenga vida eterna. Porque de tal manera amó Dios al mundo, que ha dado a su Hijo unigénito, para que todo aquel que en él cree, no se pierda, mas tenga vida eterna. Porque no envió Dios a su Hijo al mundo para condenar al mundo, sino para que el mundo sea salvo por él. El que en él cree, no es condenado; pero el que no cree, ya ha sido condenado, porque no ha creído en el nombre del unigénito Hijo de Dios" (Jn. 3:13-18).

"Jesús le dijo: Yo soy el camino, y la verdad, y la vida; nadie viene al Padre, sino por mí." (Jn. 14:6).

d. Este fue el principio de la falsa religión después del *gran diluvio.* Babilonia fue el lugar donde nació la falsa religión en la tierra. Babilonia es la *madre de la falsa religión.* Esto es exactamente lo que declaran las Escrituras en el último libro de la Biblia. Note que el primer libro de la Biblia revela que Babilonia dio a luz la falsa religión y el último libro de la Biblia declara que Babilonia es la *madre de la falsa religión.*

"un misterio: BABILONIA LA GRANDE, LA MADRE DE LAS RAMERAS Y DE LAS ABOMINACIONES DE LA TIERRA" (Ap. 17:5).

No importa cuál sea la religión, si su énfasis está puesto sobre las obras y la bondad humana, fracasa y no llega a alcanzar a Dios. La religión puede tener el nombre de...

- astrología
- humanismo
- secularismo
- cualquiera de las religiones principales de la tierra

Pero, comete un error trágico y peca ante Dios si enseña que las personas pueden edificar una escalera para llegar a Dios, que las personas pueden obrar y volverse suficientemente buenas para que Dios las acepte. Este fue el error trágico cometido por las personas en la torre de Babel. Este fue el principio de toda la falsa religión en la tierra. (Vea la nota, Col. 2:8 para un mayor análisis.)

James Montgomery Boice dice:

"Los ciudadanos de Babilonia habían rechazado el conocimiento del Dios verdadero. Por consiguiente, es de esperar la creación de una falsa religión como parte de sus dudosos logros culturales. Nuevamente, la Biblia habla de 'misterio Babilonia', es decir, de la realidad simbolizada por la ciudad terrenal, diciendo que es 'la madre de las rameras y de las abominaciones de la tierra' (Ap. 17:5). Esto se refiere, como se refieren las ideas de la prostitución y la abominación en toda la Biblia, a la falsa religión.

"Hay evidencias de que eso era lo que sucedía históricamente. Morris anota: 'La identidad esencial de los varios dioses y diosas de Roma, Grecia, India, Egipto y otras naciones con el panteón original de los babilonios está bien establecida. [De hecho], al parecer el propio Nimrod después deificó como el dios principal ('Merodac' o 'Marduk') de Babilonia' " (Génesis, un comentario expositivo, vol. 1, p. 341. La referencia a Morris es a Henry M. Morris. *El registro de Génesis: Un comentario científico y devocional sobre el libro de los principios.* Grand Rapids, MI: Baker, 1976, pp. 17-18.)

"No os volváis a los encantadores ni a los adivinos; no los consultéis, contaminándoos con ellos. Yo Jehová vuestro Dios" (Lv. 19:31).

"No sea hallado en ti quien haga pasar a su hijo o a su hija por el fuego, ni quien practique adivinación, ni agorero, ni sortílego, ni hechicero, ni encantador, ni adivino, ni mago, ni quien consulte a los muertos. Porque es abominación para con Jehová cualquiera que hace estas cosas, y por estas abominaciones Jehová tu Dios echa estas naciones de delante de ti" (Dt. 18:10-12).

Algunos comentaristas creen que ese fue el nacimiento

de la astrología en la tierra, que un zodíaco estaba ubicado realmente en el último piso de la gran torre. (Vea la nota, Col. 2:8 para un mayor análisis.)

=> Donald Grey Barnhouse dice lo siguiente:

"La torre era un zigurat sobre el que había un zodíaco por medio del cual los sacerdotes esperaban adquirir conocimiento de las estrellas. Fue un vuelco abierto y desafiante hacia Satanás y al principio de la adoración del diablo. Es por eso que la Biblia pronuncia una maldición en todas partes sobre aquellos que consultan el sol, la luna, y las estrellas del cielo" (Génesis, p. 71).

=> James Montgomery Boice dice:

"[La gran torre] tenía una representación de los cielos (un Zodíaco) sobre ella... la astrología, que se centra en el estudio del Zodíaco, se originó en Babilonia. Abra cualquier libro de astrología y verá que fueron los caldeos (otro nombre para los habitantes de Babilonia) quienes primero desarrollaron el Zodíaco dividiendo el cielo en secciones y dándoles significados a cada una sobre la base de las estrellas que allí se encuentran. Se dice que el destino de una persona está determinado por cualquier sección o 'signo' bajo el que nace. De Babilonia, la astrología pasó al imperio del antiguo Egipto donde se mezcló con el animismo y politeísmo nativos del Nilo. Las pirámides se construyeron con ciertas relaciones matemáticas con las estrellas. La Esfinge tiene significación astrológica. Tiene la cabeza de una mujer, que simboliza a Virgo, la virgen y el cuerpo de un león, que simboliza a Leo. Virgo es el primer signo del Zodíaco, Leo el último. Por lo tanto, la Esfinge (que incidentalmente significa 'unirse' en griego) es el punto de encuentro del Zodíaco, lo que indica que los sacerdotes egipcios creyeron que el punto de partida de la tierra guardaba relación con el Zodíaco que había en Egipto, a las orillas del Nilo.

"Para la época en que los judíos abandonaron Egipto y se dirigían a Canaán, la astrología había infectado la población de allí. De ahí que algunas de las amonestaciones más estrictas de la Biblia contra la astrología daten de este período (Lv. 19:31; Dt. 18). Aún después, la astrología entró a la vida religiosa de Roma.

"Lo interesante de estas denuncias bíblicas de la astrología es que la astrología se identifica con el demonismo o satanismo en el sentido que a Satanás y a sus huestes se les estaba adorando realmente en la forma de signos o planetas. Esta es la razón por la que la Biblia hace una denuncia severa de estas prácticas" (Génesis, un comentario expositivo, vol. 1, pp. 341-342).

"Cuando se levantare en medio de ti profeta, o soñador de sueños, y te anunciare señal o prodigios, y si se cumpliere la señal o prodigio que él te anunció, diciendo: Vamos en pos de dioses ajenos, que no conociste, y sirvámosles; no darás oído a las palabras de tal profeta, ni al tal soñador de sueños; porque Jehová vuestro Dios os está probando, para saber si amáis a Jehová vuestro Dios con todo vuestro corazón, y con toda vuestra alma" (Dt. 13:1-3).

"El profeta que tuviere la presunción de hablar palabra en mi nombre, a quien yo no le haya mandado hablar, o que hablare en nombre de dioses ajenos, el tal profeta morirá. Y si dijeres en tu corazón: ¿Cómo conoceremos la palabra que Jehová no ha hablado?; si el profeta hablare en nombre de Jehová, y no se cumpliere lo que dijo, ni aconteciere, es palabra que Jehová no ha hablado; con presunción la habló el tal profeta; no tengas temor de él" (Dt. 18:20-22).

"Estate ahora en tus encantamientos y en la multitud de tus hechizos, en los cuales te fatigaste desde tu juventud; quizá podrás mejorarte, quizá te fortalecerás. Te has fatigado en tus muchos consejos. Comparezcan ahora y te defiendan los contempladores de los cielos, los que observan las estrellas, los que cuentan los meses, para pronosticar lo que vendrá sobre ti. He aquí que serán como tamo; fuego los quemará, no salvarán sus vidas del poder de la llama; no quedará brasa para calentarse, ni lumbre a la cual se sienten. Así te serán aquellos con quienes te fatigaste, los que traficaron contigo desde tu juventud; cada uno irá por su camino, no habrá quien te salve" (Is. 47:12-15).

"Oíd la palabra que Jehová ha hablado sobre vosotros, oh casa de Israel. Así dijo Jehová: No aprendáis el camino de las naciones, ni de las señales del cielo tengáis temor, aunque las naciones las teman" (Jer. 10:1-2; cp. Dn. 1:18-20; 2:27-28).

ESTUDIO A FONDO 1

(11:4) ***Babel, torre de:*** La torre de Babel era un centro religioso, un templo-torre, lo que se denomina un zigurat en el Oriente Medio. Se construyeron como escaleras al cielo. (Vea la nota, pt. 4, c, Gn. 11:3-4 para un mayor análisis.) Los templos-torres de Babilonia eran estructuras gigantescas de varios pisos que se levantaban al cielo a cientos de pies de altura sobre el suelo. Tenían la forma algo parecida a una pirámide con un santuario en la cima. Una pasarela o escaleras en la parte de afuera habilitaban el paso a cada uno de los siguientes pisos. La torre de Babel habría lucido como algo así: Vea la ilustración en la próxima página.

[3] (11:5-8) ***Juicio — Antropomórfico:*** La intervención de Dios para refrenar el propósito impío del hombre. Observe tres elementos significativos:

1. Dios vio la ciudad secular y la falsa religión que las personas estaban edificando (v. 5). Cuando las Escrituras dicen que Dios "descendió Jehová para ver la ciudad", esto es lo que se denomina lenguaje *antropomórfico*. Esto significa sencillamente que se le atribuyen a Dios rasgos humanos. Ya Dios sabía de la ciudad secular y de la gran torre. Las Escrituras sencillamente están usando un lenguaje descriptivo para darnos una idea más clara y más interesante de lo que sucedió. Lo que sucedió realmente fue lo siguiente: Dios vio los propósitos impíos de las personas, así que Él descendió a la tierra como *medida judicial* para juzgarlos.

A través de la historia Dios con frecuencia ha permitido que los propósitos de los hombres sigan su curso. (Compare

Hitler, Stalin y otros que han tratado de edificar imperios mundiales, de esclavizar y asesinar a millones de personas para lograr sus fines.) Pero esta vez no, no cuando Nimrod había unido a toda la raza humana para edificar un imperio y una religión de un solo mundo. ¿Por qué? Las Escrituras proporcionan cuatro razones:

a. Dios vio la unidad, el propósito determinado de las personas (v. 6). Eran un solo pueblo, un solo cuerpo, dispuestos a un único propósito y ese propósito era impío.

b. Dios vio la única lengua del pueblo (v. 6). Podían comunicarse y comprenderse unos a otros sin problemas. Tenían los mismos conceptos, pensamientos y procesos mentales que le permitían planificar y ejecutar sus planes con eficiencia y eficacia. Y nuevamente, sus planes y acciones eran seculares e impías.

c. Dios vio que el pueblo tenía una gran capacidad (v. 6). Si se les dejaba por sí solos, se les dejaba como un solo pueblo con un solo lenguaje, triunfarían en la edificación de un imperio y una torre de religión impíos.

d. Dios vio el orgullo de su imaginación y la maldad de su propósito (v. 6). Él sabía todo acerca de su rebelión y propósito impío al edificar la ciudad secular y la torre religiosa. Dios conocía sus imaginaciones, cuán orgulloso y egotista era el hombre, que el hombre quería…

• ganar fama	• recibir honra
• ganar reconocimiento	• ser alguien por sí mismo
• ganar poder	• gobernar su propia vida
• ganar riquezas	• hacer lo que quisiera

Dios conocía las imaginaciones del hombre, lo orgulloso y egotista que era el hombre, que el hombre no quería admitir:

- Que necesitaba ayuda.
- Que no podía edificar por sí mismo el tipo de sociedad y mundo apropiados.
- Que es pecador y depravado y que no puede traer la utopía, el imperio glorioso, a la tierra por medio de sus propios esfuerzos.

Estas son las razones por las que Dios intervino en la edificación de la ciudad de Babilonia y de la gran Torre de Babel. Dios conocía el propósito impío del hombre, que el hombre estaba edificando una ciudad y un imperio y una religión artificial que sería impía, que excluiría a Dios completamente, al único Dios vivo y verdadero, de la tierra.

2. Dios pronunció su veredicto: Refrenar su el propósito maligno del hombre confundiendo la lengua del hombre (v. 7). La lengua se aprende y en la medida en que se aprende, la mente desarrolla una capacidad para organizar y arreglar sus pensamientos de cierta forma. Es decir, las mentes de la raza humanas difieren: Las mentes difieren en cuanto a la manera en que organizan y arreglan el material y los pensamientos. La manera en que la mente organiza y arregla los pensamientos está determinada en gran medida por la lengua que la persona aprende.

Sucede lo siguiente: Cuando Dios confundió la lengua de las personas, la mente de cada una de ellas, su mundo de conceptos y pensamientos, se iba a ver afectado al igual que sus lenguas. Había una falta total de comunicación y comprensión en cuanto a pensamientos, conceptos y significado de otras lenguas. Las personas sencillamente no podían entenderse. Al parecer había un solo entendimiento entre varios grupos familiares.

3. Dios refrenó el propósito maligno del hombre (v. 8). Note lo que dicen las Escrituras: Dios esparció a las personas sobre la faz de toda la tierra. Había confundido su lengua; no podían entenderse unos a otros. Por consiguiente, lentamente, probablemente en el transcurso de semanas y meses, se separaron y desarrollaron comunidades y ciudades propias. La historia de varias familias se registra en la *Tabla de las naciones* del capítulo 10.

Sucede lo siguiente: Dios detuvo el imperio secular y la falsa religión, los detuvo confundiendo su lengua y esparciéndolos sobre la faz de la tierra.

Note lo siguiente: Dios estaba teniendo misericordia del hombre al detener los propósitos malignos del hombre. Sabemos esto por el nombre de Dios que se usa a lo largo de este pasaje, el nombre de *Jehová* o *Yahvéh* (vv. 5-9). Este es el nombre redentor de Dios (vea la nota, Gn. 2:4 para un análisis). Dios estaba impidiendo que el hombre edificara un imperio mundial impío a fin de preparar el camino para la salvación del hombre. Si se permitía que reinara un imperio mundial en el mundo, un imperio impío, entonces Dios no podría levantar un pueblo por medio del cual Él enviaría a *la Simiente prometida*, el Salvador del mundo. Por eso, al confundir la lengua y esparcir a las personas sobre la tierra:

- Dios estaba deteniendo el propósito impío del hombre, pero Dios también estaba preparándose para salvar al hombre levantando un pueblo piadoso.

"*Que frustra los pensamientos de los astutos,* para que sus manos no hagan nada" (Job 5:12).

Él hace andar despojados de consejo a los consejeros, y entontece a los jueces" (Job 12:17).

"Sus moradores fueron de corto poder; *fueron acobardados y confusos,* fueron como hierba del campo y hortaliza verde, como heno de los terrados, que antes de sazón se seca" (Is. 37:27).

"Él está sentado sobre el círculo de la tierra, cuyos moradores son como langostas; él extiende los cielos como una cortina, los despliega como una tienda para morar. Él convierte en nada a los poderosos, y a los que gobiernan la tierra hace como cosa vana" (Is. 40:22-23).

"He aquí que todos los que se enojan contra ti serán avergonzados y confundidos; serán como nada y perecerán los que contienden contigo" (Is. 41:11).

"Así dice Jehová, tu Redentor, que te formó desde el vientre: Yo Jehová, que lo hago todo, que extiendo solo los cielos, que extiendo la tierra por mí mismo; que deshago las señales de los adivinos, y enloquezco a los agoreros; que hago volver atrás a los sabios, y desvanezco su sabiduría" (Is. 44:24-25).

"Verdaderamente tú eres Dios que te encubres,

Dios de Israel, que salvas. Confusos y avergonzados serán todos ellos; irán con afrenta todos los fabricadores de imágenes. Israel será salvo en Jehová con salvación eterna; no os avergonzaréis ni os afrentaréis, por todos los siglos" (Is. 45:15-17).

"Mas Jehová está conmigo como poderoso gigante; por tanto, los que me persiguen tropezarán, y no prevalecerán; serán avergonzados en gran manera, porque no prosperarán; tendrán perpetua confusión que jamás será olvidada. Oh Jehová de los ejércitos, que pruebas a los justos, que ves los pensamientos y el corazón, vea yo tu venganza de ellos; porque a ti he encomendado mi causa. Cantad a Jehová, load a Jehová; porque ha librado el alma del pobre de mano de los malignos" (Jer. 20:11-13).

4 (11:9) ***Babilonia — Babel, torre de — Dios, poder:*** El eterno recordatorio del poder de Dios. El propio nombre *Babel o Babilonia* significa confusión. El nombre se le dio a la ciudad y a la torre porque Dios confundió la lengua de los hombres allí. Más tarde, las personas de la región cambiaron el significado a "la puerta de Dios" (Victor Hamilton. *El libro de Génesis*, p. 357). Pero no importa cuál sea el significado que el hombre trate de darle al nombre de Babel, es un monumento al gran poder de Dios. Cuando escuchamos el nombre de Babel o Babilonia o escuchamos una lengua diferente de la nuestra, siempre deberíamos pensar en el enorme poder de Dios, de lo que hizo en Babel.

=> Tanto Babilonia como las diferentes lenguas y nacionalidades de la tierra representan un monumento eterno al gran poder de Dios.

Pensamiento 1. Dios espera de nosotros que lo recordemos en cada situación de nuestra vida. Es nuestro deber recordarlo y reconocerlo.

"Cuando me acuerde de ti en mi lecho, cuando medite en ti en las vigilias de la noche" (Sal. 63:6).

"Reconócelo en todos tus caminos, y él enderezará tus veredas" (Pr. 3:6).

"Acuérdate de tu Creador en los días de tu juventud, antes que vengan los días malos, y lleguen los años de los cuales digas: No tengo en ellos contentamiento" (Ec. 12:1).

"Cuando mi alma desfallecía en mí, me acordé de Jehová, y mi oración llegó hasta ti en tu santo templo" (Jon. 2:7).

ILUSTRACIÓN DE LA TORRE DE BABEL

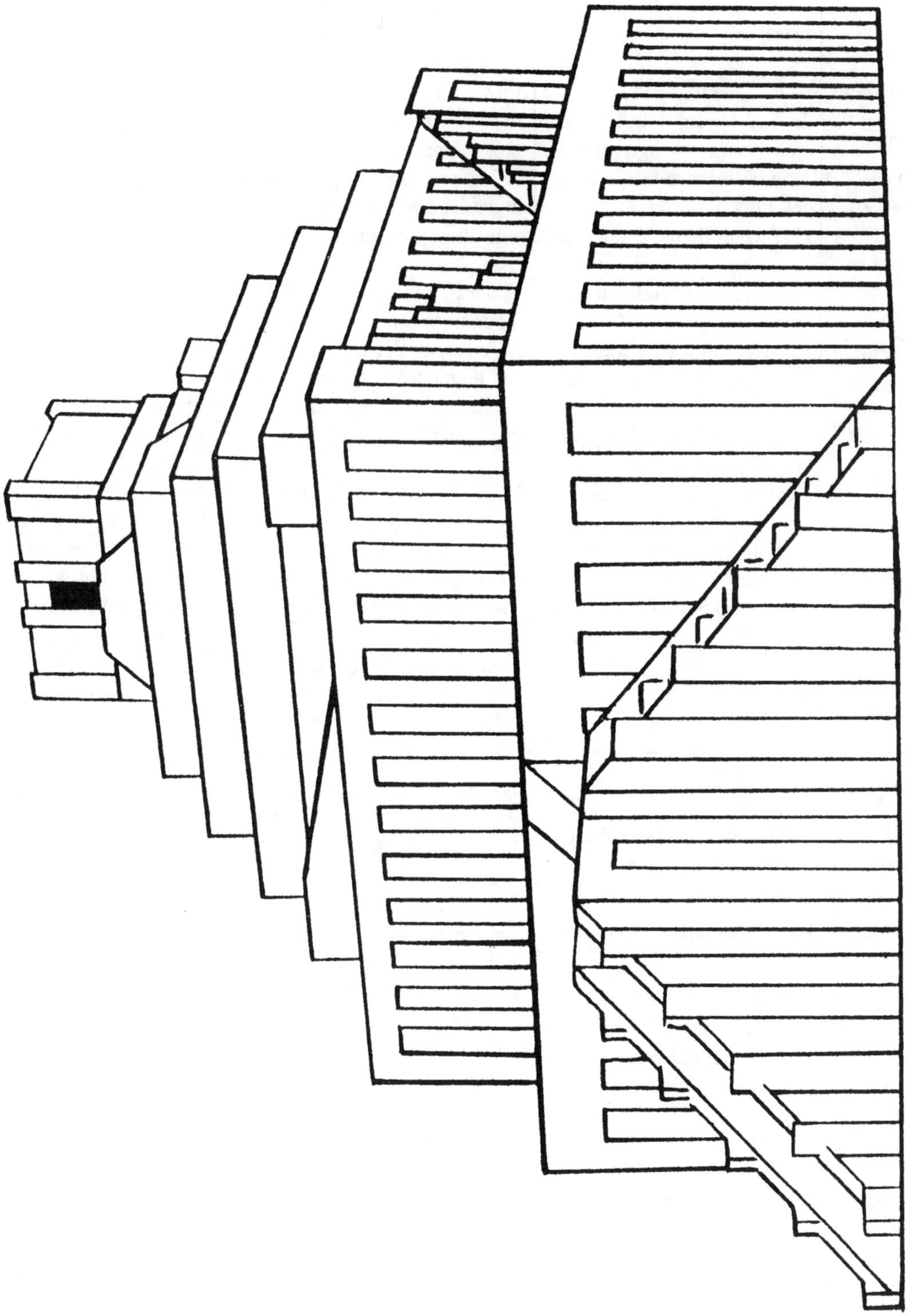

TORRE DE BABEL

(Un zigurat babilónico: La mayoría de los zigurats conocidos media aproximadamente entre 308 y 369 metros de base.)

VI. SEM, EL HIJO DE NOÉ: EL HIJO ESCOGIDO PARA DAR CONTINUIDAD A LA SIMIENTE PIADOSA, 11:10-32

A. La preservación de la Simiente prometida (parte 1), 11:10-26

1 Elemento 1: Un hijo particular de Noé fue escogido para darle continuidad a "la Simiente prometida", su hijo Sem

10 Estas son las generaciones de Sem: Sem, de edad de cien años, engendró a Arfaxad, dos años después del diluvio.
11 Y vivió Sem, después que engendró a Arfaxad, quinientos años, y engendró hijos e hijas.

2 Elemento 2: Las genealogías de la Biblia enumeran descendientes, no necesariamente hijos

12 Arfaxad vivió treinta y cinco años, y engendró a Sala.
13 Y vivió Arfaxad, después que engendró a Sala, cuatrocientos tres años, y engendró hijos e hijas.
14 Sala vivió treinta años, y engendró a Heber.
15 Y vivió Sala, después que engendró a Heber, cuatrocientos tres años, y engendró hijos e hijas.
16 Heber vivió treinta y cuatro años, y engendró a Peleg.
17 Y vivió Heber, después que engendró a Peleg, cuatrocientos treinta años, y engendró hijos e hijas.
18 Peleg vivió treinta años, y engendró a Reu.
19 Y vivió Peleg, después que engendró a Reu, doscientos nueve años, y engendró hijos e hijas.
20 Reu vivió treinta y dos años, y engendró a Serug.
21 Y vivió Reu, después que engendró a Serug, doscientos siete años, y engendró hijos e hijas.
22 Serug vivió treinta años, y engendró a Nacor.

3 Elemento 3: No se da información personal alguna acerca de los padres mencionados en esta genealogía

23 Y vivió Serug, después que engendró a Nacor, doscientos años, y engendró hijos e hijas.

4 Elemento 4: Las genealogías de la Biblia en ocasiones mencionan primero al hijo o antepasado más importante, no necesariamente al hijo que nació primero: Compare Abram

24 Nacor vivió veintinueve años, y engendró a Taré.
25 Y vivió Nacor, después que engendró a Taré, ciento diecinueve años, y engendró hijos e hijas.
26 Taré vivió setenta años, y engendró a Abram, a Nacor y a Harán.

DIVISIÓN VI

SEM, EL HIJO DE NOÉ: EL HIJO ESCOGIDO PARA DAR CONTINUIDAD A LA SIMIENTE PIADOSA, 11:10-32

A. La preservación de la Simiente prometida (parte 1), 11:10-26

(11:10-31) ***Perspectiva general de la división: Hombre, historia de — Fracaso, del hombre — Historia:*** Recuerde lo que había sucedido. El hombre había intentado edificar la ciudad secular y una torre de falsa religión. El hombre había tratado de eliminar a Dios, el único Dios vivo y verdadero, de su vida, tanto de la sociedad como de la religión. El hombre había edificado:

- Babilonia, la ciudad secular, la ciudad sin Dios.
- La torre de Babel, la religión secular y la falsa adoración, todo creado por las propias imaginaciones del hombre, sus pensamientos de cómo debe ser la religión.

El hombre le había fallado a Dios nuevamente, no habían logrado seguir y adorar a Dios como el Creador y Salvador de la vida. El hombre había demostrado su pecado y depravación una vez más. Esto no es más que otro terrible fracaso del hombre, otra repetición de lo que ha sucedido desde que Dios creó al hombre.

Hasta este punto en nuestro estudio de Génesis, sería prudente analizar los fracasos terribles del hombre a través de la historia. La Biblia enseña que ha habido o habrá ocho períodos terribles de fracaso por parte del hombre, ocho veces que el corazón de Dios se ha entristecido trágicamente y se ha lacerado profundamente, ocho veces que Dios ha tenido o que tendrá que interceder y milagrosamente salvar al hombre.

=> Primero, Dios creó a Adán, pero Adán se alejó de Dios, tanto que no podía regresar donde Dios por su cuenta. Dios tuvo que salir a buscar a Adán para salvarlo (Gn. caps. 1-3).

=> Segundo, el hijo de Adán, Caín, deshonró a Dios y laceró el corazón de Dios al presentarle una falsa adoración a Dios y al asesinar a su hermano Abel, quien era la descendencia escogida de *la Simiente prometida* (Gn. cp. 4). Pero Dios escogió a otro hijo de

Adán, Set, para que fuera el antepasado de *la Simiente prometida.*

=> Tercero, a través de las generaciones, la descendencia piadosa de Set comenzó a fraternizar y a contraer matrimonios mixtos con la descendencia impía, de tal manera que la descendencia piadosa se corrompió tanto como la impía. Finalmente, quedaba solo un hombre piadoso sobre la tierra, Noé. Toda la raza humana se había vuelto tan injusta e impía que Dios tuvo que juzgarla y destruirla completa por medio de un diluvio mundial. Pero Dios intervino y salvó a un hombre y a su pequeña familia para preservar la descendencia piadosa y la raza humana (Gn. caps. 5-6).

=> Cuarto, según se ha planteado anteriormente, la raza humana había intentado edificar la ciudad secular y la torre de religión, una ciudad y una religión que estarían *totalmente desprovistas de Dios*, que sería un monumento al nombre del hombre y a su enorme capacidad y tecnología. El hombre se había concentrado tanto en la tierra que se había vuelto totalmente secular y humanístico, sin tener nada que ver con Dios, nada que ver con el Dios vivo y verdadero. Él quería la religión solo en la medida en que sirviera al estado y permitiera que se satisficieran las pasiones y deseos del hombre. La relación personal del hombre con Dios y el deber del hombre para con Dios se había perdido completamente en la persecución del hombre de la sociedad secular y los placeres de la carne. Dios no tuvo otra opción que detener al hombre y juzgar al hombre. Él hizo esto confundiendo la lengua de los hombres y haciendo que se esparcieran por la tierra (Gn. cap. 11).

=> Quinto, después que Dios esparció la raza humana sobre la tierra, Él les dio generación tras generación para que se arrepintieran, lo siguieran y lo adoraran. Pero aún así se rehusaron. De hecho, la descendencia piadosa una vez más se contaminó y se corrompió tanto que comenzaron a adorar ídolos (Jos. 24:2,15). Esto se verá en el análisis del pasaje actual. El declive espiritual del hombre, incluso aquellos de la descendencia piadosa, fue tan grande que Dios tuvo que cambiar su método al tratar con el hombre. Dios se apartó del trato con la raza humana como un todo y escogió a un hombre, Abram y a través de él creó toda una nueva raza de personas. Era a través de la descendencia de Abram, toda una nueva raza de personas (los judíos o Israel), que Dios cumpliría su promesa de enviar a *la Simiente prometida* al mundo. (Vea el bosquejo y las notas, Gn. 11:10-32; 12:1-9 para un mayor análisis.)

=> Sexto, el hombre aún así fracasó: Los judíos o Israel no adoraron ni sirvieron a Dios *en espíritu y en verdad.* Se volvieron un pueblo muy pretencioso y perjudicial, incluso en la religión verdadera. Acapararon la verdad en vez de esparcirla y transmitírsela al mundo. Se rehusaron a ser la fuerza misionera de Dios para el mundo. Y lo más trágico de todo, cuando Dios envió *la Simiente prometida* al mundo, el Mesías y Salvador, el Señor Jesucristo, lo mataron. Se rehusaron a aceptarlo y lo asesinaron en la cruz. Pero el propósito eterno de Dios de salvar al hombre ya se cumplía: El camino para que el hombre se salvara del pecado, la muerte y el juicio venidero se completaría por medio de la muerte y resurrección de su Hijo, el Señor Jesucristo. Por lo tanto, Dios no confió más en una nación para que le proclamara la verdad al mundo y se volvió a cada persona. Hoy día Dios ofrece salvación eterna y exhorta a cada ser humano de todas las naciones a seguirlo y adorarlo a través de su Hijo, el Señor Jesucristo. Jesucristo es *la Simiente prometida*, el Salvador, que fue enviado al mundo a salvar a la raza humana y a todas las personas que vayan a Él y lo sigan (Éxodo hasta Judas).

=> Séptimo, la Biblia nos dice que la raza humana una vez más fracasará. El hombre una vez más tratará de edificar un mundo y religión seculares. Esto sucederá al final de lo que se denomina *la era de la iglesia* o al principio del *período de la gran tribulación* que sucederá en la tierra. Pero Dios una vez más intervendrá, juzgará al hombre y dará paso a lo que la Biblia denomina *el milenio*. El milenio será un período de mil años en el que Satanás estará encadenado y Cristo regresará a la tierra a gobernar sobre las naciones y la raza humana (el libro de Apocalipsis; 2 Ts. cap.2; Mt. 24:15; Dn. 9:24-27; 11:31; 12:11).

=> Octavo, al final del milenio el hombre una vez más será puesto a prueba. Dios le habrá dado al hombre la utopía máxima de la vida, el gobierno y reinado de su propio Hijo en la tierra. Por consiguiente, para determinar quién es genuino en obediencia de su Hijo, Dios pondrá a prueba al hombre poniendo en libertad a Satanás, permitiendo que una vez más Satanás tente al hombre. Trágicamente, el hombre nuevamente tratará de edificar el estado secular, un estado completamente desprovisto de Dios. Pero esta vez, después de haberle dado al hombre la mejor sociedad posible a través del reinado de su Hijo, Dios se habrá cansado de la rebelión, la negación, la maldición y el rechazo del hombre. Dios pondrá fin a la historia humana, juzgará al hombre en el juicio final y recreará unos nuevos cielos y una nueva tierra para todos aquellos que lo han seguido a lo largo de toda la historia humana (Ap. 20—22).

Sucede lo siguiente: Dios le ha dado a la raza humana oportunidad tras oportunidad, generación tras generación, para que lo sigan y lo sirvan, pero el hombre como un todo se ha rehusado a hacerlo. El hombre se ha rebelado contra Dios: Lo ha negado, maldecido, ignorado, descuidado y rechazado. Y, como hemos visto en los primeros capítulos de Génesis, la tragedia horrible es la siguiente: En todas las situaciones el hombre se ha alejado tanto de Dios que apenas ha quedado una persona piadosa en la tierra. Esto ha sucedido cuatro veces en la historia primitiva del hombre (Gn. 1:1—11:9).

(11:10-26) ***Introducción:*** En el pasaje actual el hombre le falló nuevamente a Dios. Hubo un declive espiritual incluso en la descendencia piadosa, un declive tan grande que Dios cambió su método de tratar con el hombre. Dios dejó de tratar con la raza humana como un todo y escogió a un hombre (Abram) y creó toda una nueva raza de personas a través de él, un pueblo a través del cual Él enviaría *la Simiente prometida* al mundo. Este pasaje trata sobre "Sem, El hijo de Noé, el hijo escogido para dar continuidad a la simiente piadosa: La preservación de la Simiente prometida (parte 1)".

1. Elemento 1: Un hijo particular de Noé fue escogido para darle continuidad a "la *Simiente prometida*", su hijo Sem (vv. 10-11)
2. Elemento 2: Las genealogías de la Biblia enumeran descendencia, no necesariamente hijos (vv. 12-22).
3. Elemento 3: No se da información personal alguna acerca de los padres mencionados en esta genealogía (v. 23).
4. Elemento 4: Las genealogías de la Biblia en ocasiones mencionan primero al hijo o antepasado más importante, no necesariamente al hijo que nació primero: Compare Abram (vv. 24-26).

[1] (11:10-11) ***Simiente, prometida — Sem:*** Un hijo particular de Noé fue escogido para darle continuidad a *la Simiente prometida*: Sem. Note dos elementos acerca de la genealogía de Sem.

1. Noé había predicho que Sem y su descendencia serían la descendencia escogida para *la Simiente prometida.* La profecía había sido sencilla, planteaba solamente que *Jehová Dios de Sem sería bendecido* (Gn. 9:26). Note que Dios era quien sería bendecido, no Sem y su descendencia, no directamente. El nombre de Dios sería bendecido *a través de Sem y su descendencia*, a través de lo que Dios iba a hacer a través de ellos. ¿Qué iba a hacer Dios a través de ellos?

=> Proporcionar la línea a través de la cual vendría *el Salvador prometido.*

=> Proporcionar la línea a través de la cual se mantendría el conocimiento de Dios en la mente de los hombres.

El Dios de Sem sería bendecido porque la línea de Sem le daría al Salvador y el conocimiento de Dios al mundo.

2. Note que Sem y su descendencia estaban solamente proporcionando la línea o descendencia, estaban siendo solamente el canal, a través del cual se harían dos cosas grandiosas. No se dice nada en lo absoluto de que Sem o su descendencia inmediata bendijera a Dios, solo que su Dios sería bendecido. Como se verá, Sem y su descendencia inmediata, la descendencia en esta genealogía, decayó espiritualmente, de un modo significativo. Para el momento en que se menciona el último padre en la genealogía, Taré, toda la descendencia piadosa se había corrompido. Taré y su familia se habían vuelto adoradores de ídolos.

"Y dijo Josué a todo el pueblo: Así dice Jehová, Dios de Israel: Vuestros padres habitaron antiguamente al otro lado del río, esto es, Taré, padre de Abraham y de Nacor; *y servían a dioses extraños…* Y si mal os parece servir a Jehová, escogeos hoy a quién sirváis; si a los dioses a quienes sirvieron vuestros padres, cuando estuvieron al otro lado del río, o a los dioses de los amorreos en cuya tierra habitáis; pero yo y mi casa serviremos a Jehová" (Jos. 24:2, 15).

Al parecer, el hombre hizo exactamente lo que había hecho antes del diluvio, corrompió a toda la raza humana, incluso la descendencia piadosa.

[2] (11:12-22) ***Genealogía — Simiente, prometida:*** Las genealogías de la Biblia mencionan descendencia, no necesariamente hijos.

1. Primero, note la genealogía de Sem.

	Nació en el año	Murió en el año	Total de años de vida
El gran diluvio 1656			
Noé	1056	2006	950
Sem	1558	2158	600
Arfaxad	1658	2096	438
Sala	1693	2126	433
Heber	1723	2187	464
Peleg	1757	1996	239
Reu	1787	2026	239
Serug	1819	2049	230
Nacor	1849	1997	148
Taré	1878	2083	205
Hijo mayor de Taré (?)	1948		
Abram (?)	2008		

2. Segundo, note la referencia a *engendró* en toda la genealogía (vv. 10-26). Esto con frecuencia se refiere a la descendencia de la línea de una persona y no a un hijo inmediato. Esto quiere decir que una genealogía:

- Puede tener lagunas, generaciones completas de personas no mencionadas.
- Puede cubrir períodos mucho más largos, muchos años y generaciones más, incluso siglos, de los que parece indicar la genealogía.

Un ejemplo de esto existe en esta genealogía. Lucas nos dice que el hijo de Arfaxad que estaba en la descendencia prometida no se menciona aquí: Cainán. Arfaxad engendró a Cainán y Cainán engendró a Sala (Lc. 3:36). Note los nombres de Arfaxad y Sala anteriormente: Lucas dice que se debe colocar a Cainán entre ellos, que Cainán fue el hijo o un descendiente de Arfaxad. Esto nos demuestra que al menos hay una otra generación que pertenece a esta genealogía. Quizá haya más; realmente no tenemos forma de determinarlo.

[3] (11:23) ***Genealogía — Depravación — Excusa, no:*** No se da información personal alguna acerca de ninguno de los miembros de la descendencia piadosa mencionados en esta genealogía. ¿Por qué? Échele un vistazo a los versículos y note que los únicos elementos dados son que cada persona vivió una cierta edad y engendró a cierto descendiente (vv. 10-26).

Conocemos parte de la historia de Sem, el primer padre en la genealogía; y conocemos parte de la historia del último padre mencionado, Taré. Pero no sabemos nada de ninguno de los padres entre la primera y la última persona mencionada. Según se preguntó: ¿Por qué? ¿Por qué no se da información personal de estos padres de la descendencia piadosa? ¿Toda la descendencia piadosa se había afectado tanto por parte del secularismo y las religiones artificiales de su época, se había afectado tanto que cada uno de ellos había perdido su testimonio de Dios, se había afectado tanto que...

- ni una sola persona seguía a Dios?
- ni una sola persona contribuía en nada con Dios que fuera lo suficientemente significativo como para hacer mención de ello?
- ni una sola persona rechazaba el secularismo y los ídolos religiosos de su época?

Al parecer, este fue el caso. Nadie sobre la tierra llevaba una vida pura y piadosa; nadie estaba viviendo totalmente para Dios. Observe dos elementos:

1. La adoración de los ídolos por parte de Taré y su familia, quienes eran de la descendencia piadosa, apunta a la injusticia y la impiedad de la época. Ocurrió un terrible declive espiritual entre toda la raza humana, incluso la descendencia piadosa a través de la cual vendría *la Simiente prometida.*

Las Escrituras nos dicen lo siguiente: Este período de la historia humana y la condición de la raza humana durante este período fue el peor de todos los tiempos.

=> En Isaías, Dios exhorta a Israel a recordar estos días, a recordar que incluso Abram, quien fue su padre, se hizo escoger del propio *foso del pecado y la injusticia.*

"Oídme, los que seguís la justicia, los que buscáis a Jehová. Mirad a la piedra de donde fuisteis cortados, y al hueco de la cantera *de donde fuisteis arrancados.* Mirad a Abraham vuestro padre, y a Sara que os dio a luz; porque cuando no era más que uno solo lo llamé, y lo bendije y lo multipliqué" (Is. 51:1-2).

=> Josué exhortó al pueblo al hacer referencia a esta época.

"Y dijo Josué a todo el pueblo: Así dice Jehová, Dios de Israel: Vuestros padres habitaron antiguamente al otro lado del río, esto es, Taré, padre de Abraham y de Nacor; y *servían a dioses extraños.* Y yo tomé a vuestro padre Abraham del otro lado del río, y lo traje por toda la tierra de Canaán, y aumenté su descendencia, y le di Isaac" (Jos. 24:2-3).

"Y si mal os parece servir a Jehová, escogeos hoy a quién sirváis; si a los dioses a quienes sirvieron vuestros padres, cuando estuvieron al otro lado del río, o a los dioses de los amorreos en cuya tierra habitáis; pero yo y mi casa serviremos a Jehová" (Jos. 24:15).

=> Al parecer Pablo se refirió a estos días y los aplicó tanto a su época como a la nuestra:

"Pues habiendo conocido a Dios, no le glorificaron como a Dios, ni le dieron gracias, sino que se envanecieron en sus razonamientos, y su necio corazón fue entenebrecido. Profesando ser sabios, se hicieron necios, y cambiaron la gloria del Dios incorruptible en semejanza de imagen de hombre corruptible, de aves, de cuadrúpedos y de reptiles. Por lo cual también Dios los entregó a la inmundicia, en las concupiscencias de sus corazones, de modo que deshonraron entre sí sus propios cuerpos, ya que cambiaron la verdad de Dios por la mentira, honrando y dando culto a las criaturas antes que al Creador, el cual es bendito por los siglos. Amén. Por esto Dios los entregó a pasiones vergonzosas; pues aun sus mujeres cambiaron el uso natural por el que es contra naturaleza, y de igual modo también los hombres, dejando el uso natural de la mujer, se encendieron en su lascivia unos con otros, cometiendo hechos vergonzosos hombres con hombres, y recibiendo en sí mismos la retribución debida a su extravío. Y como ellos no aprobaron tener en cuenta a Dios, Dios los entregó a una mente reprobada, para hacer cosas que no convienen; estando atestados de toda injusticia, fornicación, perversidad, avaricia, maldad; llenos de envidia, homicidios, contiendas, engaños y malignidades; murmuradores, detractores, aborrecedores de Dios, injuriosos, soberbios, altivos, inventores de males, desobedientes a los padres, necios, desleales, sin afecto natural, implacables, sin misericordia; quienes habiendo entendido el juicio de Dios, que los que practican tales cosas son dignos de muerte, no sólo las hacen, sino que también se complacen con los que las practican" (Ro. 1:21-32).

2. La raza humana, incluso la descendencia piadosa, no tenía excusa. Todos tenían un testimonio contundente de varias décadas. Revise el diagrama de la genealogía y note desde cuándo la descendencia tenía el testimonio de Noé y Sem.

=> Noé vivió 350 años después del diluvio que fue cerca del año 2006.

=> Sem vivió hasta el año 2158.

Pero note lo siguiente: Si Noé vivía durante la vida de tantas personas de la descendencia piadosa, ¿por qué no había más personas influidas por él? Recuerden tres elementos:

a. Noé era solamente un hombre y un hombre solo puede predicar y enseñar mucho y solo puede tenderle la mano a muchas personas. Las personas pueden y de hecho muchos lo hacen, rechazar el evangelio de Dios.

b. El corazón del hombre está corrompido: Preso del egoísmo, la avaricia y la pasión por el placer, la riqueza, la fama y el poder, todo por el descuido de otros. A pesar de las necesidades imperiosas de otros, su hambre y hambruna, sus enfermedades y padecimientos, su desamparo y pobreza, su sufrimiento y muerte:

- El hombre roba y acapara de ellos.
- El hombre los descuida y los ignora.
- El hombre los maltrata y los mata.

La conducta del hombre a lo largo de la historia es un testimonio vivo de esta verdad terrible y trágica. El corazón del hombre está corrompido. No importa cuanto hayan proclamado Noé y Sem la justicia, aquellos que vivieron en función de este mundo rechazaron su proclamación y, según se ha planteado, incluso aquellos de *la descendencia prometida* al parecer estaban atrapados en el secularismo de la época. *La torre de Babel* bosquejo y notas muestran la impiedad trágica de este período particular de la historia del hombre. (Vea las notas, Gn. 11:1-9 para un análisis.)

c. Recuerde también la posibilidad de las lagunas en la genealogía. Las generaciones desde Sem hasta Abram podrían ser muchas más de las que aparecen aquí (vea la nota, Gn. 11:12 para un mayor análisis).

Pensamiento 1. Note dos lecciones:

1) Debemos guardarnos de la influencia del secularismo y la religión artificial. Incluso los impíos pueden quedar atrapados en la atracción y aprobación de este mundo y su religión de pretensiones y la exaltación de sí mismos.

"También debes saber esto: que en los postreros días vendrán tiempos peligrosos. Porque habrá hombres amadores de sí mismos, avaros, vanagloriosos, soberbios, blasfemos, desobedientes a los padres, ingratos, impíos" (2 Ti. 3:1-2).

"Y miró Dios la tierra, y he aquí que estaba corrompida; porque toda carne había corrompido su camino sobre la tierra" (Gn. 6:12).

"Salva, oh Jehová, porque se acabaron los piadosos; porque han desaparecido los fieles de entre los hijos de los hombres" (Sal. 12:1).

" Dice el necio en su corazón: No hay Dios. Se han corrompido, hacen obras abominables; no hay quien haga el bien" (Sal. 14:1).

"Faltó el misericordioso de la tierra, y ninguno hay recto entre los hombres; todos acechan por sangre; cada cual arma red a su hermano" (Mi. 7:2).

2) Dios nos advierte como sociedad y como individuos: Él nos dejará con nuestras pasiones. Él dejó a Sem con su edad y Él nos advierte que Él nos dejará con nuestras pasiones también. Segaremos lo que sembremos.

"Por lo cual también Dios los entregó a la inmundicia, en las concupiscencias de sus corazones, de modo que deshonraron entre sí sus propios cuerpos, ya que cambiaron la verdad de Dios por la mentira, honrando y dando culto a las criaturas antes que al Creador, el cual es bendito por los siglos. Amén. Por esto Dios los entregó a pasiones vergonzosas; pues aun sus mujeres cambiaron el uso natural por el que es contra naturaleza, y de igual modo también los hombres, dejando el uso natural de la mujer, se encendieron en su lascivia unos con otros, cometiendo hechos vergonzosos hombres con hombres, y recibiendo en sí mismos la retribución debida a su extravío. Y como ellos no aprobaron tener en cuenta a Dios, Dios los entregó a una mente reprobada, para hacer cosas que no convienen" (Ro. 1:24-28).

"No os engañéis; Dios no puede ser burlado: pues todo lo que el hombre sembrare, eso también segará. Porque el que siembra para su carne, de la carne segará corrupción; mas el que siembra para el Espíritu, del Espíritu segará vida eterna" (Gá. 6:7-8).

"Porque con el juicio con que juzgáis, seréis juzgados, y con la medida con que medís, os será medido" (Mt. 7:2).

[4] (11:24-26) ***Genealogía — Abram — Abraham:*** Las genealogías de la Biblia en ocasiones mencionan primero al hijo o antepasado más importante, no necesariamente al hijo que nació primero. Esto es lo que se hizo con los hijos de Noé: Sem, Cam, y Jafet. Jafet fue realmente el primer hijo de Noé, pero Sem se menciona primero porque fue el hijo más importante, la línea de *la Simiente prometida* (cp. Gn. 5:32, 7:13; y más).

Otro ejemplo es nuestro pasaje actual de las Escrituras. En Génesis 10:26 se dice que Abram fue el primer hijo nacido de Taré. Pero sabemos que se menciona primero por su importancia: Fue el primero en importancia, no el primero en nacer. Los siguientes elementos nos dicen lo siguiente:

=> Génesis 12:4 dice que Abram salió de Harán cuando tenía 75 años de edad.

=> Hechos 7:4 dice que cuando él salió de Harán, su padre Taré estaba muerto.

Ahora bien, si Abram fue realmente el primer hijo de Taré, él nació cuando Taré tenía 70 años (como dice el v. 26) y vivió solamente hasta que Abram tenía 75 años; entonces él vivió solamente 145 años. Pero note: El pasaje actual dice que Taré vivió 205 años. Es muy probable que Abram haya nacido cuando Taré tenía 130 años. Esta es la razón por la que aparece un signo de interrogación junto al hijo mayor de Taré y junto a Abram. Si Abram nació o no en el año 2008, por supuesto, despende de cuántas lagunas haya en la genealogía (vea la nota, Gn. 11:12-22 para un análisis).

Sucede lo siguiente: Las genealogías de la Biblia en ocasiones mencionan al hijo más importante primero, no necesariamente al que nació primero.

1 **Elemento 1: Taré tuvo tres hijos**
2 **Elemento 2: La importancia de Harán**
   a. Taré engendró a Lot
   b. Taré murió en presencia de su padre en Ur de los caldeos
3 **Elemento 3: La importancia de Nacor: Él se casó y engendró hijos, pero no buscó la promesa de Dios**

B. La preservación de la Simiente prometida (parte 2): El principio de una gran vida (Abram), 11:27-32

27 Estas son las generaciones de Taré: Taré engendró a Abram, a Nacor y a Harán; y Harán engendró a Lot.
28 Y murió Harán antes que su padre Taré en la tierra de su nacimiento, en Ur de los caldeos.
29 Y tomaron Abram y Nacor para sí mujeres; el nombre de la mujer de Abram era Sarai, y el nombre de la mujer de Nacor, Milca, hija de Harán, padre de Milca y de Isca.
30 Mas Sarai era estéril, y no tenía hijo.
31 Y tomó Taré a Abram su hijo, y a Lot hijo de Harán, hijo de su hijo, y a Sarai su nuera, mujer de Abram su hijo, y salió con ellos de Ur de los caldeos, para ir a la tierra de Canaán; y vinieron hasta Harán, y se quedaron allí.
32 Y fueron los días de Taré doscientos cinco años; y murió Taré en Harán.

4 **Elemento 4: La importancia de Abram: Él se casó y no engendró hijos, pero buscó la promesa de Dios**
   a. Fue guiado por Dios a salir de Ur, una tierra de idolatría
   b. Fue guiado por Dios a viajar a Canaán, "la Tierra Prometida"
   c. Tuvo que perseguir la promesa solo: Su padre murió

DIVISIÓN VI

SEM, EL HIJO DE NOÉ: EL HIJO ESCOGIDO PARA DAR CONTINUIDAD A LA SIMIENTE PIADOSA, 11:10-32

B. La preservación de la Simiente prometida (parte 2): El principio de una gran vida (Abram), 11:27-32

(11:27-32) ***Introducción:*** Este es un pasaje significativo de las Escrituras: Aborda el gran llamado y la gran vida de Abram. Este pasaje también es un pasaje de transición de las Escrituras, de transición en este sentido: Aborda y anuncia el cambio de Dios de lidiar con la raza humana como un todo a lidiar con un hombre (Abram o Abraham) y su descendencia, la raza de personas que nacerían de él, los judíos o Israel.

Recuerde, la raza humana se había corrompido nuevamente. Todo el mundo, incluso la línea prometida:

- Seguía al mundo y su secularismo: Sus placeres, posesiones, fama, honra y poder.
- Seguía las religiones del mundo concebidas por el hombre, los ídolos y dioses creados por las ideas e imaginaciones de los hombres.

Incluso Taré, el padre de Abram, se había vuelto un adorador de ídolo (Jos. 24:2). A partir de todo eso podemos decir de las Escrituras, que nadie seguía al Dios vivo y verdadero.

Una vez más, si la descendencia piadosa debía ser salva, si *la Simiente prometida* sería enviada al mundo, el propio Dios tendría que intervenir y actuar en la historia mundial, intervenir por pura misericordia y gracia. Dios tendría que superar su tristeza y dolor por el pecado del hombre y actuar completamente por sí mismo, tendría que tender su mano hacia la tierra y escoger a un hombre, no porque el hombre lo mereciera, sino porque Dios amaba al hombre y quería salvarlo (la gracia inmerecida de Dios). Dios tendría que escoger a un hombre y darle a él *la Simiente prometida* y *la Tierra Prometida* (el cielo) y exhortarlo a seguir a Dios.

Esto es exactamente lo que hizo Dios. Dios extendió su mano y escogió a Abram y le ofreció las promesas, si tan solo seguía a Dios. Este es el análisis de este gran pasaje: "La preservación de la Simiente prometida: El principio de una gran vida".

1. Elemento 1: Taré tuvo tres hijos (v. 27).
2. Elemento 2: La importancia de Harán (vv. 27-28).
3. Elemento 3: La importancia de Nacor: Él se casó y engendró hijos, pero no buscó la promesa de Dios (v. 29).
4. Elemento 4: La importancia de Abram: Él se casó y no engendró hijos, pero buscó la promesa de Dios (vv. 29-32).

[1] (11:27) ***Taré — Simiente, piadosa:*** El primer elemento está relacionado con Taré: Taré tuvo tres hijos…

- Abram
- Nacor
- Harán

Este pasaje de las Escrituras está relacionado con estos tres hijos y la importancia de la vida de cada uno de ellos. También nos muestra la influencia de un padre sobre sus hijos. Recuerde: Taré era de *la descendencia prometida*, la descendencia de personas que Dios había escogido para dar a luz *la Simiente prometida*, el Salvador del mundo. De todas las personas de la tierra, aquellos que formaban parte de *la descendencia prometida* debían haber llevado una vida piadosa. Debían haber seguido a Dios y debían haber sido testimonios dinámicos ante un mundo impío. De hecho, esta fue una de las razones primordiales por las que Dios los había escogidos: para el testimonio dinámico del único Dios vivo y verdadero. Pero muchos de *la descendencia prometida* no siguieron a Dios; muchos anduvieron en los caminos del mundo y llevaron una vida secular y carnal, buscando los placeres y posesiones de la tierra. Y muchos otros incluso se volvieron idólatras, obedeciendo y adorando a los dioses artificiales de la imaginación del hombre. De un modo trágico, así sucedió con Taré, el padre de Abram, y el efecto trágico de su vida impía sobre sus tres hijos se ve en el resto de este estudio.

2 (11:27-28) ***Harán — Lot — Ur de los caldeos — Taré — Antepasados — Padres, influencia de los:*** El segundo elemento está relacionado con la importancia de Harán. Se dan tres elementos significativos acerca de Harán.

1. Harán era el padre de Lot. ¿Por qué mencionar este elemento? ¿Quién era Lot? Era el sobrino de Abram que se fue con Abram a la tierra de Canaán (cp. Gn. 11:27-32; 12:4-5). Lot creía y confiaba en Dios. Las Escrituras dicen claramente que Lot fue considerado "*justo*" o "*recto*" por Dios.

> **"y libró al justo Lot, abrumado por la nefanda conducta de los malvados (porque este justo, que moraba entre ellos, afligía cada día su alma justa, viendo y oyendo los hechos inicuos de ellos)" (2 P. 2:7-8).**

Sin embargo, Lot llevó una vida carnal y egoísta.

=> Lot decidió vivir entre los impíos de la tierra en vez de vivir entre los creyentes piadosos (Gn. 13:5-13).

=> Lot ofreció a sus hijas a una multitud de hombres enloquecidos por el sexo a fin de salvarse así mismo a algunos invitados (Gn. 19:4-11).

=> Lot fue un ejemplo tan pobre delante de sus dos hijas que ellas lo embriagaron a fin de acostarse con él en un intento de tener hijos (Gn. 10:30-38).

Sucede lo siguiente: Harán engendró a Lot y Lot llevó una vida carnal y mundana delante de sus hijos y ellos a su vez llevaron una vida carnal y mundana. Este es el primer elemento significativo acerca de Harán: Él engendró a Lot, engendró un hijo carnal y mundano. Pero, ¿por qué? ¿Qué había en Harán que influyó a Lot a llevar una vida mundana y carnal? Parte de la respuesta se encuentra en el próximo punto.

2. Harán murió en presencia de su padre, Taré, en Ur de los caldeos. Esta fue la tierra natal de Taré y su familia, Ur de los caldeos. La ciudad estaba ubicada cerca de 193,12 - 225,31 kilómetros al sur de Babilonia, justo sobre el Golfo Pérsico, en la tierra conocida como Mesopotamia del sur. Ur era una gran ciudad. La arqueología ha descubierto los restos de la ciudad, y las excavaciones muestran que era:

- Una ciudad de cultura y educación, con las últimas tablas matemáticas, diccionarios y libros de estudio para los estudiantes.
- Una ciudad de arquitectura con viviendas y edificaciones muy finas.
- Una ciudad de idolatría con un gran templo construido para la adoración del dios de la luna "Ur".

Note que el propio nombre de la ciudad fue tomado del *Dios de la luna, Ur*.

Ahora bien, note lo que las Escrituras dicen en Josué:

> **"Y dijo Josué a todo el pueblo: Así dice Jehová, Dios de Israel: Vuestros padres habitaron antiguamente al otro lado del río, esto es, Taré, padre de Abraham y de Nacor; y servían a dioses extraños" (Jos. 24:2; cp. 24:15).**

Taré, el padre de Harán, adoraba ídolos. Y note la referencia a "padres", y el plural "ellos".

=> Los padres de Taré adoraban ídolos.

=> Taré adoraba ídolos.

=> Los tres hijos de Taré también adoraban ídolos.

Harán y los otros dos hijos de Taré nacieron y se criaron en una familia que había adorado ídolos durante varias generaciones, nació y se crió en un hogar que adoraba falsos dioses.

Sucede lo siguiente: La influencia del padre sobre sus hijos era enorme. Una generación tras la otra seguía los pasos impíos de los padres que los antecedían.

=> Lot llevó una vida carnal y mundana porque su padre, Harán, había llevado una vida idólatra.

=> Harán llevó una vida idólatra porque su padre, Taré, lo había hecho también. Y así se repite la historia.

Nota: Las Escrituras dicen que Harán, que ya era adulto y había engendrado varios hijos, murió en presencia de Taré. Pudiéramos preguntarnos: ¿Cómo se sintió Taré al ver morir a su hijo cuando él había sido un idólatra, cómo se sintió al saber que él mismo había guiado a su hijo a la falsa adoración?

Pensamiento 1. Tres buenas lecciones se pueden sacar de los elementos proporcionados acerca de Harán.

1) Un padre puede influir de un modo maligno sobre sus hijos.

> **"E hizo lo malo ante los ojos de Jehová, y anduvo en el camino de su padre, y en el camino de su madre, y en el camino de Jeroboam hijo de Nabat, que hizo pecar a Israel" (1 R. 22:52).**
>
> **"También él anduvo en los caminos de la casa de Acab, pues su madre le aconsejaba a que actuase impíamente" (2 Cr. 22:3).**
>
> **"Dijo Jehová: Porque dejaron mi ley, la cual di delante de ellos, y no obedecieron a mi voz, ni caminaron conforme a ella; antes se fueron tras la imaginación de su corazón, y en pos de los baales, según les enseñaron sus padres" (Jer. 9:13-14).**
>
> **"antes dije en el desierto a sus hijos: No andéis en los estatutos de vuestros padres, ni guardéis sus leyes, ni os contaminéis con sus ídolos. Yo soy Jehová vuestro Dios; andad en mis estatutos, y guardad mis preceptos, y ponedlos por obra" (Ez. 20:18-19).**
>
> **"Así ha dicho Jehová: Por tres pecados de Judá, y por el cuarto, no revocaré su castigo; porque menospreciaron la ley de Jehová, y no guardaron sus ordenanzas, y les hicieron errar sus mentiras, en pos de las cuales anduvieron sus padres" (Am. 2:4).**
>
> **"Ella, instruida primero por su madre, dijo: Dame aquí en un plato la cabeza de Juan el Bautista" (Mt. 14:8).**

2) Un padre puede influir de una buena manera en sus hijos.

> **"Y si tú anduvieres delante de mí como anduvo David tu padre, en integridad de corazón y en equidad, haciendo todas las cosas que yo te he mandado, y guardando mis estatutos y mis decretos" (1 R. 9:4).**
>
> **"Y Jehová estuvo con Josafat, porque anduvo en los primeros caminos de David su padre, y no buscó a los baales" (2 Cr. 17:3).**
>
> **"E hizo lo recto ante los ojos de Jehová, conforme**

a todas las cosas que había hecho Amasías su padre" (2 Cr. 26:4).

"trayendo a la memoria la fe no fingida que hay en ti, la cual habitó primero en tu abuela Loida, y en tu madre Eunice, y estoy seguro que en ti también" (2 Ti. 1:5).

3) Dios manda a todos los padres a darles un ejemplo piadoso a sus hijos.

"y las repetirás a tus hijos, y hablarás de ellas estando en tu casa, y andando por el camino, y al acostarte, y cuando te levantes" (Dt. 6:7).

"Instruye al niño en su camino, y aun cuando fuere viejo no se apartará de él" (Pr. 22:6).

"Y vosotros, padres, no provoquéis a ira a vuestros hijos, sino criadlos en disciplina y amonestación del Señor" (Ef. 6:4).

3 (11:29) ***Nacor — Promesas, de Dios — La Simiente, prometida — Incredulidad:*** El tercer elemento está relacionado con la importancia de Nacor. El punto del bosquejo plantea bien su importancia: Él se casó y engendró hijos, pero Nacor no persiguió la promesa de Dios, tampoco *la Simiente prometida* (el Salvador) ni la *Tierra Prometida* de Canaán (el cielo). ¿Cómo sabemos esto?

=> El versículo 31 nos dice: Nacor no viajó con Abram y Taré a buscar la *Tierra Prometida* de Canaán.

=> Génesis 31:53 nos dice que Nacor adoraba y seguía ídolos, que su Dios era un dios diferente del Dios de Abram, Isaac y Jacob.

"El Dios de Abraham y *el Dios de Nacor* juzgue entre nosotros, el Dios de sus padres. Y Jacob juró por aquel a quien temía Isaac su padre" (Gn. 31:53).

=> Génesis 31:19, 32 nos dice que toda la familia de Nacor adoraba ídolos. Génesis 31 cuenta la historia acerca de Jacob huyendo del hijo de Nacor, Labán, por miedo a su vida. Jacob desconocía que, Raquel, su esposa, había hurtado los ídolos de Labán. Labán era su padre. Pero note: Según se ha señalado, Labán era el hijo de Nacor. La adoración de los ídolos, los falsos dioses, se habían transmitido a través de las generaciones por medio de Nacor.

Cuando el llamado de Dios vino a Abram, para que sacara a su familia de la idolatría de Ur y viajara a la *Tierra Prometida* de Canaán, Nacor se rehusó.

=> Él rechazó el testimonio de Abram acerca de Dios como el único Dios vivo y verdadero.

=> Él rechazó el testimonio de Abram acerca de *la Simiente prometida* y *la Tierra Prometida* de Canaán.

Nacor decidió quedarse en Ur de los caldeos y buscar los placeres y posesiones del mundo. Él escogió los dioses de esta tierra, los dioses de las imaginaciones del hombre, en lugar del Dios vivo y verdadero que se le había revelado a Abram. Había llamado a Abram y a su familia a arrepentirse y a comenzar a buscar *la Simiente prometida y la Tierra Prometida.* El llamado de Dios a Abram se verá en la próxima nota, pero por ahora lo importante es ver la importancia de Nacor, cuya importancia es *negativa* y constituye una lección y una advertencia para todos nosotros. Nacor se rehusó a creer y perseguir la promesa de Dios, *la Simiente prometida de Dios y la Tierra Prometida de Dios.*

Pensamiento 1. La importancia de Nacor es prominente de una forma *negativa.* Él no edificó su vida sobre las grandes promesas de Dios; por ende, a Nacor no se le considera un gran hombre. Nacor representa una advertencia para nosotros:

1) No debemos rechazar *la Simiente prometida de Dios*, el Señor Jesucristo.

=> Rechazarlo significa que nos perderemos por completo la salvación eterna.

"A lo suyo vino, y los suyos no le recibieron. Mas a todos los que le recibieron, a los que creen en su nombre, les dio potestad de ser hechos hijos de Dios" (Jn. 1:11-12).

"Porque de tal manera amó Dios al mundo, que ha dado a su Hijo unigénito, para que todo aquel que en él cree, no se pierda, mas tenga vida eterna. Porque no envió Dios a su Hijo al mundo para condenar al mundo, sino para que el mundo sea salvo por él. El que en él cree, no es condenado; pero el que no cree, ya ha sido condenado, porque no ha creído en el nombre del unigénito Hijo de Dios" (Jn. 3:16-18).

=> Rechazarlo significa que nos enfrentaremos al juicio y a la ira de Dios.

"El que cree en el Hijo tiene vida eterna; pero el que rehúsa creer en el Hijo no verá la vida, sino que la ira de Dios está sobre él" (Jn. 3:36).

"Por eso os dije que moriréis en vuestros pecados; porque si no creéis que yo soy, en vuestros pecados moriréis" (Jn. 8:24).

"Al que oye mis palabras, y no las guarda, yo no le juzgo; porque no he venido a juzgar al mundo, sino a salvar al mundo. El que me rechaza, y no recibe mis palabras, tiene quien le juzgue; la palabra que he hablado, ella le juzgará en el día postrero" (Jn. 12:47-48).

2) No debemos rechazar la *Tierra Prometida de Dios.* Canaán es un símbolo o tipo ye ilustración de *la Tierra Prometida del cielo* que nos es prometida a todos (cp. He. 11:10, 16).

"sino haceos tesoros en el cielo, donde ni la polilla ni el orín corrompen, y donde ladrones no minan ni hurtan" (Mt. 6:20).

"Pero no os regocijéis de que los espíritus se os sujetan, sino regocijaos de que vuestros nombres están escritos en los cielos" (Lc. 10:20).

"En la casa de mi Padre muchas moradas hay; si así no fuera, yo os lo hubiera dicho; voy, pues, a preparar lugar para vosotros. Y si me fuere y os preparare lugar, vendré otra vez, y os tomaré a mí mismo, para que donde yo estoy, vosotros también estéis" (Jn. 14:2-3).

"Pero Esteban, lleno del Espíritu Santo, puestos los ojos en el cielo, vio la gloria de Dios, y a Jesús que estaba a la diestra de Dios, y dijo: He aquí, veo los cielos abiertos, y al Hijo del Hombre que está a la diestra de Dios" (Hch. 7:55-56).

"Porque sabemos que si nuestra morada terrestre, este tabernáculo, se deshiciere, tenemos de Dios un edi-

ficio, una casa no hecha de manos, eterna, en los cielos" (2 Co. 5:1).

"Mas nuestra ciudadanía está en los cielos, de donde también esperamos al Salvador, al Señor Jesucristo; el cual transformará el cuerpo de la humillación nuestra, para que sea semejante al cuerpo de la gloria suya, por el poder con el cual puede también sujetar a sí mismo todas las cosas" (Fil. 3:20-21).

"a causa de la esperanza que os está guardada en los cielos, de la cual ya habéis oído por la palabra verdadera del evangelio" (Col. 1:5).

"Porque no entró Cristo en el santuario hecho de mano, figura del verdadero, sino en el cielo mismo para presentarse ahora por nosotros ante Dios" (He. 9:24).

"porque esperaba la ciudad que tiene fundamentos, cuyo arquitecto y constructor es Dios" (He. 11:10).

"Pero anhelaban una mejor, esto es, celestial; por lo cual Dios no se avergüenza de llamarse Dios de ellos; porque les ha preparado una ciudad" (He. 11:16).

"Bendito el Dios y Padre de nuestro Señor Jesucristo, que según su grande misericordia nos hizo renacer para una esperanza viva, por la resurrección de Jesucristo de los muertos, para una herencia incorruptible, incontaminada e inmarcesible, reservada en los cielos para vosotros" (1 P. 1:3-4).

"quien habiendo subido al cielo está a la diestra de Dios; y a él están sujetos ángeles, autoridades y potestades" (1 P. 3:22).

Pensamiento 2. Note otro elemento más acerca de Nacor: Él se casó con su sobrina, la hija de su hermano, Harán. Ella dio a luz a Rebeca, quien se convertiría en la esposa de Isaac.

4 (11:29-32) ***Abram — Promesas, de Dios — La Simiente, prometida — La Tierra, prometida:*** El cuarto elemento está relacionado con la importancia de Abram. Su importancia guarda un contraste marcado con su hermano Nacor. Recuerde:

=> Nacor se casó y *engendró hijos*, pero no persiguió la promesa de Dios.

=> Abram se casó y *no engendró hijos*, pero persiguió la promesa de Dios. ¿Qué promesa? La promesa de Dios de que Él enviaría *la Simiente prometida* a la tierra y le daría *la Tierra Prometida* a aquellos que lo siguieran como el único Dios vivo y verdadero.

Note el versículo 30: Sarai era estéril; ella no tenía hijos. Desde el principio, Abram demostró *gran fe, una enorme fe, una fe contundente.* Él no tenía hijos, aún así creyó en la promesa de Dios: Abram creyó que Dios le daría un hijo y a través de ese hijo vendría *la Simiente prometida* que bendeciría a todas las naciones de la tierra. Abram no tenía hijos, aún así él creyó en la promesa de Dios de *la Simiente prometida*, de que él había sido escogido para ser *la descendencia prometida* del pueblo de Dios, *la descendencia prometida* a través de la cual vendría el Salvador del mundo.

¿Cómo sabemos que esto es en lo que Abram creyó? A partir de las Escrituras.

1. Observe lo que dicen las Escrituras en Hechos 7:2-3.

"Y él dijo: Varones hermanos y padres, oíd: El Dios de la gloria apareció a nuestro padre Abraham, estando en Mesopotamia, antes que morase en Harán, y le dijo: Sal de tu tierra y de tu parentela, y ven a la tierra que yo te mostraré" (Hch. 7:2-3).

Esteban declaró que Dios se le apareció a Abram mientras aún estaba en Ur, antes de partir para Harán. Abram estaba aún en Ur de los caldeos cuando Dios le dio por primera vez la promesa de la *Tierra Prometida.*

2. Note lo que dice Génesis 15:7.

"Y le dijo: Yo soy Jehová, que te saqué de Ur de los caldeos, para darte a heredar esta tierra" (Gn. 15:7).

Las Escrituras dicen definitivamente que Dios llamó y guió a Abram fuera de Ur de los caldeos, lo llevó a buscar la *Tierra Prometida.* Pero esto no es todo: Note lo otro que le dijo Dios a Abram en este pasaje, Génesis 15:3-7.

"Dijo también Abram: Mira que no me has dado prole, y he aquí que será mi heredero un esclavo nacido en mi casa. Luego vino a él palabra de Jehová, diciendo: No te heredará éste, sino un hijo tuyo será el que te heredará. Y lo llevó fuera, y le dijo: Mira ahora los cielos, y cuenta las estrellas, si las puedes contar. Y le dijo: Así será tu descendencia. Y creyó a Jehová, y le fue contado por justicia. Y le dijo: Yo soy Jehová, que te saqué de Ur de los caldeos, para darte a heredar *esta tierra*" (Gn. 15:3-7).

Las Escrituras dicen que la promesa de Dios a Abram incluía tanto *la simiente como la Tierra Prometida.*

3. Observe lo que dicen las Escrituras en Nehemías 9:7-8.

"Tú eres, oh Jehová, el Dios que escogiste a Abram, y lo sacaste de Ur de los caldeos, y le pusiste el nombre Abraham; y hallaste fiel su corazón delante de ti, e hiciste pacto con él para darle *la tierra* del cananeo, del heteo, del amorreo, del ferezeo, del jebuseo y del gergeseo, para darla *a su descendencia;* y cumpliste tu palabra, porque eres justo" (Neh. 9:7-8).

Otra vez, la promesa de Dios a Abram incluía la *Tierra Prometida* y *la Simiente prometida.*

4. Note lo que dicen las Escrituras en Génesis 12:1-3.

"Pero Jehová había dicho a Abram: Vete de tu tierra y de tu parentela, y de la casa de tu padre, *a la tierra* que te mostraré. Y haré de ti una nación grande, y te bendeciré, y engrandeceré tu nombre, y serás bendición. Bendeciré a los que te bendijeren, y a los que te maldijeren maldeciré; *y serán benditas en ti* todas las familias de la tierra" (Gn. 12:1-3).

Las Escrituras dicen nuevamente que la promesa de Dios a Abram incluía tanto *la Tierra Prometida* como *la Simiente prometida.*

5. Ahora bien, observe el pasaje actual, Génesis 11:31, donde se dice que Taré ha llevado a su familia a Canaán, *la Tierra Prometida.* A Taré se le nombra primero porque él era el padre, pero sabemos a partir de los pasajes anteriores que Dios había llamado a Abram a salir de Ur y viajar a *la Tierra Prometida.* Por eso lo que estaba sucediendo era que Abram estaba viajando a *la Tierra Prometida*: y tomó a su padre,

esposa y sobrino Lot con él. Indudablemente, él alentó a su hermano Nacor también a creer en la promesa de Dios y a que viajara con él.

Sucede lo siguiente: Abram y la familia salieron de Ur de los caldeos y viajaron a Canaán porque Dios los había confrontado, les había exigido que se arrepintieran, y les había dado las dos grandes promesas de Dios:

- *La Tierra Prometida* de Canaán (el cielo).
- *La Simiente prometida*, la simiente de una gran nación de descendientes y la simiente de un descendiente en particular, el Salvador, el Señor Jesucristo.

Estas dos grandes promesas iban a despertar gran seguridad y garantía en el corazón de Abram, la gran seguridad y garantía del propio Dios.

Note que Abram viajó cerca de mil kilómetros hacia Harán y por alguna razón desconocida, permaneció allí. Mientras estaba allí, Taré murió. Veremos en el próximo pasaje, Génesis 12, que después de la muerte de Taré, mientras todavía estaban en Harán, Dios se le apareció a Abram una segunda vez. Pero por ahora, lo que se debe tener en cuenta es la gran fe de Abram en las promesas de Dios y su gran obediencia al *buscar con diligencia* a Dios y *la Tierra Prometida*. Tenga presente que Abram es uno de los grandes hombres que ha vivido. Este es el principio de su viaje a la grandeza. Abram edificó su vida sobre la grandeza de las dos grandes promesas de Dios: las promesas de *la Tierra Prometida* y de *la Simiente prometida*.

Pensamiento 1. Todo el mundo debe hacer exactamente lo que hizo Abram: Comenzar el viaje a una gran vida. Una gran vida se inicia buscando dos cosas fundamentales, las mismas dos cosas que buscaba Abram.

1) Debemos buscar *la Simiente prometida*, el Señor Jesucristo.

“Mirad a mí, y sed salvos, todos los términos de la tierra, porque yo soy Dios, y no hay más” (Is. 45:22).

“Buscad a Jehová mientras puede ser hallado, llamadle en tanto que está cercano” (Is. 55:6).

“y me buscaréis y me hallaréis, porque me buscaréis de todo vuestro corazón” (Jer. 29:13).

“Porque todo aquel que pide, recibe; y el que busca, halla; y al que llama, se le abrirá” (Lc. 11:10).

“Si no hago las obras de mi Padre, no me creáis” (Jn. 10:37).

“para que busquen a Dios, si en alguna manera, palpando, puedan hallarle, aunque ciertamente no está lejos de cada uno de nosotros” (Hch. 17:27).

“porque todo aquel que invocare el nombre del Señor, será salvo” (Ro. 10:13).

2) Debemos buscar *la Tierra Prometida*, el cielo.

“Por la fe Abraham, siendo llamado, obedeció para salir al lugar que había de recibir como herencia; y salió sin saber a dónde iba. Por la fe habitó como extranjero en la tierra prometida como en tierra ajena, morando en tiendas con Isaac y Jacob, coherederos de la misma promesa; porque esperaba la ciudad que tiene fundamentos, cuyo arquitecto y constructor es Dios” (He. 11:8-10).

“Conforme a la fe murieron todos éstos sin haber recibido lo prometido, sino mirándolo de lejos, y creyéndolo, y saludándolo, y confesando que eran extranjeros y peregrinos sobre la tierra. Porque los que esto dicen, claramente dan a entender que buscan una patria” (He. 11:13-14).

“Pero anhelaban una mejor, esto es, celestial; por lo cual Dios no se avergüenza de llamarse Dios de ellos; porque les ha preparado una ciudad” (He. 11:16).

“Pero sin fe es imposible agradar a Dios; porque es necesario que el que se acerca a Dios crea que le hay, y que es galardonador *de los que le buscan*” (He. 11:6).

“Bienaventurados los que lavan sus ropas, para tener derecho al árbol de la vida, y para entrar por las puertas en la ciudad” (Ap. 22:14).

ÍNDICE DE BOSQUEJOS Y TEMAS

GÉNESIS 1—11

RECUERDE: Cuando busca un tema o una referencia de las Escrituras, usted no solo tendrá el texto bíblico, sino también un bosquejo y una discusión (comentario) del pasaje de la Biblia y del tema.

Este es uno de los grandes valores de la *Biblia de bosquejos y sermones*. Cuando posea todos los tomos, no solo tendrá todo lo que los otros índices bíblicos le ofrecen; es decir, un listado de todos los temas y sus referencias bíblicas, SINO que también tendrá:

- un bosquejo de *cada* texto y tema de la Biblia.
- una discusión (comentario) de cada texto y tema.
- cada tema respaldado por otros textos de la Biblia o referencias cruzadas.

Descubra el gran valor usted mismo. Dé una mirada rápida al segundo tema de este índice.

ABEL, HIJO DE ADÁN
Analizado. Gn. 4:1-2
Destino de. Asesinado por su hermano, Caín. Gn. 4:8
Significado de su nombre. Gn. 4:1-2
Segundo hijo en la tierra. Gn. 4:1-2

Busque las referencias. Después los textos bíblicos y el bosquejo de las Escrituras. Luego lea el comentario. De inmediato verá el gran valor de este índice de la *Biblia de bosquejos y sermones.*

Notas

Notas

Notas

Notas

Notas

Notas

EDITORIAL
PORTAVOZ

NUESTRA VISIÓN

Maximizar el efecto de recursos cristianos de calidad que transforman vidas.

NUESTRA MISIÓN

Desarrollar y distribuir productos de calidad —con integridad y excelencia—, desde una perspectiva bíblica y confiable, que animen a las personas a conocer y servir a Jesucristo.

NUESTROS VALORES

Nuestros valores se encuentran fundamentados en la Biblia, fuente de toda verdad para hoy y para siempre. Nosotros ponemos en práctica estas verdades bíblicas como fundamento para las decisiones, normas y productos de nuestra compañía.

Valoramos la excelencia y la calidad
Valoramos la integridad y la confianza
Valoramos el mérito y la dignidad de los individuos y las relaciones
Valoramos el servicio
Valoramos la administración de los recursos